Fritz Hommel

Die Namen der Säugethiere bei den südsemitischen Völkern

Fritz Hommel

Die Namen der Säugethiere bei den südsemitischen Völkern

ISBN/EAN: 9783742894601

Hergestellt in Europa, USA, Kanada, Australien, Japan

Cover: Foto ©berggeist007 / pixelio.de

Manufactured and distributed by brebook publishing software (www.brebook.com)

Fritz Hommel

Die Namen der Säugethiere bei den südsemitischen Völkern

DIE
NAMEN DER SÄUGETHIERE
BEI DEN
SÜDSEMITISCHEN VÖLKERN

als Beiträge zur arabischen und äthiopischen Lexicographie, zur semitischen Kulturforschung und Sprachvergleichung und zur Geschichte der Mittelmeerfauna.

Mit steter Berücksichtigung auch der assyrischen und hebräischen Thiernamen und geographischen und literaturgeschichtlichen Excursen

von

Fritz Hommel.

Leipzig 1879,
J. C. Hinrichs'sche Buchhandlung.

Seinen Freunden und Studiengenossen

DR. MAX TH. GRÜNERT

in Prag,

DR. HERMANN FURTNER

in London,

LUIGI MORALES

in Neapel,

die diese Arbeit mit liebender Theilnahme entstehen und wachsen sahen,

der Verfasser.

Vorwort.

Meiner vorliegenden erstlingsschrift habe ich bei ihrem endlichen hinausgehen nur noch wenige worte mitzugeben, da ich als eigentliche vorrede die schon vor zwei jahren geschriebene einleitung [1] wie das sie ergänzende erst vor kurzem aufgesetzte schlusswort betrachtet wissen möchte; dass diese studien, deren grundstock längst vor der herausgabe meines Physiologus fertig war, erst jetzt erscheinen, hatte seinen grund theils in der schwierigkeit des satzes, theils in der entfernung des druckorts, wobei jedoch wieder der vortheil war, dass ich noch eine menge material nachtragen, ja ganze abschnitte, die noch nicht beim setzer waren, nach dem stand der unterdes neu erschienenen forschungen umarbeiten konnte.

Wenn auch auf schritt und tritt, so vor allem in den kulturgeschichtlichen abschnitten und excursen, den anforderungen eines weiteren leserkreises rechnung getragen ist (auch in den rein sprachlichen sammlungen und ausführungen überall insofern, als alle thiernamen transcribirt, fast alle literaturbelege

---

[1] im sommer 1877 unter dem titel: „die Namen der Säugethiere bei den Südsemiten als Prolegomena einer Geschichte der Thiere bei den semitischen Völkern. Einleitung . . . .“ als promotionsschrift veröffentlicht.

übersetzt wurden), so ist doch in erster linie mein werk für die fachgenossen geschrieben. Es ist deshalb hier am platz, meinen standpunkt und meine principien in semitischer philologie, zumal ich darin mit den bis jetzt geltenden ansichten vielfach mich in widerspruch befinden werde, kurz darzulegen. — Was den arabischen theil meines buches, etwa zwei drittel des ganzen, anlangt, so habe ich zum erstenmal den versuch gewagt, die landläufige methode zu verlassen. Man hat nämlich bisher fast nichts anderes gethan, als nur die reichen, allerdings noch auf lang hinaus für uns unentbehrlichen schätze der arabischen philologen selbst, die in ihren lexikographischen und grammatischen sammlungen niedergelegt sind, nach allen richtungen hin bearbeitet, neues daraus edirt und darüber die grundlegenden denkmäler der verschiedenen literaturepochen, die längst in guten oder wenigstens genügenden ausgaben gedruckt vorliegen, viel zu wenig zum ausgangspunkt von specialarbeiten, zumal lexikalischen, gemacht. Noch haben sich unsere arabischen wörterbücher nicht über das niveau der nationallexica erhoben, wo wörter aus drei verschiedenen sprachepochen in bunter mischung durch einander stehen, von einer sprachvergleichenden sichtung der bedeutungen gar nicht zu reden; ja nicht einmal die ersten vorarbeiten zu einem arabischen lexikon mit belegstellen, wie etwa ein glossar zur Hamâsa und den „six diwans", zum ḳorân[2] und den prosaikern der ersten drei jahrhunderte der hidschra oder zu den dichtern der classischen arabicität (Abu Nuwâs, Muslim, Abu Firâs u. a.) ist bis jetzt in angriff genommen worden. Einigen ersatz haben wir jetzt für die spätere prosa in dem neu erschienenen werke Dozy's, welches freilich fast nur zu den wörtern und bedeutungen, die in Freytag's lexikon fehlen, belegstellen gibt, zu

[1] hiezu allein existirt neben dem index Flügel's ein lexikon, nemlich John Penrice, dictionary and glossary of the Korân, London 1873.

denen, die dort vorkommen, aber nicht, und so für obige forderung doch nur eine halbe arbeit ist; den dank, den wir für dieses unternehmen schuldig sind, darf das freilich nicht schmälern. Da so die sachen stehen, so erschien es mir doppelte pflicht, bei der vorgenommenen sammlung der säugethiernamen der vormuhammedanischen gedichte, nicht etwa blos diejenigen zusammenzustellen, zu welchen die nationallexika alte dichterverse als belegstellen geben, sondern trotz des mangels eines specialwörterbuchs der vorislamischen poesie zu einem solchen mit eben jenem für diese literaturgattung so wichtigen und umfangreichen theil des wortschatzes den anfang zu machen und nur thiernamen mit belegstellen zu geben. Es blieben auf diese weise vielleicht eine menge sprachlich interessanter wörter (zumal quadrilitera) weg, denn die nationallexika geben wol das drei- oder vierfache von dem von mir aufgenommenen, ein treues bild aber von dem wirklich in jener periode in der sprache lebendigen und damit zugleich der kenntnis der arabischen fauna in dieser zeit konnte nur so und nicht anders gewonnen werden. Ganz von selber ergab sich bei dieser methode, dass gar manche wörter (ich verweise nur auf *fahd*, *dubb*, *ijjal*, *immar*, *bagl* u. a.), die man bisher für gut altarabisch gehalten, da unsere lexika allein ja keinen aufschluss darüber gaben, sich als nur dem classischen arabisch angehörig, im altarabischen aber noch fehlend, entpuppten, in dasselbe meist erst als lehnwörter von aussen her eingedrungen; wie wichtig überhaupt eine strenge scheidung des alt- und classisch-arabischen (vor- und nachislamischen) für die arabische sprachgeschichte ist, kann gar nicht stark genug betont werden. — Wenn ich bei dem unternehmen, den ersten anfang zu einem altarabischen lexikon mit belegstellen zu machen (was jetzt eifrig von einigen jüngeren arabisten fortgesetzt wird), mit einem gewissen bangen ans werk gieng, mir wol bewusst, als einzige vorarbeit Ahlwardt's Chalaf al-Achmar zu haben, ohne nur von fern den schritten jenes meisters es nachzuthun zu können, so darf ich nach einer zweiten seite hin sicherer mit neuem auftreten, nemlich mit der selbständigen verwerthung der resultate der assyriologie für die semitische sprachvergleichung. Ausgehend von der auf feste regeln und lautgesetze sich stützenden methode, deren begründer Gesenius, deren eigentlicher durchführer, hauptsächlich dem vagen verfahren Ewald's gegenüber, der unvergleichliche meister und lehrer des arabischen, Fleischer, war, bin ich unabhängig von Nöldeke, doch vielleicht unbewusst von dem in seinen schriften angewendeten verfahren beeinflusst, zu der einsicht gelangt, dass man noch viel consequenter und strenger, als es bis jetzt geschah, das fast eigensinnig zähe festhalten der semitischen sprachen am ursprünglichen consonantengerippe und die daraus sich ergebenden regeln erlaubten und möglichen lautwechsels betonen und bei vergleichungen durchführen müsse. Ich brauche hier nur auf meine ausführungen wie z. b. seite 89 und 114, auf die in den nachträgen ausführlicher mitgetheilten semitischen zischlautgesetze und anderes zu verweisen und habe mich ausserdem schon früher in einem aufsatze [1] des weiteren darüber ausgesprochen, wo besonders hervorgehoben wurde — und ich wiederhole das hier ausdrücklich — dass Nöldeke, einer der bedeutendsten kenner semitischer sprachen, bis jetzt der einzige war, der diese exclusiv strenge richtung verfolgte, ohne jedoch ihre grundsätze noch in einem system dargelegt zu haben. Um nun auf die assyriologie zurückzukommen, so ist die grosse wichtigkeit, die das in unsern tagen neu erschlossene umfangreiche schrifttum des alten semitischen culturvolkes der Babylonier und Assyrer für die semitische sprachvergleichung hat, noch keineswegs allgemein anerkannt; zum

---

[1] „Die Ursitze der Semiten" Allg. Ztg., Beil. (Sept.) 1878, No. 263 und 264.

grössten theil freilich tragen an diesem mistrauen die assyriologen selbst die schuld, da sie ohne bei der arabischen philologie mit ihrer für alle semitischen sprachen massgebenden methode in die schule gegangen zu sein ihre arbeit in angriff nahmen. Nachdem hier durch die forschungen Friedrich Delitzsch's, schülers von Fleischer und Schrader, eine neue morgenröthe angebrochen, so dass nun jetzt erst (natürlich stets auf der basis des Oppert'schen entzifferungswerkes) von philologischer vertiefung des dazu zahlreich genug vorhandenen materiales die rede sein kann, konnte ich es in vorliegendem buche um so eher unternehmen, die gesicherten resultate der bisherigen keilschriftstudien wie neuer untersuchungen auf diesem gebiet in die semitische sprachvergleichung einzuführen, welch letztere — das getraue ich mich getrost auszusprechen und gegen jeden angriff zu vertheidigen — der assyriologie heutzutag nun einmal auf keine weise mehr entrathen kann, wenn sie anders einer ihrer wichtigsten hilfsquellen sich begeben will. Den alten fehler, der mit recht nicht einen kleinen theil jenes mistrauens hervorgerufen, nemlich die sichern ergebnisse von dem nur wahrscheinlichen und darum blos halbsichern wie von dem noch ganz zweifelhaften nicht zu scheiden und letzteres als solches nicht kenntlich zu machen, hoffe ich überall vermieden zu haben. Noch vorsichtiger war ich bei der benutzung der zweisprachigen, sumerisch-assyrischen texte; doch da es auch hier der feststehenden resultate genug gibt und gerade das sumerische uns oft in den stand setzt, die richtige bedeutung eines assyrischen wortes mit der sicherheit einer algebraischen gleichung zu bestimmen, in fällen, wo uns semitische sprachvergleichung wie assyrische paralleltexte ganz im stich lassen würden, so glaubte ich nicht damit zurückhalten zu dürfen.[1] — Im äthiopischen theil meiner arbeit fusse ich

[1] von François Lenormant, der sich so grosse verdienste um

selbstverständlich ganz auf Dillmann's grundlegenden leistungen. Dass ich zu seinen ansichten über den lautwandel im äthiopischen, wonach dasselbe als ein ziemlich verwildertes semitisches idiom erscheinen würde, mich in diametralem gegensatz befinde, hatte ich schon an einem andern ort gelegenheit auszuführen;[1] meine hochachtung und dankbarkeit gegenüber diesem ausgezeichneten gelehrten schmälert das natürlich nicht im geringsten, und wenn das neue, was ich auch hier beigebracht zu haben hoffe, (ausser den sprachvergleichenden und kulturgeschichtlichen ergebnissen, besonders durch die benutzung der nomenklatur der neueren abesinischen sprachen im zusammenhalt mit der fauna von Habesch) seine zustimmung findet, so ist das nicht die geringste belohnung, die meiner arbeit zu theil werden könnte. — Alttestamentliches zieht sich durch das ganze buch hindurch, wozu ich hier nichts weiteres zu bemerken habe; das einzelne kann rasch in den betreffenden registern aufgefunden werden.

Soweit die darlegung meiner principien für die rein philologische und sprachvergleichende seite meines werkes, dessen letztes ziel aber dennoch ein anderes ist, zu dem jenes nur die allerdings notwendige folie bilden muss. Ich meine die darin niedergelegten resultate für thier-, kultur- und literaturgeschichte, geographie und ethnologie des orientalischen altertums, über deren vertheilung in dieser arbeit das nebenfolgende inhaltsverzeichnis wie die sachregister kurze auskunft geben mögen. Derartige zusammenhängende untersuchungen nehmen etwa ein

---

den aufbau der sumerischen grammatik erworben und mit recht der begründer der sumerischen philologie genannt wird, habe ich mich in meinen forschungen absichtlich ganz unabhängig gehalten; die resultate, wo ich mit ihm übereinstimme — und das ist wol der grösste theil, wie ich jetzt sehe, — dürfen demnach als um so sicherer gelten.

[1] in jenem schon citirten aufsatz in der Allg. Ztg., Beil. zu No. 263 vom jahr 1878, und zwar dort auf s. 3877 f.

viertel des ganzen ein; obwol sie, wenn einzeln erschienen, mehr aussicht haben würden, auch von anthropologen und naturforschern[1] berücksichtigt und gelesen zu werden, so glaubte ich sie doch nicht vom übrigen trennen zu dürfen. Denn meiner meinung nach gehören philologie und altertumswissenschaft eng zusammen, und schliesslich ist es für erstere, so interessant es auch ist, sie ihrer selbst halben zu studiren, doch das höchste ideal, der letzteren dienen zu dürfen und sie aufbauen zu helfen. Ich wiederhole darum meine bitte an die nichtorientalisten, sich nicht durch die ihnen beim ersten aufschlagen entgegentretenden arabischen oder äthiopischen sätze und wörter abschrecken zu lassen, da ich alles, was auch für kulturforscher wichtig ist, in transscription und übersetzung gegeben habe, sie aber das übrige ihnen fremde ohne nachtheil überschlagen können. Auf diese weise bleibt doch weitaus die grössere hälfte dieses buches auch für laien geniessbar. In allem übrigen verweise ich auf die am schluss sich findenden register, für die in der letzten zeit neu erschienenen bücher und einiges sich daraus noch ergebende auf die nachträge; in letztere konnte ausserdem noch manches aufgenommen werden, was seine entstehung dem umstand verdankt, dass ich im verflossenen winter über semitische thiernamen an hiesiger universität gelesen habe und dadurch gezwungen war, einen grossen theil des stoffes einer nochmaligen durcharbeitung zu unterwerfen. Bei dieser gelegenheit hat sich mir die überzeugung befestigt, dass sich die wissenschaft nichts vergibt, wenn sie von ihren resultaten auch über den engeren kreis der fachgenossen hinaus

---

[1] dass für die zoologie, zumal für thiergeographie, meine untersuchungen nicht ohne einige ausbeute geblieben sind, davon möge man sich ausser anderem an dem s. 278 (nachweis der oryxantilope auch für die heutige fauna Arabiens, die von der des 6. nachchr. jahrhunderts bei der abgeschlossenheit dieser halbinsel, kaum verschieden sein kann) wie s. 396, anm. 1 (nachweis des bären für die abesinische fauna noch im 4. nachchr. jahrh.) ausgeführten überzeugen.

mittheilt, im gegentheil, dass man sich erst dann über vieles selber klarer wird, wenn man es andern klar zu machen gezwungen ist. Und ist es nicht eine herrliche aufgabe für orientalisten, von der fülle von altehrwürdigem, wissenswerthem, interessantem und schönem, was das alte morgenland in sich birgt und was sich nur wenigen eingeweihten erschliesst, auch andere kosten zu lassen und so das allgemeine wissen mit neuen schätzen zu bereichern und von unzähligen leider noch allzusehr verbreiteten irrthümern, die aus jetzt längst veralteten quellen noch stammen, zu befreien? Wenn dazu mein buch auch nur ein weniges beigetragen, dann habe ich nicht umsonst gearbeitet.

Der verlagshandlung spreche ich für die an ihr gewohnte bereitwillige unterstützung der orientalischen studien, die sie auch meinem so schön von ihr ausgestatteten buche hat angedeihen lassen, die dankbarste anerkennung aus. Den freunden aber, deren namen meine arbeit schmücken, und von denen der eine als mein erster lehrer im arabischen mich hauptsächlich zu der richtung geleitet, als deren vertreter ich mich oben genannt habe, der zweite mir in uneigennützigster aufopferndster weise hier anhänger für dieselbe hat gewinnen helfen und der dritte mir während langer jahre, in Leipzig, meiner vaterstadt Ansbach, in München wie zuletzt in seiner schönen heimat ein fast unzertrennlicher freund und studiengenosse gewesen — ihnen sende ich zum schluss innigsten gruss in die ferne.

München, den 27. Februar 1879.

Der Verfasser.

Inhaltsverzeichnis.

Seite.

Einleitung. 1—13

Geschichte der thiere gehört mehr ins gebiet der hist.-philol. disciplinen als der zoologie (1). Wichtigkeit für die culturgeschichte. Victor Hehn (2). Die wilden thiere. Indogermanische sprachvergleichung (3). Mythologie (4). Arbeiten über die fauna Palästina's (5 und anm.).[1] Die arabische, babyl.-assyrische und äthiopische literatur (6). Semitische sprachvergleichung. A. v. Kremer und die ursitze der Semiten (7). Thiergeographie der semitischen länder (8). L. K. Schmarda (9), A. Murray (10), R. Wallace (11). Endresultate für die zoologisch-geographische bestimmung hauptsächlich Arabiens.

I. Die säugethiernamen der Araber im 6. jahrh. 17—341 u. 354—356

Altertümliches gepräge des arabischen (17. 19, anm. 1). Grund davon (18). Berührungen der alten Aegypter (19 f.), Assyrer (20 f.), Hebräer wie Griechen und Römer (22) in vorchr. zeit mit Arabien. Ptolemäus (22). Das 6. nachchristl. jahrh. (23). Die spätere zeit; nichtsemitische lehnwörter (23 f.). Die poetische literatur der Araber vor Muhammed (24 f.). Chronologische aufzählung der 75 berühmtesten dichter dieser periode (26—31)[2] Einiges über die altarabischen stämme (31 f.).[3] Die echtheit der altarabischen gedichte (33). Die traditionssammlungen (34). Lexikalische sammlungen der Araber (35). Zoologische

---

1 dazu nachzutragen s. 113, anm. 3 (Tristram); s. 216, anm. 2 (Wood); s. 230, anm. 1 (Thomson) und s. 391, anm. 3 (Conder).

2 dazu orthographische verbesserungen von Prof. Loth s. 315, anm. 2 (auf s. 346 unten).

3 dazu weiteres s. 345, anm. 2.

Seite.

werke der Araber (36. 38). Arabische tractate über thiernamen vom sprachlichen standpunkt aus (37 und anm.). Die thiernamen im vulgärarabischen (39). Eigennamen (39 f.). Geographie Arabiens (40 ff.; literatur darüber 41 anm.).[1] 36—226

System der naturgeschichte Kazwînî's (42—44. 139. 287. 334 f. 340). Darin III. (die thiere), c. die lastthiere:

1. das Pferd (44—112). Sprach- und culturgeschichtliches (44—48. 54. 420 ff.). Die namen (49—54) und epitheta (55—110) des pferdes im altarabischen. Excurse: a. über assyrische grammatik (69, anm. 3). b. syrisch ܣܘܣܝܐ (72, anm. 3). c. die wettrennen bei den Arabern (79 f.). d. syrisch ܢܩܦ (109, anm. 1). Eigennamen von pferden, vergleiche mit andern thieren in der poesie, sonstige notizen (110 ff.).

2. das Maulthier (112—117). Sprach- und culturgeschichtliches (112—114; 115 unten —116 f.). Belegstellen (114 f.).

3. der Esel (117—126). Sprach- und culturgeschichtliches (136—139). Arabische namen (119—123. 125 f.).

4. der Wildesel (126—139). Arabische namen nnd belegstellen (127—135. 124). Namen für rudel, körpertheile etc. (135 f.). Sprach- und culturgeschichtliches (136—139). — (weiter in Kazwînî's eintheilung) d. die wiederkäuer:

1. die Kamele (139—220). Namen (139—150, für die verschiedenen alterstufen 150—158) und epitheta (158—195. 205 im altarabischen. Excurse: a. die terminologie Aṣmaʿî's (139, a. 5, dazu 279). b. nadelöhr im orient (145, a. 1). c. die namen für den kamelhengst im altarabischen (147, anm. 1). d. يَفْعُل تَفْعُل ursprünglich nomina (181, anm. 1).[3] e. farbennamen unter den kamel- und pferdepithetis (193, anm. 3). — Namen der körpertheile des kamels (196—198); schlachten, melken etc. (199 f.). Namen für kameltruppe (200 f.); verschieden je nach der heimat benannt (201 f.); pflanzen, die sie fressen (202 f.); sonstiges (203—205). Krankheiten der kamele, ungeziefer etc. (205—208). Allgemeine eigenschaften; preis der kamele im mund der Araber (208 f.). — Sprach- und kulturgeschichtliches über das kamel (209—220).

2. das Rindvieh (221—228). Allgemeines (221 f.). Die arabischen namen (222—226). — Uebertragung von solchen namen auf das antilopenwild (die sog. wildkühe der Araber),

---

1 dazu nachzutragen s. 419.

2 zu s. 139, anm. 4 beachte den nachtrag s. 221, anm. 1.

3 vgl. dazu Dietrich, Abh. z. hebr. Gramm. (Leipz. 1846), s. 145 ff. u. 163 ff.

Seite.

bei Kazwînî 3. *bakar al-wahš* (226—228). Excurs: die beweise für ass. *rîmu* = „wilder ochs" (227, anm. 1). . 227—309

4. der Büffel (229).

5. die Girafe (230 f.). Excurs über die lage des landes Punt (231).[1]

6. die Schafe (die altarabischen namen 232—242).

7. die Ziegen (243—251). Die altarabischen namen (243—249). Sprach- und kulturgeschichtliches über schafe und ziegen (249 f.).

8. die Moschusthiere (251—253). — Excurs: die zoologische eintheilung sämmtlicher wiederkäuer, hauptsächlich aber der antilopenarten (251, anm. 3).

[9. der Bergbock (253). Hier im zusammenhang:]

die Antilopen und Steinböcke (254—287): A. die Antilopen, 1. die sog. wildkühe und die oryxantilope (254—268. 436 f. 446.). Allgemeines (254 f.). Namen (256—260), übertragungen (261—264) und epitheta (264—267), endlich rudelnamen (267 f.) im altarabischen. 2. die gazellen (269—278): allgemeines (269 f.); namen (270—274) und epitheta (275—278). — Resultat für die thiergeographie (278). B. die Steinböcke (279—287). Allgemeines (279 f.); excurs: אַיָּל nicht hirsch, sondern steinbock (280, anm. 1)! Die namen (280—283. 286), epitheta (284 f.) und übertragungen (285) im altarabischen.

(weiter in Kazwînî's eintheilung) e. die wilden thiere: 1. der Löwe (287—294). Die gewöhnlichen namen im altarabischen (287 ff.). Excurs: einige dem urindog. wie ursemitischen gemeinsame kulturwörter,[2] und die erklärung dieser erscheinung (289 ff.). Die epitheta des löwen im altarabischen (292 ff.).

2. der Pardel (294—299). Die namen leopard und panther (294, anm. 2).

3. der Gepard (299—301). Excurs: der Gepard im Physiologus (300, anm. 2).[3]

4. der Bär (301—303). Excurs: das kurze *u* und die verba فُعُلَ im syrischen (301, anm. 4).

5. der Schakal (303—306, daselbst die epitheta s. 304 ff.).

6. der ibn âwâ (306 f.).

7. die Hyäne (307—309, daselbst die epitheta 308 f.).

---

1 dazu s. 19 f. und s. 386, anm. 1.

2 vgl. dazu s. 414 f. und 439 f. wie auch den aufsatz Dr. Furtner's Arier und Semiten im Ausland 1879, no. 18 (s. 355 ff.); der dort besprochene vortrag von mir wird vollständig im Corresp.-bl. des anthrop. vereins erscheinen.

3 dazu die übersetzung des artikels Kazwînî's s. 341.

Seite.

8. der **Fuchs** (310 f.). Excurs: sanskrit *çṛigâla*, pers. *šaġâl* „schakal" (311). 310—344
9. der **Hund** (311—314).
10. die **Katze** (314 f.).
11. die **Wildkatze** (316—319).
12. das **Schwein** (319—320); zu عِفْر (s. 320) ist das auf s. 283 erwähnte ass. *apparru* (allerdings mit einem fragezeichen), zu خِنْزِير (s. 319) ass. *ḫumṣiru* (s. 301, anm. 2) mit doppeltem fragezeichen aber trotzdem erwägender vergleichung empfohlen[1] nachzutragen.
13. des **Hase** (321 f.). Excurs: der **Klippschiefer** (322).
14. der **Wüstenluchs** (322 f.).
15. der **Elefant** (324—327). Excurs: a. der schwarze obelisk Salmanassar's II (324, a. 1. 443 f.). b. ἐλέφας (326, a. 1 und hierzu die nachträge 442 f.).
16. das **Nashorn** (327—329).
17. der **Affe** (329—331).
18.—21. **Wiesel**, **Taubenwiesel**, **Eichhörnchen** (ohne belegstellen) s. 331.
22. —25. vier fabelhafte thiere (332 f.).
26. der קַרְמוּנִי, der antholops des Physiologus (333). — Bei Kazwînî unter den vögeln:
Die **Fledermaus** (334 f.) und unter den reptilien (*al-hawâmm*):
1. der **Stinkmarder** (335 f.)
2. die **Mäuse** und **Ratten**, sieben arabische namen mit ihren belegstellen (336—338) und als achter das fabelhafte thier *samandal*, der salamander des Physiologus (338 f.).
3. der **Igel** (339 f.).
Als beschluss des systems Kazwînî's statt des s. 36 versprochenen artikel Damîrî's der artikel
Gepard aus Kazwînî in deutscher übersetzung (341).

Anhang: **Die säugethiernamen der sog. himjar. inschriften.** 342—354

Historische, sprach- und kulturgeschichtliche vorbemerkungen: Das sabäische reich in Südarabien (342). Die Sabäer in der völkertafel (343; hierzu anm. 3. excurs: die Kuschiten der bibel). Die nichtsemitische vorbevölkerung (344). Das

---

1 das ṣ, wofür ja allerdings z zu erwarten wäre, könnte durch eine art von assimilation an den harten hauchlaut zu anfang des worts zu erklären sein, in quadriliteris nicht ohne analogien.

Seite.

sabäische reich in der vorchristl. zeit (345). Der dammbruch von Ma'rib (345 f.). Die wanderung südarab. stämme im 2. jahrh. n. Chr. (345, anm. 2). Das himjarische königreich und die fernere geschichte Südarabiens bis zur muhammedanischen eroberung (346 ff.). Joktan und Kachtan (348, anm. 1). Philologisches material zur kenntnis des südarabischen ausser den inschriften (349 f.). Tabelle für die verwandschaftliche stellung sämmtlicher südsemitischen sprachen (351). 345—399

Die inschriftlich erhaltenen säugethiernamen (352—354).

Gesammtüberblick über die fauna Arabiens in den ersten jahrhunderten nach Chr. 354—358

II. Die säugethiernamen der Aethiopen oder die fauna von Abesinien nach den denkmälern der Ge'ez-literatur. 361—400

Charakter der fauna der asiatischen gegenüber; übertragungen von thiernamen (361). Excurs: ps. 91, 13 in der alex. übersetzung und den aus ihr geflossenen versionen (361, anm. 2). Ueberblick über die äthiopische literatur, so fern sie für thiernamen in betracht kommt (362—379). Die äthiopische bibelübersetzung (363). Griechische und andere lehnwörter bei thiernamen (363—367). Die neueren für die abesinische fauna wichtigen reisewerke (364, anm. 1). Das buch der jubiläen (368). Assyriologisches (*zumbu* und *zibbatu*); nachträge zum äthiopischen lexicon aus dem amharischen und der äth. literatur des mittelalters (368, anm. 1). Das buch Henoch (369 f.). Der Physiologus (370). Uebersicht über die 1. periode der äth. literatur, 4.-7. jahrh. (370, anm. 4).[1] Die mittelalterliche literatur der Abesinier (371—378): äthiop. originalwerke (371—373); übersetzungen aus dem arabischen (374 ff.). Elefantennamen (374—376). Indische culturentlehnungen (377, anm. 3).

Sprachliche übersicht über die äthiop. säugethiernamen (379—394). Der *μονοκέρως* der Alexandriner (382, anm. 1). Die sieben antilopennamen Deut. 14, 5 nach sämmtlichen altorientalischen bibelübersetzungen (391, anm. 3). Zusammenfassungen der lehnwörter unter den äth. säugethiernamen (394 f.). Sprachvergleichender überblick über die bisher behandelten thiernamen des ge'ez (395—399). Excurs: der bär für die abes. fauna nachgewiesen (396, anm. 1). Ueberleitung zum ursemitischen theil (399 f.)

---

1 hiezu (und zugleich zur vorede von Dillmann's äth. Chrest.) nachzutragen Ed. König's übers. des buchs Baruch u. der regeln des Pachomius in d. Th. Stud. u. Krit. (1877, s. 318 ff. Baruch; 1878, s. 323 ff. Pachomius).

Seite.

III. Die den Ursemiten bekannten Säugethiere nebst rückschlüsssen aus der für sie erschlossenen fauna auf ihre ursprünglichen wohnsitze. 401—472

401—417

Aufzählung der ursem. namen derselben (401—405) [Excurs: s. 403, anm. 2 ass. *inzu*. — s. 404, anm. 1 ass. *kabšu*]. Die Ursitze der Semiten: A. von Kremers aufstellung und beweisführung (406 f.). [Excurs: Sumir = Südbabylonien (407, anm. 1)]. Meine aufstellung und beweisführung: westl. von Holwân (408—423). [Exc. رِئْم = oryantilope, weitere beweise (410, anm. 1)]. Die indog. sprachvergleichung; bestimmung der ursitze der Indogermanen für Asien durch den nachweis von kulturwörtern, die sowohl dem ursem. wie indog. gemeinsam waren (413 ff., darin nachweis für urs. ḫarûdu gold s. 415 anm. 1). Wichtigkeit der sumer. und ägypt. philol. für kulturgesch. und sprachvgl. forschungen (415 f.). Schlusswort (416 f.) [Excurs: löwe, weinstock, pferd den Sumeriern unbekannt (416, anm. 1)].

Nachträge. 418—451

Darin der Excurs über die sprachl. stellung der hamit sprachen (448—451).

Register. 452—472

Allgemeines sachregister (452—460). — Säugethiernamenregister (460—463). — Arabische Personennamen (463—466). — Arabische stamm- und ortsnamen (466—468). — Autorenregister (468—471). — Bibelstellen und ass. citate (472).

Einleitung.

Die existenz und die geschichte der thiere ist so eng mit der des menschen vom frühesten altertum bis auf unsere tage verbunden, dass es rein undenkbar erscheint, sich den herrn der erde, solang er auf ihr weilt und sie beherrscht, ohne die ihn umgebende thierwelt vorzustellen. Und wie es als eine der interessantesten aufgaben des menschlichen geistes angesehen wird, unsere eigene geschichte bis ins graueste altertum, ja bis zur wiege der menschheit zurückzuverfolgen, so ist es in folge dessen nicht minder anziehend zu erforschen, wie zu allen zeiten die geschichte der thiere, ihrer verbreitung und wanderungen in der alten welt wie später mit unserer eigenen geschichte schritt hielt und damit verknüpft war.

Während die zoologie es zunächst mehr mit der wissenschaftlichen durchforschung und beobachtung des anfangs- und endpunctes der uns vorliegenden thierentwicklung, nemlich den fossilen und den jetzt existirenden gattungen, mit ihrer einreihung in den gesammten naturorganismus und den damit zusammenhängenden fragen zu thun hat, so ist es in erster linie die historisch-philologische wissenschaft, die uns auf den bahnen, die wir hier (bei durchforschung der in der mitte jener zwei puncte liegenden geschichte und geographie der thiere) zu wandeln haben, als sicherer führer dienen muss. Freilich kann sie die hilfe der zoologie auf diesem gebiete nie ganz entbehren, ohne in gefahr zu sein, auf irrwege dabei zu gerathen. Für eine tiefere betrachtung des culturlebens der völker des altertums, ihrer auffassung der natur, ihrer bildungsstufe und ihrer empfänglichkeit für die poesie, kurz ihrer gesammten geschichte, besonders auch für die bestimmung der ursprünglichen wohnsitze ganzer nationen der alten welt, ist es von nicht zu unterschätzendem werth, aus ihren literaturen ein bild der ihnen bekannten thierwelt zusammenzustellen, der namen, die sie ihnen gaben, der eigentümlichkeiten, die sie an ihnen beobachteten, und der mancherlei notizen, die sie von den erst im lauf ihrer geschichte ihnen bekannt gewordenen thieren uns hinterlassen haben.

Besonders in neuester zeit hat man mit grossem erfolge dieses für die culturgeschichte so wichtige feld der philologisch-historischen wissenschaft zu bebauen begonnen; ich brauche nur an das bekannte buch Victor Hehn's: „Culturpflanzen und Hausthiere in ihrem Uebergang aus Asien nach Europa“[1] zu erinnern, ein werk, das zugleich so anziehend und fesselnd geschrieben ist, dass es jeder gebildete überhaupt, der für die culturgeschichte des altertums interesse hat, mit spannung und genuss lesen wird. „Historisch-linguistische Studien“ hat der verfasser dem titel seines buches als erklärung hinzugefügt; es ist dasselbe aber auch mit kenntnissen in der zoologie und botanik, wie man sie bei einem historiker und philologen selten finden wird, geschrieben. Und wie sehr sich einzelne stimmen aus dem naturwissenschaftlichen lager auch dagegen ereifern wollen, dass nun plötzlich in einem zweige ihrer wissenschaft die philologie ihre lehrerin werde: es bleibt dennoch eine neue, glorreich errungene wahrheit, die auch immer mehr anerkannt wird, dass für die geschichte der thiere und ihre ältesten wanderungen die historische philologie im verein mit der sprachvergleichung (nie aber letztere allein) die erste und wichtigste stimme zu führen und hier der zoologie, allerdings nie ohne deren beihilfe, den weg zu zeigen hat. Ich stimme hier mit einem bedeutenden naturforscher überein, der in seinem werke „Geschichte der Zoologie“ sagt[2]: „Die Geschichte der Zoologie ist nur aus einer allgemeinen Geschichte der Cultur zu verstehen“ und der trotz seiner grossen historischen und philologischen kenntnisse es oft genug in der ersten vom altertum handelnden hälfte seines buches bedauert, als naturforscher nicht noch mehr als er es that und thun konnte

[1] 1. aufl., Berlin 1870; 2. aufl., Berl. 1874.

[2] J. Victor Carus, Geschichte der Zoologie (München 1872), vorrede s. V.

die alten und ältesten quellen in ihrer ursprache haben benutzen zu können. Wenn Carus dies von der geschichte der zoologie, also der wissenschaftlichen beschreibung der thiere sagt, um wie viel mehr muss es nach dem obigen von der geschichte der thiere selbst gelten?

Das angeführte buch von Hehn behandelt zunächst nur die dem classischen altertum bekannten thiere und weist vermittelst der geschichte und der resultate der indogermanischen sprachvergleichung ihre frühesten spuren im orient nach. Im grossen und ganzen sind hier die hausthiere und culturpflanzen der indogermanischen völker, deren hauptstrom im lauf der geschichte sich ja doch nach Europa ergoss, vereinigt; aber nicht allein die hausthiere, jene treuen diener und genossen des menschen, kommen für uns hier in betracht; ein für die culturgeschichte nicht minder wichtiges moment bilden die im freien und in der wildnis lebenden thiere, die in den ältesten zeiten seine aufmerksamkeit auf sich zogen, ihn zu poetischen vergleichungen einluden, ihm als jagdbeute willkommen erschienen und ihn als grimmige feinde und verfolger schreckten. Nur zu wünschen wäre es, dass auch diese in der gleichen weise von der kundigen feder Hehn's noch behandelt würden.

Nur kurz zu erwähnen und bei weitem nicht in dem mass wie Hehn's werk hieher gehörig sind die arbeiten der sprachgelehrten, die es sich zur aufgabe gestellt, uns die indogermanische grundsprache zu erschliessen, diese aufgabe aufs glücklichste gelöst und gelegentlich auch auf die wichtigkeit der hier vorkommenden thiernamen hingewiesen haben. Es sind dies vor allem Adalbert Kuhn, Förstemann, Grimm, Pictet, Bacmeister, Fick u. a. Für unsere zwecke möchte ich hier hauptsächlich auf die bekannten „origines indo-européennes“ Pictet's[1], auf Max Müller's „chips from a German workshop“[2] und auf die am schluss des in Carus' Geschichte der Zoologie noch nicht aufgeführten, weil erst nachher erschienenen buches Aug. Fick's „Die ehemalige Spracheinheit

[1] Paris 1859.

[2] II 42, 1st edition (II 36 in der deutschen unter dem undeutschen titel „Essays“ erschienenen übersetzung).

der Indogermanen Europa's"[1] befindlichen zusammenstellungen den leser aufmerksam machen. Eine geschichte der thiere der indogermanischen mythologie[2] hat Angelo de Gubernatis geschrieben[3]. Da bei den ursprünglich monotheistischen Semiten[4] — einige ansätze, die alle auf fremde einflüsse zurückgehen, ausgenommen[5] — von einem eigentlichen mythos keine rede sein kann[6], so kommt diese seite der thiergeschichte für unsre zwecke vor der hand weniger in betracht, und ich verspare mir eine besprechung dieses anregenden buches auf eine andere gelegenheit.

Wenn auf dem indogermanischen gebiet trotz dieser verdienstvollen arbeiten immer noch viel zu thun übrig ist[7], so

---

[1] Göttingen 1873.

[2] so nennt sein werk in der vorrede der verfasser selbst.

[3] „Die Thiere in der Indogermanischen Mythologie" aus dem engl. übersetzt von M. Hartmann. Leipzig 1874. (Das original erschien im jahr 1872.)

[4] vgl. Magaz. f. d. Lit. des Ausl. 1876. s. 495 f., wo ich meine ansicht über die ursprüngliche religion der Semiten kurz entwickelt habe. Die ausführungeu Baudissin's (Studien zur Semit. Religionsgeschichte, Heft 1, Lpzg. 1876) enthalten keine zwingenden beweise gegen die annahme eines ursprünglichen monotheismus bei den Hebräern.

[5] so geht der gesammte babylonisch-assyrische götterkreis in seinem ursprung auf das alte nichtsemitische culturvolk der Sumerier (Akkadier) zurück, wie dies die sumerischen namen dieser gottheiten darthun (Ea, Marduk, Sin, Istar u. s. w.; auch die stadtnamen Asur, urspr. A. USUR „wasserebene", vgl. II, R. 46, 2 c. d., Nineve, urspr. NI. NA'. A „götterwohnung", vgl Asarh. IV, 50 Ni-na-a neben Ni-nu-a und IV.R. 15, 22+33 b., wo NA' durch mailu erklärt wird, und Bab-ilu, wörtliche übersetzung des sumerischen KA. DINGIRRA „pforte Gottes", woneben noch der alte name DIN. TIRRA „wald des lebens" vorkommt, sind nichtsemitischen ursprungs, und meinem freund Dr. Friedrich Delitzsch gebührt das verdienst, dies zuerst von Asur und Nineve erkannt zu haben).

[6] das gelehrte, eine fülle neuen wissenschaftlichen materials enthaltende buch Goldziher's „Der Mythos bei den Hebräern" (Leipz. 1876) ist in seinen schlussfolgerungen als durchaus verfehlt zu betrachten. Auch Max Müller scheint sich in letzter zeit bei seinen religionswissenschaftlichen forschungen auf allzu hohe und schlüpfrige pfade begeben zu wollen.

[7] um nur eins hervorzuheben: wie wichtig wäre z. b. eine zusammenstellung aller im Rig-Veda sich findenden thiernamen und der (nicht

sind dagegen die semitischen sprachen, die für die alte cultur ein mindestens ebenso wichtiges interesse darbieten, nach dieser seite hin fast noch ganz unausgebeutet. Nur für die fauna Palästina's und die im alten testament vorkommenden thiernamen haben wir gute und umfassende arbeiten[1]. Aber

blos mythologischen) züge, die bei ihnen vorkommen — eine arbeit, die natürlich nicht blos eine ausschreibung aus Grassmann's lexicon sein darf, die aber jetzt mit hilfe dieses und des Petersburger wörterbuchs sowie der leichtzugänglichen textausgaben von Max Müller und Aufrecht wahrlich nicht allzuviel zeit und mühe kostet — und dann eine vergleichung der sich daraus ergebenden resultate mit den für das urindogermanische erschlossenen thieren! Die blossen resultate der sprachvergleichung ohne philologisch-historische forschungen können auf diesem gebiet nun und nimmermehr ausreichen. Hehn und v. Kremer, dessen hiehergehörige studien wir weiter unten besprechen, haben wol die hier allein richtigen bahnen für immer vorgezeichnet. Vgl. auch das wahre und wichtige wort von Carus (a. a. o., s. 10): „Nach beiden Richtungen hin verdient der Gehalt der ältesten Sprachen an Thiernamen von der Geschichte der Thiere sorgfältiger geprüft zu werden.“ (Diese beiden richtungen sind nemlich 1. geographische verbreitung einzelner thiere und 2. ursprung der hausthiere), wozu er noch folgende anmerkung schreibt: „eine Vergleichung sämmtlicher im Wortschatz einer Sprache enthaltener Thiernamen, welche nicht in eine Geschichte der Zoologie, sondern in eine Geschichte der Thierwelt gehört, würde auch ausser den oben erwähnten Vortheilen noch andere bieten, so das kürzere oder längere Zusammenbleiben einzelner Völker und damit deren Urgeschichte aufklären helfen.“ Den letzteren wichtigen satz, den von Kremer für das semitische auszuführen begonnen und der auch von den Indogermanisten nicht oft genug nachgesprochen und beherzigt werden könnte, möchte ich zugleich als motto und leitenden grundgedanken dieser meiner vorarbeiten zu einer „Geschichte der Thiere bei den Semitischen Völkern“ betrachtet wissen.

[1] hieher gehört vor allem „S. Bochart, Hierozoicon, sive bipartitum opus de animalibus S-Scripturae etc. opera et studio Dav. Clodii. Francof. ad Moen. 1675“, ein buch, das neben vielem andern nicht blos eine vollständige übersicht der im alten test. erwähnten thiere, sondern auch eine grosse anthologie aus den damals blos in handschriften vorhandenen werken der arabischen zoologen (bes. aus Demîri und Kazwînî) gibt, aber trotz der fülle der in ihm niedergelegten für jene zeit staunenswerthen gelehrsamkeit eben doch heute veraltet ist; ersetzt freilich ist es bis jetzt durch kein ähnliches besseres buch. Eine populäre, doch auf den neuesten resultaten der wissenschaft und auf persönlicher anschauung beruhende darstellung der thierwelt Palästina's und der an-

der sprüchwörterschatz und die vorislamische poesie der Wüstenaraber, denen durch ihre abgeschlossenheit vom völkerverkehr eine altertümlichkeit und ursprünglichkeit der sitten, anschauungen und sprache geblieben, die uns in eine mehr als tausend jahre weiter zurück liegende periode zu versetzen scheint; die umfassende babylonisch-assyrische literatur, die uns in ihren historischen, zum theil von bildlichen darstellungen begleiteten denkmälern, wie nicht minder in denen mythologischen und lexicalischen inhalts, die thierwelt des Euphrat- und Tigrislandes, wie sie im zweiten und in der ersten hälfte des ersten jahrtausends vor Chr. war, klar und deutlich vor augen treten lässt; und endlich das in der Ge'ezsprache verfasste schrifttum der Abessinier, die bei ihrer wanderung von Südarabien nach Habesch ihre semitischen thiernamen auf die ihnen zum theil neue und fremde fauna des nordöstlichen Afrika's übertragen mussten — diese drei umfangreichen literaturen, zu denen man noch die aramäische (syrische) rechnen mag, obwol letztere wegen der beinahigen identität der syrischen mit der palästinensischen fauna nicht so wesentlich in betracht kommt, sie alle sind für die thiergeschichte der von den Semiten in der ältesten zeit besetzten territorien noch nicht systematisch ausgebeutet worden und versprechen schon jetzt der thier- und culturgeschichte des altertums reiche blüthen,

---

grenzenden semitischen länder füllt zum grossen theil den ersten band des 1875 in London (John Murray) erschienenen buches „Bible Lands“ von Henry J. Van-Lennep (Part I. Customs, which have their origin in the physical features of bible lands: p. 196—207 the domestic animals, p. 208—245 the horse, mule, ass and camel, p. 246 – 264 the wild beasts, p. 265—286 the scavengers, p. 287 – 305 the birds of passage und p. 306—325 the reptiles and insects) mit vielen abbildungen. Ausserdem sind noch zu erwähnen: die gut und anziehend geschriebene „Biblische Naturgeschichte für Schulen und Familien. Herausg. v. d. Calwer Verlags-Verein.“ 6. aufl. Calw 1854 (seither in neuen auflagen erschienen), deren verfasser wahrscheinlich der bekannte Württemberger Barth ist; ferner die betreffenden artikel in dem jetzt erscheinenden Handwörterbuch des Bibl. Alterthums, her. v. Riehm (die säugethiernamen darin zum theil von dem durch sein werk „Die Säugethiere, Lpzg. 2. aufl. 1859“ bekannten naturforscher Chr. Giebel in Halle), sowie viele excurse Wetzstein's in verschiedenen alttestam. commentaren Delitzsch's (so bes. im buch Hiob, 2. aufl. Lpzg. 1876).

für eine der zukunft vorbehaltene ernte aber noch reichere früchte zu tragen.

Nach dem eben ausgeführten glaube ich auch hoffen zu dürfen. durch die folgenden studien wenigstens das zu beweisen, dass nicht blos die Indogermanen, sondern vor allem auch die Semiten für die frage, „welche Thiere den Culturvölkern zuerst bekannt wurden“. zu befragen sind, „die Semiten, die für diese Seite des Naturwissens durchaus nicht begründend, kaum fördernd eingreifen“, wie Carus in seiner nur aus dem kreis der indogermanischen sprachen und der indogermanischen ursprache genommenen „sprachlichen Begründung ältester Thierkenntniss“ noch sagen musste [1], weil die semitischen sprachforscher bis dahin über diesen punkt vollständig geschwiegen hatten, wo sie schon längst, durch die arbeiten der indogermanisten angefeuert, hätten reden sollen.

Der rühmlich bekannte arabist, A. von Kremer, war es, der zuerst dieses neue gebiet für die semitische wissenschaft eröffnete in seinem aufsatz: „Semitische Kulturentlehnungen aus dem Pflanzen- und Thierreich [2].“ Dort hat er mit genialen strichen der semitischen sprach- und altertumswissenschaft den weg vorgezeichnet, den sie zu nehmen hat, um aus der vergleichung der verschiedenen thier- und pflanzennamen vereint mit der erforschung der fauna und flora der betreffenden länder und ihrer historischen entwicklung in denselben, die ursitze der Semiten zu bestimmen. Wenn ich auch, wie ich in einer andern, speciell der ursemitischen frage gewidmeten schrift zeigen werde, seinen ausführungen nicht immer beistimmen kann, und er leider das assyrische zu seinen forschungen nicht benutzen konnte, was zur richtigen bestimmung dieser fragen ganz unerlässlich ist, so bestätigt sich doch sein hauptresultat, dass Arabien nicht der ursitz der Semiten gewesen sein könne, durch die fortgesetzten sprachvergleichenden und zoologisch-historischen studien immer mehr, und wir sehen, dass jedenfalls die von A. von Kremer vorgeschlagene beweisführung der-

---

[1] Geschichte der Zoologie, s. 10.

[2] Ausland, bd. XLVIII, 1875, Januarheft, No. 1 und 2. (auch als besondere Broschüre erschienen, 8⁰, 70 ss., Stuttgart, Cotta 1875).

jenigen Schrader's[1] und Sprenger's[2] gegenüber die einzig richtige ist.

Wenn ich es nun zunächst unternehme, die säugethiernamen der Südsemiten aus der ältesten literatur derselben lexicalisch, aber mit stetiger rücksichtnahme auf sprachvergleichung, culturhistorische beziehungen und die neuere fauna der in frage kommenden länder zusammenzustellen, so ist es angezeigt, zuvor noch einen blick auf die bis jetzt vorliegenden arbeiten über die geographische verbreitung der thiere zu werfen und zu sehen, welchen thierregionen in ihnen die für uns in rede kommenden semitischen länder zugetheilt werden, und wie weit diese eintheilungen mit den freilich noch nicht überall hin abgeschlossenen resultaten der semitischen philologie in einklang stehen. Wo sich dabei differenzen finden, muss man, obwol die zoologie über die heutige fauna mancher dieser gebiete (so besonders Arabiens und Mesopotamiens) nicht genau unterrichtet ist, doch mit dem sofortigen corrigiren der von der zoologie bisher angenommenen tatsachen sehr vorsichtig sein; andrerseits besitzen wir sichere beispiele von im lauf der jahrhunderte in gewissen faunen vollzogenen änderungen. Besonders sicher können wir dies an einigen thieren Palästina's und Aegyptens nachweisen, deren existenz daselbst im altertum bezeugt ist, die aber allmählich den menschlichen waffen unterlegen und nun ganz in diesen ländern verschwunden sind. In meinen späteren ausführungen bei den einzelnen säugethiernamen der Araber und Aethiopen wird sich öfter die gelegenheit bieten, auf diese und ähnliche fragen zurückzukommen und dieselben eingehender zu behandeln.

Die erste brauchbare und auf der höhe der neueren naturforschung stehende zoologische geographie hat der Wiener naturforscher Schmarda (damals in Graz) geliefert[3]. Das erste buch (Modalität und Causalität der Verbreitung der Thiere s. 1—93, wozu s. 94—222 die anmerkungen) besteht aus drei

---

[1] Z. d. D. M. G., bd. XXVII, s. 397 ff.

[2] A. Sprenger, die alte Geographie Arabiens als Grundlage der Entwicklungsgeschichte des Semitismus, Bern, 1875 (besonders s. 293 ff.).

[3] Ludw. K. Schmarda Die geographische Verbreitung der Thiere, Wien 1853. 756 seiten 8⁰ mit einer karte.

abschnitten: „Bedingungen des Thierlebens“ (wärme, licht, luft, nahrung, vegetation). „Aufenthalt, Medium und Standort der Thiere“ (wichtigkeit der plastik des bodens u. s. f.) und „Verbreitung der Thiere“ (verbreitungsbezirke; die gesellig lebenden thiere; verschwinden und neues auftauchen gewisser thierarten u. s. f.), denen als überleitung zum zweiten buch ein kurzer abschnitt: „Faunen, zoologische Reiche; vikarirende Formen“ (z. b. lama in der neuen, kamel in der alten welt) folgt, in welchem die eintheilung der erde in 31 zoologische reiche gegeben wird. Von diesen kommen 21 auf das festland, 10 auf die meere. Erstere behandelt nun ausführlich das zweite buch: Die Thierwelt des Festlands (s. 225—367 und s. 368—582 die anmerkungen) und letztere zehn das für uns gar nicht in betracht kommende dritte: die des Oceans. Aegypten[1] und die semitischen länder (das Euphrat- und Tigrisgebiet, Syrien, Palästina, Arabien und das von Aegypten durch Nubien, von Arabien durch das südende des rothen meeres getrennte Abessinien) fallen nach Schmarda's eintheilung in die Mittelmeerfauna und die hochafrikanische (V. und XI. zool. reich) und zwar so, dass Nubien und Abessinien wie der grössere südliche theil von Arabien (nördlich etwa durch eine nach oben sich wölbende bogenförmige linie von 25^0 N.Br. / 55^0 Ö.L. — 30^0 N.Br. / 65^0 Ö.L. begrenzt) zum zoologischen reich Hochafrika gehören. Zu beachten ist, dass die jene zwei faunen trennende grenzlinie (vom SW. Aegyptens = NW. Nubiens bis zum nördlichsten theil des persischen meerbusens laufend) beinah ganz mit der isotherme von 25^0 Cels. zusammenfällt, und dass Abessinien gegen süden zu von dem übrigen theil der hochafrikanischen region Schmarda's durch die isotherme von 30^0 Cels. (wärmeäquator) abgetrennt wird.

Murray's[2] eintheilung macht einen viel tiefern schnitt

---

[1] Aegypten, das seine älteste bevölkerung wie später Habesch von Asien aus bekam, und dessen sprache und sitte so vielfach mit semitischem sich berühren, muss nicht blos geographisch, der angrenzenden lage halber, sondern hauptsächlich deshalb, weil es fast dieselbe fauna wie Arabien aufweist, hier mit in betrachtung gezogen werden.

[2] Andrew Murray the Geographical Distribution of Mammals, London 1866, pp. 420, 4^0 mit 101 karten. Während Schmarda eine zoo-

durch obige gebiete, denn er theilt die erde in vier „great primary provinces“, und zur ersten, der europäisch-asiatischen, rechnet er den nördlichen theil, zur zweiten, der afrikanisch-indischen, den südlichen theil der semitischen länder. Syrien [1], Aegypten und Nubien, sowie der theil Arabiens, der nördlich von 25° N. Br. (also immer noch einige grade nördlich vom wendekreis des krebses) liegt, gehören bei ihm zum zweiten district des europäisch-asiatischen reiches, dem mediterranischen; Arabien südlich jener linie und Abessinien (ohne Nubien) zum ersten district des afrikanisch-indischen reiches, „Africa south of the Sahara“. Bei Arabien war ihm besonders massgebend Palgrave's „Journey in Central and Eastern Arabia“ 1865; die schwierigkeiten einer genauen unterbringung Arabiens und Nubiens unter eines der zwei hier in frage kommenden reiche gesteht Murray selbst zu mit den worten: „The most difficult points in relation to this district are Nubia and Abyssinia, and the south of Arabia“ (p. 307).

Der unterschied der eintheilung Schmarda's und Murray's für Aegypten und die semitischen länder ist demnach (abgesehen davon, dass bei Schmarda Nubien zum hochafrikanischen gebiet, dem bei Murray „Africa south of the Sahara“ entsprechen würde, gehört, bei Murray aber zum mediterranischen) nur die grenzlinie, die beide durch Arabien ziehen, und die bei Schmarda einige grade N. Br. weiter nördlich als bei Murray liegt.

Einer der hervorragendsten englischen naturforscher der gegenwart, R. Wallace, hat jetzt einem umfangreichen werke,

---

logische geographie ist, so ist dies buch eine geographische zoologie, indem jede einzelne thierfamilie besonders durchgenommen wird und ihr immer eine karte ihrer verbreitungsbezirke beigegeben ist. Erst am schluss folgt eine kurze in tabellen zusammengefasste thiergeographie. Da wir auf dieses grundlegende, blos die säugethiere behandelnde werk öfter zurückkommen müssen, enthalte ich mich hier einer ausführlicheren beschreibung desselben, indem nur noch erwähnt sei, dass die einleitenden ersten fünf capitel (p. 1—50) die vorhistorische thiergeographie unseres erdtheils behandeln.

[1] so nenne ich in folgendem der kürze halber Syrien mit Palästina und den Euphrat- und Tigrisländern, da die fauna dieser aller, Aegypten und Arabien gegenüber, fast die gleiche ist.

worin er nach einer ausführlichen einleitung sowol eine „geographical zoology“ wie eine „zoological geography“ gibt, die von ihm schon im jahr 1859 [1] adoptirte eintheilung Sclater's [2] zu grunde gelegt [3]. Der mehr mit grossen allgemeinen strichen zeichnende, die thierwelt des ganzen erdkreises gewissermassen mit einem weiten sichern blick überschauende verfasser theilt die erde in sechs grosse regionen, in die palaearctische, äthiopische (ganz Afrika südlich vom wendekreis des krebses nebst Arabien südlich von diesem wendekreis), orientalische (Vorder- und Hinterindien), australische, neoarctische (Nordamerika) und neotropische (Südam.) abtheilung („region“); jede dieser abtheilungen hat vier unterabtheilungen („subregions“), so dass wir also im ganzen 24 solcher „subregions“ haben. Schon dadurch unterscheidet sich diese eintheilung vortheilhaft von der 21, resp. 31 zoologische reiche zählenden Schmarda's, dass sie diese 24 theile nicht so unvermittelt neben einander stehen lässt, sondern in grosse oberabtheilungen bringt und so nach weitertragenden gesichtspuncten anordnet, während auf der andern seite Murray in seinen zehn abtheilungen [4], da jede derselben grösseren umfang hat, zu viel ungleichartige, wenn auch schliesslich verwandte thierfaunen in eine abtheilung zusammenwerfen muss [5].

Da, wie wir schon oben sahen, Wallace seine palaearctische und äthiopische abtheilung durch den wendekreis des krebses geschieden werden lässt, so ist letzterer bei ihm auch zugleich die grenzlinie der nördlichen und südlichen semitischen länder; Nubien, Habesch, und Arabien südlich von 23° N. Br. (also noch ein theil von Hidschâz mit Mekka, ein kleiner theil von

---

[1] Wallace in „Ibis“ Oct. 1859, dann im „Journal Proc. Linn. Soc.“ Febr. 1860 und die „Nat. Hist. Review“ Jan. 1864.

[2] Sclater (zunächst für die vögel) in „Proceedings Linn. Soc.“ vol. II, p. 130 (1857).

[3] Wallace, the geographical Distribution of Animals, 2 voll. London 1876, 8⁰.

[4] siehe a. a. o., p. 304 (europäisch-asiatisches reich, 3 abth.; afrikanisch-indisches, 2 abth.; australisches, 3 abth. und amerikanisches, 2 abtheilungen).

[5] vgl. allein Murray's „Africa south of the Sahara“ (Africano-Indian province, no. 1), das bei Wallace zu vier verschiedenen „subregions“ gehört (Ethiop. reg., subreg. 1—4); und so bei den andern auch.

Nadschd, nemlich das gebiet des stammes Soleim, dann ganz Jamâma und 'Omân, sowie das eigentliche Südarabien, Jaman) gehören nach ihm zur ersten, den grössten theil des afrikanischen festlands umfassenden „subregion“ der äthiopischen abtheilung, alle übrigen semitischen länder zur zweiten dem mediterranischen reich Schmarda's und Murray's entsprechenden „subregion“ der palaearctischen abtheilung.

Wenn wir Nubien, das Schmarda und Wallace zur tropischen thierregion Afrika's ziehen, ganz aus dem spiele lassen, so sind die resultate der drei genannten forscher, was Aegypten und die semitischen länder anlangt, ziemlich übereinstimmend, indem bei allen dreien der theil von Arabien, der südlich vom wendekreis des krebses liegt, unbedingt zur tropischen thierregion Afrika's gehört, Aegypten dagegen wie das noch übrig bleibende nördliche Arabien nebst Syrien theile des mediterranischen thierreiches sind. Der streitige punct wäre also nur der streifen Arabiens, der etwa zwischen der isotherme von 25° Cels. (die grenzlinie Schmarda's) und dem wendekreis des krebses liegt, vorausgesetzt, dass wir das annehmen, worin jene forscher übereinstimmen. Wir werden aber im gegentheil sehen, dass die fauna Arabiens (vielleicht nur mit ausschluss des äussersten südrandes) bis zu den nördlichsten grenzen (den syrisch-palästinensischen gebirgen, der syrischen wüste, welche man zum theil noch zu Arabien rechnen kann, und dem Euphrat) eine einheitliche ist, die im ganzen und grossen mit der Aegyptens (Nubien natürlich ausgenommen) übereinstimmt und sich mit derselben durch das fehlen mehrerer characteristischer thierarten der nordsemitischen länder scharf von letzteren abhebt. So suchen wir den bären in alter zeit wie heute vergeblich in Arabien, ebenso den leopard und den wilden ochsen, welche alle auch in Aegypten fehlen[1], in Palästina, Syrien und den

[1] wo auf den altaegyptischen inschriften panther erwähnt werden, heissen sie stereotyp „panther des südens“, weil sie den alten Aegyptern zunächst durch ihre äthiopischen feldzüge bekannt wurden. In papyrusrollen werden sogar die mesopotamischen leopardenfelle, die die Aegypter vom lande Punt (Südarabien) neben indischen waaren bezogen, „felle der panther des südens“ genannt. Ueber den unterschied von panther (die gedrungener gebaute afrikanische species mit hellerer grundfarbe) und leopard (die asiatische species; gerade umgekehrt, aber falsch, Murray, a. a. o., p. 99) siehe später.

Euphrat- und Tigrisländern dagegen schon in den ältesten zeiten sich finden[1]. Am schluss unseres überblicks über die arabische säugethierfauna wird darüber noch eingehender gehandelt werden, und es sei jetzt nur noch erwähnt, dass wir weder für die alte zeit noch für heute die grenze der mittelmeerfauna und der tropischen thierregion Afrika's quer durch Arabien ziehen dürfen; Aegypten und ganz Arabien sind eine unterabtheilung für sich, die zwar einen übergang von der palaearctischen region zur tropischen Afrika's bildet, aber doch der ersteren viel näher steht als der letzteren und nach meiner meinung unbedenklich noch der mittelmeerfauna einzureihen ist. Umgekehrt ist es mit Abessinien, das in seinen niederungen ganz die tropische vegetation und thierwelt, in seinen alpenländern dagegen die merkwürdigsten contraste aufweist, die uns manchmal in den norden Syriens zu versetzen scheinen; und doch ist Habesch entschieden zur tropischen fauna Afrika's zu stellen, was auch Schmarda, Murray und Wallace übereinstimmend gethan haben.

---

[1] Die nachweise siehe später bei den artikeln *dubb* bär, *namir* leopard und *gamûs* büffel.

I.

Die Säugethiernamen der Araber

im sechsten nachchristlichen Jahrhundert.

Mit einem Anhang:

Die Säugethiernamen der himjarischen Inschriften.

Die erstaunliche wortfülle der bilderreichen sprache des altarabischen, die ursprünglichkeit ihrer formen andern semitischen schwestersprachen gegenüber, von denen uns überreste aus viel älterer zeit erhalten sind, wie der uralte sprichwörterschatz, der uns die Araber in sitte und anschauung noch so erscheinen lässt, wie wir sie uns bereits jahrhunderte vor Chr. geb. zu denken haben, dies alles, begründet in der stillen grösse und naturwüchsigkeit der abgeschlossenen arabischen halbinsel und ihrer bewohner, lässt es uns wol verwinden, dass wir erst vom sechsten nachchristl. jahrhundert ab die literatur dieses merkwürdigen volkes kennen, dessen älteste gedichte und sprichwörter für die kenntnis der den Semiten in ältester zeit bekannten thiere wie für die etymologische erklärung der semitischen thiernamen mehr stoff an die hand geben als sogar das assyrische und hebräische. Es ist dies vielleicht ein in der ganzen weltgeschichte einzig dastehender fall, dass ein volk in mehr als 3000 jahren — denn noch heut haben die Beduinen dasselbe gepräge wie die in den historischen büchern des alten testaments geschilderten Wüstenaraber — so wenig sich in sitte und sprache verändert hat, als die söhne Joktan's und Ismael's. Nachdem einmal die ersten schwärme der Ursemiten von norden her in die arabische halbinsel sich ergossen, war mit der eigenart der letzteren wie mit der der semitischen nomaden, welche in sie einwanderten, zugleich die bedingung für dieses conservative und zähe festhalten an der alten lebensweise, dieses unbewusste bewahren der alten sprachformen mit einem schlage gegeben, und sogar die später nachziehenden Ismaeliten, deren sprache schon mehr eine dem althebräischen oder dem uns leider unbekannten altaramäischen ähnliche gewesen sein dürfte, konnten nicht viel rascheren fluss in die langsam und ruhig sich fortentwickelnde arabische sprache bringen, sie wurden mit nur dialectischen abweichungen der zunge dieselben Araber wie die früher eingewanderten Joktaniden. Fortentwickelt freilich hat sich das arabische immer, nur nicht in dem mass, wie etwa das aramäische. hebräische und assyrische, welche, nachdem die sie redenden völker früh in den strom der geschichte verwickelt und in ihm fortgetrieben wurden, notwendig auch rascher ihre alten formen abschliffen und, was gerade den formellen theil ihrer grammatik anlangt eher dem vulgärarabischen ähnlich sind. Eine eigentliche stabilität im strengen sinn des worts gibt es ja in keinem alten volksleben, in keiner sprache, und so sehen wir deutlich in der reichen entwicklung der stammbedeutungen, der ausbildung von vier- und fünfbuchstabigen zeit- und hauptwörtern, in der neuentstehung mancher grammatischer formen, die fürs ursemitische nicht nachweisbar sind, dass auch die Araber, dieses volk mit zügelloser phantasie und reichster erfindungskraft, schon vor dem auftreten Muḥammad's bei allem festhalten des alten doch innerhalb gewisser grenzen weitergeschritten sind[1]. Aber dennoch müssen wir das obengesagte wiederholt betonen, und wir finden auch durch alle nachrichten, die wir aus vorchristlicher zeit über die Araber haben, vollauf bestätigt, dass der gemeinsemitische grundzug, am alten und hergebrachten, sei es nun bewusst oder unbewusst, zäh festzuhalten, gerade bei ihnen in einem mass hervortritt, wie es bei keinem andern volke je der fall gewesen. Freilich sind es blos zerstreute nachrichten aus der ägyptischen, assyrischen und hebräischen literatur für die älteste zeit, aus den griechischen und lateinischen klassikern wie der syrischen literatur und den christlichen kirchenvätern für die vier bis fünf ersten jahrhunderte vor und nach Christus, aber doch genügen sie, in ein ganzes verarbeitet, zu beweisen, wie wenig sich die Araber seit ihrer einwanderung und ein-

---

[1] von der nachmuḥammadanischen zeit, in welcher, meist auf nichtarabischem boden, der grösste theil der arabischen (besonders wissenschaftlichen und theologischen) literatur entstanden ist und in welche die eigentliche culturmission der Araber fällt, sehen wir für diese betrachtung überhaupt ganz ab; von da an geht die arabische sprachentwicklung, wie sie uns in der literatur vorliegt, mit ebenso raschen schritten vorwärts (ich sage absichtlich nicht: ihrem verfalle zu) wie schon zwei jahrtausende früher das assyrische und hebräische.

gewöhnung in die nach ihnen benannte halbinsel im lauf der jahrtausende bis zu dem zeitpunct, wo wir sie selbst aus ihren liedern kennen lernen, verändert haben[1].

Ins innere Arabiens ist nie ein diesem lande feindselig nahendes volk weder in alter noch in neuer zeit gedrungen[2] und so kamen auch die alten Aegypter nur von zwei seiten mit ihnen in berührung, nemlich einmal auf ihren feldzügen gegen die Cheta (Aramäer, Hethiter, die Chatti der keilinschriften), wo sie das gebiet der in und um die sinaihalbinsel wohnenden Beduinen streifen mussten[3], und dann auf ihren flottenfahrten nach Südarabien, dem lande Pa'unt[4] und

[1] vgl. Van-Lennep Bible Lands, I, p. 5: „Since that time (nemlich der zeit bis Christi geburt) the lands of the Bible have passed through various vicissitudes, and been overrun and occupied by many strange nations. Yet it is acknowledged that in no other portion of the globe have traditions, customs and even modes of thought, been preserved with greater fidelity and tenacity. This is the uniform testimony of all who visit the East (unter denen V. Lennep selbst eine nicht unbedeutende stelle einnimmt)". Wenn dies von der jetzigen zeit gilt, um wie viel mehr können wir es glaublich finden, dass wir in den Arabern des sechsten jahrhunderts nach Chr. ein ziemlich getreues abbild der Araber etwa des 15. jahrhunderts vor Chr. vor augen haben, zumal ja während dieses zeitraums Arabien, den äussersten südrand ausgenommen, ein von andern völkern abgeschlossenes und vom verkehr mit ihnen unberührtes land gewesen ist?

[2] vgl. seite 47, anm. 2.

[3] diese nomadenvölker werden von den alten Aegyptern stets mit dem allgemeinen namen Shasu (d. i. hirten, beduinen) benannt; schon im anfang der XVIII. dynastie (Aḥmes, Amenophis I., Teḥutmes I. und II., d. königin Hatasu, Teḥutmes III) werden uns solche Chetafeldzüge, auf denen die Pharaonen an arabischen stämmen vorüber müssen, berichtet, doch fehlt es uns leider noch an einer zusammenfassenden darstellung der berührungen der alten Aegypter mit den nördlich von ihnen wohnenden semitischen völkern aus der hand eines Aegyptologen, und gerade eine geschichte der XVIII. dynastie dürfte hierüber mehr licht verbreiten. So sind auch jedenfalls die Hyksos („die Shasu-könige") wenn auch nicht allein Araber, so doch mit beduinenstämmen verbündete Philister und andere kanaanäische völkerschaften gewesen. (Beiläufig sei hier nur noch bemerkt, dass alle die sog. kanaanäischen völker, die vor dem volk Israel in Palästina sassen, Semiten waren, wie an einem andern ort ausführlicher gezeigt werden soll).

[4] zweisilbig und nicht Punt zu sprechen; ebenso ist -t hier nicht femininendung, da manchmal die variante *Pa-untet* vorkommt; ob da-

Noter-ta[1]. Es ist keineswegs gering anzuschlagen, wie wichtig für die kenntnis des alten Arabiens eine planmässige ausbeutung der aegyptischen inschriften nach dieser seite hin ist, und wie viel auch für die alte thiergeschichte und thiergeographie, wie für culturgeschichte überhaupt, dabei herausspringen muss.

Aehnlich ist es mit der assyrischen literatur; dass je ein assyrischer grosskönig in das innere Arabiens gedrungen, davon wird uns nie in ihr berichtet. Auch nach Südarabien scheinen

---

gegen hier *pa*' der artikel ist, ist fraglich, da nie die andre variante, mit der der artikel geschrieben wird, vorkommt, immer blos das kleine viereck. Jedenfalls ist Sprenger's identification mit Punierland (siehe dessen Alte Geographie Arabiens, s. 296) sehr problematisch, so wahrscheinlich es ist, dass die ältesten vermittler des südarabisch-indischen handels phönizische kaufleute waren und die Aegypter nach ihnen die südküste Arabiens benannt hätten.

[1] d. i. „göttliches land". Dümichen in seiner „Flotte einer aegyptischen Königin", taf. II, gibt uns die abbildung eines schiffes der obengenannten königin Hatasu (anf. des 17. jahrh. v. Chr.); wo wir deutlich die in dem danebenstehenden text erwähnten handelsartikel abgemalt sehen. Die übersetzung, die ich einem freunde in Berlin verdanke, lautet folgendermassen: „Beladen waren die schiffe sehr hoch mit den wundern des landes von Pa'unt, allen guten hölzern von Noter-Ta, haufen von gummi des Anti, mit bäumen des grünen Ānti, mit ebenholz auf reinem elfenbein (eingelegt), mit gold und silber des Āmulandes, mit thešep-holz, und chesit-holz, mit ahmet (weihrauch?) und noter-senther-weihrauch und mesdemet-schminke, mit ānāu-affen und gafi-affen (vgl. Skt. *kapi*, wovon auch κῆπος und hebr. *ḳōphîm* lehnworte sind) und windhunden, mit häuten von panthern des südens (so heissen die panther stets auf den aeg. inschriften), mit bauern sammt ihren kindern, nimmermehr brachte etwas diesem gleiches irgend ein könig seit ewiger zeit." Amu-land ist Asien und speciell Palästina, Syrien und Mesopotamien; Noter-ta („das göttliche land") halten manche für die Sinaihalbinsel und Nordarabien; vielleicht (und mir das wahrscheinlichere, ja sichere) ist es aber auch ein theil von Südarabien. — In Berliner und Londoner Papyrusrollen kommen ähnliche tributbeschreibungen vor; nimmt man nun noch die langen geographischen listen der Aegypter dazu, die zwar gut edirt, aber oft sehr gewagt und ohne historische forschung erklärt und aufs geradewohl, oft nur nach entfernt anklingender namensähnlichkeit mit geographischen namen uns aus dem alterthum bekannt identificirt wurden, so ist nach obenstehender probe klar, eine wie grosse ausbeute die aegyptische literatur für die erforschung der ältesten zustände Arabiens noch geben wird.

die Assyrer nie oder wenigstens nicht oft [1] gekommen zu sein, obwol es zur see für sie ebenso leicht wie für die Aegypter möglich war; phönizische kaufleute mögen dagegen um so öfter von Südarabien nach der Euphrat- und Tigrismündung gefahren sein und das prunkliebende Babylon mit ihren luxusartikeln versehen haben. Sicher ist nur, dass die Assyrer mit den im norden wohnenden Beduinenstämmen in zahlreiche berührungen kamen. Das ausführlichste document hierüber ist wol der arabische feldzug des Asurbanibal (regierte 668—626) gegen die von Aribi, Kidri und die Nabatäer (Asurb. Cyl. A, col. VII, 97 ff.). Wir ersehen daraus wie aus andern historischen inschriften der Assyrer, dass bereits damals die nordgrenze Arabiens von al-'Arîsh (Rhinocolura) nach der südspitze des todten meeres, von da in nordöstlicher richtung bis nah an Palmyra, dann östlich nach dem Euphrat hin und diesem entlang südöstlich bis an den persischen meerbusen gieng, so dass also die grosse wüste im norden, die man später je nach ihrer angrenzung *bâdijata 'l-'Irâḳi, 'l-Gazîrati, 'š-Ša'mi* (syrische, mesopotamische und irakische wüste) nannte, ganz von nomadisirenden Beduinen durchzogen war wie noch heutzutage. Ja selbst der südliche theil von Mesopotamien (heut *al-'Irâḳu 'l-'Arabî*) wurde nicht blos erst zu Xenophon's und Strabo's zeit von arabischen horden (*Ἄραβες Σκηνῖται*) wie es jetzt noch geschieht durchstrichen [2], sondern bereits im 8. und 7. vorchristl. jahrhundert können wir arabische Beduinen dort aus den assyrischen inschriften (z. b. aus Sargon und Sanherib) nachweisen [3].

---

[1] vgl. die Khorsabadinschrift Sargon's (722—705) z. 27 *madattu sa Pirhu sar Muṣuri, Šamsî sarrat mat Aribi, It'amara Šabahai, ḫuraṣa, isbi kurra, šuši, gammali amḫar* d. i. „den tribut Pharao's des königs von Aegypten, der Šamsijja, königin von Arabien, des It'amara des Sabäers (arab. *Sabâ*, hebr. *Šebā*), nemlich gold, kräuter des ostlands (weihrauch? oder gummiharz?) sclaven, pferde, kamele nahm ich in empfang."

[2] Anabasis I, 5 und Strabo XVI, p. 739; vgl. auch Plin. H.N. V, 20 f. und Tac. Ann. XII, 12.

[3] vgl. Khorsab. z. 18 und 19, wie z. 126; Sanh Bellino z. 15 ff. Die dort mitgenannten Nabatäer sind ebenfalls arabische nomaden, die sich von dem in der Sinaihalbinsel wohnenden und später von Asurbanibal

Die erwähnungen der Araber im alten testament kann man am besten aus Arnold's[1] und Schrader's[2] zusammenstellungen ersehen, und ebenso gibt C. L. Grotefend[3] einen hübschen überblick der kenntnisse über Arabien, die in den griechischen und lateinischen schriftstellern uns entgegentreten. „Das unsterbliche werk des Ptolemäus" hat uns Sprenger, so weit es von Arabien handelt (lib. VI, cap. 7) in einem buche[4] commentirt, das überhaupt eine fülle von material für die erforschung der geographie und culturgeschichte des vorchristlichen Arabiens an die hand gibt, obwol Ptolemäus Arabia felix nur so beschreibt, wie man es kartographisch zu seiner zeit (1. hälfte des 2. nachchristlichen jahrhunderts) kennen konnte. Dies buch wird für eine noch der zukunft zu schreiben vorbehaltene „culturgeschichte und geographie Arabiens von ältester zeit bis zum 5. nachchristlichen jahrhundert" trotz seiner vielen falschen voraussetzungen, von denen es ausgeht, immer von grundlegendem werthe sein.

Mit anfang des 6. jahrhunderts endlich, also c. 120 jahre vor dem auftreten Muḥammad's, beginnt für uns die zeit, wo wir mehr licht über das leben und treiben, die geschichte und

---

bekriegten hauptstamm losgetrennt hatten und hier mit den Hauranbeduinen und den Hagaräern zusammengestellt werden. Diese gehören natürlich nicht zu den im südl. Mesopotamien nomadisirenden Arabern; zusammengefasst werden letztere unter dem namen Urbi, siehe Sanh. Bell. z. 13. — Alle diese notizen lassen sich durch ein eingehendes vergleichendes studium der assyr. historischen inschriften sehr vermehren, denn hier ist noch viel bis jetzt meist nur oberflächlich benutztes material zu durchforschen, und ich hoffe in nichtallzuferner zeit eine ziemlich vollständige zusammenstellung dieser berührungen, die zeit von Tiglat-Pilesar I. bis Asurbanibal (c. 1120—620 vor chr.) umfassend, geben zu können.

[1] in Herzog's Realencycl. Artikel Arabien; dort ist ein alter fehler zu verbessern, der von Quatremère stammt: Die Nabatäer nemlich sind nicht Aramäer, sondern Araber; erst in nachmuhammedischer zeit heissen bei den arabischen schriftstellern die Aramäer deshalb Nabatäer, weil allerdings zuletzt die Nabatäer von Petra ganz aramaïsirt worden waren; vgl. Nöldeke in der Z. d. D. M. G., bd. XXV, s. 122 ff.

[2] in Riehm's Handwörterb. des bibl. altertums, Art. Arabien.

[3] in Pauly's Realencycl., 2. aufl., Artikel Arabia.

[4] Die alte Geographie Arabiens als Grundlage der Entwicklungsgeschichte des Semitismus. Bern 1875.

geographie, religion und literatur der Araber empfangen, weil eben die ältesten denkmäler ihrer literatur in diese zeit fallen und uns hier den weg weisen. Das ganze 6. jahrhundert wie der anfang des 7. ist im engern sinn die zeit, die die Araber die G'âhilijja, d. i. zeit der unwissenheit, wir aber die vorislamische periode zu nennen pflegen. Das ist so eigentlich die zeit des poetischen recken- und rittertums, der lieder und gesänge, des weins und der minne beim arabischen volke, wo ihre poesie die schönsten und reichsten blüthen trieb und ihre sprache noch eine schöpferische fülle und eine vollkraft hatte, die in nachmuḥammedanischer zeit nicht mehr überboten wurde, von der im gegentheil die dichter der ersten 3 jahrhunderte der Hidschra, die eigentlichen vertreter des classischen arabisch, sich nur nährten wie das kind von der mutter. Das 6. jahrhundert und seine poetische[1] literatur ist es denn auch, die ich dem ersten hauptteil meines büchleins zu grunde legen muss, und nicht blos weil es die älteste auf uns gekommene literatur der Araber ist, sondern weil es überhaupt (den ḳorân noch miteingeschlossen) diejenige literatur ist, die die Araber in Arabien (und zwar in dem noch ganz von aller welt abgeschlossenen Arabien) für sich in anspruch nehmen dürfen. Denn von der ausbreitung des Islâms an wächst und wuchert das arabische schrifttum in einer weise, von der sich ein laie kaum eine vorstellung machen kann, aber wenn auch in noch so reinem arabisch verfasst, meist auf fremden boden verpflanzt und somit nicht mehr in dem sinne arabische nationalliteratur wie die alten vorislamischen gedichte und sprichwörter und der noch ganz auf arabischem boden und in arabischen anschauungen entstandene Ḳor'ân. Wenn wir wissen wollen, welche thiere zur arabischen fauna gehörten, dürfen wir nicht die spätern arabischen dichter, nicht die arabischen historiker, am allerwenigsten die grammatiker und lexikographen allein fragen, ja nicht einmal unbedingt den Ḳor'ân als ältestes prosadenkmal, sondern in erster linie die alten dichter, die, trotzdem z. b. Imrulḳais für einen G'ahiliten ein weitgereister mann war, es doch nie lieben, andre thiere zu ihren poetischen schilderungen

---

[1] die prosaische beginnt, wenn man den alten sprichwörterschatz ausnimmt, für uns überhaupt mit dem Ḳorân und den traditionssammlungen.

und vergleichungen zu brauchen, als die in Arabien heimischen und also auch jedem zuhörer wolbekannten. So wäre es ein falscher schluss, weil arab. *dubb* „bär“ beim dichter Mutanabbi (3. jahrh. der Hidschra) öfters vorkommt, weil er in den spätern sprichwörtern eine rolle spielt und ausserdem den arabischen lexicographen und spätern zoologen wol bekannt ist, dies thier der arabischen fauna zuzurechnen, ebenso falsch, wie wenn man behaupten wollte, die elefanten hätten einmal in Arabien existirt, weil im Ḳo'rân das wort *fîl* „elefant“ zu lesen ist. Bereits ende des 1. jahrh. der Hidschra hatte die arabische literatur in Syrien, Aegypten und im 'Iraḳ einen so fruchtbaren boden gefunden, dass bereits eine hübsche anzahl von lehnwörtern in dieselbe eindringen konnte und darunter besonders auch namen von thieren, die den früheren echten Beduinen nie bekannt waren, weil sie eben in Arabien nicht existirten. Ein solches lehnwort ist das besprochene *dubb*, ein andres *fahd* (der in Persien, Mesopotamien und 'Iraḳ viel für jagden abgerichtete kleine leopard), ein echt persisches lehnwort *dalaḳ* u. s. f. Auch *fil* kam ursprünglich durch persische vermittlung in den arabischen wortschatz, doch schon früher als die andern genannten, wie es denn auch schon sure 105, 1 wie im lobgedicht Ka'b ibn Zuheir's auf Muḥammad steht.

Es kann hier nicht meine absicht sein, eine rundschau über die poetische literatur der Araber vor Muḥammad (die sogenannte „altarabische“ periode der arabischen literatur, während die der ersten drei jahrhunderte der Hidschra, den ḳor'ân mit eingeschlossen, die „classische“ heisst) zu halten, da eine auch noch so kurze übersicht den hier gebotenen raum überschreiten würde; einzelnes notwendige werde ich stets am passenden ort in der anmerkung notiren. Vollständig ausgebeutet sind in den folgenden ausführungen die Hamasa[1], diese grosse sammlung altarabischer gedichte verschiedensten inhalts, die sieben Mu'allaḳât[2] (d. i. „aufgehängten“, nemlich die in der arabischen literatur wegen ihrer kostbarkeit auf einen

---

[1] citirt nach der seitenzahl des von Freytag (Bonn 1828) herausgegebenen arabischen textes.

[2] citirt nach der textausgabe von Arnold, Lpzg. 1850.

ehrenplatz erhobenen [1], die preisgedichte) und von den sprichwörtern die reiche sammlung der ältesten arabischen sprichwörter von Meidâni, die uns ebenfalls Freytag zugänglich gemacht hat [2]; ferner habe ich alle im Ḳor'ân vorkommenden thiernamen berücksichtigt. Ebenfalls viel benutzt wurden die diwane des Urwa ibn al-Ward [3], 'Alḳama [4] und Imrulḳais [5], die in Nöldeke's Beiträgen veröffentlichten gedichte, wie der von Ahlwardt herausgegebene „Divan of the six ancient poets" (London 1870) und der Divan der Huḏailiten, soweit er uns in Kosegarten's ausgabe vorliegt (London und Greifswald 1854).

Wenn hie und da ein gedicht, das einen spätern ursprung verräth — auch in der Hamasa laufen solche, besonders im *bâbu madammati 'n-nisâ*, mit unter — citirt werden musste, so geschah es nie, ohne dabei auf diesen umstand hinzudeuten und wenn möglich den dichter und sein ungefähres lebensalter in der anmerkung anzugeben. Für weitere notizen über die einzelnen der vorislamischen dichter verweise ich einstweilen auf den „Literaturgeschichtlichen Anhang" in Mehren's Rhe-

---

1 vgl. Nöldeke, Beitr. z. Kenntniss der Poesie der alten Araber s. XXII.; v. Kremer übersetzt: „die nach mündlichem vortrage aufgeschriebenen" in seinem „Altarabische Gedichte über die Volkssage von Jemen" (Lpzg. 1867) s. 11., wogegen man Ahlwardt Bemerk. üb. die Aechtheit etc. (Greifsw. 1872) s. 25, nachsehe, welcher „die mit köstlichem geschmeide versehenen" übersetzt; mir scheint v. Kremer's erklärung jedenfalls noch reiflicher prüfung unterzogen werden zu müssen, ehe man sie ganz verwirft; denn wenn *'allaḳa* „nach mündlichem vortrage aufschreiben" für die ältere prosa noch nachgewiesen werden kann (Ahlwardt sagt blos „schwerlich"), so befriedigt v. Kremer's erklärung philologisch weit mehr als die andern.

2 Arabum proverbia vocalibus instr., lat. vertit, comment. illustr. etc. G. G. Freytag. 3 voll. (wovon die 2 ersten Meidâni's sprichwörter, der 3. neuere, sowie eine einleitung enthalten). Bonn 1838—43. — Meidânî † 518 = 1124; schon lang vor ihm wurden die ältesten sprichwörter der Araber gesammelt. So schrieb Jûnus ibn Ḥabîb al-Basrî (81/700 — 174/790), zu dessen schülern auch wüstenaraber gehörten, ein kitâbu 'l-amṯâl. Siehe Flügel, Gramm. Schul. d. Ar., s. 35 (vgl. auch s. 53 u. ö.).

3 herausgegeben und übersetzt von Nöldeke, Göttingen 1863. 4°.

4 herausgegeben und übersetzt von A. Socin, Leipz. 1867.

5 Le Diwan d'Amro'lkais . . . . par M. Guckin de Slane, Paris 1837.

torik der Araber [1], und auf Iskender Agha-Abgarius' „buch der aue der feinen bildung in den (drei) dichterstufen der Araber" [2], was nur die poesie der Ǵâhilijja umfasst und die vorislamischen dichter nach dem gehalt ihrer lieder in drei stufen theilt; das büchlein ist jedenfalls eine gute und praktische zusammenstellung aus grösseren werken, wie Ibn Challikan, Ibn Ḳutaiba etc., gibt zahlreiche proben der dichter und erzählt ihre lebensumstände, wobei jedoch zu bemerken ist, dass besonders bei den ältesten dichtern gewöhnlich eine anzahl jahre zu dem von Abgarius angegebenen todesjahr dazu addirt werden darf. Das buch ist einer übersetzung ins deutsche wol werth, freilich insofern eine schwierige aufgabe, als so viele gedichte, zu denen wir keinen commentar besitzen, darin mitgetheilt werden. Die chronologische ordnung würde sich nach Abgarius folgendermassen gestalten (im buch selbst folgen sich die dichter alfabetisch):

1 Al-Mumazzaḳ al-'Abadî ('Irâḳ) 3 (s. 183) [3] † 480 n. Chr.

2 Al-Muhalhil at-Taǵlibî (Naǵd) 1 (s. 173) † 500.

3 Abu Kabîr al-Hudalî (wüste von Ḥiǵâz) 2 (s. 192) † 500.

4 Al-Muraḳḳiš der Jüngere, aḍ-Ḍab'î (Naǵd) 2 (s. 154) † 500.

5 Aš-Šanfarâ al-Azdî (Jaman) 2 (s. 81) † 510.

6 Abû-Du'âd al-Ajâdî (wüste von 'Irâk) 2 (s. 128) † 520 in hohem alter.

7 Salâma ibn Ǵandal at-Tamîmî (Jaman) 2 (s. 180) † 520 (*wa-huwa ǵâhilî ḳadîm*).

8 Al-Mutaḳḳib al-'Abadî ('Irâk) 2 (s. 265) † 520, lebte unter 'Amr ibn Hind.

9 Al-Barrâk ibn Rûḥân at-Tamîmî (Jaman) 2 (s. 49) † 525 (*wa huwa ǵâhilî ḳadîm*).

10 Al-Find az-Zamânî (Jamâma) 3 (s. 184) † 530 (geb. 435) n. Chr.

---

[1] Wien 1853, s. 257—296.

[2] *Kitâbu raudati 'l-adabi fî ṭabaḳâti šu'arâ'i 'l-'Arabi ta'lîfi Iskandar Aǵa Abǵârijus*, Beirut 1858.

[3] abgekürzt aus: „*min ahli 'l-'Irâḳ* d. i. von den leuten von 'Irâḳ; 3. dichterstufe; seite 183 der Beiruter ausgabe" und so bei den folgenden.

11 Bišr ibn abî Ḥâzim al-Asadî (Naǵd) 1 (s. 59) † 530.
12 Ta'abbaṭa-šarran al-Fahamî (Tihâma) 2 (s. 74) † 530.
13 'Amr ibn Ḳami'a al-Bakrî ('Irâk) 2 (s. 233) † 538.
14 Imru'u 'l-Ḳais al-Kindî (Naǵd) 1 (s. 25) † 539 [1].
15 Ṭarafa ibn al-'Abd al-Bakrî (Baḥrain) 1 (s. 186) † c. 540 (nach Perron dagegen geb. c. 540—550 und gest. c. 570 n. Chr. [2]).
16 Al-Mutalammis aḍ-Ḍab'î (Baḥrain) 2 (s. 92) † 550.
17 Al-Ḥâriṯ ibn Ḥilliza al-Jaškurî ('Irâḳ) 1 (s. 105) † 560 [3].
18 As-Samau'al al-Ausî (wüste von Ḥiǵâz) 2 (s. 178) † 560.
19 Zuhair ibn Ǵannâb al-Kalbî (Jaman) 3 (s. 165) † 560 in hohem alter.
20 'Alḳama ibn 'Abada at-Tamîmî (Naǵd) 2 (s. 227) † 561. [4]
21 Uḥaiḥa ibn al-Ǵullâḥ al-Ausî (Jaṯrib) 2 (s. 16) † 561.
22 'Abdallah ibn 'Iǵlân an-Nahdî (Jaman) 3 (s. 202) † 567 („vier jahre *ḳabla 'âmi 'l-fîl*").
23 'Amr ibn Kulṯûm at-Taǵlibî (Ǵazîra d. i. „insel") 1 (s. 235) † 570.
24 Al-Ḥâriṯ ibn 'Abbâd al-Bakrî ('Irâk) 2 (s. 112) † 570.
25 Ḫidâš ibn Zuhair al-'Amrî (Naǵd) 2 (s. 130) † 570.

---

[1] nach Ahlwardt Bem. s. 74 (Sujûti Mughni 57a) zeitgenosse des 'Abîd ibn al-Abraṣ (s. no. 38), der anfang des 7. jahrh. starb; demnach wird obige zahl († 539) zu hoch gegriffen sein. Man sieht, dass Abgarius Ibn Ḳutaiba's dichterklassen als hauptquelle, aber manchmal sehr gedankenlos benutzt hat, denn dort heisst es, Imrulk. habe 40 jahre vor Muḥammad gelebt; wenn man nun vom geburtsjahr Muḥammads vierzig jahre subtrahirt, so kommt ungefähr die oben angegebene zahl heraus.

[2] vgl. Ahlw., Bem., s. 58 „er lebte zur zeit des 'Amr ibn Hind, königs von Elḥîra (Meidani bei Vullers, Tarafae Moallaca, p. 11)"; dieser aber regierte 563—579 n. Chr. Dann ist natürlich auch Mutalammis' tod entsprechend später zu setzen.

[3] da er sich in seiner Mu'allaḳa öfters an 'Amr ibn Hind wendet, welcher 563—579 regierte, so muss er später als 560 gestorben sein. Geboren ist er, wie 'Amr ibn Kulṯum, bereits in der mitte des 5. jahrhunderts.

[4] im jahre 588, dem jahr des treffens von Ubâgh, hatte er bereits graue haare (vgl. diwân des Alḳama 2, 1 *'aṣru ḫâna mašîbu*), siehe Socin's ausgabe, s. VII, und dann lebte er noch eine geraume zeit. Er kann also nicht schon im jahr 561 gestorben sein. Vgl. auch Ahlw., Bem., s. 66 (mit dem dort bemerkten stimmt auch, dass er oben in die 2. ṭabaḳa gestellt ist).

26 Al-Musajjab ibn 'Alas al-Bakrî ('Irâḳ) 2 (s. 268) † 580.

27 Ḳais ibn Zuhair al-'Absî (Naǵd) 3 (s. 250) † c. 580. Lebte zur zeit des vierzigjährigen krieges zwischen 'Abs und Fazâra (535—575 n. Chr.) und soll nachher in 'Oman christlicher mönch geworden sein. Sein enkel Ibn Hind ibn Ḳais ibn Zuhair war im anfang der Omajjadenherrschaft (41/661 begann dieselbe) schon ein alter mann.

28 Laḳîṭ ibn Zarâra ad-Dârimî (Jaman) 3 (s. 258) † c. 580.

29 Al-Mustauǵir ibn Rabî'a as-Sa'dî (Jaman) 3 (s. 268) † 580 in hohem Alter.

30 Ar-Rabî'a ibn Zijâd al-'Absî (Naǵd) 2 (s. 150) † 590.

31 Ḥâǵiz ibn 'Auf al-Azdî (Ḥiǵâz) 3 (s. 103) † 590.

32 Ḫuffâf ibn Nudba as-Sulmî (Naǵd) 2 (s. 132) † 595.

33 'Urwa ibn al-Ward al-'Absî (Naǵd) 2 (s. 221) geb. 516, † 596[1].

34 'Adî ibn Zaid al-'Abbâdî (Ḥîra[2]) 1 (s. 219) † c. 598.

35 Abû Ḳais ibn al-Aslat al-Ausî (Jaṯrib) 2 (s. 189) † 600.

36 Al-Aswad ibn Ja'fur ad-Dârimî ('Irâḳ) 2 (s. 44) † 600.

37 Al-Ḥâriṯ ibn Ẓâlim al-Murrî (Naǵd) 3 (s. 107) † 600.

38 'Abîd ibn al-Abraṣ al-Asadî (Naǵd) 1 (s. 207) † 605.

39 Al-Munaḫḫal al-Jaškurî ('Irâḳ) 2 (s. 274) † c. 605 (im kerker Nu'mân ibn al-Munḏir's).

40 Suleik ibn as-Sulaka as-Sa'dî (Jaman) 3 (s. 116) † 605 in hohem alter.

41 Ajâs ibn Ḳubaiṣa aṭ-Ṭâ'î ('Irâḳ) 3 (s. 46) † 610.

42 An-Nâbiġa aḏ-Ḏubjânî (Ḥiǵâz) 1 (s. 166) † im todesjahr an-Nu'mân ibn al-Munḏir's (nach de Sacy 611 n. Chr.[3]).

43 'Antara al-fawâris al-'Absî (Naǵd) 1 (s. 243) geb. 525, † 615[4].

44 Al-Mutanaḫḫil ibn 'Uwaimir al-Huḏalî (Ḥiǵâz) 2 (s. 264) † „wenige jahre vor dem Islâm".

---

[1] damit stimmt das in der einleitung der ausgabe des diwans von Nöldeke bemerkte (s. s. 4 daselbst).

[2] hier heisst es nicht *min ahli 'l-Ḥîra*, sondern *mina 'l-Ḥîra*.

[3] damit stimmt Ahlwardt Bem., s. 39 „sein tod kurz vor dem auftreten Muhammeds" (Essujûti Šarḥ šawâhid el-mughni 19a).

[4] vgl. Ahlwardt Bem. s. 52 „sein leben fällt in die zeit des krieges von Dâḥis wa-'l-Gabrâ" (535—575); ferner: „er soll hochbejahrt gefallen sein" (Ibn Ḳutaiba und Kitâb al-Aghâni).

45 Zuhair ibn Abî Sulmâ al-Mazanî (Nag̓d) 1 (s. 160)
† 621 [1].

46 Ḳais ibn al-Ḥatȋm al-Ausî (Jat̲rib) 2 (s. 251) „und
er erreichte die zeit des Islam (adraka 'l-islâma), wurde aber
noch vor der flucht getödtet (wa-ḳutȋla ḳabla 'l-hig̓rati)“.

47 Umajja ibn abî 'ṣ-Ṣalt at̲-T̲aḳafî (T̲â'if) 1 (s. 33)
† 623.

Um diese zeit müssen nach Abgarius auch folgende zwei
gestorben sein:

48 Aus ibn al-Ḥig̓r at-Tamȋmî (Jaman) 2 (s. 43) † in
hohem alter fî awwali zuhûri 'l-islâmi.

49 Tamȋm ibn Abî Muḳbil al-'Âmirî (Nag̓d) 2 (s. 71) † in
hohem alter „und erreichte noch die zeit des Islâm in seinen
letzten lebensjahren“.

50 A'šâ Ḳais al-Asadî (Jamâma) 1 (s. 276) † 628 (7 d. H.)[2].

51 'Abdallah ibn Rawâḥa al-Anṣârî (Jat̲rib) 2 (s. 201)
† 629 (8 d. H.) als muslim.

52 Zaid al-Ḫail an-Nabhânî (Nag̓d) 3 (s. 173) wurde 9
d. H. (630) muslim und starb bald darauf.

53 Duraid ibn aṣ-Ṣimma al-G̓ušamî (Nag̓d) 2 (s. 141),
der sich vergeblich um die gunst der dichterin al-Ḫansâ, welcher
er zu alt war, bewarb, † 631 in hohem alter (siehe Nöldeke,
Beitr., s. 154) als heide (wa adraka 'l islâma wa lam jaslim).

54 'Âmir ibn at̲-T̲ufail al-'Âmirî (Nag̓d) 3 (s. 196) trat
mit vielen vom stamm 'Âmir im jahre 11 d. H. zum islâm über
und starb auf der heimreise (also c. 632)[3].

55 Mâlik ibn Nuwaira († 633, wo ihn Abu Bakr durch
Chaled ibn al-Walȋd hinrichten liess) und sein ihn überlebender
bruder

56 Mutammim, beide al-Jarbû'î (Jaman), der erstere von

---

[1] „soll über hundert jahre alt ein jahr vor dem auftreten Mohammeds gestorben sein“ (Essujûti, Šarḥ šawâhid el-mughni) Ahlw., Bem.,
s. 62.
[2] über ihn und die vielen fremdwörter in seinen gedichten siehe
Thorbecke in den Morgenl. Forsch. (Leipz. 1875) s. 235 ff.
[3] „starb nicht lange vor Muhammed“ Nöldeke, Urwa ibn el-Ward,
s. 4 (was also wol zu verstehen ist: nicht lange vor Muḥammads tod).

Abgarius zur 3., der letztere zur 2. dichterstufe gerechnet (s. 259); siehe über beide Nöldeke, Beitr. s. 87—151.

57 Al-Ḫansâ (d. i. die Antilope) as-Sulamijja (Naǵd) 2 (s. 66) † c. 636 (die schlacht von Kadesia erlebte sie noch); vgl. auch Nöldeke Beitr., s. 152—182.

58 Al-'Abbâs ibn Mirdâs as-Sulamî (Naǵd) 3 (s. 198) † 16 d. H. = 637; trat zum Islâm über.

59 Jazîd ibn Warḳâ al-Jarbû'î (Jaman) 3 (s. 284) † 17 d. H. als muslim (= 638).

60 Aš-Šimmah ibn Ṣarâr as-Sa'dî (Naǵd) 2 (s. 270) † 18 d. H. = 639 als heide.

61 'Amr ibn Ma'dî Kirib az-Zabîdî (Jaman) 3 (s. 239) † in hohem alter 643 (24 d. H.) unter 'Omar; wurde im jahr 9 d. H. muslim und tödtete in der schlacht bei Kadesia (636 = 15 d. H.) einen Perser und dessen elefanten.

62 Al-Muḫabbal as-Sa'dî (Jaman) 2 (s. 155) lebte lang, nahm den Islâm an und starb unter 'Umar oder 'Uṯmân (also c. 644?).

63 An-Namir ibn Taulab[1] al 'Aklî (Naǵd) 2 (s. 281) † 25 d. H. = 646.

64 Abû Ḏu'aib al-Huḏalî (Ḥiǵâz) 2 (s. 138) † 26 d. H. = 647.

65 Rabî'a ibn Maḳrûm aḍ-Ḍabbî (Naǵd) 2 (s. 158) † als muslim 28 d. H. = 649.

66 Ma'n ibn Aus al-Mazanî (Tihâma) 2 (s. 272) † 29 d. H. = 650; wird am ende seines lebens noch muslim.

67 Ka'b ibn Zuhair al-Mazanî (Naǵd) 2 (s. 253) † im anfang des chalifats des 'Uṯmân (also vielleicht 30 d. H. = 650?); sohn des berühmten Zohair und selbst berühmt durch sein lobgedicht auf Muḥammad.

68 Ummajja ibn al-Askar (auch Abû Kulaib) al-Bakrî (Ḥiǵâz) 3 (s. 39) † im chalifat des imâm 'Alî (also nach 656 = 36 d. H.).

69 'Amr ibn Aḥmar al-Bâhilî (Naǵd) 2 (s. 230) † im anfang des chalifats des Mu'âwija, also nach 661 (= 41 d. H.).

70 Labîd ibn Rabî'a al-Âmirî ('Irâḳ) 1 (s. 255) geb. 520,

---

[1] d. i. „Leopard sohn des Eselfüllens".

† 662 (= 42 d. H., im anfang des chalifats des Mu'âwija) 140 jahre alt. Ein ähnliches hohes alter muss erreicht haben

71 An-Nâbiġa al-Ġa'dî (Naġd) 2 (s. 205) vgl. Ham. p. 438 comm.; seine blüthe als dichter fällt noch in die vorislamische zeit.

72 Ḥassân ibn Ṯâbit al-Anṣârî (Jaṯrib) 2 (s. 120) starb in hohem alter und als muslim 54 d. H. = 674 (geb. 570 n. Chr.). Ein divan von ihm befindet sich in Berlin.

73 'Amr ibn al-Ahtam at-Tamîmî (Naġd) 2 (s. 231) † 57 d. H. = 677).

74 Al-Ḥuṭai'a al-'Absî (Naġd) 2 (s. 84) berühmt als gemeiner schmähdichter; † nach Abulfidâ 59 d. H. = 679 n. Chr.

75 Ḥâtim aṭ-Ṭâ'î (Naġd) 2 (s. 98) geb. 569, † in Kufa 689 n. Chr.

Bei diesem kurzen literaturabriss der vorislamischen dichter [1] habe ich mit absicht bei jedem einzelnen den stamm angegeben, zu dem er gehört (z. b. no. 2 Taġlib, no. 11 Asad, no. 14 Kind, no. 15 Bakr, no. 17 Jaškur, no. 23 Taġlib, no. 34 'Abbâd, no. 38 Asad, no. 42 Ḏubjân, no. 43 'Abs, no. 45 Mazan, no. 47 Ṯakaf, no. 50 Asad, no. 70 Âmir), sowie in der darauffolgenden klammer den *ahl*, den grösseren stämmeverband, zu dem der betreffende stamm seiner geographischen lage nach gerechnet wird. Dabei kommt es vor, dass ein stamm sich in verschiedenen *ahl* findet (wenn dies nicht etwa ungenauigkeit des Herrn Abgarius ist); so ist der dichter no. 60 wie der no. 62 vom stamme Sa'd, ersterer aber gehört zum *ahl* Naġd, letzterer zum *ahl* Jaman; und ähnliches noch einige male. Interessant ist, dass von den 14 dichtern der ersten rangstufe drei vom stamme Asad sind, nemlich Bišr (11), 'Ubaid ibn al-Abraṣ (38) und A'šâ (50) und dass gerade die hälfte, nemlich sieben, aus dem *ahl* Naġd sind, also Naġd, wie es die schönsten und vortrefflichsten kamele und pferde, so auch die meisten und besten dichter hervorgebracht hat; denn auch von der zweiten dichterstufe gehört die mehrzahl dem *ahl* Naġd an, während von der dritten (dem rang nach letzten) nur fünf aus Naġd, dreizehn

---

[1] denn auch die 25 letztaufgeführten gehören mit ihren liedern und ihrer ganzen anschauungsweise noch in die zeit vor dem Islâm, in die ja auch ihre jugend und zum theil noch ihr mannesalter fiel.

dagegen nichthochländer [1] (und zwar acht von ihnen aus Jaman) sind. —

Die jamanischen stämme, die in der mitgetheilten literaturskizze erwähnt wurden, sind Azd, Nahd [2], Zubaid [3], Tamîm, Dârim, Sa'd, Kalb und Jarbû'. Die letzteren fünf gehören zu denen, die im sechsten jahrhundert schon in Mittel- und Nordarabien sassen und wahrscheinlich damals bereits ganz den mittel- und nordarabischen dialecten, welche mit dem kureishitischen dialect dem südarabischen gegenüber eine gesonderte gruppe bilden, sich in ihrer sprache assimilirt hatten. Was wir von den drei ersteren, sowie von andern südarabischen dichtern [4] noch besitzen, gieng alles durch die hände der kureishitischen sprachgelehrten. Doch wenn auch die einseitigen puristen in Kufa und Baṣra noch so vieles nach ihren kureishitischen mustern, dem ḳor'ân und ḥadîṯ ummodelten, so mussten sie doch den wortschatz mit den je nach dem verschiedenen dialect des dichters auch verschiedenen bedeutungen der wörter in den meisten fällen stehen lassen [5]; und eben im wortschatz bestanden die hauptunterschiede zwischen nord- und südarabisch [6], viel weniger in der gram-

[1] Naǵd d. i. Hochland.

[2] siehe die karte zu Blau's Arabien im 6. jahrh. (Z. d. D. M. G. XXIII, s. 559), wo Azd und Nahd noch in Jemen sitzen.

[3] s. Wüstenfeld, Register zu den Genealogischen Tabellen (Gött. 1853) s. 474; auf Blau's karte ist Zebîd der name eines orts südwestlich von Sana. Als Sana benachbart gibt den stamm Zobeid auch Wüstenfeld an.

[4] vgl. z. b. Die himjarische Kasideh, her. u. übers. von A. v. Kremer, Leipzig 1865.

[5] vgl. Ahlwardt, Bemerkungen über die Aechtheit der alten Arabischen Gedichte (Greifswald 1872), s. 5 ff. (und schon vorher Nöldeke, Beiträge etc., s. VI ff.).

[6] oder richtiger zwischen dem kureishitischen dialect und dem südarabischen; denn der wortschatz der verschiedensten nord- und mittelarabischen stämme berührt sich oft noch viel mehr mit dem uns ungetrübt aus den himjarischen inschriften, dem verwandten Ge'ez wie den neuern sprachen, Eḥkili u. s. f. erhaltnen südarabischen wortvorrath als mit dem kureishitischen. Was hiervon freilich auf rechnung der schon in früher zeit nach norden gewanderten südarabischen stämme (Tamîm, Kalb, Tanûḥ etc) zu bringen ist, können wir nicht mehr ermitteln. Genaueres darüber siehe in der einleitung zum anhang: „die namen der säugethiere auf den himjarischen inschriften“.

matik[1]. Nehmen wir nun noch hinzu, wie ungünstig der beste kenner der altarabischen poesie über die echtheit derselben urtheilt, so wirft sich leicht die frage auf: wie ich es dann wagen, kann meine sammlungen „die namen der säugethiere bei den Arabern im sechsten nachchristlichen jahrhundert“ zu nennen. Darauf ist zu antworten, dass die unechtheit nicht so zu fassen ist, als seien viele der altarabischen gedichte erst in den ersten jahrhunderten der Hidschra und zwar aus dem geist dieser jahrhunderte heraus und in dem arabisch, was damals gesprochen wurde, gemacht worden[2], sondern — wie Ahlwardt a. a. o., s. 26 es selber zusammenfasst — die von den alten sprachgelehrten überlieferten gedichte sind nur hinsichtlich ihres verfassers, ihres umfanges, ihrer innern anordnung und ihrer einzelnen verse so unsicher; und wenn späterhin altarabische gedichte geradezu neu fabricirt wurden, wie es z. b. Chalaf al-Aḥmar that, so geschah dies in so täuschender weise, mit so genauer kenntnis der vorislamischen poesie, dass wir von keinem wort solcher plagiate behaupten könnten, es wäre nicht altarabisch, sondern gehöre erst dem neuern sprachgebrauch (der nachmuḥammedanischen zeit) an. Es ist demnach leicht einzusehen, dass, betrachte man auch noch so skeptisch diese alten lieder, sie dennoch ein getreues bild des heidnischen beduinenlebens mit seiner ganzen

---

[1] man vergleiche z. b. die formenlehre des Ge'ez mit der arabischen, wie beinah identisch beide sind, und dagegen die verschiedene verwendung der stämme ihrer bedeutung nach. Der beste kenner des arabischen wird, wenn er nie äthiopisch getrieben, auch keine einzige zeile annähernd ihrem zusammenhang nach verstehen, wenn ihm auch manche worte als alte bekannte entgegentreten. — Ueber die ethnographische und sprachliche stellung der Südaraber den ismaelitischen Arabern gegenüber vgl. einstweilen A. v. Kremer, Die südarabische Sage (Leipzig 1866) s. VIII—XVI (wo auch auf die von norden herab nach Hadramaut nicht lang vor Muḥammad stattfindenden wanderungen hingewiesen wird) und H. v. Maltzan in A. v. Wrede's Reise in Ḥadhramaut (Braunschw. 1870) s. 31—36.

[2] ein gedicht, sei es poetisch auch noch so vollendet, welches aus dem 2. oder gar 3. jahrh. der Hidschra stammt (z. b. von Farazdaḳ, Muslim al-Anṣâri, Mutanabbi) wird man in der ganzen diction von einem altarabischen, sei es auch von leuten wie Chalaf al-Aḥmar erst nachgemacht, sofort unterscheiden.

scenerie, wozu in erster linie die thiere, die sie kannten und benannten, gehören, uns liefern müssen [1].

Noch ist als auf eine wichtige quelle für die thiernamen aufmerksam zu machen auf die öfters von mir benutzten traditionssammlungen (*al-ḥadîṯ*) der Araber, da uns in ihnen sehr viele echte aussprüche und bilderreden Muḥammads aufbewahrt sind. In ziemlicher vollständigkeit für die thiernamen benutzt hat sie bereits Damîrî in seinem unten zu besprechenden thierlexicon, so dass es kaum nöthig ist, die umfangreicheren werke über traditionen, wie das des Muslim oder das des Bukhâri [2] hier zu rathe zu ziehen.

Die spätere prosaliteratur der Araber hat nach drei seiten hin für diese arbeiten einen nicht zu unterschätzenden werth. Einmal gehören die ältesten lexicalischen zusammenstellungen von thiernamen [3] und namen der theile von thieren [4], wie uns z. b. der berühmte gelehrte al-Aṣma'î welche hinterlassen, sowie die nationallexica der Araber, in denen tausende von thiernamen oft sehr ausführlich erklärt werden, hieher; sie alle sind dadurch für uns so wichtig, weil sie sehr

---

[1] nur bei geographischen angaben muss man zuweilen vorsichtig sein; denn es kommt hie und da die erwähnung unvereinbarer ortsnamen in ein und demselben gedicht vor (siehe Ahlwardt, Bemerkungen über die Aechtheit etc. s. 22; in solchen fällen muss nothwendig eine ausscheidung einzelner stellen vorgenommen werden).

[2] El-Bokhâri, Le recueil des traditions mahométanes, publié par L. Krehl; vol. I—III, Leyden 1862—68.

[3] im berühmten Wiener Aṣma'î-codex (Orient. 355, Flügel's Catalog I, s. 320 f.) bl. 44r.—53v. *kitâbu asmâ'i 'l-wuḥûši wa-ṣifâti-hâ.* Ueber Aṣma'î vergleiche man Flügel's Grammatische Schulen der Araber s. 72 ff., wie D. H. Müller in den Sitzungsber. der ph.-hist. Classe der k. k. Akad. d. Wiss. in Wien, bd. 83, s. 235, wo auf der 12. zeile nach dem zweiten *fîhi* gerade dieser tractat (*kitâbu 'l-wuḥûš wa-fîhi*) ausgelassen ist. Dies *kitâb* wird in meiner arbeit öfter citirt werden; eine ausgabe ist leider noch nicht vorhanden. Möchte doch Dr. Müller auch diesen tractat bald ediren!

[4] Kitâb-al-Farḳ (buch des unterschieds der benennungen der versch. körpertheile bei mensch u. thier) von Alaṣma'î, her. von Dr. D. H. Müller, Wien 1876 (separatabdruck aus dem ebencitirten band der Wiener Sitzungsberichte); auf s. 4 (resp. 236) wird daselbst die ganze literatur dieser farḳ-bücher nach Flügel's Gramm. Schulen der Araber angegeben.

oft, zumal bei seltneren und später in vergessenheit gerathenen thiernamen, alte dichterverse, sprichwörter oder traditionssprüche citiren; besonders das lexicon des G'auharî ist hierin reichhaltig. Auch das neuere vorzüglich zusammengestellte arabische nationallexicon Muḥîṭ al-Muḥîṭ des Monsieur Butrus Bistânî in Beirut steht dem berühmten G'auhari und andern in nicht viel nach; am reichhaltigsten an citaten ist aber der auf wenigen europäischen bibliotheken befindliche und leider nur bis 'ajin gedruckte Tâǵ al-'Arûs (wie G'auharî nach dem dritten radical geordnet), den ich für einige thiernamen benutzen konnte. Die uns von den arabischen lexicographen ohne belegstellen überlieferten thiernamen, zu denen wir auch sonst in den alten dichtern, so weit sie uns bekannt sind, keine belege finden können, ihrer wäre eine legion zu verzeichnen, wenn jemand sich diese mechanische mühe nehmen wollte; ich habe nur dann einige ausgeschrieben, wenn sie durch thiernamen andrer semitischer sprachen in der von den arabischen lexicographen angegebenen oder einer ihr ähnlichen bedeutung bestätigt wurden; so z. b. *al-madîn* löwe, ass. *mandinu, midinu* [1] wilde katze; *al-barbâr* löwe, ass. *barbaru* leopard; *aš-šafar* gazellenjunges, ass. *sapparu* dass.; *al-'anbas* löwe, äth. *'anbasâ* etc. etc.

Ein zweites wichtiges contingent der arabischen prosaliteratur bilden für die thiernamen die grammatischen schriften der Araber, da die arabischen nationalgrammatiker sich an nichts lieber ihre köpfe zerbrachen, als an alten dichterversen mit seltnen wörtern, ferner die anthologien aus allen gebieten der schönen literatur, wie z. b. der Kâmil des Mubarrad [2], und endlich die commentare der alten dichter, die oft bei erklärung eines thiernamens seltne synonyma mit belegen aufführen.

Das dritte und letzte endlich sind die zoologischen zusammenstellungen, die die Araber selbst gemacht haben.

---

[1] jagdinschrift Tiglath-Pilesar's I (I Rawl. 28 col. I) z. 22 f.: *nimri, midini .... iduk, purivi u ṣabi, barbari usamkit* d. i. leoparden und wilde katzen ..... tödtete er, wildesel und gazellen wie auch raubleoparden überwältigte er; *mandinu* (nicht *nisṭinu*, Fr. Delitzsch, Ass. Stud. I, s. 33) kommt auch in den Izdubarlegenden vor.

[2] ed. W. Wright, Leipzig 1864—1874. Der das werk erst recht benutzbar machende index fehlt leider noch.

Die eigentliche naturgeschichte in einer unsern begriffen sich nähernden systematischen eintheilung bildete bei den Arabern einen theil der Kosmographie; von solchen kosmographischen werken ist eins der bekanntesten das des al-Kazwînî[1] † 682 1283; er war von geburt ein Perser, in dessen erstem haupttheil (*kitâbu 'ağâ'ibi 'l-mahlûkât* „die wunder der schöpfung") die eigentliche naturgeschichte der drei reiche die zweite hälfte bildet; von dieser wird weiter unten die rede sein. Die uns bekannten und durch handschriften zugänglichen zoologischen werke der arabischen literatur stammen fast alle aus dem 13. und 14. jahrhundert n. Chr. und man findet eine kurze übersicht derselben bereits in Carus' Geschichte der Zoologie (s. 157 ff.), weshalb ich hier nur noch das zoologische wörterbuch des ad-Damîri († 1405 n. Chr.) nenne, zu dessen characteristik am schluss dieser arbeit ein artikel in übersetzung mitgetheilt werden wird, und das für unsere zwecke besonders durch seine reichen citate von alten dichterversen, sprichwörtern und traditionssprüchen wichtig ist; gedruckt liegt es uns in der schönen zweibändigen Bulaker ausgabe vor[2].

Zu diesen doch mehr zoologischen[3] darstellungen, wie sie bei den Arabern erst im 6. jahrhundert der flucht auftreten, gehören jene zahlreichen rein lexicalischen arbeiten über thiernamen und thierzucht, auf die ich schon oben bei nennung des Aṣma'î[4] flüchtig hingewiesen. Fast jeder berühmte arabische grammatiker und lexicograph hat ein solches *kitâbu 'l-hail*, *kitâbu 'l-ibil*, *kitâbu 'l-farķ*, *kitâbu asmâ'i 'l-wuḥûš*, *kitâbu 'l-ḥašarât*, und wie die verschiedenen titel sonst heissen, verfasst[5]; später gieng ihr inhalt in die grossen natio-

---

[1] al-Kazwînî Kosmographie, her. von Ferd. Wüstenfeld, 2 Theile, Göttingen 1849; eine gute deutsche übersetzung, die aber leider erst das erste viertel des ganzen umfasst, machte Ethé (Leipzig 1868).

[2] *Kitâbu ḥajâti 'l-ḥajawâni ('l-kubrâ) li 'l-ustâd ad-Damîrî*, Bulak, 1284 (beginnt 5. Mai 1867 unserer zeitrechnung).

[3] freilich zu einer zoologie in unserm oder auch nur in Aristoteles sinn sind obige werke blos schwache anfänge.

[4] al-Aṣma'î lebte 122—213 d. H. (= 740—828 n. Chr.).

[5] man vergleiche hierüber Flügel's „Grammatische Schulen der Araber" (Leipzig 1862) von s. 45 an. Beinahe ein jahrhundert vor Aṣma'î beginnen solche sammlungen, bei denen stets echte beduinen mittel- oder

nallexica, dichtercommentare und andere sammelbücher über, weshalb sie von diesen allmählich ganz verdrängt wurden. Um so mehr dürfen wir das günstige geschick preisen, das uns

---

auch unmittelbar einen gewissen autorantheil gehabt haben. Zu den ersten dieser arbeiten, von denen wir durch die arabischen bibliographen kunde haben, gehören sogar auch von gewesenen beduinen verfasste. Flügel bemerkt über diese ganze literatur: „Wir begegnen hier zum ersten mal dieser Art Schriften, für welche es in so früher Zeit der Literatur anderer Völker kein Seitenstück geben möchte. Sie erinnern an den Ort ihres Ursprungs und waren dazu bestimmt, über die reiche und in alle Einzelheiten eingehende altarabische Nomenclatur für die dem Sohn der Wüste nächstliegende und wichtigste lebende und todte Natur, den Menschen an ihrer Spitze, dann sein Ross und sein Kamel, das Kleinvieh und selbst das Ungeziefer der heissen Wüste wie Schlangen, Reptilien aller Art, die Heuschrecken u. s. w., ferner die Bienen und die umgebende Pflanzenwelt, die genaueste Kenntniss zu verbreiten" (a. a. o., s. 45 f.) und: „Die von den Wüstenarabern verfassten Werke über die körperlichen Bestandtheile des Menschen, über das Ross, über das Kamel u. s. f. sind keineswegs, wie die Einfachheit des Titels vermuthen lassen könnte, naturhistorischen oder gar anatomischen Inhalts. Sie verfahren zwar ziemlich anatomisch, allein ihr Seciren ist nur ein sprachliches, da es in ihnen nur auf die richtige lexikalische Bezeichnung alles dessen, was sich auf jene Themata bezieht, abgesehen ist. Es sind daselbst die ersten Versuche lexicalischer Arbeiten, die zugleich manchen grammatischen Wink enthalten, niedergelegt, und zwar auf einem Gebiet, das nicht das leichteste ist und wahrscheinlich deshalb so eifrig bebaut wurde, weil das Städteleben, abgesehen von den Menschen, die überhaupt nur als Parallele neben den andern Geschöpfen in lexicalische Behandlung genommen wurden, die genaue Kenntniss der der Wüste unentbehrlichsten und von ihr vorzugsweise in reiner Race zu erhaltenden oder überhaupt in ihr existirenden Thiere, hiermit aber auch wesentliche Theile einer bis in das feinste Detail ausgebildeten Terminologie, mit welcher ganz von selbst die schärfste Beobachtung und Abschätzung des grösseren oder geringeren Adels des Pferdes und Kameles Hand in Hand gieng, verloren gehen liess" (a. a. o., s. 51), zu welch letzterer ausführung Flügels nur nachzuholen ist, dass der eigentliche grund, warum solche arbeiten zu jener zeit so eifrig geschrieben wurden, doch vor allem die förderung des damals zum theil schon vielen abhanden gekommenen richtigen verständnisses der alten gedichte war: und warum die letzteren den grammatikern und lexicographen des 2. jahrhunderts d. H. hauptquelle ihrer studien waren, darüber lese man ausführlicher Ahlwardt, Bemerkungen über die Aechtheit der alten arabischen Gedichte (Greifswald 1872) s. 3—6 nach.

gerade von Aṣma'î und Ḳuṭrub proben dieser thierlexicalischen arbeiten aufbewahrt hat.

Ebenfalls kein eigentlich naturgeschichtliches werk, aber auch nicht zu den ebengenannten meist kürzeren lexicalischen arbeiten, sondern mehr zur Adab-literatur gehörend ist das in der Wiener handschrift achthundert enggeschriebene seiten füllende *kitâbu 'l-ḥajawân* des G'âḥiẓ (spr. Dschâchiss). Dieser besonders in der rhetorischen kunst glänzende mu'tazilitische scheich und philologe lebte in der ersten hälfte des dritten jahrhunderts der Hidschra; in seinem „buch der thiere" ist der arabischen philologie ein unicum erhalten, indem es eines der ältesten prosadenkmäler des hocharabischen ist, die wir nach dem ḳor'ân besitzen. Die thiere dagegen sind G'âḥiẓ nur nebensache; gewöhnlich spricht er einige zeilen lang über ein thier, um dann einen seitenlangen excurs über die verschiedensten und scheinbar abliegendsten dinge zu machen [1]. Der rhetorische zweck ist ihm stets die hauptsache und oft gieng ihm die zur behandlung naturgeschichtlicher stoffe nöthige sachkenntnis ab. Die zahlreichen citate aus alten dichtern machen aber das buch auch für die erforschung der arabischen thiernamen im 6. nachchristlichen jahrhundert immerhin wichtig genug, und es verdiente seine herausgabe nach allen seiten hin mit freude begrüsst zu werden [2].

Von den thiernamen der heutigen Araber in Syrien,

---

[1] so steht z. b. auf bl. 382b die überschrift *fî 'l-fîl*, während erst bl. 391b—400 die eigentliche besprechung dieses thieres kommt; und viele andere beispiele.

[2] über Abû 'Oṯmân 'Amr ibn Baḥr ibn Maḥbûb al-G'âḥiẓ († 255 = 868 in seinem geburtsort Baṣra) siehe Flügel's Gramm. Schulen der Araber, s. 186 f., wo auch seine andern werke verzeichnet stehen; ferner Carus, Gesch. d. Zool., s. 160 (wo nicht „Abû 'Oṯmân 'Amr", sondern „El-G'âḥiẓ" gesperrt zu drucken ist; dass eine handschrift von ihm in Hamburg sei, ist falsch; von in Europa befindlichen kennen wir nur die in St. Petersburg und die in Wien aufbewahrten) und Flügel's Catalog der Wiener handschriften, bd. II, s. 500, no. 1433; dort wird die Wiener handschrift (N. F. 151) ziemlich ausführlich beschrieben. Wenn ich hie und da das *kitâbu 'l-ḥajawân* des G'âḥiẓ citiren werde, so verdanke ich die ermöglichung dieses umstandes der liberalität der k. k. hofbibliothek zu Wien, welche den ihr anvertrauten schatz der Leipziger universitätsbibliothek auf einige zeit zu meiner benutzung überlassen hat.

Palästina und ʿIrâḳ, in Aegypten und Algier haben die der ägyptischen Araber für uns den relativ grössten werth, weil die ägyptische fauna von jeher mit der arabischen beinahe identisch war. Sonst bieten die vulgärarabischen thiernamen nur noch einiges interesse für die fortentwickelung der bedeutung; vgl. z. b. *faras* heutzutage nur „stute“, während das jetzt dem altarabischen *faras* entsprechende wort *ḥiṣân* (altarab. nur „edles ross, hengst“) ist; „löwe“ im algierischen *ṣaid* (eigentlich „jagdthier, jagdbeute“) und *sabuʿ* (urspr. allg. „reissendes thier“). Den heutigen Beduinen des eigentlichen Arabiens ihre thiernamen abzulauschen, war leider noch keinem neuern forscher vergönnt, oder, wenn einigen die gelegenheit dazu gewesen wäre, haben sie auf anderes ihre aufmerksamkeit gerichtet.

Der letzte und nicht kleinste gewinn endlich, den wir der arabischen sprache und literatur für die kunde ihrer thiernamen verdanken, besteht in einer nach dieser seite hin angestellten sorgfältigen untersuchung ihrer ältesten eigennamen. Wenn z. b. *ʿanbas* (im äth. das gewöhnliche wort für „löwe“) zwar von den arabischen nationallexicis durch „löwe“ erklärt wird, aber der Tâǵ al-ʿArûs [1] hinzufügt, es sei ein abessinisches wort, auch sonst *ʿanbas* nie in den alten dichtern sich findet, so könnte man leicht versucht sein, es wirklich für ein (wenn auch ursprünglich vielleicht südsemitisches, dann aber) den Arabern verloren gegangenes und erst später wiederum aus dem Geʿez entlehntes wort zu halten (wobei immer das wahrscheinlichere wäre, dass es eine äthiopische neubildung *fanʿal* des südsemit. stammes *ʿabasa* „grimmig blicken“ sei) — wenn nicht die vielen dies *ʿanbas* enthaltenden eigennamen seine wirkliche existenz im arabischen beweisen würden [2], so dass das fehlen einer belegstelle eben nur zufall sein dürfte. Das gleiche gilt von den eigennamen der himjarischen inschriften (vgl. *'ausu*ᵐ und *'uwaisu*ᵐ Prid. 8, l. 3 = *'aus*, demin. *'uwais* „wolf“); noch

---

1 theil IV, s. 501 (unter *ḳaswara*): *wa-ruwija ʿan ʿIkrimata anna-hu ḳîla la-hu . . . . al-asadu bi-lisâni 'l-Ḥabašati ʿanbasa.*

2 siehe Tâǵ al-ʿArûs unter *ʿanbas* und vergleiche Kitâb al-Aghâni ed. Kosegarten s. 12.

viele andere beispiele werde ich bei den einzelnen thiernamen gelegenheit haben zu erwähnen. Ein moment ist dabei besonders zu beachten, in welchem theil von Arabien solche von thieren genommene namen arabischer stämme oder personen sich finden und zu welcher bevölkerungsschicht sie gehören, ob zu den früher eingewanderten Joktaniden oder den später eingewanderten Ismaeliten; dann sind es auch zuweilen berge oder flussthäler, die nach den thieren, welche sich vorzüglich in ihnen aufhielten, benannt wurden. Dies führt darauf, zum schluss noch einen kurzen blick auf das hand in hand gehen der geographie Arabiens mit der erforschung der altarabischen thiernamen und der alten thiergeographie und thiergeschichte dieser halbinsel zu werfen. Natürlich kann ich mich hier meist nur auf die angabe der einschlägigen literatur beschränken.

Mag man die geschichte der menschheit, schlechthin geschichte genannt, oder die geschichte der thiere und ihrer verbreitung durchforschen, nie wird man ein volles verständnis derselben bekommen, ohne den boden, auf dem sie vor sich gegangen, die luft und die sonne, die sie gezeitigt, und das klima, welches auf den character und die triebkraft der völker oft so weiten einfluss hat, eingehend zu berücksichtigen, wie man nie die pflanze ohne den boden betrachtet, der sie ernährt; und dies innige wechselverhältnis zwischen geschichte und geographie bei der darstellung letzterer, sowie den causalzusammenhang beider, der geschichte eines volkes und des bodens, auf dem sich diese geschichte vollzieht, ins richtige licht gesetzt und in eine wissenschaftliche methode gebracht zu haben, ist das hauptverdienst Karl Ritter's, von dessen „erdkunde“ unsere neuere geographische wissenschaft herdatirt. So ist denn auch der XII. und XIII. theil dieses werkes (= Band VIII, Erste Abtheilung): „Vergleichende Erdkunde von Arabien“ [1] eine wahre schatzkammer an materialien für unsere forschungen, und es ist nur zu bedauern, dass bis jetzt noch keine neue umgearbeitete auflage erschienen, in welche

---

[1] Berlin 1846 u. 47, 1026 u. 1056 ss. (davon s. 859 — 1048 ein ausführliches register der beiden bände). Ich citire es stets als Ritter, Arabien I u. II.

die seither entstandene reiseliteratur über Arabien[1] wie die philologisch-geographischen arbeiten Sprenger's[2], Blau's[3] und anderer verarbeitet wären[4]. Und doch ist es ein erreichbares, wenn auch vielleicht noch ferner zukunft vorbehaltenes ziel, vermöge sorgfältiger vergleichung der arabischen nationalgeographen, deren uns nun immer mehr zugänglich werden, wie der fülle von geographischen angaben aus den alten gedichten und ihren commentaren mit den forschungen der neuesten zeit eine genaue und ziemlich vollständige geographie Arabiens zur zeit des 6. jahrhunderts n. Chr. zu schreiben; und erst, wenn dies geschehen, wird auch die erforschung der thiergeographie jener zeit, in welcher die poetische literatur der Araber ihre höchste blüthe feierte, in ein ganz anderes stadium treten. Während wir uns jetzt noch mit einer ziemlich einseitigen aufzählung der einzelnen thiernamen nebst ihren belegstellen in den altarabischen gedichten und sprichwörtern begnügen müssen, wird dann erst leben und gestaltung den todten stoff durchdringen und für die culturgeschichte des alten

---

[1] Palgrave, Journey in Central and Eastern Arabia 1865 (die hauptergebnisse dieser reise für die fauna s. Murray the Geographical Distribution of Mammals s. 305 und ein sie vervollständigender brief Palgrave's ebendas., s. 411). — A. v. Wrede's Reise in Hadhramaut, her. von H. v. Maltzan Braunschw. 1870. — H. v. Maltzan, Reise nach Südarabien, Braunschw. 1873 (daselbst s. VI. noch weitere reiseliteratur angegeben) mit einer karte zur übersicht der neuern forschungen in Süd-Arabien von Petermann. Für Nordaegypten: H. Baedeker, Aegypten I, Leipzig 1877 (darin s. 91 ff.: „die Thierwelt Aegyptens“ von M. Th. v. Heuglin) und für Palästina und Syrien: K. Baedeker, Palestine and Syria, Leipzig 1876 (darin die „Fauna“ s. 49 f. viel kürzer behandelt als im aegyptischen Baedeker).

[2] „Die Post- und Reiserouten des Orients,“ Leipzig 1864 (mit 16 karten) und das schon besprochne: „Alte Geographie Arabiens“.

[3] Altarabische Sprachstudien I u. II (Z. d. D. M. G., Bd. XXV. s. 525 ff. und bd. XXVII. s. 295 ff. mit einer karte) und schon vorher: „Arabien im 6. Jahrhundert. Eine ethnographische Skizze“ (Z. d. D. M. G., bd. XXIII. s. 559 ff. mit einer karte).

[4] was für neues material für die älteste geographie bes. des nördlichen Arabiens die forschungen der Aegyptologie und Assyriologie (im zusammenhalt mit den angaben des alten testaments und der griech. classiker) bringen, darauf wurde schon ausführlich hingewiesen.

orients ein neues capitel aufgeschlagen sein, zu welchem mit dieser meiner arbeit ich vielleicht hoffen darf einstweilen einige noch lückenhafte seiten geschrieben zu haben.

* * *

Da es jetzt nicht meine aufgabe sein kann, die oben erwähnte naturgeschichte des Kazwînî in übersetzung mitzutheilen, so will ich dem nun folgenden überblick über die namen der säugethiere bei den Arabern wenigstens seine eintheilung zu grunde legen und so dem leser gelegenheit geben, vor der hand eine vollständige inhaltsangabe dieser den stand der arabischen zoologie des dreizehnten jahrhunderts repräsentirenden naturgeschichte zu gesicht zu bekommen; denn Ethé's übersetzung bricht gerade bei dem anfang, den mineralien, ab, und was de Chézy in seinen auszügen Kazwînî's[1] gegeben hat, ist nur übersetzung einer kleinen auswahl. Ich muss dabei des zusammenhangs halber ganz kurz auch die mineralien und pflanzen erwähnen, ohne jedoch die einzelnen arten alle mit Kazwînî aufzuzählen.

Nachdem Kazwînî die superlunaren erscheinungen (astronomie und chronologie) im ersten递 haupttheil[2] besprochen, darauf im zweiten in den sublunaren uns die vier elemente (zuletzt die „erde“, die er mit aufzählung der berge, flüsse, quellen und brunnen beschlossen) vorgeführt[3], fährt er in diesem theile fort und kommt zu den

Secundären Dingen p. ٢٠٢ في الكائنات[4], das ist den körpern, die erst durch das zusammenwirken der elemente ins dasein gerufen worden sind (arab. وهى الأجْسَامُ المُتَوَلِّدَةُ مِنَ الأُمَّهاتِ).

---

[1] in de Sacy's Chrestomathie Arabe III 389—426.

[2] Ethé's übersetzung, s. 31—181.

[3] Ethé's übersetzung, s. 182—413.

[4] wir würden für al-kâ'inât (d. i. die existirenden) einfach „Naturgeschichte der drei Reiche“ setzen.

I. Die **Mineralien** (الْمَعْدِنِيَّات wörtlich „die in den fundgruben sich findenden dinge", von مَعْدِن fundgrube)

a) die Metalle (siehe Ethé's übersetzung s. 419—428, womit der erste bis jetzt erschienene theil schliesst) فى الفِلِزَّات p. ٢٠٤—٢٠٨

1. gold (الذَهَب) 4. eisen (الحَدِيد)

2. silber (الفِضَّة) 5. blei (الرَصَاص)

3. kupfer (النُحَاس) 6. zinn (الأُسْرُب)

7. chinesisches metall (viell. zink? — الخَار صِينِي)

b) die Steine فى الأَحْجَار p. ٢٠٨—٢٤٢
Von den 135 arten, die Kazwînî beschreibt, ist von de Chézy keine übersetzt. Hier sie aufzuführen ist kein platz.

c) die öligen Substanzen فى الأَجْسَام الدُهْنِيَّة p. ٢٤٢—٢٤٥

1. quecksilber (الزِئْبِق) 4. naphtha (النَفَط)

2. schwefel (الكِبْرِيت) 5. asphalt (?) (المُوميا)

3. pech (القِير) 6. ambra (العَنْبَر)

Auch sie sind von de Chézy übergangen.

II. Die **Pflanzen** (فى النُبُوت) de Chézy in de Sacy's Chrest. III, p. 391 ff.

a. die Bäume فى الشَجَر p. ٢٤٩—٢٧٠, de Chézy a. a. o. p. 392. Von den 64 von Kazwînî aufgeführten arten hat de Chézy nur 5 übersetzt, nemlich „platane" (الدُلب), „pfeffer" (فلفل), „gewürznelkenbaum" (قرنفل = $\kappa\alpha\rho\upsilon\acute{o}\varphi\upsilon\lambda\lambda o\nu$), „kokosbaum" (نارجيل) und „dattelpalme" (نَخْل).

b die eigentlichen Pflanzen oder Strauchpflanzen (ohne festen stamm, ساق; arab. genannt „sterne“:) فى النّجوم p. ٢٧٠—٣٠١, de Chézy a. a. o., p. 397 ff.

III. Die **Thiere** (فى الحيوان) p. ٣٠١ ff. de Chézy p. 400 ff.

a) der Mensch الإنسان p. ٣٠٢—٣٦٨[1]. de Chézy p. 401 bis 405 hat nur die kurze einleitung und dann von den „facultés“ die „extérieures“ d. i. die fünf sinne gegeben.

b) die Dschinnen الجنّ (eigtl. das geheime, verdeckte[2] d. i. Genien und Dämonen p. ٣٦٨—٣٧٤. Von de Chézy ganz übergangen.

c) die Lastthiere الدّوابّ p. ٣٧٤—٣٧٨[3]. Von de Chézy blos die einleitung übersetzt s. 406 („bêtes de somme“). Hier beginnt nun die für unsere zwecke in betracht kommende zoologie.

1. فَرَس (*faras*) p. ٣٧٥ das

Pferd.[4]

In den andern semitischen sprachen entspricht dem wort فرس nur das äthiopische ፈረስ፡ *faras*; ob die nach Habesch

---

[1] ausführliche besprechung seiner glieder, kräfte etc. in 66 seiten der Wüstenfeld'schen ausgabe. Siehe darüber einstweilen das von Kazwîni selbst im anfang des buches gegebene inhaltsverzeichnis, bei Ethé in der übersetzung s. 26—29.

[2] siehe Graf Baudissin „Studien zur Semitischen Religionsgeschichte“ Heft 1. Leipzig 1876, s. 279.

[3] über das hohe alter dieser terminologie — bereits Aṣmaʿi in seinem كتاب الفرق begreift unter الدّابّة das pferd und den esel, vgl. das bei مُهْر angeführte – siehe die anm. zu d) نَعَم.

[4] das pferd, das bei den Arabern nie zum tragen von lasten, blos zum reiten, verwendet wurde, gehört nur insofern zu den „lastthieren“, als es eben als last den menschen trägt. Auch ist lastthiere nicht die wörtliche übersetzung von الدّابّة, das ursprünglich, wie دُبّ bär, das

geraume zeit vor Chr. eingewanderten Südsemiten mit letzterem wort etwa anfangs das pferdähnliche zebra bezeichneten, oder das der abessinischen fauna ursprünglich fremde pferd gleich mitbrachten, oder endlich es von norden, von Aegypten her, schon eingeführt vorfanden, lässt sich kaum mehr historisch nachweisen. Sicher aber haben sie das bereits in den ältesten stücken ihrer bibelübersetzung vorkommende wort nicht erst später von den Arabern entlehnt, da wir vor dem 6. nachchristlichen jahrhundert — wir könnten eigentlich getrost sagen, vor dem mittelalter — für entlehnungen aus dem arabischen durchaus keine analogie haben. Dass übrigens die bewohner Nubiens und Abessiniens bereits im 9. jahrhundert vor Chr. das pferd von Aegypten her kennen mussten, geht aus der Piankhi-stele hervor, wo der aegyptische könig 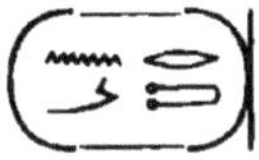 *Nemret* (Nimrod) (XXII., bubastische dynastie) dem äthiopischen herrscher ein pferd zum geschenke darbringt.[1]

Da das hebräische פָּרָשׁ, pl. פָּרָשִׁים (also für פּרשׁ*, da der pl. sonst פְּרָשִׁים lauten müsste) „reiter" (von Gen. 50 an in der bibel; in der bedeutung „reiter mit dem pferd, pferd" erst einzeln in späteren büchern), wie das syrische ܦܳܪ̈ܫܳܐ „reiter" (Act. 23, 23. 32) erst denominativum von einem vorauszusetzenden פָּרָשׁ, pl. פְּרָשִׁים*[2] (syr. etwa ܦܪܳܫܳܐ) ist, wie umgekehrt das arab. سائِس

leis auftretende (tappende) bezeichnet und jedenfalls onomatopoetisch ist. Die übersetzung „lastthiere" habe ich übrigens aus dem inhaltverzeichnis vorn in Ethé's überzetzung aufgenommen.

[1] Pierret Dictionnaire d'Archéologie Egyptienne, Paris 1875, p. 127 (vgl. p. 369 und 439).

[2] vgl. Fleischer, Beitr. zur arab. Sprachk., 3. stück, 1866 (in den Berichten der kgl. sächs. gesellsch. der wissensch.) s. 303 und derselbe in seinen anmm. zu Levy's chald. wörterb. II., s. 574. Vgl. auch andere denominativa von thiernamen, wie أَبَّال kamelhirte (von إِبِلٌ), فَارِس reiter von فَرَسٌ, حَمَّار einer der einen esel reitet, von حِمَار, تَنَمَّرَ bunt, gefleckt sein von نَمِرٌ und das heutzutag in Aegypten gang und gäbe خَيَّال reiter von خَيْل pferde (wie in פָּרָשׁ die form فَعَّال.)

sâ'is „rosselenker“ das wort *sûs* „pferd“ bei den Arabern, wenn auch nicht wirklich in der sprache vorhanden, so doch als schon früh bekanntes wort vermuthen lässt, so müssen wir nach den regeln, die in der sprachvergleichung gelten, ein ursemitisches *parašu* „streitross, streitpferd“ postuliren und daraus die culturgeschichtliche folgerung ziehen, dass die noch vereinigten Semiten (Ursemiten), wie sie überhaupt zum kriege tüchtig waren (vgl. ሰይፍ፡ سَيْف, ܣܰܝܦܳܐ, ursem. *saipu* schwert; ቀስት፡ قَوْس קֶשֶׁת ܩܶܫܬܳܐ ass. *ḳastu*, ursem. *ḳaušatu* bogen; ረምሕ፡ رُمْح רֹמַח ܪܽܘܡܚܳܐ, ursem. *rumḥu* lanze; አመት፡ أَمَةٌ אָמָה ܐܰܡܬܳܐ ass. *amatu*,[1] ursem. *amatu* kriegsgefangene, sclavin, magd; سَبَى שָׁבָה ܫܒܳܐ ursem. *šabaja* gefangen wegführen), auch auf streitrossen und mit rossen bespannten wagen?) ihre raubzüge unternahmen.

Wo in der vorchristlichen zeit kriege gegen Araber erwähnt werden, finden wir unter dem dabei erbeuteten vieh nie pferde, dagegen desto mehr kamele, auch rinder, schafe und esel: so auf dem zug der kinder Israel gegen die Midianiter schafe, rinder und esel[2]; ebenso auf dem zuge Davids gegen den beduinenstamm der Amalekiter,[3] u. s. f. Während sonst die historischen inschriften der assyrischen könige, so bereits die annalen des Asurnaṣirbal (ende des 9. jahrh. vor Chr.) in den westlich vom Euphrat liegenden ländern (Phönizien, Syrien, Palästina) unter der den feinden abgenommenen beute stets die rosse eine hauptrolle spielen lassen,[4] fehlen die letzteren gänzlich unter den thieren, die Asurbanibal mit den gefangenen Arabern, Nabatäern und Kedarenern nach Nineve brachte.[5]

---

[1] Smith, Chaldäische Genesis, üb. von Friedr. Delitzsch, s. 296.

[2] Num. 31, 32—34. Ihre zahlreichen kamele, sind erwähnt Judic. 6, 5. 7, 12 (ולגמליהם אין מספר),

[3] I. Sam. 27, 9, vgl. auch I. Chron. 5, 21, wo auf einem zug gegen die הַגְרִיאִים kamele, schafe und esel erbeutet werden (wahrsch. eine parallelstelle zu Num. 31, 32—34, wo die kamele auffallender weise in dem uns vorliegenden text nicht erwähnt werden).

[4] Annalen des Asurnaṣ. (I. Rawl. 17—21) col. 2, z. 121 u. and. stellen.

[5] Annalen des Asurbanibal (III. Rawl. 17—26) col. 8, z. 108 „esel, schafe und kamele“, col. 9, z. 26 „ochsen, schafe, esel und kamele“, z. 30 „kamele (so zahlreich) wie schafe“ u. s. f.

Einige jahrhunderte später ritten nach Herodot die im heer des Xerxes befindlichen Araber nur auf kamelen.[1] Strabo, der freund des durch seinen verunglückten arabischen feldzug[2] bekannten Aelius Gallus kennt blos dromedare bei den arabischen kriegern, und Publius Vegetius weiss bei seiner aufzählung der verschiedenen pferderassen nichts von arabischen rossen. Erst in der 2. hälfte des 4. jahrhunderts nach Chr. werden bei Ammianus Marcellinus die schnellen pferde und schlanken kamele der Saracenen[3] erwähnt.[4]

Aus allen diesen anführungen folgt also, dass nicht blos die Griechen und Römer, sondern auch die Hebräer und Assyrer in vorchristlicher zeit keine rosse bei den Arabern kennen, und ich würde den satz, dass diese thiere erst einige jahrhunderte vor dem Islâm den Arabern bekannt wurden, keineswegs „aus dem grunde unglaublich finden wollen, weil jetzt die arabischen pferde für die edelsten ihres geschlechtes gelten"[5] — aber ein umstand ist es, welchen der berühmte culturhistoriker, dessen buch dieser satz entnommen ist, nicht erwogen hat: dass nemlich die den Alten bekannten Araber nur die an den nördlichen grenzen von Arabien hausenden Beduinen waren, meist bewohner unwirthlicher wüstengegenden, für welche striche gerade das kamel, und nur dieses, wie geschaffen war, und wir also aus jenem schweigen noch nicht auf das gänzliche fehlen der rosse in Arabien schliessen dürfen. In den schönen weideländern von Nedschd (*Naǵd*), dem hochland des innern Arabiens, fanden sich

---

[1] Herod. 7, 86. Dieses, wie das aus Strabo (der auch im glückl. Arabien keine pferde und maulthiere kennt), P. Vegetius und Ammian angeführte ist zusammengestellt bei Hehn Culturpflanzen und Hausthiere 2. aufl. s. 30.

[2] „in das Innere Arabiens" (Hehn, a. a. o., s. 30) kam Aelius Gallius nie; er muss ziemlich nah an der küste herunter von Nord nach Süd (Sinaihalbinsel bis Nedschrân etwa) gekommen sein, siehe Strabo 16, 4.

[3] شرقيون die östlichen d. i. die Araber; vgl. im alten testament בְּנֵי קֶדֶם.

[4] hier ist jedoch nachzutragen, dass in den ersten jahrhunderten nach Chr. das pferd in Südarabien (Jemen) auf himjarischen denkmälern erscheint, vgl. D. H. Müller in d. Z. d. D. M. G., bd. XXX, s. 115 und die beigegebene abbildung.

[5] Hehn, a. a. o., s. 30.

schon vor und zu Muhammed's zeit wie noch jetzt[1] die besten und meisten kamele und pferde, und nichts hindert uns in Nedschd, auch schon im 2. jahrtausend vor Chr., in dessen ende wir vielleicht die einwanderung semitischer stämme in die arabische halbinsel zu setzen haben, mit diesen ersten semitischen einwanderern rosse anzunehmen. Eben in Nedschd wird der ort zu suchen sein, wo im laufe zweier jahrtausende die zucht und veredlung des zunächst von Mesopotamien (dorthin aber von den steppen Hochasiens) gebrachten thieres still und abgeschlossen von der übrigen welt vor sich gegangen, bis mit dem Islâm auch die arabischen pferde in der ganzen welt bekannt geworden sind. Nur so erklärt sich das oben aus der sprachvergleichung gewonnene resultat, und in um so helleres licht tritt dann die bekannte thatsache, dass erst seit der Hyksosherrschaft (etwa dem 19. jahrh. vor Chr.) auf den aegyptischen denkmälern das ross vorkommt, welches seit der 18. dynastie und im ganzen neuen reich so unzertrennlich mit der aegyptischen kriegführung verbunden erscheint. Die Hyk-sos (= hirtenkönige) aber — denn wer wollte dies -sos von dem den Aegyptern seit den ältesten zeiten als repräsentant der nomadisirenden Araberstämme bekannten Ṡasu-volke trennen? — sind Semiten, und zwar wahrscheinlich nur ein kleiner losgesprengter theil des grossen haufens, der sich um jene zeit in die arabische halbinsel ergoss, um dort zu dem im lauf der geschichte als Araber auftretenden volke zu werden.[2]

---

[1] vgl. s. 50, anm. 1; s. 54, anm. 1. und Ritter's Erdk., Arabien I., 531.

[2] vgl. hiezu auch Ebers, Aegypten und die bücher Mose's, s. 221 f. Das dort in der anm. angeführte sesemʿ (mit dem schwanzstück als thierdeterminativ geschrieben), zu dem Ebers „von סוּס?“ in klammern bemerkt, ist nicht etwa directes lehnwort des hebr. pl. סוּסִים, denn wir finden daneben im altaegyptischen auch die varianten semʿ und semsemʿ (mit ʿ transscribire ich das aegyptische pluralzeichen, das vielleicht -u ausgesprochen wurde). Andere namen des pferdes bei den Aegyptern werde ich in einer demächst erscheinenden arbeit „die namen der säugethiere bei den Babyloniern und Assyriern“ unter śûśi mittheilen. — Um keinen umstand unerwähnt zu lassen, der etwa doch für die ansicht V. Hehn's (dass die pferdezucht erst nach Chr. geburt den Arabern bekannt geworden sei) sprechen könnte, führe ich hier eine stelle aus Damîri's

فَرَسٌ (ursprünglich wol „der ausreisser" vom schnellen-lauf; dies ist überhaupt die bedeutung der wurzel *par* im semitischen) kommt im Ḳor'ân zufällig nicht, dagegen oft bei den alten dichtern vor (obwohl bei letztern das coll. خَيْلٌ häufiger ist, am liebsten werden bei ihnen beschreibende adjectiva, epitheta ornantia, statt der eigentlichen wörter für pferd gebraucht, vgl. unten), so Hamasa ٥٢٤, ٧٢٩, ٧٧٨, ٢٤٩, ٨٨; pl. أَفْرَاسٌ Mu'all. Ibn-Kulṯ. 84, Ham. ٧١٢, ٣٩٣, ١٧, ٢٤٢. In den alten sprichwörtern ist فَرَسٌ das gewöhnlichere wort, wie überhaupt in der älteren prosa, häufiger als خيل und die vielen epitheta; vgl. فَرَسٌ Meid. I 702. 193. 194. 637., II 51, wo die stärke, schnelligkeit, der gehorsam, der scharfe blick und das feine gehör des pferdes hervorgehoben wird, die beiden letztern in der form von أَبْصَرُ, أَسْمَعُ من فَرَسٍ بيَهْمَاء فى غَلَسٍ „schärfer sehend, hörend als das ross in der wüste bei dunkler nacht"; der dual in dem sprichwort كَفَرَسَيْ رِهَانٍ „(so voll wetteifer) wie zwei rosse beim wettlauf" Meid. II 362.[1]

Denominativa von فَرَسٌ sind: فارس reiter (dann in etwas übertragener bedeutung wie unser „ritter" gebraucht), Ham. ٢٨٤,

كتاب حياة الحيوان an (Bulaker Ausg. II. ٢٤٧ unten): „Und es glauben die Araber, dass es (das pferd) ursprünglich wild war, und der erste, der es zähmte und beritt, sei Isma'îl — über ihm sei das heil — gewesen." Isma'îl aber ist der repräsentant der zweiten einwanderung, und gilt als der stammvater der nördlichen Araber. Ich kann in dieser stelle nur eine dunkle rückerinnerung daran erblicken, das eben die Semiten bei ihrer einwanderung nach Arabien das pferd dort nicht vorfanden, wol aber es mitbrachten und erst in Arabien durch jahrhunderte lange zucht und veredlung es zu der rasse ausbildeten, die schon in den ersten zeiten des Islâm alle ungläubigen bewunderten.

[1] ich citire Freytag's Arabum proverbia (I. u. II. Meidâni's sammlung) nach der seitenzahl der einzelnen bände, des bequemeren nachschlagens halber, nicht nach den kapiteln und nummern (wonach z. b. II. 362=22, 141 wäre).

٣٣٨, ٤٩٥ u. ö., pl. فُرْسَان im sprichwort عَرَفَت الخَيْلُ فُرْسَانَهَا „es kennen die rosse ihre reiter" Meid. II 23, wie in der redensart فُرْسَانًا وَرُكْبَانًا zu ross und kamel (wörtl. „als solche die rosse und kamele reiten") Ham. ٨; seltner ist der pl. فَوَارِس, doch vgl. Ham. ٢٩٥. ٦١٠ und den namen des berühmten Muʿallaḳa-dichters عَنْتَرَةُ الفَوَارِس ʿAntara al-fawâris d. i. ʿAntara equitum; der comparativ أَفْرَس Meid. II 229 أَفْرَسُ من عامِر „ein besserer reiter als ʿÂmir" (der als dichter bekannte und 632 n. Chr. gestorbene Amir ibn aṭ-Ṭufeil [1] war als reiter berühmt) und das verbum تَفَرَّسَ in dem neueren sprichwort ما يَتَفَرَّسُ حتّى يتهرّس الفارِسُ „der reiter wird nicht eher im reiten tüchtig als bis er heftig herumgerüttelt (gestossen) worden ist" Freyt. prov. III 288.

In der nachmohammedanischen zeit und später ist فرس das gewöhnliche wort für pferd in prosa und poesie (so heisst bei den arabischen zoologen die überschrift der beschreibung des pferdes فرس, nicht خَيْل, während sie bei der des kamels إِبِل heist; إِبِل und خَيْل aber sind in der alten sprache die collectiva); da das altarabische für hengst stets فَحْل sagte (siehe unten), für stute aber selten besondre wörter verwendet (wie z. b. حِجْر), so kam es, dass heute فَرَس geradezu die bedeutung „stute" angenommen hat; für فَرَس in der alten bedeutung sagen

---

[1] siehe das in der einleitung s. 26 besprochne كِتَاب رَوْضَةِ الأَدَب, ١٩٩ (wo es von ʿÂmir heisst: وكان أَحْذَقَ العَرَبِ بركُوبِ الخَيْلِ واَجْوَلَهُم على مُتونها وأَبْصَرَهُم فى التَصَرُّف عَلَيْها); ʿÂmir war aus Nadschd (vgl. s. 48 oben).

sie meist حِصان; auch خَيْل ist daneben noch (als collect.) im gebrauch.

خَيْلٌ *hailun* coll. „pferde" Kor'ân 3, 12 und noch viermal; Mu'all. Ibn-Kulṯ. 27, 'Ant. 71. Ḥâr. 20. (تَصْهالُ الخَيْلِ „das wiehern der pferde"). 27. Hamasa an etwa 30 stellen (z. b. فَوارِسُ الخَيْلِ ٩١٠ „die reiter der rosse", قَرْدُودَةُ الخَيْلِ „den rücken der rosse" ١٩٨), worunter einige stellen, an denen خَيْل nur mit „reiter", „reiterei" übersetzt werden kann (so ٨٧١, ٣٠١ u. ö.); ein ausspruch Mohammed's: الخَيْرُ مَعْقُود بِنَواصِى الخَيْلِ „das gute ist an die stirnhaare der pferde geknüpft" (vgl. Meid. II 168 العِزّ فى نَواصِى الخَيْلِ); aus der abschiedsrede Akṯam ibn Ṣaifî's vor seinem tod († 8 der Hidschra): „wendet sorgfalt auf die pferde (عليكم بالخَيْلِ) und haltet sie hoch, denn sie sind die burgen der Araber"[1] (vgl. dazu das spätere sprichwort حُصُونُ الرِجالِ الخَيْلُ والسِلاحُ „die burgen der männer sind die pferde und die waffen" Freyt. Prov. III 388). Wo von خَيْل der dual und plural gebildet wird, muss stets rosseschaaren oder reiterschwärme übersetzt werden, so Ham. ٢٥٨ الخُيُول und in einem Meid. II 647 angeführten gedichte: خَيْلاهُ إذا آلتَقَتا „seine beiden reiterschaaren (Freyt. ejus duo equi) wann sie aneinanderprallen".

Ein wort, welches **nur** den pferdehengst bedeutet, haben die Araber nicht, doch scheint das allgemeine wort فَحْل *faḥl* (sonst nur noch im assyrischen: *puḫalu*;[2] ursp. wol „der geile",

[1] das weiterfolgende siehe bei den namen des kamels (unter إبِل).

[2] für alle in dieser arbeit citirten assyrichen thiernamen muss ich einstweilen auf meine schon s. 48, anm. 2 angezogene assyrische arbeit verweisen, in welcher sowohl lesung wie bedeutung derselben näher be-

vgl. äthiop. ፈሐል፡) mehr vom pferd- als kamelhengst gebraucht worden zu sein (welch letzterer gewöhnlich قَرْم, auch فَنِيق heisst, wenn die Araber nicht ihr gewöhnlichstes wort جَمَل anwenden, das stets dem fem. نَاقَة kamelstute gegenüber steht); فَحْل wird in den alten gedichten fast stets übertragen von kriegshelden und männern edler, reiner abstammung angewendet, so Ham. ۴۹۴ فَحْلٌ عَلَى ٱلنَّسْلِ مُنْجِبُ „ein hengst, edle nachkommenschaft hervorbringend“, ۴۳۷ von Muhammed وَٱلْفَحْلُ فَحْلٌ مُعْرِقُ „und der hengst, ein hengst von edler art“ (vgl. auch ۵۲, ۳۴۷ und غَارِبَ ٱلْفَحْلِ ۹۳۳ „zum nacken des hengstes“ reichte sein nacken; diese 3 stellen lassen sowol pferd- wie kamelhengst denkbar erscheinen), wo man, da die Araber so viel auf den reinen stammbaum ihrer rosse hielten, doch nur an pferdhengst denkt; فَحْلُ ٱلشَّوْلِ dagegen, Ham. ۴۸۹ (vgl. Meid. II 204 ٱلْفَحْلُ يَحْمِي شَوْلَهُ) kann nur der kamelhengst sein, da شَوْل „kamelinnen“ bedeutet.

Während also فَحْل auch den kamelhengst und sogar ganz allgemein das „männchen“ irgend eines thieres[1] bezeichnen kann, heisst مُهْرٌ *muhru*ⁿ [ass. *muhru*, *mûru* junges vom löwen] nur das „junge pferd“, „pferdefüllen“ [abzuleiten von h. מהר eilen, vgl. D. H. Müller, Kitâb al-Farḷ s. 264 = 32] Hamasa ۲۷۲ (تَرَى ٱلْخَيْلَ على آثَارِ مُهْرِي „du siehst die

gründet wird. — Tigl., Pil. I, col. VI 62 heisst es: IV *pu-ḫal rîmi* „vier männliche wilde ochsen“, vgl. auch III Rawl. 34, col. 4 kante z. 2.

[1] Damîrî jedoch beschränkt es nur auf die mit حَافِر (pferdehuf), ظِلْف (rind-, schaf- und antilopenhuf) und خُفّ (kamelhuf) versehenen thiere (Bulaker ausg. II. ۲۴۰).

reiter meinem rösslein auf den fersen", wo natürlich wie im deutschen kein wirkliches füllen, das ja noch nicht geritten wird, gemeint ist), ٩٣ („unter mir rennt mein rösslein" mit der gleichen poetischen licenz) und Meid. II 291 أَقْوَدُ من مُهْرٍ „leichter" (andre „schwerer") „zu leiten als ein pferdefüllen" vgl. noch I 255, II 288 und 496 (die unbändigkeit des schwer zu erziehenden füllens). Der plural lautet أَمْهَار, Ham. ۴۴۷ (siehe gleich unten; vgl. auch den unter بَغْل mitzutheilenden vers bei Meid. II 375). Das einheitsnomen (wie auch fem. vgl. Muḥîṭ واحدة وانثى المُهر) ist مُهْرَة, z. b. fem. المُهْرَةُ الشَّقْرَآء das braune (weibliche) fohlen Ham. ۲۸۱, pl. davon مُهَرَات, so Ham. ۴۴۷ وَمُجَنَّبَاتٍ يَقْذِفْنَ بالمُهَرَات والأَمْهَارِ „und rosse, welche männliche und weibliche fohlen werfen".

Ein selteneres wort für pferdefüllen ist (5) فِلْوٌ *filwun*, nach Aṣma'î im كتاب الفرق (ed. Müller, s. 247 = 15) = ولد الفَرَس (so ist nach Dr. Müller's verbesserung statt الجمل zu lesen), während dort مُهر allgemeiner durch ولد الدَّابَّة (pferd- und esel-junges) erklärt wird; im Muḥîṭ dagegen wird فلو durch الجَحْش والمهر اذا فُطما وبلغا سنة (ausgewachsenes esel- und pferde-füllen) gegeben. Die einzige belegstelle, die mir aus alten dichtern bekannt ist (und die ich aus Müller's Anmerkungen zum Kitâb al-Farḳ, s. 266 = 34 entnehme), ist Diwân des Zuhair ١٧, ١٧: تَنْبِذُ أَفْلَآءها فى كُلّ مَنْزِلَة „sie (die rosse) werfen an jedem ort ihre jungen"; in der Hamâsa kommt blos das verbum denominativum vor (Ham. ۴۹: وَلَيْسَ يَهْلَكُ منّا سَيِّدٌ أَبَدًا الّا ٱفْتَلَيْنَا غُلَامًا سَيِّدًا فينا und der comm. الافتلاء الافتطام والاخذ عن الأُمّ منه الفَلْوّ.)

Dass das arabische سَائِس rosselenker, pferdeknecht [pl.

سَاسَة und سُوَّاس, letzteres Ham. ٩٩٩ سُوَّاسُ مَكْرُمَةٍ „rossetummler edler thaten", Rück. „die das ross der ehre tummeln";[1] vgl. auch die redensart سَاسَ الخَيْلَ „er hat die rosse gebändigt" und dann übertragen سَاسَ الرَّعِيَّةَ „er hat die unterthanen regiert"[2], woher das in der classischen wie spätern prosa allgemein gebräuchliche سِيَاسَة „regierung, staatsleitung"] nur denominativum eines einst auch im arabischen existirenden wortes *sûs* pferd (h. סוּס; syr. ܣܘܣܝܐ, fem. aber ܣܘܣܝܬܐ; ass. pl. *sûsi*) ist, habe ich bereits oben zu bemerken gelegenheit gehabt.[3] Ob סוּס „ein uraltes fremdwort"[4] ist, kommt hier nicht in betracht; jedenfalls war es den Ursemiten schon bekannt. Auf keine weise ist aber die erklärung von *parašu* als „das persische" und von *sûsu* als „das susische"[5] zu billigen, obwohl sie kürzlich noch v. Kremer[6] aufrecht erhalten wollte.

Die übrigen im arabischen so zahlreichen namen des pferdes, die ich hier alfabetisch folgen lasse, sind ursprünglich alle poetische beiwörter (adjectiva, epitheta ornantia) des pferdes (das gleiche gilt von den kamelnamen). „Nach der so zu sagen räthselnden weise der arabischen poesie wird das eigentliche nomen, dem es gilt, nicht gesetzt, sondern durch beiwörter so kenntlich gezeichnet, dass alle dunkelheit des sinnes im verlauf

[1] Freyt. übersetzt „generose agendi rationem colentes; das gedicht, dem dieser ausdruck entnommen ist, gehört dem dichter al-'Arandaš, der vom stamme Kilâb war, an; dieser stamm aber wohnte im rossereichen Nadschd (vgl. s. 48 oben).

[2] Zamahšarî,. مُقَدِّمَةُ الأَدَبِ (ed. Wetzstein) s. ١۴۴.

[3] seite 46, oben vgl. auch s. 48, anm. 2. — Das assyrische 𒊓 (Sāmek) transcribire ich künftig stets durch *sa* (nicht mehr durch *śa*), das 𒊭 (Shîn) dagegen durch *ša* (nicht mehr durch *sa*); danach sind die assyr. wörter auf s. 4, 21, 35, 46 und 48 zu corrigiren.

[4] Nöldeke, Mandäische Grammatik, s. 147 mit berufung auf Geiger.

[5] Pott, etym. Forschungen I, p. LX.

[6] in dem schon in der Einl. erwähnten aufsatz im Ausl. 1875, no. 1 und 2.

schwindet"[1]. So ist allerdings bei den meisten die ursprünglich adjectivische bedeutung noch ganz sichtbar und war jedenfalls auch dem sprachgefühl des Arabers noch gegenwärtig, aber nicht bei allen verschwindet die dunkelheit des sinnes „erst im verlauf," sondern es gibt sehr viele, die entweder nur vom kamel oder nur vom pferd und blos von diesem gebraucht werden, ja manche, wie z. b. أَجْرَد (urspr. „das kurzhaarige"), أَشْقَر („das rothe") sind in der poesie gradezu stehende namen des pferdes geworden; andererseits gibt es seltne poetische benennungen des pferdes, wo uns die sprache selbst für die etymologie im stiche lässt und bei denen wir, wegen der widersprechenden erklärungen der lexicographen, auf die wir dann allein angewiesen sind, auf die erforschung der ursprünglichen bedeutung verzichten müssen. Das gleiche gilt auch von andern poetischen thiernamen, besonders von einigen des kamels und des löwen.

Ich werde im folgenden die am häufigsten vorkommenden und stereotyp gewordenen epitheta des pferdes mit einem vorgesetzten sternchen bezeichnen.[2] Auch wird es stets angegeben werden, wenn etwa das betreffende beiwort des pferdes auch vom kamel oder einem andern thier im arabischen vorkommt.

أَسِيل *asîlun* (urspr. „lang herunter wallend,-hängend, vgl. die W. sal in سَال) „langwangig" in einem von Ahlwardt (Ch. al-Aḥm., s. 246) aus Mufaḍḍ. 90,13 citirten verse (أَسِيلٍ نَبِيلٍ الخ einem langwangigen, edeln rosse).

آلف *âlifun* pl. أُلَّاف *ullâf* siehe تَابِع.

مُؤَمَّل *mu'ammalun* [„der auf den man die hoffnung setzt" vgl. blos noch das assyrische *ummulu* inf. pa‘‘el hoffen und

---

[1] Ahlwardt, Chalef al-Aḥmar, s. 116.

[2] mit dem nachgesetzten stern dagegen bezeichne ich stets reconstruirte und erschlossene formen, wie z. b. oben سُوس * pferd (dagegen سُوس ohne stern: motte).

mamlum hoffnung, in den assyr. nationallexicis syn. von *ra'abu* begierde, sehnsucht] t. t. des 7. pferdes im wettkampf, siehe das Ham. ۴۹ comm. angeführte gedicht, was ich unter سَابِق mittheilen werde.

مُبَرِّز *mubarrizun* „der (den reiter) vorausträgt“ (wörtlicher wohl: „ins freie feld trägt“ II von بَرَزَ heraus ins freie, vorwärts gehen, vgl. ተበረዘ፡ und برح) Zuhair Diwân ۲,۳۷ (bei Ahlwardt Ch.el-Aḥm., s. 293 سَبَقْتَ اليها كُلَّ طَلْقٍ مُبَرِّزٍ الخ überflügelt hast du zum [ziele] hin gleichsam jeden [renner] der losgelassen „[den reiter] voraustragend“ u. s. f.)

(10) أَبْلَق *ablaḳu* [„gescheckt“, vgl. unser „scheck“ von pferden; äth. በለቅ፡ marmor, wie auch بَلَق, urspr. der buntfarbige; über andre aus der grundbedeutung „spalten, öffnen“ hervorgegangene bedeutungen im semitischen siehe Ges. Thes. unter בלק] in zwei sprichwörtern أَشْهَرُ من الفَرَس الأَبْلَق „in die augen fallender (bekannter) als das scheckige pferd“ (weil nachts das weisse an ihm, beim sonnenschein aber das schwarze auffällt) Meid. I 690 (vgl. Fr. Prov. III 260, wo من فارس الابلق „als der reiter des schecken“ steht) und das bekannte sprichwort: طَلَبَ الأَبْلَقَ العَقُوقَ „er wollte einen schecken, der zugleich schwanger ist“ d. h. etwas unmögliches, denn الابلق wird nur vom hengst gebraucht (das fem. würde البلقاء lauten) Meid. II 29..

تَئِق *ta'iḳun* („voll“, neml. von munterkeit und jugendkraft) Hamasa ۳۵۸ „[ich habe gerüstet] einen mähnenträger, einen glattrückigen, vorrennenden, vollkräftigen (muntern; arab. اذا خُصَلٍ مُخْلَوْلِقَ المَتْنِ سَابِقًا تَئِقَا)“.

تَابِع *tâbiʿun*, pl. تَوَابِع die (den mutterstuten beigegebenen, ihnen) nachlaufenden (jungen) von تبع folgen [noch allgemeiner assyr. *itbâ* „er kam", pl. *itbuni*; *tibutu* „das herankommen" in den hist. inschr., was nichts mit *ibâ'u* Sintfl. II 49 sie kamen, *ibâ* er kam Tigl. Pil. 3,9, *uba'u* sie führten herauf Sintfl. III 3, sämmtl. von בוא, zu thun hat; dagegen mit speciellerer bedeutung im äth. ተባበ፡ beständig, tapfer sein, urspr. unablässig sein ziel verfolgen, und syr. ܬܒܥ suchen, fordern, bes. rächen] Diwân des Nâbiga ١٠, ٢٩ تُشْلَى تَوَابِعُهَا الى الْأَلَّافِهَا „es werden durch wiehern herbeigelockt die unter ihnen ihren pflegemüttern (الْأُلَّاف) nachlaufenden" siehe Ahlwardt Bemerkungen s. 99.

تَالٍ *tâlin* [„der hinten nachfolgende" von تلى, urspr. anhängen, dann: nachfolgen, vgl. äth. ተለወ፡ anhängen, folgen, hebr. תלה intr. anhängen, Jes. 22, 24, trans. anhängen, haften machen = aufhängen, so auch syr. ܬܠܐ; assyr. *tilu*, hebr. תֵּל „hügel" dagegen kommen von dem wurzelverwandten תלל; ass. *tulu* weibl. brust ist = äth. ተለዕ፡, wegen des u vor l vgl. *ul* nicht, *ullu* dieser und andres im assyrischen] t. t. des 4. pferdes im wettkampf, siehe das Ham. ٤٩ comm. angeführte gedicht, was ich unter سَابِق mittheilen werde. In einem bei Meid. II 469 angeführten dichterverse kommt der pl. تَوَالٍ in verbindung mit خَيْل vor (ولا تَوَالِي الْخَيْلِ كَالْهَوَادِي „und nicht sind die hinten nachfolgenden der pferde wie die den zug anführenden.")

ثَنِيّ *tanijjun* von (drei bis vierjährigen) pferden und (sechsjährigen) kamelen (siehe beim *kamel* eine belegstelle), die die vorderzähne (ثَنِيَّة, eigentl. „doppelzahn", weil zwei oben und zwei unten stehen) auswerfen, daher Rückert (Ham. II 178) „umgezahnt" übersetzt; im lebensalter vorher heissen sie جَذَع (siehe daselbst), nachher رَبَاع (weil ihnen da die sogenannten „vierzähne" رَبَاعِيَة ausfallen; doch wird رباع gewöhnlich nur von den siebenjährigen kamelen gesagt), dann قَارِح und بَازِل

(ersteres vom fünfjährigen pferd, nie vom kamel, letzteres vom neunjährigen kamel, nie vom pferd), endlich مُذَكٍّ und مُخْلِفٌ (ersteres vom sechs- bis siebenjährigen pferd, letzteres vom zehnjährigen kamel), alle diese benennungen von den zähnen, weshalb سِنٌّ (ሰን፡ שֵׁן سِنًّا) im arabischen auch „alter“ heisst.

(15) جَبْهَةٌ *ǵabhatun* [Mul.ît =الخَيْلُ, und zwar لأَنَّها خِيَار البَهَائِمِ, wozu man hebr. גָּבַהּ „hoch, erhöht, edel, stolz sein“ vergleiche; sonst heisst جبهة im arabischen „stirn“, eigtl. „die hohe“] in einer dem Muhammed zugeschriebenen tradition, mitgetheilt bei Meid. I 656: لَيْسَ فى الجَبْهَةِ ولا فى الكَسْعَة ولا فى النَّخَّةِ صَدَقَةٌ „nicht besteht (= darf bestehen?) in einem pferd und nicht in einem esel und nicht in einem sklaven (andere: in last- oder zugvieh) ein almosen.“

جَذَعٌ *ǵaḏaʿun* (wol ursprünglich „das abgeschnittene, fertige, reife“) das zum erstenmal ausgezahnte thier, von pferden das dreijährige, (von kamelen das fünfjährige, von schafen einjährig; vgl. ثَنِيّ und قَارِح, welch letzteres blos von pferden gebraucht wird und wofür man bei kamelen بَازِل sagt) Ham. ٩١ جَذَعَ البَصِيرَةِ قَارِحَ الاقدام „ein dreijähriges pferd an einsicht, ein fünfjähriges an kühnheit“, Ham. ١٥٨ وَلَلْقَارِحُ اليَعْبُوبُ خَيْرٌ عُلَالَةً من الجَذَعِ المُزْجِى „und fürwahr ein fünfjähriges pferd, ein flüchtiges, ist besser im lauf als ein junges thier, ein langsamgehendes“ (Rück. „ein hengst ein renner ist im lauf nachhaltiger als solch ein losgelassenes füllen“) und pl. جِذَاع im sprichwort: Meid. II 602 مُذَكِّيَةٌ تُقَاسُ بالجِذَاعِ „ein siebenjähriges pferd mit den dreijährigen (d. i. grosses mit kleinem) vergleichen“.

* أَجْرَدُ *aǵradu* (ursprünglich „abgeschabt, glatt-, kurzhaarig", aber im arabischen immer im sinn von „kurzhaarig",[1] und dann allgemein von rossen „edel", da bei den Arabern die kurzhaarigkeit als zeichen eines edeln renners angesehen wird) nur von pferden [denn Ham. ٩٢٢ وَمُنَوَّقَةِ الجُرْدِ was Freyt. „exercitatos glabros scil. camelos" übersetzt, ist wol besser mit Rückert „mit rossen wolgeschult" wiederzugeben; obwol مُنَوَّق als denom. von نَاقَة ursp. blos von kamelen gesagt wird, kann es doch eher möglich sein, dass man es mit der allg. und abgeblassten bedeutung „eingeübt, geschult" auch von pferden braucht, als dass das stehende beiwort der pferde „glattbehaart", was ja grade diese thiere von den kamelen unterscheidet, auf letztere sollte übertragen werden können; gegen meine ansicht, dass اجرد nie von den kamelen gebraucht wird, könnte allerdings ein vers der Mufaḍḍalijjât, Ahlw., Ch. A., s. 210, sprechen, wo جَرْدَاء und حَائِل, letzteres ein wort, das sonst nur von kamelen gesagt wird, epitheta eines thieres sind; doch da Ahlwardt diesen vers als die beschreibung einer pferdestute auffasst, und ich den näheren zusammenhang, in dem derselbe vorkommt, nicht kenne, fasse ich lieber حائِل hier als *ἁπ. λεγ.* von pferden, als dass ich zugeben könnte, اجرد, was schon der natur der sache nach auf kamele gar

---

[1] „denn es findet sich die Glätte auch bei langhaarigen Pferden" (Ch. al-Achm., s. 209). Obwol die Araber selbst immer nur „kurzhaarig" übersetzen (danach Ahlw. a. a. o.; vgl. auch Muḥîṭ: اجرد قَصِير الشعر رقيقه), ist doch das richtige „glatt- und kurzhaarig" und das ursprüngliche „glatt mit beinah ganz abgeschabten sehr kurzen haaren", vgl. جَرَدَ ab-, ausziehn, abrinden, جَرِدَ (vom erdboden) pflanzenleer, nackt sein, hebr. לְהִתְגָּרֵד „sich zu schaben" (Hiob 2,8 *ἁπ. λεγ.*), aram. גְּרַד, ?ܓܪܕ schaben.

nicht anwendbar ist, käme nur einmal als kamelepitheton vor], so Ham. ٦٩. ٢٣١ (وأَجْرَدُ عُرْيانُ السَّراةِ طَوِيلُ „und der glattbehaarte, nackten rückens, der lang gestreckte“). ٧٩٧ (كُلُّ طِمِرَّةٍ وأَجْرَدَ سَبَّاحِ „jeden einherstürmenden und glattbehaarten dahinrennenden“); das feminin جَرْدَاءُ Ham. ٩١٥ (جَرْدَآءُ سَابِحَةٌ او سَابِحٌ قُدُمُ „eine glattbehaarte rennende oder ein rennender vorauseilender“); und der plur. جُرْد Ham. ٧١ (جُرْدًا ضُمَّرًا „glattbehaarte schlanke“). ٩١٥ (جُرْدٍ مُسَوَّمَةٍ „glattbehaarte, denen zeichen eingebrannt waren“). ٧٣٥ (على جُرْدِ المُتُونِ طِوَالِ „auf glattrückige, langgestreckte“). ٧٨٠ (قَامُوا الى الجُرْدِ اللَّهَامِيمِ من كُلِّ مَحْبُوكٍ طُوَالِ القَرَى „sie stiegen auf glattbehaarte, edle, von jeder art von strammgebauten, deren rücken langgestreckt sind“), und in einem verse Ḳurâd's bei Meid. II 660

تَحْتِي ذو أَفَانِينَ جُرْشُعُ ‖ أَبَرَّ على الجُرْدِ العَنَاجِيجِ كُلِّهَا

„unter mir war ein auf verschiedene weisen laufendes, dickleibiges, welches alle andern glattbehaarten edeln renner im lauf einholte“. Endlich von demselben stamm und mit der gleichen bedeutung:

مُنْجَرِد *munǵaridun* Imrulḳ. Muʿall. 52 (= Diw. ٤٨,٤٧) بِمُنْجَرِدٍ „auf einem kurzhaarigen“ (comm. والمُنْجَرِدُ الفَرَسُ القَصِيرُ الشَّعْرِ وَقَلِيلُهُ).[1]

---

[1] weitere belegstellen zu مُنْجَرِد siehe Ahlw., Ch. A. s. 210 (Diw. Imrulḳ. ٣٥, ١٥, ein vers der mit jenem Muʿallaḳavers beinahe identisch ist, und ٤,٢٠; Alḳama ١,٢٠); ebendaselbst, s. 209 finden sich noch einige

جُرْشُعٌ *ǵuršuʿun* („dickleibig, mit festen, dicken seiten versehen“) in dem eben erwähnten verse Ḳurâd's. Dies wort wird auch von kamelen gebraucht (Ham. ٧٨٣), siehe unten beim kamel.

(20) أَجَشُّ *aǵaššu* „lautwiehernd“, (syn. des gewöhnlicheren صَهِيل und تِصْهَال) urspr. onomatopoetisch „einer der eine جُشَّة, eine art reibegeräusch hervorbringt“ [daher kommt auch die bedeutung „in kleine theile zertheilen, zerbrechen“, und auch die verwandten جَشَّ, ገሰሰ, hebr. ἀπ.λεγ. נְגַשְׁשָׁה Jes. 59,10 und aram. ܓܫ, alle „streicheln, berühren“, gehen auf das durch das streichen hervorgebrachte geräusch zurück] Mufaḍḍ. 32, v. 17 bei Ahlw., Ch. A. s. 216 (wo der betreffende vers, wie noch andere synonyma des wieherns mitgetheilt sind, zu denen noch عَجّ nachzutragen wäre; vgl. den vers ʿAntara's bei الْمُجَلّ).

الْمُجَلِّي *al-muǵallî* („das glänzend, berühmt machende“) t. t. des ersten pferdes im wettkampf; siehe das bei سَابِق aus Ham. ٢٩ comm. von mir angeführte gedicht.

الْجَمُوح *al-ǵamûḥu* „das ungestüme, widerspenstige, sich bäumende pferd, so Imrulḳ. Diw. ١٤, ١٢ (سَبُوحًا جَمُوحًا) und in einem sprichwort, Meid. I 747 أَصْعَبُ من رَدِّ الْجَمُوح „schwieriger fortzutreiben als ein wildes pferd“.

---

belegstellen zu اجرد (ʿAnt. Diw. ٢,٥ Zuhair ١٠,١١ Ham. ٢٩٨ comm., ʿAmr ibn Kulṯûm Muʿall. 19, wo جُرْد im comm. erklärt wird durch وهى من الفرس التى رق شعر جسدها وقصر; u. a.) Die citate im Ch. A. (ausgenommen die Muʿallaḳât, die ich stets nach Arnold's ausgabe citire) habe ich nach den 1870 erschienenen „Divans“ umgeändert.

جَمَزَى *ǵamazâ* („schnell einherschreitend", von جَمَزَ, was an schnelligkeit zwischen عنق [1] und حضر steht, und zwar دُونَ الْحُضْرِ وفَوْقَ العَنَقِ Muḥîṭ) vom pferd und kamel; von ersterem Ham. ٢٧٧: بِعِنْجِلِزَةٍ جَمَزَى المُدَّخَرِ „auf einer festen, die schnell den übrigen theil des weges zurücklegt" (جَمَزَى wird von masc. wie fem. gebraucht); vgl. das ganze nur dem lob seines rosses gewidmete gedicht (bei Rückert I s. 218 übersetzt) des Ubei ibn Sulmî ibn Rabî'a. Vom stiere (ثَوْر) steht جَمَزَى Div. Huḏ. ١٨٤, ٢٢.

جَمُوم *ǵamûmun* („schnell einherschreitend", urspr. „voll,[2] reichlich") Ham. ٩٠ فَوْقَ عِجْلِزَةٍ جَمُوم „auf einer festen (stute), einer schnell trabenden". Das wort wird auch in verbindung mit السَّيْر von der kamelin (الشَّائِلة) gebraucht (vers an-Namir ibn Taulab's im Muḥîṭ unter جَمُوم), siehe unten beim kamel.

(25) جَنِيبَة *ǵanîbatun* „das an der seite [جَنْبٌ = ܓܶܢܒܳܐ aus ܓܰܢܒܳܐ*; das assyrische *gab* z. b. in *ana GAB-ja itbuni* „sie zogen gegen mich heran", was *ana maḫrija itbuni* zu lesen ist, ist sumerisch und hat also mit dem aram. ܓܶܒܳܐ nichts zu thun] geführte pferd, handpferd" (wie man auch sagt خَيْلٌ جَنَبٌ mit nominalapposition, und مُجَنَّبَة, letzteres Ham. ٤٤٨ ومُجَنَّبَاتٍ يَقْذِفْنَ بالمهراتِ والامهار „und an der seite geführte pferde, welche weibliche

---

[1] vgl. Div. Huḏ. ١٨٤, ٢١.

[2] vgl. מְגַמָּה ἅπ. λεγ. Hab. 1,9 „fülle, menge", גַּם „auch", = assyr. *gamma* „auch" IV. Rawl. 61,22 ff., urspr. „anhäufung"; die erste bedeutung scheint übrigens die des „abschneidens und anhäufens" (ein bild vom feldbau genommen?) gewesen zu sein, vgl. syr. ܓܡܙ Jes. 16,8 „abschneiden" (dort ܓܡܙܘܗ̇, wo hebr. הָלְמוּ „sie haben zerschlagen" steht).

und männliche füllen werfen“,[1] siehe die bemerkung Rückerts dazu, Ham. I 365 unten) Ham. ٥٣٣ كَمَا ٱسْتَتْلَى ٱلْجَنِيبَةَ قَائِدُ „wie der führer das handpferd hinter sich drein folgen lässt“ (um es dann in der schlacht zu besteigen; vorher reitet er, das pferd zu schonen, auf dem kamel); nach andern ist جَنِيبَةٌ eine kamelin, die man einem andern übergibt, nutzniessung draus zu ziehen (so die arabischen nationallexica).

* جَوَادٌ *'awâdu*ⁿ [vgl. Sir. 36,6 ፈረስ፡ ጐያዪ፡ schnell laufendes pferd, renner; Damîri erklärt جواد durch „tüchtig im lauf“ ٱلْجَيِّدُ ٱلعَدْوِ und fügt hinzu: سُمِّيَ بِذَلِكَ لِأَنَّهُ يَجُودُ بِجَرْيِهِ] ursprünglich „das edle, vortreffliche“ (von جَادَ f. u.), dann übertragen „das edle im lauf, der vortreffliche renner“ Ham. ٤٤٩ comm. (verse des Ḳais ibn Zuhair) جَوَادِي, Ham. ٧٥٨ جَرْىَ ٱلْجَوَادِ den lauf des renners; Meid. II 325 (das sprichwort:) كَانَ جَوَادًا فَخَصَاهُ ٱلزَّمَانُ „er war ein edles ross, aber die zeit hat ihn castrirt“ und das neuere sprichwort (Freyt. Prov. III 80) ٱلْجَوَادُ بِعَرَقِهِ يَجْرِى „ein edles ross läuft trotz seines schweisses vorwärts“.[2] Der pl. heisst جِيَادٌ: Ham. ٥٩ تُلَاقُوا جِيَادًا لَا

---

[1] so auch D. H. Müller, kitâbu 'l-fark, s. 33; Rückert a. a. o. „vor eile wegstossen“.

[2] vgl. noch (Ch.-A., s. 293 f.) Zuhair Divân ٣,٣٨ جَوَادِ ٱلْخَيْلِ „eines edeln rosses“, Imrulḳ Div. ١٤,١١ „und ich rüstete zum kampf eine gallopirende (stute), die tüchtig ist in bezug auf das sich zum lauf anfeuern nnd langsam antreiben lassen (وَثَّابَةً جَوَادَ ٱلمَحَثَّةِ وٱلْمُرَوَّدِ)“ und den vers aus den Mufaḍḍalijjât (جَوَادُ ٱلْمَدَى „unverdrossen zum ziel“), sowie einen vers im kitâbu 'l-farḳ (Müller, s. 20, z. 7).

تَجِيدُ عن الوَغَا „ihr findet edle renner, die nicht vom kriegsgetümmel feig weglaufen[1] (comm. لَا تَجْبُنُ)", Ham. ٢٩٥ وعلى الجِيَادِ المُضْمَرَاتِ فَوَارِسٌ مِثْلُ الصُقُورِ „und auf edlen rennern, mageren, (sitzen) reiter, gleichend den falken" und Ham. ٤٠٣. Damîrî gibt als plural auch noch جُون an.

جَوْن *ǵaunun* „scharzröthlich" [vgl. ܓܘܢܐ „farbe, art" was ich schon wegen des im ch'ald. mit ihm wechselnden בְּזַן „nach art" nicht für ein pers. lehnwort halte; vielleicht gehört auch der hebr. E.N. גּוּנִי, was dann „der braune" heissen würde, hieher] Ham. ٢٨٣ لَبَانُ الجَوْن „die brust des schwarzrothen pferdes" und Ham. ٩٥٣ الجَوْنَ ذَا الشِمْرَاخِ والوَرْدَ „den schwarzrothen mit dem weissen stirnfleck und den fuchsen". Nach den lexicographen kann man جَوْن auch von schwarzrothen kamelen sagen.

جَيَّاش *ǵajjâšun* „der schäumende" Jmrulk. Mu'all. 55 على الذَبْلِ جَيَّاشٍ „auf einem trotz seiner schmächtigkeit (comm. ضُمْر) aufschäumenden (wild dahinrennenden)"; das bild ist vom sieden des kessels (vgl. den schluss des verses) hergenommen.

مَحْبُوك *maḥbûkun* „festes, strammgebautes pferd" [von حَبَكَ festmachen, gut und dicht weben, vgl. auch syr. ܚܒܟ „mischen" und das verwandte hebr. חבק mit stärker nüancirtem dritten radical „die hände in einander fügen", dann auch umfassen", die alle auf einen grundbegriff zurückgehen] Ham. ٧٨٠ (siehe bei اجرد, pl. جُرْد die stelle), Zuhair Div. ١٥, ٢١ على ظَهْرِ مَحْبُوكٍ „auf dem rücken eines strammgebauten", und den

---

[1] تَجِيدُ ist ein druckfehler in Freytags Hamasa für تَحِيدُ (von حَادَ).

vers im Muḥîṭ, wo es heisst (unter حبك): مُشْرِفَ الحارِكِ مَحْبُوكَ الكَتَدْ „(ich rüstete für ihn) ein pferd mit hohem umdreher (siehe Ch. A., s. 238, z. 4) und festgebauten schultern“.

(30) المُحَجَّلُ *al-muḥaǵǵalu* „ein pferd mit weissen vorder- und hinterfüssen“ [denom. von حِجْل, pl. حُجُول weiser fleck am fuss des pferdes, z. b. Ham. ٥٣ لَهَا غُرَرٌ وَحُجُولُ „sie, die schlachtentage, haben weisse stirn- und fussflecke wie die rosse“; äth. ሐግል፡ fussspange Jer. 34,1] in einem im Muḥîṭ unter حجل stehenden, im diwan Ahlwardt's fehlenden verse ʿAntara's:

خَاضَ العَجَّاجُ مُحَجَّلاً حَتَّى إِذَا شَهِدَ الوَقِيعَةَ عَادَ غَيْرَ مُحَجَّلِ

„es zog aus das lautwiehernde (pferd) als ein an den füssen weiss geflecktes, bis es nachher, als es in der schlacht gewesen war, zurückkehrte als ein nicht mehr weissgeflecktes (weil von blut beschmutzt)“. In der vulgärsprache sagt man auch (mit auflösung) *muḥanǵal* statt *muḥaǵǵal* (Muḥîṭ).

حِصَانٌ *ḥiṣânun* „edles ross“, bes. „hengst“, in dem unter اشقر aus Meidâni mitgetheilten vers des Aus; im vulgärarabischen wurde حصان das gewöhnliche wort für pferd, siehe s. 39.

الحَظِّيُّ *al-ḥazzijju* „der glückliche“ [von حَظّ „glück“, urspr. aber wahrscheinlich „loospfeil“, vgl. die analogie von ሐጽ፡ pfeil, pl. አሕጽ፡ und حُظْوَةٌ „pfeil“ wie „ansehen, ehre“, حِظًى glück, und von חֵץ „pfeil“, حِصَّةٌ „antheil“; wenn man aber الحَظِيُّ *al-ḥazijju* liest,[1] so ist das wort direct vom verbum حَظَا gebildet] t. t. des achten pferds beim wettlauf; siehe das unter سَابِق Ham. ٣٩ comm. von mir angeführte gedicht.

[1] so Lane I, 2, 597.

حَائِل *ḥâ'ilun* „(den gewöhnlichen naturlauf) verändernd" d. i. „noch ohne junge", sonst nur von kamelen gesagt (siehe ausführlich daselbst) scheint doch einmal, und zwar in einem vers der Mufaḍḍalijjât, den Ahlwardt, Ch. A., s. 210 anführt. auch von einer pferdstute vorzukommen; dort heisst es:

وَسَلْهَبَةٌ جَرْدَآءُ بَاقٍ مَرِيسُهَا مُوَثَّقَةٌ مِثْلُ الهِرَاوَةِ حَائِلُ

„und eine schlanke (stute), kurzhaarige [1], dauernden ungestüms, zuverlässig, stockähnlich, noch ohne jungen"

المُسْتَحِير *al-mustaḥîru* „der bestürzte" (denom. von حِيرَة „bestürzung")[2] heisst das sonst mit dem t. t. العَاطِف genannte sechste pferd im wettlauf in dem unter سَابِق aus Ham. ٣٩ comm. von mir angeführten gedicht.

(35) خَظًا *ḫaẓan* (aus *ḫaẓawun**), nebenform von خَظِ und خَاظِ „dick und fleischig, gedrungen" nach den lexicographen epitheton des pferdes; bei Imru'ulḳ. Diw. ١٩,٣٠ heisst es vom rücken des pferdes: „sie (die stute) hat zwei fest- nnd starkgebaute rückentheile[3] (خَظَاتَا[4] مَتْنَتَانِ) wie wenn der leopard (النَّمِر) hinstürzt auf seine vorderbeine". Sonst ist خَاظِ ein beiwort des esels, so Div. Hud. ٥٩,٧ (comm. خَاظٍ مُمْتَلِئٌ لَحْمًا مُكْتَنِزٌ يَعْنِي الحِمَارَ).[5]

---

[1] siehe meine bemerkung bei أَجْرَدُ.

[2] nach andern auch „endlos fortlaufend" (also vom pferd, das nie zum ziel der rennbahn kommt?)

[3] Lane I, 2, 769: two compact portions of flesh and sinew confining her backbone.

[4] aus خَظَوَتَا * entstanden.

[5] Ahlw., Ch. A., s. 243.

مُخْلَوْلِقٌ *muḫlauliḳun* ein „sehr glattes“ pferd [part. der XIIten form von خلق, was ursprünglich „glätten“, dann erst „bilden, messen etc.“ heisst, vgl. hebr חָלַק glatt sein, aram. ܫܘܚܠܦܐ „glück“, urspr. aber „ein glatter kieselstein zum loosen“,[1] äth. ኀለቀ: [geglättet, abgerieben,] verzehrt, vernichtet werden, wie ass., z. b. *uḫallik* „ich vernichtete“ Asarh. 1,13, *iḫtalik* „er geht zu grund“ Del., ass. lesest., s. 38, z. 40; *ḫaluḳu*[2] III. Rawl. 70, 106 ff., = sumerisch MU [was sonst „name, nennen“ heisst] ist noch nicht sicher zu erklären, da belegsstellen bis jetzt fehlen] Ham. ٣٥٨ مُخْلَوْلِقُ المَتْنِ „das am rücken glatte“ (siehe die stelle bei تَثِق).

خِنْذِيذ *ḫandîdun* nach den lexicographen urspr. „der dicke, lange“ [eine auflösung aus urspr. *ḫiddîd*? Im arab. sagt man nach den lexicographen خَذَّ الجرحُ von der von eiter fliessenden wunde; die wurzel *ḫad*, *ḫaz* heisst sonst „durchbohren“ im semitischen] Ham. ٢٤٧ comm. (vers des Mâlik ibn al-Raib) وَأَشْقَرَ خِنْذِيذ يَجُرُّ الخ „und einen fuchsen, einen langen, welcher (seinen zügel hin zum wasser) am boden hinschleppt“; im text steht dort خَنَاذِيذ „recken, helden“.

خَيْفَانَة *ḫaifânatun* „heuschreckenähnliches“ pferd (denom. von خَيْفَان „heuschrecken“; das tertium comparationis liegt in dem dünnen, schlanken leib[3] oder im leichten sprung,[4] was

---

[1] so schon A. Schultens, vgl. Ges. Thes., p. 483 und als analogie das oben bei الخَطِّى bemerkte.

[2] wahrsch. graphisch ungenau statt *ḫalûḳu* (فَعُول).

[3] Nöldeke, Beiträge zur Poesie der alten Araber, s. 168.

[4] Muḥîṭ; da أَخْيَف „zwei-, verschiedenfarbig“, speciell vom kamel

auf dasselbe hinauskommt) Imrulḳ Diw. ١٩, ٢٥ وأَرْكَبُ فى الرَّوْعِ خَيْفَانَةً „und ich reite im kampfesschrecken eine heuschrecke" (oder „eine braunrothe", siehe die anm.), ferner im trauerlied der al-Ḫansâ auf ihren bruder Ṣaḫr 1, vers 9.[1]

دَؤُولٌ *da'ûlun* „der munter trabende" (nach andern „langsam trabende") von دَأَلَ (= مَشَى مَشْيًا نَشِيطًا) Ham. ٤٥٨ مُرَبَّبَةٌ دَؤُولٌ „eine wolgepflegte munterdahintrabende (stute)". Auch von andern thieren werden namen, von obigem stamm دَأَلَ abgeleitet, gebraucht, so vom schakal, (wolf und wiesel) دُئِلٌ[2], دُؤُلٌ, دَأَلَانِ und دَأَلٌ, und vom fuchs, dessen eigenname دُؤَالَةٌ („Reineke") ist[3]; auch sie gehen auf den begriff der beweglichkeit und munterkeit zurück.

(40) مُدْبِرٌ *mudbirun* [von أَدْبَرَ zurückweichen; der grundbegriff des semitischen stammes דבר geht waḥrscheinlich vom „rücken" woraus sich dann überhaupt der begriff „hinten" entwickelt, aus: دُبُرٌ, دُبْرٌ rücken, äth. ተደብረ፡ „sich auf den rücken legen"

---

oder pferd „ein blaues und ein schwarzes auge habend" heisst (daher خَيْفَانٌ ursprünglich „die zweifarbige, weissgelbe," d. i. die heuschrecke), so könnte man خَيْفَانَةٌ (wie مُخَيَّفٌ, siehe Lane I, 1, 833) vielleicht noch besser mit „braunroth" übersetzen.

[1] Nöldeke, a. a. o., s. 165.

[2] siehe den vers des Ka'b ibn Mâlik al-Anṣârî bei Damîrî I, ٤٣٥ (vgl. auch Ibn Ja'îsh, ٣٤); die form فُعِلٌ begegnet sonst nur noch in رُئِمٌ = آسْتٌ.

[3] vgl. den eigennamen des wolfes ذُؤَالَةٌ („Jsegrim"), den des löwen أُسَامَةٌ („Nobel") u. a.

von thieren, *ἅπ. λεγ.* des äth. Physiologus [1], ደብር፡ berg, urspr. natürlich bergrücken, דֹּבֶר „weide, trift“, nicht von „treiben“, wie man מִדְבָּר erklären mag, sondern auch urspr. „bergrücken, landrücken“ als der geeignetste ort zur weide, ܕܰܒܪܳܐ „weide, feld“; erst daraus lassen sich die andern bedeutungen دَبَرَ „hinten nachfolgen“, ܕܰܒܰܪ „sich nachfolgen lassen d. i. führen“, דִּבֵּר „die worte einander in unmittelbarer folge folgen lassen d. i. reden“, wie auch דְּבוֹרָה „bienen“, ursp. coll. wie دِبْر „bienenschwarm“ ableiten; dagegen دَبْر, דֶּבֶר, ass. *dibbaru* [2] „untergang, tod, pest“ gehen wieder auf den begriff des vom rücken, von hinten kommenden, d. i. des feindlichen, zurück. Ansprechend ist die vermuthung Dillmann's, dass ደብር፡, دُبُرٌ u. s. f. urspr. vom emporragen, hoch sein (vgl. ዲበ፡ und ተድባብ፡) abzuleiten und dies demnach der letzte grundbegriff von דבר sei] in مُقْبِل وَمُدْبِر „anrennend wie zurückweichend“ Mu'all. Imrulḳ. 53, siehe unter كُمَيْت.

أَدْهَمُ *adhamu* rappe [wörtlich „dunkles pferd“; vgl. دَهْمَان nacht, دُهَيْم unglück, دَهِمَهُمُ اللَّيْلَةُ die nacht brach plötzlich über sie ein, wie das hebr. אִישׁ נִדְהָם Jer. 14, 9 *ἅπ. λεγ.* ein vom unglück betäubter mann, wonach der grundbegriff in dem dumpfen, niederdrückenden — vgl. auch דמם, דום, ተደመ፡, ደምሰ፡; ass. *adammum* IV Rawl. 29, 55ᵃ ich verstumme [3] u. a., alle von der

---

[1] darüber ausführlich meine ausgabe des äth. Phys. (Leipzig 1877), s. XXVII.

[2] siehe Smith, Chald. Genesis, üb. von Delitzsch, Beigaben, s. 309.

[3] die verdoppelung ist blos graphisch, = *adâmum*; das assyrische praesens und futur (der form nach = dem äth. impf. ይገብር፡ neben dem subj. ይግበር፡, welch letzterem die gewöhnlichen semit. imperfectformen يَقْتُلُ יִקְטֹל etc. entsprechen) lautet *išâkan*, 1. s. *ašâkan* (sehr oft in der schreibung *išakkan, ašakkan*), woneben i und u nach dem 2. radical

w. *dam* — zu liegen scheint] 'Ant. Mu'all. 66 (dort eine rührende beschreibung der anhänglichkeit des schon blutbedeckten kampfrosses an seinen herrn, siehe die übersetzung in Rückert's Hamasa II, s. 149), Ham. ۴۹ comm. (in dem bei سَابِق mitzutheilenden gedicht) und im sprichwort: أَحْسَنُ من الدُّهْمِ الْمُوَقَّفَةِ „schöner als schwarze pferde mit weissen flecken an den vorderfüssen" Meid. I 414. أَدْهَمُ wird auch von dunkelbraunen kamelen gesagt (Ham. ۱۴۸. ۹۳۴. ۷۴۳), siehe bei den kamelnamen.

ذَكَرٌ *dakarun* hengst [wörtlich „männliches" thier; vgl. hebr. זָכָר, ass. *zikaru* und *zikru*, z. b. Sanh. III 17, aram. ܕܶܟܪܳܐ דְּכַר „männchen, mann"; die sinnliche grundbedeutung ist „durchstossen", vgl. andrerseits נְקֵבָה „frau"] im sprichwort بِبَطْنِهِ يَعْدُو الذَّكَرُ „jenachdem sein futter ist, läuft der hengst" Meid. I 158 (بطن heisst hier „bauch", bildlich für „futter", aber unmöglich „thal"; „in seinem thale läuft das pferd" = „in der ebene läuft das pferd" am besten, so sagt der Araber nicht).

vorkommen, z. b. *la tasakip* „stürze nicht!" IV Rawl. 10, 36b, *ašabir* „ich werde zerbrechen" H. J., Obv. 17 u. a., obiges *adammum*, dann *iballut* „er lebt" u. a. Das assyr. imperfect (immer mit präteritalbedeutung, da das eigentliche perfect im assyr. trotz Hincks und Sayce ganz verloren gieng) ist *iškun*, 1. s. *aškun* (daneben a: z. b. *isbat* „er fasste"; mit i: z. b. *ipkid* „er befahl"); das sog. Pa"al oder Pi"el dagegen geht streng nach der vokalfolge des arabischen يُفَعِّلُ, also *umattir* er hat regnen lassen (das präs. davon würde *umattar*, auch ungraphisch genau *umátar* geschrieben lauten). Der sicherste führer in der unterscheidung des assyr. präs. kal von impf. wie präs. Pa"al ist also stets der vokalismus, vor allem das aus *ju-* entstandene präformativ *u-* vor dem ersten radical. Es wäre zeit, dass endlich dieser hauptlehre der assyr. grammatik bei der interpretation der texte mehr rechnung getragen würde als es bisher geschah, denn bis jetzt wurden beinah alle diese formen bei der erklärung bunt durcheinander geworfen.

مُذَكٍّ *mudakkin* das vollständig ausgezahnte [wörtl. welches die zähne „hat durchbrechen lassen"; von diesem wie überhaupt der w. *dak* so auch unserm ذَكَى eigenen grundbegriff kommen auch die arab. bedeutungen: „schlachten", ferner „scharf sein" vom geist, und „heftig brennen, stechen" vom feuer und der sonne; daher ذُكَاءُ sonne, und das aus der letztern bedeutung des verbums nunmehr leicht abzuleitende hebr. זָכָה, aram. ܕܟܐ, דְּכָה „rein sein", was also urspr. von der blendenden reine des lichtes gesagt wurde; nicht identisch damit — man beachte das strenge lautgesetz arab. ذ, äth. ዘ, hebr. ז, ass. *z*, aram. ܕ, ד — aber doch nah verwandt, ist das arabische زَكَى „rein sein"] sechs oder siebenjährige pferd (und dann zum reiten und zum ertragen von langen beschwerlichen märschen und kriegszügen am tüchtigsten); beim kamel entspricht مُخْلِف „zehnjähriges kamel" wie in der vorhergehenden alterstufe dem fünfjährigen pferde (قَارِحٌ) das neunjährige kamel (بَازِل) entspricht; vgl. ثَنِيّ, wo noch andere dieser von den zähnen hergenommenen altersbezeichnungen der pferde und kamele verzeichnet sind. — Ein aus Meid. II 602 angeführtes sprichwort siehe schon unter جَذَعٌ, pl. جِذَاع; vgl. ausserdem die beiden sprichwörter: جَرْيُ الْمُذَكِّيَاتِ غِلَابٌ „der lauf der ausgezahnten rosse ist ein wettlauf" (weil sie in diesem alter am besten laufen) und جَرْيَ الْمُذَكِّي حَسَرَتْ عَنْهُ الْحُمُرُ „(er läuft) wie ein ausgezahntes pferd läuft, da können ihm die esel nicht folgen" bei Meid. I 277. Der pl. مَذَاكِي Ham. ٢١٧ صُدُورَ الْمَذَاكِي „die brüste vollzahniger rosse".

ذُو حَافِرٍ *dû ḥâfirin* „hufthier" [wörtlich „besitzer eines hufes", und zwar speciell „eines pferdehufes“ [1]; die grundbedeutung von حَافِرٌ ist „graber“, vgl. Muḥîṭ ومنه الحَافِرُ لِلدَّابَّةِ لِحَفْرِهِ الأَرْضَ und das hebr. חָפַר, syr. ܚܦܰܪ [2] graben] Ham. ٢٧٨ فَلَوْ طَارَ ذُو حَافِرٍ قَبْلَهَا لطارت „und wenn je früher einmal ein hufthier geflogen wäre, so wäre (meines) geflogen“.

(45) ذُو خُصَلٍ *dû huṣalin* „mähnentrager“ [wörtlich: „besitzer der haarbüschel“; خُصْلَةٌ, pl. خُصَلٌ „haarbüschel, locke“ kommt von خَصَلَ „abschneiden“ und heisst ursprünglich „abschnitt“, sowohl von haaren• — Muḥîṭ الشَعَر المجتمع او القليلة منه — wie vom fleisch von körpertheilen — Muḥîṭ والعِضْوُمن اللحم —, ohne dass man dabei an wirklich abgeschnittene haare oder abgeschnittene vom körper losgetrennte fleischstücke zu denken hätte, vgl. das von demselben stamm kommende خَصِيلَةٌ, was der Muḥîṭ einestheils durch „abschnitt [3] vom fleisch oder fleisch

---

[1] vgl. kitâbu 'l-farḳ, ed. Müller, s. 8 (resp. s. 240) „und حَافِرٌ wird vom pferd gerade wie قَدَمٌ vom menschen gebraucht, und der pl. heisst حَوَافِرُ“; der huf der kamele heisst خُفٌّ, der der schafe, des rindviehs und der gazellen ظِلْفٌ. Dass übrigens حافر nicht blos von pferden (sondern auch vom esel und ähnlichen thieren) gebraucht wird, geht aus stellen wie kit. farḳ, s. 12 (resp. 244) لِلفَرَسِ وَلِكُلِّ ذِى حَافِرٍ (vgl. auch s. 10, resp. 242, z. 9) hervor. Damit stimmt überein Muḥîṭ الحَافِرُ للدابّة (die دَوَابّ sind ja pferd, esel, wildesel und maulthier).

[2] חָפֵר, ܚܦܰܪ „erröthen, sich schämen“ gehören zu خَفِرَ, ኀፈረ: mit ḫ.

[3] dass خَصِيلَةٌ wie خُصْلَةٌ, trotzdem beide auf den grundbegriff des „abschneidens“ zurückgehen, doch nicht deshalb vom körper „losge-

der schenkel und der oberarme und der vorderarme oder jedes gliedes, woran dickes fleisch ist“, anderntheils durch dasselbe الشَعَر المجتمع او القليلة منهُ d. i. eben „haarbüschel“ erklärt] Ham. ٣٩٩, siehe die stelle bereits unter تَئِق (dort acc. ذَا خُصَلٍ) und Ham. ٤٥٨ لو يشا طَارَ بِهِ ذُو مَيْعَةٍ لَاحِقُ الآطالِ نَهْدٌ ذُو خُصَلْ „wenn er wollte, so flöge mit ihm dahin ein muntertrabendes, schlankbauchiges, hohes, dichtbemähntes (ross)“.

ذو الشِمْرَاخِ *dû 'š-šimrâḫi* „besitzer des weissen stirnflecks“ [شِمْرَاخ geht wahrscheinlich auf einen stamm شرخ zurück, der urspr., so auch im arab., „hervorbrechen“, hier aber jedenfalls übertragen „glänzen“ heisst, vgl. ፀሐይ: „licht-, feuerglanz“ Ex. 24, 17] Ham. ٩٥٣, siehe schon unter جَوْن.

ذو عُذَرٍ *dû uḏarin* „wohlgemähnt“ [wörtl. „besitzer der nackenhaare“, von عُذْرَة, pl. عُذَر, urspr. „umhegung“ und dann von den den nacken umhegenden oder bedeckenden haaren, vgl. عَذَرَ „entschuldigen“, eig. „umhegen, verdecken“, مِعْذَار

---

löste“ haarbüschel oder fleischtheile, sondern im gegentheil am haupt befindliche locken, an den gliedern befindliches fleisch heissen, sieht man an dem einzigen stellvertreter des stammes خصل der andern semitischen sprachen, dem seltenen syr. wort ܚܨܠܐ, was aber nicht „curvatura brachii“ sondern „segmentum carnis, caro“ heisst, wie in Payne Smith, p. 1352 zu corrigiren ist; die dort angeführten beispiele, besonders das zweite: „seine finger und seine vorderarme und seine (übrigen) fleischtheile (wahrscheinlich der nun noch übrige stumpf des oberarms) wurden ihm abgehauen“ beweisen dies deutlich. Das arab. خَصِيل wie das syr. ܚܨܠܐ (ursemitisch: ḫaṣilu) heissen القِطْعَة من اللَحْم.

„hülle“, عَذْرَآءُ „jungfrau“ [1], ferner עֲזָרָה „absatz, terrasse“, eig. „umzäunung, umwallung“, ተዐዝረ፡ ἁπ. λεγ. Jud. 15, 9 viell. „sich umhegen d. i. sich eine umhegung, ein lager machen“, was zum zusammenhang wol passen würde [2], und حَمَزَ „umhegen, schützen, helfen“, weshalb das hebr. עָזַר „helfen“ ebensogut zum ursem. ʿadara wie zum verwandten ursem. ʿazara [3] gehören könnte, was natürlich, da das hebr. ז sowol ursemit. d wie z vertritt, unentschieden bleiben muss] in dem von Ahlwardt (Ch. A., s. 210) citirten verse der Mufaḍḍalijjât بِبَعِيدٍ قَدْرُهُ ذِى عُذَرٍ صَلَتَانٍ مِنْ بَنَاتِ ٱلْمُنْكَدِرْ „mit weitschrittigem (rosse), wohlgemähnt, glatt, von den töchtern des (hengstes) al-Munkadir“; vgl. auch مَنَّالُ ٱلْعُذَرْ in der nachher unter ذُو مَيْعَةٍ mitgetheilten stelle aus Ham. ٣٩٥.

. ذُو أَفَانِينَ aû afânîna „auf verschiedene arten laufend“ [wörtl. „besitzer verschiedener laufarten“ von فَنّ, pl. أَفْنَانٌ, pl. pl. أَفَانِينُ oder von أُفْنُونٌ, pl. أَفَانِينُ, beide, فَنّ und أُفْنُونٌ, „art, gattung“ einer sache, hier natürlich vom lauf gesagt; die grundbedeutung von فَنّ ist „verzweigung“, vgl. فَنَنٌ „zweig“, pl. أَفْنَانٌ, פֵּן und פִּנָּה „mauerzacke“, „winkel“, und bes. פְּנִינִים „korallen“ [4] von ihrer baum- und zweigähnlichen

---

[1] „mit dem gürtel, mit dem schleier reisst der schöne wahn entzwei“ Schiller.

[2] während ማዕዘር፡ allerdings auf die W. ṣar „ausstreuen“ zu gehen scheint, dann aber besser ማእዘር፡ (እዘረ፡ ein stamm mit እ prostheticum, gehörig zur sippe ዘርእ፡, ዘረወ፡, ዘርዘረ፡ etc.) zu schreiben ist.

[3] arab. عَزَرَ „helfen“ und syr. ܥܘܕܪܢܐ „hilfe“

[4] vgl. Franz Delitzsch in seinem Hiob-commentar (2. aufl., Leipzig 1876), s. 370 (zu Hiob 28, 18): Für die bed. korallen spricht bei

gestaltung] siehe in dem schon unter اجرد aus Meidânî mitgetheilten verse Ḳurâd's.

ذُو مَيْعَةٍ *ḏû mai'atin* „muntertrabend" [wörtl. „besitzer muntern laufes" von مَيْعَة, was urspr. „das hervorfliessen, munterdahinfliessen" heisst, vgl. مَيْعَة auch „myrrhenöl, myrrhenharz", ሜዕ፡ äth. dasselbe, und die von der stärkern nüance dieses stammes kommenden ܡܘܕܟܐ „ausschnäutzung", „auspressung einer flüssigkeit", aufs geistige übertragen „ausrechnung, schlussfolgerung", ܡܘܕܟܢܐ „hervorsprudelndes wasser", مَوْعَة, was die lexicographen durch الشَبَابُ أَوَّلُهُ وشَرْخُهُ — dieselbe bedeutung wird auch von مَيْعَة angeführt — wiedergeben, und das äth. ሞዐ፡ „siegen"[1], jedenfalls ursprünglich vom schnellen siegeslauf] Ham. ۴۹۹, bereits unter ذو خُصَلٍ mitgetheilt,[2] und Imrulḳ.

פנים die √ פן فن, welcher der grundbegriff des treibens, bes. des pflanzlichen eignet (wov. فَنَن ast, zweig, eig. trieb, franz. *jet*) und Thren. 4. 7, wo... weisse...u. röthe einander gegenüber stehen.

[1] in den äthiopischen handschriften wechselt die schreibung ሞአ፡ mit ሞዐ፡ unterschiedslos (vgl. auch meinen Physiologus, Einl. s. XXI f.); da nun ሞአ፡ mit alif in keiner semit. sprache ein analogon hätte, so halte ich die schreibung ሞዐ፡ für hinlänglich gerechtfertigt.

[2] vgl. auch den vers des 13. 'abbâsidischen chalifen, des Ibn al-Mu'tazz (lebte in der letzten hälfte des 3. = 9. jahrh.) in seinem Diwân, p. 14 (citirt von Ahlw., Ch. A., s. 256) بِذِي مَيْعَةٍ كُمَيْتٍ مُطَارِ „[und ich brach auf am ende der nacht] auf einem muntertrabenden, kastanienbraunen, zum fliegen gebrachten". Ein anderes mit مَيْعَة zusammengesetztes epitheton des pferdes ist سُحُقُ المَيْعَة Ham. ۷۹۰ بِسُحُقِ المَيعةِ „auf einem (rosse), dessen lauf lang dauert" (siehe auch unter مَيَّال); es ist nicht nöthig, mit Freytag zwischen ب und

Diw. ۴, ۲۴ (vgl. auch Ham. ۴۵۸ comm.) „auf einem muntertrabenden (بِذِى مَيْعَةٍ), indem es ist, wie wenn das an leichtigkeit seinem traben und hufschlag (سِقَاطِهِ وتَقْرِيبِهِ) am nächsten kommende die trabarten (دَآلِيلُ) des fuchses wären", wozu man ۴۸, ۵۴ لَهُ … تَقْرِيبُ تَتْفُلِ (Rückert: „er ist ein füchslein im galoppe"), ebenfalls vom pferd gesagt, vergleiche.

(50) مُرَبَّبَةٌ *murabbabatun* „die wolgepflegte (stute)" — denn „aufziehen" [urspr. „gross machen", was aber nicht die letzte grundbedeutung des semitischen *rabába* ist, welches vielmehr, wie man auch ohne das äth. ረበበ፡ „ausbreiten" vermuthen könnte, „ausgebreitet, ausgedehnt sein" und dann erst „gross, viel sein" (so syr. ܪܒ „weit, gross; viel", hebr. רָבַב „viel, gross sein") bedeutet; vgl. רבב urspr. „sich auf alle viere hinbreiten" vom thier, ferner רָבַץ sich niederlegen, ass. *ušarbiṣa* „ich liess grasen, ruhen" Asurb. VII, 8, *muttašrabbiṭu* „dehnbar"[2] u. a., sämmtlich von der w. *rab*] heisst رَبَّبَ, „nähren" رَبَّ im arabischen — Ham. ۴۵۸ in der schon unter دُوَلُ notirten stelle, wo es heisst: „und nicht wirst du ihn wiedersehen, während

---

سُحُقٍ ein ذِى zu ergänzen, da سُحْقٌ (allerdings sonst = „länge", بُعْدٌ) eben hier adjectivisch gebraucht wird, wozu ja im arabischen die analogien nicht fehlen. Andre lesen بِمُشْعِلٍ (dann: auf einem, der den muntern lauf entzündet, d. h. entbrennen, beginnen lässt).

[1] سِقَاطٌ ist der etwas langsamere, schlaffere lauf des rosses, gleichsam „das sich fallen (سقط) lassen", also, dem galopp gegenüber der trab, während تَقْرِيب das gleichzeitige aufheben und sinken lassen („dem boden nahebringen") der vorderfüsse bedeutet, mithin von Rückert nicht mit unrecht durch galopp wiedergegeben wird.

[2] Delitzsch, Chald. Genesis, s. 307.

ihn fortträgt eine starke, schnell einherschreitende (kamelin), deren sattel-quersack ein (kurzes) panzerhemd und ein rosssattel ist, indem ihr zur seite läuft (Rück. „ledig daneben tanzt") eine wolgepflegte munterdahintrabende (stute)", wobei an das schon unter مُجَنَّبَات und جَنِيبَة erwähnte zu erinnern ist, dass nemlich, um Rückerts worte (Ham. I, 378 anm.) zu gebrauchen, ‚die kamele, auf denen man den kriegszug antrat, ausser den reitern auch waffen, sattel und zeug der ledig danebenhergeführten rosse tragen müssen, um diese ganz frisch (weshalb eben hier obiges epitheton „wolgepflegt" gewählt ist) für den reiterangriff zu erhalten.

أَرْجَلُ *arǵalu* „mit einer رُجْلَة, d. i. einem weissen fleck an den hinterfüssen (von رِجْل [1] fuss, bei thieren „hinterfuss") versehen" in dem schon unter أَسِيل angeführten vers der Mufaddalijjât (Ch. A., s. 246): „[auf einem langwangigen, edeln, an welchem kein fehl ist,] braunroth wie die farbe des weins, mit weissem fleck an hinterfuss und stirn (كُمَيْتٌ كَلَوْنِ الصِّرْفِ أَرْجَلُ أَقْرَحُ)".

مُرْتَاحٌ *murtâḥun* „der muntere" [von رَاحَ wehen, dann vom beweglichen und anfrischenden des wehens des windes auf die stimmung übertragen; vgl. ረውሐ፡ kühlung, wind zufächeln, רוּחַ wind, hauch, geist,[2] syr. ܪܘܚܐ und assyr. *râḥu*[3]

---

[1] dass bereits im ursemitischen neben *riglu* (רֶגֶל, ܪܶܓܠܳܐ, رِجْل) ein *igru*, was von einer ganz andern wurzel kommt, existirte, beweisen äth. እግር፡, mand. ܓܝܪܐ und vulg.-arab. إِجْر.

[2] während arab. رُوح „geist", رِيح „wind" heisst.

[3] das IV Rawl. begegnende seltnere synonym des wortes *irtu* [st. c. *irat* z. b. IV Rawl. 29, 27 + 28ᵃ *irat balatu kuvvu* (oder *kummu*?) der hauch des lebens ist dein (von חוה = חיה)]; obwohl sonst assyr. *ḥ* blos

dass.] t. t. des fünften pferds im wettlauf; siehe das bei سَابِق aus Ham. ۴۹ comm. von mir angeführte gedicht.

مُزْجًى *muzǵan* „das langsam gehende“ (wörtl. „fortgetriebene“,[1] was man erst zum lauf antreiben muss, was nicht von selber schnell geht) Ham. ۱٥۸ in der schon unter جَذَعٌ mitgetheilten stelle (wo Rückert „losgelassen“ übersetzt).

سَابِح *sâbiḥun* „renner“ (eigentl. „schwimmer“[2]) Ant. Diw. ۲, ٥ (كُلّ أَجْرَدَ سَابِحٍ), Ant. Mu'all. 44, Ham. ۹۱٥ (siehe schon bei أَجْرَد; dort auch das fem. سَابِحَةٌ), ٥۲ comm. (dichtervers): عُلَالَةَ أَوْ بَدَاهَةَ سَابِحٍ نَهْدِ الجُزَارَةِ[3] „beim zweiten oder beim ersten lauf eines renners, eines mit schöngebauten (eigtl. hohen) füssen“ und die mubâlaga-form

(55) سَبَّاح *sabbâḥun* Ham. ۷۹۷ (ebenfalls schon bei أَجْرَد mitgetheilt) wie

سَبُوح *sabûḥun* Imrulḳ. Diw. ۱۴, ۱۲ (siehe unter جَمُوح).

سَابِق *sâbiḳun* „voranlaufend, vorrenner“ Ham. ۳٥۸ (siehe bei تَيِّق); dies wort und das damit wechselnde المُجَلِّي („das berühmt machende“) ist t. t. für das erste pferd beim wett-

---

arabischem خ, äthiopischem ኀ entspricht, während ح im ass. zu ʻ verflüchtigt wird (z. b. *imîru* esel u. a.), so ist dies lautgesetz hier unterbrochen worden, da ein denkbares *rîu* „geist“ mit *rîu* „hirt“ lautlich ganz zusammenfallen würde.

[1] von أَزْجَى, z. b. أَزْجَى اللهُ السَّحَابَةَ.

[2] „luftschwimmer“, „schwimmer der luft“ Ahlw., Ch. A. s. 209.

[3] beachte die status-constructusverbindung; im classischen arabisch müsste es heissen: عُلَالَةَ سَابِحٍ او بَدَاهَتَهُ.

lauf, welches allen andern vorrennt und so seinem besitzer ruhm verleiht; so der pl. Ham. ۴۹ السَّوَابِقِ مِنَّا [1] وَالْمُصَلِّينَا „[du findest stets] von uns das vorrennende ross und das von uns, welches an zweiter stelle sein ziel erreicht" und im sprichwort (Freyt. Prov. III 201): عِنْدَ الرِّهْنِ السَّوَابِقُ تُعْرَفُ „beim ausgesetzten preis (d. i. beim wettlauf) erkennt man die vorrennenden pferde". Eine hübsche zusammenstellung der reihenfolge der pferde beim wettlauf und der namen, die ihnen dabei die Araber gaben, ist in folgendem gedicht des Muḥammad ibn Jazîd Maslama ibn ʿAbd al-Malik ibn Marwân enthalten (versmass *mutaḳârib*) Ham. ۴۹ comm.:

جَلَّى الْأَغَرُّ وَصَلَّى الْكُمَيْتُ الخ [siehe daselbst] d. i.

1. Zum sieger macht seinen herrn (جَلَّى) der mit dem weissen stirnfleck versehene (الْأَغَرُّ) und dessen kreuz (صَلًّى) berührt (وصَلَّى denom. von صَلًّى; hier = „an zweiter stelle folgt") der rothbraune (الْكُمَيْتُ),

und von sorgen befreit (سَلَّى, hier = „an dritter stelle kommt") ohne noch getadelt zu werden, der dunkelbraune (الْأَدْهَمُ),

2. und nach ihm kommt ein vierter, nachfolgend (تَالِيًا, hier = „an vierter stelle kommend"),

und wie entfernt ist doch der welcher nach Naǵd kommt von dem welcher nach Tihâma geht![2]

---

[1] man beachte die bei den arab. nationalgrammatikern verpönte verbindung des part. act. zugleich mit dem artikel und einem pron. suff. Vgl. auch Mutan. p. ۱۴۳, نز, vers ۲ الْمُتَدَبِّرِيهَا und Mut. u. Seiff. s. 59 dazu (oder vielmehr dagegen); interessant ist, dass auch der grosse Zamaḫšarî solche verbindungen braucht, z. b. Kaššâf, Calc. Ausg. II, ۱۱۳۱ (zu Sure 33, 35) وَالْحَافِظَاتِهَا وَالذَّاكِرَاتِهِ, und man sieht, dass sie, so unnatürlich sie scheinen, wirklich in der sprache vorkamen.

[2] وَأَنَّى مِنَ الْمُنْجِدِ الْمُتْهِمُ (vgl. s. 48 oben; مُنْجِد scheint

3. Und noch nicht wird getadelt der muntere (الْمُرْتَاح) von ihnen, an fünfter stelle folgend,
indem er, obwol er nicht ganz vorn dran ist, doch noch als einer der vordern ankam;[1]

4. und der sechste von ihnen der (den hals?) beugende (العَاطِفُ), der bestürzte (الْمُسْتَحِيرُ);
beinah wäre er vor schreck nicht mehr zum ziele gekommen.

5. Und in seiner hoffnung (seinem streben) getäuscht ist der, auf den man hoffnung setzte (الْمُؤَمَّل, hier = „der an siebenter stelle kommende"), darin dass er in der hoffnung getäuscht wird,
und dazwischen gekommen ist ihm der linksfliegende unglücksvogel.

6. Und dann kommt der glückliche (الحَظِى) von ihnen, an achter stelle folgend,

. . . .

8. dann kommt der unter ihnen mit schlägen bedachte (اللَطِيم) an neunter stelle,
und von allen richtungen wird er mit schlägen bedacht.

9. Es läuft das schweigerlein (السُكَيْت) hinter dem vorigen drein:

. . . .

10. im hintersten treffen der rosse läuft er unter ihnen
als einer, der tadel verdient, während ihren lenker (سَائِسُهَا) doch der grössere tadel trifft.

11. Wenn gesagt wird: wer ist sein herr, so antwortet er nicht
aus traurigkeit sich mit schweigen gleichsam vertheidigend.

سَبُوق *sabûkun* von demselben stamm سَبَق (wie oben

---

hier „der nach Naǵd gehört", also = „der von Naǵd" zu bedeuten; die lexicographen haben blos die bedeutung „der nach Naǵd geht", so Muḥîṭ أَنْجَدَ = أَتَى نَجْدًا او خرج الى نَجْدٍ او اخذ فى بلاد نجد).

[1] وقد جاء يقدم ما يقدم

سَبُوح neben سَابِح) Zuh. Diw. ٢, ٣٧ سَبُوقٍ الى الغَايَاتِ „vorauslaufend zu den zielen" (das unmittelbar bei Zuhair vorhergehende siehe schon unter مُبَرِّز).

سَرِيع *sarî'un* „schnell, renner" [die grundbedeutung scheint im „ausdehnen" zu liegen, vgl. שָׂרַע „ausdehnen" und syr. ܣܪܥ „ausgleiten, fehlen", urspr. viell. „sich hinbreiten, hinfallen"] pl. السِراع Zuh. Diw. ٢, ٣٨ (siehe Ahlw., Ch. A. 293).

(60) سُكَيْتٌ *sukaitun* „schweigerlein" [von سَكَتَ „schweigen" = הַסְכֵּת ἀπ. λεγ. Deut. 27, 9, urspr. „sich hinbreiten, ruhen" vgl. ሰከተተ፡ „grund, basis einer säule", ܫܟܬܐ und ܫܟܘܬܐ „bodensatz, satz, hefe", ass. *iskutu-šu* „[die furcht der macht Asur seines herrn] warf ihn nieder" I Rawl. 35, 1, z. 17, und andere der W. *sak* angehörende semitische wörter, wie z. b. سكن, שָׁכַב u. a.] t. t. des zehnten (letzten) pferdes beim wettlauf; siehe das unmittelbar vorhergehende gedicht, v. 9. Ein synonym davon ist فِسْكِل, فُسْكُل (siehe daselbst).

سَلِيم *salîmun* (vom bekannten ursemitischen stamm *šaláma*, vgl. שָׁלֵם etc.) in سَلِيمُ أَوْظِفَةِ القَوَائِمِ „mit tadellosen schenkeln" (وَظِيف, pl. أَوْظِفَة sind die dünnern theile der hinterfüsse[1] القَوَائِم des pferds oder kamels) Ham. ٣٨.

سَلْهَبَة *salhabatun* „die schlanke, langgebaute" [vgl. سَلِب „lang", فَرَس سَلِبُ القَوَائِم „ein schnellfüssiges, behendes pferd", während das gleichlautende hebr. שַׁלְהֶבֶת „flamme" šaf'elbildung des ursemitischen *lahába* ist] Mufaḍḍ p. 33, 28 (bei

---

[1] Ahlwardt im Ch. A. s. 235 bei aufzählung der körpertheile des pferdes: „hinterfuss-schienbein".

Ahlw., Ch. A., 210) وَسَلْهَبَةٌ جَرْدَآءُ الخ „und eine schlanke (stute), eine kurzhaarige“ (derselbe vers, in welchem das kamelwort حائِل von den pferden gebraucht wird; شلهبة wird nach den lexicographen nur vom pferd gesagt).

مُسَلٍّ *musallin* „von sorgen befreiend“ [vgl. שָׁלָה ruhig, sicher, sorglos sein und شْلِيَا ruhe] t. t. des dritten pferdes beim wettlauf; siehe das oben unter سابِق stehende gedicht, vers 1ᵇ.

سامِهٌ *sâmihun* „ein nicht zu ermüdendes“ pferd (altes seltenes wort), pl. سُمَّهٌ im sprichwort جَرَى (جَرْىَ) السُّمَّهِ „er lief wie die unermüdlichen pferde“ Meid. I 296, wo auch ein vers des dichters Rubaʿ angeführt wird يَا لَيْتَنَا والدَّهْرُ جَرْىَ السُّمَّهِ, den die commentatoren also erklären: „o dass doch nicht existirte (der tod) noch die wie die unermüdlichen pferde (laufende) zeit“ (wobei zwischen الدَّهْرُ und جَرْىَ das verbum جَرَى zu ergänzen ist). Das in einem andern sprichwort (Meid. I 296 f.) vorkommende السُّمَّهَى heisst „eitle dinge“, nicht „unermüdliche rosse“.

(65) مُسَوَّمَةٌ *musawwamatun* „die mit einem (eingebrannten) zeichen (einer سِيمَةٌ) versehene“ stute [vgl. auch شامَةٌ „zeichen“ und شِيمَةٌ „anlage, natur“, welch letzterem der form nach genau ሢመት፡ entspricht, während zu unserm stamm سَامَ das hebr. שׂוּם, das syr. ܣܳܡ wie ass. *šâmu* setzen, bestimmen, verleihen (z. b. *tašâma* du bestimmst IV Rawl. 14, 15ᵇ Rev.) *šimtu* loos, geschick, *šîmu* kaufpreis und *šimatam* „ordnung“ Weltschöpf. A, z. 8 zu gehören scheint] Ham. ٩٢ مُسَوَّمَات

وهى دَامِيَةُ الحَوَامِي „die mit zeichen versehenen, während sie neben den hufen bluten" (حَامِيَة wörtl. „die schützende" ist der theil am fuss, der den huf umgibt) und Ham. ٩١٥ (siehe bei أَجْرَدُ).

شازب *šâzibun* „schlank, leichtgebaut", pl. شُزَّب Ham. ٩٨ خَيْلًا كَأَمْثَالِ السَعَالِي شُزَّبَا „pferde wie weibliche waldgespenster (sing. سِعْلَاةٌ), leichtgebaute" und Ṭarafa Diw. ٥, ٥٩ أَعْوَجِيَّاتٍ طِوَالًا شُزَّبَا „a'wâgische (stuten), lange, schmächtige"; als blosses adjectiv steht شَازِب (und zwar im pl. شَوَازِب) neben قُبّ (siehe أَقَبُّ) Ham. ٣٤٩ („und so sind die rosse vom laufe mager und schmächtig[1] geworden").

*أَشْقَرُ *aškaru* „rothes" pferd, „fuchs"[2] [ܣܡܩ „roth färben", ܣܘܡܩܐ „purpur, rothe farbe" Sap. 13, 14] Ham. ٣٤٧ comm. (siehe unter خنذيذ), ٩٥٧ نَهْبُ أَشْقَرَا „die beute des fuchsen" (wo aber اشقر auch als eigenname oder wie احمر = der barbare, nichtaraber erklärt wird); in einem vers des dichters Aus (bei Meid. II 521) لَهَبٌ كنَاصِيَةِ الحِصَانِ الأَشْقَرِ „eine flamme wie die stirnhaare des edeln rothen rosses" und in dem sprichwort (Meid. II 325) كالأَشْقَرِ إِنْ تَقَدَّمَ نُحِرَ وَإِنْ تَأَخَّرَ عُقِرَ „wie ein rothes pferd: wenn es voranläuft, so wird es am genick (نَحْر) verwundet, und wenn es zurückbleibt, an der kniesehne; vgl. auch die ebendaselbst (II 325) als parallelstellen dazu ange-

---

[1] فَهُنَّ من التَعْدَآء قُبٌّ شَوَازِبُ.

[2] vgl auch كُمَيْت und وَرْد.

führten dichterverse. Die Araber sahen ein rothes pferd als ein für den reiter in der schlacht unglückliches omen an. — Das fem. الشَّقْرَآءُ kommt vor im sprichwort: شَيْئًا مَّا يَطْلُبُ السَّوْطُ الى الشَّقْرَآءِ „irgend etwas (d. i. den lauf) fordert die peitsche von der rothen stute“ Meid. I 667, und als bloses adjectiv Ham. ٢٨١ المُهْرَةُ الشَّقْرَآءُ „das rothe fohlen“. Zum schluss sei noch bemerkt, dass أَشْقَرُ Ham. ٨٨ „rothes blut“ heisst. [1]

شَمُوسٌ *šamûsun* „wildes, ausschlagendes (störriges, widerspenstiges) pferd“ in dem vers Miskîn's, des Daremiten (Meid. II 604): كَشَمُوسِ الخَيْلِ يَبْدُو شَغْبُهَا كُلَّمَا قِيلَ لَهَا هَاكِ وهَبْ „wie das unbändige der pferde, während klar zu tag tritt seine unbotmässigkeit so oft ihm (es anzutreiben) zugerufen wird: Haki! und Hab!“ und im sprichwort جَرَى الشَّمُوسِ (جَرَى) نَاجِزًا بِنَاجِزٍ „er lief wie ein unbändiges pferd, so dass er zu rechter zeit an der stelle war“ Meid. I 305.

صَلَتَانٌ *ṣalatânun* „munter“[2] in dem schon unter ذو عُذَرٍ citirten verse, ferner Imrulḳ. Diw. ٩٣,١٠ بِشَيْظَمٍ صَلَتَانٍ „auf einem vollgebauten, muntern“.[3]

---

[1] اللّهُ يَعْلَمُ مَا تَرَكْتُ قِتَالَهُمْ ‖ حَتَّى عَلَوْا فَرَسِى بِأَشْقَرَ مُزْبِدِ (Rückert: „Gott weiss es, dass ich nicht verliess die schlacht, eh sie mein ross von blutschaum roth gemacht“).

[2] nicht „glatt“, „kurzhaarig“ (Ahlw., Ch.-A., s. 210), was ein missverständniss der arabischen lexicographen und commentatoren (vgl. Ham. ٥٣٩) zu sein scheint; die vom gleichen stamm kommenden صَلْت, مُنْصَلِت und إِصْلِيت heissen allerdings „entblösst“ aber vom schwert.

[3] *Slane* „glabro“; auch al-Aṣma'î (in Tâǵ-al-'arûs) kennt die bedeutung „kurzhaarig“ nur von den eseln, nicht von den pferden.

(70) صَلَادِمٌ *ṣalâdimun* (pl. von صِلْدِمٌ) „starkhufige“ rosse (form فِعْلَمٌ von صلد „hart sein“) in einem bei Ahlw., Ch.-A., s. 222 citirten verse des Ḥassân ibn Ṯâbit.[1]

مُصَلٍّ *muṣallin* „der das kreuz (صَلًى) seines vorläufers berührende“ d. i. „an zweiter stelle folgende“ [denom. von صَلًى „kreuz“, woher auch ጸሎት:, arab. صَلُوةٌ, ass. *taṣlîtu*[2], syr. ܨܠܘܬܐ „gebet“, urspr. von der stellung (beugung des rückens), die man dabei einnahm, kommt; gleichen ursprungs sind die verba ጸለወ: „hinneigen“ ψ 77, 1 (im äth. bes. „die ohren hinneigen, zuhören“) und ܨܠܐ „hinneigen, sich neigen“, beide urspr. „das kreuz biegen, sich mit dem körper neigen“, während ጸለየ: und صَلَّى „beten“ erst denominativa von ጸሎት: und صلوة „gebet“ sind] t. t. des zweiten pferds beim wettlauf (siehe in dem unter سَابِقٌ mitgetheilten gedicht), welches so dicht hinter seinem vorrenner her ist, dass es dessen kreuz berührt.

ضَلِيعٌ *ḍalîʿun* „vollschenklig, starkrippig“ [von ضِلَعٌ, hebr. צֵלָע, syr. ܐܠܥܐ (aus ܨܠܥܐ*) „seite, rippe“, ass. *ṣilu* „seite des schiffs“, urspr. überh. „seite“, z. b. *ina ṣili*[3] Weltsch. b, z. 9 „zur seite, rings umher“] Muʿall. des Imrulḳ. 60 (aus derselben beschreibung des pferdes, v. 52 ff., aus der unter كُمَيْتٌ mehrere stellen angeführt sind).

ضَامِرٌ *ḍâmirun* „schlank, dünnbauchig“ [viell. ፀመረ: „anheften, verbinden“ zu vergleichen, wonach das „sich anschmiegen“, woher vielleicht auch ፀምር:, צֶמֶר und ܥܡܪܐ „wolle“

---

[1] siehe s. 31, no. 72.

[2] II. Rawl. 39, 67d [65—68d die vier synonyma *suppu* „gebet, flehen“, *tiṣbitu* „wunsch“ *tiṣlitu* „gebet“ und *šutîmuḳu* (von עמק) „inbrünstiges flehen“].

[3] Smith „dunkel“, doch dies wird stets *ṣillu* geschrieben.

kommt, der grundbegriff wäre; von demselben stamm sind kaum zu trennen ضَامِر „herz", مُضْمَر „im sinne behalten; verborgen" u. a., wie ass. *ṣummirât libbišu* Asurb. Sm. 245, 2 „die geheimen wünsche seines herzens"], pl. ضُمَّر, von kamelen (so Ham. ٢٣٣, comm., dort bei مَطِيّ); doch auch von pferden: Ham. ٤٤٥ عَنَاجِيجَ أَعْطَتْهَا يَمِينُكَ ضُمَّرَا „langgestreckte, die deine rechte ihnen geschenkt, schlankgebaute" und ٤٧٣ لِلضُّمَّرِ لِلْقُود „für schlankgebaute, hochnackige" (beide wörter auch von kamelen gesagt, indess scheint der zusammenhang hier, wo vom kampf die rede ist, doch eher auf rosse zu gehen); und von demselben stamm ضمر

مُضْمَرَاتٌ *muḍmarâtun* „schlankgebaute, magere" (stuten) siehe bereits unter جَوَاد, plur. جِيَاد.

(75) طَلْقٌ *ṭalḳun* „ein frei (zum lauf) losgelassenes (ross), ein renner" [von طلق urspr. „gelöst, losgelassen, fortgeschickt werden, weggehen", dann im arab. gewöhnlich طَلَقَتِ الْمَرْأَةُ „die frau wurde von ihrem mann entlassen"; auch طَلُقَ „heiter sein" (vom antlitz) geht auf jenen grundbegriff zurück. Noch klarer ist dieser ursprung bei dem syr. ܢܫܠܡ „mangeln, fehlen, entschwinden; aufgelöst, verzehrt, vollendet sein", zumal daneben noch die urspr. bedeutung klar in ܐܣܘܪ̈ܐ ܢܫܠܡܘ δεσμὸς ἐλύετο „die fesseln wurden gelöst, fielen ab" Corp. Ign. 36 erhalten ist. Im äth. haben wir die urspr. bedeutung nur noch in der im test. rom. zu Joh. 7, 31 gemachten überschrift በጥልቀተ፡ ፋሲካ፡ ምንባብ፡ „lection auf die lösung (d. i. vollendung) des paschafests"; sonst hat ጠልቀ፡ dort die übertragene bedeutung „von übelkeit, ekel ergriffen werden"[1], be-

---

[1] vgl. oben ܢܫܠܡ „aufgelöst, verzehrt werden".

fleckt, beschmutzt werden", ቀለቀተ፡ „makel"[1] angenommen] Zuhair Diw. ٢, ٣٧, einer schon unter مُبَرِّز mitgetheilten stelle.

طِمِرَّةٌ *ṭimirratun* „das springende, dahinstürmende" (und in folge dessen) „edle" ross [von طَمَرَ, impf. i und u „springen" was man wol mit طَمَرَ, impf. u „verbergen, in die erde bergen, begraben", syr. ܛܡܰܪ dass. vereinigen kann, wenn man stellen wie Jo. Eph. 404 ܛܡܰܪ ܢܦܫܗ ܒܓܘ ܦܪ̈ܣܝܐ (vgl. auch ebendas. 345, 25) „er stürzte sich (urspr. begrub, versenkte sich) mitten in das heer der Perser" heranzieht] Ham. ٨٨ comm. (aus versen des berühmten dichters Ḥassân) وَنَجَا بِرَأْسِ طِمِرَّةٍ بِلِجَامِ „und er liess los den kopf eines edeln renners und (liess fahren) den zügel (d. i. warf dem ross die zügel über den kopf und entfloh)" und ٧٩٧ (siehe unter أَجْرَدُ). Das masc. طِمِرٌّ steht in einem bei Ahlw., Ch.-A., s. 256 aus den Mufaḍḍalijjât (26, 13) citirten verse (طَيَّارٌ طِمِرٌّ „ein flieger, sich aufbäumend").

طَوِيلٌ *ṭawîlun* „langgestreckt" Ham. ٢٣١ (siehe unter أَجْرَدُ) und

طُوَالٌ *ṭuwâlun* dass. [beide von طَالَ „lang sein" vgl. hebr. הֵטִיל (urspr. „lang machen") „der länge nach hinwerfen"; assyr. *iṭâl* „er geht umher" IV R. 7+8*b* (wo in der sumerischen columne MUN-LAI „er bewegt sich hin und her" entspricht), syr. ܛܰܝܶܠ und chald. טַיֵּל „lustwandeln, sich ergehen" (vgl. als analogie das lat. „spatiari" von „spatium") und äth. die wurzelverwandten durch weiterbildung aus einem vorauszusetzenden ጠለ፡ entstandenen አንጠለለ፡ (Ex. 36, 29) und አንጠልዐ፡ (Jes. 54, 3 u. ö.)] Ham. ٧٨٠ (طُوَالُ القَرَى[2] „langrückig") siehe unter جُرْدٌ. Der

[1] zunächst geistig (vgl. im syr. „mangeln, fehlen"), dann aber (bes. ተለቀ፡ und ቀለቀተ፡) auch in rein wörtl. sinn (z. b. vom körper, von geräthen etc.)

[2] derselbe ausdruck auch in einem vers der Mufaḍḍ. bei Ahlw., Ch.-A., s. 294.

pl. von طُوال wie von طَوِيل ist طِوَال Ham. ٧٣٥ (siehe ebenfalls unter جُرْد) und Ṭar. Diw. ٥, ٥٩ (siehe schon unter شَازِب).

طَيَّار *ṭajjârun* „flieger" und

(80) مُطَار *muṭârun* „zum fliegen gebracht" letztres auch in der verbindung مُطَارُ الفُؤَادِ „herzensflieger", „fliegenden herzens" (= dem das herz vor freude auf- und abhüpft), beide von طار f. i. „fliegen" [vgl. ተጠየረ፡ (aus dem vogelflug) weissagen; طائِر, contrah. طَيْر „vogel", wörtl. „flieger"; ܦܪܚܐ „vogel"; ܦܪܚ nur im partic., z. b. 4. Macc. 14, 7 ܦܪܚܐ „fliegend"] abgeleitet und das ross als vogelschnellen flieger (vgl. oben bei سَابِح den ausdruck „schwimmer der luft") bezeichnend, sind ausführlich besprochen und mit weiteren beispielen belegt bei Ahlw., Ch. A., s. 256.

ظامِئ *ẓâmiʾun* in ظَامِى الكُعُوب „mit trocknen (wörtl. durstigen d. i. ausgetrockneten) köthen" Chalaf al-Aḥmar's Kassîde, v. ۴٥, wozu Ahlwardt (s. 214) noch den pl. ظِمَآء in ظَمَآء المفاصل „trocken an gelenken" (ebenfalls von pferden) aus Ibn Hâni, p. 8[b] angeführt;[1] hierher gehört auch das von den lexicographen (siehe Lane unter ظَمِئَ) angeführte فَرَسٌ ظَمْآنُ الشَّوَى „wenig fleisch an den beinen habendes ross"; beide ظامى und ظمان von ظَمِئَ „durstig" dann „ausgetrocknet sein"

---

[1] vgl. auch Zuh. Diw. ١٥,٢١ على ظَهْرِ مَحْبُوكٍ ظِمَاءٍ مَفَاصِلُهْ „auf dem rücken eines starkgebauten rosses, dessen gelenke trocken sind" (ebenfalls bei Ahlw. a. a. o.)

[= צָמֵא, ጸምአ፡ „durstig sein"; ass. *ṣummu* „durst", „trockenheit" z. b. Asarh. 3, 26, wie Asurb. Sm. 294h *ašar ṣummî* „ort der dürre" d. ist „dürre gegend" und die II. form des verbi in *uṣamma* „ich trocknete (seine gefilde) aus" Asurb. 7, 6; im syr. würde ein vorauszusetzendes ܨܡܐ mit ܛܡܐ „unrein sein" (= طَمِئَ, טָמֵא) lautlich zusammenfallen, und man sagt dort für „durstig sein" ܨܗܐ, z. b. Matth. 25, 35; 5, 6].

يَعْبُوب *jaʿbûbun* „flüchtiges, langgestrecktes" ross (beide bedeutungen nach den arab. lexicographen, doch verdient die erstere den vorzug) von عَبَّ „schlürfen, trinken", urspr. aber „hinunterfliessen, hinunterlaufen lassen" [vgl. عُبَابُ الماء „die heftigkeit der wasserströmung", عَبَّ البَحْرُ „die see erhob sich hoch, mit hochgehender strömung" und übertr. عَبَّ عُبَابُهُ „seine rede floss ununterbrochen und reichlich"; man hat daher nicht nöthig, hier an خَبَّ [1] „laufen" zu denken, und etwa nach analogie von ዐንበሳ፡ عَنْبَس verglichen mit dem in einem von Aṣmaʿî im كتاب أَسْمَآء الْوُحُوش citirten dichtervers stehenden خُنَابِس „löwe" hier einen dialectischen wechsel von خ und ع anzunehmen, eine für die im consonantengerippe so starr gebliebenen semitischen sprachen ohnehin bedenkliche und mit fast keinem sichern beispiel zu belegende annahme; ع und خ sind allerdings verwandte laute, müssen aber deshalb nicht wechseln,[2] wol aber konnten beide in verbindung mit den gleichen consonanten schon im ursemitischen ähnliche begriffe

---

[1] siehe meinen „Physiologus", Einl., s. XLV, anm. 38.

[2] ein begriff, den man überhaupt aus der semitischen sprachvergleichung verbannen sollte; meiner ansicht nach gibt es im semitischen keinerlei willkürlich stattfindenden wechsel von consonanten, auch wenn dieselben physiologisch verwandt sind. Die meisten beispiele, die gebracht werden, lassen sich anders erklären.

ausdrücken, wie hier im arab. عَبَّ und خَبَّ] Ham. ١٥٨ (siehe bereits unter جَذَعٌ).

عَبْلٌ *'ablun* „stark, fleischig, kräftig" [von عَبُلَ dick, stark, gedrungen sein, was jedenfalls mit ዐበል፡ [1] „stück fleisch, glied, körper", zu welchem Dillm. ein grundverbum አበለ፡ „fleischig, fest sein" annimmt, zusammenhängt; vielleicht gehört auch ማዕበል፡ „woge" hierher, wenn dieses nicht umgekehrt ማእበል፡ zu schreiben und dann zur W. *bal* in وبل u. a. zu rechnen ist, während ማዕበል፡ „instrument" sicher auf ein verbum ዐበለ፡ „schneiden, schnitzen, verfertigen" = عَبَلَ „abtrennen, abschneiden, schneiden" zurückgeht [2]] in عَبْلُ الشَّوَى (opp. ظَمْآنُ الشوى s. oben) „starkbeinig" Imrulḳ. Diw. ٥٢,٢٥ u. 'Ant. Mu'all. 21 (vgl. عَبْلُ اليَدَانِ Imrulḳ ٣٥,١٥), syn. عَبْلُ الجُزَارِةِ und (Imrulḳ. ٥٢,٤٤) نَهْدُ الجُزَارِةِ, diese alle bei Ahlw., Ch.-A., s. 212, wo auch عَبْلُ الشَّوَى als epitheton des stiers mit beispielen belegt ist.

(85) عَجَّاجٌ *'aǵǵâǵun* „lautwiehernd" (von عَجَّ, was überhaupt „schreien" bedeutet) siehe schon unter مُجَّلٌ.[3]

عِجْلِزَةٌ *'iǵlizatun* „fest- und starkgebaute (stute)" [wol weiterbildung des stammes عجل, der im arab. „eilen", urspr. aber „sich hinwälzen, sich hinrollen" und, vgl. hebr. עָגֹל „rund", daneben auch wol „rund sein" von einem festgebauten körper „ge-

---

[1] wie demnach statt አበለ፡ zu schreiben wäre; über das schwanken der äth. orthographie siehe meinen Phys., s. XXI f.

[2] ob in ዐበል፡ „stück fleisch" das vermittlungsglied zwischen den bedeutungen „abschneiden" (عَبَلَ) und „fleischig, dick sein" (عَبُلَ) liegt, wage ich nicht zu entscheiden.

[3] die wörter, die speciell das rossegewieher bezeichnen, صهل u. a., siehe bei Ahlwardt, Ch.-A., s. 216, wo das citat تَصْهَالُ الخَيْلِ Mu'all. Ḥâr. 20 nachzutragen ist.

rundet sein“ geheissen haben mag; vgl. auch später bei عِجْلٌ „kalb“] Ham. ٩٠ (wo der commentar es mit صُلْبَة „hart, derbgebaut“ paraphrasirt) siehe schon unter جَمُوم, Ham. ٣٧٧ (siehe schon unter جَمَزَى) und in einem von Ǵauhari mitgetheilten halbverse des s. 27 oben erwähnten Bišr: على شَقَّاءَ عِجْلِزَةٍ وَقَاحٍ, woraus man allerdings, da kein zusammenhang ist, nicht ersehen kann, ob hier eine pferd- oder kamelstute gemeint ist, denn auch vom kamel wird nach den lexicographen dieses seltne wort — Lane hat es noch nicht aufgenommen — gebraucht. Ǵauharî paraphrasirt es durch قَوِيَّةٍ شَدِيدَةٍ.

عَدَّآءٌ *ʿaddâʾun* „läufer, renner“ intensivform (فَعَّال) von عَدَا ipf. u „laufen“ [dasselbe عَدَا, was auch „hinübergehen, überschreiten“ heisst, äth. ዐደወ:, hebr. עָדָה dass.[1]; syr. ܥܕܳܐ „jemand bedrängen, angreifen, packen“, urspr. „gegen ihn losgehen“, oder „zu weit gegen jemand gehen“, ܥܰܘܣܡܳܐ „fremdling“ vgl. عَدُوٌّ „feind“] Ham. ٨١ (أَعْدَدْتُ) عَدَّآءً عَلَنْدَى ‖ نَهْدًا „(ich habe gerüstet) einen läufer, einen edeln (starkgebauten) hohen“.

عُرْيَانٌ *ʿurjânun* „langestrecktes oder langbeiniges (pferd)“ nach den lexicographen; die grundbedeutung aber ist „nackt“ [عَرِيَ „nackt, blos, frei (von etwas) sein“, hebr. עֵרָה (piʿʿel) „nackt, blos machen“, ass. *uru* „blösse, weibliche scham“[2] = עֶרְוָה, äth. ዐረየ: „gleich sein, übereinstimmen“[3]] und so steht

---

[1] im hebr. nur poetisch gebraucht statt עָבַר Hiob 28, 8 (vom schnellen gewaltsamen überhin- oder hinüberlaufen des löwen über den pfad).

[2] Delitzsch, Ass. Lesest., s. 13 ohne belegstelle.

[3] vgl. unser „wir sind jetzt quitt (= frei, los, ledig)“ d. h. „haben uns ausgeglichen“; dass ዐረየ: wirkl. urspr. vom begriff des „nackt,

es auch Ham. ٢٣١ mit dem gen. السَّرَاة „rücken“ (siehe bereits unter أَجْرَد).

عَاطِف *'âṭifun*, t. t. des sechsten pferdes im wettlauf (siehe das gedicht unter سَابِق); vielleicht = „der den hals beugende“. Die grundbedeutung von عطف ist „neigen, beugen“ [1] (vielleicht hier auch „der vom weg abbeugende“ und deshalb erst an sechster stelle kommende?).

(90) عَقُوق *'aḳûḳun* „die schwangere, trächtige (pferdstute)“, von عَقَّ, also „die gespaltene“ ursprünglich [2] (entweder von der vorausgegangenen begattung oder von der nachfolgenden entbindung) Meid. II 29 (siehe schon unter أَبْلَق). Nach den lexicographen blos vom pferd und esel gebraucht.

عَلَنْدَى *'alandan* „das starkgebaute, gedrungene, dicke (kamel oder pferd)“ [3] vom pferd: Ham. ٨١ (siehe oben unter عَدَّآءٌ).

---

blos, frei sein“ ausging, beweist zur genüge das wurzelverwandte ዐረቀ:, was sowol „nackt sein“ als „gleich sein, übereinstimmen“ bedeutet.

[1] dann auch „zusammenlegen, biegen, falten“, daher עָטַף „sich bedecken mit, umwerfen, sich hüllen in“, syr. ܥܛܦ dass., aber auch „zurückkehren“; ass. *iṭapatum* (syn. *sisiktum*) bedeckung (vgl. عِطَاف „hülle, mantel“), *aṭapu* zuneigung, verbindung (syn. *ulapu*), zu welchen wörtern jedenfalls auch *iṭiptum* und *šitiptum* II Rawl. 25, 47—57e/f gehören; äth. endlich ዐጠፍ: „gewoben, gewebe“, auch auf den begriff des umlegens, faltens zurückgehend.

[2] von أَعَقَّتْ „sie ging ein in die spaltung, erfuhr eine spaltung an sich“ (صَيْرُورَة ist der t. t. für diese intransitive bedeutung der 4. form). Von عَقَّ „spalten“ kommt jedenfalls auch das bei Castelli-Michaelis ohne belegstelle angeführte ܥܩܝܡܐ „perversus, contractus“.

[3] von عَلِدَ „stark, hart, fest sein“ (wie das ähnlich klingende verbum إِكْلَنْدَى von تَكَلَّدَ „hart sein“); vgl. auch عَلَنْدَس.

عُنْجُوج *'unǵûǵun*, pl. عَنَاجِيج „die vorzüglichen“ oder „langestreckten“, „weitrennenden (pferde)“ [der form nach identisch mit ዐንጉግ፡ „wassereidechse“, was natürlich ursprünglich auch die „langgestreckte“, „langhingezogene“ hiess; عُنْجُوج wie ዐንጉግ፡ kommen von عنج „ziehen“, woher auch አዕኑግ፡ „nasen- oder ohrringe“ (vom durchziehen) wie أَعْنِجَة (siehe Lane unter عِنَاج). Das hebr. hithp. von ענג dagegen gehört zu غَنِج, غُنْج] Ham. ٣٣٥ (siehe schon unter ضَامِر) und in einem verse Ḳurâd's (bei Meid. II 660), den ich schon unter جُرْد, pl. von أَجْرَد aufgeführt habe; nach den lexicographen ist das wort zuweilen auch epitheton der kamele.

أَغَرّ *'aǵarru* „der mit einer غُرَّة, einem weissen stirnfleck [urspr. „blässe auf der stirn des pferdes“ (vgl. äth. ዐረር፡ „blei“ wegen seines matten glanzes und ass. *êru* erz IV R. 14, 17), dann auch übertragen von allem ausgezeichneten, was sich licht auf dunklem Grund abhebt, pl. غُرّ] in dem aus Ham. ٣٩ comm. unter سَابِق übersetzten gedicht.[1]

غَوْج *ǵauǵun* nur in verbindung mit لَبَان (brusthaut des pferdes) „weit, faltig“ urspr. „leicht umzubiegen, in falten zu legen“ [von غَاج, impf. u, was nur eine stärkere lautschattirung des verbums عاج (wozu ተዐውገ፡ und מְעוֹג[2] gehört und als

---

[1] vgl. den vers des 'Abdallah ibn Fuḍâla al Asadî أَغَرّ كَغُرَّة الفَرَسِ الجَوَاد „glänzend wie die stirnblässe eines edeln rosses“ (Kitâb al-aghâni, ed. Kosegarten, s. ١٣).

[2] wozu Dillmann's bemerkung, Lex. p. 1002 nur zu unterschreiben ist.

dessen grundbedeutung die Araber ebenfalls عطف angeben [1]) ist, ein selten vorkommendes verbum, wozu der Muḥîṭ einen vers Abû Ḏu'aib's als belegstelle gibt], Alḳama Diw. ١,٢١

بِغَوْجٍ لَبَانُهُ يُتَمُّ بَرِيمُهُ ‖ على نَفْثِ رَاقٍ جَشْيَةَ العَيْنِ مُجْلِبِ

„auf einem ross mit lockerer brusthaut, an dessen riemen befestigt worden sein amulet, auf das anhauchen eines besprechers hin, eines murmelnden, aus furcht vor dem (bösen) auge“ (siehe Ch.-A., s. 230).

(95) فُرُطٌ *furuṭun* „vorauseilend, ausreissend“ [Muḥîṭ: الفرس السَرِيعَة التى تَتَفَرَّطُ الخيل اى تَتَقَدَّمُهَا, vgl, hebr. הַפֹּרְטִים ἅπ. λεγ. Amos. 6, 5 „die faselnden“ d. i. „die unbedachtsam die worte ihrer zunge vorauseilen lassen“; die grundbedeutung von فَرَطَ ist wie bei allen mit *par* beginnenden stämmen (vgl. auch فَرَسَ [2] selbst wie das gleich folgende مِفَرّ) „reissen“ vgl. ܐܬܦܪܛ „gespalten werden“, eigentl. „auseinander gerissen werden“, hebr. פֶּרֶט „die umher gestreuten beeren“ Lev. 19, 10 und im talmud von den „abgefallnen beeren“ der granaten, wo also deutlich das „aufbrechen“, „auseinanderreissen“ die grundanschauung ist. Zu der übertragung von فرط aufs vorauseilen, fliehen, durchbrennen ist die beste analogie unser deutsches „aussreisen“ = „das weite suchen“] Muʿall. des Labîd, vers 62

---

[1] غَاجَ erklärt der Muḥîṭ durch تَثَنَّى وَتَعَطَّفَ und غَوْجُ اللَّبَانِ durch فرس واسع جِلد الصدر, wozu er noch bemerkt ولا يكون كذلك إلّا وهو سهل العطف.

[2] siehe s. 49 oben, wo noch folgendes nachzutragen ist: amharisch ፈረሰ፡ „brechen, bersten, zerstört werden“ und im äth. buch Philexius (anfang des 14. jahrh. ins Geʿez übersetzt) አፍረሰ፡ „(ein gebäude) zerstören, niederreisen“. Man sieht hier, wie sich auch oft im spätern äth. wie in seiner tochtersprache, dem amharischen, uralte bedeutungen erhalten haben.

تَحْمِلُ شِكَّتِي فُرُطٌ „indem meine waffen trägt ein ausreisser (d. i. ein vorauseilendes ross)".

مِفَرٌّ *mifarrun* [form مِفْعَلٌ von فَرَّ „ausreissen, fliehen" (vgl. hebr. הֵפֵר, hi. von פָּרַר, „brechen, zerbrechen", ass. *uparriru* „er, ich zerbrach, schlug", im precativ: *liparriru* „sie mögen zerschmeissen [wie einen topf]" IV Rawl. 16, 63a. Von diesem stamm פרר finden sich auch noch andere thiernamen im semitischen, so hebr. פַּר, fem. פָּרָה „junges vom rindergeschlecht" = ass. *paru*,[1] fem. *purtu*, pl. *parâtî*, ferner فُرَارَةٌ „lamm" Meid. II 219 u. a.), also = „werkzeug der flucht",[2] daher vom pferd:] „zur flucht geeignet", und dann, weil unter umständen der reiter diese eigenschaft an seinem ross wol zu schätzen weiss, „edles ross" überhaupt; in der verbindung مِكَرٍّ مِفَرٍّ „zu wiederholtem angriff wie zum fliehen tauglich" Muʿall. des Imrulḳ. vers 53 (siehe unter كُمَيْتٌ).

فَسْكَلٌ, فِسْكِلٌ und فُسْكُلٌ *faskalun* (*fiskilun* und *fuskulun*) nach den lexicographen „zurückbleibend" [vgl. syr. ܦܩܠ „drehen, wenden" (also arab. „sich zurückwenden, umdrehen"?); vielleicht ist das nur in den ass. nationallexicis sich findende *paskarum* II Rawl. 25, 12cd mit r statt l als viertem radical zu vergleichen, insofern ihm, was durch sein vorkommen in assyr. zusammenhängenden texten noch zu beweisen wäre, eine ähnliche bedeutung zukommt, was aber zunächst durch seine von den assyr. lexicographen an jener stelle verzeichneten synonyma *nargitum* (form نَفْعَلَةٌ[3] von *ragû* zurückkehren = رجع?), *ḥaziḳatum* (= حزق „fortgehen"?) und *ḥisirum* „mangel" wahr-

---

[1] graphisch ungenau für *parru.*

[2] oder nach dem comm. hier die form *mifʿal* لِلْمُبَالَغَةِ.

[3] diese form kommt im ass. eben so häufig und in der derselben bedeutung wie مَفْعَلَةٌ vor (vgl. z. b. *narkabtu* „wagen").

scheinlich gemacht wird] ist ein synonymum von سُكَيْت, dem t. t. des letzten (zehnten) pferdes im wettkampf. Siehe Ham. ۴٦ comm. (Ein anderes syn., das die lexicographen anführen, ist قَاشُور, urspr. wohl „das abgerindete", „feile").

أَقَبُّ *aḳabbu* „mager, schmächtig" genauer (nach den lexicographen) „schlank-, dünnbäuchig" [und letzteres scheint auch die grundbedeutung zu sein, da die wurzeln *gab*, *kab* und *ḳab* meist das nach aussen oder innen hohle, gerundete, gewölbte bezeichnen, so hier von der sanften wölbung oder ovalen rundung des bei edeln pferden zierlich gebauten bauches] Diw. Imrulḳ. ۲۰,۵۰ (أَقَبَّ كَسِرْحَانِ الغَضَا „dünnbäuchig wie der wolf von Ġaḍâ") und ۹۳,۷ („ich war dabei, sitzend auf einem schlankbäuchigen mit faltiger[1] brusthaut" (على اقبّ رَخْوِ اللَّبَانِ), ferner Zuhair Diw. ۱۹,۹ وكُلّ طُوَالَةٍ وَأَقَبَّ نَهْدٍ „und jede art einer langgestreckten (stute) und eines dünnbäuchigen, hohen (hengstes)" und der pl. قُبّ in verbindung mit dem gen. الأَيَاطِلِ Nâbiġa Diw. ۲,۷; als bloses adjectiv (nicht als subst. gebrauchtes epithetum ornans) steht es Ham. p. ۳۴۹ فهنّ مِنَ التَّعْدَآءِ قُبٌّ شَوَازِبُ „und so sind sie (die rosse) vom lauf dünnbäuchig und schmal (geworden)" und Ṭarafa Diw. ۱۴,۱۷ (فَهْيَ قُبٌّ كالعَجَمْ).[2]

مُقْبِل *muḳbilun* „der vorrennende" in der verbindung

[1] wörtl. „weicher, schlaffer br." von رَخْوٌ (= äth. ርኅወ:, impf. ይርኅው:, ἁπ. λεγ. des Physiologus). Es ist hier dasselbe gemeint wie oben bei عَوْجُ اللبان.

[2] alle diese belegstellen zu أَقَبُّ siehe bei Ahlw., Chalaf al-Aḥmar s. 265.

مُقْبِل وَمُدْبِر „anrennend wie zurückweichend" [von أَقْبَلَ „sich nach vorn wenden", daher dann „entgegenlaufen", „entgegenkommen", überh. „ankommen" im arabischen; der begriff des „vorn, gegenüber" eignet diesem stamm in allen semitischen sprachen, vgl. قَبِلَ „etwas entgegen-, annehmen", ቀበለ: „jemand einholen", ተቀበለ: „entgegengehen; entgegennehmen", ቀብላ: „begegnung", ተቃበበለ: (*takâbabala*)[1] „gastfreundlich sein" (*ἀπ. λεγ.* Herm. p. 16)[2], hebr. קִבֵּל „entgegennehmen, empfangen", hi. „gegenüber stehen", und קֹבֶל „das gegenüberliegende", ass. *ḳablu* „kampf" (urspr. „das feindl. sich gegenüberstehen", vgl. auch ቀብላ: im feindl. sinn) z. b. *ana ḳabli ili niši .... ubâ'u* „zum kampf gegen die menschen führten sie (verderben) herauf" Sintfl. III, 3, davon das denom. im part. *muḳtabili* „die krieger" Tigl. Pil. II, 13, dann bes. in den hist. inschriften *ḳablu* „mitte" (eig. das an einer sache vorn, dem betrachter gegenüber, liegende", vgl. arab. قُبُلٌ „die schamtheile des mannes wie weibes") z. b. Sanh. II, 37, Asarh. 1, 9. 16 u. ö. und aus den nationallexicis *ḳabilum* „vorderseite" (dort opp. *arkatum*, das gewöhnl. wort im ass. für „rückseite")[3], und endlich aramäisch ܩܒܠ „begegnen; gerichtlich beschuldigen, anklagen", ܩܰܒܶܠ „entgegennehmen, annehmen" ܠܘܩܒܠ „gegen,

[1] vgl. zu dieser bildung ass. *zuḳaḳibu* („der heftig stechende" wörtl.), syn. von *akrabu* „skorpion" (unedirtes täfelchen K 4213 und IV Rawl. 69, 7) u. a.

[2] ቀበለ: „ausgeleert, ausgeschöpft werden" gehört sicher auch hierher, wenn auch der bedeutungsübergang nicht sofort in die augen springt; entweder ist das vornübergeneigt sein des gefässes gemeint, oder es ist وَالقَابِل الدَّلْو أَخَذَهَا مِنَ السَّاقِي der lexicographen hier zu vergleichen.

[3] geschrieben orthographisch ungenau *ku-pi-lum* (mit scheinbarer umspringung der laute). Ich vermag im assyrischen nicht mit Delitzsch (Ass. Stud. I, s. 19) einen lautwandel vom semit. *ḳ* zu ass. *k* anzuerkennen; einmal entspricht dem semitischen *ḳ* fast stets *ḳ* im assyrischen, und dann sind die wenigen fälle, wo *k* für *ḳ* geschrieben wird, nur auf die ungenauigkeit der abschreiber zu setzen.

gegenüber" etc.] Mu'all. des Imrulkais, vers 53 (siehe unter كُمَيْت).

(100) * قَارِحٌ *kâriḥun* „ausgezahnt" [nach den lexicographen „welches die zähne, die man قَوَارِح „die hervorbrechenden" nennt, bekommen hat und dadurch vollzahnig ist." oder (Muḥîṭ) „dasjenige, dessen نابٌ (hundszahn) durchgebrochen (شَقَّ) und zum vorschein gekommen ist" (von قرح, welchem im arabischen die grundbedeutung „spalten, durchbrechen", woher dann einerseits „verwunden", andrerseits „hervorbrechen" und von geschwüren und wunden „aufbrechen" kommt, innewohnt)[1] vgl. ثَنِيّ und جَذَعٌ; das vollzahnige pferd ist fünf jahre alt; beim kamel tritt diese zahnreife erst im neunten jahre ein, und es heisst dann بازِل (siehe kamel)] Ham. ٩١ und ١٥٨ (siehe schon unter جَذَعٌ), pl. قَوَارِح im vers der al-Hansâ فَالْيَوْمَ نَحْنُ وَمَنْ سَوَانَا مِثْلَ أَسْنَانِ الْقَوَارِحْ „heute sind wir und die übrigen ähnlich den zähnen der ausgezahnten rosse" (bei Meid. I 602) und der seltne pl. مَقَارِيح (wie von einem sing. مِقْرَاح oder مَقْرُوح) in einem im Muḥîṭ unter قارح mitgetheilten vers des Hudailiten Du'aib (والقُبُّ المَقَارِيحُ „und die dünnbäuchigen ausgezahnten"). Von demselben stamm قرح kommt

أَقْرَحُ *akraḥu* „das mit einer قُرْحَة (einem weissen stirn-

[1] ob die bedeutung „glatt sein", die dieser stamm in andern semitischen sprachen hat, auf die des „schabens, kratzens" zurückgeht, und dann blos eine abgezweigte bedeutung von demselben verbum, was im arab. urspr. „spalten" heisst, sein würde, ist nicht unwahrscheinlich. Die scheinbar mit einander unvereinbaren bedeutungen des stammes ܩܪܚ im syr. dürften hier vielleicht noch mehr licht verbreiten.

fleck, und zwar einem kleineren als die غُرَّة) versehene pferd" in dem schon unter أَرْجَل mitgetheilten verse der Mufaḍḍalijjât.

أَقْوَدُ *akwadu* (pl. قُودٌ) „sich gern führen lassend, folgsam, leicht zu lenken" von pferden wie kamelen, nach andern aber „hochnackig" [erstere bedeutung von قاد, impf. u „führen", viell. urspr. „vorangehen", worauf der einzige repräsentant des stammes קוד in den andern semitischen sprachen, das syr. ܡܫܘܕܐ „lauf, bahn der gestirne", hinzuweisen scheint[1], die zweite dagegen von einer bedeutung von قاد, die nur in قائِد „bergspitze", قَيْدُودٌ[2] „hochgebaut", „von langem körper" erhalten ist (ohne analogon in den andern semitischen sprachen)] Ham. ٣٧٣ (siehe schon unter ضامر pl. ضُمَّر). Vgl. auch قَوْد coll. „pferde" überhaupt, besonders (und so ursprünglich) diejenigen, die mit der hand (oder am leitseil nebenher) geführt, aber noch nicht bestiegen werden.

قَيْدُ الأَوَابِدِ *kaidu 'l-awâbidi* „fessel des wilds" [von قَيْد „fessel" (wovon erst die denominativa قَيَّدَ, قَيَّدَ etc.) und اوابد pl. von آبِدَة (von ابد, opp. الف) „wild"; dass auch قَيْد urspr. eng mit dem stamm قاد impf. u verwandt sein muss, sieht man an dem einzigen analogon der andern semit. sprachen, an dem syr. ܩܝܕ „fesseln", doch von welcher grundbedeutung „führen" „emporragen" und „fessel" urspr. ausgiengen, wird kaum mehr zu ermitteln sein] d. i. „das wild auf der jagd

---

[1] ob ܡܫܘܕܢܐ „zurückweisung" urspr. „führung" im sinn von „rechtleitung", „zurechtweisung", „tadel" heisst, wage ich, da ich keine belegstelle kenne, nicht zu behaupten.

[2] der pl. von den eselinnen in einem vers des nachǵahilitischen Dichters *Dû 'r-Rumma* (والقُبُّ القَيَادِيدُ „und die dünnbauchigen langgestreckten".)

hemmend, so dass es nicht entfliehen kann", ein beliebter ausdruck für „edles ross"[1], Muʿall. des Imrulḳais, vers 52 (siehe unten unter كُمَيْتٌ).

مِكَرٌّ *mikarrun* [die form wie oben مِفَرٌّ, w. m. n.; von كَرَّ „zurückkehren", „wiederholt etwas thun" (urspr. viell. „kreisförmig herumgehn", vgl. ከረር፡ „runder hügel"; hierher gehören wol auch hebr. כַּר, arab. كَرّ „bewässertes feld, aue", urspr. „runde umhegung", ass. *kiru* dass., z. b. Asarh. VI 14,[2] IV Rawl. 18, 29+30a;[3] ebenso scheinen syr. ܟܘܼܪܵܐ „theil der schulter" und ܟܘܼܡܪܵܐ „arm" auf den begriff der rundung zurückzugehen; vgl. auch noch den semit. stamm *karkara*)][4] Muʿall. des Imrulḳais, vers 53 „zu wiederholtem angriff tauglich" (opp. مِفَرٌّ „zum fliehen tauglich") siehe das nächste wort.

(105) *كُمَيْتٌ *kumaitun* „kastanienbraunes, dattelfarbenes, schwarzröthliches" ross [Damîrî: „*al-kumaitu* ist das hochrothe pferd, aber man sagt *kumaitun* erst dann, wenn seine (des pferdes) mähne und seine stirnblässe und sein schweif schwarz sind, und wenn diese roth sind, dann heisst es (das pferd) *ašḳarun* (siehe das.), und den namen *al-wardu* (s. das.) braucht man bei dem (pferd), was (an farbe) zwischen *al-kumaitu* und

---

[1] merkwürdiger weise hat Damîrî, während er sonst reine epitheta des rosses (zumal solche so durchsichtiger bedeutung und gar zweigliedrige) nicht aufführt, dieses (mit citirung der stelle des Imrulḳais) aufgenommen; er erklärt es geradezu durch الفَرَس الجَوَاد.

[2] *kira ṣira tamšil šadi Ḫamanum ša kala urḳiti u iṣi ḫarrušu ita-ša imid* „einen hohen park gleich dem gebirge Ḫamanu (Ἀμανός), welcher mit allerlei gesträuch und hölzern bewaldet war, stellte ich als seine (des palastes) umgrenzung auf" (*ikallu*, pl. *ikallâti*, „palast", ist fem. gen.).

[3] dort *kiru inbi* „weingarten".

[4] auch andre thiernamen kommen von diesem stamm כרר, so hebr. כַּר „lamm", ass. *kirru* „lamm, schaf"; diesem thiernamen liegt die bedeutung „wiederholt hin- und herspringen, hüpfen" zu grund.

al-aškaru steht, und sein plural ist وُرْدَانٌ[1]; und *al-kumaitu* ist auch einer der weinnamen (nun folgt noch ein vers des Ṣalâḥu 'd-dîn)] Imrulḳ. Mu'all. 54 in der schönen schilderung des pferdes (v. 52 ff.), die ich hier in wörtlicher übersetzung wiedergeben will (den arab. text siehe in Arnold's ausgabe der mu'allaḳât): „(52) und früh war ich ausgezogen .... auf einem kurzhaarigen (بِمُنْجَرِدٍ), das wild erjagenden (قيد الاوابد), hohen (langgestreckten, هَيْكَل), (53) auf einem zu wiederholtem angriff wie zum fliehen tauglichen (مِكَرٍّ مِفَرٍّ), einem anrennenden wie zurückweichenden (مُقْبِلٍ مُدْبِرٍ معًا) ...., (54) einem kastanienbraunen (كُمَيْتٍ) ......, (55) einem trotz seiner schmächtigkeit im lauf erregten (على الذَّبْلِ جَيَّاشٍ) ...., (56) auf einem hinfliegenden [wörtl. „einem schnell wie ein giessbach hinfliessenden", مِسَحّ, Lane „a swift horse, as though it poured forth running". Dies wort wurde aus versehen unter س von mir übergangen; die bildung مِفْعَل wird vom comm. wie مِفَرّ und مِكَرّ als مبالغة erklärt]; es ist wie wenn sein

---

[1] in der Bulaker ausgabe وردان ohne vokale; da فُعْلَان ein häufig von فَعْل gebildeter plural ist, so ziehe ich hier *wurdân* vor. فِعْلَان ist als plural von فَعْل seltener; doch ist immerhin zu beachten, dass gerade bei thiernamen auf die form فَعْل der pl. *fu'lân* (vgl. ذُؤْبان „wölfe") nicht so häufig ist, wie *fi'lân* (z. b. ثِيرَان „stiere" فِئْرَان „mäuse", رِئْلَان „straussenjungen"). Der pl. وردان fehlt übrigens bei Freytag und im Muḥîṭ.

hufschlag .... das sieden des kochkessels wäre; .... (58) auf einem ross schnell (دَرِير) wie der kreisel des knaben ....., (60) einem vollschenkligen (ضَلِيع)“ u. s. f. — Ferner steht كُمَيْت Ham. ٩٣٥ كَأَنَّهَا قَنَابِلُ خَيْلٍ من كُمَيْتٍ ومن وَرْدِ „wie wenn sie (die bergspitzen) wären wie schaaren von rossen, bestehend aus dattelfarbenen und aus rothbraunen,“ [1] wie Ch.-A., s. **246** [2] und **256** [3].

كَامِلٌ *kâmilun* „der vollkommene“ [von كَمَلَ „vollkommen sein“, einem der gewöhnlichsten verba im arabischen, während

---

[1] dass der Cod. Lugd. 124 (bei Freytag Lex. unter كُمَيْت) كُمَيْت für ein persisches lehnwort (und zwar von pers. كُميته „aus zwei farben gemischt“, was übrigens in dem so vollständigen Johnson-Richardson fehlt) erklärt, dafür könnte etwa das fehlen des stammes כמת in den andern semitischen sprachen (— vgl. übrigens den ortsnamen מִכְמְתָת —) sprechen: doch die von mir als belegstellen zu كُمَيْت citirten verse stammen aus der G'ahilijja und machen somit die möglichkeit einer pers. entlehnung sehr fraglich, ausserdem kommt im arab. noch كُمْتَة „schwarzbraune farbe“, اكمت und اكمات „schwarzbraun werden“ wie كَمِيتة „wurzel“ (von der braunen farbe derselben?) vor, was doch den eindruck macht, als sei der arabische stamm كمت in obigen bedeutungen urspr. semitisches sprachgut.

[2] Mufaḍḍ. 90, 13 كُمَيْتٌ كَلَوْنِ الصِرْفِ أَرْجَلُ أَقْرَحُ „röthlich wie farbe des weins, am hinterfuss u. stirn mit weissem fleck“.

[3] Ibn al-Mu'tazz, p. 13b ولى كُلُّ خَوَّارِ العِنَانِ كانّه ‖ كُمَيْتٌ „und ich habe nur leichtzügliche rosse, gleichsam rothfüchse“ p. 14 (siehe ذو ميعة und مُطَار und Hassân ibn Tâbit. p. 20a وكُلّ كُمَيْتٍ مُطَارِ الفُؤادِ „und jeder rothfuchs, fliegenden herzens“.

der stamm כמל sonst in allen semitischen sprachen, sei es auch in welcher bedeutung, fehlt] in einem bei Ahlw., Ch.-A., s. 294 mitgetheilten verse der mufaḍḍalîjjât.

لَاحِقُ الآطَالِ *lâḥiḳu 'l-âṭâli*[1] „schlankbauchig“, wörtl. „schlank an den seiten“ [von لَحِقَ „sich anschmiegen“ und daher leicht der übergang zur bedeutung „dünn, schlank sein“; der stamm *laḥaka* findet sich sonst nur noch im äth. መልሕቅ፡ „anker“ von einem zu substituirenden verbum ልሕቀ፡ „an etwas haften“] Ham. ٧٩ (لَاحِقَةُ الآطَالِ). ٣٩٩ (siehe schon unter ذو خُصَل und ذو مَيْعَة).

لَطِيمٌ *laṭîmun* „mit ohrfeigen, schlägen bedacht“ [von لَطَمَ „einen backenstreich geben“, „schlagen“, vgl. den volkstüml. ausdruck „jemandem eine versetzen, welche haften bleibt“, denn „anheften, anhängen machen“ ist der grundbegriff der w. *laṭ* (wie überhaupt der meisten mit l anfangenden verba im semitischen)] t. t. des neunten (vorletzten) pferdes beim wettlauf (siehe unter سَابِق das aus Ham. ٣٩ comm. angeführte gedicht).

لُهْمُومٌ *luhmûmun* „edles ross“ [urspr. von menschen „freigebig“ und dann allgemein „edel“ von menschen wie rossen, ohne dass man mehr an die eigentl. bedeutung „freigebig“ (die mit der grundbedeutung von لهم „gierig verschlingen“[2] etwa

---

[1] آطَال ist der pl. von إِطْل „zwerchfell“, „seite“ (neben welch letzterem auch أَيْطَل, pl. أَيَاطِل, z. b. Nabiġa ٢,٧, vorkommt).

[2] vgl. hebr. מַטְעַמִּים „leckerbissen“ (= „dinge, welche gierig verzehrt werden“); von *lahama* „gierig verzehren“ scheinen auch لِهْم (pl. لهوم), nach Damîrî = الثور المسن, und ላህም፡ (das gewöhnl. wort im äth. für „ochs, stier“) zu kommen.

durch das causativum derselben sich vermitteln lässt) denkt; in der andern von den lexicographen aufgeführten bedeutung „viel milch gebende kamelin“ kann man dagegen die bedeutung „freigebig“ noch leicht erkennen] pl. لَهَامِيم Ham. ٧٨٠ (siehe schon unter جُرْد, pl. von اجرد).

(110) مَرُوح *marûḥun* „der behende“ [von مَرِحَ „behend, lustig sein“, „stolz sein“, „stolz einherschreiten“, vgl. መርሐ:, was die aus dem „stolz einherschreiten“ leicht sich entwickelnde bedeutung des vorangehens, führens angenommen hat, und syr. ܡܪܰܚ, gew. ܐܡܪܚ „kühn, unverschämt“ sein; das hebr. מָרַח „reiben, zerreiben, einreiben“ gehört zu مَرَخَ „mit öl einreiben“; dass übrigens diese bedeutung auch dem stamm مرح zu eigen war, sieht man aus مُرِّح, wie umgekehrt das ursemitische *maraḫa* nicht nur die bedeutung „reiben, einreiben“ (daher ass. *murḫu* [1] = *lubaru ṣiri* „feldkittel“, „abgeriebnes, abgetragenes kleidungsstück“ II Rawl. 25, 10gh), sondern auch die des „froh seins, scherzens“ (مَرَخَ; daher auch ass. *marḫitum* „weib“ II Rawl. 36, 43cd) und „stolz seins“ (ass. *miriḫtam* „herausforderung“ Assurb. Sm. 247k = K 3062) gehabt haben muss] Ham. ٩١٣: „wann werde ich reiten“ بِمَرُوحٍ لَحْمُهَا زَنِيم „auf einer behenden (stute), deren fleisch ebenmässig (auf die verschiedenen glieder) vertheilt ist?“

---

[1] es braucht wol kaum an das bekannte assyrische lautgesetz erinnert zu werden, wonach ass. ḫ arabischem und ursemitischem خ entspricht, während ح sich im assyr. in den meisten fällen (wenige ausgenommen, wo das zusammenfallen mit andern wörtern daran verhindert hat) zu einem blosen hauchlaut verflüchtigte, z. b. حِمَار = *imîru* „esel“ (das zweite i ist durch imâla entstanden) u. a.

مَيَّالُ الْعُذَرِ *majjâlu 'l-'udari* „mit herabhängender mähne", „ein ross, dessen mähne sich neigt"[1] (von مَالَ impf. i „sich neigen",[2] Ham. ٧٩٥ بِسُحُقِ الْمَيْعَةِ مَيَّالِ الْعُذَرِ (vgl. s. 75, anm. 2).

نَبِيلٌ *nabîlun* „edles (ross)" [von نَبُلَ „edel, vortrefflich, geistvoll sein, sich (durch macht, würde) auszeichnen", ausgehend von der der semitischen w. *nab* eignenden bedeutung „emporsteigen, aufschiessen",[3] woher auch نَبْلٌ „pfeil" kommt; eine damit schwer zu vereinigende bedeutung hat der stamm *nabala* noch im hebräischen (dort heisst נָבֵל „schlaff, welk sein", übertr. „thöricht sein", daher dann נְבֵלָה, = arab. نَبِيلَةٌ Kam. „leichnam") und im assyrischen (das in den hist. inschriften so oft begegnende *ibbul, abbul* „er, ich riss nieder, zerstörte" z. b. Asurb. VI 30, urspr. „machte schlaff, welk werden, hinsinken"), während ass. *nabalu* „trocknes, festes land" (*ina tihamtim u nabali* „zu wasser und zu land" Asurb. II, 88) im gegensatz zum meer „das erhöhte" urspr. heisst und das äth. ነበልበል: „flamme"[4] auf den begriff des emporlöhens (oder des zerstörens, versengens = schlaff, welk machens?) zurückzugehen scheint] in dem schon unter أَسِيلٌ mitgetheilten verse der mufaddalijjât.

---

[1] Rückert: „dem stolz die mähne nickt"; man vergleiche das ganze gedicht des Ḥumaid al-Arkaṭ — eine schöne beschreibung seines rosses — übersetzt in Rückert's Hamasa II, s. 335.

[2] hierher, nicht zu עלה, was wegen des ifte'al *ittilu* (für *i'tilû*) Asurb. VI, 67 „(worauf) sie lagen" (urspr. „hinaufstiegen") nahe läge, aber durch die form sich verbietet (man erwartete etwa *mîlitu*), scheint das ass. *mailu* (siehe s. 4, anm. 5) „lager, wohnung", syn. von *arṣu, irṣu* „lager, bett, polster" zu gehören; neben *mailu* kommt auch *majaltu* vor.

[3] also نَبِيلٌ urspr. „hoch (vom geist wie von körperlichen anlagen)".

[4] nicht von በልበለ: (aus ለበለበ: transponirt Dillm.!), sondern, wie ነበል: „flamme" Jes. 50, 11 deutlich beweist, von ነበለ:.

*نَهْدٌ *nahdun* „hochgebaut, voll“ [urspr. „erhaben, erhöht“, vgl. نَهَدَتْ „(das mädchen) hat strotzende, volle, aufschwellende brüste“; im ass. ist *nahdu* das gewöhnliche wort für „hoch, erhaben“, vgl. auch ift. *ittahid* (*amat Ašur*) „er hielt hoch (= in ehren) den willen Asur's“, Asurb. I, 9, und *nidûtu* „höhe“ II Rawl. 52, 72ef (dort syn. von *tiriktu* „länge“ [vgl. *ariku* „lang“] und *šulum* „tiefe“); das hebr. הוד „majestät“, „pracht“, was man sonst per aphaeresin aus נָהוד entstanden erklärte,[1] leitet Franz Delitzsch (Comm. zu Hiob, 2, aufl., s. 516 anm.) von dem stamm הוד ab, welchem die نهد gerade entgegengesetzte bedeutung „sich herabsenken, niederlassen“ (dann auf das würdevolle ruhen übertragen) eignet] ʿAntara Muʿall. 44 على رِحَالةِ سَابِحٍ نَهْدٍ „auf dem sattel eines renners, eines starken (vollen, comm. الجَسِيم)“, Ham. ٨٣ (siehe schon unter عَدَّاء), ۴۹۹ (siehe unter ذو خُصَل), mit vorausgehendem فَرَس Ham. ٥٢۴ وفى فَرَسٍ نَهْدٍ عَتِيقٍ „und um eines hohen, edeln pferdes willen (tadelt mich mein stamm)“ und mit näher bestimmendem genitiv نَهْدِ الجُزَارَةِ „mit vollen, schöngebauten füssen“ Ham. ٥٩ comm. (siehe unter سَابِح); vgl. auch Zuh. Diw. ١٠,١١ (siehe unter وَرْد).

وَثَّابٌ *waṯṯâbun* „der springer, der gallopirende“ [von وَثَبَ „springen“, bes. „losspringen auf jemand“, urspr. aber „auf der lauer sitzen, um auf jemand in jedem augenblick loszuspringen“, vgl. وَثَبَ = اِقْتَعَدَ, himj. (nach Aṣmaʿî) وَثَبَ = قَعَدَ, äth. አውሰበ፡ „sich ein weib als gattin nehmen“ (urspr.

[1] wenn dies richtig wäre, würde hier bes. die stelle Sach. 10, 3 כְּסוּס הוֹדוֹ בַּמִּלְחָמָה, Ges. thes. „ut equum vigentem (generosum) in pugna“ anzuführen sein.

„sie bei sich wohnen, sich niederlassen machen“) und die nord-semitischen sprachen, wo dieses verbum das gewöhnliche wort für „sitzen, verweilen, wohnen“ ist, so hebr. יָשַׁב,[1] aram. ܝܬܒ und ass. *ašâbu* (z. b. *ušib* „er sass“, *tušibu* „er hat sich niedergelassen“, *ušišib* „er liess bewohnen“, *šubatu* „wohnsitz“, *ittušib* (neben *ittašab*) „er setzte sich“ (1. s. *attašab*), *ittanašabu* „sie wohnen“ u. a.)] Diw. des Imrulḳ. ١٤,١١ (schon unter جَوَاد s. 63, anm. 2 mitgetheilt), dort das fem. وَثَّابَة. Das masc. وَثَّاب steht in einem bereits unter طَيَّار citirten verse des späteren dichters al-Muʿtazz (Ch.-A., s. 256).

(115) *وَرْد wardun „der dunkelrothe“, „rothbraune“[2] [urspr. „die rose“ und in letzterer bedeutung uraltes lehnwort aus dem altpersischen[3] (vgl. das griech. ϝρόδον, wo einfach metathesis stattgefunden); dann von rossen, indem wahrscheinlich die dunkelrothe farbe das tertium comparationis bildet] Ham. ١٧١ تَلُومُ على أَنْ أَمْنَحَ الوَرْدَ لِقْحَةً „sie klagt (tadelt mich), dass ich dem rothbraunen eine milchende kamelin (comm. „die milch einer solchen kamelin“) gebe“, Ham. ٣٠٩ الوَرْدَ (dort beklagt der dichter das scheuwerden seines rosses in der schlacht, s. Rück. Ham. I, s. 235 f), ٣٠٨ لِقْحَةً لِلْوَرْدِ „eine milchkamelin für den rothhengst“, ٦٤٥ (siehe schon unter كُمَيْت), ٦٣٨ يَعْدُو

---

[1] das hebr. יָשַׁב wird an einigen stellen geradezu (wie auch arab. قَعَدَ) für „auf der lauer sitzen, auflauern“ gebraucht.

[2] doch heller als der كُمَيْت (s. das) und dunkler als der أَشْقَر (s. das.)

[3] auch im syr. (so schon in der Peshiṭa ܘܪܕܐ Sap. 2, 8, äth. an derselben stelle ጽጌ:); mit dem ursemitischen *warada* „herabsteigen“ hat وَرْد natürlich nichts zu thun (wie man schon aus dem ܘ im syrischen ersehen kann).

بِهِ الوَرْدُ „es läuft mit ihm der róthhengst (= trägt ihn fort)“. ٦٥٣ (siehe unter جَوْن) und endlich mit الفَرَس verbunden Ham. ٧٢٩ والفَرَسِ الوَرْدِ „und (besitzer) des dunkelrothen rosses“; das fem. وَرْدَةٌ steht z. b. Zuhair Diw. ١٠,١١ وَصَاحِبِى وَرْدَةٌ نَهْدٌ مَرَاكِلُهَا ‖ جَرْدَآءُ لا فَحَجٌ فيها ولا صَكَكُ „und mein begleiter ist eine dunkelrothe (stute), deren weichen vollgebaut sind, eine kurzbehaarte, an welcher kein schlechter gang [1] zu sehen ist und keine knieverletzung“.

وَقَاحٌ *wakâhun* „starkhufig, harthufig“ [so nach den commentatoren; urspr. überhaupt „hart, abgehärtet“ (daher Rückert: „gewohnt zu siegen“), von وقح „hart“, dann „lieblos, unbarmherzig, unverschämt sein“, daher ቀቅሕ፡ „fessel, kette, gefängnis“ (und seine derivata)] Ham. ٣٤٩ (والفَرَسُ الوَقَاحُ), 'arafa Diw. ١٤,١٣ (وفُحُولٍ هَيْكَلاتٍ وُقُحٍ) und ٥,٢٠ (مِن يَعَابِيبَ ذُكُورٍ وُقُحٍ).

مُوَقَّفٌ *muwakkafun* „mit weissen flecken an den vorderfüssen versehen“ [partic. von وَقَّفَ, denom. von وَقْفٌ „armband, armspange“ (= ወቅፍ፡ dass., auch „ring“) und dann die mit ringen verglichenen weissen flecken an den füssen des pferdes; ob die im arab. gewöhnliche bedeutung von وقف „stehen“ mit der von وَقْفٌ „armring“, was ein verbum وقف „rund sein, umgeben“ voraussetzt, ursprünglich zusammenhieng, oder ob schon im ursemitischen das verbum *wakapa* beide bedeutungen nebeneinander hatte, wage ich, da in andern semitischen

---

[1] wörtl „ein gang, wobei die vorderen theile der füsse nah an einander, die fersen aber fern von einander sind“.

sprachen dieser stamm nicht belegt ist [1] und uns, also keine von ihnen eine vermittelnde bedeutung an die hand gibt, nicht zu entscheiden] Meid. I 414 (siehe unter أَدْهَمُ).

هَادٍ *hâdin*, pl. الهَوَادِي „die führenden" d. i. „die vorangehenden, vorn sich befindlichen" rosse [von هَدَى „führen", syr. ܗܕܝ, vereinzelt auch ܗܕܐ, dass., hebr. *ἅπ. λεγ.* Jes. 11, 8 יָדוֹ הָדָה „(in der viper höhle) steckt er, führt er ein seine hand"; über die grundbedeutung der wurzel *had* vgl. Delitzsch, Comm

---

[1] die von Castelli-Michaelis unter ܢܩܦ angeführten Pe'al- und Af'elformen (auch Payne-Smith verweist bei ܐܩܦ auf jod) gehören der form nach scheinbar zu einem stamm אקף, bei näherer prüfung der dort aus der Pešîtâ angeführten belegstellen aber alle zu נקף, dessen bedeutungen im syr. folgende sind: „umgeben, um jemand herum, um ihn, in seiner nähe sein, ihm anhangen, ihm folgen" [siehe die belegstellen bei Castelli-Michaelis, s. 567; ferner 2 Par. 23, 7 ܘܢܩܦܘܢ = hebr. וְהִקִּיפוּ, also derselbe stamm im hebr. urtext; wir haben hier jedenfalls wie in وَقَفَ die wurzel *kap*, aus der dies *nakapa* durch secundäre weiterbildung entstanden, während dem hebr. נָקַף die wurzel *nak* „stossen, bohren" zu grunde liegt. Uebrigens muss man in der annahme von stämmen mit secundär vorgetretnem n (verrostete nif'alformen) sehr vorsichtig sein, ebenso wie bei der annahme von secundär vorgetretnem m (denominativverba von partic. ursprünglich), s (verrostete šaf'elformen) und, was relativ noch am häufigsten vorkommt, t (urspr. VIII. formen, z. b. تَكَلَ von اِتَّكَلَ, ass. *utakkil* und *ušatkil*, ein *itkul*, inf. *takâlu* voraussetzend, von *ittakil*, ift. eines verbums وَكَلَ, was deswegen im ass. verloren gieng, weil es sonst mit *akâlu* essen lautlich hätte zusammenfallen müssen; u. a.)], af'el: „herumführen" („herumgehen machen") [Deut. 32, 10 ܐܩܦܗ „er hat ihn herumgeführt"], auch intrans wie im pe'al „umgeben, nahe sein, anhangen" [Hiob 4, 2, Act. 17, 5, Num. 17, 13 u. a., dann auch Prov. 6, 22 ܐܩܦ ܠܟ „er wird bei dir, mit dir sein, dich begleiten", d. i. „dich führen", hebr. תַּנְחֶה] und übertragen „an etwas sich heran, um etwas herum sich zu schaffen machen" d. i. „anfangen", „beginnen" [Act. 1, 22 ܕܐܩܦ ܡܢ *ἀρξάμενος ἀπὸ*, Act. 2, 4 ܘܐܩܦܘ *καὶ ἤρξαντο*, Phil. 4, 10 ܕܐܩܦܬܘܢ *ὅτι ἀνεθάλετε (τὸ φρονεῖν)*].

zu Hiob, 2. Aufl., s. 516 anm. (siehe auch schon oben unter ذَهْدٌ)], opp. التَّوَالِي Meid. II 469 dichtervers (siehe unter تَالٍ).

هَيْكَلٌ *haikalun* „dick, stark, gedrungen gebaut", dann überhaupt „edles ross" [eine weiterbildung der semitischen wurzel *kal* „umschliessen", „vollenden"; vollendet, vollkommen sein". Mit هَيْكَل „palast", einem ganz späten, erst von den Syrern zu den Arabern gekommenen lehnwort, hat unser هيكل nichts zu thun, zumal auch das hebr. הֵיכָל, was die Syrer einfach in ihre bibelübersetzung aus dem hebr. urtext herübernahmen, selbst erst lehnwort aus dem assyrischen *êkallu*, und dies wieder aus dem sumerischen E. GAL „grosses haus, palast" entlehnt ist (E = *bîtu* „haus", GAL *rabû* „gross", E. GAL = *êkallu* in den sumerisch-assyrischen nationallexicis)] Imrulkais Mu'all. 52 (siehe bei كُمَيْتٌ), Ham. ١٢٨ (بِسَلِيمِ أَوْظِفَةِ القَوَآئِمِ هَيْكَلِ siehe unter سَلِيم) und das femininum هيكلة im plur. asyndetisch neben dem pl. فُحُول „hengste" Ṭarafa Diw. ١٤,١٣ (siehe schon unter وَقَاح).

Sóweit meine sammlung der epitheta des pferdes bei den Arabern; ich hoffe, dass man von den wichtigsten derselben keines darin vermisse, wenn auch für die zukunft manches noch nachzutragen sein wird.

Von eigennamen, die die Araber besonders vorzüglichen ihrer rosse gaben, sei erwähnt *al-'Aṣâ* (stecken)[1] Ham. ٣١١ (vgl. auch das sprichwort Freyt. Prov. III, 337 = no 2032), '*Urkûbun* Ham. ٢٩١, *Ṣamûtun* Ham. ٢٣٨, *Kurâ'un* Ham. ١٠٢, *Ṣaulatun* Ham. ٢٧٩, *Sakâbi* Ham. ١٠١ und *Ḥammâ'u* Ham. ٩٠.[2]

Das verbum رَكِبَ „reiten", was sonst gewöhnlich vom

---

[1] vgl. Ch. Aḥm., s. 210 مِثْلُ الهِرَاوَةِ „stockähnlich" (so hart und fest) vom pferd gesagt.

[2] siehe Rückert's Hamâsa I, s. 238. 226. 175. 57. 219. 57. 44.

reiten auf kamelen gebraucht wird, steht auch vom pferdritt Ham. ٣٣٨.

Von andern thieren, mit denen das pferd seiner edeln eigenschaften wegen verglichen wird, sind zu nennen der wolf wegen des trabens und des schmächtigen baues) Ch.-A., s. 110; der fuchs (wegen der behendigkeit, siehe den bei Lane, s. 2250, citirten vers Labîd's يُغْرِقُ الثَّعْلَبَ فى شِرَّتِهِ „the horse outstrips the fox in his sprightliness and leaves him behind“); der wildesel (wegen des rückens, الصَّهْوَةُ, und der weichen القُرْصَيَانِ ebendas., s. 243; der adler (wegen des wieherns) Ham. ٣٩٢ (wo das schreien der rosse mit dem schreien der adler صِيَاحَ النُّسُورِ, verglichen wird), u. a.

Um die pferde, wenn sie durch den den krieg oder die jagd abgemagert sind, für künftige strapazen zu stärken und wieder frisch zu machen, gaben ihnen die beduinen kamelmilch (حَلِيب) zu trinken, Ch.-A., s. 288 f.; zu gewöhnlicher zeit bekamen die pferde täglich wasser zu trinken, die esel jeden andern tag, weshalb man im sprichwort sagte: لَأَضْرِبَنَّكَ غِبَّ الحِمَارِ وظَاهِرَةَ الفَرَسِ „ich werde dich schlagen zur zeit da der esel trinkt (d. i. jeden andern tag) und zur zeit der tränkung des pferds (d. i. täglich)“ Meid. II 455, oder أَقْصَرُ من غِبِّ الحِمَارِ واقصر من ظاهِرَةِ الفرَسِ „kürzer als die zeit da u. s. f.“; am längsten und zwar fünf tage lang aushalten kann den durst nur das kamel, und solch einen durst, der fünf tage lang nicht gestillt wurde, nennen die Araber اشام الاظماء „den unglücklichsten der durste“, da das thier, wenn es ihn auch nur einen tag länger aushalten müsste, draufgehen würde.

Sonst vergleiche man noch die eingehende schilderung besonders der theile des pferds bei Ahlwardt, Chal. al-Aḥmar,

s. 209 ff. wie den in Freytag's „Einleitung in das Studium der arab. Sprache" s. 246 f. dem pferd gewidmeten artikel.

Bei Kazwînî folgt nun unter den lastthieren (الدَّوَابّ)[1]

2. بَغْلٌ (*baġlun*) p. ٣٧٩ das

Maulthier.

Obwol der maulesel von den vorislamischen dichtern der wüste nie erwähnt wird[2] und sein name, wie wir sehen werden, nur in der spätern literatur (meist in spätern sprichwörtern) vorkommt, so beweist doch die stelle im kor'ân 16, 8 (in einer mekkanischen sure) وَخَلَقَ (اللّٰه) الخَيْلَ والبِغَالَ والحِمَارَ لِتَرْكَبُوهَا „und Gott hat geschaffen die pferde, maulthiere und esel, dass ihr auf ihnen reitet", dass zu Mohammed's zeiten dieses thier, in den städten, wohin durch den handelsverkehr vieles ausländische und fremde, so auch die bei den Semiten ursprünglich unbekannte und verpönte mauleselzüchtung, gedrungen war, zum reiten benutzt worden sein muss. Unter den geschenken, die Mohammed von Aegypten bekam, sind nach Abulfidâ auch esel und ein maulesel namens Duldula gewesen.[3] In dem schönen in Rückert's Hamâsa I 246 mitgetheilten gedicht aus Mu'âwija's zeit (ende des 7. jahrh. nach Chr.), worin die verschiedenen genüsse der feineren ausländischen höfischen cultur dem einfachen beduinenleben gegenüber gestellt werden, heisst es: „ein hart kamel im freien feld zu reiten ist lieber mir als maulthiers sanftes schreiten (مِنْ بَغْلٍ زَفُوفِ)"; denn den beduinen war die den religiösen anschauungen der

---

[1] fortsetzung von s. 44.

[2] damit stimmt auch das, was Freytag, Einl. in d. Stud. d. arab. Spr., s. 249 über den بَغْل sagt.

[3] daher das sprichwort أَبْنُ عَمِّ النَّبِيِّ مِنَ الدُّلْدُلِ „(er ist) der vetter des propheten von seite des Duldul" Meid. I 207 (prov. rec.).

Semiten widernatürlich erscheinende züchtung des maulthiers [1] ursprünglich ebenso fremd wie den Israeliten, bei welchen es erst seit Davids zeit hauptsächlich als reitthier der vornehmen vorkommt. Wenn Mose den kindern Israel das ziehen von bastarden verbot (Lev. 19, 19), so setzt das schon ein zeitweiliges einreissen dieser sitte voraus, die die Israeliten jedenfalls den Aegyptern abgelernt haben dürften. Die inschriften erwähnen zwar nie speciell die maulthiere, der esel aber war im alten Aegypten ein vielgebrauchtes thier [2], und das stillschweigen der denkmäler allein beweist nichts gegen das wirkliche vorkommen der mauleselzucht im Pharaonenlande; ist es doch aus dem zusammenhalt der beiden stellen I. Kge 10, 25 und ebendaselbst 28 sehr wahrscheinlich gemacht, dass Salomo seine maulthiere von Aegypten bezog. [3] Da nun die Aegypter noch heut viele maulthiere aus Abessinien, wo schon seit undenklichen zeiten diese thiere für die dortigen hochlandgegenden geradezu ein unentbehrliches lastvieh sind,, beziehen, so haben sie jedenfalls auch schon in der alten zeit dies gethan. Dem Aethiopier ist das maulthier was das kamel dem Araber, und es ist jedenfalls nicht ohne bedeutung, dass der name des den Arabern erst verhältnissmässig spät bekannt gewordenen thieres, welcher demnach wol auch in ihrer sprache als lehnwort zu betrachten ist, بَغْلٌ *baǵlun*, sich, aber wol zu beachten mit anderm gutturallaut, nur noch im äthiopischen findet; dort heisst er በቅል፡ *baḳl*, vom gezüchtet werden (በቈለ፡, vgl. arab. بَقَلَ) benannt. [4] Da nun im arabischen ein verbum بَغَلَ, von

---

[1] dies vermuthet schon Hehn, Culturpfl. u. Hausth., 2. aufl., s. 115.

[2] Paul Pierret, Dictionnaire d'Archéologie Egyptienne (Paris 1875), p. 41 f. Vielleicht bezieht sich die dadurch widerlegte stelle Plutarch's (Isis und Osiris), dass der esel bei den Aegyptern ein geringgeschätztes und unreines thier gewesen wäre, auf den maulesel.

[3] vgl. Tristram, the Natural History of the Bible (London 3d edit., 1873), s. 124. Dieses ausgezeichnete buch, welches auf s. 5, anm. 1. bei der literatur der naturgeschichte der semitischen länder noch nachzutragen ist, handelt von den säugethieren in alfabetischer ordnung s. 35—155.

[4] auch das hebr. פֶּרֶד „maulthier" scheint von der züchtung den namen zu haben; vgl. das sumerische MUD, was IV. R 69, 51-57 durch

dem بَغْلٌ abgeleitet sein könnte, fehlt,[1] so ist ohne zweifel das wort mit dem thier von Abessinien zu den Arabern gekommen, also بَغْلٌ *baglun* „maulthier" äthiopisches lehnwort im arabischen; vollends bestätigt wird dies noch durch die verschiedenheit der gutturallaute, denn ein scheinbarer wechsel von ق und غ findet sich nur in lehnwörtern, wo er sich auch sehr leicht erklären lässt. Für wörter dagegen, die in den einzelnen semitischen sprachen ursemitisches sprachgut sind, ist ein wechsel von *ḳ* und *ġ* unerhört und nicht nachweisbar.[2]

Noch einige spätere sprichwörter, in denen der maulesel vorkommt, sind: أَعْقَرُ من بَغْلَةٍ ,أَعْقَمُ من بَغْلَةٍ „unfruchtbarer als die mauleselin" Meid. II 148; قِيلَ للبَغْلِ مَنْ أَبُوكَ قال الفَرَسُ خَالِي „man sprach zum maulesel: wer ist dein vater? da sprach er: das pferd ist mein mütterlicher oheim"[3] Meid.

---

die assyr. synonyma *banû ša aladi* erzeugung des sohns, *aladu* (sohn; gebären), *damu* (blut) und *paradu* (viell. maulesel?, sonstige belegstellen fehlen noch) erklärt wird.

[1] denn بَغَلَ (Lane: „he affected dullness, he became humble, submissive") und بَغَّلَ sind erst denominativa von بَغْلٌ; vgl. Lane I, 230 „as the mule suggests a idea of evil disposition or perverseness and roughness, you say in describing him who is low, or ignoble هُوَ بَغْلٌ نَغْلٌ „he is a mule, a bastard" (vgl. noch Meid. I 180, ferner den I 454 citirten vers أَخْلَفُ من ولد الحمار „magis diversam a patre et matre formam habens quam pullus asini" (wo die commentatoren den maulesel verstehen), wie auch II 375.

[2] eine sache für sich ist der dialektische wechsel von zwei verwandten consonanten innerhalb einer semitischen sprache, z. b. im arabischen قثم und غثم, وَقْب und وَغْب, obwol auch hier vieles anders erklärt werden kann, vgl. meine bemerkung und anmerkung auf s. 89.

[3] also seine mutter eine pferdstute (und sein vater ein esel); die so gezüchteten sind die eigentlichen maulthiere, und die zum schnellen

II 275; حمار طَيَّاب وبَغْلَةُ ابى دُلامة „(er ist) der esel Ṭajjâb's und (sie ist?) die mauleselin Abû Dulâma's“ Meid. I 416 (von den personen, die viele fehler an sich haben, gesagt, vgl. die anm. 1 auf s. 114); البَغْلُ لا تُفْزِعُهُ الجَلاجِلُ „nicht schrecken den maulesel die schellen (an seinem hals) Freyt. Prov. III 39 (nº 223) und البَغْلُ الهَرِمُ لا يُفْزِعُهُ صَوْتُ الجُلْجُلِ „nicht schreckt den abgelebten (alterschwachen) maulesel der ton der schelle“ Meid. II 209. Auf das herumtreiben in der mühle (mit verbundnen augen?) scheint sich zu beziehen das sprichwort بَغْلٌ مُدَارٌ تَعْبَانُ القَلْبِ مُغْبَرُ الخُصَى „ein (im kreis) herumgetriebner maulesel, in den sinnen ermüdet, an den hoden mit staub bedeckt“ Freyt. Prov. III 39 (nº 222). Endlich ist noch zu erwähnen, dass als die Araber mit den Persern in berührung gekommen waren, sie auch von dorther maulthiere bezogen; so ist in dem sprichwort نَفَقَ البَغْلُ وأَوْدَى سَرْجُنَا فى سَبِيلِ اللهِ سَرْجِى وبَغْلِى „hin ist das maulthier und hin unser tragsessel (sattel); doch in Gottes hand (wörtl. „auf dem weg Gottes“) ist mein tragsessel (sattel) und mein maulthier“ Meid. II 212 ein Araber redend eingeführt, dessen ihm vom könig Chosrew geschenktes maulthier umgekommen und der sattel zerbrochen war. Im norden und nordosten der semitischen länder muss überhaupt die maulthierzüchtung schon im alterthum einen hohen Grad der vervollkommnung erreicht haben; Ez. 27, 14 finden wir die maulthiere Togarma's auf den märkten von Tyrus, und noch heut kommen die besten maulthiere aus Erzerum, Hamadan und Sinna, und die Armenier haben den handel mit denselben in den händen. Von dort wie vielleicht auch von Elam mögen sie dann zu den

---

lauf und ritt tauglicheren, während die von einem pferdhengst abstammenden und von der eselstute geworfenen thiere maulesel heissen, welche zwar grösser und stärker, aber auch unbändiger sind, und nur zum lasttragen verwendet werden.

Assyrern gekommen sein, wo wir auf Asurbanipals denkmälern (regierte 668—626 vor Chr.) maulthiere vortrefflicher zucht abgebildet sehen,[1] und zwar mit den netzen beladen, die jenem sportliebenden herrscher zu seinen treibjagden dienten.[2] Später brachten die Juden bei ihrer rückkehr aus Babylonien 245 maulthiere mit (Esra 2, 66). Gegenwärtig ist die maulthierzucht über ganz Palästina verbreitet;[3] in Arabien aber scheinen diese thiere nur im Koragebirg und in den steilen engpässen der berge des stamms Asyr benutzt zu werden.[4] In Oman fehlen sie noch gänzlich[5], und Ritter sagt an einer stelle seiner Erdkunde,[6] wo er von der sorgfalt, die die Araber auf genaues einzeichnen der geburtstage ihrer füllen wenden, und wie nie eine vermischung zugegeben wird, spricht, dass „daher in Arabien das Maulthier fehlt". Dies gilt natürlich, wie zu anfang des islâms so noch heut, nur von den echten Arabern, den Beduinen; „denn unter der festsitzenden bevölkerung und in den städten werden die maulthiere von den kaufleuten und den mittleren klassen geritten, indem die pferde auf das militär und die wüstenaraber beschränkt sind".[7]

---

[1] siehe den „Catalogue of a series of photographs from the collections of the British Museum (photogr. by S. Thompson). part. III. by S. Birch and George Smith. Assyrian." London (s. a.), p. 40, n° 464—467; eins dieser „marble slabs" ist abgebildet in den Transactions of Bibl. Archaeol., part V als anhang zu dem ziemlich oberflächlich und ohne philologische kenntniss gearbeiteten aufsatz W. Houghton's „On the mammalia of the Assyrian Sculptures". Dort ist s. 52 immer noch die alte erklärung von sumer. ŠUḪUB = ass. *paru* (syn. *suḫuppatu*) durch „maulesel" (statt durch „farre") zu lesen. Der hauptwert des aufsatzes besteht im nachweis der bildlichen darstellungen.

[2] vgl. die photographie n° 496 (in dem eben erwähnten catalog p. 41). Diese photographien sind auch einzeln, und zwar für Deutschland in Leipzig (bei der Twietmayer'schen buchhandlung) zu beziehen.

[3] Tristram, a. a. o., p. 125.

[4] Ritter, Arabien II, 40. I, 212.

[5] Ritter Ar., I, 404; in Maskat bilden persische maulthiere und esel aus Bahrain einen ausfuhrartikel nach Isle de France (ebendas., s. 518).

[6] I, 604.

[7] wörtl. anführung aus Tristram, a. a. o., p. 125.

Dass es aber eine zeit gab, wo den Arabern die züchtung dieses thiers noch gänzlich unbekannt war, glaube ich sprachlich (*baǵlun* äthiopisches lehnwort) und sachlich durch obige ausführungen bewiesen zu haben.

3. حِمَارٌ (*ḥimârun*) p. ٣٧٩ der

Esel.

Die Hebräer nannten ihn חֲמוֹר, die Assyrer *imêru* (sprich *imîru*) und die Aramäer ܚܡܳܪܳܐ, weshalb man für das ursemitische unbedenklich dasselbe wort (und zwar wol in der aussprache *ḥimâru*)[1] annehmen darf. Ueber das verhältnis der ursemitischen eselnamen (*ḥimâru*, *atânu*, *ʿairu*, *paraʾu*) zu einander werde ich am schluss des artikels „wildesel" sprechen und ebendaselbst einige culturgeschichtliche bemerkungen beifügen.

Im Ḳorʾân kommt der sing. حِمَار vor: 2, 261, ferner 62, 5 (كَمَثَلِ الحِمَارِ يَحْمِلُ أَسْفَارًا „gleich dem esel, wenn er bücher trägt")[2]; der pl. حُمُر 16, 8 (siehe schon bei بَغْل) und 31, 18

---

[1] dass in der form فِعَال das *i* in folge des langen den ton tragenden *â* erst eine abschwächung aus ursprünglichem kurzem *a* sei, ist wol anzunehmen; doch schon vor der spaltung des ursemitischen in verschiedne sprachen muss فِعَال neben فَعَال existirt haben. Man vergleiche nur لِسَان „zunge", hebr. zwar לָשׁוֹן (wo aber das *ā* bloses vortonkamez, wie in קָטַל ist), aber auch assyr. *lišânu*, äth. ልሳን፡ — und andere wörter.

[2] Beiḍâwî: „weil er müd von der last wird und (ausserdem) keinen nutzen davon ziehen kann (den weisen inhalt dessen was er trägt nicht zu würdigen weiss)"; mit dem esel verglichen werden die Juden, die die Thora vergeblich bekommen haben.

إِنَّ أَنْكَرَ الأَصْوَاتِ لَصَوْتُ الحَمِيرِ „der hässlichste laut ist der laut der esel"), und der plur. حُمُر 74, 50. 51, eine stelle, die sich auf die wildesel zu beziehen scheint und deshalb erst unten mitgetheilt werden wird.

Bei alten dichtern kommt حِمَار selten vor und wird dann gewöhnlich wom wilden esel gebraucht (siehe unten), da den beduinen, denen das kamel ja alles war, die gezähmten esel und deren nutzniessung ziemlich unbekannt waren; doch vgl. stellen wie Ham. ٥٣٥ مِثْلَ الحِمَارِ المُوَقَّعِ السَّوْءِ لَا يُحْسِنُ مَشْيًا إِلَّا إِذَا ضُرِبَا Rück. „sowie der esel, dessen rücken prägt die schmach [1], nicht brav geht, wo man ihn nicht schlägt", ٣٩٠ فَازْجُرْ حِمَارَكَ „wehr deinem esel (dass er nicht abweidet unsern hag)!"; auch war يَا حِمَارًا schon bei den beduinen ein schimpfwort (vgl. Ham. ١٧٧ comm.), wobei blos der hausesel, nicht aber der königliche zu poetischen vergleichungen gebrauchte wildesel (عَيْر) gemeint sein konnte. In ähnlichem sinn scheint in schmähliedern gebraucht zu sein أَيْرُ الحِمَارِ „des esels penis" Ham. ٩٧٩ und ٩٨١. Endlich führe ich noch einen dem Mutalammis zugeschriebenen vers an (bei Meid. I 511): إِنَّ الهَوَانَ حِمَارُ الأَهْلِ يَعْرِفُهُ والحُرُّ يُنْكِرُهُ والجَسْرَةُ الأُجُدُ „fürwahr die niedrigkeit (gemeinheit) kennt der esel des stammes, während der freigeborne (= der wildesel?) sie nicht kennt und das grosse, starke (kamel)." [2]

---

[1] siehe Wright, grammar II 240 (Freyt. dagegen „intertrigine dorsi adflicti, pravi").

[2] die 2 auf diesen folgenden verse (mass Basîṭ) siehe weiter unten bei den belegstellen zu عَيْر in der bedeutung „zahmer esel".

In sprichwörtern wird des esels häufig erwähnung gethan, so Meid. I 748 أَصْبَرُ من حِمَارٍ „geduldiger als ein esel“; اِتَّخَذُوهُ حِمَارَ الحَاجَاتِ „sie haben ihn wie einen dienstesel benutzt“ Meid. I 231 (vgl. die oben mitgetheilte stelle kor. 62, 5, wo der esel zum büchertragen verwendet wird);[1] أَذَلُّ من حِمَارٍ مُقَيَّدٍ „verächtlicher als ein angebundener esel“ (vgl. weiter unten die beiden verse des Mutalammis') Meid. I 511 und ما بَقِيَ مِنْهُ إِلَّا قَدْرُ ظِمْءِ الحِمَارِ „es bleibt nichts mehr davon (vom leben) übrig als das quantum des dursts des esels“ Meid. II 603.[2] Auf den esel angespielt wird in den sprichwörtern: إِنَّمَا طَعَامُ فُلَانٍ القَفْعَآءُ والتَاوِيلُ „die speise von dem und dem ist der baum Ḳafʿâ (der viele dornen hat) und die pflanze Tâwîl (welche die esel fressen)“ d. h. er ist so dumm wie ein esel, Meid. I 126;[3] فِى رَأْسِهِ نُعَرَةٌ „auf seinem haupt ist eine blaue

---

[1] auch als reitthier kennt ihn der ḳor'ân, 16, 8 (siehe بَغْل), doch erst nach dem pferd und maulthier; damit stimmt das spätere sprichwort überein, Freyt. Prov. III 360 بَعْدَ العَوَالِى رَكِبْنَا الحمار „post altas res asinis vecti sumus“.

[2] der esel muss mindestens alle zwei tage getränkt werden, länger kann er den durst nicht aushalten (vgl. schon s. 111 bei der erwähnung des dursts des pferdes).

[3] dagegen fressen die esel nicht die pflanze حمض *hamḍ* Meid. II 922 f. Eine andre pflanze, die der esel frisst, siehe bei عَيْر, wahrscheinlich ist dort (obwol Freyt. einfach asinus übersetzt) der wildesel gemeint.

fliege"[1] wie in der nase des esels (im gegensatz zum sprichwort فى رأسه خُطَّة Meid. ebendas.) d. i. „er ist unbeständig" Meid. II 199 und جَآءَ بِقَرْنَىْ حِمَارٍ „er brachte zwei eselshörner" d. i. „unmögliche dinge" Meid. I 293 (vielleicht dachte man dabei an die fabel vom esel, der sich hörner zu verschaffen ausgieng und sowol ohne hörner als auch ohne ohren, also ärmer als vorher, zurückkehrte Meid. II 323 in einem dort citirten dichtervers, vgl. auch Freyt. Prov. III 172).[2] Aus muslimischen dichtern sei nur der vers des Kuṯajjir (zeitgenosse des Farazdaḳ, 1. jahrh. der Hidschra) citirt: سَوَآءٌ كَأَسْنَانِ الحِمَارِ فَلَا تَرَى لِذِى شَيْبَةٍ مِنْهم على نَاشِيٍّ فَضْلَا „gleich (ebenmässig) wie die zähne des esels, und nicht siehst du einem bejahrten unter ihnen vorzug vor einem jungen" (bei Meid. I 602). — Noch ist zu erwähnen das sprichwort: أَصْبَحَ فِيمَا دَهَاهُ كالحِمَارِ المَوْحُولِ „er kam in ein (unglück) das über ihn hereinbrach, wie der im schlamm steckengebliebene esel" (Meid. I 231); vgl. auch das spätere sprichwort: اذا ادنيت الحِمَار

---

[1] diese blauen fliegen nisten sich auch gern in wunden, vgl. den vers al-Aǵǵâǵ's (Lane p. 2366) ضَرْبًا إِذَا صَابَ اليَآفِيخَ ٱحْتَفَرْ ‖ فى الهامِ دُخْلَانًا يُفَرِّسْنَ النُّعَرْ „A beating which, when it falls upon the tops of heads, digs, in the pates, hollows that afford prey to the blue stinging flies".

[2] Freyt. Prov. III 172 ذَهَبَ الحِمَارُ يَطْلُبُ صَاحِبَهُ عَادَ مَسْلُوبَ الآذَانِ, während bei Meid. II 323 كَمِثْلِ حِمَارٍ كَانَ لِلقَرْنِ طَالِبًا steht, welch letztere fassung, als die ursprünglichere, jedenfalls den vorzug verdient.

من الردهة فلا تقل تشرب „wenn du den esel nah an einen sumpf geführt hast, so sage nicht „trinke" zu ihm" (wol damit er das sumpfige wasser nicht trinkt und dabei im sumpf stecken bleibt) Freyt. Prov. III 544 und ein schon bei Meidâni (II 247) vorkommendes قَرِّبِ الحِمَارَ من الردهة ولا تَقُلْ له سَا „lass den esel nur nah an den sumpf hingehen (führ ihn aber nicht hinein) und sag nicht zu ihm: Sa!" (mit diesem wort wird der esel zum trinken ermuntert).[1] Das sprichwort Meid. I 277 (dort الحُمُرُ) siehe schon s. 71 unten. — Andere spätere sprichwörter sind: أَيْش مَعْرِفَة الحِمَارِ بِقَرْضِ الزَّنْجَبِيلِ „wie soll der esel die amomstaude (den ingwerbaum) abzurinden verstehen?" Freyt. Prov. III 331; الحِمَارُ يَرْتَبِطُ من رَسَنِهِ والانسانُ من كَلَامِهِ „der esel ist an seinen strick gebunden und der mensch an seine rede" Freyt. Prov. III 115 und ebendaselbst die folgenden drei sprichwörter: حِمَارُ قَصَّارٍ إِنْ جَاعَ شَرِبَ وإِنْ شَبِعَ شَغِبَ „wenn der esel des walkers durst hat, so trinkt er und wenn er sich satt getrunken, macht er übeln lärm (oder: schadet er, bringt er unglück)", حِمَارٌ مَرْبُوطٌ فى الشَّمْسِ „ein an der sonne angebundener esel" und من حِمَارِ الحِجَارَةِ الشَّقَآءُ والضَّرْبُ „vom esel der steine (d. h. der mit steinlasten beladen wird) kommen unglück und schläge (d. h. wenn man das unglück hat, wie ein solcher belastet zu werden, so setzt es leid und schläge)".

عَيْرٌ *'airun* (sonst im arabischen stets „wildesel") wird einigemal auch vom zahmen esel gebraucht (wie im hebräischen,

---

[1] andre: فَلَا تهتهت به oder ولا تدهده به d. i. „ruf ihm nicht zu *hat hat* oder *dah dah!*"

wo עַיִר das zahme eselfüllen bedeutet), doch meist nur in sprichwörtern, so Meid. I 739 أَصَحُّ مِن عَيْرِ أَبِي سَيَّارةَ „gesunder als der esel Abu-Sajjâra's",[1] II 87 عَيْرٌ عَارَهُ[2] وَتَدُهُ „ein esel welchen sein pfahl (an den er gebunden war) dahinraffte (zu grund richtete)" denn als sich die wilden thiere zu ihm machten, konnte er nicht entlaufen, II 810 وَقَعَا كَعِكْمَيْ عَيْرٍ „sie waren (oder „fielen [=hiengen] herab") wie die (auf beiden seiten herunterhängenden) lasten des esels" d. h. „sie waren ganz gleich", II 603 ما بِالعَيْرِ من قِمَاصٍ „beim esel gibt es kein springen" (dies kann sich nur auf den zahmen esel beziehen, denn es gibt kein flüchtiger dahinspringendes thier als den wildesel der wüste), II 708 مَن اعْتَمَدَ على حَيْرِ جَارِهِ أَصْبَحَ عَيْرُهُ في النَّدَى „wer auf den stall seines nachbars sich verlässt, dessen esel kommt (des morgens schon) in den regen" und das spätere sprichwort: قِف العير على الردهة ولا تَقُلْ له سَا „lass halt machen den esel am sumpf und sage nicht zu ihm: Sâ" (dasselbe, nur حِمَار statt عَيْر siehe schon oben) Freyt.

---

[1] dieser soll nach den commentatoren „einen schwarzen esel besessen haben, auf welchem vierzig jahre lang die leute von al-Musdalifa nach Minâ ritten. Al-Faḍl ibn ʿIsa al-raḳâšî und Ḫâlid ibn Ṣafwân waren die ersten, welche Abu-Sajjâra's beispiel folgend die esel zum zweck des reitens den pferden vorzogen". Ob in dieser geschichte (beachte gerade hier عَيْر und nicht حِمَار) nicht eine uralte culturhistorische erinnerung an die ursprüngliche zähmung des wildesels bei den Arabern zu suchen ist? Vgl. auch weiter unten am schluss des artikels „wildesel".

[2] dies verbum ist hier wahrscheinlich als volksetymologie gewählt; in wahrheit kommt aber עַיִר wie عَيْر von عار, يَعِيرُ „herumschweifen, hier und dahin laufen", vgl. Franz Delitzsch, Comm. z. Hiob, 2. aufl. (Lpzg. 1876), s. 149.

Prov. III 544. — Wenn der oben als belegstelle zu حِمَارُ الأَهْلِ mitgetheilte vers des altarab. dichters Mutalammis (oheims des Ṭarafa) wirklich echt ist, so sind es auch die ihm unmittelbar folgenden: ولا يُقِيمُ على ضَيْمٍ يُرَادُ به * إلّا الأَذَلَّانِ عَيْرُ الحَىّ والوَتَدُ ‖ هذا على الخَسْفِ مَرْبُوطٌ بِرُمَّتِهِ * وذا يُشَجُّ فَلَا يَرْثِى له أَحَدُ, was Mehren (Rhetorik der Araber s. 109)[1] also übersetzt: „niemand erduldet ein ihm zugedachtes unrecht, ausgenommen die zwei verächtlichsten, der esel des stammes und der zeltpfahl; jener[2] wird durch seine halfter in erniedrigung festgehalten, dieser bekommt schläge, ohne dass ihn jemand bemitleidet“; doch habe ich sonst bei alten dichtern عَيْر nie anders als in der bedeutung „wildesel“ gesehen.

In der bedeutung „wildesel“ begegnen wir dem wort حِمَار in der alten literatur ziemlich häufig (vgl. auch die etymologie, wonach حِمَار = „der rothe“), so ḳor'ân 74, 50+51 فما لهم

---

[1] dessen (aus Kazwînî's تلخيص المفتاح) genommenen text ich oben gegeben; der erste dieser beiden verse lautet bei Meidâni ولا يُقِيمُ بِدَارِ الذُّلِّ يَعْرِفُها * الّا الاذلان عَيْرُ الاهل والوتدُ „et non permanet in domo vilitatis, quam noscunt, nisi duo viles, asinus gentis et paxillus“; im andern steht bei Meidâni مَعْكُوس statt مَرْبوط und يَأْوِى statt يَرْثِى.

[2] هذا ist nach dem commentar der esel (also „jener“, nicht mit Freytag „hic“ zu übersetzen) und ذا („dieser“) der zeltpflock (يُشَجُّ erklärt er durch يُدَقُّ ويُشَقُّ رَأْسه und sagt dann noch اضاف الى الوتد الشجّ على التعيين).

عن التذكرة مُعْرِضِين كَأَنَّهُم حُمُرٌ مُسْتَنْفِرَةٌ فَرَّتْ مِنْ قَسْوَرَةٍ „was ist ihnen denn dass sie sich von der ermahnung abwenden wie wenn sie dahinfliehende esel wären, welche vor einem löwen ausreissen“; in dieser vergleichung meint man ordentlich so ein vor dem könig der wüste hingescheuchtes rudel flüchtiger wildesel vor augen zu erblicken; bei alten dichtern, so ʿUrwa ibn al-Ward (ed. Nöldeke) XIII 2 نُهَاق الحَمِير „das brüllen der (wilden) esel (aus todesfurcht, wenn sie gejagt werden)[1]; in einem vers des al-Ḥuṭai'a (bei Lane I 370) heisst es: الحُمُر die (wilden) esel sind von ihren jungen weggeflohen[2]; in einem andern (Meid. II 144 citirten) dichtervers[3]: لَعَمْرِى لَئِنْ عَشَّرْتُ من خِيفَةِ الرَّدَى نَهِيقَ الحِمَارِ إِنَّنِى لَجَزُوعُ „bei meinem leben! wenn ich vor todesfurcht zehnmal das brüllen des (wilden) esels machen würde, dann fürwahr wäre ich furchtsam“ und in den sprichwörtern Meid. I 231 تَرَكْتُهُ جَوْفَ حِمَار „ich habe ihn zum bauch eines wildesels (d. h. für alle zur guten jagdbeute) gemacht“[4] wie Meid. I 165 بَالَ حِمَارٌ فاستبال

[1] dort steht auch das gewöhnliche wort vom schreien dieses thieres, عشّر (urspr. „zehnmal aufschreien“).

[2] كَمَا جَبَّبَتْ مِنْ عِنْدِ أَوْلَادِهَا الحُمُرُ „like as the (wild) asses have fled from the presence of their young ones.“

[3] demselben vers des ʿUrwa, der eben oben citirt wurde, den ich aber der varianten halber hier ganz mittheile.

[4] vgl. unten bei فَرَاء und عَيْر „wildesel“; andre übersetzen hier „zum thal des Amalekiters Ḥimâr“. Der grammatiker al-Aṣmaʿî erklärt dies sprichwort „ich habe ihn zu einem für alle unbrauchbaren gemacht“, doch dagegen sprechen die den ausdruck جَوْف الفراء und جوف العير enthaltenden unten beim wildesel mitzutheilenden sprichwörtlichen redensarten.

أَحْمِرَةٌ „es pisste der esel und machte so auch die andern esel pissen“ (von gegenseitiger hilfe gesagt, welche mehrere sich in einem dir widrigen zufall leisten).[1]

كَسْعَةٌ *kasʿatun* „esel“ siehe bereits bei حَبْهَةٌ unter den namen des pferdes (s. 58).

اتانٌ *atânun* „eselin“ (bei alten dichtern in der bedeutung „wildeselweibchen“, siehe unten beim artikel „wildesel“) in dem sprichwort Meid. I 732 صَبْرًا أَتَانٌ فالجِحَاش حُولٌ „geduld, du wirst eine eselin haben, aber die eseljungen werden in diesem jahr nicht empfangen“ und in dem spätern gedicht Ham. ٨١٩[2] فِى نَيْكِ كُلِّ أَتَانِ „nach dem begatten jeder beliebigen eselin“ (macht mich das antlitz der Asmâ lüstern, da sie so hässlich ist, dass jede eselin schöner ist als sie). Denominativum von اتان ist اِسْتَأْتَنَ (Meid. II 307 كان حِمَارًا فَٱسْتَأْتَنَ „er war ein esel und wurde eine eselin“).

Erst in den spätesten sprichwörtern kommt حِمَارَةٌ *ḥimâratun* „eselin“ (statt أَتَانٌ) vor, so Freyt. Prov. III 413 (no. 2469) يَقْشَعُ الحِمَارَةَ المغطيّة بِمَنْدِيل فَيَظُنُّ أَنَّهَا امّ نَاصِر الدِين „er melkt die mit dem mantel bedeckte eselin und hält sie für die mutter des Nâṣir ad-Dîn“.

Die eselfüllen heissen تَوْلَب (siehe beim „wildesel“),

---

[1] vgl. auch تَرَافَدُوا تَرَافُدَ الحُمُرِ بِأَبْوَالِهَا „sie haben sich nach art der (wilden) esel gegenseitige hilfe geleistet“ (oder wie Freytag nach den commentatoren es erklärt: consensit gens in re tibi ingrata).

[2] aus dem باب مذمّة النساء, vgl. die einleitung, s. 25; in diesen gedichten kommen auch die nichtarabischen thiernamen تِمْسَاح krokodil, فيل elefant, قِرْد affe, دُبّ bär und فَنَك marder vor.

هِنْبِر *hinbirun*, daher أُمُّ الهِنْبِر „eselin“ Meid. I 410 أَحْمَقُ من امّ الهِنْبِر „stumpfsinniger (dummer) als die mutter des eselfüllens“ [1] und (was das gewöhnlichste wort dafür ist) جَحْشٌ *ǵaḥšun* (ursprünglich vom wildeselfüllen gebraucht, s. daselbst, aber auch vom zahmen:) Ham. ١٧٠ (in dem schönen von Rückert „Lob der Beduinen“ überschriebenen gedicht des ʿUmair ibn Šujaim at-Taglibî al-Kuṭâmî), wo es heisst ومَنْ رَبَطَ الجِحَاشَ فَإِنَّ فينا أَفْرَاسًا حِسَانًا „und wenn andre (neml. die städter) eselsfüllen halten, so haben wir (die beduinen) schöne rosse“, ein neuer beleg, dass den Beduinen, und dies sind die echten Araber, die zucht der zahmen esel ursprünglich fremd war. — Ausserdem kommt der pl. جِحَاش in dem oben bei اتان aufgeführten sprichwort (Meid. I 732) vor.

4. حِمَارُ الوَحْشِ (*ḥimâru ʾl-waḥši*) p. ٣٧٨ der

Wildesel.[2]

Mit dem hier von Kazwînî gewählten arabischen namen (wörtl. „esel der wildnis, der wüste“) bezeichnen erst die spätern Araber dieses thier; vgl. die spätern sprichwörter أَنَدُّ من حِمَارِ الوَحْشِ „flüchtiger als der wildesel“ Freyt. Prov. III 505 (no. 3033) und أَعْيَتْكَ حُمُرُ الوَحْشِ أَنْ تَصْتَادَها فَعَبَأْتَ رُمْحَكَ

---

[1] die Fesariten nannten mit diesem namen die hyäne, siehe später daselbst.

[2] nicht „waldesel“, denn in den steppen und wüsten, die ihm zum aufenthalt dienen, gibt es keine wälder. Auch der den Arabern bekannte wildesel ist kein thier des waldes (eigentliche wälder gibt es in Arabien ja überhaupt nicht) sondern der wüste.

للحِمَارِ الآهِلِ ebend. 367 (no. 2195) aus dem commentar des Abû-Muḥammad al-ʿArabî zu Ham. ٣٩٨, von Rückert Ham. I, s. 288 also übersetzt: „den wilden esel fehlte dein erlahmen, dafür geschossen hast du einen zahmen". Das altarabische hatte für den wildesel, wie auch nicht anders zu erwarten, eigene namen. Das gewöhnliche wort ist

عَيْرٌ ʿairun [hebr. עַיִר überh. „junger ausgewachsener esel", sowol vom zahmen wie wilden[1]; ass. íru[2] II Rawl. 6, rev., z. 35 und zwar dort, wie das links in der sumerischen columne entsprechende wort beweist, nur der wildesel; das äth. ዐዋል፡ gehört nicht hierher] Ham. ١٩٧ صُدُورَ العَيْرِ غَمَّرَهُ الوُرُودُ „(und nicht geh ich aus[3] dem haus des nachbars) wie der wildesel, indem ihn die tränke[4] noch nicht satt gemacht hat", denn der wildesel geht von der quelle, ohne sich satt getrunken zu haben, sobald er den jäger wittert; Zuh. Diw. ١٥,٢٧ فَرَدَّ عَلَيْنَا العَيْرَ „da brachte er an uns den wildesel"[5]; Imrulḳ. Diw. ٤,٢٧ لَهُ صَهْوَةٌ عَيْرٍ قَائِمٍ فَوْقَ مَرْقَبِ ... „es (das pferd) hat den rücken eines wildesels, welcher auf dem lauerort steht" (vgl. auch Imrulḳ. ١٠,٩ على ظَهْرِ عَيْرٍ und ٣١,٣ فَوْقَ أَحْقَبَ قَارِحِ, wo das kamel mit dem wildesel verglichen wird; an letzterer stelle ist قَارِح, siehe s. 98, vom wildesel gebraucht); Imrulḳ. Muʿall. 49

---

[1] vgl. עַיִר פֶּרֶא „wildeselfüllen" Hiob 11, 12; auch عَيْر muss urspr. das jüngere thier bezeichnet haben, vgl. unten Meid. II 87.

[2] nicht *bit-ru-ú* zu lesen; in den nationallexicis hat das zeichen *bit* oft den sumerischen lautwerth *í*.

[3] wörtl. „trete ich vor weg aus" denn صَدَرَ heisst „hervortreten" vgl. صَدْر brust.

[4] wörtl. „das herabsteigen" (יָרַד, ወረደ፡, ass. *arâdu*, impf. *írid*) zum wasser".

[5] siehe die ganze stelle dort bei Ahlw., Ch. al-A., s. 351 und 356.

وَوادٍ كَجَوْفِ العَيْرِ „und wie manches flussthal wie der bauch des wildesels gibt es (das ich durchschritten habe)“ d. h. „wie manches thal das einer guten jagd glich“ oder „worin es viel wild zu jagen gab“, also ganz mit dem anfang des commentars (فى خلائه عن الانس) übereinstimmend, während was er sonst zu diesem vers sagt, falsch ist („der bauch des wildesels“ ist den Arabern eine sprichwörtliche redensart für „gute jagd“, nichts weiter)[1]; in einem gedicht des auf s. 30 genannten Abû-Du'aib (bei Meid. II 373) قُلْتُ لَمَّا نَصَلَا مِن قُنَّةٍ كَذَبَ العَيْرُ وَإِنْ كَانَ بَرَحْ „ich sprach als beide (der hund und der wildesel) auf einem berggipfel sichtbar wurden[3]: der wildesel hat uns betrogen (scil. da wir ihn doch noch nicht getroffen haben), obwol er von der linken seite her kommt (wo man ihn sonst immer am besten schiessen kann)“[4] und endlich in einem bei Meid. II 660 mitgetheilten gedicht des Ḳurâd ibn Ǵurm, des

---

[1] vgl. auch das unmittelbar folgende به الذِّئْبُ يَعْوِى „in welchem der wolf heult“.

[2] vgl. Wetzstein zu Delitzsch's Hiob, 2. aufl., s. 507 anm. (vgl. auch unten جوف الفَرَآء unter فَرَآءٌ *farâ'un*). Es ist deshalb nicht nöthig, hier an خَمِيصُ البَطْنِ „dünnbäuchig, mager“, wie der wildesel in Chalaf's Ḳaṣîde v. 61 (خِمَاصُ البُطُونِ) genannt wird, zu denken.

[3] wörtl. „von einem berggipfel aus (in sicht, hervor) kamen und diesen verliessen“; der berggipfel hatte sie bis dahin unserm anblick entzogen.

[4] hier ist ein hübsches beispiel, wie zuweilen die Araber in lexicographie machen, und wie vorsichtig man daher ihre angaben benutzen muss, so lang man keine belegstellen dazu hat; denn (natürlich blos auf grund dieses verses) schrieben sie in die lexica: كذب اى فتر او امكن وان كَانَ بَارِحًا, was noch dazu auf falscher auffassung des obigen verses beruht, denn das richtige wäre ما فتر oder ما امكن.

Malikiten: يُؤَمِّلُ عَيْرًا من نُضَارٍ وعَسْجَدٍ „er hofft einen wildesel aus gediegenem gold und aus gold (zu bekommen).“ — In sprichwörtern kommt عَيْر ebenfalls häufig vor, so Meid. I 279 جَدَّها جَدَّ العَيْرِ الصِلِّيَانَةَ „er riss ihn (den eid) ab (= brach ihn) wie der wildesel die pflanze Ṣillijân (mit sammt der wurzel) abreisst“ [1]; Meid. II 86 العَيْرُ أَوْقَى لِدَمِهِ (مِن رَاعٍ فى غَنَمِهِ) „der wildesel bewahrt (schützt) sein (eigen) blut besser (als der hirt es thut bei seiner heerde)“, und dass. in der form أَوْقَى لِدَمِهِ من عَيْرٍ [2]; Meid. II 87 عَيْرٌ رَكَضَتْهُ أُمُّهُ „ein wildesel, welchen seine mutter zum lauf antrieb“ (andre رَكَلَتْهُ „mit dem fuss stiess“ um ihn zum lauf anzutreiben)“ [3]; Meid. II 674 مَنْ يَنِكِ العَيْرَ يَنِكْ نَيَّاكًا „wer den wildesel bespringt, bespringt selbst einen erzbespringer“ [4]; نَجَّا عَيْرًا سِمَنُهُ „einen wildesel hat seine wolbeleibtheit der gefahr entrissen“ (während seine abgemagerten kameraden aus futtermangel starben) Meid. II 754; ebend. I 34 إِنْ ذَهَبَ عَيْرٌ فَعَيْرٌ فى الرِبَاطِ „wenn auch ein wildesel entwischt, so bleibt doch ein anderer in der schlinge“ [5];

---

[1] andre pflanzen, die der wildesel frisst, siehe Ch. al-Aḥw. s. 349; vgl. auch schon oben bei حِمَار die pflanze تَاوِيل.

[2] vgl. auch Diw. Hud. ١٩٠,٢٤, wo der wildesel حَامِي الحَقِيقِ „wahrer seiner rechte“ heisst, was dort aber auf seine eifersucht sich bezieht.

[3] hier ist offenbar der junge wildesel gemeint (vgl. hebr. עַיִר פֶּרֶא „der junge wildesel“ Hiob 11, 12).

[4] vgl. die von Ahlw., Ch. al-A. s. 346 aus dem Diwan der Huḏailiten über des wildesels geilheit angeführten stellen.

[5] dies sprichwort soll nach Abû-'Obaid auch noch später bei den syrischen Arabern gebräuchlich gewesen sein.

II 21 أَضْرَطُ من عَيْرٍ „mehr farzend (winde streichen lassend) als ein wildesel"; I 246 تَرَكْتُهُ على مِثْلِ عِضْرِطِ العَيْرِ „ich habe ihn liegen lassen in einem dem hintern des wildesels ähnlichen zustande" d. h. ganz beraubt und ausgezogen.[1] Der pl. von عَيْر lautet أَعْيَار Meid. I 290 (s. unten bei جَحْش) und مَعْيُورَآءُ (über die form vgl. Wright's gramm. I, s. 253) Meid. II 667 مَعْيُورَآءُ تَكَادَمُ[2] „wildesel die sich gegenseitig beissen". Das deminutiv heisst عُيَيْرٌ Meid. II 88: عُيَيْرٌ وَحْدَهُ „es ist nur ein kleiner wildesel", womit جُحَيْشُ نَفْسه, was dasselbe bedeutet, wechselt (siehe unten bei جَحْش). Nur der vollständigkeit halber gebe ich hier noch das wort des Imrulḳais فَلِمَ رَبَضَ العَيْرُ إِذَنْ „warum lagert da der wildesel, wenns so ist?", denn die veranlassung, bei der er es gesagt haben soll (siehe Meid. II 204)[3], ist eine spät erdichtete fabel (siehe schon Rückert's Amrulkais, s. 15). Dass aber der wildesel, wie in jenem fall dem Imrulḳais, den ʿArabern als böses omen galt, kann immerhin wahr sein. — Die sich meist auf die spätere literatur beschränkenden fälle, wo عير allgemein „esel" (also auch „zahmer esel") heisst, wurden schon oben bei حِمَار angegeben; noch hinzuzufügen ist انشطُ من عَيْرِ الفَلَاةِ „muntrer

---

[1] عِضْرِط, urspr. اضرط (alif prostheticum) von ضرط; das ع entstand nur durch den einfluss der ihm folgenden emphatischen laute ض und ط.

[2] verkürzt aus تَتَكَادَمُ.

[3] als Imrulḳais vom griech. kaiser ein giftgewand erhalten hatte, hielt er, als er beim hinausgehen einen wildesel daliegen sah, diesen für ein böses omen.

hin und herspringend als der esel der wildnis" (Freit. onager deserti) Meid. II 794 und أَصَحُّ من عَيْرِ الفَلاةِ „gesunder als der esel der wildnis (wüste)" Meid. I 748, wo die hinzufügung von فلاة, obwol sonst عير allein „wildesel" heisst, noch notwendig schien. In der übertragenen bedeutung von „fürst, häuptling" steht عَيْر in der Mu'all. des Ḥârit̲, vers 18 كُلَّ مَنْ ضَرَبَ العَيْرَ „alle welche den fürsten (nemlich den Taġlebiten Kulaib) geschlagen", ebenso Ham. ٩٣٧ رِكَاب العَيْر „den kameltrupp des häuptlings" und in einem ebendaselbst im comm. citirten verse, wo es كُلَيْب العَيْرُ „Kulaib der häuptling" heisst; ebenso heisst auch der berg, الجَبَل, wegen seines gewaltigen aussehens عَيْر (Mu'all. Ḥâr. 18, comm.) wie auch الوَتَد der zeltpflock, der das zelt trägt, gleichsam der hauptträger (fürst, häuptling) des zelts; diese ursprüngliche übertragung vergass man dann und sagte neben dem gebräuchlichen sprichwort أَذَلُّ من وَتَدٍ بِقَاعٍ „verächtlicher (geringer) als der zeltpflock auf dem feld" auch أَذَلُّ من عَيْرٍ „als der zeltpflock", weil er, wenn er in den boden gerammelt wird, an seinem obern theil beständig geschlagen wird. Endlich heisst عير auch noch das lustig im sonnenschein hin und her tanzende „sonnenstäubchen, kleine hälmchen" (القذى). So sehr verschieden auf den ersten augenblick alle die ausdrücke (fürst, zeltpflock, berg, sonnenstäubchen) sind, so gehn sie doch alle auf den königlichen wildesel des orients zurück, der keine verkrüppelte eselrasse wie unser europäischer langohr, dort zum bild des fürsten und herrschers wird [1]; ist ja sogar der

[1] als interessante analogie zu betrachten ist, dass II R. 6, rev., z. 35 das dem ass. *îru* entsprechende sumerische wort in wörtl. übersetzung lautet „herrschaft ausübendes wildes thier" und dass III R. 70, 166 f. *ašaridu* „fürst" als synonym neben *îru* steht. Sonst heisst *îru* ass. „adler" (syn. *našru*) z. b. Sanh. 3, 68 *îru ašarid iṣṣuri* „der adler der

zu allerlei niedrigen diensten verwendete gezähmte esel dort ein viel stattlicheres thier als unser zahmer esel.

Das eigentlich ursemitische wort für wildesel [hebr. פֶּרֶא; ass. *purivu*[1] IV R. 3, 23+24a, wie das gewöhnliche ideogramm imíruZIN.NA, z. b. Asurb. 7, 7, demnach auszusprechen ist] ist das seltne

فَرَأٌ *fara'un* und فَرَآءٌ *farâ'un* in einem vers des ʿÂmir ibn-Kaṯîr al-Muḥâribî (citirt bei Lane I 322 unter تار) لقد غَضِبُوا عَلَيَّ وأَشْقَذُونِي فَصِرْتُ كَأَنَّنِي فَرَأٌ يُتَارُ „sie waren zornig mit mir und trieben mich fort, und in folge dessen wurde ich als ob ich wäre ein wildesel, welcher (von allen seiten) umzingelt wird" und in den sprichwörtern كُلُّ الصَّيْدِ فِي جَوْفِ الفَرَآءِ „alle jagdbeute steckt im bauch des wildesels", denn schon im altertum waren die Beduinen der jagd dieser thiere leidenschaftlich ergeben[2] Meid. II 316 und أَنْكَحْنَا[3] الفَرَى فَسَنَرَى „wir haben den wildesel verheiratet und wollen nun sehen" (so sagte ein

---

könig der vögel": II R. 6 kann es nicht „adler" heissen, da wir dort eine liste von säugethiernamen haben, sondern die sache ist vielmehr so zu erklären, dass als *íru* in seiner alten, uns nur noch durch die nationallexica überkommenen bedeutung „wildesel" von dem andern wort *purivu* (siehe unten unter فَرَأٌ) verdrängt wurde, es für den adler, für den es urspr. vielleicht nur in poetischen vergleichungen (der adler der wildesel der vögel) gebraucht worden war, als gewöhnliches wort, so dass man den ursprung ganz vergass, geblieben ist.

[1] im assyrischen das gewöhnliche wort für wildesel, während *íru* im class. assyrisch für den adler gebraucht wird (siehe die vorige anmerkung).

[2] siehe schon oben die anm. zu كَجَوْفِ العَيْرِ. Muḥammad soll unter and. dieses sprichwort gebraucht haben.

[3] فَرَى aus فَرَآء hier natürlich blos wegen des gleichklangs mit فَسَنَرَى abgekürzt.

mann, als sein sohn ohne seinen, des vaters, willen, heiraten wollte).

عَرْدٌ *'ardun* heisst der wildesel als scheues und der zähmuung durch menschenhand unzugängliches thier[1] [von demselben stamm hebr. עָרוֹד nur Hiob 39, 5, dagegen im aramäischen das gewöhnliche wort für wildesel, so chald. עֲרָד Dan. 5, 21, syr. ܥܪܕܐ, mand. אראדא] und zwar kommt dieser name nur bei den lexicographen vor. Andre namen (epitheta) von ihm sind endlich noch

عِلْجٌ *'ilğun* „der starke, dickbäuchige" in einem bei Nöldeke, Einleit. s. 137 f. mitgetheilten lied Mutammim's, v. 9 عِلْجٌ

---

[1] so Franz Delitzsch, Hiobcommentar, 2. aufl., s. 508. Zu beachten ist immer, dass das dem hebr. עָרוֹד lautlich entsprechende عَرَادٌ „hart, dick, derb" von pflanzen heisst, und dass der wildesel sonst auch mit namen, die diese bedeutung haben (vgl. عِلْجٌ, كُدُرٌ, u. a., Ch. al-A., s. 344) genannt wird (so auch in einem Meid. II 881 angeführten gedicht des 'Âjid: وَقَدْ أَوْتَرْتُ فِى الْمَوْمَاتِ كُدْرًا „und ich schoss in den wüsteneien [vgl. ass. *mummu* Del. Chald. Gen. s. 297] nach festgebauten [wildeseln]). — Wenn عَرْدٌ und עָרוֹד, was doch sicher scheint, nicht getrennt werden dürfen, dann wird die sonst so ansprechende erklärung D. H. Müller's (kit.-farḳ, s. 43=275) natürlich hinfällig. Dort wird nemlich עָרוֹד einem vorauszusetzenden غَرَّادٌ „schreihals" = „wildesel" gleichgestellt; zu beachten ist immer, dass يُغَرِّدُ bei den alten dichtern vom schreien des wildesels gebraucht wird und mehrere epitheta desselben in der alten poesie, wie شَحَّاجٌ, صَلْصَالٌ, صَخِبٌ u. a. (siehe Ch. al-Aḥm., s. 346) den wildesel als „schreihals" bezeichnen. Freilich kann dies übereintreffen auch zufall sein, während عَرْدٌ „esel" und עָרוֹד „wildesel" doch mehr als zufällige übereinstimmung sein dürfte.

تُغَالِيهٖ قَذُورٌ مُلْمِعٌ „ein wildesel, dem eine unbändige, trächtige (scil. eselin) den vorsprung abgewinnen will“,

الأَحْقَبُ *al-aḥkabu* „der an den seiten weisse“ (Ahlw. „weissbändrig“) Mu'all. Labîd v. 25 und

جَمَزَى *ǵamazâ* „der springende“ (siehe auch schon s. 62 bei den pferdenamen) in einem bei Lane I 454 citirten dichtervers.[1]

Die stellen, wo حمار *ḥimâru*ⁿ, das gewöhnliche wort für „esel“ im arabischen, den „wildesel“ bedeutet, wurden schon oben beim artikel حمار mitgetheilt.

Als eigenname eines wildesels kommt einmal *Wardân* vor Meid. II 10 ضَرْطُ وَرْدانَ بِوادِى قِيٍّ „das farzen des Wardân im thal der wüste“.

Das wildeselweibchen heisst أتانٌ *atânu*ⁿ [hebr. אָתוֹן, ass. *atânu*, aram. ܐܬܢܐ allg. „eselin“] Imrulk. Diw. ٥٠, ٤ (كَمَشْيِ أَتَانٍ), pl. آتُنٌ ebend. ٣٤, ١٢,

فُرَيَّةٌ *furajjatu*ⁿ (wörtl. „kleine wildeselin“, fem. des demin. فُرَىّ von فَرَأ) in einem vers, den einer auf den tod des schmähdichters al-Ḥuṭai'a (siehe s. 31) machte; dort (kitâbu rauḍati 'l-adabi, p. ٩٢) heisst es مِنْ لُؤْمِهِ مات على فُرَيَّةٌ „wegen seines schmähens musste er auf einem wildeselweibchen sterben“ und

صَعْدَةٌ *ṣa'datu* Diw. Hoḏ., s. ٢٠٩, ٥ وُلْدُ صَعْدَةٌ „die jungen

---

[1] weitere epitheta mit ihren belegstellen siehe noch Ahlw., Ch. al-Aḥm., s. 343 f., siehe auch schon خَاظٍ beim pferd s. 66 unten, und والقُبُّ القَيادِيدُ (von wildeselinnen) ebenfalls beim pferd, s. 99, anm. 2. — Dass das pferd von dichtern mit dem wildesel verglichen wird, wurde schon s. 111 bemerkt.

einer wildeselin", daher bei Abû-Du'aib صَاعِدِىّ *ṣâ'idijjun* „ein wildesel" siehe Lane I 1688.[1]

Vergleiche auch noch die epitheta des wildeselweibchens قَذُور und مُلْمِعٌ bei عِلْجٌ s. 134.

Namen für „wildeselfüllen" sind

تَوْلَب *taulabun* Meid. I 258 أَتْبَعُ من تولب „mehr (der mutter) folgend (ihr mehr nachlaufend) als ein wildeselfüllen"; Imrulḳ. Diw. ٤٠,٤٩ أُمِّ تَوْلَبِ „der mutter des wildeselfüllens" (d. i. des wildeselweibchens) und

جَحْش *ǵaḥšun* (siehe schon zwei beispiele bei حمار) Meid. I 290 الْجَحْشَ لَمَّا فَاتَكَ الأَعْيَارُ „auf die jungen wildesel (gehe los, scil. اطلب), da du die alten nicht erreichen konntest"; pl. جِحَاش Zuh. Diw. ١٥,١٩ وقد خَرَّمَ الطُّرَّادُ عنه جِحَاشَهُ „und es haben die aufscheucher (jäger) von ihm seine jungen getrennt".[2] Das deminutiv heisst جُحَيْش, siehe schon s. 133, mitte.

Ein rudel wildesel heisst عَانَةٌ, pl. عُونٌ[3] Meid. I 123 إِنَّهُ لَمِشَكُّ عُونٍ „fürwahr er treibt (wie der wildeselhengst) rudel

---

[1] noch andere namen für das wildeselweibchen, wie جدائِد, شِيَاه, حَلَائِل (lauter plurale), mit ihren belegstellen, siehe bei Ahlwardt, Ch. al-Aḥm., s. 342. Belege zu اتان siehe auch schon beim artikel حِمَار.

[2] die ganze stelle (١٥,١٣—٢٧) im zusammenhang übersetzt bei Ahlwardt, Ch. A., s. 355 f.

[3] und zwar ein kleines rudel, aus einem männchen, einigen weibchen und den jungen bestehend; belegstellen aus dichtern siehe schon bei Ahlw., Ch. A., s. 342. Mit der herleitung von عانة (syrisches lehnwort) bei Müller, kit. al-farḳ, s. 40—272 kann ich mich nicht einverstanden erklären.

(weibchen und jungen) vor sich her" und II 928 يَكْرِفُ عُونًا يُجِفُ مَمْعُولُ „es riecht der mit dem hemmleder versehene (und so) am zeugen verhinderte (wildesel) die rudel (der wildeselweibchen)". [1]

Das schamglied des wildesels heisst جُوفَان Meid. II 348 أَكُلُّ شِوَآئِكُم هذا جُوفَان „ist denn all dies euer gebratenes fleisch nur der penis (des wildesels)". Die geschichte, auf die sich dies sprichwort bezieht, ist von Freytag an der betreffenden stelle aus dem commentar mitgetheilt.

Eine schöne schilderung des umherschweifens eines wildeselpaares steht Labîd Muʿall. 25 ff. (—35); als ort wird daselbst تَلْبُوت *Talbût* genannt, was Ahlw., Chal. al-Aḥm. s. 349 bei aufzählung der orte [2] fehlt; eine wildeseljagd in der kaṣîda Chalaf al-Aḥmar's v. 61—65 und eine genaue beschreibung des wildesels und aufzählung vieler seiner namen und eigenschaften Ahlw., a. a. o., s. 341 ff.

Was nun die ursemitischen wörter für esel und wildesel anlangt, so sind sie folgende:

ḥimâru „esel" allgemein, besonders aber der gezähmte, zum reiten abgerichtete esel (zum lasttragen haben die Ursemiten den esel, wie es scheint, noch nicht verwendet), [3]

atânu „eselin" allgemein;

---

[1] dies letztere sprichwort scheint mir eine hinweisung darauf zu sein, wie die Araber den (wilden) esel zähmten; sie fiengen zunächst starke, kräftige thiere, castrirten sie und machten sie dann allmählich zahm und zu dienstarbeiten brauchbar.

[2] wie wichtig für die thiergeographie des alten wie heutigen Arabiens die genauere bestimmung der lage dieser orte ist, lässt sich leicht einsehen.

[3] die urspr. bedeutung „der rothe" deutet noch auf seine herkunft zurück, denn die wildesel haben eine röthliche farbe.

para'u „wildesel“ nur in dieser bedeutung und das eigentliche wort für den wilden esel im ursemitischen, während

'arâdu wahrscheinlich schon vor der semit. sprachtrennung ein selteneres epitheton („der derbe festgebaute“, nach andern „der schreihals“)[1] des wildesels war — und endlich

'airu „wildeselfüllen“ (wörtl. „das sich tummelnde, hin- und herspringende“), ein wort, das vielleicht schon bei den Ursemiten auch vom füllen zahmer esel gebraucht worden sein mag, da ja beim pferd wie esel die jungen thiere noch nicht sofort dem menschen dienstbar gemacht werden, und man in ihrer jugendlichen unbändigkeit den ursprünglichen wilden urzustand auf allen seiten hervortreten sieht.[2]

Demnach ist der esel ein uraltes culturthier bei den Semiten, wenn er auch keine so grosse rolle bei ihnen spielt als das pferd und das kamel, die rinder und das kleinvieh, und wir hier noch recht seine zähmung, die langsam schon vor der sprachtrennung bei den Semiten begann, verfolgen können, während sie sich beim pferd in eine urzeit zurückverliert, wo die Semiten noch tief in Hochasien gesessen haben müssen, und noch nicht die letzte periode vor ihrer trennung, für unsere wissenschaft die allein erforschbare, angebrochen war, da wir sie uns bereits durch die felsenschlucht von Holwân[3] im mesopotamischen tieflande angekommen zu denken haben. Die von den assyrischen grosskönigen[4] wie den arabischen beduinen

---

[1] so schon Bochart Hierozoicon Cap. XII, p. 182; vgl. ferner die oben erwähnte identificirung mit غرّاد.

[2] dem steht die bedeutung des hebr. עַיִר nicht entgegen, das (ausser Hiob 11, 12, wo es mit פֶּרֶא verbunden „wildeselfüllen“ heisst) erst in den spätern büchern (vom buch der richter an) einen schon ausgewachsenen zum reiten benutzbaren jungen esel (Jes. 30, 6. 24 auch zum lasttragen und pflügen), in der Genesis aber (32, 16; 49, 11) nur „eselfüllen“ bedeutet.

[3] vgl. v. Kremer, Semitische Kulturentlehnungen (Stuttg. 1875), s. 12.

[4] so z. b. von Asurbanibal, vgl. den schon beim maulesel erwähnten „catalogue of photographs“, p. 41, no. 485—489; wem diese bildlichen darstellungen unzugänglich sind, findet copien in den Trans. of the Soc. of Bibl. Arch., vol. V (1876) zw. p. 64 und 65, wie in van Lennep's Bible

*

so gern geübte wildeseljagd wird auch schon bei den Ursemiten im schwang gewesen sein und ihnen gelegenheit gegeben haben, diejenigen thiere, welche ihnen lebendig dabei in die hände fielen, zu zähmen und zu ihrem dienste abzurichten. Damit stimmt nun auch das frühe vorkommen (gezähmter) esel bei den Hebräern, Assyriern und Arabern: von der patriarchenzeit an werden beim besitzstand an vieh esel und eselinnen aufgeführt (Gen. 12, 16 u. ö.);[1] in dem der Genesis an alter nicht nachstehenden altbabylonischen gedicht „Höllenfahrt der Istar" wird neben dem rind der esel erwähnt (*ana purti alpu ul išaḫḫid, imîru atâna*[2] *ul ugarra* „die kuh befruchtet nicht der stier, der esel bespringt nicht die eselin" IV R. 31, rev. 7; obv. 77) und bereits im 7. jahrh. vor Chr. sind uns aus assyr. inschriften wenigstens bei den beduinen der arabisch-syrischen wüste, also des nordrandes von Arabien, esel bekannt.[3]

Zum schluss dieser culturhistorischen betrachtung sei noch erwähnt, dass es jetzt nach den trefflichen ausführungen Hehn's[4] als „unzweifelhaft" gelten darf, „dass der esel zum

---

Lands I, 229; — ferner von Tiglat-Pilesar I (1110 vor Chr.) in der jagdinschr. I Rawl. 28, col. I (die stelle habe ich schon s. 35, anm. 1 mitgetheilt); u. ö.

[1] zum lasttragen sehen wir die esel erst seit Josephs zeit von den Hebräern verwendet, und sie mögen diese anwendung den Aegyptern abgesehen haben, da dort der esel als lastthier schon früh eine grosse rolle spielt (vgl. auch das bild in Riehm's Handwörterbuch des bibl. Altertums, artikel „Esel", s. 403); während er als solches schon einen beischmack von verächtlichem (doch im orient nie so wie unser esel) hat — man denke nur an den spruch Jakobs über Isaschar, Gen. 49, 14 f. — so war vorher (wie auch noch später — denn nicht alle esel wurden als lastthiere verwendet —) auch in Palästina der esel das bild fürstlichen ansehens, und mit ihm verglichen zu werden nicht verächtlich sondern nur ehrenvoll, weshalb in hohem rang stehende personen, wie z. b. Sichem's vater, sogar „Esel" (חֲמוֹר Ḥamōr) hiessen (Gen. 33). Vergleiche auch das schon früher zu عَيْر bemerkte.

[2] assyr. *atânu* „eselin" ist durch II R. 37, I, obv. 5 und II, obv. 55 (vgl. dazu Del. Ass. St. s. 93) gesichert.

[3] Asurbanibal erbeutet auf einem arabischen feldzug „esel, kamele und schafe" (vgl. s. 46, anm. 5).

[4] Kulturpflanzen und Hausthiere, 2. Aufl., s. 113 und 502 f.

haushalt der Indogermanen noch nicht gehörte".[1] Dass aber eines der beiden wörter *ὄνος* und *asinus* ein semitisches lehnwort, und zwar von *atânu* „eselin", sein soll,[2] ist für das gewissen eines semitischen philologen eine doch etwas zu starke zumuthung, und demnach keinesfalls ein resultat „der sprachgeschichte",[3] mit dem ein culturhistoriker rechnen darf, so schön es auch „durch die ältesten kultur- und völkerverhältnisse bestätigt"[3] würde.

Bei Kazwînî folgen nun den lastthieren (siehe s. 44)

d) die Wiederkäuer[4] اَلنَّعَم p. ٣٧٨—٣٨٧, de Chézy p. 407 ff. („les ruminans").[5]

1. إِبِلٌ (*ibilun*) p. ٣٧٩ die

Kamele.

إِبِل (*ibilun*) ist das collectivwort für „kamele" im arabischen, wie خَيْل für pferde, بَقَر für rindvieh u. a.; das allgemeine wort

---

[1] Curtius, Grundz. (4. aufl.), s. 404.

[2] Benfey, griech. wurzellexicon, I, 123.

[3] Hehn a. a. o., s. 113.

[4] Ethé a. a. o., p. 29 wörtlicher: „das zahme zucht- und hausvieh" (der wiederkäuer würde مُجْتَرٌّ heissen, vgl. جِرَّةٌ Ham. ٩٥٠ bei مَعْزٌ ziegen). Die einzelnen arten sind dort nicht aufgeführt.

[5] wenn auch nicht alle einzelnen termini (wie z. b. نَعَمٌ für kamele, rindvieh, schafe, ziegen und antilopen) sich bereits bei Aṣmaʿî, Kuṭrub und andern lexicographen der ersten jahrhunderte des islâm finden, so stammt doch die eintheilung Kazwînî's in ihren hauptzügen aus dieser zeit, so die scheidung zwischen اَلطَّيْر, اَلسِّبَاع und اَلْبَهَائِم, welch letztere wieder in die ذَوَات الحَافِر oder دَوَابّ einerseits und die übrigen بَهَائِم (نَعَم des Kazwînî) andrerseits schon bei Aṣmaʿî und Kuṭrub zerfallen; ja sogar die reihenfolge der einzelnen thiere in jenen

für den singularbegriff ist بَعِيرٌ *ba'îrun* „kamel“,[1] während von den ebenso gewöhnlichen wörtern جَمَلٌ *ǵamalun* und نَاقَةٌ *nâḳatun* das erstere stets den „kamelhengst“, das letztere aber immer die „kamelstute“ bezeichnet. Das junge heisst سَقْبٌ, wenn es ein männchen, und حَائِل, wenn es ein weibchen ist; der allgemeinste name für kameljunges ist حُوَارٌ *ḥuwârun* (oder *ḥiwârun*). Alle übrigen zahllosen kamelnamen der altarabischen poesie sind dichterische schmuckwörter (epitheta ornantia), von welchen dasselbe gilt, was schon von den dichterischen beinamen des pferdes bemerkt wurde.[2] Darunter ist eine ganze reihe, die die denkbar feinsten altersunterschiede dieser thiere bezeichnen, namen, von welchen einige schon bei den pferdepitheta erwähnung fanden (unter ثَنِيّ und جَذَعٌ s. 57 und 58) und welche sämmtlich, nach den angaben Aṣma'î's, wie aus den alten dichtern selbst, unten mitgetheilt werden sollen. Behandeln wir zunächst lexicographisch jene vier eigentlichen kamelnamen.

إِبِل *ibilun* kamele [ob aus dem hebr. Eigennamen אוֹבִיל

---

unterabtheilungen ist fast dieselbe (vgl. Aṣma'î *kitâb al-farḳ*, s. 18=250 الفَرَس pferd, الحِمَار esel; البَعِير kamel, الشاة schafe, البَقَر rindvieh, الظبى gazelle, التَيْس ziegenbock; und ebenso bei den السِبَاع, zwei seiten weiter: الاسد löwe, الذِئب wolf, الثَعْلَب fuchs, الكلب hund [der wie bei Kazwînî auch hier zu den السِبَاع zählt], الفأرة maus und الفِيل elefant). Dass ich also die eintheilung des spätern schriftstellers Kazwînî meiner sammlung der arabischen thiernamen zu grunde lege, ist dadurch doppelt gerechtfertigt; denn im grossen und ganzen ist es eben schon die eintheilung Aṣma'î's, welcher ich dabei folge.

[1] dies wort gebraucht gewöhnlich Aṣma'î in seinem kitâb al-farḳ.

[2] s. 54 f.

(der von David über die kamele gesetzte Ismaëlite, I Chron. 27, 30), der form nach gleich einem vorauszusetzenden أَبِيل kameltreiber, denom. von إِبِل, auch auf ein einstiges vorkommen des letzteren wortes für kamel im hebräischen geschlossen werden darf, wage ich kaum zu behaupten; die form des wortes [1] würde eher auf ein lehnwort aus أَبِيل oder vielleicht besser aus آبِل schliessen lassen, zumal der träger jenes namens ja ein Ismaelite war] Ḳur'ân 88, 17 افلا يَنْظُرُونَ الى ٱلْإِبِلِ كيف خُلِقَتْ „werfen sie denn nun nicht ihre blicke auf die kamele wie sie (zu so grossen nutzen für die menschen) geschaffen wurden?" und 6, 145 ومن الإبِلِ ٱثْنَيْنِ ومِنَ البَقَرِ ٱثْنَيْنِ „und

---

[1] der form فَعِيل würde etymologisch פָּעִיל (z. b. צָעִיר, صَغِير klein), der form فَاعِل aber פֹּעֵל (part. act. im hebr. wie arabischen) entsprechen; die einzige form, welche für אוֹבִיל als ursprüngl. hebr. sprachgut (etymol. = آبِل) sprechen würde, wäre תּוֹמִיךְ Ps. 16, 5 „erhaltend" (= תּוֹמֵךְ von תָּמַךְ). — Als belegstelle für آبِل = صاحِب الإبِل diene Ham. ٧١۴ عن حِيَاضِ الآبِلِ „weg von den wassercisternen (sing. حَوْض) der kameltreiber" und zur etymologie von إبِل selbst vergleiche man das sprichwort Meid. I 115 أَبُو وَثِيلٍ أَبَلَتْ جِمَالُهُ „die kamele des Abu Watîl wurden durch die grasweide fett", wenn das verbum أَبَلَ in dieser bedeutung nicht erst von إبِل abgeleitet ist. Ausser آبِل ist noch als denom. von إِبْل zu nennen der comp. آبَلُ (Meid. I 132 آبَلُ مِن حُنَيْف الحَنَاتِم „sich besser auf kamele verstehend als Ḥunaif al-Ḥan.).

von den kamelen (hat er euch) ein paar (gegeben) und vom rindvieh ein paar"; Ham. ۴ إِبِلِي „(nicht hätten sie geraubt) meine kamele", ۱۷۴ لَيْسَ بِرَاعِى إِبِلٍ ولا غَنَمْ „nicht ist er (so unachtsam wie) ein hirte von kamelen oder kleinvieh", ۲۳۸ كَأَنَّها الإِبِلُ „(bis ich gesehn den reiter des rosses Ṣamût hinter [einer schaar von] rossen her, [so zahm]) als ob es kamele wären", ۶۹۴ مِثْلَ الإِبِلِ مَالاً „(und nicht sehe ich) ein besitztum welches kamelen gleicht", ۷۰۱ حَتَّى يَحْرُثُوا الإِبِلَا „(wenn die leute so lang ausgeschickt würden,) bis sie ihre kamele ganz aufgerieben hätten", ۷۲۷ إِبِلٌ und dual إِبِلَانِ (letzteres: „zwei kameltruppe"), ۷۳۰ لنا إِبِلٌ „wir haben kamele", ۷۳۱ إِبِلِي „mein kamel", ۷۳۷ ذا إِبِلٍ „den kamelbesitzer", ۷۴۵ إِبِلِي „meine kamele (ersetzen, wiegen auf an nutzen einen grossen kameltrupp [هَجْمَةً كَثِيرًا], wenn auch ihre jungen einjährigen kamele [إِفَالُهَا] nur wenige sind)" und ۷۴۹ إِبْلِي (statt إِبِلِي wegen des metrums)[1] „nicht weint mein kamel, wenn es meinen ruf vermisst" (Basîṭ: لَيْسَتْ بِبَاكِيَةٍ إِبْلِي إِذَا فَقَدَتْ ‖ صَوْتِي); Meid. I 89 إِبِلِي لم أَبِعْ ولم أَهَبْ „es sind meine kamele; nicht verkaufe ich sie und nicht gebe ich sie her" (rede eines geizigen), II 317 كُلُّ نِجَارِ إِبِلٍ نِجَارُها „jedwede abstammung von kamelen ist ihre abstammung" (= sie sind kamele wie alle andern) und

[1] vgl. auch den vers Sirḥân's (Meid. I 599 f.), wo das versmaass (كامل) nur إِبْل erlaubt: أَبْلِغْ نُصَيْحَةَ أَنَّ رَاعِىَ إِبْلِهَا „melde der Nuṣaiḥa, dass der hirte ihrer kamele . . . . . ".

II 685 الْمَحْقُ الْخَفِىُّ إِذْكَارُ الْإِبِلِ „ein unbemerkt vor sich gehendes zu grunde gehen (des vermögens) ist es, wenn die kamele (nur) männliche jungen werfen".

بَعِيرٌ *ba'îrun* kamel [urspr. = „das mistende" = „vieh", denn diese allgemeine bedeutung kam dem wort *ba'îru* bei den Ursemiten zu, vgl. äth. በዐራዊ፡, በዐራ፡ „rind", himj. بعر „vieh"[1], hebr. בְּעִיר „kleinvieh", aram. (syr. ܒܥܝܪܐ, mand. בירא) „vieh" — den Beduinen war eben das kamel ihr vieh κατ' ἐξοχὴν, deshalb im arab. die specielle bedeutung „kamel"] Ḳur. 12, 65. 72 كَيْلَ بَعِيرٍ und حِمْلُ بَعِيرٍ „kamelslast" (in der geschichte Jûsuf's); Mu'all. des Ṭarafa, v. 54; Urwa ibn al-Ward (ed. Nöld.) III 17; Ham. ٢٠٨ كَالْبَعِيرِ الْمُحَسَّرِ „gleich einem ermüdeten kamel", ٢٣٣ comm. الْبَعِيرُ, ٣٩٨ بَعِيرٌ, ٤٩١ كَأَنَّنِى بَعِيرٌ „als ob ich ein kamel wäre" (siehe den zusammenhang Rück. Ham. I 409), ٥١٣ die schöne oft citirte stelle aus dem gedicht des al-'Abbâs ibn Mirdâs ‖ لَقَدْ عَظُمَ الْبَعِيرُ بِغَيْرِ لُبٍّ فَلَمْ يَسْتَغْنِ بِالْعِظَمِ الْبَعِيرُ الخ (Rückert: „dem kamel ward grösse, dem unbändigen, doch was nützet sie dem unverständigen? Auch ein knabe lenkts, wohin er will, und dem zügel hält es hungernd still. Eine dirne treibt es mit dem stecken, und es darf nicht widern stachel läcken")[2], ٥١٨ كَمَا زَلَّ الْبَعِيرُ

---

[1] nur Prid. 14c, 3 hat es die specielle bedeutung „kamel" (siehe den Anhang zu den arab. säugethiernamen).

[2] vgl. auch Meid. I 457 أَخَفُّ حِلْمًا مِن بَعِيرٍ „leichter an geduld als ein kamel", wozu obige verse, welche auch v. Kremer in seiner Schrift „Semitische Culturentlehnungen" s. 3 in übersetzung mittheilt, vom commentator citirt werden.

عن الدَّحْضِ „(er glitt) wie ein kamel vom schlüpfrigen abhang gleitet“, ٥٨٠ أَضَلَّ بَعِيرَهُ „(ein mann, welchem) sein kamel verloren gieng“ und مِن أَنْ يَضِلَّ بَعِيرُ „(ein aufgegebner freund ist für einen freund ein schwererer verlust) als wenn ihm ein kamel verloren geht“, ٦٩٤ لِكُلِّ بَعِيرٍ „für jedes kamel“ (in demselben gedicht, aus dem oben مثل الابل مالاً citirt wurde) und ٧١٧ فلا شَاةٌ تُنِيلُ ولا بَعِيرُ „und weder ein schaf noch ein kamel ists das du herschenkst“; Meid. II 96 عُشْبٌ ولا بَعِيرٌ „weide, aber kein kamel dazu“. Der plural lautet بُعْرَانٌ Ham. ١٩٢ comm., wie auch أَبَاعِرُ Ham. ١٨٠ und in einem bei Lane I 287 citirten verse, und zwar dort neben الأَيْنُق („kamelinnen“), wozu man Ham. ٢٦٩ وَيُحِبُّ نَاقَتَهَا بَعِيرِى „und es liebt seine kamelin mein kamelhengst“ vergleiche (in beiden letzteren stellen also dem zusammenhang nach speciell vom männlichen thier).[1]

(3) جَمَلٌ *ğamalun* kamelhengst [äth. ገመል:, hebr. גָּמָל (pl. גְּמַלִּים)[2], ass. *gammalu*, syr. ܓܡܠܐ (mand. גומלא) kamel; urspr. nach A. von Kremer[3] „das buckelthier“, von einem stamm גמל anhäufen, ansammeln — bereits ursemitisch (mit حَرَكَة):

---

[1] gleich darauf in demselben gedicht, Ham. ٢٦٧ (رَبُّ الشُّوَيْهَةِ والبَعِيرِ „der herr des schäfchens und des kamels“) wieder in der allgemeinen bedeutung.

[2] das dagesch im ל, um das a zu halten und noch stärker hervortreten zu lassen; vgl. Ewald Gramm., s. 495 unten (wo man noch die plurale von קָטָן, זָקָן und צָפַן hinzufüge).

[3] Semitische Culturentlehnungen, s. 4.

gamalu, doch dort jedenfalls in der allg. bedeutung kamel] Ḳur. 7, 38 حَتَّى يَلِجَ الجَمَلُ فى سَمِّ الخِيَاطِ „(und nicht eher werden sie ins paradies eingehen,) als bis ein kamel durch ein nadelöhr geht".[1] (die andere stelle siehe unten beim plur.); in einem verse des al-Ḳulâḷ (bei Meid. II 666) أَقْوَدُ الجَمَلا,[2] des Labîd (bei Meid. I 33) انّما يجزى الفتى لَيْسَ الجَمَلْ „der mann wird belohnt, nicht das kamel" und eines nicht genannten dichters (bei Lane I 1305) مَكَانُ القُرَادِ من آستِ الجَمَلْ „der platz der schaflaus am hintern des kamels"; Ham. ٩٠ كَأَنِّي لِأُمِّهِم جَمَلُ „(soll ich euch stets zu dienst sein) als ob ich eurer mutter kamel wäre?", ١٤٤ أَصْحَابُ الجَمَلْ „besitzer (hüter) des kamels", ٢٣٨ ابكى ان يظلَعَ الجَمَلْ „ich weine dass das kamel hinkt" (Rück. „der weinet, wann sein thierlein wird lahm") und ٤٥٧ يُقَادُ به الجَمَلْ „es ward fortgeführt mit ihr das kamel"; Meid. II 85 عَرَفَ حُمَيْقٌ جَمَلَهُ „auch ein dummer kennt (den werth) seines kamels". Weitere belegstellen zu

---

[1] daher dann das sprichwort لا أَفْعَلُ كذا حَتَّى يَلِجَ الجَمَلُ فى سَمِّ الخِيَاطِ „ich werde das nicht eher thun als bis etc. (d. i. gar nie)" Meid. II 498. Einige alte commentatoren lesen hier جُمَّل (statt جَمَل) „schiffstau"; doch سمّ لخياط steht hier wie im neuen test. (Matth. 19, 23 f.) für die engen öffnungen der stadtthore im orient, durch welche die kamele nur mit mühe (δυσκόλως N.T.) und blos wenn ihnen vorher ihre last abgenommen wird, durchkönnen, vgl. Wood, Bible Animals, p. 242 f. und die dort beigegebene instructive abbildung.

[2] vgl. dort das sprichwort ما آسْتَتَرَ مَنْ قاد الجَمَلَ „nicht bleibt der verborgen, der das kamel führt".

جَمَل siehe am schluss des artikels kamel bei den mit أَفْعَلُ مِن beginnenden sprichwörtern. — Von pluralen kommen vor جِمَالٌ Muʿall. des Ḥârit, v. 35, ferner in einem vers Nâbiġa's (bei Meid. II 588) كأنّك من جِمَالِ بَنِى أُقَيْشٍ „es ist wie wenn du von den kamelen der Banu Uḳaiš wärest"; Ham. ١٣٩٠ حَتَّى ما تَحِنَّ جِمَالِيَا „bis nicht mehr (vor heimweh) stöhnten meine kamele", ٣٢٠ لِجِمَالِي „(ich spreche) zu meinen kamelen", ٣٥٤ ضَجِيجَ الجِمَالِ الجِلَّةِ الدَبِراتِ „(sie schrieen) wie die alten kamele schreien, die am rücken verwundeten" (beachte hier الدبرات fem. des pl. san.!) und ٧٤٥ جِمَالٌ;[1] — جِمَالَةٌ Ḳur'ân 77, 33 كَأَنَّهُ جِمَالَةٌ صُفْرٌ (der schatten des höllenrauchs sprüht funken aus) „als ob es rothgelbe kamele wären"; — جَامِل ʿAlḳama Diw. ١٢, ٢ شَاءُهُ وجَامِلُهُ „seine schafe und kamele"; Ham. ١٢٢ ذَوِى جَامِلٍ دَثْرٍ „reich an kamelen (viele kamele besitzend)", ٢٨١ من صَدِيقٍ وجَامِلِ „nemlich freunde und kamele" und ٤٩٠ أُدْمًا وجَامِلًا „die lohfarbenen kamelstuten und die kamelhengste"; — أَجْمَال Ham. ٩٥ إِذْ قَيَّدَ أَجْمَالَهُ „wenn er seine kamele gekoppelt" und endlich جَمَائِل Ham. ٥٢٧ رُتَّعَ الجَمَائِلِ فى الدَرِين „wo die kamele frei weiden im dürren gras".

---

[1] vgl. noch جِمَالُهُ in dem bereits oben bei إِبِل mitgetheilten sprichwort ابو وَثِيل الخ (Meid. I 115).

Ueber andere namen des kamelhengstes s. schon seite 52.[1]

(10) نَاقَةٌ *nâkatun* kamelweibchen, kamelin [äth. ናቀት፡ Gen.

[1] es sind hier nur noch die belegstellen zu den dort schon erwähnten wörtern قَرْمٌ *karmun* und (5) *fanîkun* kamelhengst mitzutheilen; für قَرْمٌ Ham. ٧٤٢ بِقَرْمٍ هِجَانٍ مُعْصَبٍ كَانَ فَحْلَهَا ‖ طَوِيلِ القَرَى لَمْ يَعْدُ أَنْ شَقَّ بَازِلُهْ „mit einem edeln kamelhengst, einem freilosgelassenen, welcher ihr (der kamele) hengst war, einem langrückigen, dessen backenzahn (بَازِل syn. von نَابٌ, siehe unten auch den kamelnamen بَازِل) kaum erst durchgebrochen war" (zugleich eine weitere belegstelle für فَحْل *fahlun* in der bedeutung kamelhengst), Meid. I 33 إِنَّمَا القَرْمُ من الأَفِيل „aus einem jungen kamel (ist) ein kamelhengst (geworden)", pl. قُرُوم Ham. ٣٤٩ (dort „hengste von Nizâr" = „helden vom stamm N.") und ٤٤٣ comm. (in einem gedicht) فيهم قُرُوم سَادَةٌ ولُيُوثُ غَابِ „(zu einem stamm), bei welchem hengste helden und löwen des dickichts" (metaphorisch gebraucht) — für فَنِيق Ham. ١٠٣ مِثْلَ الفَنِيقِ المُسَدَّمِ „wie ein (wenn er zu wild und brünstig wird) festgebundener kamelhengst". Weitere namen für kamelhengst sind (6) قَرِيع *karîʿun* Ham. ٣٣ (dort übertragen قَرِيع الدَّهْر von einem helden), (7) قَبِيس *kabîsun* (siehe bei لَقْوَةٌ unter den kamelepithetis), (8) طَرْقٌ und (9) فَحِيلٌ *tarkun* und *fahîlun* (die beiden letztern in einem vers des ar-Râʿî, Lane p. 2346 كَانَتْ نَجَائِبَ مُنْذِرٍ وَمُحَرِّقٍ أُمَّاتُهُنَّ وطَرْقُهُنَّ فَحِيلَا „their mothers were of the generous camels of Mundhir and Moharrik, and their compressing stallion was a generous one, a begetter of generous offspring").

32, 16; talm. נאקה oder נאקתא — von einem stamm נוק säugen, der mit dem auf dieselbe wurzel *nak* zurückgehenden stamm ינק zwar nicht identisch, aber aufs engste verwandt ist; von letzterem bildeten die Assyrer ihr wort für kamelin, nemlich *anakâti* (pl.),[1] und im zweiten targum zum buch Esther (zu cap. 1, v. 2) wird אינקא (jedenfalls aus יַנְקָא entstanden), was dem zusammenhang nach nur ein zahmes säugethier bedeuten kann, vom פתשגן הכתב durch kamel übersetzt.[2] Hierher, und nicht zu نَاقَة, möchte ich auch die unten angeführten arab. pluralformen أَيْنُق und أَيْنُقَات ziehen. — Jedenfalls haben die Ursemiten, mag nun ihr wort dafür sich dem arab. نَاقَة oder dem ass. *(j)anaḳtu* näher angeschlossen oder mögen bereits im ursemitischen beide formen, die von נוק oder die von ינק, neben einander existirt haben, das kamelweibchen „die säugende" κατ' ἐξοχήν genannt] Ḳur'ân 7, 71. 75 (نَاقَةُ ٱللّٰه „die kamelin Gottes" [welche Ṣâliḥ den ungläubigen Ṯamûditen als zeichen aus einem felsen hervorgehen liess], und فَعَقَرُوا النَّاقَةَ „da schnitten sie [die Ṯamûditen] ihr die kniesehnen durch"), 11, 62 (dieselbe geschichte), 17, 61 (anspielung auf eben diese sage), 26, 155 (ebenfalls und so auch in den zwei übrigen stellen 54, 27 und 91, 13); Mu'all. des 'Antara, vers 3; Ham. ١٤٩ وحَنَّتْ نَاقَتِي طَرَبًا وَشَوْقًا „und es stöhnte meine kamelin vor unruhe und heimweh", ١٥٢ („die kamelin des Ǵundub am brunnen von Ḫabt" in Kalb), ٢٩٩ (siehe oben bei

---

[1] III Rawl. 9, 56 f.: (det. für zahme hausthiere) *gammali* (det. für weib und für zahme hausthiere) *a-na-ḳa-a-ti* [nicht *na-ḳa-a-ti* Schrader K.A.T] *a-di* (det. für z. h.) *ba-ak-ka-ri-ši-na* d. i. „(männliche) kamele, kamelweibchen nebst ihren jungen (kamelen, vgl. arab. بَكْر)". — Im assyrischen kommt ינק (inf. *anâku* *) z. b. vor II R. 17, 35b in den sumer.-assyr. beschwörungsformeln und zwar im part. fem. des shaf'el: *mušêniḳtam* „säugerin, amme" (im hebr. entspricht das hif. הֵינִיק, part. fem. מֵינֶקֶת, während einmal, Ex. 2, 9 das hif. von נוק = ינק, nemlich תְּנִיקֵהוּ „sie säugte ihn" vorkommt).

[2] siehe Lewysohn, Zoologie des Talmuds, s. 366.

بَعِير), ٤١٠ منه يَا نَاقَ لَا تَنْفِرِى „nicht sollst du fliehen, o kamelin, von ihm“ (يا نَاقَ abkürzung im ausruf statt يَا نَاقَةُ), ٧٥٩ نَاقَتِى تَخُبُّ بِصَحْرَآءِ الثَّوِيَّةِ[1] „es läuft (mit mir, d. i. trägt mich hin) in der wüste at-Tawîjja meine kamelin“, ٩٩٣ ما بَالُ نَاقَةِ ضَيْفِكم „wie wars mit der kamelin eures gastfreunds?“, ٧٠٩ النَّاقَةُ الأَدْمَآءُ „die lohfarbige kamelin“, ٧١٥ (نَاقَتِى) und ٧١٧ (نَاقَةٌ); Meid. II 487 لا أَفْعَلُ ما أَبَسَّ عَبْدٌ بِنَاقَتِهِ „nicht werd ich es thun, so lang noch ein knecht seiner kamelin (beim melken, um sie ruhig zu erhalten) bas bas zuruft“; — der plural نُوق Ham. ٥٣٩ بَنَاتُ النُوقِ „die töchter der kamelinnen“ d. i. „die jungen kamelweibchen“ (stöhnen vor heimweh)[2]; Meid. II 86 العُنُوقُ بَعْدَ النُوقِ „die zickchen nach den kamelinnen“ (d. i. früher war er reich, jetzt hat er nur noch ziegen) und der seltnere plural أَيْنُق in einem vers bei Lane I 287 (unter بَيْنٌ), woneben auch noch die weitere secundäre bildung أَيْنُقَات, ebenfalls in einem vers bei Lane I 1455 (unter مُسْهَم); letzterer plural, der gewöhnlich als transposition aus أَنْوُقٌ, أَنْيُقٌ erklärt wird (Wright I, p. 236), scheint mir aber vielmehr auf eine sonst im arab. nicht erhaltene singularform

---

[1] so ist (statt تَخَبُّ) in meinem Physiologus, Einl. s. XLV, zu corrigiren, und ebendas., s. 162 „impf. u“ statt „f. a und u“, da خَبَّ impf. a „hintergehen“ heisst.

[2] so lese ich mit Rückert statt بَنَاتُ الشَّوْقِ „töchter der sehnsucht“, was, wenn man es beizubehalten vorzieht, auch nichts anders als „kamelinnen“ (gegen die erklärung der arab. commentatoren) heissen kann.

يَنَاق neben نَاقَة (vgl. auch oben den etymologischen excurs) zurückzugehen.[1] Denominativa von نَاقَة sind اِسْتَنْوَقَ „einer kamelin ähnlich werden" Meid. II 246 قَدِ اسْتَنْوَقَ الْجَمَل „bereits ist das kamel einer kamelin ähnlich geworden" (sprichwort) wie مُنَوَّق (siehe bereits s. 59).

Ich lasse nun die verschiedenen namen der kameljungen, woran sich noch die aufzählung der weitere altersstufen der kamele bezeichnenden namen schliessen wird, nach der im *kitâb ul-fark* und *kitâb ul-ibil* (kamelbuch)[2] des Aṣmaʿî gegebenen ordnung folgen, um dann zuletzt die grosse menge der noch übrigen kamelepitheta, deren zahl bei weitem grösser als die der pferdepitheta ist, in alfabetischer reihe in möglichster kürze[3] vorzuführen.

Gleich nach der geburt, bevor man noch zeit hatte, zu sehen, ob es ein männchen oder weibchen ist, heisst das kameljunge (11) سَلِيل *salîlun*. Darauf heisst das männchen

سَقْب *sakbun* [Ham. ۹٥۴ سَقْبًا خَبِيثَ الرِيح „ein kameljunges von übelm geruch"; in einem vers des Ḥassân ibn Ṯâbit bei Lane unter إِلّ; Meid. II 561 أَلْأَمُ من سَقْب رَيَّان „geringgeschätzter als ein vom trinken schon sattes kamelfüllen" (weil dann seine mutter keine milch mehr gibt)[4] und

---

[1] man hätte ja sonst gewiss أَنْيُق, was — vgl. سَيْف pl. أَسْيُف, عَيْن, pl. أَعْيُن u. a. — eine mögliche form ist, belassen, da ja kein grund vorlag, es in أَيْنُق zu transponiren.

[2] nach den von D. H. Müller im kitâb ul-fark gegebenen auszügen (s. 34 = 266 ff.).

[3] der raum des buches gestattet mir nicht, dieselben in gleicher ausführlichkeit wie früher die pferdepitheta zu behandeln; so müssen vor allem die dort in eckige klammern gesetzten etymologischen excurse hier meist wegfallen.

[4] vgl. Meid. I 680 comm.

Freyt. Prov. III 855; pl. سُقْبَان in einem vers des Ḳais ibn al-Ḫaṭîm bei Meid. I 513 (أَذَلُّ مِنَ السُّقْبَانِ بَيْنَ الحَلَائِبِ) — daher dann أُمُّ السَّقْبِ „kamelin“ Muʿall. ibn-Kulṯûm v. 19] und das weibchen

حَائِلٌ *ḥâʾilun* [junges kamelweibchen, was noch nicht empfangen hat (so Meid. II 501 أُمُّ حَائِلٍ die mutter eines solchen kameljungen), weshalb dann حَائِل überhaupt die bedeutung „unfruchtbare kamelin“, so Ham. ٧١٨, vers Ǵarîr's bei Meid. II 522, Freyt. Prov. III 855, bekommen hat].[1] Wenn das kamelfüllen dann stärker wird und mit seiner mutter läuft, heisst es

رَاشِحٌ *râšiḥun* (und seine mutter مُرْشِحٌ, nach dem *kitâb ul-ibil* auch مُطْفِلٌ *muṭfil*,[2] was denom. von طِفْل „junges“ ist) und dann (was ziemlich die gleiche altersstufe ausdrückt)

(15) جَادِلٌ *ǵâdilun* (oder voller حُوَارٌ جَادِلٌ), und wenn dann in seinem höcker fett wächst,

مُكْعِرٌ *mukʿirun*. Das allgemeine wort aber, was für jeden dieser die ersten altersstadien des jungen kamels bezeichnenden namen gebraucht werden kann, ist

حُوَارٌ *ḥuwârun* oder *ḥiwârun* [Ham. ٧١٢; vers des al-Asʿar

---

[1] حَائِل wird auch von pferden und eseln gebraucht, vgl. schon s. 66 (59 und 82) und 125, wie unten meine anm. zu قَلُوص „junges mutterkamel.“

[2] von der antilope Imrulḳ. Muʿall. v. 33, siehe daselbst unter وَحْشٌ anm.

ar-Raḳabân bei Meid. II 713 (مَسِيحٌ مَلِيحٌ كَلَحْمِ الْحُوَارِ) vgl. auch noch II 348; Meid. I 516 أَذَلُّ من حُوَارٍ „geringgeschätzter als ein kamelfüllen]. Ein im frühling geborenes kameljunge heisst

رُبَعٌ *rubaʿun* [Ham. ٣١٩ الكَلْبُ والرُبَعُ „(und es verweilen beim hirten) der hund und das kameljunge"; Meid. I 405 أَحْمَقُ من الرُبَعِ „dummer als ein frühlingskamelfüllen" und II 113 عَدْوَكَ إِذْ أَنْتَ رُبَعٌ (= lauf weil du noch jung bist!) — das wort kommt von رَبِيع frühling] und ein im sommer (صَيْف) geborenes (19) هُبَعٌ *hubaʿun* [*kitâb ul-ibil*: لانّه هبع فى مَشْيَتِهِ, wozu man die feine wahrnehmung D. H. Müller's [1], dass in den semitischen sprachen die meisten namen der jungen von der beweglichkeit und gangesart derselben hergeholt sind, vergleiche]. Ein wort, was sonst in weiterem sinn gebraucht wird (*kitâb ul-farḳ*: من أَوْلادِ كُلِّ شَيْءٍ), ist

(20) دَرْدَقٌ *dardaḳun* (auch schon im sing. collectiv), pl. دَرَادِق, so Ham. ٧٩١ (دَرَادِقُها ihre, der kamelinnen, jungen); die vermuthung D. H. Müller's, dass دردق ein von den Juden entlehntes wort sei, scheint mir noch dadurch bestätigt zu werden, dass es gerade in einem vers des mit vorliebe fremdwörter anwendenden [2] al-Aʿšâ, Ham. ٥٨٢ comm., (ebenfalls von jungen kamelen), und zwar neben dem pers. lehnwort بُسْتَان, vorkommt.

Wenn wir nun die altersstufen des kamels an der hand des *kitâb ul-farḳ* weiter verfolgen, so heisst das kamel, wenn

---

[1] a. a. ort, s. 32 = 264.
[2] vgl. meine anmerkung zu s. 29.

es von seiner mutter entwöhnt wird (فُصِلَ), und seine nahrung baumblätter und wasser werden,

فَصِيلٌ *faṣîlun* [Ham. ١١٩ . ١٧٣ . ٧٢١; Meid. I 258. 259 (أَتْعَبُ من رَاكِبِ فَصِيلٍ „ermüdeter als der reiter eines jungen kamels" weil dieses noch ungelenkig ist und so dem reiter noch viel zu schaffen macht). 609. 680 und II 222]. Wenn nun so das junge aufgehört hat, von seiner mutter zu trinken, so wird diese wieder begattet, und heisst dann, wenn sie schwanger ist, خَلِفَةٌ *ḫalifatun* oder مَخَاضٌ *maḫâḍun* [1] und das (nun in seinen zweiten lebensjahr sich befindende) junge

ابن مَخَاضٍ *ibnu maḫâḍin* [Meid. II 328: كَفَضْلِ ٱبْنِ ٱلْمَخَاضِ على الفَصِيلِ „wie der vorzug des füllens der zum zweitenmal schwangeren kamelin vor dem kamelfüllen, das eben erst aufgehört hat zu saugen"]; diesen namen führt es so lange, bis seine mutter gebiert, und wenn diese dann wieder milch hat (um ihr neues junge zu säugen), so heisst sie ثِنْيٌ *ṯinjun* d. i. die zweimal geboren hat [2], das (nun im dritten lebensjahre stehende) junge aber

---

[1] die belegstellen siehe unten in der alfabet. reihe der kamelnamen; vgl. dort auch شَائِلٌ *šâʾilun*.

[2] vom stamm ثنى, der im semitischen die zweizahl ausdrückt (arab. إِثْنَانِ, إِثْنَتَانِ); ثِنْيٌ heisst dann auch dies zweite junge, das sie geboren hat, wie بِكْرٌ *bikrun* sowol die kamelin, welche ihr erstes junge zur welt gebracht hat, als auch dieses ihr erstes junge selbst bedeuten kann. Die belegstellen zu ثِنْيٌ und بِكْرٌ siehe unten in der alfabetischen reihe.

ابْنُ لَبُونٍ *ibnu labûnin* [1] d. i. „sohn einer milchkamelin“. Ein jahr darauf, wenn seine mutter wieder schwanger geworden ist, heisst das kamel

حِقّ *ḥikkun*, fem. حِقَّةٌ *ḥikkatun*, weil es dann geeignet wird (استحقّ) zum reiten und lasttragen.[2] Im fünften jahr heisst es

(25) جَذَعٌ *ǵadaʿun* „das ausgezahnte“ [(der bedeutung nach bereits erklärt s. 58) Ham. ٩٣٧ من الصُهْبِ أَثْنَاءً وجُذّعًا „von weissröthlichen (weinfarbenen) kamelen um- und ausgezahnte“], im sechsten jahr

ثَنِيّ *tanijjun*, fem. ثَنِيَّةٌ *tanijjatun* „das umgezahnte“ [(ebenfalls bereits beim pferd, s. 57 f. erklärt) Ham. ٩٩٢ فقُلْتُ لِرَبّ النَابِ خُذْها ثَنِيَّةً ونابٌ علينا مثلُ نَابِكَ فى الحَيا „darauf sprach ich zum herrn des (alten) kamels: nimm sie, die umgezahnte (junge kamelin), indem uns noch obliegt (dir dazu zu schenken) eine alte kamelin, die an fett gleich der deinigen ist“ und ٩٣٧ (die eben bei جَذَعٌ mitgetheilte stelle)], weiter im siebenten lebensjahr

رَبَاعٍ *rabâʿin*, fem. رَبَاعِيَةٌ *rabâʿijatun* [(welches die رَبَاعِيَةٌ genannten zähne ausfallen[3] lässt“)[4] Ham. ٧٥٩ كَعَدْوِ رَبَاعٍ قد

---

[1] die belegstellen zu لَبُونٌ *labûnun* milchkamelin siehe erst unten.

[2] diese erklärung ziehe ich der im *kitâb ul-ibil* gegebenen (فاذا استحقّت أُمُّهُ حَمْلًا آخرَ بعد الاوّل فهو حِقّ) auf alle fälle vor.

[3] أَلْقَى (Lane: he shed, he cast his teeth); vielleicht besser: „gewechselt hat“ und dann ebenso unten bei سَدِيس.

[4] alle mit festen hufen versehenen thiere (pferd, esel, kamel, rind,

أَمَخَّتْ نَوَاهِقُهُ „(mich trägt dahin eine kamelin) nach art des laufes einer die vier zähne auswerfenden kamelin, indem ja bereits markig sind ihre kinnbackenknochen" und Meid. I 560 رَبَاعِى الإِبِلِ لا تَرْتَاعُ من الجَرَسِ „die die vierzähne auswerfenden der kamele, da (indem) sie nicht erschrecken vor der schelle" (wie es die jüngern diesen laut noch ungewöhnten thiere thun)]; wenn es dann die سَدِيس genannten (zwischen den رباعية und den بازل genannten liegenden)[1] zähne verliert, was in seinem achten lebensjahr geschieht, heisst es

سَدِيس (masc. u. fem.) *sadîsun* [pl. سُدْسٌ Ham. ٧٣١ in einem vers des Mansûr ibn-Misgâh فى البَوَازِلِ والسُدْسِ „unter den neun- und achtjährigen kamelen"]; im neunten lebensjahr, wenn es den speciell نابٌ „hundszahn" genannten zahn bekommt[2] (*kitâb ul-fark*: اذا طَلَعَ نَابُهُ, syn. im *kitâb ul-ibil*: خرج نَابَهُ, Lane: „that has cut his tush")[3], nennt man das kamel

---

schaf etc.) haben je oben und unten zwei ثَنَايَا (die eigentl. vorderzähne, dann nach hinten zu) vier رَبَاعِيَات, vier قَوَارِح, vier انياب (hundszähne, sing. ناب) und acht اضراس (letztere sind die hintersten).

[1] beim kamel scheinen demnach die sonst قَوَارِح genannten zähne سَدِيس zu heissen und nicht vier, sondern sechs an zahl zu sein (woher sonst der name *sadîsun* „sechszahn"?), denn der oben بازل genannte zahn ist eben der نابٌ (s. 154, anm. 4).

[2] die انياب (siehe s. 154, anm. 4) und die بَوَازِل genannten zähne sind identisch.

[3] einige dieser zähne bekommt das kamel bereits im zweiten jahr (Damîrî).

بَازِلٌ *bâzilun* [1] „neunjähriges kamel" [Ham. ٥٠٦ وَخَبَبَ البَازِلِ الأَمُونِ „und mit dem trab des neunjährigen (kamels), des zuverlässigen" und ٥١٩ رَئِمْتُ اذا لم تَرْأَمْ البَازِلُ ٱبْنَهَا „ich neigte mich zärtlich hin (zu ihm), als nicht sich hinneigte die alte (neunjährige) kamelin zu ihrem sohn";[2] Meïd. II 284 قَمْقَامَةٌ حَكَّتْ بجنب البازل „ein kleines insekt kratzte (rieb) die seite des kamels" und II 466 لَقَدِ ٱسْتَبْطَنْتُمْ بِأَشْهَبَ بَازِلٍ „fürwahr ihr habt ein weisses neunjähriges kamel versteckt d. i. seid von einer wichtigen sache betroffen worden"; der pl. بُزْلٌ Ham. ١٥٨ البُزْلِ على, ٣٣٠ (in einem gedicht des späteren dichters Farazdaḳ) und ٧٧٠ البُزْلُ]; das zehnjährige kamel heisst

(30) مُخْلِفٌ *muhlifun* [3] „das dahinten lassende" [d. i. welches das بازل genannte kamel an alter dahinten lässt, übertrifft; und zwar sagt man specieller مُخْلِفُ عَامٍ „das um ein jahr ältere, das zehnjährige" مُخْلِفُ عَامَيْنِ „das elfjährige" und مُخْلِفُ ثلثةِ أَعْوَامٍ „das zwölfjährige kamel"]. Wenn dann sein hundszahn stumpf und gelb wird (واذا اكلّ نابه واصفرّ), so nennt man es

---

[1] eine belegstelle zu بازل = ناب „hundszahn" siehe schon s. 146 anm. 2. — Dem kamelnamen بازل entspricht beim pferd قارح, siehe s. 98.

[2] gewöhnlich sind eben die kamele je älter desto zärtlicher gegen ihre jungen.

[3] beim pferd entspricht مُذَكٍّ, siehe s. 71.

عَوْدٌ *'audun*, fem. عَوْدَةٌ *'audatun* „altes[1] kamel“ [Ham. ٢٩٤ comm. أَصْبَرُ من عَوْدٍ بِدَفَّيْهِ جُلَبٌ ‖ قد أَثَّرَ البَطَانُ فيه والحَقَبْ „geduldiger als ein altes kamel, an dessen beiden seiten narben sind, während bereits eindrücke auf ihm hinterlassen haben der sattel- und bauchriemen“[2], ٥٩٩ نار كَسَحْرِ العَوْدِ „ein feuer (so roth) wie die lunge eines alten kamels“; Meid. II 84 عَوْدٌ يُعلَّم العَنَجَ „ein altes kamel, dem die dressur (speciell: sich auf die hinterbeine zu stellen, siehe Lane p. 2169 unter عَنَجَ) gelehrt wird“ (was man sonst blos mit den jungen thut)[3] und im sprichwort إِنْ جَرْجَرَ العَوْدُ فَزِدْهُ وِقْرًا Lane 2190 („if the old camel make a grambling sound in his throat, then increase thou his load“)].[4] Darauf heisst das kamel ثَحْرٌ *ṯaḥrun*, und dann, wenn seine hundszähne (انياب) zerbrechen, und sein gesicht aschfarben wird (اشهابّ) und die haare seines schwanzes (هُلْبُ ذَنَبِهِ) ausfallen,

---

[1] „but retaining remains of strength“ fügen die lexicographen (nach Lane) hinzu.

[2] vgl. auch Meid. I 739.

[3] denselben sinn hat das eben dort aufgeführte sprichwort عَوْدٌ يُقَلَّحُ (siehe Muḥîṭ unter قَلَّحَ).

[4] ein anderes gewöhnliches wort für altes kamel (was aber Aṣmaʿî hier übergeht), nemlich نَابٌ *nâbun*, pl. نِيبٌ, siehe unten in der alfabetischen reihenfolge; شارِف *šârifun* Ham. ٨٣ comm. siehe unten bei عَلَنْدَى.

ثِلْبٌ *tilbun* [wörtl. „das fehlerhafte“ von ثَلَبَ an jemand fehler finden, ihn tadeln; vgl. die redensart ثِلْبٌ على ثِلْبٍ وَبِيَدِهِ ثَلِبٌ „ein alter, gebrechlicher mann auf einem alten, gebrechlichen kamel einen schartigen zerbrochenen speer in seiner hand“ [1]]; ein stadium weiter, wenn bereits sein speichel zu fliessen beginnt, heisst es مَاجٌّ *mâǵǵun* „das geifernde“, und endlich

(35) عَشَبَةٌ *ʿašabatun* und عَشَمَةٌ *ʿašamatun* [von عَشِبَ, was vom brod „trocken, alt werden“ bedeutet; Lane: „an old she-camel (نَابٌ كَبِيرَةٌ mistranslated by Freytag ‚dens exertus magnus‘)“], womit die aus dem *kitâb ul-fark̨* mitgetheilte reihenfolge der altersstufen des kamels endet.

Alle übrigen von mir gesammelten epitheta und namen des kamels sollen nun mit möglichst kurzer angabe der belegstellen in alfabetischer reihe hier folgen: [2]

أُجُدٌ *uǵudun* „grosses, starkes kamel“ in dem schon s. 118 unten mitgetheilten verse des Mutalammis.

آدَمُ *âdamu*, fem. أَدْمَاءُ, pl. أُدْمٌ, „von der farbe أُدْمَةٌ, d. i. „ein lohfarbenes, ledergelbes [3] (kamel)“ Ham. ٧٠٩ (siehe schon

---

[1] vgl. die ganz analoge redensart, die Lane zu عَوْدٌ anführt: عَوْدٌ عَلَى عَوْدٍ عَلَى عَوْدٍ خَلَقٍ „an old man upon an old camel upon an old worn road“.

[2] wie bei den pferdepithetis werde ich öfter vorkommende mit einem vorgesetzten sternchen bezeichnen.

[3] die farbe wird von den Arabern selbst verschieden angegeben (vgl. Lane: a colour intermixed with blackness, or with whiteness, or intense whiteness; or a tawny colour); so übersetzt Rückert Ham. ٧٠٩

bei نَاقَة), ١٧٧ zeile 7 (comm.) أَدْمَآء يَا رُبَّ, und ٤٩٠ (siehe schon unter جامِل, pl. von جَمَل); ibn-Kulṯ. Mu'all. v. 14 (siehe bei بَكْر) und Meid. II 894 (siehe ebenfalls bei بَكْر, f. بَكْرَة) — in beiden letzteren stellen mit هِجان verbunden (siehe daselbst wie bei dem andern farbennamen وَرْقَآء).

آرِكٌ ârikun „die pflanze أَرَاك arâkun [1] abweidend", im pl. اوارك, so Ham. ٤١ بالهِجَانِ الأَوارِكِ „mit edeln, die pflanze Arâk abweidenden (kamelen)".

أَفِيلٌ afîlun „junges kamel, kamelfüllen" [syn. von فَصِيل faṣîlun (siehe schon oben bei den namen der kameljungen), und zwar ein im zweiten oder dritten lebensjahr stehendes (also gleichbedeutend mit ابن مَخَاضٍ oder mit ابن لَبُون)] Ham. ١٠٧ ولا تَأْخُذُوا منهم إفالًا وأَبْكُرًا „und nicht sollt ihr von ihnen nehmen kamelfüllen und junge kamele", ferner Meid. I 33 (siehe schon oben bei قَرْم „hengst" in der anm. zu جَمَل); pl. إفال Ham. ٦٩٤ (إفالُهَا) und ٧٤٥ (siehe schon bei إِبِل); Mu'all. des Zuhair, v. 25.

(40) أَمُونٌ amûnun „zuverlässige" (nach andern „festge-

„weisse stute", dagegen ١٧٧ und ٤٩٠ „rothe stuten"; auf die urspr. bedeutung mag أُدْمَةُ الارض „farbe der erde" verglichen mit אֲדָמָה „erde", אֲדַמְדָּם röthlich (Lev. 13, 42 נֶגַע לָבָן אֲדַמְדָּם) von den aussatzflecken, und አዲም፡ „leder" hinleiten. Vgl. auch die öfter vorkommende verbindung mit dem farbennamen هِجان (siehe daselbst).

[1] ein strauch zur gattung der حَمْض ḥamḍ (siehe schon s. 119 beim esel) genannten gehörig.

baute") kamelin[1] Ham. ٥٠٩ (siehe schon unter بَازِل) und in einem vers al-Muraḳḳiš's (siehe unten unter عَلَنْدَى).

مِئْنَاث *mi'nâtun* „ein thier das gewöhnlich weibl. jungen zur welt bringt" (sonst auch vom menschen gesagt; vom kamel:) Ham ٧١٣ وَمَنْحَرُ مِئْنَاثٍ يُجَرُّ حُوَارُهَا „und (dort war) der ort, wo eine zuchtkamelin geschlachtet wurde, deren junges man (gewaltsam von ihr) wegzerrte".

بَرُوق *barûḳun* „ein kamel, welches den schwanz aufhebt (vgl. unten شَائِل, pl. شَوْل), dadurch den anschein erregend, als ob es schwanger wäre" Meid. II 497 تَشُولُ بِلِسَانِكَ شَوَلَانَ البَرُوقِ „du bewegst deine zunge wie das (nicht trächtige) kamel seinen schwanz bewegt (und so thut, als ob es schwanger wäre)" und II 904 يُهَيِّجُ لِى السَّقَامَ شَوَلَانُ البَرُوقِ فى كلّ عامٍ „es erregt mir krankheit, wenn das kamel in jedem jahr (zum schein) seinen schwanz aufhebt (und nie wirklich schwanger wird)"; vgl. auch noch die von Lane mitgetheilte redensart دَعْنِى من تَكْذَابِكَ وتَأْثَامِكَ شَوَلَانَ البَرُوقِ („let me alone and cease from thy lying and thy sin like the she-camel's raising of her tail and feigning herself pregnant when she is not so").

بَكْرٌ *bakrun* (fem. بَكْرَةٌ *bakratun*) „junges, aber schon ausgewachsenes kamel" auch speciell vom weibchen (ohne die feminin-endung), und

بِكْرٌ *bikrun* (sonst ein gewöhnliches arab. wort für jung-

---

[1] form فَعُول in der bedeutung مَفْعُولَة (wie عَصُوب und حَلُوب).

frau"[1] überhaupt) nur fem., und dann von der kamelin, „die ihr erstes junge geworfen hat"[2] [vgl. zu بَكْر ass. *anakâti adi bakkarišina* „kamelinnen mit ihren jungen" (siehe schon bei ناقة) und äth. በከር፡ allg. „erstgebornes" vom menschen und von thieren; und zu بِكْر hebr. בֵּכֶר (Jes. 60, 6 בִּכְרֵי מִדְיָן וְעֵיפָה „die jungen kamele von Midian und ʿEpha"), fem. בִּכְרָה (Jer. 2, 23 eine flüchtige kamelin, die vor brunst hierhin und dorthin läuft)]. Belegstellen, *a*) zu بَكْر Ham. ٣٩٨ „(so weine denn nicht) um ein junges kamel" على بَكْرٍ, ٥٠٠ (der gleiche ausdruck) und ٧٩٣ لِقَاحٌ فيها الجَلِيلَةُ والبَكْرُ „milchkamelinnen, unter welchen alte und junge sind"; Muʿall. des ibn-Kultûm, vers 14 ذِرَاعَىْ عَيْطَلٍ أَدْمَآءَ بَكْرٍ هِجَانِ اللَّوْنِ „sie (die geliebte) hat zwei arme (so voll wie die vorderfuss-schenkel) einer hochhalsigen, lohfarbigen, jungen, an farbe edeln[3] (kamelin)"; Meid. II 327 (dichtervers, und dann zum sprichwort geworden) فكانوا عليهم مِثْلَ رَاغِيَةِ البَكْرِ „und so sind sie gegen sie geworden wie eine brüllende junge kamelin" (ein böses omen). — plur. بِكَارٌ Ham. ١٩٣ comm.; Freyt. Prov. III no. 1759 ضَيَّعْتَ البِكَارَ على طِحَال (die geschichte zu diesem sprichwort

[1] von der verheiratheten jungen frau z. b. Ham. ٤٨٨ الحَصَانُ البِكْرُ.

[2] vgl. schon oben bei ابن مَخَاض, wo auch bereits ثِنْىٌ (s. unten) erwähnt wurde, wie, dass بِكْر und ثِنْى auch von den jungen der mit diesen zwei namen benannten thiere gebraucht werden können.

[3] speciell „hellfarbigen", was zu أَدْماء ganz gut stimmt; siehe unten هِجَان (no. 157).

siehe daselbst) und (paucitatis) أَبْكُر Ham. ١٠٧ (siehe schon oben bei افيل); *b*) zu بَكْرَةٌ[1] Meid. II 894 (dichtervers) فَمَنْ يُعْطِنِى تِسْعًا وَتسعين بَكْرَةً هِجَانًا وَأُدْمًا أُهْدِهِ لِوَبَارِ „wenn mir einer neunundneunzig junge kamele, edle und lohfarbene[2] gibt, so werde ich ihn nach dem (von dämonen bewohnten) orte Wabâr führen“,[3] pl. بَكَرَات Ham. ٧٩١ (بَكَرَاتُهُ „ihre jungen kamelmütter“); *c*) zu بِكْرٌ, pl. أَبْكَار Meid. I 557 رَتْوًا تَحْلُبُ الأَبْكَارَ „sachte! (denn) du melkst junge kamelinnen“ (welche noch sehr störrisch und daher schwer zu melken sind) und in einem vers des (muslimischen) dichters Farazdaḳ (bei Meid. II 908) قد حَلَبَتْ عَلَىَّ عِشَارِى شَغَارَةٍ تَقِذُ الفَصِيلَ بِرِجْلِهَا فَطَّارَةٍ لِقَوَادِمِ الأَبْكَارِ „sie haben für mich gemolken meine in den zehnten monat ihrer schwangerschaft gehenden kamele[4], die des harnens halber den fuss aufhebenden, indem sie wegstossen das entwöhnte junge mit ihrem fuss, mit dem daumen und zeigfinger die vordern zitzen des euters der jungen kamelinnen melkend“.[5]

(45) بَهْزَرَةٌ *bahzaratun* „grosse, fette kamelin“, pl. بَهَازِرُ Ham.

---

[1] dann بَكْر natürlich masc. (was nach den nationallexicis in der that auch vorkommt).

[2] vergl. dieselbe zusammenstellung oben im verse des ibn-Kulṯûm.

[3] der diesen vers recitirt haben soll, ein gewisser Du'aimîṣ, galt als der einzige, der den zugang zu diesem geheimnissvollen ort wusste.

[4] singul. عُشَرَآء (siehe unten bei ع).

[5] فَطَّارَةٌ bezieht sich auf die melkerinnen (es geht nämlich vorher كَمْ عَمَّةٍ لَكَ وخَالَةٍ).

٧٢٠ وَالبَرْكُ هَاجِدٌ بَهَازِرُهْ „während ruhig dalagen die fetten von der kamelheerde“.

مُتْلِيَةٌ *mutlijatun* „eine (ihr junges sich) folgen lassende (kamelin)“ Ham. ٩٨٨ فَصَادَفَ السَّيْفُ سَاقَ مُتْلِيَةٍ جَلْسِ „und da traf das schwert den schenkel einer von ihrem jungen begleiteten starken (kamelin)“.

مِثْكَالٌ *mitkâlûn* „ein seiner jungen beraubtes kamel“ Ham. ٧٤٩ plur. مَثَاكِيلُ.

ثِنْيٌ *tinjun* „eine zum zweiten mal werfende“ kamelin[1] Ham. ٤٧٠ يَجُرَّانِ ثِنْيًا „sie (die beiden schlächter [جَازِرَيْهِ] schleppten (zur schlachtbank) eine zum zweiten mal mutter gewordene“.

جُرْشُعٌ *ǵurśuʿun* „dickleibig“ (auch vom pferd gesagt, siehe s. 61 oben; vom kamel:) Ham. ٧٨٣ فَطِرْتُ بِهَا شَجْعَاءَ قَرْوَاءَ جُرْشُعًا إِذَا عُدَّ مَجْدُ العِيسِ قُدِّمَ بَيْتُهَا „und ich flog auf ihr (der kamelin) dahin,[2] indem sie war eine bewegliche, langrückige, dickleibige, deren haus den vorrang erhält, wenn der preis der weissen kamele in betracht kommt (gerechnet wird)“.

(50) جَزُورٌ *ǵazûrun* „schlachtkamel, zum schlachten be-

---

[1] vom gleichen stamm wie ثَنِيّ (siehe schon oben; vgl. auch die anm. zu ابن مَخَاضٍ).

[2] oder, wie man جَاءَ بِهِ = „er brachte ihn, liess ihn kommen“ sagt, auch hier trans. = „liess sie hinfliegen“.

stimmtes kamel“ (vgl. oben bei ثِنًى das wort جَازِرِيَّة) Ham. ٧۴٢ [in einem (von Ahlwardt für unächt gehaltenen)[1] gedicht Nâbiġa's] أَوْصَالُ الجَزُورِ العُرَاعِرِ „die glieder des starken schlachtkamels“ (im topf für den gast bereit) und ٣٥۴

جَسْرَةٌ *ǵasratun* „kühne, starke (kamelin)“ in einem vers des al-Muraḳḳiš (siehe unten bei عَلَنْدًى), und Meid. I 511 in einem dort mitgetheilten vers des Mutalammis (siehe schon s. 118 unten).

جَلَبٌ *ǵalabun* coll. „kamele, die auf den markt gebracht werden“ (von جَلَبَ „[kamele oder kleinvieh oder pferde oder sklaven] auf den markt bringen“) im sprichwort النُّقَاضُ يُقَطِّرُ الجَلَبَ „der futtermangel bewirkt dass man die kamele als zum verkaufen bestimmt in reihen aufstellt“ (d. h. die noth zwingt, die kamele zu verkaufen) Meid. II 758.

مِجْلَاحٌ *miǵlâḥun* oder مُجَالِحٌ *muǵâliḥun* „ein es mit der knappen zeit (جَالِحَةٌ wörtl. „die kahl abfressende“) aufnehmendes, d. h. von ihr nicht beeinträchtigtes, sondern trotzdem milch gebendes kamel“, dann allg. „milchkamel“ plur. مَجَالِيحُ: in einem von Ahlw. Ch.-A., s. 286 mitgetheilten vers (des Farazdaḳ) مَجَالِيحُ الشِّتَاءِ خُبَعْثِنَاتٌ „milchende kamele des winters, wohlbeleibte“.

جَلْدٌ *ǵaldun* und جَلِيدٌ *ǵalîdun* „starkes, derbes, ausdauerndes“ kamel (von جَلُدَ), pl. جِلَادٌ, so Ham. ٩٣۴ وَجَمَّعَتْ دُهْمًا

[1] Diwan ١٩٨, ٢۴ (unter den unechten gedichten des Nâbiġa Ḏubjânî).

جِلَادًا „und ich hatte gesammelt dunkle, derbe kamele“; vgl. auch جَلْعَدٌ mit derselben bedeutung bei علندى (form فتعل, wenn man فتل statt فعل zum paradigma nimmt).

(55) جَلْسٌ *ǵalsun* „grosses, starkes kamel (und kamelin)“ Ham. ٩٨٨ (siehe schon unter ت bei مُتْلِيَةٌ).[1]

جَلِيل *ǵalîlun* „grosses, ausgewachsenes (kamel)“ opp. دَقِيق, fem. جَلِيلَةٌ und جُلَالَةٌ, pl. جِلَّةٌ (letzteres auch singularisch gebraucht, und dann = ثَنِيَّةٌ „sechs- bis achtjährige kamelin“) Ham. ٧٩٣ (opp. بَكْر, siehe schon daselbst), Meid. I 110 اذا شَبِعَتِ الدَّقِيقَةُ لَحَسَتِ الجَلِيلَةَ „wenn das schaf (oder die ziege) gesättigt ist, leckt noch die kamelin“, und ein anderes sprichwort ما له جَلِيلَةٌ ولا دَقِيقَةٌ „er hat weder eine kamelin noch ein (weibliches) schaf oder ziege“ (denn beides kann الدَّقِيقَةُ im gegensatz zu الجليلة bedeuten); Ham. ٧٩٠ ومُعَالِجٍ نَقَبًا بِخُفِّ جُلَالَةٍ عَنْسٍ „und eines der die wunde am huf einer grossen, starken (kamelin) heilt“; Ham. ٢٣٣ comm. مَتَى يَقُودُ الذُّبَّلَ الرَّوَاسِمَا والجِلَّةَ الناجِيَةَ العَيَاهِمَا „wann er (der treiber) führt die schmächtigen, nach der passart رَسِيم (*rasîm*) laufenden und die grossen, hineilenden (schnellen, flüchtigen), kühnen

---

[1] fehlt bei Lane; wenn dort, s. 444, zu جَلْس „rauhes, unebnes land“ Ham. p. 688 citirt wird, so kann nur der commentar gemeint sein, wo mehrere belege zu letzterer bedeutung mitgetheilt werden.

(kamele)", Ham. ٧٠٧ جِلَّة الشَّوْلِ (siehe unter شَائِلَة), Meid. I 30 إِنْ تَسْلَمِ الجِلَّةُ فالنِيبُ هَدَرْ „wenn die grossen (im besten alter stehenden) kamele gesund sind, dann mögen die alten zum schinder gehen" (wörtl. „sind werthlos") und II 171 غَلَبَتْ جِلَّتُهَا حَوَاشِيهَا „es haben die grossen (ausgewachsenen) von ihnen (den kamelen) den jungen (kleinen) von ihnen den vorrang abgelaufen".

جَمُومٌ *ǵamûmun* „schnell trabende" (kamelin) sonst vom pferd gesagt (siehe schon s. 62); vom kamel in verbindung mit dem gen. سَيْر in einem vers an-Namir ibn Taulab's جَمُومِ السَيْرِ شَائِلَةِ الذَنَابَى ‖ تَخَالُ بَيَاضَ سُرَّتِهَا سِرَاجَا „(auf) einer im lauf vollen (= schnelllaufenden), den schwanz aufhebenden, deren nabelweisse du für ein lampenlicht hältst".

حَاشِيَةٌ *ḥâšijatun*, gewöhnl. im pl. حَوَاشٍ „kleine oder junge kamele (unter welchen keine grossen oder alte sind)"[1] Ham. ۴٣۴ طِرَادُ الحَوَاشِي واستراقُ النَوَاضِحِ „das wegtreiben der jungen kamele und das stehlen der zum wasserschöpfen bestimmten (kamele)" und Meid. II 171 (opp. von جِلَّة, siehe oben unter جَلِيل).

حَلُوبَةٌ *ḥalûbatun* „milchkamel" (pl. حَلَائِب) in den zwei

---

[1] zu welcher erklärung Lane noch hinzufügt „so called because they enter, or occupy the spaces, among the latter", denn حَاشِيَة heisst urspr. „füllsel" (daher auch الحَوَاشِى „randglossen" u. and. bedeutungen).

sprichwörtern حَلُوبَةٌ تُثْمِلُ ولا تُصَرِّحُ „ein milchkamel, welches viel schaum und keine reine milch gibt" (d. i. wenn einer viel verspricht, aber wenig leistet) und دَرَّتْ حَلُوبَةُ الْمُسْلِمِين „das milchkamel der Muslimen hat vollauf milch gegeben" (d. i. der staatsschatz ist in gutem zustand), und der pl. Meid. I 513 in einem dichtervers („werthloser als junge kamele unter milchkamelen") siehe schon unter سَقْبٌ (bei den namen des kamelfüllens).

(60) حَانَّةٌ *hânnatun* „die vor heimweh oder sehnsucht nach ihrem jungen stöhnende kamelin" (von حَنَّ „vor schmerz oder freude sehnsucht empfinden")[1] Meid. II 607 ما له حَانَّةٌ وما آنَّةٌ „er hat weder eine kamelin noch ein schaf".

خُبَعْثِنَةٌ *ḫubaʿṯinatun* „wohlbeleibte (kamelin)" siehe schon bei مِجْلاَح.

خَطَّارَةٌ *ḫaṭṭâratun* „(mit dem schwanz) hin und herschlagende, (ihn vor munterkeit und lebhaftigkeit) in schwingende beweg-

---

[1] siehe Ham. ۱۳۹ (schon unter جَمَل, pl. جِمَال mitgetheilt), ۱۴۹ (siehe schon unter نَاقَة), ۵۳۹ يَحْنِنَّ „indem sie (die kamelinnen, بنات الشوق wie Freytag, بنات النوق wie Rückert liest, siehe unter ناقة) heimwehgestöhn erhoben", ۵۹۸ الى مَنْ بالحَنِين تُشَوِّقِينا „nach wem rufst du uns sehnsucht herbei durch dein gestöhn (o kamelin)"? und ۷۸۹ كما حَنَّ نِيبٌ بَعْضُهُنَّ الى بَعْض „wie alte kamele einander vor sehnsucht anstöhnen", sowie besonders die unter (95) صَفِيَّة und das unter نَاب, pl. نِيب mitgetheilten sprichwörter.

ung versetzende (kamelin)" Ham. ٧٧٧ خَطَّارَةٌ سُرُحٌ „eine wedelnde, behende (kamelin)".

مُتَخَمِّطٌ *mutaḫammiṭun* „zornschnaubender" (oder „stolzer") kamelhengst (viell. denomin. von خَمْطٌ *ḫamṭun* [1] „Arâk-baum, dann: die bittere unangenehm schmeckende frucht dieses baumes"?) Ham. ٢٩٣ (versmass Kâmil) وَمُعَيَّنًا يَحْمِى الصِوَارَ كَأَنَّهُ مُتَخَمِّطٌ قَطِمٌ إِذَا مَا بَرْبَرَا „(es gibt kein land, welches reicher als du [2] ist) an grossäugigem [3] sein rudel beschützendem (antilopenstier), indem es ist wie wenn er ein zornschnaubender brünstiger (kamelhengst) wäre, zur zeit da er (so oft er, wenn er) brüllt" und übertragen von einem zornigen mann Ham. ١٠٩ فَإِذَا تَزُولُ تَزُولُ عن مُتَخَمِّطٍ „und wenn es (das unglück) fortgeht, geht es fort von einem zornigen".

خَوَّارَةٌ *ḫawwâratun* „reichlich milchende [4] (kamelin)", pl. خُورٌ Mu'all. des ibn-Kulṯûm vers 69.

(65) مُخَيَّسَةٌ *muḫajjasatun* „dienstbar gemachte (bereits aufs

---

[1] vgl. s. 119, anm. 3 حَمْضٌ *ḥamḍun*, ebenfalls eine bittre pflanze, die die kamele mit vorliebe fressen.

[2] scil. „o land von Tâi" (vgl. auch Rück., Ham. I, s. 228).

[3] vgl. das epithetum der grösseren antilopenarten أَعْيَنُ, pl. عِينٌ (Zuh. Mu'all., vers 3; Labîd vers 7) „grossäugig" unten bei بَقَرُ الوَحْشِ. Rückert liest مُغَبَّبٌ „hängewammig" statt مُعَيَّنٌ.

[4] dies ist eine erst abgeleitete bedeutung; ursprünglich heisst خَوَّارٌ „weich, schwach", dann vom kamel „schlank, fein- und zartgebaut, schön", dann das fem. خَوَّارَةٌ bes. „dünn-, zarthäutig", und weil solche weniger kühn als andre sind, aber viel milch geben, so hat خوارة die obige bedeutung angenommen.

reiten und lasttragen eingeschulte) kamelin“ Ham. ٣٢٩ (in einem gedicht des spätern, nachmuhammedanischen, dichters Farazdaḳ بِعِيسٍ الى رِيحِ الفَلَاةِ صَوَادٍ مُخَيَّسَةٍ „auf weisslichen, nach dem hauch der wüste dürstenden (pl. des part. von صدى), dienstbar gemachten“ und als prädikat zu الرِّكَاب Ham. ٥٩٢ والرِّكَاب مُخَيَّسَاتٌ „während die kamele[1] bereits eingeschult waren“.

أَدْهَمُ *adhamu* „dunkelfarbenes, schwarzbraunes (kamel)“, pl. دُهْم Ham. ١٤٧ دُهْمًا مُعَقَّلَةً „schwarzbraune, an den füssen gekoppelte (kamele)“ und ٩٣٤ (siehe schon bei جَلْد, pl. جِلَاد); fem. sing. دَهْمَآء ٧٤٣ دَهْمَآءَ لَيْسَتْ بِلِقْحَةٍ „(ich rüstete für ihn) eine schwarzbraune, die (aber) keine milchkamelin war“ (in einem gedicht Farazdaḳ's). — أَدْهَمُ von pferden, siehe schon s. 69 f.

ذَابِل *dâbilun* „schmächtiges, schmalgebautes“, auch „(durch strapazen) abgemagertes“ (kamel) pl. ذُبَّل Ham. ٢٣٣ comm. (siehe schon unter جَلِيل, pl. جِلَّة) und ٧٨٨ (siehe bei قَلُوص).

ذِعْلِبَة *di'libatun* „schnelleinherschreitende (kamelin)“ Ham. ٧١٢ بِذِعْلِبَةٍ تَدْمِى „auf einer schnellen kamelin, welche aus ihren hufen (vor ermüdung) blutete“.

مُذَكَّرَة *mudakkaratun* „hengstähnliche (kamelin)“ Ham. ٦٨٩ زَيَّافَةٍ بِنْتِ زَيَّافٍ مُذَكَّرَةٍ „einer schweberin, tochter eines schwebers (siehe unten زَيَّاف), einer hengstähnlichen“.

---

[1] siehe unter ركب (speciell vom kamelritt) am schluss des artikels kamel.

(70) ذَلُولٌ *dalûlun* „leicht zu behandelndes, sanftes (kamel)“ (siehe unten bei صَعْبٌ), pl. ذُلُلٌ (siehe unten bei شَارِفٌ).

ذَمُولٌ *damûlun* „schnell einherschreitende (kamelin)“ [1] Ham. ۴٥٨ تَخُبُّ بِهِ عُذَافِرَةٌ ذَمُولٌ „während ihn forttrügt eine starke, schnelleinherschreitende“ (vgl. schon s. 77 oben).

رِبْعِيَّةٌ *rib'ijjatun* und مِرْبَاعٌ *mirbâ'un* „im frühling kalbende“ kamelin (von رَبِيعٌ „frühling“; siehe auch schon oben unter رُبَعٌ), ersteres Meid. II 415 اللَّقُوحُ الرِبْعِيَّةُ مَالٌ وطَعَامٌ „das milchkamel, das im frühling kalbende, gilt (mit recht) für gut und brod“, letzteres Ham. ٩١١ كُلُّ مِرْبَاعٍ „jede frühkalbende [zur züchtung ausersehene (kamelin), welche im winter einen fetten höcker hat] [2]“.

رَازِمٌ *râzimun* „ganz abgemagertes (kamel)“ Ham. ٢٥٩ comm. جَبَوْتُ بِهَجْمَةٍ مَكَانَ قَلُوصٍ رازمٍ „ich gab (ihm) eine ganze heerde für eine junge kamelmutter, eine ganz abgemagerte“.

[رَسْلَةٌ „leicht hinschreitende kamelin“; das von Freytag

---

[1] und zwar ist ذميل (vgl. Ham. ٥٤٧ bei عيس) eine bes. passart des kamels; vgl. Lane I 978: „when the pace rises a little above that which is termed العَنَقُ, it is termed التَزَيُّدُ; and when it rises above this, it is termed الذَمِيل; and then الرَسِيم (siehe unten رَوَاسِم): Asma'î says that no camel goes the pace termed الذَمِيل for a day and a night except the مَهْرِيّ (das mahritische kamel).“

[2] welcher weitere zusatz die auch mögliche bedeutung „im frühling geworfenes kamelfüllen“ hier nicht wahrscheinlich erscheinen lässt.

Meid. II 468 mit „commode incedentes camelas“ übersetzte demin. رُسَيْلَاتِهِ kommt aber von رِسَلَاتٌ, welches der pl. von رِسْلَةٌ „gemächliches, wolüberlegtes thun“ ist, weshalb Lane s. 1084 jenes sprichwort (nemlich القى الكلامَ على رُسَيْلَاتِهِ) übersetzt: „he held the saying in light (little, mean) estimation; or in contempt“].

رَاسِمَةٌ *râsimatun* „nach der passart رَسِيم[1] laufende kamelin“ Ham. ٢٣٣ comm. (siehe schon unter جَلِيل, pl. جِلَّةٌ); siehe auch رَسُوم bei عَيْهَل.

(75) رَاغِيَةٌ *râġijatun* „brüllende (kamelin)“ Meid. II 327 (siehe schon bei بَكْرٌ) und II 633 ما له ثَاغِيَةٌ ولا رَاغِيَةٌ „er hat weder ein schaf („eine blökende“ wörtl.) noch eine kamelin“ — Der inf. des verbums رَغَتْ, impf. تَرْغُو (vom schreien oder murren der kamelinnen; auch masc. رَغَا, impf. يَرْغُو von kamelen, z. b. im sprichwort ما بالدَّارِ ثَاغٍ ولا رَاغٍ „niemand ist im hause“), nemlich رُغَاءٌ steht Muʿall. des Ḥârit̠, vers 20 wie Meid. I 628 (siehe letztere stelle bei نَابٌ).

أَزَبُّ *azabbu* „ein (besonders im gesicht) rauches (struppiges, mit haaren bedecktes) kamel“, weshalb das sprichwort sagt كُلُّ أَزَبَّ نَفُورٌ „jedes im gesicht mit haaren bedeckte kamel ist gewohnt aus furcht (aufs gerathewol) davon zu laufen“ (wozu Lane: „for the camel thinks [when the wind strikes his hairs] what he sees upon his eyes to be a person seeking him, and consequently takes fright, and runs away at random“) Meid.

[1] vgl. die anm. zu ذَمُول.

II 312 und der dort aufgeführte vers des Zaidu 'l-ḫaili: فَحَادَ عن الطِعَانِ أَبُو أُثَالٍ كَمَا حَادَ الأَزَبُّ عن الظِلَالِ „Abu Uṯâl hat sich von der durchbohrung (der lanze) abgewendet wie ein rauchhaariges kamel vom schatten (seiner gesichtshaare) sich wegwendet".

زَفُوفٌ *zafûfun* „das schnelle (kamel)" Mu'all. des Ḥâriṯ, vers 10 (comm. السَرِيعَةُ من الإبِل والنَعَام „die schnelle von kamelen und straussen")[1] und Ham. ٧٥٠ زَفُوفٍ (wo der kochtopf mit seinem siedenden inhalt mit einem schnelllaufenden kamel verglichen wird).

زَيَّافٌ *zajjâfun* „ein beim laufen beständig den körper zierlich hin- und herbewegendes (kamel)" daher von Rückert richtig mit „schweber" (vom schwebenden gang), fem. زَيَّافَةٌ *zajjâfatun* „schweberin" übersetzt (siehe schon oben bei مُذَكَّرَةٌ).

مُسَدَّمٌ *musaddamun* „ein kamelhengst [von edler zucht, فَنِيق] mit einem riemen vor dem maul (einem maulkorb)" Ham. ١٠٣ (siehe schon bei فَنِيق unter den bei جَمَل in der anm. mitgetheilten poetischen beiwörtern des kamelhengsts).

(80) سُرُحٌ *suruḥun* „leichte, schnelle (kamelin)" Ham. ٧٧٧ (siehe schon bei خَطَّارَةٌ).

سِنَادٌ *sinâdun* „starkhöckerige (kamelin)" Ham. ٧١٩ مُفْرِهَةٌ سِنَادٌ „eine muntre junge (فُرْهَةٌ, pl. von فَارِهَةٌ) zur welt bringende, fetthöckerige (kamelin)" und von demselben stamm

---

[1] زَفْزَفٌ heisst speciell der strauss (von seinem lauf so benannt).

مُسَانَدَةٌ *musânadatun* „eine kamelin, deren rücken festgebaut ist“[1] Ham. ٧٨٣ مُفَرَّجَةٌ مَنْفُوجَةٌ خَضْرَمِيَّةٌ مُسَانَدَةٌ سِرُّ الْمَهَارِى „eine ausschreitende, weithüftige, hadramautische, festgebaute (kamelin), welche die beste der maharitischen (kamelinnen) ist“.

سَوَامٌ *sawâmun* „weidende kamele“ Ham. ٧٥٢ سَوَامِى, ferner in den schönen, von Lane unter فَرَّسَ mitgetheilten versen

قد أَرْسَلُونِى فى الكَوَاعِبِ رَاعِيًا ‖ فَقَدْ وأَبِى رَاعِى الكَوَاعِبِ أُفْرَسُ

أَتَتْهُ ذِئَابٌ لا يُبَالِينَ رَاعِيًا ‖ وكُنَّ سَوَامًا تَشْتَهِى أَنْ تُفَرَّسَا

„sie hatten mich als hüter unter die mädchen mit schwellenden brüsten gesandt; und, bei meinem vater, während ich hüter der vollbrüstigen war, wurde ich ihre beute; wölfe kamen dazu die sich nichts um einen hirten kümmerten, und jene (die mädchen) waren weidende kamele, die (in diesem fall) sehnsüchtig wünschten, erbeutet zu werden.“ und Meid. I 363 (in einem dichtervers) كَذَا السَّوَامُ تُصِيبُ الأَرْضَ مُمْرِعَةً والأَسْدُ مَنْزِلُهَا فى غَيْرِ إِمْرَاعِ d. i. „also finden die weidenden kamele das land futtereich (wie der thörichte ohne sich viel zu plagen das gute findet), während die löwen gewöhnlich unfruchtbare gegenden bewohnen (= während der weise und einsichtige sich oft behelfen muss).“

سَاهِمَةٌ *sâhimatun* „dünn-, schlankbäuchig“, pl. سَوَاهِم speciell von kamelinnen, die durch lange märsche mager und dünnbäuchig geworden sind, so Ham. ٢٣٣ comm. نُزْجِى الْمَطِىَّ ضُمَّرًا سَوَاهِمَا „indem wir die reitthiere vorwärts treiben, (durchs reisen) dünn- und schmalgewordene“.

---

[1] wie man denn auch sagt مُسَانَدَةُ القَرَى.

(85) أَشْجَعُ *ašǵaʿu* „kühnes, muntres, bewegliches (kamel)“,[1] fem. شَجْعَآءُ Ham. ٧٨٣ (siehe schon bei جُرْشُعٌ).

شَارِفٌ *šârifun* „hochaltrige (kamelin)“ in einem vers Ham. ٨٢ comm. (siehe bei عَلَنْدًى); Meid. I 384 حَمَلَهُ على الشُّرُفِ الذُّلُلِ „er hat ihn alte, sanfte (nicht widerspänstige, opp. صَعْبٌ, pl. صِعَابٌ, siehe unten) kamelinnen besteigen lassen“.

شَغَّارَةٌ *šaggâratun* „den fuss (um auszuschlagen, oder, wie andre[2] erklären, des harnens halber) aufhebende kamelin“ Meid. II 908 in einem dort citirten dichtervers (siehe schon bei بِكْرٌ, pl. ابكار).

شِمِلَّةٌ *šimillatun* „leichte, bewegliche, schnelle (kamelin)“ Ham. ٣٤٥ هَوْجَآءُ النَّجَآءِ شِمِلَّةٌ „eine schnelltrabende (wörtl. eilenden trabes), eine flinke“ und ebendas. مِن نَجَآءِ شِمِلَّةٍ „vom traben einer flinken“.

*شَائِلَةٌ *šâʾilatun*[3] „den schwanz aufhebende (kamelin)“, welche dadurch anzeigt, dass sie (bereits im siebenten oder achten monat) schwanger geht[4] und keine milch mehr hat —

---

[1] sonst auch vom löwen gesagt, so fem. لَبُوَةٌ شَجْعَآءُ „kühne löwin“.

[2] nach Lane gehört diese letztere bedeutung nur dem vom hund gebrauchten epitheton شَاغِرٌ („raising one of his legs and making water“).

[3] unregelmässig statt des zu erwartenden شَائِلٌ, da die in diesem beiwort geschilderte eigenschaft nur den weiblichen kamelen zukommt.

[4] andre: „der sieben oder acht monate nach ihrer geburt verflossen sind“, womit die notiz bei Meid. II 328 „quando admissarius in camelas

in einem vers des an-Namir ibn Taulab (und zwar dort mit nachgesetztem gen. الذَّنَابِى) siehe schon unter جَمُوم; der plural lautet شَوْل: Mu'all. des Ṭarafa, vers 15 (فى الشَّوْلِ), Ham. ٧٠٧ أَيْدِى جِلَّةِ الشَّوْلِ „die vorderfüsse der grossen unter den schwangern kamelinnen“ und ٤٨٩ فَحْلُ الشَّوْلِ „der hengst der schwangern kamelinnen“, Meid. II 204 الفَحْلُ يَحْمِى شَوْلَهُ مَعْقُولًا „der hengst vertheidigt seine kamelinnen, indem er (wenn er auch?) angebunden ist“. — Vgl. auch noch die belegstellen zum inf. شَوَلَان bei (42) بَرُوق, und eine zu شَوْل (Ham. ٥٩) bei (143) مَخَاض.

(90) أَشْهَبُ *ašhabu* „hellfarbiges, weissliches (kamel)“ Meid. II 466 بِأَشْهَبَ بَازِلٍ (siehe schon bei بَازِل); fem. شَهْبَآء *šahbâ'u* Ham. ٣٠٩ شَهْبَآءَ مَاخِضٍ (Rückert: „ein aschgrau kamel in mutterwehn“).

صَبْحَى *ṣabḥâ* (fem. von صَبْحَان) „eine (des morgens) gemolkene (kamelin)“ Meid. I 733 صَبْحَى شَكَوْتَ فَٱسْتَشَنَّتْ طَالِقٌ „eine des morgens gemolkene kamelin beklagst du (weil du sie dann am tag nicht noch einmal melken kannst); aber eine, welche man frei laufen lässt, ist ganz mager (an den brüsten), so dass man sie gar nicht melken kann (was doch mehr zu beklagen ist)“.

صَعْبٌ *ṣa'bun* „hartes“ d. i. „widerspänstiges (kamel)“ Meid. II 589 ما تُقْرَنُ بِفُلَانٍ الصَّعْبَةُ „nicht wird mit irgend einem

---

tempore quo شول appellantur immittitur, camela مخاض appellatur“ besser stimmen würde.

[willfährigen (eingeschulten) kamel] eine widerspänstige eingeschirrt“ und II 919 يَرْكَبُ الصَّعْبَ من لا ذَلُولَ لَهُ „wer kein geduldiges (kamel) hat, muss auf einem widerspänstigen reiten“; pl. صِعَاب Meid. I 384 حَمَلَهُ على الأَفْتَآءِ الصِعَابِ „er hat ihn junge, (noch) widerspänstige (kamele) besteigen lassen“.

صَعُود *ṣaʿûdun* „eine kamelin, welche zu früh oder ein misgestaltetes junge geboren, und die deshalb zu ihrem im vorigen jahr gebornen jungen zurückgekehrt und dieses trinken lässt“ (; eine solche soll nemlich die beste milch geben) Meid. II 318 كُلُّهُمْ لِيَحْتَلِبْ صَعُودًا „möge jeder von euch eine (so geschilderte) reiche milch gebende kamelin melken!“

أَصْفَرُ *aṣfaru* „rothgelbes“ (nach andern erklärern „schwarzgelbes“) kamel, pl. صُفْر Ḳur'ân 77, 33 (siehe schon bei جَمَلٌ).

(95) صَفِيَّة *ṣafijjatun* „reichlich milch gebende (kamelin)“ pl. صَفَايَا Ham. ٩٣٧ بِجَمْعَةٍ صَفَايَا „mit einem trupp von milchreichen (kamelinnen)“ und im arabischen sprichwort واكرمُ الصَّفَايَا أَشَدُّهَا حَنِينًا الى أَوْطَانِها „und das edelste der kamelinnen ist das, welches am sehnsüchtigsten nach seiner heimat stöhnt“.

أَصْهَبُ *aṣhabu* „weissröthliches, weinfarbenes (kamel)“ pl. صُهْب Ham. ٩٣٧ (siehe schon unter جَذَعٌ). Diese und die أُدْم genannten kamele (siehe oben unter آدَمُ) sollen die besten und geschätztesten kamele sein, vgl. auch den von Lane, p. 1455 unter مُسْهَم mitgetheilten dichtervers, wonach ebenfalls die rothen kamele die von den Arabern am meisten bewunderten sind; dem widerspricht scheinbar der 12. vers der

Mu'allaka des 'Antara حَلُوبَةً سُودًا كَخَافِيَةِ الغُرَابِ الأَسْحَمِ „milchkamele, schwarze,[1] wie die federn des schwarzen raben“ (vgl. das sprichwort أَسْوَدُ من حَلَكِ الغُرَابِ „dunkler, schwärzer als die schwärze des raben); doch سواد braucht nicht absolute schwärze zu bedeuten, sondern kann, von jeder farbe gesagt, ganz im allgemeinen nur die dunkle schattirung bezeichnen.

ضَامِر *ḍâmirun* „schmächtiges (kamel)“, sonst von pferden (siehe s. 86 oben), von kamelen Ham. ٢٣٣ comm. (dort pl. ضُمَّر) siehe schon bei سَاهِمَة.

مُطَّرِد *muṭṭaridun* „ohne unterbrechung rennendes (kamel)“ Ham. ٢٣٣ comm. مُطَّرِدًا عُرَاهِمًا فَعْمَا „ein stetig fortlaufendes, starkes, vollgebautes (kamel)“.

مُطْفِل *muṭfilun*[2] „eine kamelin, welche jungen (أَطْفَال, pl. von طِفْل „junges von menschen und thieren“) hat“, pl. مَطَافِل in einem vers Abû Du'aib's bei Meid. II 742 فى أَلْبَانِ عُوذٍ مَطَافِلِ „(honig, جَنَى النَّحْلِ) in der milch erst niedergekommener junge besitzender (kamelinnen)“.

(100) طَالِق *ṭâlikun* „frei umherweidende (kamelin)“, welche

---

[1] comm. „er erwähnt die dunkeln kamele, weil diese die geschätztesten und vorstrefflichsten sind“; das epithetum اسود ist zwischen no. 82 und 83 auf s. 173 nachzutragen.

[2] nach dem كتاب الابل syn. von مُرْشِح, wie die mutter des رَاشِح genannten kamelfüllens heisst (siehe daselbst bei den kameljungennamen).

man frei laufen und weiden lässt, damit sie sich wieder vollfresse und dann wieder milch gäbe, Meid. I 733 (siehe schon unter صَبْحَى).

طَوِيل *ṭâwîlun* „langes, langgestrecktes (kamel)“ in طَوِيلُ القَرَى „langrückig“ (was man auch vom pferd sagt, siehe s. 87 unten) Ham. ٧٤٢ (schon s. 147 bei جَمَل in der anm. mitgetheilt).

عَتِيق *'atîkun* „edles, vorzügliches (ross und kamel)“, umschrieben durch مُبِينَةُ عِتْقٍ „(eine kamelin) von echtem adel“ Ham. ٥٥٤.

عَجُول *a'ǵûlun* „eine (durch den verlust ihres jungen) verwirrte, bestürzte (kamelin)“ (weil sie da aus ungeduld in ihren bewegungen, d. i. beim kommen und gehen, schnell ist, عَجِلَتْ)[1] Ham. ٤٧٩ كما راع العَجُولَ مُهِيبُ „wie der hab hab rufende hirt die ihres jungen beraubte kamelin erschreckt“ und in einem ebend. im comm. citirten vers des Warkâ ibn-Zuhair فجِئْتُ اليه كالعَجُولِ أُبَادِرُ „und da kam ich zu ihm wie die um ihr junges klagende kamelin eilend“.

عُذَافِرَة *'uḏâfiratun* „starke (kamelin)“ Ham. ٤٥٨ (siehe schon unter ذَمُول s. 170).

---

[1] so erklären die Araber das wort; vielleicht ist aber عَجُول nur denom. von عِجْل kalb, junges (was freilich sonst nur von den jungen der rinder und antilopen gesagt wird).

(105) عُرَاعِرٌ *'urâ'irun* „starkes, fettes (kamel)" Ham. ٧٤٢ (siehe schon bei جَزُورٌ).

عَرَكْرَكٌ *'arakrakun* „starkes, dickes (kamel)" Meid. I 739 أَصْبَرُ من ذى ضَاغِطٍ عَرَكْرَكٍ „geduldiger als ein (kamel) mit einer geschwulst (schwiele) am fuss, ein starkes" (var. مُعَرَّكٍ „gerieben, gequetscht").[1] Vgl. auch عَرِيكَةٌ bei no. 138.

عَرَنْدَسٌ *'arandasun* „starkes (kamel)" in einem im Muḫîṭ citirten verse al-Kumait's[2] (على عَرَنْدَسٍ) und in einem Ham. ٦٩٩ als erklärung zum dichternamen al-'Arandas citirten verse des spätern dichters Ǵarîr[3] (وكُلَّ عَرَنْدَسٍ).

عُرَاهِمٌ *'urâhimun* „dickes, starkes (kamel)" Ham. ٢٣٣ comm. (siehe schon bei مُطَرِّدٌ).

عُشَرَآءُ *'ušarâ'u* „in den zehnten (W. عشر) monat ihrer schwangerschaft gehende (kamelin)", pl. عِشَارٌ, in einem vers Farazdaḳs (siehe schon bei بِكْرٌ, pl. أَبْكَارٌ).

(110) أَعْشَى *a'šâ*, gewöhnl. im fem. عَشْوَآءُ *'ašwâ'u* „schwachsichtige, blödsichtige (kamelin)" in einem verse Zuhair's bei Meid. I 466, wo der tod auftritt خَبْطَ عَشْوَآءَ „mit dem fusstritt einer blödsichtigen kamelin", weil eine solche alles, was ihr in den weg kommt, niedertritt, weil sie es nicht sieht und

---

[1] vgl. auch den schluss des artikels kamel, wo noch mehrere mit أَفْعَلُ مِن beginnende sprichwörter mitgetheilt werden.

[2] schüler Farazdaḳs; † 126 d. H.

[3] † wie Farazdaḳ 110 d. H.

also nicht ausweichen kann, daher auch das sprichwort (Meid. ebendas.) أَخْبَطُ مِن عَشْوَآءَ „mehr mit dem fuss beschädigend als eine blödsichtige kamelin“ (siehe noch zwei andre sprichwörtl. redensarten bei Lane, p. 2056).

عَصُوبٌ *'aṣûbun* „eine kamelin, welche nicht eher reichlich milch von sich geben will (sich melken lassen will), als bis ihr schenkel gebunden [1] wird“ Ham. ١٩٢ comm. als erklärung zu dem im text stehenden عَاصِبٌ „einer welcher der milch versagenden kamelin ein pressband um die schenkel legt“ (vgl. auch Rückert's Hamâsa, I, s. 102).

عَيْطَلٌ *'aiṭalun* „langhalsig“ (form فَيْعَلٌ, und zwar hier denom. von عَطَلٌ „hals“) Mu'all. des 'Amr ibn Kulṯûm, v. 14 (siehe schon bei بَكْرٌ „junge kamelin“).

مَعْقُولٌ *ma'ḳûlun* und مُعَقَّلٌ *mu'akkalun* (part. denom. von عِقَالٌ „kamelkoppel“, also: „mit einer solchen gekoppeltes thier“, d. i.) „kamel“ (Ham. ١٤٧ (siehe schon bei ادم) und als adj. zu فحل Meid. II 204 (siehe schon bei شَائِلَةٌ).

عَلُوقٌ *'alûḳun* „eine kamelin, der man ein fremdes junge unterschiebt, die aber, sobald sie am geruch erkennt, dass es nicht ihr eigenes junge ist, die milch zurückhält“ Ham. ٢٠٩ (عِرَاضَ العَلُوقِ siehe Rück. Ham. I, s. 132, z. 4 „kamelkuh“); in einem bei Lane unter رَئِمَتْ وَلَدَهَا mitgetheilten dichtervers ام كَيْفَ يَنفَعُ ما تُعْطِى العَلُوقُ به ‖ رِئْمَانَ أَنْفٍ إِذَا ما

---

[1] daher der name, denn عَصَبَ heisst binden, koppeln; vgl. auch مُعْصَبٌ Ham. ٧٤٢ bei قرم (siehe s. 147 bei جَمَلٌ anm.)

ضَنَّ بِاللَّبَنِ „oder wie nützt, was die (das junge beriechende ihm aber milch verweigernde) kamelin gewährt, indem sie (blos) mit der nase zärtlich ist, wenn doch mit der milch gegeizt wird?“ und endlich im sprichwort Meid. II 650 مَانَحَنِي مِنَاحَ العَلُوقِ „er gab mir wie ein (solches) kamel gibt“ (bei Lane عَامَلَنَا مُعَامَلَةَ العَلُوقِ dass.).

(115) عَلَنْدًى *ʿalandan* „starkgebautes (kamel)“ vom pferd siehe s. 92, vom kamel in einem vers al-Murakkiš's (seite 26, no. 4) فَهَلْ تُبْلِغَنِّيهِمْ على البُعْدِ جَسْرَةٌ أَمُونٌ عَلَنْدًى جَلْعَدٌ غَيْرُ شَارِفِ „wird mich denn zu ihnen trotz der entfernung gelangen lassen eine kühne, verlässige, derbgebaute, starke, noch nicht alt gewordene?“ Ham. ٨٢ comm.

يَعْمَلَةٌ *jaʿmalatun* „thätige“, d. i. „lebendige, muntre, schnelllaufende (kamelin)“ [1] Ham. ٤٠٢ مَنْ لِلْيَعْمَلَاتِ على الوَجَا „wer ist nun da (neml. لِنُزُولٍ, „damit sie einkehren und verpflegt werden“) für die läuferinnen beim hufweh? (d. i. wenn sie wunde hufe haben)“; vgl. auch Ibn Jaʿîsh, s. ١٧٣.

---

[1] vgl. عَمِلَتِ النَّاقَةُ Lane I, 2158. Diese alte nominalform يفعل, mit der die 3. impf. im grunde identisch ist, findet sich in mehreren thiernamen, so יחמור, يَرْبُوعٌ (hier in der gedehnten form يَفْعُول) u. a. Auch die form تفعل (welche beim verbum im impf. sowol für die 3. fem. wie für die 2. masc. sing. verwendet wird, in letzterer natürlich = vorausgesetztes ت von أَنْتَ, vgl. dasselbe im pf. nachgesetzt) kommt als nominalform in thiernamen vor, vgl. تَتْفُل „füchslein“ (Muʿall. des Imrulḳ. v. 59) u. a.

عَنْسٌ *'ansun* „starke (kamelin)“ [1] Ham. ٥٣٥ وما شَدَّ بِعَنْسٍ رَحْلًا ولا قَتَبًا „und nicht band er auf die (starke) kamelin sattel oder saum“ und ٧٩٠ (siehe schon bei جَلِيل, fem. جُلَالَةٌ), wie in einem bei Ibn Ja'îsh, p. ١٧٠ citirten vers; [2] Meid. I 239 تَعَلُّقَ الحَجَنِ بِأَرْفَاغِ العَنْسِ „wie das ungeziefer den hüften der starken (kamelin) anklebt (anhängt“.

عَيْهَلٌ *'aihalun* „schnelle oder starke (kamelin)“ in einem vers bei Lane I, 478 وَبَلْدَةٍ . . . . زَجَرْتُ فِيهَا عَيْهَلًا رَسُومًا „und wie manche gegend ist, worin ich angefahren (und vorwärts getrieben) habe eine starkgebaute, fussspuren auf dem boden hinterlassende (kamelin)“, pl. عَيَاهِلُ in einem vers bei Lane I, 2184 عَيَاهِلُ عَيْهَلَهَا الذُّوَّادُ (wo Lane übersetzt: „camels left to pasture by themselves, the drivers having left them to do so“).

عَيْهَمٌ *'aihamun* „leichte, schnelle“ oder „kühne“ (kamelin) Ham. ٣٥٧ فَتْلَآءُ الذِرَاعَيْنِ عَيْهَمُ „mit gebogenen vorderfüssen, schnelltrabend“, pl. عَيَاهِمُ Ham. ٣٣٣ comm. (siehe schon bei جَلِيل, pl. جِلَّةٌ).

---

[1] und zwar „such as is termed بَازِل (siehe das.), when she is of full age, and has become very strong, and full in her bones and her limbs“ (Lane).

[2] beachte auch die daselbst angegebene ursprüngl. bedeutung des worts (وأَصْلُ العَنْسِ الصَّخْرَةُ فى المَآءِ قيل لها ذلك لِصَلَابَتِهَا).

(120) أَعْوَجُ *a'waǵu*, fem. عَوْجَآءُ *'auǵâ'u* „schlanke (urspr. gekrümmte, gebogene) kamelin" Mu'all. des Ṭarafa, vers 11.

عَائِذٌ *'â'iḏun* „vor kurzem erst niedergekommene kamelin", pl. عُوذٌ in einem vers Abû-Ḏu'aib's (siehe schon bei مُطْفِلٌ).

عِيرٌ *'îrun* coll. „karawanenkamele, reisekamele" [von عَارَ „er machte eine reise", inf. عَيَارٌ, siehe den vers Abu Ḏu'aib's bei Meid. II 553, wo عَامَ عَيَارِهِ übersetzt wird „anno quo commentum advexit"] Ham. ٣٩٣ شَبَّهُوا الْعِيرَ أَفْرَاسَنَا „sie verglichen mit vorrathskamelen unsere rosse" und in einem vers bei Meid. II 536 (يَا رَبَّةَ الْعِيرِ); in den sprichwörtern Meid. II 329 كَلَّا زَعَمْتَ الْعِيرَ لَا تُقَاتِلُ „mit nichten behauptest du, dass die vorrathskamele nicht kämpfen (in den krieg mitziehen)" und II 500 لَا فِي الْعِيرِ وَلَا فِي النَّفِيرِ „weder bei den vorrathskamelen noch bei den flüchtlingen" („in agmine tecum fugientium" Freytag).

عَيْرَانَةٌ *'airânatun* „an behendigkeit dem wildesel (عَيْرٌ) gleichende (kamelin)" Ham. ٧٨٣ (Rückert, Ham. II 325 frei: „gleich dem strauss").

*أَعْيَسُ *a'jasu*, fem. عَيْسَآءُ „weisses, weissröthliches" kamel[1] 'Alḳ. Diw. ٩, ٢ كُلُّ أَعْيَسَ مِسْفَرٍ „jedes weisse reisekamel"; gewöhnlich im plur., so Ham. ١٩٠ comm. فَفِي الْعِيسِ مَنْجَاةٌ

---

[1] diese galten als besonders edle kamele; vgl. auch oben أَصْهَبُ und das dazu bemerkte, wie auch أَشْهَبُ.

„doch flucht ist auf weissen kamelen“, ٣٢٩ بِعِيسٍ (siehe schon bei مُخَيَّس), ٤٣٩ رَمَى بِصُدُورِ العِيسِ „er warf die brüste der weissen kamele (dem wind entgegen)“, ٥٤٧ العِيسُ . . . شُعْثٌ طَوِيلٌ ذَمِيلُهَا „die weissen kamele . . . indem ihre haare voll staub sind (sing. أَشْعَث) und langgestreckt ihr lauf ist“, ٥٤٨ (والعِيسُ), ٥٥٠ (ebenso), ٥٩٦ بأَيْدِى العِيسِ „mit den vorderfüssen der weissen kamele (eile ich fort)“, ٩٢٢ (ebenfalls وأَيْدِى العِيسِ), ٩٤٥ (العِيسُ) und endlich ٧٨٣ مَجْدُ العِيسِ (siehe schon bei جُرْشُعٌ).

(125) أَفْتَلُ *aftalu* „ein kamel mit einer biegung (فَتَل) an den vorderfüssen“, „mit geschweiften hüften“, fem. فَتْلَآءُ (mit dem hinzugefügten gen. الذِرَاعَيْنِ) Ham. ٣٥٧ (siehe schon bei عَيْهَمٌ), pl. فُتْلٌ Ham. ٥٩٢ فَقُمْنَا . . . الى فُتْلِ المَرَافِقِ وَهْىَ كُومُ „und da erhoben wir uns, (uns hinwendend) zu denen mit geschweiften buggelenken, die (während sie) zugleich hochhöckrig waren“.

فَتِىٌّ *fatijjun* „junges (kamel)“ (opp. مُسِنّ „bejahrtes“; beide auch vom menschen und anderen thieren), pl. افتاءٌ Meid. I 384 (siehe schon bei صَعْب).

مُفَرَّجَةٌ *mufarraǵatun* „eine weitausschreitende (kamelin)“ [1] Ham. ٧٨٣ (siehe schon bei مُسَانَدَةٌ).

---

[1] eigentl. „a she-camel, whose elbows are far from (تَفَرَّجَ) her chest and whose armpits are (therefore) wide“ Lane 2361.

فَرَعٌ *fara'un* „erstlingskamel (was man den göttern opferte)“ in den sprichwörtern أَوَّلُ الصَّيْدِ فَرَعٌ „das erste der jagdbeute ist ein opferkamel“ (صيد hier von der feindl. stämmen abgenommenen beute) Meid. I 35, und ebendas. II 212 الفَرَعُ اوَّلُ النِّتَاجِ „das opferkamel ist das erste (vorzüglichste) der zucht“.

مُفْرِهَةٌ *mufrihatun* „junge kamele (فُرْهٌ, pl. von فَارِهٌ „das lebhafte [kamelfüllen]“) hervorbringend“ (von der kamelin gesagt) Ham. ٧١٩ (siehe schon bei سِنَادٌ).

(130) فَعْمٌ *fa'mun* „vollgebautes kamel“ Ham. ٢٣٣ comm. (siehe schon bei مُطَرَّدٌ).

قَرْوَآءُ *karwâ'u* (fem. der form أَفْعَلُ) „langrückige[1] (kamelin)“ Ham. ٧٨٣ (siehe schon bei جُرْشُعٌ).

قَطِمٌ *katimun* „brünstiger (kamelhengst)“ Ham. ٢٩٣ (siehe schon unter مُتَخَمِّطٌ).

*قَلُوصٌ *kalûsun*[2] „junge kamelmutter“ Ham. ١٥٣ (قَلُوصُ ٱبْنَىْ سُهَيْلٍ), ١٧٤ وقَوِّدْ قَلُوصِى „und führe vor meine (junge) kamelin“, ٢٥٩ (siehe schon bei رَازِمٌ), ٢٥٨ comm. وتُصبِحُ قَلُوصٌ

---

[1] vgl. قَرًا „rücken“ (so oben no. 101 طَوِيلُ القَرَا).

[2] zur etymologie von قَلُوص vergleiche Ham. ٣٥٧ لَقَلَّصَتْ بِرَحْلِي . . . . عَيْهَمُ „fürwahr dann trabte mir unterm sattel eine . . . . . leichtfüssige“ (d. i. trüge meinen sattel nebst mir schnell von dannen).

الحَرْبِ جَرْدَآءَ حَائِلَا „und die junge kriegskamelin wird (dann) zu einer kurzhaarigen, die noch ohne jungen ist“ (Rückert: „sie würde gelt gehn und verseihen“)[1], ٣١٠ (قَلُوصى), ٥١٨ اذا كُنْتَ رَبًّا للقَلُوص „wenn du besitzer von einer (jungen) kamelin bist“, ٢٢٣ (مِنْ قَلُوصٍ), ٧١٧ (بالقَلُوصِ) und ٧١٨ وتُصْبِحِ قَلُوصُ الحَرْبِ جَرْباءَ حَائِلَا „und da wird die junge kriegskamelin räudig und ohne jungen“ (vgl. oben Ham. ٢٥١ comm., nur dass hier جَرْبَاءَ statt جَرْدَاءَ steht); Meid. I 109 إِنَّ القَلُوصَ تَمْنَعُ أَهْلَهَا الجَلَا „die junge kamelin hält ihren besitzer vom reisen ab“ (weil er bald ihre milch braucht, bald ihr zur frühlingszeit geborenes junge verkaufen muss). Der pl. lautet قَلَائِص Ham. ٧٨٨ (عن قَلَائِصَ ذُبَّلِ, vgl. no. 67 ذَابِل) und قِلَاص (in einem vers Ǵarîr's Meid. I 40).

قِنْعَاس *ḳin'âsun* „starkes (sechsjähriges) junges kamel“ Ham. ١٧٧ comm. يَا رُبَّ أَدْمَاءَ بها قِنْعَاس „o wie manche lohfarbene (kamelin), bei welcher ein starkes (schon ausgewachsenes) junge war, gab es (darunter)!“.

---

[1] er meint, sie würde zu einem neugebornen noch ganz kurzhaarigen kamelfüllen; أَجْرَد steht sonst von pferden, und meine s. 59, l. z. ausgesprochene behauptung wird, wenn nicht besser جَرْبَآءَ statt جَرْدَآءَ zu lesen ist, durch obiges beispiel dahin modificirt, dass اجرد sehr selten auch von jungen kamelen gebraucht wird. In Ham. ٩٢٢ und dem vers Ch.-A., s. 210 halte ich aber trotzdem أَجْرَدُ für ein epithetum der pferde. Zu s. 59, 3. letzte zeile ist nachzutragen, dass حائل auch vom esel (siehe s. 125 ein beispiel) gebraucht wird.

(135) أَقْوَدُ *akwadu* „langhalsig", pl. قُودٌ Ham. ٥٥٤ القُودَ النَّوَافِخَ فى البُرَى „langhalsige, durch die nasringe (بُرَةٌ, pl. بُرًى) schnaubende"; dass أَقْوَدُ auch „folgsam" heissen kann, wurde schon s. 99 bemerkt [vgl. auch قَؤُودٌ dass., von kamelen Ham. ٩١٨ مَضْرُوسُ الجَرِيرِ قَؤُودُ „ein vom zügel (an der nase) wundes, leicht zu führendes (kamel)"].

قَارٌ *kârun* coll. „kamele" in einem vers des al-Aġlab al-'Iǵlî (bei Lane I 108) أَكْثَرُ منه قِرَةً وقَارًا („possessing more numerous sheep [goats] and camels than he").

مُقَيَّدٌ *mukajjadun* „gekoppelter (kamelhengst)"[1] Ham. ٩٩ وَطْءَ المُقَيَّدِ نَابِتَ الهَرْمِ „wie der gekoppelte (kamelhengst) die pflanze *Harm* zertritt".

كَوْمَآءُ *kaumâ'u* „hochhöckerige (kamelin)" Ham. ٩٩١ كَوْمَآءَ ذَاتَ عَرِيكَةٍ „eine hochhöckerige von edler derber art" und ٧٢٠ (الى الكَوْمَآءِ); pl. كُومٌ Ham. ٥٩٢ (siehe schon أَفْتَلُ) und ٩٨٨ (كُومٌ); vgl. auch Ch. al-Al., s. 286 f.

لَبُونٌ *labûnun* „milchkamelin" (vgl. auch schon اِبْنُ لَبُونٍ, s. 154) Ham. ١٤٩ لَبُونِى „(zu den Banû Ṯu'al trug mich) meine kamelin", ٤٤٩ comm. (لَبُونُ بنى زياد) und ٧١٢ (لَبُونٌ und im folg. vers لَبُونِى).

---

[1] syn. مُقْصُورٌ: Ham. ٥٩٣, siehe unten bei نَازِعٌ s. 190.

(140) لِقْحَةٌ *liḳḥatun* „milchkamelin“ Ham. ١٧١ und ٣٠٨ (siehe beide schon s. 107 bei وَرْد), dann noch ٧۴٣ (siehe schon bei أَدْهَم); Meid. I 388 in einem vers الى رَبِّ لِقْحَةٍ „zum herrn (besitzer) einer milchkamelin“. Der pl. lautet لِقَاح Ham. ٧٩٣ (siehe schon bei بَكْر).

لَقُوحٌ *laḳûḥun* (von dem gleichen stamm لقح; ebenfalls) „michkamelin“ Ham. ١٧٣ (لَقُوحُهُ) und ۴٢٢ comm. لَقُوحُ جَارِهِم „ihres nachbars milchkamel“; Meid. II 415 (sprichwort) siehe schon bei رِبْعِيَّةٌ, s. 170.

لَقْوَةٌ *laḳwatun* „schnell empfangende (kamelin)“ Meid. II 309 كَانَتْ لَقْوَةً لَاقَتْ[1] قَبِيسًا „sie war eine schnell empfangende kamelin, welche einem gut befruchtenden kamelhengst[2] begegnete (beiwohnte)“, d. h. sie passten beide gut zu einander.

مَخَاضٌ *maḫâḍun* coll. „hochschwangere (kamelinnen)“[3] Ham.

رَأَيْتُ الخَيْلَ شُلْنَ عليكم شَوْلَ المَخَاضِ أَبَتْ على المُتَغَبِّرِ ٥٩

„ich sah die rosse den schweif gegen euch sterzen (d. i. von euch sich nichts gefallen lassen), wie den schweif sterzten die hochschwangeren kamelinnen, sich wehrend (weigernd) gegen

---

[1] 3. fem. von لَاقَى (III von demselben لَقَا, von dem لَقْوَةٌ abgeleitet ist).

[2] قَبِيس allg. „kamelhengst“, bes. aber der „schnell befruchtende“.

[3] vgl. مَخِضَ „geburtsschmerzen leiden“; manchmal heisst مَخَاض auch „kamelinnen, die soeben die geburt überstanden haben“.

den, der den rest der milch ihnen ausmelken will" und ٢٤٧ (الكِخَاضِ); Meid. II 627 in einem dort citirten vers تَفَرَّقَتِ الكِخَاضُ على آبْنِ بَوٍّ ‖ فَمَا يَدْرِى أَيُخْثِرُ ام يُذِيبُ, welchen Freytag übersetzt: „Dispersae sunt camelae ad pellem stramine impletam (siehe am schluss der kamelepitheta bei بَوٌّ) et nescit utrum crassum relinquat lac an liquefaciat". Von demselben stamm مخض

مَاخِضٌ *mâhidun* „eine in mutterwehen sich befindende kamelin" Ham. ٣٠٩ (siehe schon unter أَشْهَبُ).

مَطِيَّةٌ *maṭijjatun* allg. „reitthier", dann aber bes. vom kamel (pl. مَطَايَا) passim z. b. Ham. ٢٣٣ comm. (siehe s. 173 unten), ٧٨٨ u. ö.[1]

(145) مَنِيحَةٌ *manîḥatun* „eine zur nutzniessung einem andern geliehene (kamelin)"[2], pl. مَنَآئِحُ Ham. ٦٨٩ (حَتَّى كَأَنَّهُ . . . . المَنَائِحُ).

نَجِيبَةٌ *naǵîbatun* „edle, vortreffliche (kamelin)", pl. نَجَآئِبُ in einem schon in der anm. zu جَمَلٌ s. 147 mitgetheilten verse des ar-Râʿî.

---

[1] in der zählung aus versehen von mir übergangen (also 144a).

[2] so dass dieser ihre haare, ihr junges und ihre milch für sich nehmen darf (geschenkt bekommt; منح heisst „geben, schenken", siehe s. 107 bei وَرْدٌ), sie (die kamelin) selbst aber seinerzeit wieder zurückerstatten muss.

نَاجِيَةٌ *nâģijatun* „flüchtige, schnelltrabende (kamelin)“[1] Ham. ٢٣٣ comm. (siehe schon bei جَلِيل, pl. جِلَّة) und ٧٢٤ وَقُتُودِ نَاجِيَةٍ „und wie manchen sattel einer traberin“, wie Ṭarafa Mu'all., vers 14 (نَاجِيَاتٍ); Meid. II 328 (sprichw.) أَكْرَمُ نَجْرِ النَاجِيَاتِ نَجْرُهُ „das beste am stammbaum der schnelltrabenden (kamelinnen) ist der stammbaum selbst“.

نَاحِلٌ *nâḥilun* „(vom marsche) abgemagertes (kamel)“, pl. نَوَاحِل Ham. ٦١٢ لَدَى نَوَاحِل „bei abgemagerten thieren (entschlief ich reisemüd)“.

نَازِعٌ *nâzi'un* „heimwehkrankes (kamel)“ Ham. ٥٩٣ وَٱنظُرُوا الى النَازِعِ المَقْصُور كَيْفَ يَكُونُ (vgl. das ganze schöne lied, Rückert, Ham. II, s. 115, no. 539, wie das epitheton حَانَّة oben no. 60).

(150) نَاضِح *nâḍiḥun* „zum wasserschöpfen bestimmtes (kamel)“ Ham. ٢١٥ صِرْتَ للقَوْمِ نَاضِحًا „du bist zu einem schöpfkamel für die leute geworden“; pl. نَوَاضِح Ham. ٤٣٤ (siehe schon bei حَاشِيَة). Zum wasserschöpfen brauchte man die schlechtesten kamele, vgl. Meid. I 510 das sprichwort أَذَلُّ من بَعِيرِ سَانِيَةٍ „geringgeschätzter (werthloser) als ein wasser aus

---

[1] von نَجَا, inf. نَجَآءٌ (siehe schon bei شِمِلَّةٌ an zwei stellen) „entkommen, enteilen, eilen; schnell sein“.

dem brunnen schöpfendes kamel“ (vgl. auch ebendas. den vers Du 'r-Rumma's, wo es أَذَلُّ من السَّوَانى heisst).

نِضْوٌ *niḍwun* „abgemagertes (kamel)“, pl. أَنْضَآءٌ Ham. ۴۰۳ (أَنْضَآءٌ) und ۴۸۷ حَثُّوا الرِكَابَ تَؤُمُّها أَنْضَآءُها فَرَهَا الرِكَابَ مُغَنِّيَانِ وحَادِى „sie spornten die reitthiere an, indem ihnen (den reitkamelen) ihre abgemagerten (d. i. die müden von ihnen) nachfolgten, während zwei singende und der kameltreiber [1] die reitkamele zum marsch aufmunterten.“

مَنْفُوجَةٌ *manfûǵatun* „weithüftige, mit schwellenden seiten versehene (kamelin)“ Ham. ۷۸۳ (siehe schon bei مُسَانَدَةٌ).

مُنَفَّهَةٌ *munaffahatun* „ermüdete (kamelin)“ Ham. ۷۸۹ (pl. مُنَفَّهَاتٍ).

*نَابٌ *nâbun* „altes kamel“ (vgl. schon s. 157 anm. 4) Ham. ۹۹۱ (siehe schon bei ثِنْيٌ, s. 154), ۷۱۱ تَهْوِى بِرَحْلِى رَادَةُ الأَصْلَابِ نَابُ „es eilt mit meinem sattel davon (= trägt ihn eilend davon) eine, deren lenden sich hin und her bewegten (andre: eine an den lenden glatte, zarte), eine alte kamelin“ und ۷۵۰ لِهَمَّةٍ بِشِلْوِ نَابٍ „die glieder eines alten kamels verschlingend“ (vom kochkessel), wie in einem vers bei Meid. I 49 ما ضَرَّ نَابًا شَوْلُها المُعَلَّقُ ‖ أَنْ تَرِدَ المَآءَ بِمَآءٍ أَوْثَقُ „nicht schadet einem alten kamel der ihm angehängte wasserschlauch; dass man

---

[1] حَادٍ heisst dann auch speciell „der die kamele durch gesang aufmuntert“.

zum wasser komme (hinabsteige), schon mit wasser versehen, ist das sicherste“ und in den sprichwörtern Meid. I 628 سَفِهَةٌ بِالنابِ الرُّغَآءُ „thöricht ist bei einem alten kamel das brüllen“ (weil dies gewöhnlich die jungen thun) und II 263 (vgl. II 753) قد تَقْطَعُ الدَوِيَّةَ النَابُ „es durchschneidet ja noch die wüste das alte kamel“ (von noch rüstigen greisen gesagt). Der pl. lautet نِيبٌ Ham. ٧٢٨ (نِيبُكُمْ) und ٧٨٩ (siehe schon bei حانّة in der anm.) wie in einem bei Lane I 327 citirten vers des Labîd, und in den sprichwörtern Meid. I 30 (siehe schon bei جَلِيل, pl. جِلَّة) und II 498 لا آتِيكَ ما حَنَّتِ النِيبُ „ich werde nicht zu dir kommen, so lange die alten kamelinnen nach ihren jungen stöhnen“ (d. h. gar nie, die alten kamele lieben ihre jungen am zärtlichsten).

(155) وَجْنَآءُ *waǵnâ'u* (fem. von أَوْجَنُ) „starke, dicke (kamelin)“ Ṭarafa Mu'all. vers 13 جُمَالِيَّةٍ وَجْنَآءُ[1] „einer hengstähnlichen starken (kamelin)“ und Ham. ۴۹۹ (الوَجْنَآءُ, Rückert: „das bausbackthier“).

وَرْقَآءُ *warkâ'u* (fem. von أَوْرَقُ) eigentl. „schieferfarbene“, „aschfarbene (kamelin)“ [von weisser ins dunkle übergehender farbe[2] (vgl. auch oben bei أَصْهَبُ), syn. آدَمُ (siehe daselbst)]

---

[1] جُمَالِيَّةٌ *ǵumâlijjatun* „hengstähnliche kamelin“ wurde oben (zwischen جَلِيل und جَمُوم) aus versehen ausgelassen.

[2] Muḥîṭ ما فى لَوْنِهِ بَيَاضٌ الى سواد. Die grundbedeutung des stammes ירק ist die des gelbgrünen von jungen blättern (daher auch arab.

Meid. I 698 أَشْأَمُ مِن وَرْقَآءَ „unglückverheissender als eine aschfarbene kamelin“, denn solche kamele sollen zwar wegen ihres fleisches, nicht aber wegen ihrer ausdauer im laufen und der arbeit — und dazu braucht der Araber doch zunächst sein thier — die besten kamele sein.

هِجَانٌ *hiǵânun* „weiss, lichtfarbig, edel“ von kamelen,[1] (unveränderliches adj., so) Ham. ٥٠٩ (dort wird ein held هِجَانُ الْحَيِّ „des gaues edles[2] kamel“ genannt) und ٧۴٢ بِقَرْمٍ هِجَانٍ (siehe bereits unter den hengstnamen, bei جَمَلٌ anm.), fem. Muʿall. des ibn-Kulṯ. vers 14 بَكْرٍ هِجَانِ اللَّوْنِ (siehe schon bei بَكْرٌ), und pl. Ham. ۴١ بِالْهِجَانِ الْأَوَارِكِ (siehe schon bei آرِكٌ) wie Meid. II 894 (dichtervers) هِجَانًا وأُدْمًا[3] (siehe schon bei بَكْرٌ, fem. بَكْرَةٌ).

وَرَقٌ „baumblatt“, وَرَقَ von bäumen „blätter schiessen“); vgl. ausführlich darüber meinen Physiologus, einl., s. XXVI, und über die arab. bedeutungen Fleischer zu Delitzsch's psalmencommentar, ps. 68, 14 (der vermittelnde begriff zwischen gelbgrün und aschfarben ist der des fahlen, d. i. gelbgrauen; vgl. auch الْوَرْقَآءُ „die wölfin“).

[1] über die grundbedeutung „mattweiss, weisslich sein“ siehe Fleischer, Nachträge zu Levy's Chald. Wörterb., I. s. 423.

[2] vgl Fleischer am eben citirten ort „هِجَان heisst eine lichter gefärbte und feiner gebaute edlere art des einhöckerigen camels (dromedar im engsten sinn), wegen seines raschen und ausdauernden laufes bes. als reitthier geschätzt“ (opp. هَجِين, neuarab. dagegen = هِجَان, siehe s. 212, anm. 1).

[3] vgl. ibn-Kulṯ. 14 أَدْمَآءَ بَكْرٍ هِجَانِ اللَّوْنِ, also ebenfalls آدَمُ und هِجَان synonyma. — Die farbennamen, die in dieser arbeit von den

هَاجِنٌ *hâǵinun* „vorzeitig trächtig gewordene (kamelin)“ [1] Meid. I 290 (sprichwort) جَلَّ الرِّفْدُ عن الهاجِنِ „der milchkübel war für die vorzeitig trächtig gewordene allzugross“ (weil solche kamele, nachdem sie geboren haben, viel weniger milch als andre mutterkamele geben).

مُهَدِّرٌ *muhaddirun* „brüllender (kamelhengst)“ im sprichwort Meid. II 328 كالمُهَدِّرِ فى العُنَّةِ „wie ein brüllender (kamelhengst) im stall“ (wo er, um ihn vom coitus abzuhalten, eingesperrt ist und nichts machen kann).

(160) هِرْجاب *hirǵâbun* „schnelle (kamelin)“ Ham. ٧٥٠ (wo der kochkessel mit einer schnellen kamelin wegen seines aufwallenden siedenden inhalts verglichen wird).

أَهْوَجُ *ahwaǵu* „schnell dahineilendes (kamel)“, fem. هَوْجَآءُ *hauǵâ'u* Ham. ٣٤٥ (siehe schon bei شِمِلَّةٌ) und ٧٥٠ (هَوْجَآءُ, wie هِرْجَاب von dem mit einer solchen kamelin verglichenen kochkessel).

---

kamelen vorkommen, sind, um hier am schluss kurz zu recapituliren: آدَمُ „lohfarben“, أَدْهَمُ „dunkelbraun“, أَسْوَدُ „dunkelschattirt“ (bei أَصْهَبُ mitgetheilt), أَشْهَبُ „hell-, aschfarben“, أَصْفَرُ „gelb mit dunkler schattirung“, أَصْهَبُ „weissröthlich“ (siehe dort meine bemerkung), أَعْيَسُ „weissröthlich, weiss“, أَوْرَقُ „schiefer-, aschfarben“ und هِجَانٌ „weisslich, lichtfarbig“ — die des pferdes أَبْلَق (s. 56), جَوْن (s. 64), ادهم (s. 69), أَشْقَرُ (s. 83), أَغَرُّ (s. 93), كُمَيْت (s. 100) und وَرْد (s. 107).

[1] über den bedeutungsübergang siehe ebenfalls Fleischer a. a. o.

*هِيمٌ *hîmun* (pl. von [أَهْيَمُ, fem.] هَيْمَاءُ) urspr. „an der sogenannten durstkrankheit (هِيَامٌ)[1] leidende", dann aber auch allg. „dürstende (kamelinnen)" Ham. ٢٨٣ كَمَا ذُدْتَ يَوْمَ الوِرْدِ هِيمًا خَوَامِسَا „wie du (nur mit mühe) wegtreibst am tag der tränkung (vom wasser) durstende, erst am fünften tag[2] ihres durstes zur tränkung gelangte (kamelinnen)" und ٣٣٢ هِيمٌ بِهِيمٍ طُلِيَتْ تَمَرَّسُ „(wir sind [so übel zugerichtet wie] an der durstkrankheit leidende mit pech beschmierte kamelinnen, welche sich aneinander reiben",[3] wie in einem bei Meid. I 702 zum sprichwort اشربُ من الهيم („mehr trinkend als die dürstenden kamelinnen") mitgetheilten (späteren) verse وَيَأْكُلُ أَكْلَ الفِيلِ من بَعْدِ شِبْعِهِ وَيَشْرَبُ شُرْبَ الهِيمِ من بعد أَنْ يَرْوَى „und bereits gesättigt frisst er noch wie ein elefant und trinkt nachdem er schon genug getrunken wie die dürstenden kamelinnen", endlich noch in dem sprichwort أَفْرَطَ للهِيمِ حُبَيْنًا أَقْصَعَا „er sandte (voraus) zu den an der durstkrankheit leidenden kamelinnen einen wassersüchtigen verwachsenen mann (sie zu heilen), d. h. einen kranken zu den kranken" Meid. II 221. — Als reines adj. steht هِيمٌ Ham. ٣٣٣ هِيمٌ الى الموت (von kriegern gesagt) „dürstend nach dem tode".

Soweit die epitheta des kamels im altarabischen. Es

---

[1] diese krankheit bekommen die kamele vom genuss stagnirenden wassers; sie irren dann, von rasendem durst getrieben und alles futter verabscheuend, umher (bis sie, wie andere hinzufügen, endlich zu grund gehen).

[2] vgl. schon s. 111 unten, aber dazu Freytag, Einleitung, s. 233.

[3] siehe auch s. 205, anm. 3.

folgen nun in kurzem die namen der körpertheile dieses thieres, mit zugrundelegung der bereits von al-Aṣmaʿî im كتاب الفرق angewendeten eintheilung.

Die lippe heisst مِشْفَر Diw. Ṭar. ۴, ۳۲, die pupille حَدَقَة Meid. II 849 (هُمْ فى مِثْلِ حَدَقَةِ البَعِيرِ sprichwort),[1] der huf[2] خُفّ Ham. ۷۹۰ (vgl. auch schon s. 52, anm. 1 und s. 72, anm. 1),[3] der knöchel am untern theil des fusses, an dem man die fettigkeit des kamels erkennt, سُلَامَى (vers bei Meid.

---

[1] an ihr wie an dem am untersten theil des fusses befindlichen knöchel erkannten nemlich die Araber, auch wenn es von aussen nicht sofort sichtbar war, ob das kamel fett habe oder nicht (vgl. unten سُلَامَى).

[2] nicht, wie man etwa erwarten möchte, in al-Aṣmaʿî's eintheilung dem nagel (الظُفْر), sondern dem fuss des menschen (الرِجْل) entsprechend (und ebenso حَافِر vom pferd und ظِلْف von schafen, rindvieh und gazellen), da bei diesen thieren der huf in zwei zehen (klauen) gespalten ist, welche beim kamel مَنَاسِم heissen; letztere entsprechen also dem ظُفْر, wo sie auch bei Aṣmaʿî aufgeführt sind (der sing. heisst مَنْسِم, siehe die anm. unten bei den kamelläusen). Beim pferd allerdings, wo der huf blos aus einer zehe besteht, könnte حَافِر mit gleichem recht auch unter der kategorie ظُفْر aufgeführt werden. Eine stelle, wo مَنْسِم und حَافِر nebeneinander stehen, ist Ham. ۹۵۳ مَنَاسِمُ . . . . . وحَوَافِرُ „(es werden euch zertreten) kamel- und pferdehufe".

[3] eine besondere affection des hufs, das sog. hufweh, وَجًا Ham. ۴۰۳, siehe schon unter يعملة bei den kamelepithetis, vgl. auch noch Ham. ۷۱۲ (siehe schon unter ذِعْلِبَة) und ۷۹۰ (unter جَلِيل).

لا يَشْتَكِينَ عَمَلًا مَا أَنْقَيْنَ ما دام مُخٌّ فى سُلَامَى II 849 او عَيْنِ „nicht klagen [die kamele] über ihre arbeit, solang sie fett sind, solang [nemlich] mark in ihrem fussknöchel oder auge [s. oben حَدَقَة] ist"), die beiden knie رُكْبَتَانِ Meid. II 361 (كَرُكْبَتَيِ البَعِير, sprichwörtlich von zwei gleichen dingen),[1] der bauch بَطْنٌ Meid. II 284 (القُرُّ فى بُطُونِ الإِبِل „die kälte liegt im bauch der kamele", nach dem commentar: weil im frühling, wenn die kamele gebären, die kälte fortgeht), die brust كَلْكَل Ham. ٢٢٠ (dort plural كَلَاكِل),[2] die schulterblattgräthe غَارِب Ham. ٧٢٨ (pl. غَوَارِب), der rücken قَرًى (siehe schon bei طَوِيل), der widerrist كَاهِل Ham. ٧٤١, der höcker سَنَام Ham. ٢٥٧, ٩٩١, ٧٢١ und ٧٤١ wie in dem Meid. II 880 citirten verse des ʿAjid (زُبْدًا أَوْ سَنَامًا „butter oder einen kamelhöcker")[3] und in den sprichwörtern Meid. I 257 (أَتْمَكُ من سَنَامٍ „höher [= fetter] als ein kamelhöcker") und II 613 (ما فى سَنَامها

[1] niederknieen dagegen (und zwar dabei auf die brust, بَرْك, zu liegen kommen) بَرَكَ, so Meid. II 863 (هَذَا أَمْرٌ لا تَبْرُكُ عليه الإِبِلُ „dies ist eine sache, auf welche die kamele nicht knieen"; sie pflegen nemlich sonst auch auf dem rauhsten härtesten boden niederzuknieen; daher *mabrak* (siehe s. 209. anm. 1) „lagerungsplatz" (vgl. auch *bark* und *barraka* s. 201).

[2] die weibliche brust heisst beim kamel, rindvieh, schafen und antilopen ضَرْعٌ (beim menschen ثَدْىٌ), das euter خِلْفٌ.

[3] die kamelhöcker waren eine delicatesse für die Beduinen; das fett derselben hiess سَدِيف Ham. ٧٤٠ (سَدِيفُ السَّنَامِ ٢٥٧).— زُبْدٌ ist frischer butter von kuhmilch.

هُنَانَةٌ „in ihrem höcker ist kein fett“ d. h. sie ist nichts werth),[1] die höckerspitzen ذُرًى (singular ذُرْوَةٌ) Ham. ٩٥٤ (الذُّرَى, vgl. auch Ham. ٤٠٩ ذوات الذُّرَى „mit höckern versehene“ = = kamele),[2] syn. سَنَاسِن (sing. سِنْسِنَةٌ) Ham. ٩٨٩ und قَمَعٌ ebend. ٢٧٩, das schamglied ثَيْل Meid. I 456,[3] der urin (wie bei den menschen) بَوْل Meid. I 456 (أَخْلَفُ من بَوْلِ الجَمَلِ „[dem naturlauf] entgegengesetzter als das harnen des kamelhengstes“, da dieser und der löwe nicht wie die andern thiere sondern nach hinten zu uriniren),[4] die haut, in die der kamelembryo im mutterleib eingehüllt ist, سَلًا Meid. II 801 (فى سَلَا جَمَلٍ),[5] die lunge سَحْرٌ Ham. ٥٩٩ (siehe schon unter عَوْد, s. 157), die leber فِلْذ in einem vers al-Aʿšâ's des Bâhiliten (bei Lane, I, p. 2292 unter غُمَرٌ) und endlich die hautblase, die der kamelhengst aus dem hals, wenn er brünstig ist, heraustreibt (der sog. brüllsack) شِقْشِقَةٌ Ham. ١٩ comm. und Meid. I 673 (شِقْشِقَةٌ هَدَرَتْ ثُمَّ قَرَّتْ „der brüllsack hat gebrüllt,

[1] noch ein wort für höcker, حَدَبَةٌ, steht Freyt. Prov. III 426.

[2] weitere belegstellen zu ذُرًى Ahlw., Ch. al-A., s. 143 und 287.

[3] und zwar genauer der hautsack, in dem es sich befindet (vgl. *kitâbu 'l-fark*: والمِقْلَم من فَرْجِ البَعِيرِ وثَيْلٌ وِعَاءٌ).

[4] vgl. auch عَنِيَّةٌ in عَنِيَّتُهُ تَشْفِى الجَرَبَ „sein (des kamels) an der sonne getrockneter urin heilt die krätze“ Meid. II 97.

[5] vgl. auch die خُوَلَآءُ النَّاقَةِ genannten pflanzen Meid. II 849 („membranae camelae“).

dann aber wieder aufgehört", wie Ali gesagt haben soll, als er lang gesprochen hatte und noch weiter zu sprechen aufgefordert wurde). Die speise, die die Araber bei hungersnoth aus den haaren und dem blut der kamele machen, heisst عِلْهِزٌ in einem vers bei Lane (I, p. 2401 unter قَشْلٌ). — Das schlachten der kamele heisst جَزْرٌ Ham. ٧٣٨ und ٣٥٤, daher ein solches zum schlachten bestimmtes thier جَزَرٌ Ham. ٤١٩ comm., pl. جُزُرٌ Ham. ٤٨١ und ٤٨٣ und die zwei schlächter جَازِرَانِ (siehe schon bei ثِنْيٌ) heissen;[1] die milch لَبَنٌ, pl. أَلْبَانٌ (siehe schon bei مُطْفِلٌ) und حَلِيبٌ (siehe schon s. 111), melken حَلَبَ Meid. II 547 الحلب والصَّرّ „melken und die brustwarzen unterbinden (damit das junge nicht trinken kann)" (siehe auch بِكْرٌ, pl. أَبْكَارٌ) und اِحْتَلَبَ (siehe unter صَعُودٌ), vgl. auch s. 166 حَلُوبَةٌ und s. 187 لَبُونٌ „milchkamelin".

Das ausgestopfte junge, mit welchem man die kamelin, die ihr junges verloren hat, täuschen will, damit sie beim melken still halte,[2] heisst بَوٌّ Ham. ١٥٣, vers bei Meid. II 627 (siehe schon bei مَخَاضٌ, s. 189; dort آبْنِ بَوٍّ vielleicht in بَوِّهَا zu corrigiren?), und dann die kamelin selbst ذَاتُ البَوِّ Ham. ٣٧٩. Ein anderes manöver, eine kamelin, und zwar eine solche, die ihr junges nicht trinken lassen wollte, zu täuschen, bestand darin, dass man einen in der maske eines wilden thieres auf allen vieren auf das junge losspringen liess, um so das muttergefühl im kamel wachzurufen. Kamele, bei denen auch dies nicht half, sondern welche den melker wie das

---

[1] vgl. auch Freytag, Einleitung, s. 241 anm. und s. 243 oben.
[2] vgl. Rückert's Hamasa I, s. 95 anm.

säugende junge mit dem fuss wegstiessen (زَبَنَ), hiess man ذَوَاتُ الزَّبْنِ (Meid. II 222 فَصِيلُ ذَاتِ الزَّبْنِ).

Den mist von sich lassen, **misten** heisst vom kamel (wie auch von rindern, schafen und antilopen) بَعَرَ (*kit. al-fark*), woher der name بَعِير kamel d. i. „das mistende" kommt. Für **kameltruppe** und **-heerden** unterscheiden die Araber je nach der anzahl der kamele verschiedene bezeichnungen: ذَوْد (von ذاد treiben,[1] vgl. als analogie ἀγέλη von ἄγω, *agmen* von *ago* und trupp von treiben) „ein kleiner trupp von drei bis zehn kamelen" Ham. ٢٥٥ ذَوْدَةٌ, pl. أَذْوَاد Ham. ٢٣٧ und ٤٢٢, wie in einem Meid. II 500 citirten verse des Ṭulaiḥatu, — صِرْمَةٌ „kameltrupp von zehn bis dreissig (und darüber)" Ham. ٧٥٣ (woselbst der comm. „ungefähr vierzig" erklärt) und ٧٥٥ صِرْمَةً بَعْدَ هَجْمَةٍ „ein (kleiner) kameltrupp nach einem grossen", denn — هَجْمَةٌ ist „ein kameltrupp von ungefähr hundert stück" Ham. ٢٢٩, ٢٥٩ (siehe schon bei زَازِم, s. 170), ٩٣٧ (siehe صَفِيَّةٌ s. 176), ٩٩٨ بِهَجْمَةٍ مِائَةٍ „mit einem kameltrupp, hunderten" (nominalapposition) und ٧٤٥ (siehe schon unter إِبِلٌ). Ein wort, das sonst von gazellen- und oryxantilopenrudeln[2] (auch von vogelschwärmen), dann übertragen von jungfrauen, gebraucht wird, سِرْب, kommt Ham. ٧١٢ auch in der bedeutung „kameltrupp" vor.[3]

---

[1] davon ذَوَّاد kameltreiber (siehe schon bei عَيْهَل, kamelepith. no. 118).

[2] Ahlwardt, Ch. al-Aḥm., s. 142 „rehe und wilde kühe" nach der herkömmlichen aber unrichtigen bezeichnung.

[3] dort ist wohl unbedenklich سِرْبَهَا statt سَرْبَهَا zu corrigiren.

Noch sind namen für kameltrupp بَرْك (urspr. „eine heerde auf ihrer brust [بَرْك][1] ruhender kamele") Ham. ٢٠٠ (مِنَ البَرْكِ) und ٧٢٠ (siehe schon unter بَهْزَرَة, s. 163), سَوَام „weidende kamele" Ham. ٧٥٣ (سَوَامِي), عُصْبَة (auch allgem., z. b. von menschen u. a.) Ham. ٩٨٨ كُومْ بَرَّكَتْ عُصَبَا „hochhöckerige kamele, welche in haufen sich niedergelagert hatten" und وَسِيقَة (urspr. „fortgetriebene kamele", = طَرِيدَة Ham. ٣٧٥. Die wörter für das schreien der kamele sind رَغَا (siehe schon unter رَاغِيَة s. 171) und هَدَرَ[2] (siehe schon مُهَدِّر, s. 194), und von der kamelin, wenn sie ein langgedehntes brüllen nach ihren jungen ausstösst, حَنَّتْ (siehe schon s. 167 حَانَّة und die anm. dazu); ausserdem ist noch zu erwähnen das verbum ضَجَّ Ham. ٣٠٤ (siehe schon bei جَمَل).

Auch je nach ihrer heimat werden die kamele verschieden benannt, und zwar werden als besonders vorzüglich gerühmt die von Šadan in Jaman (شَدَنِيَّة Mu'all. des 'Antara, vers 22),[3] dann die hadramautischen Ham. ٧٨٣ (siehe schon unter مُسَانَدَة)

---

[1] vgl. oben die anmerkung zu رُكْبَتَانِ uud den gleich unten mitzutheilenden beleg zu عُصْبَة „kameltrupp".

[2] und zwar nach dem *kitâb al-farķ*: اذا هَاجَ.

[3] deren hirte wird dort طِمْطِم und أَعْجَم „ein barbarisch redender" (weil Südaraber) genannt.

und die maharitischen (ebendaselbst),[1] sämmtlich südarabische; als gute lastträger galten die von al-Ḥîra (vers des Ṣaḫr al-Ġajj bei Lane, I, p. 2274 unter غَفِيرَةٌ, wo es heisst فَٱمْشُوا كَمَا تَمْشِي جِمَالُ الْحِيرَهْ „therefore march ye as march the camels of El-Ḥeereh") an der nordostgrenze Arabiens. Die zweihöckrigen aus Hochasien stammenden werden erst in der spätern literatur erwähnt und waren den alten Arabern nicht bekannt (so الْبُخْتِيُّ *al-buḫtijju* „chorasanisches oder baktrisches kamel"[2] in einem Meid. II 553 citirten verse Abû-Ḏu'aib's,[3] und تُرْكُمَانِيٌّ *turkumânijjun* Freyt. Prov. III 425 جَمَلٌ تُرْكُمَانِيٌّ هَاجَ وَوَقَفَ „ein turkomanisches kamel machte einen anlauf und blieb dann wieder stehen"). — Ueber eigennamen, die man einzelnen kamelen gab, siehe Freytag, Einleitung s. 231, wo noch Sirâb, der name einer kamelin (vgl. Rückert, Hamasa I, s. 336), hinzuzufügen ist. — Die pflanzen, welche die kamele fressen, sind die blätter des *ṭalḥ*-baums oder der akazie, des bittern nach salz schmeckenden *ḥamḍ*-strauchs (daher sie Ham. ٧٩١ طِلَاحِيَّات und حَمَضِيَّات „Ṭalḥ- und Ḥamḍ-fresserinnen" heissen) und des *Ḫamṭ*- oder *Arâk*-baums (siehe unter آرَك und مُتَخَمِّطٌ, s. 159 und 168).[4] Wenn sie nicht auf freier weide

---

[1] vgl. auch die anm. zu ذَمُول, s. 170 anm. 1 und Mehren, Rhetorik der Araber, s. 293 unter مَهْرَةُ بن حَيْدَان.

[2] nach andern speciell die, die durch kreuzung arabischer stuten mit chorasanischen hengsten entstanden sind.

[3] starb 26 d. Hiǵra unter ʿUṯmân.

[4] vgl. auch Freytag, Einl., s. 241 f., wo die pflanzen, die die kamele fressen, in zwei klassen, in bittere (حَمْض *ḥamdun*) und süsse (خُلَّة *ḫullatun*) eingetheilt werden.

gehn dürfen, so schwelgen sie in „trocknen schwarzgewordenen kräutern“ (فِى الدَّرِينِ الأَسْوَدِ) Ham. ٥٢٧; die erwähnung der pflanze *harm* siehe schon unter مُقَيَّدْ, s. 187. — Der durch die nase der kamele gezogene ring heisst خِزَامَةٌ (pl. خَزَائِمُ), siehe Lane I, p. 734 (daher Ham. ١٩٥ المَطِىُّ المُخَزَّمِ „die mit solchen ringen versehenen reitthiere“) syn. بُرَةٌ, pl. بُرًى Ham. ٥٥٤ (siehe schon bei أَقْوَدُ, s. 187) und ٣٢٩ (تَخَايَلُ فِى البُرَى); dieser ring dient bei den kamelen statt des gebisses beim pferd, und durch ihn werden sie geleitet.[1] — Um die kamele zu erkennen, brannte man ihnen zeichen ein, daher dafür der name نَارٌ „feuer“, so im sprichwort نِجَارُهَا نَارُهَا „ihr (der kamele) ursprung (ihre abkunft) ist ihr (= erkennt man an ihren) zeichen“ Meid. II 757; eine ausführliche erörterung darüber (besonders aufzählung verschiedener t.t. dafür) gibt Freytag, Einleitung s. 234 f. — Durch gesang und verschiedene rufe werden die kamele beruhigt oder aufgemuntert; so hat das wort حَادٍ[2] „kameltreiber“ die specielle bedeutung „der durch gesang die kamele antreibt“ angenommen, Ham. ٤٨٧ (siehe schon bei نِضْوٌ s. 191), ٢٣٣ comm. وَرَجَّعَ الحَادِى لها هَمَاهِمَا „und es lässt der kameltreiber wiederholt ihnen ertönen laute rufe (oder töne, sing. هَمْهَمَةٌ)“[3] und im sprichwort Meid. II 329 كَالحَادِى وَلَيْسَ لَهُ

[1] vgl. auch Freyt. Einl., s. 233 und 237.

[2] part. von حَدَى (z. b. Meid. I 91 إِنَّكَ لَتَحْدُو بِجَمَلٍ „tu canendo propellis camelum“).

[3] nach Rückert („weckt neu der treiber ihr gestön“) gingen hier die töne von den kamelen, nicht vom treiber aus.

بَعِيرٌ „wie der kameltreiber, während er keine kamele hat“. Der hirte, der den kamelen هيج *hîǵ* zuruft, heisst المُجَهْجِج Ham. ٧١۴ (dort vom wegtreiben von der cisterne), und der *hab hab* rufende مُهِيبٌ Ham. ۴٧٩ (siehe schon bei عَجُول, s. 178); beim melken (siehe schon oben) beruhigt man sie durch *bas bas* rufen (أَبَسَّ Meid. II 487, siehe schon bei نَاقَة), daher der so ruft مُبِسّ heisst Ham. ٥١٩ (siehe schon bei بَازِل s. 156). — Speciell für den kamelritt wird das verbum رَكِبَ[1] gebraucht, so Ham. ٨ فُرْسَانًا[2] ورُكْبَانًا „zu ross und zu kamel“ und ٥١٨ غَيْرَ رَاكِبٍ „zu fuss“, Meid. I 259 رَاكِبُ فَصِيلٍ (siehe schon bei فَصِيل, s. 153); daher dann auch das subst. مَرْكَب Ham. ١٧۴ und ٣٢٥ (pl. مَرَاكِب Ham. ٣٢٠) „kamel“, eigtl. „fahrzeug“ (sonst auch „schiff“; vgl. den spätern ausdruck „schiff der wüste“) und das gewöhnliche wort für reitkamele (coll.) رِكَاب[3] Ḳur'ân 59, 6, Ham. ١٩١, ٢٢٩, ۴٨٧, ٥٩٣ (siehe schon bei مُخَيَّس, s. 169), ٦٣٧ (siehe schon s. 131) und ٧٣٦, pl. رَكَائِبُ Ham. ١٥٦, ١٥٧, ٥١٨ (قَبْلَ الرَّكَائِب) und ٧٩٠ شُدُّوا قُتُودَ الرَّكَائِب „bindet die sättel der reitthiere auf!“ (zu قُتُود vgl. auch Ham. ٧٢۴, siehe schon

---

[1] hie und da, doch seltener, auch vom pferdritt, so Ham. ٣٣٨ (siehe s. 111 oben).

[2] plur. von رَاكِبٌ.

[3] vgl. auch äth. I Reg. 30, 17 አርኩባት፡ und ርኩባት፡ „kamele“ und arab. رَكُوبَة dass. (daher kommt natürl. das R. Hartmann [Z. f. Ethn. I, s. 76] räthselhafte Gallawort *rukûbe* „kamel“); vgl. auch ass. *rukubi*, z. b. Asarh. 4, 16 (zw. *sûsi* und *alpi*).

bei نَاجِيَة, s. 190); synonyma von رِكَاب sind حَمُولَة „lastthier“ Ham. ١۴٨ u. ö. und das sehr häufig gebrauchte wort مَطِيّ „reitthiere“ (collectiv; einheitsnomen مَطِيَّة, so z. b. Ham. ٥١٧) Ham. ١٩٥ und passim (siehe schon s. 189).

Unter den mancherlei krankheiten des kamels ist die am häufigsten genannte eine art ausschlag oder krätze العَرّ, daher ein damit behaftetes thier ذُو العَرِّ (vers Nabiga's bei Meid. II 360 كَذِى العَرّ يُكْوَى غَيْرُهُ وَهْوَ رَاتِعُ „[du hast mich gelassen, gemacht] wie ein räudiges kamel, wo ein anderes gebrannt[1] wird, während es selbst frei umherweidet“) heisst; der gewöhnlichste name für so ein kamel ist aber

(163) أَجْرَبُ *ağrabu* „krätziges, räudiges (kamel)“ Ham. ٢٥٥ كَمَا يُقْصَى من البَرْكِ أَجْرَبُ „wie von der heerde entfernt wird ein räudiges kamel“ und ٥١٩ كانّه مَطْلِيٌّ به القَارُ أَجْرَبُ „als ob er (wegen seines unglücks) ein mit pech bestrichenes räudiges kamel wäre“, fem. جَرْبَآءُ ٢٥٨ comm. جَرْبَآءُ حَائِلًا[2] (siehe schon bei قَلُوص), ٢٩٨ تَمَرُّسَ الجَرْبَآءِ لَاقَتْ جُرْبًا[3] „wie sich eine räudige

---

[1] nemlich des heilens wegen; vgl. auch Meid. II 704 من أَبْعَدِ أَدْوَآءِهَا تُكْوَى الإِبِلُ „wegen der fernliegendsten krankheit schon werden die kamele gebrannt“.

[2] wie ich statt جَرْدَآءُ حَائِلًا lese.

[3] zu تَمَرُّس vgl. Ham. ٣٣٢ [siehe schon bei هِيمٌ; zu construiren ist dort هِيمٌ تَمَرَّسُ بِهِيمٍ طُلِيَتْ „durst geplagte kamele, die sich an (andern) durstgeplagten, welche mit pech beschmiert sind, reiben“].

kamelin, wenn sie (andern) räudigen begegnet, (an diesen) reibt“, ٧١٨ جَرْباءَ حَائِلا (siehe ebenfalls schon bei قَلُوص) und ٧٣٣ خُلِطَتْ صَحِيحَتُنا الى جَرْبَائِهِ „indem unsere gesunden thiere vermischt wurden mit seinen räudigen“,[1] pl. جُرْبٌ Ham. ٢٩٨ (siehe oben beim fem.) und ٧١١ خُضُوعَ الجُرْبِ للطَّالِي „wie die räudigen kamele dem bestreicher willfährig sind“, und جَرْبَى Ham. ٢٠٠ كَمَا تَدْنُو الصِّحَاحُ الى الجَرْبَى فَتُعْدِيها „wie sich die gesunden (kamele) den räudigen nähern und diese sie dann anstecken“ und in den (späteren) sprichwörtern Freyt. Prov. III, no. 220 أَبْغَضُ من الجَرْبَى ذاتِ الهِنَآءِ „undankbarer (eig. exosior) als die räudigen kamele, welche (mit pech) bestrichen werden“ und ebendas. no. 3029 نَحِّ الجَرْبَى عن العَارَّةِ „trenne die räudigen kamele von den mit lippengeschwüren (عُرٌّ) behafteten“; der, welcher solche kamele besitzt, heisst deshalb مُجَرِّب Meid. II 527 (لا أَلِيَّةَ لِمُجَرِّبٍ „nicht gibt es einen eid für einen, welcher räudige kamele besitzt“). Ein heilmittel gegen diese krätze (جَرَبٌ) ist an der sonne getrockneter kamelurin Meid. II 97 (siehe schon s. 198, anm. 4), ein anderes, und zwar das gewöhnlichste, dass man die thiere mit pech beschmiert, so Ham. ٣٣٢, ٥١٩, ٧١١ (alle drei stellen schon oben) und ٧٤٥ جِمَالٌ طَلَاهَا الزِفْتَ والقَطِرَانَ طَالِ „kamele, welche einer mit harz und flüssigem pech beschmiert hat“; den lappen, womit man dieses thut,

---

[1] das fem. جَرْبَاءُ bezieht sich hier auf ein im text vorhergehendes مَالَنَا „unsern viehstand“.

nennt man زِبْدَةٌ (so in einem vers bei Meid. II 871 لَوْ لا نِعْمَتِى كُنْتَ كالزِبْدَةِ „wenn nicht meine huld gewesen wäre, hättest du einem (solchen) lappen geglichen“) und طُلْيَةٌ (sprichwort: Meid. II 871 هُوَ أَهْوَنُ عَلَىَّ من طُلْيَةٍ „er ist mir verächtlicher als (so) ein lappen“ und II 891 dass. mit den varianten من رَبَذَةٍ und من ثُمْلَةٍ); Meid. II 429 werden endlich zwei verschiedene arten der einreibung لَيْسَ الهَنْأُ بالدَّسّ (vgl. schon oben الهِنَآءُ) unterschieden. — Die an weissen pusteln (قَرَعٌ) leidenden jungen kamele nennt man القَرْعَى (Meid. I 609 in einem sprichwort).[1] Für das ungeziefer, womit die kamele geplagt sind, gibt es verschiedene namen; der gewöhnlichste ist قُرَاد in einem bei Lane II, p. 1305 citirten vers (vgl. auch Meid. II 855) مَكانُكَ . . . مَكَانُ القُرَادِ مِنَ آسْتِ الجَمَل „dein platz (beim stamm Wâ'il), ist der platz der kamellaus am hintern des kamelhengsts“, im sprichwort Meid. I 511 أَذَلُّ من قُرَادٍ بِمَنْسِمٍ „verächtlicher als die kamellaus an einer kamelhufklaue“[2] und der pl. قِرْدان in einem

---

[1] über andere krankheiten der kamele vgl. auch noch Freytag, Einleitung, s. 243 f.

[2] مَنْسِم ist nicht die schwielige sohle, durch welche beide fussklauen oder zehen beim kamel vereinigt sind, sondern eine der beiden hufklauen; daher das wort bei Aṣmaʿî unter der kategorie ظُفْر steht, während خُفّ den ganzen, aus beiden zehen bestehenden kamelhuf bezeichnet und deshalb bei Aṣmaʿî unter رِجْل fuss aufgeführt ist (vgl. schon anm. 2 auf s. 196).

ebendaselbst citirten vers Farazdaḳ's, wo es heisst أَذَلُّ من القِرْدانِ تَحْتَ المناسِمِ „verächtlicher als die kamelläuse unter den kamelhufklauen". Eine besonders grosse art ist عُلّ Meid. II 556 (in einem sprichwort, wo auch noch ein anderer name für kamellaus vorkommt) أَلْزَقُ من بُرَامٍ وأَلْزَقُ من عُلّ „sich fester anhängend als *burâm* und *'ull* (zwei arten von kamelläusen)", zwei besonders kleine arten طَبُوع und قَمْقَامَة (ersteres Freyt. Prov. III, no. 3187 أَنْتَ أَهْوَجُ عَلَيَّ من الطَبُوعِ „du bist mir verächtlicher als eine kleine kamellaus" und das zweite Meid. II 284 (siehe schon unter بَازِل); ein weiteres synonynum جَحْن kommt Meid. I 239 vor und ist schon unter عَنْس, s. 182 mitgetheilt. Wie den esel (siehe s. 119 unten), so plagten auch das kamel eine art blauer fliegen Ham. ١٩١ وَجْدَ الرِكَابِ من الذُبَابِ الأَزْرَقِ „wie die kamele schmerz empfinden von den blauen fliegen", und Ḥam. ٧١١ heisst es vom kamel (قَرِيحُ الظَهْرِ „beschwielten rückens"): „es freut sich der rabe, seiner ansichtig zu werden" (يَفْرَحُ أَنْ يَرَاها . . . . . الغُرَابُ), um nach den im beschwielten kamelrücken befindlichen engerlingen zu hacken".

Zum schluss seien noch folgende die schlimmen und guten eigenschaften des kamels mit je einem adjectiv ausdrückende sprichwörter aufgezählt: أَحْقَبُ من جَمَلٍ „rachsüchtiger" (Freyt. Prov. III, no. 650), أَصْوَلُ من جَمَلٍ „(auf die menschen) ergrimmter"[1]

---

[1] wörtl. „losstürmender, anspringender als ein kamel".

(Meid. I 745), أَغْيَرُ من جَمَلٍ „eifersüchtiger, argwöhnischer" (Meid. II 190), aber auch أَهْدَى من جَمَلٍ „besser (eine karawane) anführend" oder „durch die wüste führend" (Meid. II 896; I 407) und أَصْبَرُ من الخ (in einem vers[1] bei Meid. I 739) „geduldiger — als ein kamel", und der sehr treffende passus jener abschiedsrede Akṯam ibn Ṣaifî's (vgl. s. 51, mitte) über die kamele mitgetheilt: ولا تَضَعُوا رِقَابَ الإِبِلِ فى غَيْرِ حَقِّهَا فَإِنَّ فِيهَا ثَمَنَ الكَرِيمَةِ وَرَقُوءَ الدَّمِ وبِأَلْبَانِهَا يُتْحَفُ الكَبِيرُ ويُغَذَّى الصَّغِيرُ وَلَوْ أَنَّ الإِبِلَ كُلِّفَتِ الطَّحْنَ لَطَحَنَتْ „und beladet nicht den nacken der kamele mehr als recht und billig für sie ist, denn in ihnen besteht der preis der edeln (zur gattin erkorenen)[2] und die sühne des bluts, und mit ihrer milch kann man sowol den vornehmen beschenken als den armen ernähren, und wenn die kamele gezwungen würden, mehl zu mahlen, so würden sie (sogar) dies (geduldig) thun."

Wenn man nun diese stelle mit der ihr in jener rede unmittelbar vorhergehenden (s. 51), welche den preis der rosse enthält, vergleicht, so hat man zugleich ein klares bild von der gegenseitigen stellung und dem rang, welchen beide thiere, pferd und kamel, im leben der alten wie heutigen[3] beduinen

---

[1] أَصْبَرُ من ذى ضَاغِطٍ مُعَرَّكٍ ‖ أَلْقَى بَوَانِى زَوْرِهِ لِلْمَبْرَكِ „geduldiger als ein schwielenträger (wörtl. „a camel, such as has a tumour in the armpit much rubbed and pressed"), welcher seine brustrippen hinstreckt auf den lagerungsplatz (vgl. oben بَرَكَ)". Siehe auch den schon bei عود, s. 157 mitgetheilten vers أَصْبَرُ من عَوْدٍ الخ.

[2] d h. kamele sind die beste mitgift, die die gattin mitbringen kann.

[3] vgl. die worte Palgrave's, mit denen er den abschnitt über das kamel in seinem vortrefflichen aufsatz „Arabia" (in der Encyclopädia Britannica, 9th edition, vol. II, Edinb. 1875, p. 235—265; über das kamel

eingenommen haben: beide sind unzertrennlich mit dem thun und treiben der söhne der wüste verbunden, beide der hauptinhalt, oder vielmehr die hauptstaffage in ihren alten gedichten, und zwar das pferd das edle, das kamel das nützliche reitthier κατ᾽ ἐξοχήν.[1] Daraus begreifen sich alle lobpreisungen beider, daraus auch die hie und da, doch höchst selten sich findende herabsetzung des letzteren, und es ist deshalb seltsam, und eben blos das urtheil eines sich nicht in den geist und die lebensweise des Beduinen versetzenden Europäers, wenn ein mann wie A. E. Brehm in der weise über das arabische kamel loszieht, wie er es in seinem sonst so einzigartigen unserer ganzen nation ehre machenden werke „das Thierleben"[2] gethan hat. Um dafür, dass seine darstellung dieses nützlichen und dem Araber wenn auch nie das ideal der schönheit[3] wie das ross, so doch nicht unpoetisch erscheinenden thieres hie und da wirklich an ungerechtigkeiten leidet, eine autorität, die länger als Brehm im orient gelebt und sicher mehr mit land

---

p. 242) einleitet: „Below the horse in popular estimation and market value, but far above him in general utility so far as Arabia is concerned, comes that eminently Arab animal the camel" und den schluss: „But although the camel, whether as an article of use or of sale, is far more important to Arabia than the horse, it is in intelligence and docility immensurably inferior to the latter animal, never becoming attached to, or even, seemingly at least, acquainted with its owner; and never obeying except perforce and under protest." — Der aufsatz, aus dem dies genommen ist, ist s. 41 als die werthvollste zusammenfassung alles dessen, was wir über das heutige Arabien wissen, nachzutragen.

[1] vgl. auch noch van Lennep Bible Lands I, p. 237 (weiter unten in einer anm. mitgetheilt).

[2] grosse ausgabe, 2. aufl., I. abth., band III (Leipzig, 1877), s. 59—73 (besonders s. 59 oben und s. 67 ff.)

[3] die vergleichung der geliebten in ihren eigenschaften oder gliedern mit einer (jungen) kamelin kommt zwar in der nachmuhammedanischen poesie oft und bis zur geschmacklosigkeit getrieben vor, in den ǵahilitischen gedichten aber höchst selten (so werden z. b. in der Muʿall. des ibn-Kulṯûm, v. 14 — siehe bei بَكْر — die arme der geliebten mit den vorderfüssen der kamelin verglichen); dem alten Araber sind vielmehr die gazellen und oryxantilopen der urtypus weiblicher schönheit.

und leuten daselbst vertraut war, wie er,[1] anzuführen, sei es nur erlaubt, das urtheil C. B. Klunzinger's[2] zu citiren, welcher über das kamel folgendes sagt: „Alles ist an diesem Thier absonderlich, aber es ist eben im Bau und Anlage durch und durch wie eigens für den Gebrauch, den man von ihm macht, als Wüstengehmaschine eingerichtet. Wir wollen nicht versuchen, dieses Geschöpf gegenüber seinem Ankläger Brehm moralisch rein zu waschen, aber wir bewundern an ihm Genügsamkeit, Bedächtigkeit, Kraft, Ausdauer,[3] Stätigkeit, und trotz zeitweiser Störrigkeit doch wieder grosse Langmuth und Leitsamkeit, eine Vereinigung von Eigenschaften, wie sie kein anderes Thier, nicht einmal Esel und Maulthier, geschweige denn Pferd und Ochse zeigt."[4]

---

[1] siehe Brehm a. a. o., s. 69, z. 7 von oben: „und nur von einem, welcher mindestens ebensolange Kamele behandelt hat und von ihnen mishandelt worden ist, lasse ich mir widersprechen." (wozu man noch anm. 4 schluss — van Lennep — vergleiche.)

[2] Bilder aus Oberägypten, der Wüste und dem rothen Meer" (Stuttg. 1877), s. 203.

[3] vgl. dazu aus altarabischer zeit die schöne schilderung der ausdauer eines ganz vom reisen abgematteten kamels in der überhaupt an prachtvollen naturschilderungen reichen Mu'all. des Labîd, v. 22 ff.

[4] dagegen wirkt fast traurigkomisch die auslassung Brehm's a. a. o., s. 68 unten: „Ernsthaft gesprochen: das Kamel steht an Adel hinter sämmtlichen übrigen Hausthieren zurück; es besitzt keine einzige wirklich grossartige Eigenschaft des Geistes; es versteht die Kunst, den Menschen rasend zu machen. Und deshalb hat auch die Bezeichnung Kamel, welche unsere Hochschüler anwenden, einen tiefen Sinn; denn wenn man mit diesem Titel einen Menschen bezeichnen will, welcher die hervorragendsten geistigen Eigenschaften eines Ochsen, Esels, Schafes und Maulthiers in sich vereinigt, kann man kein besseres Sinnbild wählen." ' Ich denke vielmehr, dass gebildete junge leute diesen ausdruck schon deshalb meiden sollten, weil es lächerlich ist, den namen eines thieres, dessen vorzüge wie fehler man bei uns in Europa meist gar nicht kennt, als schimpfwort zu gebrauchen. — Vgl. auch van Lennep, Bible Lands, I, p. 237: „Some people claim, that the camel is very homely and uncouth We believe this prejudice arises from the difficulty men experience in altering their standard of beauty. People of the East, who are accustomed to the sight of the camel, find nothing ungraceful either in his form or motion, but, on the contrary, consider him comely and majestic; and all must acknowledge that his figure adds

Um das bild des kamels, und zwar nach den vielen zeugnissen aus altarabischer zeit nun auch aus neueren schilderungen zu vervollständigen, sei es gestattet, den schon erwähnten passus aus Palgrave's Arabia mit auslassung der beiden schon unten im original mitgetheilten stellen, hier in übersetzung mitzutheilen: „„. Von den kamelen gibt es verschiedene arten: das beste, schnellste, schlankgebauteste und das sich bei der leitung am gelehrigsten zeigt, ist das „*hagîn*“[1] oder dromedar, zuweilen auch „*dalûl*“[2] oder „leichte“ genannte. Es wird beinah ausschliesslich zum reiten verwendet, während die „*ibl*“ [altarab. *ibil*] genannten, oder die gewöhnlichen kamele, welche man leicht von den andern durch derberen bau, langsameren schritt und unlenksamere anlage unterscheidet, lastthiere sind und in der that zu allen zwecken verwendet werden. Diese art wird auch sehr gewöhnlich wegen ihres fleisches und ihrer milch gehalten und gezogen, gerade wie sonst das hornvieh; und wirklich ist durch die ganze halbinsel gekochtes kamelfleisch der gewöhnlichste artikel von animalischer nahrung, — ein welkes, geschmackloses gericht, der geringsten sorte rindfleisch nicht unähnlich; die etwa noch drin sich findende schmackhaftigkeit ist bisamartig und keine angenehme. Hingegen ist die milch ausgezeichnet, an qualität und zuträglichkeit für die gesundheit der der eselin gleich; doch macht man weder butter noch käse daraus. Das wollige haar, welches bei den kamelen von

---

not a little to the picturesque character of Oriental scenery“ und p. 242 „he has the name of being vindictive (so nach der alten erklärung, vgl. dagegen das s. 144 zu جَمَلٌ bemerkte); usually however he is gentle vgl. جَمِيل!), patient, and much enduring“. Van Lennep hat übrigens „spent almost a life time in the East“ (Introduction, p. 6).

[1] هَجِين (altarab. هِجَانٌ, siehe s. 193, während هَجِين dort gerade das gegentheil war: „pferd von gemeiner race; schlecht, werthlos“).

[2] so nach der heutigen aussprache; altarabisch ذَلُولٌ („easy, tractable“).

Nedschd und Oman besonders zart und fein ist, dient zur verfertigung von kleidungsstücken, zu welchen es manchmal allein, manchmal mit wolle vermischt, verwoben wird; es steht in jeder beziehung weit über der schafwolle. Die gewöhnliche farbe des thieres ist in den nordarabischen provinzen ein röthliches braun, doch in Nedschd und durch den ganzen süden sind lichterer töne, von grau bis weiss variirend, gewöhnlicher; schwarz ist ausserordentlich selten und hochgeschätzt.[1] Die gattungen, die am wenigsten werth besitzen, sind die vom norden und westen, — das ist, die vom Gauf, von Šomer, vom Higâz und von Jaman. In Nedschd, eine gegend, welche man wegen der grossen zahl ihrer herden manchmal *Umm-al-Ibl* oder „die Mutter der Kamele“ nennt, wird der schlag vorzüglicher; doch alle stimmen darüber überein, die palme den omanischen dromedaren zuzuerkennen. Schliesslich aber sind die kamele über ganz Arabien hin, sei es nun unter den beduinen oder den städtebewohnern, der erste handelsartikel, die beliebteste anlegung ihres wolstands und der gewöhnliche stamm des vermögens.““

„„Die arabische gattung, kamel oder dromedar, hat nur einen höcker, welcher je nachdem es dem thier gut oder schlecht geht, an umfang wächst oder zusammenschrumpft. Auf diesen rücken setzt man den sattel (und zwar reitsattel — *ghabît*,[2] packsattel — *shedâd*); ein strick ist der einzig in an-

---

[1] vgl. auch die bemerkung bei اصهب, s. 177 anm. 1; nach obigem wäre also اسود dort doch wörtlich zu verstehen; Brehm a. a. o., s. 60 sagt: „die Araber halten alle schwarzen kamele für schlechtere werthlosere thiere als die lichteren, und pflegen sie deshalb schon in früher jugend zu schlachten.“ Vielleicht ist der widerspruch zwischen Palgrave und Brehm dadurch zu erklären, dass in verschiedenen gegenden Arabiens die schwarzen kamele verschiedenen werth hatten, in einigen sehr hohen (so vielleicht in Jaman und Oman), in andern dagegen (so vielleicht in Aegypten und Nordwestarabien) sehr geringen; vom stamm Kalb z. b. (siehe s. 32 oben) wissen wir, dass dessen schwarze kamele hochgeschätzt waren (v. Kremer, Kulturentlehnungen, s. 47).

[2] غَبِيط reitsattel, شِدَاد pl. von شَدَّة packsattel, eigentl. „act des aufbindens“.

wendung kommende zügel, obwol selbst dieser mehr und mehr bei den Arabern abkommt, welche dann das thier einfach durch einen tritt mit der ferse oder einen schlag auf den nacken mit dem *miḥǵan*,[1] einem kleinen krummen von der hand des reiters geführten stock leiten. Der durchschnittliche reiseschritt, ein passgang, beträgt zwischen fünf und sechs meilen stündlich, und ein gutes dromedar trabt ihn von den vierundzwanzig tagesstunden fünfzehn stunden lang eine ganze woche hindurch fort. Sechs tage des sommers und zehn tage des winters sind der längste zeitraum, worin das dromedar seinen schritt ohne eine frische wasserdarreichung fortsetzen kann; desshalb heisst auch das beste der art ein *ʿashârî*[2] oder „zehner". Zwei centner[3] ist die durchschnittsladung eines arabischen lastkamels.""

„„Bei keinem thier kostet dem besitzer die unterhaltung so wenig, wie beim kamel: die dornen der wüste, trocknes gras, kaktussträucher und euphorbien, keines von ihnen kommt für seinen appetit zur unrechten zeit; ein ungefähr ein pfund wiegender und aus gerstenmehl und wasser gekneteter teigball wird ihm jeden abend, wenn es besondere arbeit gegeben hatte, dargereicht.""

„„Die durchschnittliche lebensdauer eines kamels ist dreissig jahre, die des dromedars etwas weniger; der preis beider schwankt zwischen 80 und 1600 mark, je nach der qualität, wobei die von Oman[4] den besten markt erzielen. Doch obwol u. s. w.[5]""

Die grosse culturhistorische bedeutung, die das kamel seit den zeiten des islâm weit über die grenzen Arabiens hinaus

---

[1] مِحْجَن schon altarabisch so genannt.

[2] عَشَارِى; bei Palgrave steht „ashavee" (sic).

[3] engl. „two hundred weight"; Brehm a. a. o., s. 71 „bei Wüstenreisen wird ein Lastkamel mit höchstens hundertfünfzig Kilogramm beladen".

[4] vergleiche als bestätigung Ritter Arabien I, s. 486 (die ganze seite).

[5] siehe oben s. 209, anm. 3.

gewann, fasst A. von Kremer[1] in die auf den ersten augenblick manchem kühn erscheinende aber durchaus wahre behauptung zusammen, „dass das ganze Volksleben des Islâm auf dem Kamel und dem hiedurch vermittelten grossartigen Verkehre beruhte und zum Theil — denn die Neuzeit mit ihren Dampfschiffen und Locomotiven hat auch im Oriente viel geändert — noch jetzt darauf beruht“.

Werfen wir nun zum schluss einen blick in die alleraltesten zeiten, über zwei jahrtausende, bevor uns die Araber selbst in ihren liedern vom kamel kunde geben, zurück, so finden wir immerhin genug wenn auch noch so zerstreutes material, um in wenigen seiten eine geschichte dieses thieres bei den semitischen völkern geben zu können, ja wo die historischen notizen aufhören, zeugt um so beredter die sprache, und lässt uns von fern in zeiten schauen, über denen bis vor kurzem für das menschliche auge auf immer ein dichter schleier zu ruhen schien, bis die sprachvergleichung es wagte, ihn zuerst leise zu lüften, bis es ihr endlich gelungen ist, ihn fast ganz wegzuziehen; freilich sind solche vorhistorische zeiten zu sehr der gegenwart entrückt, als dass wir, auch wenn jener schleier sie nicht mehr verhüllt, sie klar zu schauen vermöchten; aber schon die umrisse zu erkennen, und wo alle geschichte schweigt, doch einzelne wenige besonders hervorragende thatsachen sogar klar und deutlich erschliessen zu können, ist genug triumph für die im dienst der culturgeschichte arbeitende philologische wissenschaft unserer tage.

Wenn man auch auf den altägyptischen denkmälern keine abbildung des kamels findet, so war doch zur zeit des neuen reiches dies thier den alten Aegyptern sicher bekannt, und zwar unter einem namen, der der form des wortes nach nothwendig semitische entlehnung ist (*kamoaal*, *kameli*, *kamelia*); in einem von Chabas mitgetheilten papyrus aus dem 14. jahrh. vor Chr. heisst es: „das kamel, welches horcht aufs wort, wird herbeigeführt aus Aethiopien“; ebenso ist „vom lasttragen des kamels“ die rede, und in derselben zeit wird in papyrusrollen eines tanzes erwähnt, den man wegen der ergötzlichen bewegungen des

---

[1] Kulturentlehnungen, s. 52 oben (vgl. auch vorher s. 45—52).

seinen körper hin- und herwiegenden kameles *kamelikameli* nannte.[1] Auch bei den Hebräern finden wir schon seit den ältesten zeiten das kamel (גָּמָל); bereits Abraham hatte viele kamele, und schon damals waren dieselben den Aegyptern bekannt (also geraume zeit vor der obigen erwähnung), denn ohne kamele wäre die reise des patriarchen, zuerst von Mesopotamien nach Palästina, dann nach Aegypten, kaum möglich gewesen,[2] auch werden sie Gen. 12, 16 ausdrücklich unter dem viehstand, den Abraham während seines aufenthalts in Aegypten besass, erwähnt.[3] Wenn das kamel auch nur in einem kleinen theil Abesiniens, nemlich dem küstenstrich (ostrand), reichlich als lastthier vertreten ist, während im hochland das maulthier seine rolle vertritt (siehe s. 113), so war es doch von jeher den semitischen Aethiopiern ein bekanntes thier; bereits im ältesten literaturdenkmal derselben, der bibelübersetzung, kommen die namen ገመል፡ (= جَمَل) passim und ናቀት፡ (= نَاقَة) Gen. 32, 16 vor. Dass aber schon viel früher, bereits im 14. jahrh. vor Chr., wo es wahrscheinlich noch keine Semiten in Abesinien gab, von dort kamele nach Aegypten geführt wurden, haben wir schon oben von Dümichen erfahren; dass das kamel von Südarabien über die meerenge Bâb al-mandab nach Abesinien importirt wurde, wusste man längst, und es war allgemeine annahme, dass dasselbe von dem semitischen Geʿezvolk bei dessen einwanderung, welche wahrscheinlich einige jahrhunderte vor Chr. geburt stattfand, mitgebracht worden war, wie jenes volk

---

[1] diese mittheilungen sind vom berühmten Aegyptologen Dümichen, und zwar in Brehm's Thierleben, Säugethiere, III, s. 60 f.; auf diese wie noch andere verstreute mittheilungen dieses gelehrten über verschiedene thiere, ebenfalls in Brehm's werk, mache ich hiemit besonders aufmerksam.

[2] vgl. J. G. Wood, Bible Animals. London 1876 (dort das kamel von s. 216—247), s. 217 oben. Dieses 652 seiten umfassende, kostbar ausgestattete, aber oft zu weitläufig abgefasste buch, dem ich vor dem van Lennep's in keiner weise den vorzug geben kann, ist auf s. 5, anm. 1 mit dem Tristram's (siehe schon s. 113, a. 3) unter der betreffenden literatur nachzutragen.

[3] die weiteren zahlreichen erwähnungen des kamels im alten testament sind am bündigsten zusammengestellt in Tristram's Natural History of the Bible, p. 58—66.

ja auch die namen desselben mitbrachte. Obige thatsache aber lehrt uns, dass der verkehr zwischen Südarabien und der ostafricanischen küste ein weit älterer ist, was durch andre in der altägyptischen literatur sich findende notizen nur bestätigt wird. Ueber das vorkommen des kamels in den südarabischen inschriften, siehe die himjarischen säugethiernamen. Bei den Aramäern lautete das wort für kamel syr. ܓܡܠ, st. emph. ܓܡܠܐ, chald. גַּמְלָא und ist ebenfalls bereits in der ältesten literatur derselben reichlich belegt. In den Euphrat- und Tigrisländern war das kamel wie es scheint, nur im äussersten süden, an der meeresküste und nah der arabischen wüste, in gebrauch;[1] so erzählt Sargon (regierte 722—705 vor Chr.), dass er nach der einnahme Dur-Jakins (709) welches eben am meer, an der mündung des vereinigten Euphrat und Tigris, lag, 6054 kamele, 2070 pferde und 700 farren fortgeführt habe (Annalen, in Botta Monument, pl. 110). Ausserdem kamen unter der herrschaft der assyrischen grosskönige, besonders im 8. jahrhundert vor Chr., unzählige kamele als arabische kriegsbeute nach Assyrien, so z. b. unter Tiglat Pilesar II (745—27) als kriegstribut der königin Šamsijja 30000 (!) kamele[2] und 20000 hausrinder. Zu diesen assyr. zeugnissen aus vorchristlicher zeit über den reichtum Arabiens an kamelen kommen noch viel ältere biblische, worunter das wichtigste wol Gen. 37, 25 ist, wo die Araber (Ismaëliter), an welche Joseph von seinen brüdern verkauft wurde, von Gilead mit ihren kamelen kommen, um auf ihnen arabische specereien nach Aegypten zu bringen; andere sind schon auf s. 46 von mir mitgetheilt.[3]

---

[1] daher wol der sumer. eine name des kamels „thier des meeres" (= von der meeresküste); der andere ist assyr. lehnwort (GAM.MAL). Die assyr. namen sind masc. *gammalu* (meist ideogr. geschrieben), fem. *anakatu* (siehe schon s. 148, anm. 1, vgl. auch *bakkaru*, s. 161).

[2] siehe das in III. Rawl. 10 mitgetheilte fragment einer inschrift Tigl.-Pil. II, z. 31; vgl. auch noch die arabischen feldzüge Sargons und Asurbanibal's, wo ebenfalls viele kamele nach Niniveh kamen (s. 21, anm. 1 und 46, anm. 5).

[3] nach allen diesen nachrichten scheint es mir sicher, dass wenn Agatharchides (siehe Ritter, Arab. II 746) um 120 vor Chr. das kamel in Arabien noch wild gesehen haben will, dies auf einer täuschung beruhte; er hielt frei umherweidende kamele für wilde.

Verlassen wir nun die geschichte, so weit sie uns durch denkmäler bezeugt ist, so sind, wie ich glaube, für die vorgeschichtliche zeit folgende sätze als erwiesen festzustellen:

1. Die verbreitung des einhöckerigen kamels ist eng mit den ältesten wanderungen der Semiten verknüpft (deshalb in Aegypten im alten reich das kamel bis jetzt nicht nachzuweisen, im neuen aber sein name *kameli* semitisches lehnwort) und ohne das kamel, das schiff der wüste, wären die meisten dieser wanderungen gar nicht möglich und ganz undenkbar gewesen.

2. Schon die Ursemiten, und zwar in der letzten periode vor ihrer trennung, wo bereits der triliteralismus durchgeführt war, und in welcher periode wir als ihren wohnsitz bereits das zweistromgebiet ansetzen müssen (vgl. schon s. 137), kannten das kamel, und durch die sprachvergleichung im verein mit allen historischen erwägungen, darf das wort *gamalu* als der sicher erschlossene ursemitische name für dieses thier gelten.[1]

3. Demnach kann auch seine heimat nicht Arabien sein,[2] sondern, da zoologisch das ein- und zweihöckerige kamel als zwei nur wenig von einander abweichende varietäten nicht getrennt werden dürfen, so muss, zumal auch in Hochasien sich spuren einer einhöckerigen rasse nachweissen lassen,[3] in letzterer

---

[1] dass daneben wahrscheinlich auch schon die namen *nawaḳatu* und *janaḳatu* „kamelin" wie *bikratu, bakratu* „junge kamelin" existirten, ist nach dem auf s. 148 und 161 bemerkten ziemlich wahrscheinlich.

[2] vgl. auch schon s. 7 und 12, wie A. von Kremer a. a. o., s. 5 f. Weiteres über die urheimat der Semiten siehe am schluss der arab. säugethiernamen.

[3] vgl. vor allem Ritter, Arabien, II, s. 639 oben (die stelle aus dem Bundehesch, ed. Justi, s. 17 und 32 der übersetzung), dann auch noch s. 656. Auch im nordwesten von Assyrien, im land *Kummuḫu* (Commagene) gab es zu Sargon's zeit einhöckrige kamele, vgl. Botta, Monument pl. 107 (parallelstelle zu Khors., z. 112—117) . . . . *pari imîri gammali alpi û ṣi-i-ni* „(pferde), farren, esel, kamele, ochsen und kleinvieh (führten meine leute von dort als beute heim)". Die zweihöckerigen kamele heissen bei den Assyrern stets *gammali ša šu-na-ai ṣi-ri-ši-na* (so Salm. Obel., epigr. 1 und 3; beachte das fem.-suff.) und

gegend die heimat des kameles zu suchen sein;[1] von dort kam es mit den Semiten, und zwar bereits in gezähmtem zustand, auf ihrer ältesten wanderung ins Euphrat- und Tigrisgebiet, und von dort dann, als die bis dahin vereinigten Semiten sich zu verschiedenen völkern gespalten, auf ihren weitern wanderungen in die übrigen länder Westasiens und später Nordostafrikas, wo wir es überall heute noch finden.

Nach diesen aufstellungen sind die resultate des sonst so werthvollen excurses C. Ritter's über die geographische verbreitung des kameles,[2] eine monographie, welche jedem, der sich für diese fragen interessirt, wegen der fülle des dort aufgehäuften materiales dringend zum studium zu empfehlen ist, theilweise als verfehlt zu betrachten. Besonders zu beachten sind die vielen im ersten abschnitt (s. 609—630) zusammenge-

---

werden zugleich mit dem jakochsen, elefanten, rhinoceros und den affen auf dem schwarzen obelisk Salmanassar's abgebildet; interessant ist, dass dort die kamelführer deutlich Kirghisenmützen tragen, was also auf die nordbaktrische heimat des zweihöckrigen kamels (vgl. bes. die nächste anm.) hinweist. — Ueber die weite verbreitung des einhöckrigen kamels in Asien vgl. auch noch R. Hartmann in d. Zeitschr. f. Ethnol., I (1869), s. 76 f.

[1] nach Rob. Hartmann (Zeitschr. für Ethnol. I, s. 354 f.) ist die heimat des zweihöckrigen kamels nördlich von Baktrien, nicht im eigentlichen Baktrien selbst, und zwar auf den zwischen Oxus und Jaxartes (Amu und Syr) gelegenen Steppen (vgl. auch auf dem schwarzen obelisk Salmanassar's die kirghisenmützen der kameltreiber); noch allgemeiner ausgedrückt (ebendas., s. 356): „in den von mongolischen und mongolisch-tatarischen stämmen bewohnten, zwischen Amur und Wolga sich erstreckenden gebieten", während nach den neuesten forschungsreisen in dem den nordrand der wüste Gobi bildenden Tian-schangebirg, wo Přewalski wilde kamele fand, es als ausgemacht gelten darf, dass dort, besonders in der Kumtag genannten flugsandwüste östlich vom Lob-nor seit unvordenklichen zeiten der ursprüngliche standort dieser thiere zu suchen ist; ausserdem findet sich das wilde kamel ab und zu in den wüsten am untern Tarim und im gebirge Kuruk-tag, noch seltner in denen am Tschertschen-darja. Vgl. den reisebericht von N. M. Přewalski, III. „von Kuldscha über den Tian-schan und an den Lob-nor 1876 bis 1877" im Globus 1878, no. 14, s. 215 ff., wo dieser berühmte forscher (bes. auf s. 217 f) gewichtige gründe dafür beibringt, dass die dort angetroffenen kamele nicht als erst verwildert zu betrachten seien.

[2] Arabien II, 609—759.

stelten zeugnisse über das innige zusammenleben des beduinen und des kamels (siehe bes. s. 619 f.), durch welche das von mir gegen Brehm bemerkte nur bestätigt wird.[1] Nach allem dort gesagten wie nach der rolle, die das kamel in der altarabischen poesie spielt, ist es klar, dass eben der in Arabien geborene und lebende Beduine sein reitthier ganz anders zu behandeln wusste und heut noch weiss, als die Aegypter oder vollendens aber als die wenn auch noch so lang daselbst gelebt habenden Europäer; und die meisten Europäer haben das kamel in Aegypten, der Sinaihalbinsel oder in Palästina und Syrien, nicht aber im eigentlichen Arabien, kennen gelernt.

---

[1] vgl. auch noch R. Hartmann, Zeitschr. f. Ethnol. I, s. 241 (aus seinem aufsatz über das kamel, das., s. 66—79, 232—251 und 353—363), welche stelle ich, da ich sie gerade bei abschluss meiner arbeit noch finde, mit vergnügen hier nachtrage, indem ich keine schönere bestätigung des oben von mir gesagten zu bringen wüsste; „[das kamel] zeigt sich niemals so intelligent, so lenksam wie ein Pferd, behält gewisse Eigenthümlichkeiten, verdient aber auch den ihm so häufig gemachten Vorwurf der Stupidität und unbändigen Störrigkeit nicht. Ich selbst habe nicht wenige höchst willige, sanfte und zutrauliche Exemplare beobachtet, sie selbst wochenlang geritten. Leider versteht es der reisende Europäer nur zu selten, mit diesem edlen Wiederkäuer richtig umzugehen, klimatische Einflüsse erregen in ihm leicht jene nervöse Berserkerwuth, die sich sowohl am harmlosen Vieh, wie auch am gutartigsten Eingebornen in oft höchst sonderbarer, z. Th. lächerlicher, z. Th. verächtlicher Weise Luft macht. Solche Wüthige können auch den bestdressirten Hedschîn binnen kurzer Zeit gänzlich verderben, denn dieses Thier ist ebenso empfänglich für gute, wie auch empfindlich gegen schlechte Behandlung. Barth hat mit vollem Recht die Brutalität europäischer Reisender gegen die Kamele getadelt, die Fehler von Leuten, welche das Kamel durch eigene dumme Behandlung erst dumm machten. . . . . Das grosse Geheimniss der Asiaten und Afrikaner in geschickter Behandlung des Kamels sowohl, wie auch noch anderer Thiere, der Hunde, Pferde, Reitochsen u. s. w., besteht einfach darin, dass sie solche Geschöpfe mit besonderer Liebe und Geduld zu pflegen wissen, sie mehr wie ihre Hausgenossen behandeln, das geringe Seelenleben derselben zu veredeln verstehen. — Die orientalischen dichtungen sind voll des Lobes über das einen so vielseitigen Nutzen gewährende Kamel. Kremer (Aegypten I, s. 225) gibt die Uebersetzung einer höchst treffenden Lobpreisung des Kamels aus einem Gedicht des alten Nomadenpoeten ʿAlḳama ibn ʿAbda" (ed. Ahlw., Diw. ٢ , ٨—٢٢ ; wörtl. Uebers. auch bei Socin, ʿAlḳama al-faḥl, s. 1 f.)

Bei Kazwînî folgt nun unter den النَّعَم oder besser Wiederkäuer[1] zu nennenden thieren

2. بَقَر (*baḳarun*) p. ٣٨٠ das

Rindvieh.

Wenn rindvieh, schafe und ziegen schon seit uralten zeiten in Afrika, bei Nigritiern,[2] wie (mit ausnahme des schafes) bei den Aegyptern,[3] verbreitet waren, und besonders das rind „das hervorragendste hausthier der Afrikaner" genannt werden muss,[4]

---

1 bei النَّعَم ist auf s. 139, anm. 4 vor „die einzelnen arten etc." nachzutragen: „ein anderes wort Ham. ٧٨٨ ضَوَارِبُ بِاللِّحِيِّ (R. II 331 die des wiederkäuens pflogen); vgl. auch im Ḳor'ân die überschrift der 6. sûra سُورَةُ الانعام."

2 Robert Hartmann, Die Nigritier, I s. 132.

3 vgl. Dümichen bei Brehm, Thierleben III, s. 421 (hausrind), s. 361 f. (schaf, welches in den alten äg. denkmälern noch gar nicht auftritt, später aber jedenfalls vom süden her aus dem innern Afrika zu den Aegyptern kam) und s. 322 f. (ziegen).

4 vgl. den grenzstein, welchen der pharao User-tesen III (c. 2200 vor Chr.) in der nähe der nilfälle von Wadi Halfa errichten liess: „hier ist die südgrenze; kein neger soll sie überschreiten, mit ausnahme der schiffe, welche beladen sind mit rindern, ziegen und eseln von negern" (Brugsch, Gesch. Aeg., s. 152). Von den Negern des innern Afrika also bezogen die Aegypter schon in den ältesten zeiten reiche schiffsladungen dieser thiere. — Man will jetzt sogar, worin man doch wahrscheinlich zu weit geht, Afrika als die urheimat des europäischen hausrinds ansehen (vgl. A. von Frantzius im Arch. für Anthrop. 1877, s. 129 ff.). Die ursemitischen wie urindogermanischen namen des rindviehs aber beweisen allein hinlänglich, dass es auch im innern Asien schon in vorgeschichtlicher zeit ochsen und kühe gegeben hat, und in China gehörte schon in den ältesten zeiten das hausrind zu den culturthieren, wie allein schon das urspr. hieroglyph. zeichen für rind (*niēu*) beweist. Es wird heutzutag bei Ethnologen und Anthropologen immer mehr zur liebhaberei, alles und alles aus Afrika herzuleiten.

so sind diese ersten und verbreitetsten aller menschlichen hausthiere gewiss auch seit jeher, vielleicht schon vor einwanderung der Semiten, in Arabien heimisch gewesen. Fragen wir die ältesten schriftlichen zeugnisse über Arabien, aus dem zweiten (altes testament)[1] und dem ersten jahrtausend vor Chr. (die assyr. keilinschriften[2] wie ebenfalls das alte testament),[3] so treten uns hier überall zahlreich rinder und kleinvieh entgegen. Dass in den alten arabischen gedichten, wie wir in folgendem sehen werden, der rinder und des kleinviehs, besonders aber der ersteren, weniger erwähnung geschieht, kommt daher, weil die verfasser jener gedichte, die echten Beduinen, deren hauptbeschäftigung krieg und jagd war, die viehzucht und den ackerbau meist den dorf- und städtebewohnern überliessen und von den hausthieren fast nur kamele und pferde als einzig würdigen gegenstand der poesie betrachteten.[4] — Die arabischen namen sind

بَقَرٌ *baḳarun* coll. „rindvieh“, „ochsen oder kühe“, nom. un. بَقَرَةٌ „ein stück rindvieh“ (sowol „ochs“ als „kuh“) [= hebr.

---

[1] siehe schon s. 46 text wie anm. 2 und 3. (kleinvieh [wie auf s. 46 überall statt schafe zu corrigiren ist] und rinder).

[2] siehe oben beim kamel, s. 217: „30000 kamele und 20000 hausrinder“ (wo jedenfalls die zahl übertrieben, das verhältniss aber richtig angegeben ist), und schon s. 46 text und anm. 5.

[3] so z. b. II Chron. 17, 11 (die Araber brachten Josaphat 7700 widder [צאן אֵילִים] und 7700 ziegenböcke [תְּיָשִׁים]) und Hez. 27, 10 (arabische weideschafe [כָּרִים], widder [אֵילִים] und ziegenböcke [עַתּוּדִים] nach Tyrus verhandelt), wie Hiobs reichtum an kamelen, rindern und kleinvieh (schafen und ziegen, hebr. צאן, arab. غَنَمٌ).

[4] vgl. auch die anm. zu ثور, s. 225, anm. 1 (Freytag zu Ham. ٩٤٤). — Da bei den Arabern in jahrtausenden sich so wenig verändert hat, so ist es interessant zu hören, was Palgrave (Encyclop. Brit., artikel Arabien) über das kleinvieh und die rinder [vorher gieng pferd und kamel] sagt: „Next to camels, sheep and goats form an important item of Arab wealth. The best sheep are . . . . . . of Yemen; those of Nejd, too, are in great request . . . . The least esteemed sheep are those of Hejâz and the north; but, in compensation, the goats of these provinces

בָּקָר „rindvieh“, chald. בַּקְרָא, syr. ܒܩܪܐ dass., doch im syr. zuweilen allgemeiner, so Matth. 8, 30. 31, Marc. 11, 13, Luc. 8, 32 von schweinen; ursem. *baḳaru* „rindvieh“ (urspr. „das ackernde, den boden spalṭende“, vgl. arab. بقر)] Ḳur'ân, sura 2 (سُورَةُ البَقَرَةِ), 63 [إِنَّهَا بَقَرَةٌ لا فَارِضٌ ولا بِكْرٌ عَوَانٌ „(es soll) weder ein altes, noch ein junges stück rindvieh (sein), sondern eines von mittlerem alter“] u. ö., 6, 145 (siehe schon s. 141 bei إِبِل). 147 (من البَقَرِ والغَنَمِ „vom rindvieh und vom kleinvieh [haben wir den Juden das fett untersagt]) und 12, 43. 46 (سَبْعَ بَقَرَاتٍ سِمَانٍ „sieben fette kühe“ [in der der geschichte vom pharao]); Ham. ٣١٩ comm. (vers des Anas ibn Mudrik) كالثَّوْرِ يُضْرَبُ لَمَّا عَافَتِ البَقَرُ „wie der stier, indem er geschlagen wird (damit er voran ins wasser gienge und ihm die kühe dann folgten), nachdem die kühe nicht saufen wollten“,[1] und in den sprichwörtern Meid. I 290 جَآءَ يَجُرُّ بَقَرَهُ „er kam sein rindvieh mit sich schleppend“ (d. i. mit all' seinem hab und gut) wie II 329 الكِرَابُ

are longer-haired and generally better than those of the south; they are black, with long drooping ears. — Cattle are reared throughout Arabia, but owing to the prevailing deficiency of deep and succulent pasturage their number is not so considerable as that of the camel. Cows and oxen, throughout Nejd, Oman, and Yemen, bear on their shoulders a hump, analogous to the well-known of the so called „Brahminee“ bull; the ordinary colour is dun; their legs are slender, the horns short, and the whole stature diminutive. The kine of the northern provinces are stouter and yield more milk; they have no hump.“

[1] vgl. Meid. II 330 (wo auch derselbe, wie noch ein anderer vers mitgetheilt wird) und den ebenfalls Ham. ٣١٩ comm. mitgetheilten vers des al-Aʿšâ.

عَلى البَقَرِ „das pflügen liegt dem rindvieh ob“.[1] Der plur. بَيْقُور steht in einem von Damîrî I, ۱۸۸ citirten vers des dichters Umajja ibn abî 'ṣ-Ṣalt aṯ-Ṯaḳafî (siehe s. 29, no. 47) سَلَعٌ مّا ومثله عُشَرٌ مّا ‖ عائِل مّا وعَالَتِ البَيْقُورا (vgl. Lane, p. 1406 unter تسليع und عَالَتِ البَيْقُورَ p. 2200, col. 3 unter عول), scheint sich aber nach den commentatoren auf die ثِيرَان الوَحْشِ (siehe gleich unten nach عِجْلَة) zu beziehen.[2]

ثَوْرٌ *taurun* „stier, ochs“, (das männliche thier) fem. ثَوْرَةٌ „kuh“, plur. أَثْوَار und ثِيرَان [ثَوْرًا = äth. ሰር፡, himj. ثَوْر, phön. (nach Plut.) θωρ, hebr. שׁוֹר, ass. *šûru*,[3] aram. ܬܘܪܐ dass. also ursem. *ṯauru* „stier“, was auffällig an ταῦρος, *taurus* anklingt, wenn auch letztere auf ein urindogermanisches *staura* „stier“, urspr. „der starke“[4] zurückgehen. Die ursprüngliche bedeutung

---

[1] andere الكِلَابَ statt الكِرَابُ („lass die hunde gegen das rindvieh los!“)

[2] die Araber pflegten in einem dürren jahr dem antilopenwild büschel vom Sala'- und vom 'Ušar-baum an die schwänze zu binden, diese anzuzünden und so das vieh auf die berge zu jagen, um dadurch das kommen des regens zn beschleunigen; dieser gebrauch kam zur zeit des islâm ab.

[3] altes, uns nur noch durch die nationallexica (II R. 25, 8a) als syn. des in der literatur (z. b. Höll. rev. 7 [siehe schon s. 138], IV R. 27, 20+21b u. ö.) gewöhnlichen *alpu* [phön. אלף, hebr. pl. אֲלָפִים, also nordsem., viell. auch ursem. (vgl. arab. أَلِف, opp. وحش) *alpu* „rind, ochs“] bekanntes wort.

[4] Skt. स्थूर „stier“, „stark“ und goth. *stiur* „stier“; beachte ferner ursem. *ḳarnu* „horn“ und urindog. *karna* dass. (natürlich urspr. „horn der rinder“) und ähnliche andere erscheinungen, die ich weiter unten in einer anmerkung zu den arabischen löwennamen zusammengestellt und zu erklären versucht habe.

von ثور ist wohl „der ungestüme, wilde“, vgl. ثَارَ, und nicht „der ackernde“ (wie بَقَرٌ)] Ham. ۴۱۹ comm. (siehe schon bei بَقَر) und ۹۴۴ غَدَاةَ أَتَى كالثَّوْرِ أُحْرِجَ فَاتَّقَى بِجَبْهَتِهِ أَقْتَالَهُ „am morgen da er kam (und sich zur wehre setzte) wie ein stier, der in die enge getrieben wurde und sich in folge dessen gegen seine verfolger mit seiner stirn (d. i. seinen hörnern) wehrt“;[1] in der prosa allgemein, z. b. in den sprichwörtern Meid. I 267 الثَّوْرُ يَحْمِي أَنْفَهُ بِرَوْقِهِ „der stier, wenn er seine nase mit seinem horn vertheidigt“ (vgl. dazu das Meid. I 7 mitgetheilte gedicht), I 200 أَبْلَدُ من ثَوْرٍ „dummer als ein stier“, I 595 أَزْهَى من ثَوْرٍ „stolzer als ein stier“, I 268 ثَوْرُ كِلَابٍ فى الرِهَانِ أَقْعَدُ „der stier Kilâb's im wettlauf lahm“ (der dumme K. hatte, um im wettlauf zu siegen, einen jungen stier sich gewählt); pl. ثِيرَان, so in einem vers Ǵarîr's جَمَّةٍ مُخْضَرَّةٍ كغَبَاغِبِ الثيران „(ihre schamlippen sind) so dick und strotzend (wörtl. grünend) wie die wampen der stiere“, und (pl. pauc.) أَثْوَار in einem bei Meid. II 714 citirten verse إِذَا أَثْوَارُهُ وَرَدَتْ „da seine [des ʿItr ibn ʿÂd] stiere zum wasser hinabstiegen“. — Vgl. auch noch Meid. I 34 (die fabel vom löwen und den drei stieren) und II 552 (der stier, der das ihm unheil bringende schwert ohne arg aus dem boden herauswühlt).

---

[1] dazu Freytag: „Quum Arabes camelorum oviumque aut caprarum greges haberent, vaccis autem ob regionis naturam non uterentur, factum est, ut viri fortes potius cum camelis admissariis (vgl. oben قَرْمٌ s. 147 anm.) arietibusque (vgl. unten كَبْش) compararentur“, wozu man das oben s. 122 zum artikel بقر bemerkte vergleiche.

Die epitheta جَمَزَى, عَبْلُ الشَّوَى und لِهْمٌ siehe schon s. 63 (Diw. Hud. ١٨٤ , ٢٢), 90 (Diw. Hud. ١٨٤ , ٢٤) und 103, anm. 2.

عِجْلٌ *ʿiǵlun* „kalb" [äth. ዕጉል፡[1] „junges", ዕጉልት፡ „junge kuh" (himj. عجلة dass.); hebr. עֵגֶל, phön. עגל (Mass., z. 5); ass. *agalu* (Tigl. 5, 6 und II R. 16, 34c); aram. ܥܶܓܠܳܐ] Ḳur'ân 2, 48. 51. 86. 87; 4, 152; 20, 90 (überall vom goldnen von den Israëliten angebeteten kalb) und 11, 72 (جَآءَ بِعِجْلٍ حَنِيذٍ) wie 51, 26 (جَآءَ بِعِجْلٍ سَمِينٍ), in beiden letzteren stellen von dem fetten kalb, das Abraham den ihn besuchenden engeln aufwarten wollte. — Ein anderes wort, فَرْقَدٌ *farḳadun* „kälbchen" (nach d. lexicogr. auch vom بقر الوحش, den antilopen, gebraucht) dient im dual zur bezeichnung der zwei sterne β und γ des kleinen bären (nach welchen man sich zur see und zu land auf reisen zu richten pflegte), so Ham. ٩١ مَكَانَ الفَرْقَدَيْنِ.

Alle diese wörter (عِجْلٌ, ثَوْرٌ, بَقَرٌ) werden in der arabischen prosa wie in den andern semitischen sprachen vom rindvieh gebraucht, ثَوْرٌ dagegen (und hie und da auch بَقَرٌ, vgl. den plur. بَيْقُورٌ oben) ist in der altarabischen poesie fast stets der الثَّوْرُ الوَحْشِيُّ, wie ihn die zoologen und die spätern commentatoren (z. b. Muʿall. des Ṭarafa, comm. zu v. 35: الشاةُ الثورُ الوحشيُّ) nennen, der bock (oder vielmehr nach diesem sprachgebrauch stier) des antilopenwildes. Es hat hier also eine

---

[1] vgl. meinen Physiologus, s. 1 (und s. XXI).

ähnliche übertragung stattgefunden, wie bei نَعْجَة (urspr. „weibliches schaf"), شاة, تَيْس etc., worauf ich weiter unten noch ausführlicher zu sprechen komme. Bei den andern semitischen völkern finden wir eine solche übertragung nicht, nur im gazellen- und antilopenreichen Arabien, wo die ursemitischen wörter für diese begriffe, ظَبْى, غَزَال, وَعِل etc. nicht als ausreichend befunden wurden. Schon das muss darauf hinweisen, dass Arabien nicht der ursitz der Semiten gewesen sein kann. Auch bei رِئْم scheint eine ähnliche übertragung statuirt werden zu müssen; ist hier die bedeutung „wilder ochse" (im assyrischen sicher,[1] im hebr. demnach wahrscheinlich) oder die der weissen antilopenart (oryx leucoryx der zoologen) das ursprüngliche? Ich glaube sicher das erstere. Als die Semiten von

---

[1] durch die bildlichen darstellungen [siehe die abbildungen in den Transactions of Bibl. Arch. Vol. V (London 1876), part I (Aṣur-naṣirbabal hunting wild bulls) wie in Gosse, Assyria (Lond., 1852) p. 420 und 422 (lion and bull fight)], wie durch das zuweilen dem im text zu denselben entsprechenden ideogr. AM vorgesetzten determinativ für „rind"; durch das syn *arḫu*, welches nicht antilope, sondern „ochs" heisst (*urḫi* kommt für die an den thoren der paläste befindlichen stier colosse vor!) und durch die zusammenstellung von GÛ, GUṬ *alpu* mit AM *rîmu* als synonyma im grossen syll. S^b, no. 96 und 97 (wobei zu bemerken, dass die zeichen für AM und für *alpu* ursprünglich identisch sind). Gegen die zwingende gesammtheit dieser gründe beweist das von Friedr. Delitzsch, Ass. Lesest., 2. aufl., s. 29 und 32 angeführte nichts [zumal es eine zoologisch bekannte thatsache ist, dass die wilden ochsen „meisterhaft klettern" (vgl. Brehm, a. a. o., s. 371), der jakochse z. b. „im bergsteigen mit den steinböcken wetteifre, in dem höchsten und wildesten gefelse, auf graten und schroffen abstürzen mit derselben sicherheit wie diese kletternd" (derselbe, s. 381 f.), wie auch der wisent heut noch im kaukasischen hochgebirge lebt (s. 390), während die oryxantilope im gegentheil ein steppen- und wüstenthier ist und auf hohen gebirgen gar nicht vorkommt; jedenfalls konnten die wilden ochsen weit besser und gewandter die felsennester des Nipurgebirges erklettern als Sanherib selbst mit seinen truppen es vermochte (Sanh. III 74), der ja nur um zu prahlen, *kima rîmi* seinem bericht hinzufügen liess]. Die büffel sind natürlich bei *rîmu* und רְאֵם ganz ausgeschlossen, vgl. gleich unten den artikel „büffel".

dem an wilden ochsen reichen[1] Mesopotamien nach Arabien kamen und dort, wo so viele einzelne arten des antilopengeschlechts existirten, mit ihren ursprünglichen benennungen derselben nicht ausreichten — so hatten sie z. b. für jene in den Euphrat- und Tigrisländern fehlende oryxantilope gar kein wort — da mussten sie andere zu hilfe nehmen, und so verwendeten sie, wie das doch in die augen leuchten muss, dazu besonders solche, die nun überflüssig geworden waren, wie eben jenen namen für das wilde rind (ursemitisch *ri'mu*), von welchem thier sich in Arabien in alter wie neuer zeit keinerlei spur hat auffinden lassen, und dessen namen sie nun auf das junge der weissen rindantilopenart übertrugen.[2]

3. بَقَرُ الوَحْشِ (*bakaru 'l-wahši*) p. ٣٨٢ (siehe de Sacy, Chr. Ar., III p. 491, anm. 62) wörtl. „wildkühe", wie die arabischen lexicogr. und zoologen das antilopenwild nennen. Um aber der zusammengehörigkeit halber, zumal auch in den altarabischen gedichten, bes. aber ihren commentaren, hie und da gazellen und antilopen nicht genau unterschieden werden, das ganze antilopen- und bergziegengeschlecht an einem ort zu behandeln, so sollen die namen des بَقَرُ الوحش[3] oder der

---

[1] vgl. die in der vorhergehenden anmerkung erwähnten abbildungen.

[2] ähnliche übertragungen sind z. b. ass. *arhu* „ochs", arab. أَرْخٌ und viell. auch ass. *turâhu* „antilope"; ass. *paru* farre, fem. *purtu* kuh (siehe s. 138), mand. פארתא „weibliches lamm", arab. فُرار „lamm" und „gazelle" (etym. schon s. 95); יְבֵל phön. und (nach R. Akiba in Roš haššānā, cap. 3, fol. 26 rechts) auch arab und wie Stade Morgenl. Forsch. (Leipzig 1875) s. 201 nachweist, hebr. „widder", ass. aber nach Delitzsch, a. a. o., s. 29, *ibilu* (= sumer. AM.SI, eine bes. starkhornige wildochsenart) — u. a.

[3] der ausdruck بَقَرُ الوَحْشِ selbst kommt in der altarabischen poesie nie vor. Einige arabische zoologen (so auch Damîrî) fassen unter بقر الوحش folgende vier gattungen zusammen: 1. مَهَاة (oryxant), 2. إِيَّل (bergbock, Kazwînî: هو المَعْز الجَبَلِي), 3. يَأْمُور (der יַחְמוּר

oryxantilopen und ihnen ähnlicher grösserer antilopenarten erst unten nach no. 8 und 9 (ظَبْيٌ „gazelle“ und إِيَّلٌ „bergbock“) behandelt werden.

4. جَامُوسٌ (ǵâmûsun) p. ٣٨٣ der

Büffel.

Wie schon das gänzliche fehlen des wortes in der altarabischen literatur[1] und die form desselben vermuthen lässt, so ist جاموس auch wirklich ein späteres lehnwort, und zwar aus dem persischen (dort ناوميش und گاموش, entstanden aus pers. گاو rind und ميش widder). Das äth. ጋሙስ፡ ist lehnwort aus dem arabischen, das syr. ܓܡܘܫܐ wie das arab. direkt aus dem persischen. Es lässt sich historisch nachweisen, dass der büffel erst kurz vor dem beginn unserer zeitrechnung von seiner heimat Arachosien aus, auf welche beschränkt ihn noch Aristoteles kennt, sich weiter durch Asien (zunächst nach Persien) verbreitet haben kann; nach der völkerwanderung erschien er in Europa, und später mögen ihn die Muhammedaner nach Aegypten[2] und Syrien verpflanzt haben.[3]

---

der bibel, den Arabern nur durch hörensagen bekannt und deshalb zu einem fabelhaften thier geworden, vgl. meinen Physiologus, s. XXVI) und 4. ثَيْتَلٌ und وَعِلٌ (steinbock), von welchen sippen no. 2 und 4 zoologisch eng zusammen gehören.

[1] erst bei dichtern des 2. jahrhunderts der H. und später kommt es vor, so z. b. bei Ǵarîr Ham. ١٩٨ comm. (pl. جَوَامِيس).

[2] dort kennt ihn z. b. Ḳazwînî, der von ihm sagt: وَيَقْتُلُ التِّمْسَاحَ „und er tödtet das krokodil“.

[3] siehe Hehn, Kulturpflanzen, 2. aufl., s. 407 (3. aufl., s. 411 f.); vgl. auch v Gutschmid, Neue Beitr. z. Gesch. des alten Orients, s. XI und Brehm, a. a. o., s. 460 oben.

5. زَرَافَةٌ und زُرَافَةٌ (*zarâfatun* und *zur.*) p. ٣٨٣ (de Chézy p. 409) die

Girafe.

Dies thier, dessen heimat das mittlere und südliche Afrika ist, und welches auch noch die ausgedehnten steppen des tieflands von Habesch bewohnt, weiter nördlich aber nicht mehr gefunden wird, wurde den Arabern erst spät von Abesinien aus bekannt;[1] in Arabien gab es nie und gibt es auch heut noch keine girafen. Das arabische wort, von welchem unsere deutsche benennung girafe stammt, ist selbst äthiopisches lehnwort (dort ዘራት፡ *zarât*, Deut. 14, 5, wo es dem καμηλοπάρδαλιν der Sept. entspricht; nach Ludolf läge die grundbedeutung im amhar. ጀርራት፡ ቀጪን፡ *dschĕrât katschĕ́n* „dünnschwanz")[2] und erst durch volksetymologie bekam es bei den Arabern die gestalt, in der es vom arab. verbalstamm زرف „schnellaufen" zu kommen scheint. Im alten Aegypten war die girafe früh bekannt. Schon c. 2500 vor Chr. geburt, wo unter dem Pharao Sanch-ka-ra die erste ophirfahrt nach dem lande Punt geschah, wurden von dort auch girafen nach der residenz Abydus gebracht,[3] und auf

---

[1] so kommt زرافة auch erst in der spätern arabischen prosa vor (z. b. Mas'ûdî III, s. 3 ff.), bei dichtern niemals.

[2] dies ዘራት፡ und die alte aeg. bennung *ser* mit dem determ. der auf den ersten blick kenntlichen giraffe lassen sich wol kaum trennen; *ser* heisst urspr. im aeg. „hoch, gross". Es ist demnach die amhar. form nur eine unglücklich gewählte volksetymologie, da doch der lange hals und das gefleckte fell, nicht aber der dünne schwanz die hauptcharacteristica dieses thieres sind. Zu der phonetischen (nicht blos ideographischen, wie Dümichen in Brehm's thierleben meint) schreibung des namens *ser* giraffe (was demnach gesichert ist) vgl. R. Hartmann in seinem „Versuch einer systemat. Aufzählung der von den alten Aegyptern bildlich dargestellten Thiere" (Zeitschr. f. aeg. Sprach- und Alterthumskunde, Band II, s. 7–12 und 19–28) s. 21, col. 2.

[3] Brugsch-Bey, Geschichte Aegyptens unter den Pharaonen, s. 109 f.

den bildlichen darstellungen in Deir-al-bahari,[1] wo wir die von den flotten der königin Hatasu[2] (Brugsch: Haschop) aus Punt erhaltenen und nun dem Amon dargebrachten schätze erblicken, befindet sich auch das deutlich erkennbare bild einer girafe.[3] Diese thatsache, auf welche ich vor dem erscheinen von Brugsch's epochemachenden werke nicht aufmerksam geworden war, dass nemlich aus dem lande Punt die girafen stammen, welche die Aegypter auf ihren denkmälern mit einer keinem neueren künstler schande machenden naturtreue abbildeten, ändert meine auf s. 20, anm. 1 vor nun gerade zwei jahren niedergeschriebene ansicht über die lage dieses landes, das als heimat jener thiere nothwendig in Afrika gelegen haben muss.[4] Es ist merkwürdig, dass man diesen zoologisch-geographischen beweis, der doch für die streitfrage, ob das weihrauchland Punt in Afrika oder in Südarabien zu suchen sei, allein entscheidend ist, bisher ganz übersehen hat.[5]

---

[1] Mariette, Deir el-bahari, tafel VII; vgl. auch die schön mit farben ausgeführte girafe in Lepsius, denkmäler, abth. III, bl. 117 (Neues Reich, 18. dynastie), Theben, Qurnet Murrâi, linke hinterwand (dort vier schwarz- und weissgefleckte ochsen von zwei negern geführt, dann ein neger mit einem pardelfell und dann ein neger, welcher die erwähnte girafe an einem leitseil führt). — Vgl. auch noch die erwähnung der girafe beim festaufzug des Ptolemäus Philadelphus in Alexandria (in meinem Physiologus, s. XXXIII) und das von Brehm, a. a. o., s. 186 (und von Dümichen, ebendas., s. 188) bemerkte.

[2] anfang des siebzehnten jahrh. vor Chr. geburt.

[3] Brugsch a. a. o., s. 286 oben.

[4] dagegen ist deshalb die berührung der Aegypter auf ihren flottenfahrten mit Südarabien in alter zeit (s. 19. unten) keineswegs ausgeschlossen, vgl. bes. Brugsch a. a. o., s. 112 unten und s. 113. Vielleicht sind sogar die weihrauchbäume Punt's eine uralte culturentlehnung von den weihrauchküsten Südarabiens.

[5] R. Hartmann hätte natürlich in seinem buche „Die Nigritier" I, s. 55 das land Punt nicht als an der „Westküste von Arabien" liegend bezeichnet, wenn ihm bekannt gewesen wäre, dass die s. 57 von ihm genannten girafen, die er ja selbst aus Sennär gekommen sein lässt, bei den schätzen des landes Punt abgebildet wurden.

6. ضَأْنٌ (*ḍaʾnun*) p. ٣٨٣ die

Schafe.[1]

ضَأْنٌ coll. (und nicht plur. von ضَآئِن, was ein einzelnes schaf bedeutet) „die wolle tragenden vom kleinvieh" (im gegensatz zu den ziegen, also die) „schafe" [hebr. צֹאן, ass. pl. *ṣi-ʾ-ni* d. i. *ṣîni*[2] und aram. ܥܢܐ, ען, עאן, alle allg. „kleinvieh", „schafe und ziegen", und so auch wahrscheinlich die bedeutung des ursemitischen *ḍaʾnu*] Ḳur'ân 6, 144 مِنَ الضَّأْنِ ٱثْنَيْنِ وَمِنَ ٱلْمَعْزِ ٱثْنَيْنِ „(Gott hat euch gegeben) von den schafen ein paar und von den ziegen ein paar" (vgl. auch s. 141 unten den folgenden vers derselben sure, welche deshalb auch سُورَةُ ٱلْأَنْعَامِ „sure des zahmen [zucht- und haus]viehs" heisst); Ham. ٦٩٠ تَرَكْتُ ضَأْنِي تَوَدُّ ٱلذِّئْبَ (bei Rückert lautet die übersetzung des ganzen unter den gast- und ehrenliedern stehenden gedichts:) „so weit hab ich's gebracht, dass meine schafe den wolf als hirten lieber (sehn denn mich. Denn selten einmal überfällt der wolf sie, doch jeden tag zur hand das messer, ich)", ferner in einem Meid. I 513 citirten vers, wo es vom tamimitischen stamm Fuḳaim heisst لَوْ كُنْتُمْ ضَأْنًا لَكُنْتُمْ نَقَدًا „wenn ihr schafe wäret, so wäret ihr kleine, verkrüppelte

---

[1] über die namen des schafs bei den Ursemiten, siehe den schluss des artikels Ziegen; einige cultur- und thiergeschichtliche bemerkungen über schafe und ziegen in Arabien im alterthum siehe schon s. 221 f.

[2] im ass. nothwendig mit verflüchtigung des hauchlauts alif; vgl. übrigens auch schon arab. ضِينٌ neben ضَأْنٌ. Dies *ṣîni* steht auch im original der auf s. 46, anm. 5 mitgetheilten stelle, es ist daher dort genauer kleinvieh statt schafe zu übersetzen.

schafe", und in den sprichwörtern Meid. I 342 (حَتْفَهَا تَحْمِلُ ضَأْنٌ بِأَظْلَافِهَا „ihren tod ziehn sich die schafe durch ihre klauen [1] zu") wie I 404 und 533.

(2) شاء *šâ'un* „schafe und ziegen", „kleinvieh", doch gewöhnlich nur „schafe" [2] [urspr. شَاهٌ, woraus erst شَاء wurde; vgl. hebr. שֶׂה, mit suff. שֵׂיֵהוּ „ein stück kleinvieh" = شَاةٌ, westaram. (selten) שֵׂיתָא dass.; demnach hatte das ursemitische *śawahu* jedenfalls auch die allgemeine bedeutung „kleinvieh"], pl. شِوَآء (für شِوَاهٌ): Alḳ. Diw. ٩, ١ فِى شَآءِ الْحِجَازِ „unter den schafen von Ḥigâz", ebendas. ٩, ٣ شَآءٍ مُعَتَّرٌ „dem ʿItr (einem götzenbild) geopferte (wörtl. geʿitrte) schafe" und ١٢, ٢ شَآءُهُ وَجَامِلُهُ (siehe schon s. 146), Ham. ٩٤٣ اِصْطَبَحُوا من شَآئِهِم „sie nahmen den frühtrunk von ihren schafen" wie in einem bei Lane I 834 citirten vers (الشَآء „the sheeps or goats");

---

[1] einer hatte nemlich ein schaf gefunden und wollte es schlachten, hatte aber kein messer; da grub das schaf zufällig eines aus der erde heraus, und nun konnte er es schlachten; auf dasselbe spielt der vers des Abu ʾl-Aswad an: „werde ja nicht denen (sc. den schafen) ähnlich, welche mit ihren klauen (بِأَظْلَافِهَا) oder mit ihrem maul (بفيها) ein messer (مُدْيَة) aus dem boden brachten und zu welchen dann damit der schlächter trat"; dieselbe geschichte Ham. ٩٤٨ (dort الشاةُ), siehe Rück. Ham. II, s. 185; vgl. auch die bei ثور mitgetheilte ähnliche fabel vom stier. — Ueber ظِلْف vgl. man s. 52, anm. 1, wie s. 72, anm. 1.

[2] vgl. die bei Lane unter صُوف „schafwolle" angeführten nationallexica, so Ṣ للشَاةِ, M sogar للغَنَمِ, nur O und Mṣb genauer للضَأْنِ; ziegenhaar heisst dagegen شَعْر, kamelhaare وَبَر.

nom. unit. شَاةٌ (aus شَاهَةٌ): ʿAnt. Muʿall. v. 57 (dort شاةٌ als zärtliche anrede an eine frau, also etwa unserm kosewort „lamm“ entsprechend), in einem vers bei Lane I 1072 (الشاةُ), Ham. ٩٣٨ (الشاةُ, dort die geschichte vom schaf, das ein messer aufwühlt), ٦٩٩ وَإِنْ تَأْكُلِ الشَّاةَ „und isst sie auch ein schaf auf, (so wird sie doch nicht satt)“ und ٧١٧ (siehe schon s. 144 bei بَعِير), wie in den sprichwörtern Meid. I 87 أَمْرٌ فَاتَكَ فَٱرْتَحِلْ شَاتَكَ „eine sache (ein plan) ist dir fehlgegangen, so reite nun (was eben unmöglich ist) auf deinem schaf“, II 312 كُلُّ شَاةٍ بِرِجْلِهَا سَتُنَاطُ „jedes schaf wird sicher an seinem (eignen) fuss aufgehängt werden (d. i. jeder wird wegen seines vergehens bestraft werden)“, II 331 (dass., nur مُعَلَّقَةٌ statt تُنَاطُ) und II 863 (dual الشَّاتَيْنِ); pl. شِوَاءٌ[1] welchen ich, wenn auch ohne belegstelle, hier deshalb anführe, weil Rückert, Ham. ٨٠٩ comm. من شِوَائِنَا „von unserm gebratnen fleisch (warf ich dem wolf ein stück zu)“ durch „von unsern schäfchen“ übersetzt hat, — und endlich das demin. شُوَيْهَةٌ Ham. ٢٩٧ (siehe schon s. 144, anm. 1 bei بَعِير). Wie bei ثَوْر (siehe oben) so fand auch hier bei شَاةٌ eine übertragung auf das antilopenvieh statt (siehe daselbst); einstweilen sei nur auf die zwei bei Lane I 1623 citirten verse verwiesen.

نَعْجَةٌ *naʿǵatun* „weibliches schaf“ Ḳurʾân 38, 22 f. (dort auch der pl. نِعَاج) in der aus 1 Sam. 12, 1—15 genommenen

---

[1] den daneben vorkommenden pl. شِيَاهٌ siehe erst unten beim بَقَرُ الوَحْشِ.

bekannten fabel Nathan's; Ham. ٨٠٤ (aus dem بَابُ ٱلْمُلَحِ, dessen gedichte sämmtlich nicht sehr alten ursprung verrathen) لِبَأُ نَعْجَةٍ „die (sog.) biestmilch eines weibl. schafes“; und im sprichwort Meid. I 405 أَحْمَقُ من نَعْجَةٍ على حَوْضٍ „dummer als ein weibliches schaf bei einer wassercisterne“ (weil es sich nur mit gewalt wieder davon wegtreiben lässt). — Bei den alten dichtern wird dies wort gewöhnlich auf die weiblichen oryx-antilopen übertragen gebraucht (siehe daselbst).

كَبْشٌ *kabšun* „(zwei- bis dreijähriger) widder“ [hebr. כֶּבֶשׂ „ein- bis dreijähriger (bereits zum coitus reifer)[1] widder“, ursem. *kabśu*[2] „widder“] in der Ham. übertragen = „held“, „häuptling“, so ٨٣ كَبْشَهُمْ „(ich stieg ab vom thier) gegen ihren

---

[1] während dort טָלֶה (ar. طَلًا bes. „gazellenjunges“, äth. ጠሊ: „ziegenböckchen“, syr. ܛܠܝܐ „knabe“) lamm und אַיִל den ausgewachsenen alten widder [= phön. איל, so Mass. 5, 9, an welch letzterer stelle צרב איל „junges vom widder“ = „(männl.) lämmchen“ zu übersetzen ist, vgl. syr. ܥܪܒܐ προβάτιον und als analogie שה עזים im hebr. (so D. H. Müller), wenn man nicht ظَرِبَ = لَصِقَ (also „das [an der mutter] hängende“, d. i. „das junge“) vergleichen will. Hier aber, wo von sämmtlich zum zahmen hausvieh gehörigen opferthieren (אלף stier, עגל junges rind, יבל widder oder viell. hier besser ziegenbock, עז ziege, אמר lamm, גדא ziegenböckchen, צפר vogel und מקנא heerdenvieh) die rede ist, איל gleich אַיָּל setzen und mit hirsch übersetzen wollen, wie es unbegreiflicher weise alle exegeten dieser inschrift (Meier, Schröder, Levy, D. H. Müller u. a.) gethan, ist sicher falsch] bedeutet.

[2] verwandt sind syr. ܟܒܫܐ „widder“ wie das aus GUG *kirru* „lamm“ und GUG *kabâsu* „niedertreten“ (z. b. IV R. 26, 6) zu erschliessende ass. *kabsu* oder *kibsu*; dem syr. wort müsste nach semit. lautgesetzen hebr. כֶּבֶשׂ*, arab. كَبْسٌ*, dem assyrischen aber hebr. כֶּבֶס*, aram. ܟܒܫܐ entsprechen, während für כֶּבֶשׂ, كَبْشٌ syr. und assyr. ܟܒܫܐ und *kabšu* zu erwarten wäre. Es scheint fast, als ob im ursem. bereits neben *kabśu* auch *kabsu* und kabšu für „widder“ gesagt worden wäre.

(der feinde) widder (zu kämpfen)", ٢٨٢ صِمَاخَيْ كَبْشِهِمْ „die zwei ohrgänge ihres widders (durchbohrten wir)", ٣٤٧ هُمْ يَضْرِبُونَ الكَبْشَ „sie schlugen den widder (der feinde)", ٣٥٢ والكَبْشُ مُلْتَمِعٌ قِنَاعُهُ „und der widder, dessen helm funkelt", ٣٦٠ يَمَّمْتُ كَبْشَهُم „ich gieng auf ihren (der feinde) widder los" und ٧١٤ الكَبْشَ; Ḥârit̲ Mu'all. بِكَبْشٍ (comm. بِسَيِّدٍ);[1] und in den sprichwörtern Meid. II 88 عِنْدَ النِطَاحِ يُغْلَبُ الكَبْشُ الأَجَمُّ „beim stossen wird der seiner hörner beraubte widder[2] besiegt" und كالكَبْشِ يَحْمِلُ شَفْرَةً وزِنَادًا „wie der widder, da er ein grosses messer und ein feuerzeug trug" Meid II 332 (siehe die ganze geschichte daselbst).[3] — Das allgemeine wort فَحْل (vgl. s. 52 anm. 1) steht auch für widder, so Meid. II 354, da مذى „seminis effluvium pati" und قذى „album hu-

---

[1] vgl. auch noch den Meid. II 661 mitgetheilten bei einer nächtlichen schlacht (und zwar der von Siffin) gedichteten vers: اللَيْلُ دَاجٍ والكِبَاشُ يَنْتَطِحْ نِطَاحَ أُسْدٍ ما أَرَاها يَصْطَلِحْ „und die nacht war finster, da die widder (= helden) wie löwen auf einander losstiessen, während ich sie nicht frieden machen sah".

[2] solche verwendeten die hirten zum tragen ihrer wandertasche oder ihres ranzens (كُرْز), weshalb ein solcher widder كَرَّاز (vgl. Meid. I 371 الحَامِلُ على الكَرَّازِ) genannt wurde.

[3] vgl. noch die neueren sprichwörter Meid. I 262 (تَحْتَ هذا كَمْ كَبْشٍ عند الرَاعِي) und Freyt. Prov. III, no. 2588 الكَبْشِ نَبْشٌ.

morem ex utero ejicere" speciell von den schafen gebraucht werden.

Die lammnamen sind folgende:

(5) إِمَّرٌ *immarun* [wie إِيَّلٌ „bergbock" aramäisches lehnwort, wie schon die seltne[1] form فِعَّلٌ, dann aber besonders das gänzliche fehlen in der alten literatur vermuthen lässt; syr. ܐܶܡܪܳܐ, b.-ar. אִמַּר, targ. אִימְּרָא, mand. אמבּרא;[2] ausser dem aram. auch noch phön. אמר Mass., z. 9 und assyr. *im-mi-ru* (spr. *immîru*), also viell. auch ursemitisch *immâru*] im spätern sprichwort Freyt. Prov. III, no. 112 ما له إِمَّرٌ ولا إِمَّرَةٌ „er hat weder ein männliches noch ein weibliches lamm" (= weder mann noch maus").[3]

بَذَجٌ *badağun* (der einzige repräsentant des stammes بذج im arabischen, von Freytag als „vox peregr." aufgeführt, von Lane noch nicht aufgenommen) Meid. 515 أَذَلُّ من البَذَجِ „werthloser als das lamm" und in der daselbst mitgetheilten ḥadît-stelle كَأَنَّهُ بَذَجٌ من الذُّلِّ „es ist wie wenn er (scil. der

---

[1] فِعَّلٌ kommt allerdings hier und da in arab. wörtern vor (so z. b. هِلَّعٌ böckchen, Meid. II, 606), doch sehr selten.

[2] vgl. wegen des euphonisch eingeschalteten b griech. ἄμβροτος gegenüber skt. अमृत.

[3] vgl. auch den im Muḥîṭ mitgetheilten vers: اذا (قال السّاجعُ) طلعتِ الشِّعْرَى سَفَرَ فلا تَذَرُونَ إِمَّرَةً ولا إِمَّرًا „wenn sich der sirius erhebt, so enthüllt sich (der horizont) und dann werdet ihr (scil. die beduinen) weder mann noch maus übrig lassen". (vgl. dagegen Lane I 98 denselben vers in anderer gestalt; dort إِمَّرٌ durch „a man without intelligence" übersetzt.

mensch am auferstehungstag) ein lamm von wegen seiner werthlosigkeit wäre".

بَهْمٌ *bahmun* „lamm" [vgl. arab. بَهِيمَةٌ „(vierfüssiges) thier", hebr. בְּהֵמָה dass., urspr. „das stumme", wie besonders das äth. ብሀም፡[1] lehrt] in den sprichwörtern Meid. I 87 انا أَشْغَلُ عَنْكَ من مُرْضِعِ بَهْمٍ سَبْعِينَ „ich bin beschäftigter von dir weg (so dass ich mich dir nicht widmen kann) als der (hirte) welcher siebzig lämmer mit milch versorgen (säugen lassen) muss", 482 دَرِّبِ البَهْمَ بالرمّ „gewöhne das lamm an die auf die erde verstreuten kräuter", 701 أَشْقَى من رَاعِى بَهْمٍ ثَمَانِينَ „unglücklicher (geplagter) als der hirte von achtzig lämmern" und 706 أَشْغَلُ مِن مُرْضِعِ بَهْمٍ ثَمَانِينَ (fast dasselbe wie oben I 87). — Bei Farazdaḳ, einem spätern (islamischen) dichter kommt es mit dem demin. von عَتُودٌ ziegenbock verbunden vor: عُتَيِّدُ بَهْمٍ „das böckchen von einem lamm" (= das männliche lämmchen) Ham. ٣٣٠.

حَمَلٌ *ḥamalun* „(in seinem ersten jahr stehendes) lamm" (= مَحْمُولٌ „das eben erst geborne, ausgetragene") Meid. I 197 أَبْخَرُ من حَمَلٍ „übelriechender als ein lamm".

خَرُوفٌ *ḫarûfun* „(männliches) lamm" (wörtl. „das abweidende, abpflückende") syn. von حَمَلٌ Meid. I 431 الخَرُوف يَتَقَلَّبُ على الصُوفِ „das lamm wälzt sich (vor vergnügen) auf seiner wolle", II 332 كالخَرُوفِ أَيْنَمَا مال أَتَّقَى الأَرْضَ بِصُوفِ „wie das lamm; wo es hinkommt, nimmt es seine wolle vor

[1] vgl. auch arabisch أَبْهَمُ (wie auch أَبْهَمَ).

der erde in acht" und im spätern sprichwort Freyt. Prov. no. 2588.

(10) رَخِل *rahilun* und رِخْل *rihlun*[1] „weibliches lamm" [hebr. רָחֵל „weibl. lamm" und insbes. „mutterschaf"; daher der name Rahel; ursem. *rahilu*] أَحْمَقُ من الرِخْل „dummer als das (weibl.) lamm" Freyt. Prov. III 117, und das denom. مُتَرَخِّل „lammhirt" in einem vers des al-Kumeit (ما دَعْدَعَ المُتَرَخِّل „nicht hat der hirt zu seinen lämmern gerufen دَعْ, دَعْ").

سَخْلَة *sahlatun* (nom. unit. vom coll. سَخْل) „männl. od. weibl. lamm" Meid. I 516 ذِئْبٌ فى مَسْكِ سَخْلَةٍ „ein wolf in der haut eines lammes".

عَمْرُوسَة *ʿamrûsatun* [nicht griechisches lehnwort (aus ὁ ἀμνός), sondern, wie die im talmud häufige diminutivendung -*ûsa* lehrt, aramäisches lehnwort; zum stamm selbst ist entweder die mand. orthographie עמבברא (dort „widder") — dann gleich אִמַּר, אִמְּרָא —, oder, wenn das ע ursprünglich ist, צֶמֶר „wolle", aram. ܥܡܪܐ zu vergleichen] in den Meid. I 637 und II 66 mitgetheilten versen von wolf und lamm (وأَنْتَ كالذِئْبِ السوء اذ قال مَرَّةً لِعَمْرُوسَةٍ والذِئْبُ غَرْثان مُرْمَل).

فُرَارَة *furâratun*, fem. von فُرَار „lamm" oder „zickchen" [(und auch übertragen vom jungen der bergziege und der oryxantilope, siehe daselbst; über die etymol. vgl. schon s. 95 und D. H. Müller, kit. ul-f., s. 32=264) mand. פארתא weibl.

[1] vgl. zu dieser vokalumspringung نَمِر (נָמֵר) „pardel". vergl. mit aram., ass. und neuarab. *nimr* (ܢܡܪܐ, *nimru* und نِمْر) u. a.

lamm, hebr. u. ass. aber „junger stier"] Meid. II 219 فُرَارَةٌ تَسَفَّهَتْ قَرَارَةٌ „ein lamm (oder ein zickchen) neigte (verführte, scil. zum leichtsinn) ein schaf (oder eine ziege)" d. i. „oft verführen die jungen die alten".

Nun noch die übrigen namen der schafe:

نَقَدٌ *nakadun* „kleine (kurzbeinige, hässlich aussehende, aber wegen ihrer wolle hochgeschätzte) schafe" [urspr. „auserlesene, beste art",[1] vgl. نَقَدَ; syn. قَرَارٌ. Auch für das hebr. und aram. ist dies wort zu erschliessen, da dort נֹקֵד, نُقْدَا „hirte" (hebr. speciell „schafhirte", so von Meša II Kge 3, 4, und von Amos, Am. 1, 1) heisst, was einem arab. نَاقِدٌ entsprechen würde; arab. heisst in der that نَقَّادٌ „schafhirt"] Alkama Diw. ١٣, ٣١ وَالْمَالُ صُوفُ قَرَارٍ يَلْعَبُونَ به على نِقَادَتِهِ وَافٍ وَمَجْلُومٌ „während doch der reichthum die wolle von karâr-schafen ist, mit welchen man spielt, indem auf den einzelnen thieren davon (pl. نِقَادٌ) die wolle theils ganz erhalten, theils auch abgeschoren ist",[2] und in den sprichwörtern Meid. I 513 أَذَلُّ من النَّقَدِ „werthloser (hier = schlechter aussehend) als kleine Bahrainschafe"[3] (vgl. auch den schon bei ضَأْنٌ mitgeteilten vers), II 549 لا تَشِمِ الغَيْثَ فَقَدْ أَوْدَى النَّقَدُ „schau nicht (erwartungsvoll) nach regen aus, denn die schafe sind ja schon verloren" (an einen der um verlornes trauert) und

[1] siehe Ahlwardt, Bemerkungen, s. 151.

[2] sonst جَزٌّ scheeren von schafen, so Meid. II 909, daher الجِزَّةُ schafwolle Meid. II 925 (sonst صُوفٌ, siehe oben und Meid. I 734).

[3] in Bahrain waren sie besonders häufig.

II 825 وَشِيعَةٌ فِيهَا ذِئَابٌ وَنَقَدٌ „ein pferch, in welchem wölfe und schafe bei einander sind".

(15) أَكُولَةٌ *akûlatun* „ein schaf (oder eine ziege), welches gemästet wird, um es dann zu schlachten und zu essen (اكل, daher der name)" Meid. II 619 مَرْعًى وَلَا أَكُولَةٌ „weide und nicht ein gemästetes schaf (welches man schlachtet)" d. i. wohlstand, von dem man keine nutzniessung macht.

آنَّةٌ *ânnatun* „kläglich blökende oder meckernde", d. i. weibl. schaf od. ziege, neben حَانَّةٌ kamelin Meid. II 607 (siehe schon daselbst, s. 167).

ثَاغِيَةٌ *ṯâġijatun* „blökerin oder meckernde", d. i. schaf oder ziege, neben رَاغِيَةٌ „brüllerin", d. i. kamelin Meid. II 663 (siehe schon daselbst, s. 171).

عَافِطَةٌ *'âfiṭatun*, nur im sprichwort Meid. II 604 ما له عَافِطَةٌ وَلَا نَافِطَةٌ „er hat weder ein schaf noch eine ziege" d. i. gar nichts. Beide verba عفط wie نفط heissen „heftig niessen", das eine vom schaf,[1] das andre von der ziege.[2]

Das allgemeinste wort im arabischen für kleinvieh[3] (schafe und ziegen) ist

[1] عفط in einer andern bedeutung auch von der ziege, siehe unten bei عَنْزٌ, 246 anm. 2.

[2] so Meid. II 507 (siehe bei عَنَاق zickchen).

[3] die wörtl. übersetzung von kleinvieh ist دَقِيقَةٌ (schaf oder ziege), opp. جَلِيلَةٌ (grossvieh = kamele), Meid. I 110 (siehe schon beim kamel, s. 165).

غَنَمٌ *ġanamun* (urspr. „erbeutete schafe und ziegen") Ḳur'ân 6, 147; 20, 19 und 21, 78; Alḳama Diw. ١١ , ٢; Ham. ١٣٩ كُونِى لَهُ كَالذِّئْبِ ضَاعَتْ لَهُ الغَنَمْ „werde für ihn wie der wolf, welchem das kleinvieh verloren gieng" und ١٧٤ (siehe schon bei إِبِل, s. 142); wie in den sprichwörtern Meid. I 140 (siehe unten bei عَنْز ziege), II 61 ظَلَّتِ عَبِيثَةً „das kleinvieh ist zu einer bunt unter einander gemischten heerde geworden (d. i. in unordnung gerathen)" und II 86 (siehe schon s. 129). Vgl. auch noch das neuere sprichwort Freyt. Prov. III, no. 1524.

Die noch übrigen namen für kleinvieh sind:

(20) رَبِيض *rabîḍun* wörtl. „die sich lagernden" (von ربض, vgl. ass. *rubṣu* heerde, *tarbaṣu* lagerstätte, hirtenzelt, hebr. רֶבֶץ lager der schafe und andrer thiere) Mu'all. des Ḥâriṯ, vers 69 حُجْرَة الرَّبِيض „schafstall". Wahrscheinlich auch vom begriff des „sich lagerns" kommen endlich

قِرَةٌ *ḳiratun* (von وَقَرَ) „schafe oder ziegen" in dem schon bei قَارٌ „kamele" (s. 187) citirten verse des al-Aġlab al-'Iġlî und

قَرَارٌ *ḳarârun* (syn. von نَقَدٌ, dann speciell „schafe"; aber auch allgemeiner „schafe und ziegen", vgl. Lane I, p. 1377, col. 1) Diw. des 'Alḳama ١٣ , ٣١ (siehe schon oben bei نَقَدٌ); Meid. II 219 (siehe schon oben bei قُرَار) und dasselbe sprichwort in der form قَرَارَةٌ تَسَفَّهَتْ قَرَارًا „ein schaf verführt die andern zur thorheit" Meid. II 253.

7. مَعْزٌ *maʿzun* p. ٣٨٤ die

Ziegen.[1]

مَعْزٌ *maʿzun* und مِعْزًى *miʿzan* (beide collectiva)[2] Ḳur'ân 6, 144 (siehe schon bei ضَأْنٌ), Imrulḳ.[3] Diw. ٩٨, ١ أَلَا إِلَّا تَكُن إِبِلٌ فَمِعْزًى, Ham. ٣٤٩ كَمِعْزَى الحِجَازِ „wie die geissen von Ḥiǵâz (schwärmen frei unsere rosse)", ٩٥٠ مِعْزًى قَوَاصِعُ جِرَّةً من العِيِّ „(es ist wie wenn ihr) in folge eures stammelns (eurer schlechten barbarischen aussprache) geissen wäret, die das wiedergekaute hin- und herschlucken" und ٧٩٤ لَبَنُ المِعْزَى „die geissmilch",[4] und in den sprichwörtern أَلْيَةُ المَعْزِ فى بَطْنِهِ „der fettschwanz[5] der ziegen (deren hintertheile mager sind) liegt in ihrem bauche (weil sie im innern sehr fett sind)"

---

[1] einige thiergeschichtliche bemerkungen über schafe und ziegen bei Arabern und Semiten überhaupt, siehe schon s. 221 f. beim rindvieh wie auch am schluss des art. ziegen.

[2] secundärbildung aus عَنْزٌ, nordsem. *ʿizzu* (hebr. עִזִּים, aram. עִזָּא)?

[3] dort (Diw. ٩٧, ٣) auch die form فَعِيل desselben stammes معز in der gleichen bedeutung (مَعِيزُهُم „ihre ziegen").

[4] ziegen- und schafmilch gemischt heisst دَخِيس Meid. II 931, schafmilch auch رِسْل Meid. I 734.

[5] sonst nur vom schwanz der schafe gebraucht.

Freyt. Einl. s. 230, ferner Meid. I 246 تَوَطَّنُ الإِبِلُ وتَعَافُ الْمِعْزَى „es gewöhnen sich die kamele (an strapazen), während die ziegen davor zurückscheuen“, 510 ذِئْبَةُ مِعْزًى وظَلِيمٌ فى الْخُبْرِ „er ist eine in die ziegenheerde einbrechende wölfin, wenns aber darauf ankommt, ist er ein strauss“ (welcher wenn er fliegen soll „ich bin ein kamel“ und wenn er eine last tragen soll „ich bin ein vogel“ sagt), I 533 رَمَّدَتِ الْمِعْزَى فَرَنِّقْ رَنِّقْ „die ziegen haben grosse euter, warte daher noch, warte“ (denn die zeit des gebärens ist dann noch fern),[1] 566 رأيْتُ أَرْضًا تَتَظالَمُ مِعْزاها „ich sah ein (an gras und futter üppiges) land, dessen geissen sich (deshalb) mit den hörnern befeindeten“, II 13 ضُرُوعُ مَعْزٍ ما لها أَرْمَاثٌ „die ziegeneuter, welche (nach dem melken) keine übrige milch mehr enthalten“ (pl. von رَمَث), 221 أَفْرَعَ بالظَّبْيِ وفى الْمِعْزَى دَثْرٌ „er hat gazellen geschlachtet, während er doch genug ziegen hat“,[2] 664 الْمِعْزَى تُبْهِى ولا تُبْنِى „die ziegen reissen nieder und nicht bauen sie auf“ (aus den kamelhaaren fertigt man zelte, aus ziegenhaaren aber nicht, im gegentheil, die ziegen beissen manchmal, wenn sie

---

[1] während es bei den schafen umgekehrt ist, daher das sprichwort رَمَّدَتِ الضَّأْنُ فَرَبِّقْ رَبِّقْ „die schafe haben grosse euter, richte daher die mit schlingen versehenen stricke her“ (weil die geburt nun bald stattfinden wird).

[2] أَفْرَعَ sonst „er hat ein den göttern geweihtes kameljunge (فَرَع) geschlachtet“ (vgl. s. 185); hier aber wegen des zusatzes natürlich von gazellen.

drüber kommen, solche zelte an und beschädigen sie) und 763 („wie schön ist doch die weide der ziegen von *Ṯarmidâ'u*" مِعْزَى ثرمداء). — Das ziegenfell heisst مَاعِزٌ, so Meid. I 84 إِنَّهُ مَاعِزٌ مَقْرُوظٌ „fürwahr er ist ein ziegenfell, das mit den blättern des Salam-baumes zubereitet (gegerbt) ist" (d. h. er ist ein tüchtiger vollkommener mann).

تَيْسٌ *taisun* „ziegenbock" [hebr. תַּיִשׁ ziegenbock,[1] syr. ܬܶܝܫܳܐ, chald. תֵּישָׁא, demnach ursemitisch *taišu* ziegenbock] Ham. ٧٩٨ (in einem spätern lied) كَصُنَانِ التُّيُوسِ „wie der bocksgestank (ist sein athem)", in einem bei Meid. II 352 mitgetheilten (spätern?) Radschazlied[2] (dort وسادهم أَنْكَدُ ذُو التُّيُوسِ „und ihr fürst ist ein harter mann,[3] welcher (nur) ein besitzer von böcken ist"), in einem ebenfalls bei Meid. (I 197) befindlichen vers وله لِحْيَةُ تَيْسٍ وله مِنْقَارُ نَسْرٍ ‖ وله نَكْهَةُ لَيْثٍ خَالَطَتْ نَكْهَةَ صَقْرٍ „und er hat einen ziegenbart und einen geierschnabel und einen athem gemischt aus dem eines löwen und dem eines habichts" und im sprichwort Meid. I 257 أَتْيَسُ من تُيُوسِ تُوَيْتٍ „geiler als der ziegenbock des stammes Tuwait"; vgl. auch noch das neuere sprichwort Freyt. Prov. III no. 2549. — Denominativa sind إِسْتَتْيَسَ (Meid. II 307 كان عَنْزًا فَٱسْتَتْيَسَ „er war eine ziege und wurde einem ziegenbock ähnlich", und Freyt. Prov. III 53 إِسْتَتْيَسَتِ العَنْزُ) und أَتْيَسَ

---

[1] das seltnere wort, während das gewöhnlichere צָפִיר ist (was im arabischen — vgl. unten عَتُود — das jüngere thier bezeichnet).

[2] auch von Rückert Ham. II, s. 233 übersetzt.

[3] Rückert „knicker".

(siehe oben), weil die ziegenböcke durch ihre geilheit bekannt sind. In den alten gedichten hat تَيْس gewöhnlich die übertragene bedeutung „männchen der bergziege, bergbock“, so z. b. Diw. Huḏ. ٧٧, ٩ (ed. Koseg., p. ١٣٩) u. ö. (siehe daselbst).

عَنْزٌ ʿ*anzun* das weibliche thier, die „ziege“ [hebr. עֵז, pl. עִזִּים, phön. עז; aram. ܥܙܐ — ursem. ʿ*izzu* „ziege“ [1]] in gedichten selten (in alten gewöhnlich „bergziege“, siehe unten) z. b. in einem bei Lane I, 2352 citirten verse يَوْمٌ مِنَ النَّثْرَةِ او فَدْعَآئِهَا ‖ يُخْرِجُ نَفْسَ العَنْزِ من وَجْعَآئِهَا „a day of the auroral setting of نَثْرَة (8th mansion of the moon) or of its فدعاء (the astrism called الذِرَاع, the 7th mansion of the moon) that causes the soul of the she-goat to pass forth from her anus“ [2] und in den sprichwörtern Meid. I 35 إِنَّمَا فُلَانٌ عَنْزٌ عَزُوزٌ لها دَرٌّ جَمٌّ „irgendeiner (d.i. ein geizhals) ist wie eine ziege, die enge euteröffnungen, aber (doch) viel milch hat“, 140 إِذَا

---

[1] zu der auflösung von *zz* in *nz* vgl. arab. عَبَّاس und عَنْبَسٌ „löwe“; hebr. חֲזִיר, arab. خِنْزِير „schwein“, hebr. קִפּוֹד, arab. قُنْفُذٌ „igel“ u. a.

[2] vgl. die sprichwörter: Meid. II 891 أَهْوَنُ من ضَرْطَةِ العَنْزِ „contemtior quam caprae crepitus ventris“, II 21 اضْرَطُ من عَنْزٍ „saepius pedens quam capra“, II 889 أَهْوَنُ من عَفْطَةِ عَنْزٍ بالحَرَّةِ „levior quam crepitus ventris caprae in regione petrosa“, wie auch den Meid. II 891 mitgetheilten vers (dort ضَرْطَةُ عَنْزٍ بِذِى الجُحْفَةِ) und نَافِطَة oben beim schaf, s. 241 unten.

تَفَرَّقَتِ الغَنَمُ قَادَتْهَا العَنْزُ الجَرْبَآءُ „wenn das kleinvieh sich zerstreut hat, so führt sie (schliesslich auch) die räudige ziege", 743 أَصْرَدُ من عَنْزٍ جَرْبَآءَ „mehr die kälte empfindend als eine räudige ziege" (weil ihr da die haare ausgegangen und die haut dünn geworden), II 88 عَنْزٌ بها كُلُّ دَاءٍ „eine ziege, in welcher jede krankheit ist" (weil man den ziegen jede art von krankheiten zuschrieb, so einige 99), 361 كَرُكْبَتَيِ العَنْزِ „(so gleichmässig) wie die zwei kniee der ziege" und 507 لا يَنْتَطِحُ فِيهَا عَنْزَانِ „darüber werden sich zwei ziegen nicht mit den hörnern stossen" (d. h. die sache ist zu unbedeutend, als dass u. s. w.), und endlich in einer tradition (bei Damîrî, II, p. ١٨٩) أَرْبَعُونَ خَصْلَةً أَعْلَاهَا مَنِيحَةُ العَنْزِ „vierzig preise (beim wettkampf), von denen der höchste das geschenk der ziege ist". Erst in der spätern sprache sagt man (mit angehängter femininendung) عَنْزَةٌ, so z. b. Freyt. Prov. III, no. 2175, 2468 und 2550. — Bei den alten dichtern heisst عَنْزٌ meist übertragen „bergziege", so z. b. Diw. Huḏ. ٧٧, ٩ pl. أَعْنُزٌ (comm. إِنَاث الوُعُول وهى الأَرْوى) und daher kommt auch der bekannte arab. frauenname عُنَيْزَةُ (demin. fem. von عَنْزٌ, vgl. unser „rehlein" in deutschen minnegedichten), wie z. b. die geliebte oder vielmehr eine der vielen geliebten des altarabischen dichterkönigs Imru'ul-Ḳais geheissen hat (siehe unten bei den antilopen- und wildziegennamen).

عَتُودٌ *ʿatûdun* „der junge (einjährige, schon ausgewachsene) ziegenbock" [hebr. עַתּוּד, dort das gewöhnl. wort für „ziegenbock" und syn. von תַּיִשׁ; ass. *atûdu* — ursem. *ʿatûdu* „ziegenbock" (urspr. „der kampfbereite")] in einer alten tradition bei Muslim اعطاه غَنَمًا يقسمها بين أَصْحَابه فبقى عَتُودٌ فقال

ضحّى به انت „„er gab ihm kleinvieh, welche er unter seinen genossen vertheilen sollte, da blieb ein junger ziegenbock übrig, da sagte er „schlachte du ihn“! zu ihm““ und in einem bei Meid. II 189 citirten vers وألهى بنى حِمّانَ عَسْبُ عَتُودهم عن المجد حتّى الخ „und es freute die Banû-Ḥimmân das bespringen ihres jungen ziegenbocks so sehr dass sie des ruhmes vergassen und u. s. f.“ (jenes thier soll, nachdem ihm schon die halsvenen durchschnitten waren, noch siebzig ziegen besprungen haben).[1] — Das demin. عُتَيِّد siehe schon bei بَهْمٌ, s. 238.

(5) جَدْىٌ *gadjun* „ziegenböckchen, zickchen“ [hebr. גְּדִי; phön. גדא; aram. גַּדְיָא, ܓܕܝܐ — ursem. *gadju*, alle dasselbe] Meid. I 237 تَغَدَّ بِالجَدْيِ قَبْلَ أَنْ يَتَعَشّى بِكَ „frühstücke ein böckchen, bevor der abend über dich kommt“ (d. i. sei vorsichtig); vgl. auch die hübsche geschichte in Arnold's arab. chrest., p. 37, wo جَدْى und تَيْس einander gegenüber stehen („da ich nun alt geworden, so muss nothwendig mein geburtsstern, der vorher الجَدْى, das böckchen,[2] war, auch altgeworden und nun التَيْسُ der bock sein“).[3]

---

[1] vgl. auch die sprichwörter أَغْلَمُ (وأَقْفَطُ) من تَيْس بنى حِمّانَ „libidinosior (et saepius insiliens coitus ergo) quam hircus gentis Banû-Ḥimmân“ Meid. II 189.

[2] der stern *α* des kleinen bären, gewöhnlich polarstern genannt.

[3] ein andres wort, was urspr. das junge vom schaf- und ziegengeschlecht bedeutete, nemlich طَلًا [äth. ጠሊ፡ coll. „ziegen“; sing. „bock, böckchen“, f. ጠሊት፡ „ziegen“; hebr. טָלֶה „lämmchen“ (vgl. auch s. 235,

عَنَاقٌ *'anâḳun* „(weibliches) zickchen" fem. von جَدْىٌ, Meid. II 507 لا تَنْفِطُ فيه عَنَاقٌ „darüber wird kein zickchen niessen" und ebendas. لا تَحْبِقُ فى هذا الامر عَنَاقٌ حَوْلِيَّةٌ „deswegen lässt keine einjährige ziege einen farz", pl. عُنُوق Ham. ٨٠٩ تَضْحَكُ من طَرْطَبَتِهِ العُنُوق „es lachen über seinen (des hirten) lockruf die jungen zicklein" und Meid. II 86 (siehe schon bei نافقة, s. 149).

هِلَّعٌ *hilla'un* „ziegenböckchen" Meid. II 606 ما له هِلَّعٌ ولا هِلَّعَةٌ „er hat weder ein männliches noch weibliches zickchen", vgl. auch schon s. 237, anm. 1.

يَعْرٌ *ja'run* Meid. I 513 أَذَلُّ من اليَعْرِ geringer (verächtlicher) als „ein ziegenböckchen, das man in einer grube anbindet, um den löwen hineinzulocken und drin zu fangen".

أَجَمُّ *ağammu* „hörnerloser ziegenbock oder widder" Ham. ٤٤٣ comm. (قَشَرْتُهُ بأَجَمَّ أَسْوَد).

(10) أَعْقَصُ *a'ḳaṣu* „widder oder ziegenbock mit gewundenen hörnern", fem. عَقْصَآء Ham. ٩٧٧ comm. تُوسِعُنا عَقْصَآءُ سَلْحًا ولا نَرَى لِعَقْصَآءَ دَرًّا فارجعاها الى عَمْر „die ziege (oder das schaf) mit gebognen hörnern hat uns vielen mist gemacht,

---

anm. 1); aram. dagegen ܥܠܝܡܐ „knabe"] wird bei den antilopen- und gazellennamen aufgeführt werden, wohin ich auch für das von demselben stamm wie جَدْىٌ kommende جَدَايَةٌ „gazelle" verweise.

während wir bei derselben nicht viel milch erblicken; führt sie deshalb zu ʿAmr zurück".

Die übrigen wörter, die sowol „ziege" wie „schaf" (resp. „bock" wie „widder", „ziegen" wie „schafe" coll.) bedeuten (شَآء, فُرَارَةٌ, أُكُولَةٌ, آنَّةٌ, ثَاغِيَةٌ, غَنَمٌ, رَبِيض, قِرَةٌ und قَرَارٌ), wurden sämmtlich schon bei den schafnamen aufgeführt.

Vergleichen wir nun die fürs ursemitische erschliessbaren wörter des schaf- und ziegengeschlechts [„kleinvieh" allg.: *ḍaʾnu* und *śawahu*; schafe: *kabśu* „widder" und *raẖilu* „weibliches lamm", vielleicht auch *immâru* „lamm" und *naḳadu* „schafe"; und endlich ziegen: *taišu* „ziegenbock", ʿ*izzu* „ziege", ʿ*atûdu* „junger ziegenbock" und *gadju* „zickchen"] unter sich und mit den in den einzelnen semit. sprachen vor allem im arabischen und hebräischen gewöhnlichen bezeichnungen dafür, so kommt man, zumal, wenn man einen blick auf das äthiopische wirft, wo für „schafe" ein ganz eigenes wort, በግዕ፡ existirt, wo widder und ziegenbock, lämmer und zickchen mit denselben namen bezeichnet werden (erstere ደቤላ፡, በሐኵ፡. ሐርጌ፡, letztere መሕስዕ፡, lauter nur dem äthiopischen eigene wörter) und wo nur für die ziegen ein auch in einer andern semitischen sprache das schaf- und ziegengeschlecht bezeichnender ausdruck da ist, nemlich ጠሊ፡,[1] so kommt man, sage ich, zu dem resultat, dass den Ursemiten die schafzucht zwar bekannt gewesen sein muss (vgl. *kabśu* und *raẖilu*), die schafe jedoch bei weitem nicht die rolle bei ihnen spielten wie die ziegen, für welche sie vier geschlechts- und altersunterschiede bezeichnende namen hatten,[2] und das merkwürdigste an dieser fast gänzlichen ignorirung der schafe bei den Ursemiten ist, dass auch die alten Aegypter auf ihren ältesten denkmälern noch keine schafe, wol aber ziegen, abbildeten.[3] Es scheint sich daraus zu ergeben, dass das schaf zu den ältesten

---

[1] siehe schon die anm. zu جَدْيٌ.

[2] fast möchte ich glauben, dass auch *ḍaʾnu* und *śawahu* („kleinvieh") im ursem. collectivbezeichnungen für „ziegen" allein waren.

[3] siehe schon s. 221 beim art. rindvieh.

hausthieren der welt nicht gehörte:[1] den Aegyptern wurde es später (freilich nach unsern modernen zeitbegriffen noch früh genug) zweifellos von Centralafrika, zunächst von Nubien und Aethiopien aus, die den Aegyptern in alter zeit schon rinder, esel und ziegen lieferten,[2] zugeführt; die Semiten brachten es zwar von Centralasien, ihrer urheimat, nach Mesopotamien, wo sie noch eine zeitlang vereinigt sassen, mit, aber erst bei den Arabern ist es vielleicht schon im zweiten jahrtausend, jedenfalls aber schon lange vor Chr. geburt, zum eigentlichen haus- und nutzthier geworden.

8. ظَبْيٌ (*ẓabjun*) gazelle (siehe unten) mit einer unterabtheilung ظِبَآءُ الْمِسْكِ (*ẓibâ'u 'l-miski*) p. ٣٨٩, de Chézy 409 f. (wörtl. „moschusgazellen") die

Moschusthiere.

Diese bilden in der zool. ordnung wiederkäuer[3] eine besondere (bei Brehm die zweite) familie und gehören weder als

---

[1] die Urindogermanen hatten ein wort für schaf, nemlich *avi*, das sich in allen indogerm. sprachen wiederfindet; dass aber die trennung derselben (wie die einwanderung der einen hälfte nach Europa) geraume zeit später als die trennung der Ursemiten stattfand, steht mir wenigstens felsenfest.

[2] vgl. z. b. Brugsch, Gesch. Aeg., s. 152.

[3] es ist vielleicht hier am platz, zur besseren orientirung (besonders bei den gleich unten zu behandelnden oryxantilopen, gazellen und steinböcken) ein kurzes schema der wiederkäuer zu entwerfen:

1. familie kamele (*tylopoda*).

2. - moschusthiere (*moschidae*). Dahin gehört unser moschusthier (*moschus moschiferus*).

3. familie hirsche (*cervina*) Geweihtragende wiederkäuer; fehlen in Arabien und Abesinien gänzlich.

4 familie gabelhornthiere (*antilocaprina*) Nur in Amerika.

5. - girafen (*devexa*) Girafe.

6. - hornthiere (*cavicornia*) Nur die in Arabien, Aegypten, Nubien und Abesinien lebenden arten seien hier aufgezählt:

a) antilopen.

α. antilopen im engern sinn. 1. Pala (*antil. melampus*,

unterabtheilung zur familie der hirsche (*cervina*),[1] zu der einige naturforscher sie gerechnet haben, noch zu der der horn-

---

aepyceros [d. i. hochhornantilope] *mel.*), Süden von Abesinien, Mittel- und Südafrika. — 2. Gazelle (*antil. dorcas, ẓabjuⁿ*) Arabien, Nordostafrika.

β. kuhantilopen (*bubalis*). 1. Buntbock (*bubalis pygarga, damalis*), Südafrika, aber auch nördlich bis Abesinien. — 2. Steppenkuhantilope (*bubalis alcephalus*) im herzen Afrikas, auch in den steppen an den westabfällen des abesin. hochlands, wie noch in den steppen und wüsten westl. vom nil; die Araber nennen sie dort Tetel (ثَيْتَل), die Abesinier Tori und Tora (ቶራ፡); mit der steppenkuh oder *antil. oryx leucoryx* hat sie nichts zu thun.

γ. spiessböcke (*oryx*). 1. Beïsa (*oryx beïsa*, äth. ብዕዛ፡) küstenland von Habesch und nördlicher. — 2. Säbelantilope, steppenkuh (*oryx leucoryx*, بَقَرُ الوَحْشِ, مَهًا, رِئْمٌ) nördl. theil von Innerafrika, Sennâr, Kordofan, Bahiudasteppe und bis zur ägyptischen grenze; (vielleicht heut noch, jedenfalls aber bis zum 6. nachchristl. jahrh.) auch in Arabien.

δ. mendesantilopen (*addax*). Mendesantilope (*strepsiceros addax*) Südnubien; den alten Aegyptern wol bekannt; äth. ድስክን፡?

ε. schraubenantilopen (*strepsiceros*). Kudu (*str. kudu*) Abesinien (ኦጋዘን፡; von den dortigen Arabern Tedal [= ثَيْتَل] und Nelet [im Tigre ነለት፡, vgl. ass. (pl.) *nâli* und *naili*] genannt).

ζ. zwergantilopen (*neotragus*). Windspielantilope (Beni Israel der bewohner Massauas, Edro [ዐጥሮ፡, äth. ምዳቋ፡] der Tigrier) Abesinien.

η. klippspringer (*oreotragus*). Sassa der Abesinier (*or saltatrix*).

ϑ. gemsen (*capella*). Gemse (*cap. rupicapra*), in den Alpen; ausser Europa auf dem Kaukasus, in Taurien und Georgien; fehlt in den semitischen ländern gänzlich.

b) ziegen und schafe.

α. ziegen (*capra*). 1. Steinbock, und zwar *capra Beden* (بَدَنٌ), Arabien; *capra Walie* (amh. ዋሊ፡, etymol. gleich ወዐል፡ und وَعِل), Abesinien. — 2. Hausziege.

β. schafe (*ovis*). Von wildschafen das Merinoschaf (*ovis tragelaphus*), Nordwestafrika, Aegypten, Abesinien. — Hausschaf.

c) rinder.

[1] diese (hirsch und reh), welche nur im norden der semitischen

thiere, wie es nach obiger benennung Kazwînî's („moschusgazellen") scheinen möchte. Ihr vaterland sind die höchsten alpen des hinterasiatischen gebirgsvierecks; am häufigsten finden sie sich auf den tibetanischen abhängen des Himâlaja, in der umgebung des Baikalsees und in den gebirgen der Mongolei.[1] Das Kazwînî diese und keine andern thiere meint, geht daher schon aus dem von de Chézy nicht aufgenommenen satz ومرعاها بلاد الصين والتُّبَّت والخرخيز[2] „und ihr weideplatz ist China, Tibet und die Kirgisei" hervor. Den alten Arabern war dies thier natürlich unbekannt, wie es auch in ihrer alten und in der literatur der ersten jahrhunderte der Hiǵra niemals erwähnt wird.

9. إيَّل (*ijjalun*) p. ٣٨٩ bergbock. Unter diesem lehnwort (s. unten) fasst Kazwînî mehrere nur wenig von einander unterschiedene steinbock- oder bergziegenarten, dem بَقَرُ الوحش (antilopen) und den الظِّبَآء (gazellen) gegenüber, zusammen, während andere spätere arabischen zoologen[3] بَقَرُ الوَحْش etwas weiter fassen und dazu auch die steinböcke (wenigstens die eine art, welche die Araber, im unterschied von der andern شَآء genannten, بَقَر nennen)[4] rechnen.

änder, in Mesopotamien und Syrien (dort in den wäldern des Libanon und seiner südlichen ausläufer) vorkommen, in Palästina sehr selten sind, in Arabien und Abesinien gänzlich fehlen, brauchten daher in dieser arbeit gar nicht berücksichtigt zu werden.

[1] Brehm, a. a. o., III, s. 94; dort werden auch die verschiedenen asiatischen namen des moschusthiers (chinesisch, tibetanisch, tungusisch etc.) angeführt.

[2] so, und nicht والجرحير ist im arab. text zu lesen.

[3] siehe die anm. zu no. 3 بَقَرُ الوَحْش (s. 228, anm. 3).

[4] bei den einzelnen weiter unten aufzuführenden steinbocknamen (وَعِل, بَدَن etc.) anzugeben, für welche von diesen beiden wol nur wenig verschiedenen arten sie gebraucht wurden, dazu fehlen uns leider

Da ich nun die einteilung der wiederkäuer vollständig gegeben, bleibt mir noch übrig, die nummern 3, 8 und 9, die ich unter dem gesammtnamen

Antilopen und Steinböcke

hier zusammenfasse, aus der arabischen literatur nach ihren einzelnen dort vorkommenden namen zu belegen. Für die zoologische anordnung derselben verweise ich auf die oben zum artikel Moschusthiere gegebene längere anmerkung.

A. **Antilopen,**[1] und zwar

1. die grössern rindähnlichen antilopenarten, von den arabischen zoologen gemeinhin

baḳar al-waḥš

was wörtlich „wildkühe" bedeutet, genannt. So viel ich bis jetzt im gewirr der verschiedenen namen bei dichtern und der sich oft wiedersprechenden erklärungen der commentatoren, lexicographen und zoologen erblicken kann, verstanden die altarabischen dichter und ihre erklärer besonders eine art unter *baḳaru 'l-waḥši*, nemlich die antilope leucoryx,[2] jenes trotz

---

alle anhaltspunkte; von أُرْوِيَّة geben es uns zufällig die nationallexica an („of the kind شَاء, not of the kind called بَقَر" Lane unter روى).

[1] über den ursprung des wortes antilope selbst, welcher terminus in der zoologie erst seit 1743 auftaucht, siehe ausführlich die einleitung zu meiner ausgabe des äth. Physiologus, s. XXIV ff. Das wort stammt aus keinem andern buch als dem alten alexandrinischen naturbuch Physiologus, wo es ein fabelhaftes thier bezeichnet; die ursprüngliche form des namens, soweit wir ihn zurückverfolgen können, ist antholops (im äth. Phys. *endrâpôs*).

[2] von den Arabern speciell مَهًا *mahaⁿ* und (das junge) رِئْمٌ *ri'mun* (siehe unten) genannt.

seiner kuhähnlichkeit schöne und majestätische thier mit langen, spiessförmigen hörnern, grossen ausdruckvollen sehr sanften augen und beinah ganz weisser farbe. Die antilope defassa,[1] ein nur in Abesinien vorkommendes zu den wasserböcken (*kobus*) gehöriges thier, ist hier ganz ausgeschlossen;[2] dass aber ausser der antil. leucoryx (oryxantilope) noch einige andere grössere kuhartige antilopen, welche wir in Arabien nur nicht mehr oder auch noch nicht nachweisen können, unter dem بَقَرُ الوَحْش verstanden wurden, ist immerhin möglich. So wissen wir zwar nichts vom vorkommen irgend welcher arten der sonst in Nordostafrika nördlich bis Nubien angetroffenen kuhantilopen (*antil. bubalis*) in Arabien, aber bei unserer mangelhaften kenntniss der heutigen fauna Arabiens können wir, glaube ich, kaum sicher entscheiden, ob diese thiere immer dort fehlten, ja kaum, ob nicht auch heut noch in den wüsten des innern Arabiens arten derselben anzutreffen sind, in abrede stellen. — Der unterschied von بَقَرُ الوَحْش („bovine antilope", wie Lane treffend die ganze klasse nennt) von den gazellen (ظَبْيٌ)[3] spricht sich klar in einem vers des Abû Du'âd aus,[4] wo die بَقَرُ الوَحْش (Lane „wild oxen or cows") wegen ihrer kurzen hälse („because the shortness of their necks") بَنَاتُ عَمِّ المُرْشِقَات „the daughters or sons of the paternal uncle of the longnecked ones" (= of the gazelles) genannt werden.

---

[1] amharisch ደፋሳ፡ (*defâsâ*).

[2] danach ist das von Lane unter بقر bemerkte zu corrigiren; im eigentl. Aegypten war diese antilopenart, wenn sie auch den alten Aegyptern bekannt war, nie heimisch.

[3] Lane: „the true antelope of Arabia, as distinguished from the cervine and bovine antelopes"; mit cervine ant. meint er wol die وُعُول, wenn letztere auch genau genommen ja nicht zu den antilopen sondern zu den ziegen gehören.

[4] Lane I, p. 1090 unter رشق.

Der ganz allgemeine name bei den alten dichtern, mit welchem allerdings mitunter auch gazellen bezeichnet werden, ist وَحْشٌ *waḥšun* „(antilopen)wild" (vgl. unser „wild" von hirschen und rehen gesagt) Imrulḳ. Mu'all., v. 33 وَحْشُ وَجْرَةَ „das wild des ortes Waǵra",[1] Ham. ۲۴۹ يَبِيتُ بِمِغْنَى الْوَحْشِ „er übernachtet im schlupfwinkel (lager) des wildes",[2] ۵۴۱ عَهِدْتُ

بِهَا وَحْشًا عَلَيْهَا بَرَاقِعِ وَهَذِى وُحُوشٌ أَصْبَحَتْ لَمْ تَبَرْقَعِ „ich sah (einst) daselbst (antilopen)wild, welche schleier trugen,[3] aber diese (die jetzt dort weiden) sind antilopen (wörtl. wildthiere), welche ohne schleier gehn (d. i. wirkliche antilopen)",

۵۴۲ لَقَدْ تَرَكَتْنِى أَحْسُدُ الْوَحْشَ أَنْ أَرَى أَلِفَيْنِ منها لَا يَرُوعُهُمَا الذُّعْرُ „sie (die geliebte) brachte mich (durch ihr

---

[1] hier können auch gazellen gemeint sein (vgl. Labîd Mu'all., vers 14 ظِبَآءُ وَجْرَةَ „die gazellen von Waǵra"), doch gleich im folgenden vers (v. 34) wird die oryxantilope (الرِّئْمُ) genannt; die ganze stelle lautet: (33) „sie (die geliebte) wendet sich ab und zeigt schmale wangen, und sie wahrt (ihre schöne wie mit einem schild) mit einem auge von einem wild von Waǵra, der mutter eines jungen (مُطْفِلِ); (34) und (sie zeigt) einen hals wie den hals einer jungen oryxantilope (رِئْمُ), der schön ebenmässig ist, wenn sie ihn in die höhe hebt, und der des schmuckes nicht entbehrt."

[2] aus einem gedichte des alten recken Ta'abbaṭa Scharran; dort heisst es (Rückert, Ham. I; s. 187) „er nachtet beim gethier im wald, es thut ihm nichts zu leide (wörtl. „so dass sie sich traulich an ihn gewöhnen"), und nie am morgen hat er sie vertrieben von der weide, noch aufgelauert ihrem gang, noch ausgespäht ihr lager; nur kampf mit männern lebenslang hat ihn gemacht so hager".

[3] er meint hier mädchen, unter denen sich auch seine geliebte befand. Der dichter (al-Dumaina) gehörte bereits der zeit des islâm, wo ja die frauen verschleiert gehen mussten, an.

wegziehn) dazu, dass[1] ich das antilopenwild beneidete, dass ich zwei vertraulich mit einander verkehrende von ihnen (den antilopen) sehe, welchen kein schrecken furcht einjagt", ٩٠٧ رَسْمٌ لِقَاتِلَةِ الغَرَانِقِ ما بهِ إلاَّ الوُحُوش „eine (verlassene) spur, welche (einst) der schönen jünglingsmörderin gehörte, wo aber (jetzt) nur noch antilopen (wörtl. wildthiere) weilen" und ٩٧٢ (الوَحْش und وَحْشًا) in einem spätern gedicht; und (das fem. des von وَحْش gebildeten adjectivs) وَحْشِيَّةٌ Labîd Mu'all., vers 36 وَحْشِيَّةٌ مَسْبُوعَةٌ „ein (weibliches) wild, deren junges von wilden thieren (od. speciell vom löwen, سَبُعٌ) zerrissen wurde"; die wundervolle schilderung der nachtflucht der nun kinderlosen mutter, v. 36 ff., ist für die genauere bestimmung der hier unter بقر الوحش[2] gemeinten antilopenart sehr wichtig, denn v. 43 heisst es: ihre farbe verbreitet in der nacht einen glanz wie perlen, v. 45 irrt sie umher in den sümpfen von صُعَائد *Ṣu'â'id*; endlich dringt v. 48 zur der von angst gehetzten noch des jägers stimme nebst dem gebell der auf sie eindringenden hunde, da kehrt sie (v. 50) gegen die hunde ihr horn (wörtl. „eine hornesspitze" مَدَرِيَّةٌ), „dessen vorderes und ende wie eine samharische lanze ist". Man sieht, dass hier nur die antilope leucoryx, رِئْمٌ; مَهًا, gemeint sein kann, deren weisse farbe die nacht erhellt, und deren lange spitzen hörner allein von allen antilopenarten mit einem speer verglichen werden können.

رِئْمٌ *ri'mun*, das eigentliche wort im arab. für die „oryxantilope" [von رَئِمَتْ وَلَدَها „sie (die mutter) war zärtlich gegen

---

[1] wörtl. „sie liess mich in einem zustand da".

[2] denn diese sind hier gemeint, vgl. den comm. zu vers 37, wo das junge (الفَرِير) deutlich ولد البَقَرَةِ الوَحْشِيَّةِ genannt wird.

ihr junges“ [1] etymologisch abzuleiten, weshalb es auch sehr wahrscheinlich, dass, wenn das nachher zu besprechende مَهَاةٌ nicht etwa eine andre grössere [2] art der oryxantilopen ist, رِئْمٌ ursprünglich das weibchen, مَهَاةٌ aber das männchen bedeutete; im hebr. entspricht רְאֵם, im assyr. *rîmu*, welche beide „wilder ochs“ bedeuten, [3] das äth. ርኤም፡ (Phys. s. 19 meiner ausgabe, z. 4 von unten) aber ist, wie schon die form des wortes und die variante des Wiener codex ርእም፡ ausweist, hebr. lehnwort [4]] Labîd Muʿall., v. 14 (wo er von den fortziehenden mädchen, unter welchen seine geliebte war, spricht, und dieselben mit antilopen und gazellen vergleicht) كَأَنَّ [5] نِعَاجَ تُوضِحَ فَوْقَهَا

---

[1] vgl. den schon bei عَلُوق auf s. 180 aus Lane mitgetheilten vers als belegstelle, wie s. 156 die stelle aus der Hamasa, ferner das wort رَأْمٌ *ra'mu*ⁿ „kameljunges“.

[2] die von den Arabern رِئْم genannten oryxantilopen müssen etwas kleiner als die in Afrika vorkommenden unsern zoologen allein bekannten oryxantilopen gewesen sein, da sie von den commentatoren und lexicographen stets als „weisse gazellen“ bezeichnet werden. Vgl. auch bei Damîrî: „und es sprach al-Aṣmaʿî: die رِئْم genannten thiere sind weisse gazellen, von reiner weisser farbe, und sie bewohnen die sandsteppen (الرِمَال)“; nach Damîri bedeutet übrigens رِئْم das junge, so dass vielleicht dadurch der umstand, dass in den augen der araber die آرام zu den zoologisch von den oryxantilopen zu unterscheidenden gazellen gehörten, zu erklären ist. Dass *ri'mu*ⁿ wirklich die oryxantilope (und zwar das junge weibchen derselben, das schon trächtig wird, vgl. oben die stellen Lab. 14, Zuh. M. 3 und Nab. 20, 12) und keine gazellenart ist, geht aus den mitgetheilten stellen verglichen mit Labîd 36 ff. und den sonstigen beschreibungen des thieres zweifellos hervor.

[3] siehe bereits ausführlich s. 227, anm. 1.

[4] siehe meinen Physiologus, einl. s. XX und XLV.

[5] على القَلْب entstanden aus أَرْآم (pl. أَفْعَال von رِئْمٌ).

وظِبَآءُ وَجْرَةَ عُطَّفًا آرَامُها „es war als ob antilopenweibchen[1] von Tûḍiḥ auf ihnen (den kamelen) sässen, und (sie, die mädchen) waren gazellen von Wagra, während ihre oryxantilopen den hals (wie um nach den jungen zu sehen) wendeten", Zuhair Mu'all. v. 3 بها العِينُ والآرَامُ يَمْشِينَ خِلْفَةً وأَطْلَاؤُها يَنْهَضْنَ من كُلِّ مَجْثَمِ „daselbst (an der verlassenen wohnstätte der geliebten) tummeln sich nun grossäugige[2] und oryxantilopen, während ihre jungen herzuspringen (um an ihnen zu trinken) von jedem (ihrer) lagerorte", Imrulḳ. Mu'all., v. 3 تَرَى بَعَرَ الآرَامِ „du siehst den mist der oryxantilopen[3] (auf der verlassenen wohnstätte der geliebten)" und vers 34 جِيدِ الرِئْمِ „der hals der oryxantilope" (siehe schon bei وَحْش, anm.), Nab. Diw. ١٢, ٢٠ (siehe s. 263), Ham. ٣٣٩ لَعَمْرِى لَرِئْمٌ عِنْدَ بَابِ ابن مُحرِزٍ أَغَنُّ مَشُوفُ „bei meinem leben, fürwahr eine oryxantilope an der pforte des ibn-Muḥriz, eine näselnde, glänzende[4] (ist euch lieber als zelte, die auf schwertern und lanzen errichtet sind)", ٥٩٩ (von einer schönheit) بِدَلَالِ

---

[1] siehe unten bei نَعْجَة (comm. اناثُ بَقَرِ الوَحْشِ).

[2] comm. بَقَرُ الوَحْشِ; siehe unten unter أَعْيَنُ, pl. عِينٌ.

[3] der commentar erklärt hier (ungenau) الرِئْم durch „weisse gazelle" (الظَبْىُ الخَالِصُ البَيَاضِ); sonst wird gewöhnlich hinzugefügt „und welche die sandsteppe bewohnt", was vor allem auf die oryxantilope sich bezieht. Vgl. auch die verbindungen mit صَرِيم s. 262 und 263.

[4] beide epitheta werden speciell von den oryxantilopen gebraucht; mit der oryxantilope meint er hier natürlich ein mädchen.

غانِيَةٍ ومُقْلَةِ رِئم „sie schenkt den liebhabern weh ein) mit dem coquetten gebahren einer schönen und dem blick einer oryxantilope" (im vers vorher wird dieselbe genannt صَفْرآءُ مِن بَقَرِ الجِوَآء „eine gelbe von den kuhantilopen [1] von al-Ǵiwâ") und ٩١٩ يا أَيُّهَا الرِئْمُ „o du oryxantilope!" (anrede an die geliebte); wie endlich in einem verse Mutammim's [(Nöldeke, Beiträge, s. 140, v. ٢٣), wo er sein ross wegen seiner schnelligkeit mit „einer oryxantilope mit niedergesenktem kopf, welche von hunden von der seite angefallen wird", vergleicht] und Diw. Hud. p. ١٤٨ (neben العُفْرِ والعِين).

مَهًا *mahan* coll. „(oryx-)antilopen", ein einziges thier: مَهَاةٌ [siehe schon oben bei رِئْم; von den lexicographen gewöhnlich durch نَوْعٌ من البَقَرِ الوَحْشِيّ erklärt, aber wahrscheinlich wie رِئْم speciell die oryxantilope, da schon im altaegyptischen *mahet* [2] der name dieses thieres ist] Ham. ٧٨٣ وهاجِرَةٍ يَشْوِى مَهَاهَا „und wie manchen mittag, dessen glutwind seine antilopen (die doch sonst als thiere der sandsteppe die hitze gut aushalten können) briet, gab es [wo ich eine dem wildesel ähnliche kamelin (عيرانة, siehe schon s. 183) schlachtete und (in der sonne) braten liess]", Zuh. Diw. ١, ١٠ (تَنَازَعَها المها شَبَهًا) und ١٢ فمن مَهَاةٍ „(und was die beiden augen anlangt) so sind sie von einer oryxantilope" und noch oft bei den alten

[1] wörtl. „kühen", بَقَر (hier im übertragenen sinn) siehe unten.

[2] Dümichen bei Brehm, Thierleben III, s. 197.

dichtern;[1] wie im sprichwort Meid. II 474 لِيَوْمِهَا تَجْرِى مَهَاةٌ بِالعَنَقِ „die oryxantilope läuft schnellen laufes ihrem tag (d. i. dem tod) entgegen“.

طَلًى *ṭalan* (siehe schon s. 235, a. 1 und 248, a. 3), pl. أَطْلَاءٌ, „antilopenjunges“ (ursprünglich von allen ذَوَاتُ الظِّلْفِ, siehe s. 196, a. 2) Zuh. Muʿall. v. 3 (siehe schon oben bei رِئْمٌ) und Labîd Muʿall. v. 7 وَالعِينُ سَاكِنَةٌ على أَطْلَائِهَا „und die grossäugigen (d. i. die antilopen) ruhen bei (wörtl. über) ihren jungen [,da sie eben erst geboren haben, indem ihre kälbchen (wörtl. lämmchen, بِهَامُهَا) zu rudeln werden (تَأَجَّلَ denom. von إِجْلٌ)]“.

فَرِيرٌ *farîrun* und فُرَارٌ *furârun* „antilopenjunges“ (zur etymologie vgl. Müller im kit. ul-f., s. 32=264, zur ursprüngl. bedeutung das oben s. 239 f. zu فُرَارَةٌ bemerkte) Labîd Muʿall. v. 37 خَنْسَآءُ ضَيَّعَتِ الفَرِيرَ „eine stumpfnasige (antilope), welche verloren hat das junge“ (zum zusammenhang vgl. man oben das bei وَحْشٌ mitgetheilte wie die dazugehörende anmerkung), und im sprichwort Meid. II 753 نَزْوُ الفُرَارِ ٱسْتَجْهَلَ الفُرَارَ „das springen des einen antilopenkalbes muntert das andere zum springen auf“.

---

[1] vgl. Ahlwardt, Chalaf al-Aḥmar, s. 69 (dort s. 397, vers ٨ مَهَوَات الملا „die antilopen der wüste“ genannt), Tar. Diw. ٥, ٨ (لَهَا كَشْحَا مَهَاةٍ مُطْفِلِ) und andere stellen.

Fast noch häufiger aber als diese wörter (رِئْم, مَهًا etc.) kommen von den „bovine antilopes“ nach der schon s. 227 f. besprochenen und dort geographisch erklärten übertragung die ursprünglich für das rinder- und schafgeschlecht gebrauchten namen بَقَرٌ „kühe“, ثَوْرٌ „stier“, شَاةٌ „schaf“, نَعْجَةٌ „weibl. schaf“, بَرْغَزٌ und فَرْقَد „kalb“ und بَهْمٌ „lamm“ vor. Man vergleiche folgende stellen:

بَقَرٌ *bakarun* „antilopen“ Ham. ٥٩٩ (siehe schon bei رئم in der anm.), Meid. I 230 (sprichw.) تَرَكْتُهُ بِمَلَاحِسِ البَقَرِ أَوْلَادَهَا „ich habe ihn an den orten, wo die antilopen ihre jungen lecken, gelassen“ (d. i. in der wüste oder einöde), pl. بَيْقُور (siehe schon s. 224 bei بقر rindvieh); — ثَوْرٌ *ṯaurun* „antilopenmännchen“ Imrulḳ. Muʿall. v. 66 فَعَادَى عِدَاءً بَيْنَ ثَوْرٍ وَنَعْجَةٍ „und in einem rennen erjagte (das pferd) hinter einander einen antilopenbock und eine hinde“ [1] (comm. ثَوْرًا وَبَقَرَةً وَحْشِيَّةً), ʿAlḳama Diw. ١, ٣٧ ff. „da wurden gehört dumpfe wehlaute von den antilopenböcken (Socin: „büffeln“!) des sandbodens (لِثِيرَانِ الصَّرِيمِ), als er auf sie schoss . . . ., da fiel einer auf den weissen fleck der stirn, und ein anderer vertheidigte sich mit dem horn, als ob es die spitze einer nadel wäre; da lief (das ross) feindlich hin und her, angreifend bald einen antilopenbock, bald ein antilopenweibchen (بَيْنَ ثَوْرٍ

[1] so (und nicht „hindin“, als ob es ein masc. „hind“ gäbe) heisst dieses von Luther mit vorliebe gebrauchte wort (vgl. „stute“ und nicht „stutin“).

وَنَعْجَةٍ), und bald einen bejahrten (stein)bock (وَتَيْسٍ),[1] alt wie der dürre baum“; — شَاةٌ *šâtun* (pl. شِيَاهٌ) „antilope“ Ṭarafa Mu'all. v. 35 „(das kamel hat so feinvernehmende ohren) wie die ohren eines antilopenbocks (كَسَامِعَتَيْ شَاةٍ), welcher in Ḥaumal einsam umherstreift“ (comm. ثَوْرٌ وَحْشِيٌّ) und in dem eben erwähnten gedicht des ʿAlḳama, einige zeilen weiter vorher (v. ٣٢ und ٣٤) „wir erblickten antilopen (شِيَاهًا), welche einen sandboden (خَمِيلَةً) abweideten . . . . (34), da verfolgte er die fliehenden antilopen (الشِّيَاهُ) u. s. w.“; — نَعْجَةٌ *naʿǵatun* „antilopenweibchen“ ausser in den vorhin bei ثَوْر aufgeführten stellen noch Imrulḳ. Mu'all. v. 63 „da stiess auf uns ein rudel (سِرْبٌ),[2] dessen antilopenweibchen (نِعَاجَهُ) gleichsam jungfrauen von Dawâr waren“ (comm. اناثُ بَقَرِ الوَحْشِ) und Labîd Mu'all. v. 14 (siehe schon رئم) neben آرَام und ظِبَآءٌ; — بُرْغُزٌ *burǵuzun* Ṭarafa Diw. ٥ , ٧ (بِعَيْنَىْ بُرْغُزٍ), pl. بَرَاغِز Nâbiġa Diw. ٢٠ ,١٢ „sie (die frauen) schlagen wie junge oryxantilopenmütter der sandsteppe (كَأَرْآمِ الصَّرِيمِ) ihre hände vor schmerz zusammen hinter ihren kälbchen drein (die man

---

[1] ähnlich werden تَيْس und عَنْزٌ auf die wilden ziegen (steinböcke) übertragen; siehe weiter unten daselbst.

[2] سِرْبٌ sonst von gazellen (so Aṣmaʿi), doch hier vom comm. erklärt durch القَطِيع من بَقَر الوَحْش.

ihnen abgenommen)" und ebendas. ٩، ١٠ (ganz dasselbe, nur كالظِّبَاءِ „wie gazellen" statt كَآرَامِ); — فَرْقَدٌ *farkadun* Ṭarafa Mu'all. v. 33 (die augen seiner kamelin sind) „wie die augen einer aufgescheuchten (antilope), der mutter eines kälbchens (أُمِّ فَرْقَدِ)", wo der comm. فَرْقَد durch وَلَدُ البَقَرَةِ الوَحْشِيَّةِ erklärt; und endlich بَهْمٌ *bahmun* „antilopenjunges", pl. بِهَامٌ Labîd Mu'all. v. 7 (siehe schon bei طَلًا).

Weitere namen (meist epitheta ornantia) des بَقَرُ الوَحْشِ sind noch folgende:

أَرْخٌ *arḫun* „antilope", was mit recht von Friedr. Delitzsch zu assyr. *turâḫu* „antilope"[1] verglichen wurde, ist ebenfalls erst eine übertragung, die ursprüngliche bedeutung ist „ochs", so in einem von Damîri citirten vers, wo es heisst أَرْخٌ يَرُودُ بِرَوْضَةٍ مِنْقَالٌ „ein ochs, der auf einer weide seine nahrung sucht, ein stolz dahinschreitender' und in dieser seiner urspr. bedeutung sich ganz mit dem ass. *arḫu* (syn. von *rîmu*) „ochs"[2] deckend.

خَاذِلٌ *ḫâḏilun* (pl. خَوَاذِلُ) und خَذُولٌ *ḫaḏûlun* „hinter den andern (und allein bei ihrem jungen) zurückbleibendes antilopen- oder gazellenweibchen" (von خَذَلَهُ „sich einer sache

---

[1] Tigl. Pil. I, jagdinschr. (I Rawl. 28, col. I) 19 f. *arvi turâḫi nâli ja'ili ina sadirâti utimmiḫ* „bergziegen, antilopen (zur bildung mit präfig. *t* vgl. äth. ተዶፊን፡ neben ወዶፊን፡, beide „junger stier", arab. يَفَنٌ u. a.), gazellen (vgl. نَالَ „springen, hüpfen" und den abesinischen antilopennamen ነለት፡ s. 251, anm. 3), steinböcke erjagte ich nach einander (vgl. סִדֵּר)".

[2] siehe s. 227, anm. (Asarh. 5, 17 verglichen mit S^b 254 AB *arḫu*.

enthalten, sie verlassen") Nâbiġa Diw. ٢٠, ١٢ كَآرَامِ الصَّرِيمِ الخَوَاذِلِ „wie die jungen oryxantilopenweibchen der sandwüste, die hinter dem rudel zurückbleibenden", und خَذُولٌ auch „eine antilope, welche ihre jungen verlassen hat", so Ṭarafa Mu'all., v. 6 f. „und bei dem stamm befindet sich eine dunkellippige (أَحْوَى), welche den arâkstrauch abweidet[1] (يَنْفُضُ المَرْدَ), eine junge eben ausgewachsene antilope (شَادِنٌ)[2] . . . . . ., eine (antilope) die ihre jungen verlassen hat (خَذُولٌ), welche mit dem rudel der übrigen weidet in der steppe (تُرَاعِى رَبْرَبًا بِخَمِيلَةٍ)".

خَنْسَآءُ *hansâ'u* „stumpfnasige (antilope)"[3] Labîd Mu'all., v. 37 (siehe schon bei فَرِير).

ذَبٌّ *dabbun* „antilopenbock" (urspr. „der bewegliche") in der verbindung ذَبُّ الرِيَادِ (auch allein الرِيَادُ von رَادَ impf. u „hin- und wiederlaufen") in einem bei Lane I 1354 citirten verse des ibn-Mukbil.

شَادِنٌ *šâdinun* „junge ausgewachsene (antilope)" Ṭarafa

---

[1] wörtl. „schüttelt".

[2] gewöhnlich von den commentatoren (so auch hier) durch ظَبْىٌ „gazelle" erklärt, hier aber dem zusammenhang nach eher vom بَقَرُ الوَحْش oder den oryxantilopen.

[3] vgl. schon s. 30, no. 57 den namen der berühmten dichterin al-Hansâ.

Mu'all. v. 6 (siehe bei خَاذِلٌ; sonst auch von gazellen[1] nach den lexicographen); zur etymologie vgl. J. D. Müller a. a. o., s. 32=264.

مَشُوفٌ *mašûfun* „schimmernd, glänzend" [urspr. „polirt" von شاف impf. u (vgl. auch das pass. شِيفَتِ الجَارِيَةُ „das mädchen war geschmückt"), von der glänzenden weissen farbe der oryxantilope] Ham. ٣٣٩ (siehe schon bei رِئْمٌ).

أَعْفَرُ *a'faru* Meid. I 383 (siehe unten beim artikel ظَبْيٌ Gazellen).

أَعْيَنُ *a'janu* „grossäugige (antilope)", pl. عِينٌ (ein stehendes epithetum dieser thiere) Ḳur'ân 44, 54 u. ö. (siehe unten bei den Gazellen beim epitheton أَحْوَرُ), Zuhair Mu'all. v. 3 (siehe schon bei رِئْمٌ), Labîd Mu'all. v. 7 (siehe schon bei طَلًى), Diw. Hud. p. ١٤٨ u. ö. — daneben مُعَيَّنٌ *mu'ajjanun* dass., Ham. ٢٩٣ (وَمُعَيَّنًا يَحْمِي الصِوَارَ „und einen grossäugigen, welcher sein rudel schützt"), wenn man nicht an dieser stelle mit dem commentar

مُغَبَّبٌ *muġabbabun* (Lane: „a bull having a غَبَبٌ or dewlap") liest (siehe schon s. 168 beim kamelepithetum مُتَخَمِّطٌ).

غَيْطَلَةٌ *ġaiṭalatun* „reichlich milch habende (antilopenkuh)" Zuhair Diw. ١٠, ٢٣ „ebenso wie sich flüchtet zur erstlingsmilch das kälbchen (فَزٌ) einer antilope (غَيْطَلَةٌ), indem es die augen

[1] so z. b. in einem im Kâmil p. ٤٢٠ citirten gedicht des Dû-'r-Rumma امّ شَادِنٍ „mutter einer jungen gazelle".

(der jäger) fürchtet und ihm dann nicht das volle euter (الحَشَك) vorenthalten wird". [1]

أَغَنُّ *agannu* „näselnde, einen eigenthümlichen ton aus der nase von sich gebende (antilope)" Ham. ٣٣٩ (siehe schon bei رِئْمٌ).

فَزٌّ *fazzun* „antilopenkälbchen" (von فَزَّ „aufgescheucht, ruhelos sein") Zuh. Diw. ١٠, ٢٣ (siehe eben bei غَيْطَلَةٌ).

Die namen für antilopenrudel sind nach al-Aṣmaʿî صِوَارٌ *ṣiwârun* (Ham. ٢٩٣, siehe oben bei أَعْيَنُ, und ٥٩٢ كَأَنَّا والرِحَالَ على صِوَارٍ „und es war wie wenn wir und die sättel auf einem antilopenrudel wären [so schnell ritten wir auf unsern kamelen davon]")[2] und رَبْرَبٌ *rabrabun* [Ṭarafa Muʿall., v. 7,[3] siehe oben bei خاذِل, und Ham. ١٨٤ مَعَاذَ ٱلْإِلَاهِ أَنْ يَكُونَ كَظَبْيَةٍ ولا عَقِيلَةِ رَبْرَبِ „verhüte Gott, dass sie (die geliebte) einer gazelle oder der auserlesenen eines antilopenrudels gleiche (sondern sie übertrifft sie alle durch ihre schönheit)"[4]]; سِرْب

---

[1] vgl. Ahlw.. Ch.-A., s. 194 f.

[2] vgl. auch noch Müller a. a. o., s. 41—273.

[3] der comm. erklärt رَبْرَب durch القَطِيعُ من بَقَرِ الوَحْشِ او الظِبَاء („antilopen- oder gazellenrudel").

[4] aus einem gedicht des al-Baʿîṯ ibn-Ḥuraiṯ, dessen vater zu beginn des islâm lebte; der hier ausgesprochene gedanke verräth auch sofort nachǵahilitischen ursprung.

sirbun, was al-Aṣmaʿî durch gazellenrudel"[1] und (dann übertragen) „jungfrauenschaar" erklärte, kommt Imrulḳ. Muʿall., v. 63 (siehe schon oben s. 263) von antilopen vor[2] — in der aussprache سَرْبٌ (doch vgl. s. 200, a. 3) heisst das wort „kameltrupp", so Ham. ٧١٢ — und endlich إِجْلٌ *ig̑lun* (al-Aṣmaʿî: „rinderheerde" und „gazellenrudel") wenigstens im verbum denom. تأجّل Labîd Muʿall. v. 7 ebenfalls von den (jungen) antilopen (siehe schon bei طَلًى). In wahrheit bedeuten eben رَبْرَب, سِرْب und إِجْل sowol „antilopen-" wie auch „gazellenrudel"; dass auch sonst in den alten gedichten einige wörter sowol für die grössern antilopenarten wie für die gazellen gebraucht werden können, also nicht immer (wenigstens nach den angaben der commentatoren und lexicographen) eine strenge scheidung stattfand, haben wir schon hie und da bei dem artikel بَقَرُ الوَحْش zu sehen gelegenheit gehabt; wenn ein solches schwanken, wenn es nicht wie ich fast glaube überall[3] auf rechnung der viel späteren erklärer zu setzen ist, wirklich zugegeben werden muss, so sind die antilopenarten, welche Kazwînî unter ظَبْيٌ *ẓabjun* (siehe schon s. 251) zusammenfasst, und zu denen wir uns nun wenden, einzig und allein die niedlichen reizenden thiere, die in der zoologie

---

[1] so Imrulḳ. Diw. ٥٢, ٥٠ (dort sind سِرْب und صِوَار synonyma), ٤, ٤٣ (in demselben gedicht v. ٣٣ رَبْرَبٌ), ٣٥, ١٨ und ٣٩, ٣ (vgl. Ahlw., Ch.-A., s. 142).

[2] ausführlich spricht auch über سِرْب al-Mubarrad im Kâmil, p. ٣٩٨; über die etymologie D. H. Müller a. a. o., s. 39=271.

[3] mit ausnahme vielleicht von وَحْش (pl. وُحُوش) und einigen der oben aufgezählten epitheta (z. b. خُذُول, شادِن, غَيْطَلَة).

2. *antilope dorcas* genannt werden, die

Gazellen.

Diese schmucken, zierlichen thiere, graziös in allen ihren bewegungen, bei jedem schritt und in jeder wendung die verkörperte anmuth, sind dem orientalen von jeher das urbild weiblicher schönheit gewesen. „„Eine gazelle in der wüste (sagt Brehm)[1] ist ein so ansprechendes bild, dass schon seit alten zeiten die morgenländischen dichter mit aller glut ihrer seele sie besungen haben. Selbst der fremdling aus den ländern des abends, welcher sie in ihrer freiheit sieht, muss es verstehen, warum sie gerade den morgenländern als ein so innig befreundetes wesen erscheint; denn auch über ihn kommt ein hauch jener glut, welche zu den feurigsten lobliedern dieses thieres die worte läuterte und die reime flüssig werden liess. Das auge,[2] dessen tiefe das herz des wüstensohns erglühen und erblühen macht, vergleicht er mit jenem der gazelle; den schlanken weissen hals, um den sich seine arme ketten in trauter liebesstunde, weiss er nicht schmückender zu bezeichnen, als wenn er ihn dem hals jenes thieres gleichstellt.[3] Die gazelle übt

---

[1] Thierleben, III, s. 204.

[2] vgl. ebenfalls Brehm, a. a. o., s. 208 „die schönheit der augen dieser thiere ist unter allen morgenländischen völkern so vollständig anerkannt, dass schwangere frauen gazellen nur aus dem grunde zu halten pflegen, um ihrer frucht die schönheit des thieres einzuprägen. Oft setzen sie sich längere zeit vor das thier hin und sehen ihm in die schönen augen, streichen ihm mit den fingern über die weissen zähne, berühren dann die ihrigen und sagen dabei verschiedene sprüche her, denen sie noch besondere kraft zutrauen.“

[3] dass auch die oryxantilope (رِئْم, coll. بَقَرُ الوَحْشِ) hier miteingeschlossen werden muss (ja zuweilen auch die bergziegen oder steinböcke, wie weiter unten am betreffenden ort gezeigt werden soll), davon möge man sich durch die aus den altarabischen dichtern von mir im art. بَقَرُ الوَحْشِ gegebenen beispiele überzeugen. Immerhin aber gilt das von Brehm bemerkte in erster linie von den gazellen, die ja an

einen zauber aus auf jedermann. Ihrer anmuth halber weihten sie die alten Aegypter der erhabenen gottheit Isis; ihre schönheit muss dem dichter des hohen liedes zum bilde dienen: denn sie ist „das reh“ und „der junge hirsch“, mit denen der freund verglichen wird, das reh oder die hinde des feldes, bei denen die töchter Jerusalems beschworen werden. Für die schönsten reize des weibes nach morgenländischen begriffen hat jener dichter nur den einen vergleich: sie sind ihm „wie zwei junge rehzwillinge, die unter den rosen weiden“. Die arabischen dichter aller zeiten finden nicht worte, sie zu schildern; die ältesten werke dieses volkes preisen sie,[1] „und die minnesänger auf den strassen rühmen sie noch heutigen tages““.

ظَبْىٌ *ẓabjun*, fem. ظَبْيَةٌ, pl. ظِبَآءٌ [hebr. צְבִי, aram. ܛܒܝܐ טַבְיָא, assyr. *ṣabiu*,[2] also ursemitisch *ṯabju*. Die möglichkeit der entlehnung entweder bei Hebräern, oder Aramäern, oder, was man der nördlichen lage des landes nach noch am ehesten vermuthen könnte, bei den Assyrern, ist schon durch die regelmässige lautvertretung (arab. *ẓ*, hebr. und assyr. *ṣ* und aram. *ṭ* ausgeschlossen, ausserdem aber durch die bildlichen darstellungen auf den ass. skulpturen, wo die gazelle[3] wie auch der hirsch[4] deutlich erkennbar vor augen treten. Die geographische verbreitung der gazelle erstreckt sich also nicht allein auf Nordostafrika, sondern sogar bis in die nordöstlichsten und nördlichsten bereits zu Assyrien gehörenden ausläufer der arabisch-syrischen wüste. Der in den indischen liebesgedichten die

---

anmuth der formen und bewegungen die grössern antilopen noch weit übertreffen; was die schönheit der dunkeln sanften augen anlangt, so mag wol schwer zu entscheiden sein, welche von beiden den preis davontragen würden.

[1] hier gilt ebenfalls das s. 269, anm. 3 bemerkte.

[2] siehe schon s. 35, anm. 1 eine belegstelle.

[3] (neben steinböcken) photogr. des Brit. Mus. no. 482 (catalogue p. 41) sculptur aus Asurbanipals zeit, im katalog als „wild goats and young“; vgl. auch G. Rawlinson, Monarchies, vol. II, p. 142 (m. bild).

[4] ebenfalls aus Asurbanipals denkmälern: phot. des Brit. M. no. 496 (catal. p. 41) „attendants with nets trapping deer on borders of forest“.

gleiche rolle wie die gazelle in den arabischen einnehmende मृग [1] ist eine andere antilopenart.] Ham. ١٨٤ (schon oben bei رَبْرَب „antilopenrudel" mitgetheilt), ٢٨٨ (du schützest deinen gastfreund so wenig, dass man ihn mit dem fleisch der gazelle [لَحْم ظَبْيِ], welche von allen gejagt wird und also schutzlos ist, vergleichen kann),[2] ٤٤٢ (Ka'b ibn Zuhair rühmt „und nicht wurden im stamme Ka'b gazellen [statt der gelobten schafe][3] geschlachtet" und ٩١٧ ظِبَآءٌ من رَبِيعَة عَامِرٍ عِذَابُ الثَنَايَا مُشْرِفَاتُ الحَقَائِبِ „gazellen (= mädchen) von dem stamm Rabî'a 'Amir, zahnduftende und hochhüftige"; Labîd Mu'all. v. 6 „und es erheben sich die zweige der aihaḳân-staude[4] und es haben junge (واطفلت) an den beiden flussufern die gazellen und strausse (ظِبَآءُها ونَعَامُها), und es lagern die antilopen bei ihren jungen u. s. w." (siehe schon oben bei أَعْيَن), v. 14 „die gazellen von Wagra" (siehe schon bei رِئم), Imrulḳ. Mu'all. v. 39 أَسَارِعُ ظَبْيٍ „die rothköpfigen kleinen weissen würmer (im fuss) der gazelle (mit denen die gefärbten fingerspitzen der geliebten verglichen werden)", ebendas. v. 59 أَيْطَلا ظَبْيٍ „die beiden weichen einer gazelle" (mit welchen er die seiten seines rosses vergleicht) und Ḥâriṯ Mu'all. v. 69 „wie wenn um

---

[1] daher मृगदृश् (nach der gewöhnlichen übersetzung „die gazellenäugige") ein ständiges epitheton der mädchen.

[2] daher das sprichwort Meid. I 311 جَارُهُ لَحْمُ ظَبْيٍ „sein nachbar ist das fleisch der gazelle".

[3] eine sprichwörtl. redensart für „eine ausflucht für die erfüllung eines gethanen gelübdes suchen".

[4] comm. „= ǵirǵîr" d. i. wilde ranke.

den schafstall zu schonen gazellen (الظِبَآء) geschlachtet würden" (vgl. das oben zu Ham. ۴۴۲ in der anm. bemerkte); und endlich in den sprichwörtern Meid. I 134 آمَنُ من الظَبْيِ بالحَرَم „sicherer (vor verfolgung) als die gazelle im heiligen gebiet bei Makka", 209 لَأَتْرُكَنَّهُ تَرْكَ الظَبْيِ ظِلَّهُ „ich werde ihn (so gänzlich) verlassen, wie die gazelle ihren (einmal vom jäger aufgestörten) schlupfwinkel verlässt", 220 تَرَكْتُهُمْ فى كَصِيصَةِ الظَبْيِ „ich habe sie im netz der gazellen (d. i. in grosser gefahr) gelassen", 748 أَصَحُّ من الظَبْيِ „gesunder als die gazelle" (vgl. auch به دَآء ظبى „er hat die krankheit der gazelle" d. i. „er ist kerngesund"), 881 الحَدِيثُ أَنْزَى من ظَبْيٍ „die erzählung ist mehr als die gazelle zum springen machen geeignet (d. i. bewirkt, dass auch andere erzählen, weil eine gazelle durch ihr springen auch die andern zum springen reizt)", II 771 نفور ظَبْيٍ ما له زُوَيْر „die flucht einer gazelle, die keinen führer hat" (die schnellste wildeste flucht), 184 أَغَرُّ من ظَبْيٍ مُقْمِرٍ „sorgloser als eine gazelle beim mondschein" (weil sie da geblendet wird, so dass sie der nahenden gefahr nicht achtet),[1] 762 أَبْعَارُ ظِبَآء „misthaufen von gazellen" (so nannte Ǵarîr die verse Ḏû-'r-Rumma's), 761 الظِبَآء على البَقَرِ „die gazellen (zog ich vor) den antilopen (scil. الوَحْشِ)" d. i. den frauen (dieser

[1] vgl. Meid. II 788 أَنْشَطُ من ظَبْيٍ مُقْمِرٍ „munterer als die gazelle beim mondschein".

ausspruch galt in der Ǵâhilijja als eine form der ehescheidung), 791 أَنْزَى من ظَبْيٍ (vgl. oben الحَدِيث الخ; hier übersetzt Freytag intr. „magis saliens quam dorcas") und Freyt. Prov. III 515 (no. 3092) أَنْفَرُ من ظَبْيٍ أَفْلَتَ „flüchtiger (schneller entfliehend) als eine gazelle, welche (aus der für sie vom jäger gelegten schlinge) entwischt ist", wozu der vers citirt wird:

فأَصْبَحْتُ ظَبْيًا مُفْلِتًا من حِبَالَةٍ صَحِيحَ أَدِيمٍ بَعْدَ دَآءٍ إِسَافِ

„und ich war eine gazelle, die aus den schlingen entwischt ist mit heilem fell nach tödtlicher krankheit (d. i. nach der grossen gefahr)". — Von pflanzen, welche die gazellen besonders gern abweiden, wird الحُلْبُ *al-ḥulbu* (trigonella foenumgraecum Linn.) Meid. I 464 genannt. Noch ist zum schluss zu erwähnen, dass bei den pferd- und eselstuten die pudenda الظَبْيَةُ „die gazelle" genannt werden (kit. ul-farḳ. s. 10=242).

غَزَالٌ *ġazâlun* [ass. *uzâlu*,[1] syr. (deminutiv) ܓܙܠܐ, targ. אורזילא mit secundär eingeschobenem r — ursemitisch ʿ*azâlu*] „junge gazelle" (pl. غِزْلَانٌ) Ham. ١٥١ والم يَكُ فى بُوسٍ اذا بَاتَ لَيْلَةً يُنَاغِى غَزَالًا فَاتِرَ الطَرْفِ أَكْحَلَا „und nicht war er in trübsal, wenn er (nur) eines nachts liebesgespräche hielt mit einer jungen gazelle von schmachtenden augen und dunkeln (wörtl. „mit *kuḥl* gefärbten") wimpern", ٥٩٢ „und wir hatten sängerinnen beim trinkgelage und junge gazellen (وغِزْلَانٌ), für welche ein warmbad bereitet wurde", ٥٨٤ „und unter den des morgens kommenden gästen vom thal Waǵra war eine junge

[1] ob etwa das urspr. غ den *a*-vokal in *u* verwandelt hat, würde sich wol näherer untersuchung lohnen; vgl. einstweilen *urniḳu* غِرْنِيق (kranich) und andere wörter.

gazelle (غَزَالٌ) mit schwarzen augen (كَحِيلُ ٱلْمُقْلَتَيْنِ),[1] eine wol aufgezogene", ٩٤٩ „und in dèn zeltgemächern haben wir mädchen, welche den jungen gazellen gleichen (كالغِزْلانِ), grossäugige (نُجْلٌ عُيُونُها)", in allen diesen stellen übertragen = „junge mädchen", und ٨٣٣ (in einem schmähgedicht) لها رَكَبٌ مِثْلُ ظِلْفِ الغَزَالِ „sie hat einen venusberg (so hart) wie die klaue der gazelle"; ʿAntara Muʿall. v. 60 بِجِيدِ جَدَايَةٍ رَشَإٍ من الغِزْلانِ „(sie sah sich um) mit dem hals eines zickleins, eines schon zum laufen kräftigen, von den jungen gazellen" (ein vers der in der übersetzung matt werden muss, da wir die feinen nüancen dieser drei wörter, die alle gazellenjunges bedeuten, nicht wiedergeben können) und Urwa Diw. (ed. Nöldeke) 17, 1 غَزَالٌ مُقَنَّعٌ „eine verhüllte junge gazelle" (ebenfalls von einem mädchen gesagt); endlich in den sprichwörtern Meid I 499 الذِّئْبُ يَأْدُو للغَزالِ „der wolf lauert der jungen gazelle auf" und II 790 أَنْوَمُ من غَزالٍ „mehr schlafend als eine junge gazelle"; vgl. auch noch das neuere sprichwort Meid. I 205 „wie kann ein land, dessen gazelle du bist (بَلَدٌ أَنْتَ غَزَالُهُ) von Gott heimgesucht werden?". — Das deminutiv lautet غُزَيِّلٌ[2] „gazellen-

---

[1] vgl. أَحَمُّ المقلتين Ham. ١٧٩ „und manche schwarzäugige (gazelle)" in einem gedicht Ḏu-'r-Rumma's.

[2] hierher wird mit recht das syr. ܓܘܙܠܐ als ein rest nordsemitischer deminutivbildung gezogen, vgl. Nöldeke, Orient und Occident II, s. 176; dass deswegen, weil die gazelle vorzugsweise in der arab. steppe

böckchen“ Meid. II 181 طَلًا فقد غُزَيِّلْ, wozu zu bemerken ist, dass طَلًا (siehe schon oben s. 248, a. 3) auch vom gazellenjungen gebraucht wird, und zwar bevor es غَزَال genannt wird, welches letzteres wort bereits das ausgewachsene junge thier bezeichnet.

جَدَايَةٌ *ġadâjatun* (die etymologie siehe schon s. 248 bei جَدْيٌ „zickchen“) „weibliches gazellenjunge“ ʿAnt. Muʿall. v. 60 (siehe schon bei غَزَال).

جَازِئَةٌ *ġâzi'atun* „eine gazelle,[1] welche von frischen kräutern satt ist (so dass sie kein wasser mehr braucht)“ in einem vers des dichters al-Aḫṭal (bei Meid. II 148) من الجَارِئَاتِ الحُورِ مَطْلَبُ سِرِّها (Freytag: „ex dorcadibus nigris oculis praeditis, quarum secretum quaeritur“).

أَحْوَرُ *aḥwaru*, pl. حُورٌ *ḥûrun* (daher die uns aus der muhammedanischen paradiesbeschreibung so wolbekannten *Hûri's*) „schwarzäugige (gazelle)“ so in dem eben citirten vers al-Aḫṭal's, gewöhnlich aber fem. حَوْرَآءُ (pl. حُورٌ) in übertragener bedeutung „gazellenäugige (jungfrau)“, so Ḳur'ân 44, 54 „und wir werden sie vermählen mit schwarzäugigen, grossäugigen[2] (بِحُورٍ عِينٍ)“, 52, 20 (ebenso), 55, 72 حُورٌ „(in den paradiesesgärten

heimisch ist, der name derselben im syr. arabisches lehnwort sein müsste (Blau in Z. d. D. M. G. XXVII, s. 296), wird allein durch die assyr. gazellennamen widerlegt.

[1] Lane: „a doe-gazelle“.

[2] siehe s. 266 beim بَقَرُ الوَحْش (أَعْيَنُ, pl. عِينٌ „grossäugige“, ständiges epithetum der antilopen).

befinden sich) schwarzäugige (mädchen)" und 56, 22 وَحُورٌ عِينٌ „und schwarzäugige, grossäugige ([noch in den muscheln] verborgenen perlen gleichend, werden ihnen zur vergeltung dessen, was sie [auf erden gutes] gethan)", wie in einem vers Mutammim's (Nöldeke, Beitr., s. 111, v. 15) الْحُورَ الرَّوَائِعَ „die gazellenäugigen herrlich schönen (frauen)".

خَذُولٌ *ḫadûlun* „ein gazellenweibchen, welches seine jungen verlassen hat" Ṭarafa Mu'all. v. 7 (siehe schon s. 265 beim art. بَقَرُ الْوَحْشِ).

رَشَأٌ *raša'un* „junge (schon zum laufen kräftige) gazelle" (syn. شَصَرٌ *šaṣaru* und خِشْفٌ *ḫišfun*)[1] 'Ant. Mu'all. v. 60 (siehe schon oben bei غَزَالٌ); Ṭar. Diw. ٥ , ٧ (بِخَدَّىْ رَشَأٍ).

[1] genauer Lane, p. 1547 „it is said by more than one of the Arabs of the desert that the young one of the gazelle is called طَلًا; then, خِشْفٌ; and when his horns come forth, شادِن; and when he has become strong and active, شَصَرٌ; then جَذَعٌ, and then ثَنِيٌّ (vgl. schon beim kamel und pferd), which name he continues to have until he dies". An das wort شَصَرٌ knüpft sich ein fehler in Freytag's lexicon, der meines wissens noch nicht verbessert wurde, nemlich شَفَرٌ „pullus dorcadis. Domair." (soll heissen Damîrî); kein nationallexicon kennt dies wort شَفَرٌ und auch bei Damîrî sucht man es vergebens. In der quelle, aus der Freytag schöpfte, stand entweder شَصَرٌ, oder wenn er wirklich dort *šafarun* fand, so war es ein druckfehler statt des allein richtigen und möglichen شَصَرٌ. Es ist daher auch in Delitzsch's ass. Studien, I, s. 49 das wort شَفَرٌ, was er als etymologischen beleg zu *šapparu* „gazellenbock" anführt, zu streichen (wie auch die anführung des gleichen wortes in dieser

رَمِيٌّ *ramijjun* „vom pfeil getroffene (gazelle oder bergziege)“ Ham. ٥٧٠ صَدَدْتُ كَمَا صَدَّ الرَّمِيُّ nach Rückert's übersetzung dieses reizenden kleinen liebeslieds: „(Als ich sahe, dass dein herz zu dem feind sich neigte ab von mir, und kein ersatz mir für dich sich zeigte,) gieng ich von dir wie das reh, das der pfeil getroffen;[1] (hin sich schleppen mag sichs noch, doch den tod nur hoffen)“.

شَادِنٌ *šâdinun* „gazellenjunges“ Tarafa Mu'all. v. 6 (siehe schon beim بَقَرُ الوَحْشِ, s. 265).

أَعْفَرُ *a'faru* (pl. عُفْرٌ) „staub- oder erdfarbene gazelle“ (von عَفَرٌ „staub“; Lane übersetzt: buck-antelope) Ham. ٣٨٣ ما لَألَأَ العُفْرُ „(soll ich meinen bruder nie wiedersehen,) so lang die staubfarbenen gazellen mit dem schwanz wedeln?“ d. i. „soll ich ihn denn nie mehr wiedersehen“ (da die gazellen stets dies thun),[2] Diw. Hud. p. ١٣٨ (neben عِينٌ und آرام) und in den

---

meiner arbeit, s. 35); zum glück wird die bedeutung des assyr. wortes dadurch in keiner weise alterirt, da *šapparu* in der bedeutung „bock vom gazellengeschlecht“ durch das in der sumerischen kolumne stehende SIKKA.BAR vollständig gesichert ist (vielleicht „der glänzende“, hebr. ספר?). — Ueber die etymologie von خِشْفٌ und رَشَأٌ siehe D. H. Müller, kit. ul-fark, s. 32—264; رَشَأٌ = assyr. *ruššu* („mächtig, herrlich“, so von kleidern, vom gold und einem wilden thier) wie خَشَشٌ „junge gazelle“ = *ḫuššu* (syn. von *ruššu*) Delitzsch, Ass. Stud. I, s. 58 ist hinfällig, da *ruššu* wie *ḫuššu* sumerische lehnwörter sind und auch nur von wilden thieren gebraucht werden.

[1] wörtlich: da wandte ich mich ab wie sich abwendet die vom pfeil getroffene (gazelle).

[2] vgl. das beim nächsten epithetum (فُور) mitgetheilte sprichwort (wo لَألَأَ deutlich von den gazellen, nicht von den oryxantilopen gesagt wird).

sprichwörtern Meid. I 383 حَمَلَهُ على قَرْنِ أَعْفَرَ „er hat ihn aufs horn der staubfarbenen (gazelle) d. i. in grosses unglück[1] gebracht" (vgl. den daselbst citirten, auch von Lane p. 2091 übersetzten vers al-Kumait's) und I 148 به لا بِظَبْيٍ أعْفَرَ „bei ihm, nicht bei einer (unschuldigen) gazelle, einer hellfarbenen, (liegt der fehler)".

فُورٌ *fûrun* (ohne singular; nach andern pl. von فَائِرٌ) „gazellen" im sprichwort Meid. II 508 لا أَفْعَلُ ذَلِكَ ما لَأْلَأَتِ الفُورُ بِأَذْنابِها „ich werde das nicht thun, so lang die gazellen mit ihrem schwanz wedeln" (d. i. ich werde es gar nie thun).

Die ortsnamen *Waǵra* (siehe oben bei رِئْمٌ, وحش und ظَبْيٌ), *Tûḍiḥ* (siehe bei رِئْمٌ) und *Ḥaumal* (siehe oben bei شاة „antilopenbock") befinden sich nach Jakût's geogr. lexicon sämmtlich in Naǵd in der sandsteppe, welche man auf der karawanenstrasse, die von Baṣra nach Mekka führt, passiren musste, und zwar speciell *Waǵra* 40 meilen von Baṣra, *Ḥaumal*, *Daḫûl*, *Miḳra'a* und *Tûḍiḥ* zwischen *Immara* (welches ebenfalls als zwischen Mekka und Baṣra gelegen angegeben wird) und *Aswad al-ʿAin* (ein berg in Naǵd auf dem weg zwischen M. und B.). Damit ist zugleich das vorkommen der oryxantilope auch für das innere Arabien unumstösslich bewiesen.

---

[1] Lane: meaning „upon the head of a spear"; aus diesem vergleich, wie aus der farbenbezeichnung („of a whitish dustcolour") scheint hervor zu gehen, das أعْفَرُ urspr. ein epithetum der oryxantilope (رِئْم) gewesen ist.

B. (vgl. oben s. 254; no. 9 der eintheilung Kazwînî's: إيّل berg- oder wilde ziegen, oder was dasselbe ist)

Steinböcke.

Das wort إيّل *ijjalu*ⁿ, unter welchem Kazwînî alle steinbockarten zusammenfasst, ist ein sehr später zoologischer terminus, den z. b. al-Aṣma'î noch nicht kennt (er hat dafür أروى). Die arabischen lexicographen erklären إيّل einstimmig durch وَعِل „steinbock"; bei alten dichtern wie in der classischen periode der arabischen literatur kommt es nie vor, und die einzige belegstelle, welche ich gefunden habe, ist der von ibn-Duraid [1] citirte vers eines späteren raǵazdichters: كأنّ فى أذنابهنّ الشُّوَّلِ من عَبَسِ الصَّيْفِ قُرُونَ الإيَّلِ „es ist wie wenn sie (die kamele) an ihrem schwanz, dem aufgehobenen (pl. von شائل „aufhebend" und „aufgehoben") steinbockhörner vom hartgewordenen mist des sommers hätten". Ich halte demnach schon der seltnen, wahrscheinlich dem altarabischen ganz unbekannten [2] form فِعَّل halber, إيّل wie إمّر (von welch letzterem dies wol niemand bestreiten wird) für aramäisches lehnwort im arabischen [chald. אַיְּלָא, syr. ܐܝܠܐ, beide aus einem vorauszusetzenden אִיָּלָא, ܐܝܠܐ neben dem wirklich vorkommenden אַיְלָא, auch im aram. wahrscheinlich „bergbock", „steinbock", wie dies für das äth. ሀየል፡ die einzig mögliche, für das hebr.

---

1 كتاب الاشتقاق, ed. Wüstenfeld, p. ٢٧.

2 هِلَّع „ziegenböckchen" Meid. II 606 ist schwerlich altarabisches sprachgut.

אַיָּל die sicher nachweisbare bedeutung ist;[1] das assyrische *ailu* allein könnte „hirsch" sein, da die Assyrer die hirsche auf ihren denkmälern abbilden,[2] obwol die nationallexica das sumerische DARA.BAR, was eher „gazelle" bedeuten muss[3] dem ass. *ailu* gleichsetzen]. — Das gewöhnliche arabische wort für „steinbock" ist

وَعِلٌ *waʿilun* [daneben auch وَعْلٌ, doch ersteres das ursprüngliche, wie die verwandten sprachen zeigen: hebr. יָעֵל, aram. ܝܥܠܐ, ass. *jaʿilu* dass.; äth. ወዕል፡ dem wort πύγαργος der Sept. in der äth. bibelübersetzung entsprechend, doch ursprünglich ebenfalls „steinbock" — demnach bereits ursemitisch *waʿilu* „steinbock" (urspr. der „kletterer")[4]] in den sprich-

---

[1] vgl. vor allem die verbindung von עֹפֶר (= غُفْرٌ „steinbockjunges") mit אַיָּלִים (sämmtliche stellen siehe unten bei غُفْرٌ mitgetheilt), dann Cant. 2, 17 den ausdruck „auf zerklüfteten bergen", was allein schon die bedeutung „hirsche" ausschliesst, die in wäldern, nicht aber auf felsgestein leben; endlich W. M. Thomson (thirty years missionary in Syria and Palestine) „the Land and the Book" (London 1870) [eines der besten bücher über das heilige land], p. 172, wo in dem satz „the sacred writers frequently mention gazelles under the various names of harts, roes and hinds" nur noch „mountain goats" zu „gazelles" hinzu zu fügen ist. — Die falsche übersetzung „hirsch" für איל ist ein alter, aber leicht erklärlicher fehler, scheinbar autorisirt durch die wiedergabe ἔλαφος bei den Septuaginta (so Psalm 42, 2 = ψ 41, 2 und überall sonst, wo אַיָּל im grundtext steht); dass sie aber falsch ist, geht schon daraus hervor, dass dieselben Sept. das von allen von jeher durch „steinbock erklärte wort יָעֵל (وَعِلٌ, ወዕል፡, *jaʿilu*) ebenfalls (z. b. ψ 103, 18 = Ps. 104, 18) durch ἔλαφος wiedergeben.

[2] der von einem löwen gepackte hirsch auf dem schwarzen obelisk (cat. of phot., no. 405), vor allem aber die treibjagd Asurbanibals (cat. of phot., no. 496: „attendants with nets trapping deer on borders of forest [und zwar, wie es nach der abbildung scheint, eines palmenwaldes]").

[3] DARA ist sonst *turâḫu* „antilope", BAR *ṣabiu* „gazelle".

[4] von وَعَلَ, was auf dieselbe wurzel ʿ*al* wie das gemeinsemitische verbum علی, עלה „aufsteigen" zurückgeht.

wörtern Meid. I 595 أَزْهَى من وَعِلٍ „stolzer als ein steinbock" und II 840 أَوْقَلُ من وَعِلٍ ومن غُفْرٍ „höher die berge ersteigend als ein steinbock und als ein steinbockjunges"; pl. أَوْعَال Imrulḳ. Diw. ٥٢, ٥ على رَسّ أَوْعَالِ „am brunnen der steinböcke" und وُعُول ebendas. ٥٠, ٨ أَولَادَ الوُعُولِ „die jungen der steinböcke".

بَدَنٌ *badanun* „alter steinbock" in einem bei Lane mitgetheilten raǵazgedicht قَدْ قُلْتُ لَمَّا بَدَتِ العِقَابُ وَضَمَّهَا والبَدَنَ الحِقَابُ جِدِّى الخ „ich sagte, als (die hündin) al-ʿIḳâb erschien, während sie und den alten steinbock der berg al-Ḥiḳâb enthielt: streng dich an (und fang den steinbock) u. s. w.", und im sprichwort Meid. I 241 تَغَفَّرَتْ أَرْوَى وسِيمَاهَا البَدَن „die steinböcke thun wie wenn sie junge (غُفْر, s. unten) wären, während ihr aussehen doch (das von) alten steinböcken ist"; pl. بُدُن im sprichw. Meid. II 284 قُرُونُ بُدُنٍ ما لها عِقَآء „hörner von alten steinböcken, welche keine spitzen mehr haben".

أُرْوِيَّةٌ *urwijjatun* „weiblicher steinbock", „bergziege" im sprichw. Meid. I 567 أُرْوِيَّةٌ تَرْعَى بِقَاعٍ سَمْلَقٍ „eine bergziege, welche auf niedrig gelegenem grunde weidet" (also ihren gewöhnlichen aufenthaltsort, den berg, verlassen hat), und dazu als plural gebraucht das collectiv

أَرْوَى *arwâ* [= äth አርዌ:, dort allg. „wild, wildes thier", ass. pl. *arvî* aber (wie arabisch) „steinböcke"; [1] dazu gehört

---

[1] eine belegstelle wurde schon in der anm. zu أُرْخٌ, s. 264 mit-

auch hebr. אַרְיֵה, syr. ܐܪܝܐ, mandäisch אריאואתא „löwe“[1] — im ursem. scheint demnach das wort die ganz allgemeine bedeutung „wild“ gehabt zu haben] in einem gedicht des zur zeit des Ommajjadenchalifen Merwân ibn al-Ḥâkim lebenden beduinendichters al-Ḳattâl al-Kilâbi Ham. ٩٩ comm. تَضَمَّنَت الأَرْوَى لنا بشَوآئِنا „es versorgten uns (mich und meinen höhlengenossen, den pardel) mit gebratenem fleisch die steinböcke“, Nabiga Diw. ٧, ٢٨ لَدَنَتْ له أَرْوَى الهِضَابِ العُخَّلِ „(mit einer so lieblichen rede, auf welche hin, wenn sie sie hören könnten,) die bergziegen der harten steinfelsen herbeilaufen würden“, im eigennamen *abu-Arwâ* Ham. ١٢٠ أَبَا أَرْوَى, und in den sprichwörtern Meid. I 35 إِنَّمَا هو كَبَارِحِ[2] الأَرْوَى

getheilt; eine andere steht Sanh. 3, 77 (*kima arvi ana zukti šakûti sirušun ili* „wie st. auf hohen felsen [Norris: schlupfwinkel] so stieg ich auf sie“).

[1] Nöldeke, Mand. gramm., s. 167 anm. — Ein assyr. *aria*, wie man früher das ideogramm LIK.MAḪ las, gibt es nicht, sondern die richtige lesung ist *nîšu*, wie schon Friedr. Delitzsch in der 1. aufl. seiner assyr. lesestücke s. 14 das ass. ideogr. des löwen umschreibt, und was durch z. 13 und 14 des in demselben buch mitgetheilten Istarhymnus Sm. 954 documental bezeugt ist; meine identification dieses *nîšu* mit dem arab. löwenepithetum نَهُوس [in einem vers ibn-Zeidûn's bei Makkari II, 2, p. ٥٩٩: „und fürwahr das ruhen hält den tapfern löwen (الشُّجَاع النَّهُوس) nicht ab zu beissen“; aus *nahûšu* musste im ass. des hauchlauts halber zuerst *nihûšu*, dann weiter durch imâla *nihîšu*, *nîšu* werden] wurde zuerst in Franz Delitzsch's Hiobcommentar, 2. aufl., s. 505 als sicheres ergebnis semitischer wortforschung anerkannt; zu der dort angeführten grundbedeutung von نَهَسَ vgl. noch den Diwan des Muslim al-Anṣârî, ed. de Goeje, p. ١١١, vers ١٩ nebst commentar.

[2] vgl. בְּרַח Cant. 8, 14 „fleuch (בְּרַח) mein geliebter und thu es gleich einer gazelle oder einem jungen der steinböcke auf würzigen bergen!“

قَلِيلًا مَا يُرَى „fürwahr er ist wie der querfeldeinrennende der steinböcke, den man kaum sieht (so schnell rennt er vorbei)“, 113 أَنْتَ كبارِحِ الأَرْوَى „du bist wie u. s. w.“ (dasselbe), 171 نَجَازِجُ الأَرْوَى „die jungen der steinböcke“ (von jemand, den man selten sieht), 238 تَكَلَّمَ فَجَمَعَ بَيْنَ الأَرْوى والنَعَام „er redete und hat (durch seine worte das unmögliche) bewirkt, dass die steinböcke und strausse zusammenkommen“, 241 (siehe schon oben bei بَدَنٌ) und II 608 ما يُجْمَعُ بَيْنَ الأَرْوَى والنَعَام „die steinböcke (die bewohner der felsen) und die strausse (der wüstensteppe) kommen nicht zusammen“.

غُفْرٌ *gufrun* „steinbockjunges“ [hebr. עֹפֶר, nur Cant. 4, 5 und 7, 4 „gazellenjunges“ (עֳפָרִים תָּאוֹמֵי צְבִיָּה „junge, zwillinge einer gazelle“), sonst (Cant. 2, 9. 17 לִצְבִי אוֹ לְעֹפֶר הָאַיָּלִים עַל־הָרֵי בָתֶר „einer gazelle oder einem jungen der steinböcke auf zerklüfteten bergen“ und 8, 14 dass.) wie arab. „steinbockjunges“; ass. *appàrru*[1] kann wegen des determ. ŠAḪ und wegen der vor- und nachfolgenden wörter (*ḫuššu*, *ruššu*, *banu*, die alle drei wilde thiere bezeichnen, die beiden ersten sumerische lehnwörter; *îru* [nicht *bitru*] „wildesel“) unmöglich hierher bezogen werden, viel eher mit Schrader „wildschwein“ bedeuten] in einem vers Bišr's im Muḥîṭ II ١٥٤١; im sprichwort Meid. II 840 (siehe oben bei وَعِل). Das denominativ تَغَفَّرَ heisst „sich wie ein steinbockjunges betragen“, so im sprichwort Meid. I 241 (siehe oben bei بَدَنٌ).

جَفْرٌ *gafrun* urspr. allgemein „lamm“ oder „zickchen“;[2] vom

---

[1] Delitzsch, Ass. Studien, I, s. 59.

[2] genauer „lamb or kid, whose sides have become widened or distended (جَفَرَ)“ Lane.

steinbock Meid. I 168 im sprichwort بَالَ قَادِرٌ فَبَالَ جَفْرُهُ „es pisste der steinbock, da pisste auch sein junges“.

قَادِرٌ *fâdirun* und فَدُورٌ *fadûrun* „stattlicher, ausgewachsener steinbock“ (siehe eben bei جَفْرٌ), pl. فُدُرٌ in einem vers des ibn-Mukbil (bei Lane unter تَدَثَّرَ): فُدْرُ اليَمَامَةِ „die steinböcke von al-Jamâma“ (wo فُدْرُ des metrums halber aus فُدُرُ verkürzt ist).

صَدَعٌ *ṣada'un* „mittelgross, untersetzt aber kräftig gebautes thier“ von steinböcken, gazellen, wildeseln und kamelen; von ersteren Ham. ١۴٩ كَأَنَّهُ صَدَعٌ فِى رَأْسِ شَاهِقَةٍ „als ob er ein steinbock auf dem gipfel eines berges sei (‚unter welchem den raubvögeln die nester sind)“. Bei dieser höhe können natürlich nur steinböcke gemeint sein.

أُزْمُولَةٌ *uzmûlatun* „meckernder (nach andern „beim laufen die eine seite neigender“) steinbock“ im sprichwort Meid. I 592 أُزْمُولَةٌ فِى المَلَقِ المُمَنَّعِ „ein (solcher) steinbock auf unzugänglichem glattem felsgestein“ (d. i. so sicher wie ein steinbock).

بَحْزَجٌ *baḥzajun*, urspr. allgemein „kälbchen, lämmchen“, dann von den steinbockjungen pl. بَحَازِجُ Meid. I 171 (siehe schon oben bei أُرْوِى). — Eins der gewöhnlichsten steinbockepitheta endlich ist

عُصْمٌ *'uṣmun*, pl. von أَعْصَمُ „mit weissen vorderfüssen, weissfüssig“ (nach den lexicographen auch von gazellen und pferden) Ham. ٥٧٢ بِقَوْلٍ يُحِلُّ العُصْمَ سَهْلَ الأَبَاطِحِ „(du fiengst mich, o geliebte) mit einer rede, welche (sogar) die weissfüssigen (steinböcke) in die niederung (sich dort zu lagern) lockte" und ٩٩٩ „und wenn sie (das böse weib) auf den gipfel eines berges stiege, wo sogar die steinböcke (الْعُصْمُ) herabgleiten, so würde sie nicht herabgestürzt", Imrulk. Muʿall. v. 75 „(der regenguss) entlud sich über al-Kanân[1] und trieb ‚die weissfüssigen steinböcke (الْعُصْمَ) von allen seiten herab" und im lied eines juden (bei Nöldeke, Beitr., s. 85, v. 6) عُصْمَ رُؤُوس الشَّظَا „die weissfüssigen (steinböcke) der felsspitzen".

Eine ähnliche übertragung wie bei ثَوْر, بَقَرٌ, نَعْجَة und شاة auf die oryxantilopen fand mit تَيْس (urspr. „ziegenbock") und عَنْزٌ („ziege") auf die steinböcke statt; ein nicht misszuverstehendes[2] beispiel hierfür ist Diw. d. Hudail. ٧٧, ٩ (ed. Koseg., p. ١٤٩) مِن فَوْقِهِ أَنْسُرٌ سُودٌ واغْرِبَةٌ ‖ وَتَحْتَهُ أَعْنُزٌ كُلْفٌ وأَتْيَاسُ „über ihm sind schwarze adler und raben und unter ihm schwarzgelbe bergziegen (comm. الأَعْنُز إِنَاثُ الوُعُول) und steinböcke (comm. واتياسٌ ذُكُور الوُعُول (وهى الاروى)"; neben den antilopen ʿAlk. Diw. ١, ٣٩ ثَوْرٍ وَنَعْجَةٍ وَتَيْسٍ شَبُوبِ (siehe schon bei ثَوْرٌ „antilopenstier" s. 262 f.). — Zum schluss sei noch ein name erwähnt, der nach an-Nadr[3] (einem

[1] ein berg im gebiet der Banû Asad.

[2] die lexicographen gehen wol zu weit, wenn sie تَيْس und عَنْزٌ (vgl. Lane daselbst) auch als auf die gazellen übertragen angeben.

[3] Abu-l-Hasan an-Nadr ibn Sumail († 204=820), ein berühmter philolog der schule von Basra, welcher verschiedene tractate über thiere schrieb, aber von rein sprachlichem interesse aus, und sie mit dichterstellen belegte, vgl. Ibn Challikân no. 774 und Flügel's Gramm. Schul. d. Arab. s. 58 ff., wo s. 61 als no. 11 ein buch von ihm: كتاب الوحوش,

alten lexicographen) und Abû-Ḫaira (siehe bei Lane unter ثتل) eine besondere steinbockart mit kleineren hörnern bezeichnet,[1] nemlich

ثَيْتَل *ṯaitalun*, was einige lexicographen auch durch „alter steinbock" wiedergeben; mit diesem wort nennen heutzutage die nubischen Araber die in Arabien fehlenden antilopenarten bubalis alcephalus und strepsiceros Kudu (siehe schon s. 251, anm. 3). Der assyrische antilopenname *ditanu*, zu welchem Friedr. Delitzsch[2] unser ثَيْتَل vergleicht, gehört nicht hierher. Eher wäre zu ثَيْتَل, woneben ja auch تَيْتَل von den lexicographen überliefert wird, das äth. ወይጠል፡ „gazelle" zu vergleichen, neben welchem eine form ተይጠል፡ (vgl. amh. ወይፈን፡ „junger stier" neben äth. ተይፈን፡) recht gut existirt haben mag; es wäre dann zum arabischen namen der stamm يتل, zum äthiopischen die härtere nüancirung desselben (يطل) in ziemlich gleicher bedeutung verwendet worden, während die identität von *ditanu* und ثَيْتَل dem etymologischen gewissen eines nüchternen sprachvergleichers doch etwas zu viel zu glauben zumuthet. Da aber im arabischen die form فَيْعَل so gewöhnlich ist, und ثَيْتَل, nicht تَيْتَل, die von den besten und meisten autoritäten überlieferte form, so ist auch die oben in vorschlag gebrachte identificirung von ثَيْتَل und ወይጠል፡

---

dessen existenz unter and. Damîrî (artikel الدِلَّم) bezeugt, noch hinzuzufügen ist.

[1] ob etwa mit dieser gattung ثَيْتَل (vgl. auch s. 228, anm. 3) eine der von einigen lexicographen unterschiedenen zwei steinbockarten بَقَرٌ und شَآءٌ (siehe s. 253 bei no. 9), vielleicht die erstere, gemeint ist, lässt sich kaum mehr entscheiden.

[2] assyr. Studien I, s. 49.

problematisch, und ثَيْتَل noch am wahrscheinlichsten eine faiʿal-bildung von ثتل, dem in den nordsemitischen sprachen ein שתל entsprechen müsste.

Bei Kazwînî folgen nun den lastthieren (siehe s. 44) und den wiederkäuern (s. 139)

e) die wilden thiere السِّبَاعُ[1] p. ٣٨٧—٤٠٥, de Chézy „les carnassiers“ p. 410 f., wo blos „der bär“ übersetzt ist.[2]

1. أَسَدٌ (*asadun*) p. ٣٨٩ der

Löwe.

Das gewöhnliche wort ist أَسَدٌ (nur noch im himj. اسد als sternbild wie als n. propr.), pl. أُسْدٌ und أُسُود; es kommt in der Hamâsa zwölfmal (z. b. ٥١٣ أَسَدٌ مَزِيرٌ, ٨٠ الشَّرَى[3] أُسْدُ, ٣٩٥), in der sprichwörtersammlung Meidâni's eben so oft (dort

[1] vgl. ʿAntara Diw. ٨, ٢.

[2] bei Kazwînî nach dem arabischen alfabet geordnet.

[3] *aš-Šarâ* das sumpfige und mit rohrdickicht bedeckte ufer des Eufrat an der arabischen grenze, nach andern aber ein berg in Naǵd oder Tihâma (so Jakût) im gebiet des stammes Ṭai, und letzteres scheint manchen das richtige (doch vgl. unten Ḫafijja und Ḫaffân); andere gegenden, in denen löwen erwähnt werden, sind عَثَّرُ ʿ*Aṯṯaru*, ein zehn tagreisen von Mekka entfernter ort in Jaman (Jakût III ٦١٥, wo auch ein vers citirt ist لَيْثٌ بِعَثَّرَ الخ), عِفِرِّين ʿ*Ifirrîn* (Ham. ١٣١), خَفِيَّة *Ḫafijjatu* (Ham. ٢٧٣) ein rohrdickicht im gebiet von Kûfa (سَوادُ الكُوفة)

bes. viele wörter für die höhle oder das versteck des löwen, so I 705 عَرِّيسَة, I 252 عِرِّيس, II 927 خِيس,[1] I 329 عِرِين), ausserdem z. b. Zuh. Mu'all. 38, Ḥâr. Mu'all. 58, 'Ant. Mu'all. 6, 75, 'Urwa Diw. 19, 4 vor.

Die für uns wichtigsten wörter sind folgende zwei:

لَيْثٌ *laiṯun* [hebr. לַיִשׁ, ch. לֵיתָא, ursem.[2] also *laiṯu*; urspr. „der kräftige, starke", vgl. arab. لَوْثٌ „stärke"], pl. لُيُوثٌ, in der Hamâsa zehnmal (z. b. ٣٤٣ لُيُوثُ غَابٍ „leuen des dickichts" siehe schon s. 147 anm., ٤٩٩ (ما اللَّيْثُ فى أَصْلِ غَابِهِ)[3] wie in der sprichwörtersammlung des Meidâni öfter (z. b. II 13, 714), doch im allgemeinen in der prosa seltener als in der poesie — und

لَبُؤَةٌ *labu'atun* [hebr. לָבִי, pl. לְבָאִים „löwe", häufiger לָבִיא, was aber an den meisten stellen in לְבִיָּא „löwin" — so gesichert Hez. 19, 2 — umgeändert werden zu müssen scheint;[4] ursem. *labi'atu* „löwin" (so benannt von der ersten milch, die

---

und خَفَّانُ *Haffânu* (Meid. I 334) ebenfalls in dieser gegend. Dadurch ist geographisch bewiesen, dass in alter zeit wenigstens im äusseren norden wie süden Arabiens (am westl. ufer des Eufrat, nemlich an der arabisch-irâkischen grenze, wie in Jaman) löwen gehaust, wenn sie auch heut in diesen ländern ausgerottet und nicht mehr zu treffen sind; für Babylonien und Assyrien sind sie schon in den allerältesten zeiten aus bildlichen darstellungen wie aus den inschriften selbst nachgewiesen.

[1] „rohrdickicht", vgl. talm. חִישָׁא „vogelnest", ass. *ḫîšu* (von den nationallexicis erklärt durch *kinu ša iṣṣuri*) dass.

[2] allein schon durch das bekannte lautgesetz ث ש ∠ für das ursemitische gesichert.

[3] vgl. den vers 'Alî's bei Lane I 1444 (كَلَيْثِ غَابَاتٍ) und oben die namen für den schlupfwinkel des löwen.

[4] vgl. die ausführung in Ges. Thes. p. 738, col. a.

sie gibt, der sog. „biestmilch“, ar. لِبَأ) mit i-vokal, wie um so eher angesetzt werden darf, als neben den, von den arab. lexicographen überlieferten nebenformen von لَبْوَة (nemlich لَبَأَة, لَبَة, لَبَاءَة, لِبْوَة u. a.) nur zufällig لَبِئَة[1] nicht vorkommt] in dem ausdruck لَبْوَةٌ شَجْعَآءُ „kühne löwin“ (siehe schon s. 174, anm. 1); von لَبْوَة kommt auch der arab. stammname اللَّبُوءُ *al-Labû'u.*[2]

Diese beiden wörter sind schon deshalb wichtig, weil sie uns beweisen, dass die Ursemiten bereits den löwen gekannt haben müssen; der laut *ṯ* einerseits (in *laiṯu*) wie der constant erhaltene im inlaut nur den semitischen sprachen in jener festigkeit bekannte consonant alif (in *labi'atu*) andrerseits thun das unwiderleglich dar. Aber noch viel wichtiger und interessanter ist der letztere der beiden in anderer hinsicht. Bisher hat man oft behauptet, das griech. λῖ-ς sei aus hebr. לַיִשׁ entlehnt,[3] während man an einen zusammenhang des andern griech. namens für löwe λέοντ-ος (gen.) wie des lat. *leon-is* mit

---

[1] die form لِبْوَة (بَدَلُ الهَمْزِ Tâǵ al-ʿarûs) verleiht dieser von mir auf grund des hebr. לְבִיָּא erschlossenen form لَبِئَة noch eine bes. bestätigung, da es ja bekannt ist, dass die form فَعِل oft im arab. in فِعْل umspringt (vgl. نَمِر und das jüngere نِمْر, رَجِل (רֶגֶל) und رِجْل, wie das s. 295, anm. 2 bemerkte); dass übrigens diese erscheinung uralt ist, beweist das assyrische *nimru* „pardel“ (hebr. dagegen wie im arabischen נָמֵר). Wir dürfen vielleicht deshalb auch schon für das ursemitische beide formen, *labi'atu* wie *lib'atu* ansetzen.

[2] ibn-Duraid كِتَابُ الاِشْتِقَاق p. ١٩٩, z. 14.

[3] die literatur am besten bei Pauli „die Benennung des Löwen bei den Indogermanen“ (Münden 1873) und bei Curtius griech. Etymol., 4. Aufl., s. 369; vgl. auch Schade's altd. wörterb. unter dem namen des löwen.

unserm *labi'a-tu* entweder gar nicht dachte oder einen solchen zurückwies.[1] Ersteres, dass *λῖ-ς* entlehnt sei aus לַיִשׁ (denn nur vom hebr. konnte eine solche entlehnung in diesem fall ausgehen), wird, so unwahrscheinlich es schon von vornherein aussieht, durch den nachweis Pauli's (in seiner unten angeführten broschüre) widerlegt, wonach *λῖ-ς*, *λέων*, *leo* wie alle andern löwennamen in den europäisch-indogermanischen sprachen auf einen grundstamm *liw* (daraus direct mit anfügung des nominativ-*s* *λῖς*, dann erst durch guna der dem griech.[2] wie lat. zu grund liegende stamm *laiwa*) „der graugelbe" zurückgehen, womit nothwendig „die herausbildung eines ausdrucks für den löwen in die wurzelperiode der indogermanischen sprachen" d. h. also in die urindogermanische zeit fällt und das fehlen eines ähnlichen wortes im Sanskrit oder Zend nur als zufälliges aufgeben betrachtet werden muss.[3] Letzteres, nemlich einen zusammenhang zwischen urindogermanisch *liw*, *laiwa* oder *ljawa* „löwe" und ursemitisch *labi'atu*, *lib'atu* „löwin",[4] wird doch wol niemand leugnen können.[5] Nun ist eine urverwandtschaft des indogermanischen und semitischen sprachstamms noch nie befriedigend nachgewiesen worden, ja wegen der allzugrossen verschiedenheit im grammatischen bau ganz undenkbar, oder sie verliert sich in solche urzeiten zurück, dass sie sich schon deshalb jeder wissenschaftlichen beweisführung entzieht; wenn nun aber doch jene löwennamen etwas miteinander zu thun haben — wir haben überdies andere alte culturwörter, die auf keinen fall getrennt werden können und auch bereits den ältesten stufen des indogermanismus und semitismus durch ihre laute angehörig sich erweisen[6] — so

---

[1] so Pictet origines indoeur. (1. aufl.) I 423.

[2] vgl. bes. *λέαινα* löwin neben *λέων*, was auch fürs griechische den stamm *laivan* voraussetzt.

[3] mit dem neuerdings angenommenen fehlen des l-lautes im urindogermanischen kann ich mich nicht einverstanden erklären.

[4] dazu noch altaeg. *labu*, koptisch *laboi* zu vergleichen.

[5] vgl. zumal den schluss der nächsten anm.

[6] ich nenne hier vor allem die wörter für den stier und seine waffe, das horn, nemlich urind. *staura*, *ḳarna*, ursemitisch *ṯauru*, *ḳarnu*.

sind nur zwei fälle möglich: entweder die Urindogermanen haben das wort von den Ursemiten entlehnt (dann ist der anklang an die indog. wurzel *lu*, *liv* „graugelb sein" nur volksetymologie, wenn überhaupt die existenz dieser von Pauli aus lat. *liveo*, *lutum*, *lutens* erschlossenen wurzel vor dem richterstuhl der indog. sprachwissenschaft besteht, was ich als semitist nicht entscheiden kann) und dann erst durch das suffix *n* und *nt* zu *laiwan-*, *laiwant-* weitergebildet, oder umgekehrt (wo dann die weiterbildung von *law*, das die Semiten in diesem fall wie *lab* gehört haben müssen, zu dem dreiconsonantigen stamm לבא auf rechnung der letzteren, und zwar auch durch volksetymologie wegen des anklangs an jenes wort für biestmilch zu setzen ist). Welchen von beiden fällen wir anzunehmen haben, lasse ich zunächst dahingestellt, da ich ein anderes mal über diese ganze für die älteste culturgeschichte des orients so wichtige frage ausführlicher mich zu verbreiten gedenke. Es sei hier nur noch der schluss gezogen, dass natürlich, nehmen wir nun den ersteren oder den umgekehrten fall an, die ursitze der Semiten und die der Indogermanen nicht weit von einander gelegen haben können, weil ja sonst solche entlehnungen nicht möglich gewesen wären, und dass, wenn es der wissenschaft gelungen ist, durch die thier- und pflanzennamen die ursitze genau zu bestimmen, damit zugleich endgültig der beweis geführt ist, in welchem erdtheil, ob in Europa oder in Asien, wie dies bis jetzt noch der streitpunkt war, diejenigen der Indogermanen gelegen waren. — Das junge des löwen heisst

شِبْلٌ *šiblun* Meid. I 677 und II 71, ferner in einem bei

dann ursemitisch *wainu* weinrebe, urindogerm. *waina* (eine spätere entlehnung, wie das armen. *gini* und im semit. bes. das hebr. *jajin* beweist, vollständig ausgeschlossen) und vielleicht noch einige andere. Wenn diese wörter nicht existirten, dann könnte allenfalls bei indog. *laiwa* und ursem. *labi'a-tu* der anklang blos für einen zufälligen (obwol auf merkwürdigem zufall beruhend) gehalten werden; so aber, da wir ohnehin schon sichere analogien von solchen uralten entlehnungen im indog. und semitischen haben, wird auch der skeptischste anhänger der zufallstheorie hier seine zweifel hintansetzen.

Meid. II 881 mitgetheilten gedicht des 'Â'id und in dem späteren sprichwort Freyt. Prov. III 244 (no. 1461); sein eigenname (vgl. s. 68, anm. 3) ist

(5) أُسَامَةُ *Usâmatu* Meid. 334 (in einem dort citirten vers) und im sprichwort Meid. I 705. — Ein wort, das besonders in der späteren sprache allgemein für „löwe" gebraucht wurde, ursprünglich aber blos „reissendes wildes thier" hiess (vgl. oben die überschrift السِّبَاعُ), ist

سَبُعٌ *sabu'un* Meid. I 517. 649 (beide unter den prov. rec. stehend) und Freyt. Prov. III 216. Mehr zu den epitheta ornantia gehörig sind endlich folgende wörter:

بَرْبَارٌ *barbârun* (= „brüller", vgl. das verbum بَرْبَرَ s. 168, oder = „raubthier", äth. በርበረ: „rauben"), ass. *barbaru* in dem sumerisch-ass. hymnus Sm. 954, z. 11+12[1] (wo sumerisch LIK.-BARRA entspricht, was andern orts[2] durch *kalab paraši* wiedergegeben wird). In einem noch unedirten täfelchen entspricht diesem *barbaru* als synonym *aḫu* „schakal" (vgl. Jes. 13, 21 אֹחִים „schakale", wie die allein richtige übersetzung lautet), urspr. also auch der „brüller oder heuler".[3] Das arab. wort بَرْبَارٌ ist nur von den nationallexicographen überliefert. — مُجَاشِمٌ *muǵâšimun* in einem vers des alten dichters Muraḳḳiš (und zwar nur im verb. denom. جَشِمَ „einen löwen aufsuchen") bei Meid. I 256. — خُنَابِسٌ *ḫunâbisun* (vgl. schon s. 89) in einem vers des al-Ḳullâ'u (Wien. Handschr. N. F. 61, p. 52, 6).[4] — (10) مُشَتَّمٌ *mušattamun* Meid. I 232 (الأَسَدُ المُشَتَّمُ

---

[1] Delitzsch, ass. Lesestücke, 2. aufl., s. 73.

[2] vgl. Delitzsch, ass. Studien I, s. 119.

[3] danach wäre s. 35, anm. 1 *barbari* mit „schakale" statt „raubleoparden" zu übersetzen.

[4] nach gütiger mittheilung Dr. Dav. Heinr. Müller's in Wien.

„leo horribilis vultu"). — أَشْوَسُ *ašwasu* Ham. ١٥٤. — ضِرْغَامٌ *ḍirġâmun* Ham. ١١٠ comm. (in einem dort citirten vers). — ضَيْغَمٌ *ḍaiġamun* Ham. ١٢٣, ferner Meid. I 71 (vers) und im sprichwort Meid. I 376. — عَنْبَسٌ *ʿanbasun* (= äth. ዐንበሳ, dort dem gewöhnlichen wort für „löwe"), welches erst aus dem ebenfalls vorkommenden عَبَّاس „löwe" durch auflösung von *bb* in *nb* entstanden. Das wort wird zwar (wie auch das gleich folgende قَسْوَرَةٌ) vom Tâǵ al-ʿarûs III, ٥٠١ für ursprünglich abesinisch erklärt,[1] kommt aber, wie عَبَّاس, häufig schon in den ältesten eigennamen der Araber vor[2] (demnach südsemitisch *ʿanbasu* „löwe"). — (15) أَغْلَبُ *aġlabu* Ham. ١٢٣ und ١٥٤ (urspr. „der mächtige" oder specieller = غَلِيظُ الرَّقَبَةِ). — قَسْوَرَةٌ *ḳaswaratun* (siehe das eben zu عَنْبَس bemerkte) Ḳor'ân 74, 50 (schon s. 124 oben mitgetheilt).[3] — مَدِينٌ *madînun* (= ass. *midinu* wahrsch. „wilde katze", vgl. schon s. 35, a. 1) nur von den nationallexicis überliefert. — نَهُوسٌ *nahûsun* (= ass. *nîšu*, dort das gewöhnliche wort für „löwe", vgl. schon s. 282, a. 1) vers ibn Zeidûn's bei Makkari, II, 2, p. ٥٩٩. — وَرْدٌ *wardun* in einem vers bei Meid. II 71 (vgl. den gleichlautenden pferdnamen auf s. 107 f.). — (20) هَرِيتٌ *harîtun* in هَرِيتُ[4]

---

[1] وَرُوِىَ عن عِكْرِمَةَ انّه قِيلَ له القَسْوَرَةُ بلِسَان الحبشة الأَسَدُ فقال القَسْوَرَةُ الرُّمَاةُ والأَسَدُ بلِسَان الحبشة عَنْبَسَةٌ.

[2] vgl. Kitâb al-aghânî, ed. Kosegarten, p. ١٣ und ibn Duraid كتاب الاشتقاق, p. ٤٩.

[3] das einzige mal, wo der löwe im Ḳor'ân vorkommt.

[4] „mit zerissenem mundwinkel"; das auch vorkommende epithetum هَرَّات dagegen bezeichnet den löwen als „zerreisser".

الشِّدْقِ Ham. ١٥٤ und endlich هَمُوسٌ *hamûsu*ⁿ in dem schon erwähnten vers bei Meid. II 71.

Die „mähne“ des löwen heisst لِبْدَةٌ Meid. I 329 (dort der löwe selbst ذُو لِبْدَةٍ), Freyt. Prov. III 498 (no. 2988); seine „lippe“ مِشْفَرٌ Meid. I 249,[1] sein „brüllen“ زَأَرَ Nab. Diw. ٥ , ٢١ = dem bei Meid. II 508 citirten vers Nâbiga's. Verschiedene wörter für die „höhle“ des löwen, siehe schon oben.

2. نَمِرٌ (*namirun*) p. ٢٠٢ der

Pardel.[2]

نَمِرٌ [äth. ነምር:, hebr. נָמֵר (Cant. 4, 8. Jes. 11, 6. Jer. 5, 6; 13, 22. Hab. 1, 8), also ursemitisch *namiru* (ursp. der „glänzende“

[1] nachzutragen bei Müller كتاب الفرق s. 6 und 22 (resp. 238 und 254).

[2] das von mir s. 12, anm. 1 auf grund des conventiellen gebrauchs der meisten thiergartenbeamten behauptete habe ich nun wol nach den eingehenden historisch-naturgeschichtl. untersuchungen Brehm's (Thierleben, 2. Aufl. I, s. 422 ff. 437 f.) zurückzunehmen; es wird also vielmehr die afrikan. species mit gedrungenerem bau und hellerer grundfarbe — denn das ist, wie ich schon s. 12 nach den mündlichen berichten von thierbändigern und in der hauptsache ganz im einklang mit Brehm, angegeben, der unterschied von der asiatischen — leopard, die asiatische aber panther zu nennen sein (nach dem gebrauch der lateinischen wörter *leopardus* und *panther*, für welche beide arten die Griechen nur das eine wort *πάρδαλις* gebrauchten). Da aber in den aeg. inschriften der Zeit Thutmes' auf den abbildungen thiere erscheinen, die ganz an die asiatische species erinnern (Dümichen bei Brehm, a. a. o., s. 438 oben), und es schwer sein wird, zu bestimmen, ob dieselben vom pharao aus dem pantherreichen Zweistromland mitgebracht oder wirkliche „panther des südens“ (also demnach die asiat. species für das altertum auch theilweis in Afrika, und zwar Nubien und Aethiopien zunächst, voraussetzend)

wegen seines schönen felles, von *namira* glänzen),[1] während die aus *namiru* entstandene[2] form *nimru* ebenfalls schon für das ursemitische neben *namiru* angenommen werden muss, wie ass. *nimru*,[3] arabisch schon zu Ǵawâliḳi's zeit نِمْر[4] und aram.

---

seien, so wähle ich von jetzt an, die frage noch offen lassend, den allgemeinen namen der ganzen species, pardel, als übersetzung sowol des äthiopischen namens ነምር፡ wie der arabischen und nordsemitischen wörter.

[1] siehe meinen Physiologus, s. XXVIII; die bedeutung „fleckig sein" ist erst denom. von *namiru* „pardel".

[2] so bes. im arabischen nach allgemeiner analogie, z. b. كِذْب neben كَذِب, لِبْن neben لَبِن, كِبْد neben كَبِد, كِلْمَة neben كَلِمَة, wobei immer فِعْل die jüngere form, die sich denn auch immer mehr verbreitet und im vulgärarabischen gang und gäbe ist; vgl. auch s. 239 رَخِل und رِخْل (hebr. רָחֵל, ursem. *raḫilu*) „weibl. lamm", wie auch s. 289 a. 1.

[3] schon in den uralten sumer.-ass. hymnen, z. b. IV R. 5, 18a im lied von den sieben bösen geistern (*šal-šu nim-ru* „und der dritte von ihnen ist ein pardel") wie in der jagdinschrift Tiglat-Pilesar I c. 1100 vor Chr. (schon s. 35 anm. 1 mitgetheilt); vgl. noch Lay. 44, 19 *ni-im-ri* . . . *ina ali-ja lu ak-ṣur* „pardel . . . . brachte ich in meiner stadt zusammen".

[4] also im 11. jahrh. nach Chr.; obige angabe steht im كتاب خطا العوام, ed. Derenbourg, s. 146 der sammelsschrift „Morgenländische Forschungen" und zwar bei den wörtern, die vom gemeinen volk fälschlich mit kasra (statt fatḥa) gesprochen werden; trotzdem wir gerade im arab. die analogie zu der erleichterung der form فَعِل zu فِعْل haben (siehe oben anm. 2), so möchte ich doch aus andern gründen نِمْر für ein lehnwort aus dem aramäischen halten. Die form نَمِر war noch eine reliquie aus der zeit, wo die mit den später nach Abesinien gewanderten

تمْزًا „pardel“ beweisen] in der alten poesie äusserst selten (so in der Hamâsa wie den Muʿallakât gar nicht vorkommend) z. b. in einem vers des Hidâš ibn Zuhair al-Âmirî (rauḍatu ʾl-adabi, p. ١٣١) جِلْدَ الأَسَاوِدِ [1] والنَّمْرِ „(wir hüllten uns) in das fell der schwarzen schlangen und des pardels“, Imrulk. Diw ١٧,٢٠ (er ist des abends hinter den schafen her, يَرُوحُ على آثار شايِهم النَّمِرْ) und ١٩, ٣٠ (schon s. 66 mitgetheilt),[2] ferner Ṭarafa Diw. ٥, ٩ „darauf besuchte sie mich, während meine genossen auf der streu zwischen panthern und einem pardel schliefen (بَيْنَ بُرْدٍ ونَمِرْ)“; dann in mehreren sprichwörtern (Meid. 401. 536. 660. II 417. 659).

Wenn man nun noch hinzunimmt, dass die heutige thiergeographie von pardeln in Arabien fast gar nichts weiss,[3]

---

brüdern vom norden nach Arabien gekommenen semitischen schaaren den reichtum an pardeln in ihrem mesopotamischen stammland frisch im gedächtniss hatten (vgl. äth. ነምር:, maghribinisch nach Cherbonneau heut noch نَمِر); die wenigen pardel, die sie in ihren neuen wohnsitzen noch zu gesicht bekamen, liessen sie diesen namen bis kurz vor Mohammeds zeit noch festhalten, während, als derselbe allmählich immer mehr in vergessenheit gerieth, die Araber aber ihre herrschaft über Syrien, al-Ġazîra und Irâk ausdehnten, der pardel dann mit der dort gebräuchlichen form (تمْزًا, نِمْر) genannt wurde.

[1] des metrums und vorhergehenden reims (تَنْجِرِى) halber statt والنَّمِرِ. Ueber das lebensalter des Hidâš vgl. s. 27, no. 25.

[2] das gedicht no. ١٩ ist unächt und späteren ursprungs, vgl. Ahlwardt, Bem., s. 76.

[3] nach Ritter gäbe es welche nur in den bergen der Banu Harb bei Bedr Honein (zw. Mekka und Medina), in den bergen von Nedschrân (bei Badr), im südlichen Jemen (wo Botta am hellen tag einen durch ein dorf laufend gesehen haben will) und eine kleine art (vielleicht den weiter unten zu nennenden فَهْد, das gepard) in Oman; vgl. Arabien

dass die eine stelle aus dem Diwan des Imrulkais (١٧, ٢٠) im gebiet der Bani Jarbû' in den nah an Hîra gelegenen bergen (also beinah schon in 'Irâk) spielt, während die andere aus einem unächten gedicht ist, und dass in allen angeführten stellen نَمِرٌ im endreim steht, also vielleicht nur deswegen von den dichtern — und Tarafa wie Imrulkais kannten Arabien über seine grenzen hinaus [1] — hergesucht wurde, so ist es mit der zugehörigkeit des pardels zur arabischen fauna des 6. nachchristlichen jahrhunderts ziemlich schlimm bestellt.

Das vorkommen des wortes in stamm- und personennamen (z. b. Namir ibn Taulab, siehe s. 30; pl. أَنْمَار im namen des zu den stämmen der banû Mâzin gehörigen stammes Anmâr) würde zwar auf ein ehemals reicheres vorkommen der pardel in Arabien (wenigstens im norden der halbinsel) [2] schliessen lassen, aber es ist sehr zu beachten, dass ibn Duraid in seinem *kitâbu 'l-'štikâk* den namen des ebengenannten dichters النَّمْرُ بن تَوْلَب vokalisirt und das wort nicht von نَمِرٌ sondern von تَنَمَّرَ „zornig sein" ableitet, [3] wie er dieselbe ableitung für أَنْمَار aufstellt, [4] während er doch bei andern eigennamen die

II 196. I 1013. 808. 484; vgl. noch Heuglin, Syst. Uebersicht etc., s. 19=555 „In Felsgebirgen des petr. Arabiens und in Hedjas, doch daselbst selten und ausschliesslich auf Felsen anzutreffen".

[1] Tarafa lebte bekanntlich am hofe des königs von Hira 'Amr ibn Hind, vom andern, dem المَلِك الضِلِّيل hier ganz zu geschweigen.

[2] das himjarische انمر, was allerdings gewöhnlich = أَنْمَار gesetzt wird, aber ebensogut auch = أَنْمُر sein kann, beweist demnach nichts dagegen; jene stämme (Namir und Anmâr) sassen vielmehr im norden Arabiens, der stamm Namir sogar nördlich vom königreich Hira am westl. Eufratufer.

[3] a. a. o., p. ١١٣, z. ١٣.

[4] a. a. o., p. ١٢٨, z. 6 von oben; ebenso leitet er z. b. die stamm-

hernahme von ursprünglichen thiernamen ohne weiteres zugibt. Vergleiche zu dem nahliegenden schluss hieraus für die ursitze der Semiten die anm. zu der oben genannten späteren form نِمْر wie das von mir am schluss des artikels „bär" bemerkte.

Das denominativ تَنَمَّرَ „(buntscheckig) wie pardel aussehen" steht Ham. ٨٢ (wo die panzer mit pardelfellen verglichen werden); andere wörter für pardel sind:

أَبُو الجَوْنِ *abû 'l-ǵauni* (d. i. „vater des gelbrothen", vgl. s. 64 جَوْن vom pferd, wo es „schwarzröthlich" heisst) in einem spätern gedicht (und zwar des zur zeit des Ommajadenchalifen Marwân ibn al-Ḥâkim lebenden beduinendichters al-Ḳattâl al-Kilâbi) Ham. ٩٩ comm.; der dort als aufenthaltsort der pardel genannte berg *'Amâjatu* lag nach Jakût[1] zwischen Naǵd und Baḥrain im land der banû Ka'b.

أَرْقَطُ *arḳaṭu* (eigentl. „der gesprenkelte, gefleckte", sonst auch von ziegen und schafen gesagt) in einem vers der ḳaṣîda aš-Šanfarâ's:[2] „und ich habe zur abwehr von euch einige angehörige: einen grimmen wolf (سِيدٌ عَمَلَّسٌ), einen glatten pardel (وأَرْقَطُ زُهْلُولٌ[3]) und eine hyäne mit zottigem nacken (وَعَرْفَآءُ جَيْأَلُ)" und

سَبَنْتَاةٌ *sabantâtun* (neben سَبَنْتَى)[4] „pardelweibchen" (urspr.

---

namen كَلْب und كِلَاب s. ١٣ von كَلْبٌ = دَآء und nicht von كَلْبٌ „hund" ab.

[1] *kitâb mu'ǵam al-buldân* III, s. ٧٢١.

[2] de Sacy, Chrest. II, ١٣٩; vgl. auch Fleischer, Beiträge 1870 s. 290.

[3] sonst von den kamelen gesagt.

[4] auch سَبَنْدَى und سَبَنْدَاةٌ kommen vor (siehe die national-lexica), was die ursprüngliche form zu sein scheint.

„die kühne oder lange“, auch von der löwin gesagt) in einem sprichwort Meid. I 631 سَبَنْتَاةٌ فِى جِلْدِ بَخَنْتَاةٌ „ein pardelweibchen in der haut eines schönen (vollen)[1] mädchens“.

3.* فَهْدٌ (*fahdun*) p. ٣٩٩ der

Gepard[2] oder Jagdleopard.

Das wort fehlt in der alten poesie gänzlich; erst bei den dichtern der Abbasidenzeit im ʿIrâḳ (Abu-Nowâs, Muslim al-Anṣâri) und in Syrien (Mutanabbi und Abu Firâs) begegnet es oft in den zu dieser zeit immer mehr beliebt werdenden jagdgedichten.[3] Es ist daher mit wahrscheinlichkeit zu vermuthen, dass auch die sprichwörter, in denen der فهد vorkommt,

---

[1] auch hier ist بَخَنْدَاةٌ die gewöhnlichere form; als urspr. bedeutung wird angegeben „die volle fingergelenke (قَصَبٌ) hat“.

[2] die übersetzungen „lynx, lupus cervarius“ (Lane), „loup-cervier“ (Ell. Bocthor) sind falsch; allerdings sollen auch die luchse Vorderasiens, die sogenannten Karakals oder Wüstenluchse, früher zur jagd abgerichtet worden sein (Brehm I, s. 489) aber das sonst wilde, unbändige wesen dieser thiere (h. צִיִּים wörtl. „wüstenbewohner“, z. b. Jes. 13, 21 neben den אֹחִים [ass. *aḫu*] den schakalen) passt in keiner art zu dem, was die arab. schriftsteller (Kazwînî und Damîri) vom فهد erzählen, auch nennen die afrikanischen Araber den Gepard (und nicht etwa die in Nordostafrika heimischen luchsarten, den Tschaus oder sumpfluchs und den Karakal) „*fahhad*“ (wie Brehm transcribirt). Die zool. stellung des gepards neben andern katzenarten kennzeichnet folgender auszug aus Brehm's Thierleben (Band I, s. 354—517): Familie Katzen 1. Sippe Löwen, 3. Sippe Tiger (nur in Indien und nördl. von Indien; fehlt gänzlich in den semitischen ländern), 5. sippe Pardel, 7. sippe Katzen, 8. sippe Luchse (lynx) und 9. sippe Jagdleoparden (cynailurus), welch letztere (bes. durch ihr sanfteres gutmüthiges wesen und andere merkmale) schon den übergang zu der nun in der zoologie folgenden familie Hunde bilden.

[3] siehe darüber v. Kremer, Culturgeschichte des Orients, II (Wien 1877), s. 371, und eine probe solcher lieder bei Ahlwardt „Ueber Poesie und Poetik der Araber“ (Gotha 1856), s. 37 ff. und zwar ein jagdgedicht

Meid. I 197. 275. II 386. 790. 841 (أَبْخَرُ أَثْقَلُ رَأْسًا اكْسَبُ أَنْوَمُ أَوْثَبُ من فَهْدٍ d. i. „stinkender, schwerköpfiger, mehr auf gewinn erpicht,[1] mehr zum schlaf geneigt,[2] weitspringender — als ein gepard") erst der muhammedanischen zeit angehören. Das wort scheint von den ältesten zeiten an in den Eufrat- und Tigrisländern, wo dieses thier (wie auch in Syrien) häufig vorkommt, von den dort wohnenden Semiten gebraucht worden zu sein, denn bereits in den alten sumerisch-assyrischen national-lexicis steht ein *pi-a-zu* (lies wegen des hiatus *pihazu*) unter den namen von wilden thieren (II Rawl. 6, rev., z. 47), und in den nach thieren benannten sternen steht in der sternnamen-liste II Rawl. 49, z. 41 ein *kakkabu bi-a-zi* (ungenau statt

---

des Abu Firâs (arabischer text in der Beiruter ausgabe, p. ١١٣, wo z. b. vers ٩ der „kuppelmeister" فَهَّاد, wörtl. übersetzt etwa guépardier von guépard, heisst).

[1] d. i. „auf beute ausgehend", und zwar, wie der commentar erklärt, „weil immer mehrere alte thiere ein jüngeres haben, das für sie alle die zum leben nothwendige beute fängt".

[2] auf dieselbe sache scheint sich auch das „schwerköpfiger" zu beziehen; vgl. auch die stelle „und wenn er (nur weniges gefressen hat, so ist er satt und schläft in einer höhle" in dem capitel „pardel" (ጸሒው፡) des äth. Physiologus (s. 15 und 62 meiner ausgabe). Es ist hierzu zu bemerken, dass das mit dem wort πάνθηρ im griech. original des in Alexandria entstandenen eben genannten naturbuches gemeinte thier nur der jagdleopard sein kann und demnach auch ጸሒው፡ (im gegensatz zu ነምር፡ „pardel") „gepard" bedeutet haben muss, denn dieselben hier vom πάνδηρ berichteten züge finden sich bei Kazwînî vom فَهْد erzählt (am schluss des ersten theils dieser schrift in übers. mitgetheilt) und passen auch nur auf diesen. Vgl. vor allem im Physiologus „und sehr schön ist er, zahm und friedlich", und dann noch ausser der hinweisung auf seine schlafsucht die stelle „und aus seinem mund geht ein guter geruch, und alle thiere, wechselseitig ihm nachgehend, kommen zu ihm wegen seines geruchs" mit والسِبَاعُ تُحِبُّ رَائِحَةَ الفهد Kazw. wie dem sprichwort أَبْخَرُ من الفهد „mehr aus dem mund riechend als der gepard".

k. pi-a-zi) neben *kakkabu barbari*[1] und *k. šaḫi.*[2] Diesem *pi'azu* würde arabisch فَهْدٌ entsprochen haben; die Araber entlehnten aber das wort wahrscheinlich zunächst von den Aramäern, wo es ܦܗܕܐ gelautet haben müsste, und so haben wir فَهْدٌ mit dental.

4. دُبٌّ (*dubbuⁿ*) p. ٣٩٣ (de Chézy, p. 410 f.)[3] der

Bär.

Ein den alten Arabern ebenso wie der gepard unbekanntes thier ist der den spätern Arabern vom norden her unter dem namen دُبٌّ [äth. ድብ:, hebr. דֹּב, ursem. *dubbu*, daneben wahrscheinlich auch schon ursem. *dibbu* (vgl. syr. ܕܶܒܳܐ)[4] und *dabbu*

---

[1] siehe oben die anm. zum arabischen löwennamen *barbâruⁿ*.

[2] siehe Delitzsch, Assyrische Studien, I (Leipzig 1874), s. 35 und 56 (auf letzterer seite ist ṢI.IḪ für ṢI.AḪ und NU.DUG.GA für NU.ḪI.GA zu corrigiren, vgl. Z. d. D. M. G. XXXII, s. 186). Die übersetzung „tiger" ist definitiv aufzugeben, da es in den Eufrat- und Tigris- wie überhaupt in semitischen ländern diese thiere nie gegeben hat; die Engländer übersetzen jetzt das in II R. 6 durch *šaḫu* erklärte ideogramm ŠAH durch „bär" (so überall, wo Smith in der chald. Genesis „bär" übersetzt; vgl. auch die von mir schon s. 116 anm. 1 besprochene arbeit Houghton's „on the mammalia of the assyrian sculptures" II, [in Transact. of bibl. Arch., V] p. 330. — Vgl. auch Sb, frg. 1, rev. 15 KIŠ *piazu* (syn. z. 14 PIŠ *ḫumṣiru^m*)?

[3] dort der einzige übersetzte artikel der سِبَاع.

[4] wenn nicht auch für ܕܶܒܳܐ (vgl. targ. noch mit u: דּוּבָּא) ein ursem. *dubbu* anzusetzen ist, da das syrische auch sonst in solchen fällen meist kurzes e für urspr. kurzes u hat eintreten lassen; vgl. nomina wie ursem. *udnu* „ohr", syr. ܐܶܕܢܳܐ (targ. noch אוּדְנָא) und viele andere, und beim verbum das fast gänzliche verdrängt werden der form ܩܛܘܠ von der form ܩܛܠ (dazu Nöldeke in der Mand. Gramm., s. 218) bei den intrans. verbis im syrischen (wo wiederum das westaramäische noch das alte u aufweist). Hie und da kann man dies noch am impf. u (statt a, wie

(vgl. ass. *dabu*[1] in den sum.-ass. nationallexicis unter den namen der wilden thiere)] bekannte sog. „syrische bär“, dem schon dem ganzen charakter der arabischen fauna nach dort von jeher alle bedingungen seines daseins fehlen mussten. Die stelle Ham. ٨٢١ الا يا شَبِيهَ الدُّبّ „du, einem bären gleich (, was machst du dich hervor)“? gehört einem spätern gedicht an,[2] und wo دُبّ in sprichwörtern vorkommt, da sind es ebenfalls lauter spätere, die Meidâni nicht in seine sammlung aufnahm (Freyt. Prov. III s. 149. 232. 237. 350. 387. 526); Meid. II 565 ist من دُبّ nur eine spätere lesart für من رُبّ. Das wort هِجْرِس *hiǵrisun* (Meid. I 138 u. ö.), was die commentatoren bald durch „bär“, bald durch „affe“ (so die meisten), andre aber auch durch „fuchs“ erklären, scheint mir keines von den dreien, sondern, da die betreffenden sprichwörter alle auch vom „kater“ (ضَيْوَن) gebraucht werden, eher diesen zu bedeuten; auf keinen fall bedeutet es aber den bären.

In dem umstand, dass der in den nordsemitischen ländern heimische bär wie wir sahen der arabischen fauna fehlt, im abesinischen alpenland aber, wenn auch selten, sich findet[3] und dort mit einem namen benannt wurde, welcher auf dasselbe ursemitische wort wie die nordsemitischen namen zurückgeht, liegt zugleich ein neuer schlagender beweis dafür, dass in

---

die echten verba ܦܥܠ haben) erkennen, z. b. ܩܪܒ (قَرُبَ), impf. ܢܩܪܘܒ u. a., doch oft hat sich auch schon a eingeschlichen على القِيَاسِ, wie z. b. ܕܡܟ (bibl.-aram. noch דְּמִיךְ), impf. ܢܕܡܟ; es wäre gewiss lohnend, wenn von kennern des aramäischen hiefür vollständige statistische tabellen aufgestellt würden.

[1] vgl. auch die getreue darstellung eines bären auf einem in Nimrud gefundenen assyr. bronze-becken in van Lennep, Bible Lands, I, p. 260 und G. Rawlinson „five gr. mon.“ II, p. 149.

[2] siehe s. 25 und s. 125, anm. 2.

[3] siehe später bei den äthiopischen säugethiernamen.

Arabien nicht die ursitze der Semiten gewesen sein können. Vergleiche auch das von mir zu dem seltenen vorkommen des pardels in Arabien bemerkte, wie die zusammenfassung am schluss dieser arbeit.

5. ذِئْبٌ (*d̲i'bun*)) p. ٣٩٥ der

Schakal.[1]

ذِئْبٌ *d̲i'bun* [äth. ዝእብ፡ „hyäne"; hebr. זְאֵב, aram. ܕܐܒܐ, ass. *zîbu* „wolf"; ursem. *d̲i'bu* (urspr. „der gescheuchte")[2] wahrscheinlich „wolf" wie im nordsemitischen] Imrulḳ. Muʿall., v. 49.

---

[1] vgl. Brehm, a. a. o., I, p. 544; wölfe hat es in den südsemitischen ländern wol kaum je gegeben. Wenn ich im folgenden nach hergebrachter weise ذِئْب doch mit „wolf" übersetze, so ist das insofern begründet, als eben der schakal in ganz Arabien nach allen seiten hin die stelle des wolfes der nördlicheren länder, besonders auch nach den schlimmen eigenschaften dieses thieres hin, eingenommen hat. Mein hauptgrund, im altarab. ذِئْب den schakal zu erblicken, ist übrigens nicht der, dass Brehm a. a. o. sagt, „bei den Arabern heisst er (der Schakal) Dieb oder Dib d. i. der Heuler" (letzteres ist übrigens falsch, siehe oben im text), denn das könnte vielleicht ja nur eine übertragung von seite der ägyptischen Araber sein und würde für Arabien selbst im 6. nachchristl. jahrh. nichts beweisen, — sondern vielmehr der, dass die ganze altarabische poesie dies für die arabische fauna so charakteristische thier nicht nennen würde, wenn wir ذِئْب mit „wolf" übersetzten (das wort ابن آوَى spricht hiegegen nichts, da es in den vorislamischen gedichten nie vorkommt); dem wolf fehlen die hauptbedingungen seines daseins und treibens in den sonndurchglühten sandwüsten und kahlen bergwänden Arabiens. In Habesch wird der schakal vom schakalwolf (c. lupaster, bei den dortigen Arabern auch ذئب) vertreten.

[2] vgl. Fleischer in den Ber. d. k. Gesellsch. d. Wiss., Bd. I (1846/47), s. 430 f.

Ham. ١٣٩ (in einem spätern gedicht). ٣٨٥ (hyäne und wolf freuen sich über die leichen der erschlagenen; das gedicht wird dem alten recken Ta'abbaṭa-Scharran zugeschrieben). ٩٩٠ (siehe schon bei ضَأْنٌ s. 232); pl. ذِئَابٌ in den schon s. 173 mitgetheilten versen, ferner Ham. ١٢٠. ٥٨٥ (ذِئَابُ الفَلَا „wüstenwölfe", vgl. den ausdruck كَلْبُ البَرِّ „hund der wüste" für den wolf) u. ö., und passim (sing. wie plur.) in den sprichwörtern. — Die wölfin heisst ذِئْبَةٌ Freyt. Prov. III, s. 31, auch سِلْقَةٌ Meid. I 641; der junge wolf (und zwar, wie angegeben wird, bastard von wölfin und hyäne)[1] سِمْعٌ *sim'un* Ham. ٣٨٣ (فَسِمْعٌ أَزَلُّ, in dem schon erwähnten gedicht Ta'abbaṭa-Scharran's) und Meid. I 640 (أَسْمَعُ مِن سِمْعٍ mit anspielung auf die etymologie).

Sonstige epitheta des wolfes sind: أَوْسٌ *ausun* (siehe bei den himjar. säugethiernamen); (5) أَبُو جَعْدَةَ *abû ǵa'data* Meid. I 499; ذُؤَالَةُ *Du'âlatu* (vgl. s. 68, anm. 3) Meid. I 423; أَزَلُّ *azallu* („der hagere, fleischlose", wahrsch. zunächst vom ausgehungerten wolf) in der grossartig schönen schilderung des ausgehungerten wolfrudels im gedicht des aš-Šanfarâ;[2] شِيبُ الوُجُوهِ *šîbu 'l-wuǵûhi* „grauköpfig" (ebendaselbst); سِرْحَانٌ

---

[1] dagegen der von wolf und hyänenweibchen عسبار; dasselbe wort, nur in der erweichten form اسبور, soll für den bastard von hund und hyäne, دَيْسَم für den von wolf und hund gebraucht worden sein.

[2] de Sacy, Chrest. II ١٣٧; übers. in Rückert's Hamâsa I, s. 182 f.

sirḥânun Imrulḳ. Mu'all. v. 59, Meid. I 609 (سِرْحَانُ القَصِيمِ „der wolf der mit dem Gaḍan-baum[1] bewachsenen sandfläche“) und 599 (nach andern Sirḥân hier eigenname, vgl. s. 142, a. 1); (10) سِيدٌ *sîdun* Ṭarafa Mu'all. v. 60, ḳaṣîde Schanfara's, v. ٣ (سِيدٌ عَمَلَّسٌ), dann auch in ortsnamen (so ذو السيد Ham. ٣٣٩); أَصْرَمُ *aṣramu* Meid. I 253;[2] أَطْحَلُ *aṭḥalu* („der fahle, aschfarbene“) in jenem gedicht des aš-Šanfarâ; أَطْلَسُ *aṭlasu* (entweder: „der die haare verloren“ oder „der staub-, schmutzfarbene“) Ham. ٨٠٩ comm. (dort اطلس اللون), Meid. II 187 (vers); عَمَلَّسٌ *'amallasun* kaṣîde Schanfarâ's (siehe oben bei سِيدٌ), Ham. ٧٩٢ (عَمَلَّسُ أَسْفَارٍ);[3] (15) غُبَيْسٌ *gubaisun* Meid. II 537 (vers); غُبْرٌ *gubrun* (plur.) Meid. II 881 (in dem schon s. 133, anm. 1 erwähnten gedicht des 'Âjiḍ); غَوِيٌّ *gawijjun* Meid. II 536; مُهَلَّلَةٌ (, m.) *muhallalun* „schlank-, schmalbauchig“ (vom bild des هِلَال hergenommen?) kaṣîde Schanfara's v. ٢٩

---

[1] vgl. die schon s. 96 citirte stelle Imrulḳ. Diw. ٢٠ , ٥٠, wo statt „der wolf von Gaḍâ“ vielmehr der wolf des gaḍan-strauches“, dieser bes. in Nedschd häufig vorkommenden euphorbienart, zu corrigiren ist. Die so benannten wölfe (resp. schakale) sollen besonders gefährlich gewesen sein.

[2] dies wort kann auch den raben bedeuten, daher الأَصْرَمَانِ „wolf und rabe“ Meid. I 168 (vgl. صَرَمَ abschneiden, trennen, daher Lane zu الاصرمان: because their separating themselves from mankind).

[3] wie es scheint, in einem späteren gedicht; vgl. auch Muslim, Diwan (ed. de Goeje) p. ١٧٩ v. ٣٩ (wozu der commentar العَمَلَّسُ الذِّئْبُ وكذلك السَّمَعْمَعُ والسِيدُ أَسْمَآءٌ له).

in der schon erwähnten schilderung des wolfes (v. ۲۹—۳٥); نَشْهَلٌ *našhalun* Ham. ۴۴ (dort name eines dichters, doch vgl. den commentar) und (20) أَوْرَقُ *auraku*, fem. وَرْقَآءُ (siehe s. 192, anm. 2).

Von fabeln vergleiche die vom wolf und lamm (ein bei Meid. I 637 wie II 66 mitgetheiltes gedicht) und die vom raben und wolf (ebenfalls in einem gedicht, Meid. II 366 zum sprichwort كالغُرَابِ والذِّئْبِ „wie der rabe und der wolf"; siehe auch die hübsche übersetzung in Rückert's Hamâsa II, s. 52), welch letztere an die so bekannte fabel vom fuchs und raben erinnert.

6. اِبْنُ آوَى (*ibnu âwâ* d. i. „sohn des geheuls") p. ۳۸۷ der

persische Schakal,

ein wort, mit welchem die späteren den schakal der nordsemitischen länder, vor allem Syriens und des Irâḳ (wie dann auch des benachbarten Persiens),[1] wo diese lediglich eine variation des arabischen schakal (altarab. ذِئْبٌ) repräsentirende schakalart neben dem wolf (von den syrischen und irakischen Arabern ذِئْبٌ genannt) vorkommt, bezeichnen. Das wort be-

[1] warum fügt sonst Kazwînî gleich auf der ersten zeile der beschreibung dieses von den alten dichtern nicht gekannten thieres hinzu يُقَالُ له بالفارسية شَغَالْ? Auch die gleich folgende erzählung von den hühnern (الدجاج), die sich ruhig vom ابن آوى fangen und fressen lassen, stammt aus Kazwînî's heimat (ʿIrâḳ al-ʿaǵam), wie ja auch die namen für hahn und hühner ديك und دجاج erst spätere den alten Arabern noch unbekannte lehnwörter sind.

gegnet in der vormuhammedanischen periode nicht; der vers bei Damîrî إِنَّ ٱبْنَ آوَى لَشَدِيدُ ٱلْمُقْتَنَصِ * وهو اذا ما صِيدَ رِيحٌ فى قَفَصِ (ohne angabe des dichters) „fürwahr der ibn âwâ ist ein starker jäger, und wenn er (selbst) gejagt wird, (so ist er wie) ein wind in einem korb (der, auch wenn man ihn in einem käfig oder korb gefangen zu haben meint, doch wieder sofort durch das geflecht durchwischt)“ gehört jedenfalls der späteren zeit an. — Vergleiche auch دُئِلٌ bei ابن عِرْس (wiesel).

7. ضَبُعٌ (*ḍabuʿun*) p. ٣٩٨ die

Hyäne.

ضَبُعٌ *ḍabuʿun* [äth. vereinzelt noch ዕብዕ፡, was dann von dem urspr. „wolf“ bedeutenden ዝእብ፡ verdrängt wurde; hebr. צָבוּעַ und plural צְבֹעִים,[1] aram. ܐܦܥܐ (aus ܟܦܥܐ)[2] alle dasselbe; ursem. *ḍabuʿu*[3] „hyäne“] Ham. ٣٨٥ (vgl. schon beim wolf,

---

[1] צָבוּעַ Jer. 12, 9 *ἀπ. λεγ.* (הַעַיִט צָבוּעַ) in einer noch nicht genügend erklärten stelle (Sept. ὕαινα, andere, so schon Hier. „discolor“); aber der pl. צְבֹעִים im ortsnamen גֵּי הַצְּבֹעִים „thal der hyänen“ (targ. חֵילַת אַפְעַיָּא) I. Sam. 13, 18 (vgl. neuhebr. צָבוֹעַ „hyäne“) ist in dieser bedeutung gesichert, wie überhaupt das vorkommen der hyänen in Palästina (Tristram, Nat. Hist. of the Bible, 3d ed., p. 108 „we met with hyaenas in the Jordan valley, near Beersheba, at Jerusalem, Nazareth, Mount Carmel, and Tabor“, vgl. auch Tristram, Land of Israel, 3d ed., London 1876, p. 240. 273. 320). Jenes „hyänenthal“ haben wir im gebiet des stammes Benjamin, nördl. vom todten meer am westl. Jordanufer zu suchen.

[2] vgl. Dietrich, Abh. z. semit. Wortforschung, s. 297.

[3] im assyrischen ist das entsprechende wort bis jetzt nicht gefunden und fehlt wahrscheinlich ganz, da ein zu erwartendes *ṣabû* oder *ṣibû* mit andern wörtern (*ṣabû* „gazelle“, *ṣabu* „krieger“, *ṣibû* „eintauchen, benetzen“) lautlich zusammengefallen wäre, und so wahrscheinlich schon

artikel schakal). ٦٤٣ (ضَبُعًا مجاهرةً ولَيْثًا هُذَبِةٍ وثُعَيْلِبًا خَمِرٍ). ٨١٩ (in einem spätern gedicht), pl. ضِبَاعٌ Ham. ٣٥٣ und ٣٠١, ʿUrwa ibn al-Ward, Diw. 27, 5 „und ich lasse des gegners leiche in der vertiefung liegen, an eine stelle gefesselt, wo die hinkenden hyänen (الضِبَاعُ الخَوَامِعُ[1]) ihn nacheinander hinnehmen". Ferner begegnet ضَبُعٌ in den sprichwörtern (in bd I von Meidani 5 mal, in bd II 6 mal, ohne die hie und da in Meidâni's sammlung citirten verse, wo ضَبُعٌ vorkommt). — Häufig vorkommende epitheta der hyäne sind:

أُمُّ طَرِيقٍ *ummu ṭarîḳin* (weil sie die landstrasse unsicher macht) Freyt. Prov. III p. 118; أُمُّ عَامِرٍ *ummu ʿâmirin* Ham ٣٤٣, vers bei Meid II 333 (und die dort erzählte geschichte), Meid. I 431 (und das dort zu diesem sprichwort bemerkte), Freyt.

---

früh von der sprache aufgegeben und durch wörter andern stammes ersetzt wurde. Was aber der ass. name der hyäne war, wissen wir noch nicht; ob *barbaru* (siehe s. 292 und anm. 3), jenes synonym von *aḫu* „schakal", wie Haughton (a. a. o., p. 328) will, hyäne hiess, ist sehr zweifelhaft, zumal nach H. auch *aḫu* hyäne bedeutet haben soll (und zwar wegen des heulens — er vergleicht אֹחִים Jes. 13, 21 — was doch vielmehr auf die schakale geht). Ich erinnere hier daran, dass der sum. name von *barbaru*, nemlich LIK (d. i. hund), BAR.RA auch durch *kalab paraši* wiedergegeben wird, und dass BAR (allein, wie mit andern sum. wörtern zusammengesetzt) der name der gazelle (von der farbe?) ist. Dass das ursem. *ḍabuʿu* die „gestreifte hyäne" ist, braucht wol kaum besonders bemerkt zu werden. Das gebiet der hyaena striata der zoologie ist Nordafrika, Palästina, Syrien, Persien und Indien (Brehm, Thierl. II, s. 10); von semitischen ländern ist es nur Abesinien, wo auch die gefleckte hyäne, und zwar neben der gestreiften zugleich, vorkommt (Brehm, a. a. o., s. 7).

[1] vgl. وضَبْعَةٌ خَمُوعٌ in einem vers Kalḥab's (bei Meid. II 671) und das verbum خمع unten beim epithetum عَرْفَآءُ.

Prov. III p. 118 und 298; اُمّ هِنَّبِر *ummu hinbirin* (siehe s. 126, anm. 1); (5) جَعَارِ *ǵaʿâri*[1] in einem vers bei Meid. II 88 wie in den sprichwörtern Meid. I 239, II 88 und 154; جَيْأَلٌ *ǵaiʾalun* in der ḳaṣîde Šanfarâ's (siehe schon beim pardel-epithetum أَرْقَطُ); ʿAntara Diw. ٧, ٢٥ (siehe Ch. al-Aḥm., s. 229) und in einem vers bei Meid. I 371 wie im sprichwort Meid. II 789; ذِيخٌ *ḏîḫun* Meid. I 509; حَضَاجِرُ *Ḥaḍâǵiru* (eigenname der hyäne, vgl. s. 68, anm. 3) Meid. I 432; عَرْفَآءُ *ʿarfâʾu* (urspr. „langmähnige") in der charakteristischen schilderung in einem gedicht Mutammim's (Nöldeke, Beitr., s. 140, z. 9, v. ٣١) „o weh mir ob einer langmähnigen (مِن عَرْفَآءَ) mit einem dicken haarbüschel (ذاتِ قَلِيلَةٍ), welche einst auf drei füssen hinkend (على ثلاثٍ تَخْمَعُ) zu meiner leiche herankommt" und in der ḳaṣîde Schanfarâ's (siehe schon bei ارقط, s. 298); (10) ابن فَرْتَنا *ibnu fartanâ* in einem alten vers bei Meid. I 371; فُرْعُلٌ *furʿulun* Meid. II 186, pl. فَرَاعِلُ in einem bei Ǵauhari citirten verse al-Kumait's; قَشْعٌ *ḳašʿun* (in dem schon zweimal erwähnten vers bei Meid. I 371). Der name für bastard von wölfin und hyäne, سِمْعٌ, wurde schon beim wolf (artikel schakal) notirt.

---

[1] zur form vgl. Fleischer, Beiträge, 4. forts. (1874), s. 130 f.; جَعَارِ wie جَاعِرَةٌ (letzteres in einem vers bei Lane I 429) heisst die (weibliche) hyäne wegen der menge und des übeln geruches ihres mistes (جَعْرٌ).

8. ثَعْلَبٌ (*ṯaʿlabun*) p. ٣٩١ der

Fuchs.

ثَعْلَبٌ *ṯaʿlabun* [hebr. neben dem gewöhnlichen שׁוּעָל (ursem. *ṯuʿâlu*, von dem *ṯaʿlabu* nur eine weiterbildung ist) nur noch im ortsnamen שַׁעַלְבִים Richt. 1, 35, assyr. *šêlibu* IV R. 11, 46 u. ö. „fuchs“,[1] ursem. *ṯaʿlabu* dasselbe, und zwar die in der zoologie unter dem namen des syrischen fuchses bekannte Arabien, Palästina, Syrien und Mesopotamien bewohnende species, während der zierliche „grossohrfuchs“ (canis famelicus) der jedenfalls öfter (so in der geschichte Simsons) unter dem hebr. namen שׁוּעָל (auch dem arabischen ثَعْلَب?) mitverstanden wurde, speciell auf arabisch فَنَكٌ *fanakun* (allerdings erst später in der poesie vorkommend)[2] heisst] Imrulḳ. Diw. ۴, ۲۴ (siehe schon s. 68), Ham. ٣٢٠. ٩٠۴ comm., pl. ثَعَالِب Urwa Diw. 19, 4, dem. ثُعَيْلِب Ham. ٩۴٢ (siehe schon bei der hyäne); ferner (sing. und plural) oft in der sprichwörtersammlung Meidânî's (dort auch die fabel vom fuchs und den trauben II 158, eine andere vom fuchs und der hyäne I 89), wo besonders seine schlauheit eine grosse rolle spielt.

ثُعَالٌ *ṯuʿâlun* [hebr. שׁוּעָל, aram. ܬܥܠܐ, ursem. *ṯuʿâlu* (urspr. „der herab-, in die tiefe gehende“) „fuchs“ (so genannt, weil er sich seinen bau in die tiefe gräbt); da das wort von *ṯaʿlabu*

---

[1] in einer thierfabel; dann jedenfalls auch in den von Smith (Chald. Gen., s. 137 f.) mitgetheilten fabelfragmenten (wozu das original noch unedirt ist). Schon in den ältesten zeiten also war Reineke der hauptheld der thierfabel.

[2] Ham. ٨٢۴, wozu man das auf s. 125, anm. 2 (wo „ohrenfuchs“ statt „marder“ zu setzen) und s. 25 bemerkte vergleiche; vgl. auch Lane (p. 2450) zu فَنَكٌ.

nicht zu trennen ist, und beide schon für die ursem. zeit angesetzt werden müssen, so ist der gleichklang mit dem pers. شغال *šaġâl* (unser „schakal"), was skt. *çrigâla* [1] lautet, zufall; wenn man vergleichen wollte, müsste man die wörter in den ältesten erschliessbaren formen *ṯuʿâlu* (neben *ṯaʿlabu*) und *çargâra* oder *çargâla* (so die arische grundform) neben einander stellen, und wer einen zusammenhang zwischen beiden dann noch zu statuiren geneigt ist, der müsste eine ähnliche entlehnung in uralter zeit hier annehmen, wie ich sie bei andern thiernamen s. 291 aufgestellt habe. Dass man unter שׁוּעָל öfter den schakal verstanden hat, hat allein seinen grund in jener oberflächlichen vergleichung und entbehrt sonst jeden bodens] in einem sprichwort Meid. I 555; viel gewöhnlicher ist das neben ذُؤَالَةٌ (siehe s. 68) zum eigennamen des fuchses gewordene ثُعَالَةُ *Ṯuʿâlatu*, so in einem vers bei Meid. II 158, dann in den sprichwörtern, Meid. I 517, II 153 u. ö.

Das weibchen heisst تُرْمُلَةٌ *ṯurmulatun* Meid. I 328 und das junge تَتْفُلٌ *tatfulun* Imrulḳ. Diw. ۴۸, ۵۴ (siehe schon s. 76) = Muʿall. v. 59, wozu man das von H. D. Müller kitâb al-farḳ s. 37 (= 269) f. bemerkte vergleiche.

9. كَلْبٌ (*kalbun*) p. ۴۰۳ der

Hund.

Obwol der hund oft in der alten poesie, noch öfter in den sprichwörtern vorkommt, hat er doch nur den einen namen كَلْبٌ *kalbun* [äth. ከልብ፡; heb. כֶּלֶב; aram. ܟܠܒܐ; ass. *kalbu* — ursem. *kalbu* „hund" (urspr. „packer, greifer", vgl. Ges., Handwörterb., 8. Aufl., unter כלב)] Kor'ân 7, 175 (dort يَلْهَث ‚er lässt seine zunge heraushängen"), 18, 17. 21 (vom hund

[1] das P. W. schreibt *srigâla* mit dentalem *s*.

der sieben schläfer, der mit ihnen in der höhle einschlief); Ham. passim (bes. oft in dem بَاب الأَضْيَاف والمَدِيح, den gast- und ehrenliedern)[1] und unzähligemal in sprichwörtern. Wenn auf der einen seite der hund als wachsam (Meid. I 413. II 334 u. ö.),[2] scharfen blicks (Meid. I 194), feinen geruchs (Freyt. Prov. III no. 1549) und gehörs (ebendas., no. 1417), als dankbar (Meid. I 701), tapfer (Freyt. Prov. III no. 1472) und folgsam (Meid. II 51) gerühmt wird, und die Araber seine guten eigenschaften als wächter ihres eigentums,[3] als schutz in gefahr und vor feindlichen besuchern,[4] wie seine brauchbarkeit bei der jagd[5] wol zu schätzen wussten,[6] so gilt er doch

---

[1] so Ham. ٦٨٥ , ٦٨٧ . ٦٩٣ , ٧٤١ , ٧٤٤; vgl. auch ٧١٨ das part. denom. المُسْتَنْبِح, wie der nächtliche reisende genannt wird, der durch nachahmung des hundegebells die hunde einer in der nähe vermutheten siedelung zum bellen reizt, um so ein gastliches zelt in der dunkelheit zu finden.

[2] Meid. II 810 wird die wachsamkeit vom comm. auf das sorgfältige bewachen der jungen bezogen.

[3] so auch als hüter der heerden Ham. ٣١٩ (siehe schon s. 152) u. ö.

[4] vgl. Mu'all des 'Amr ibn Kultûm v. 29 („die wächterhunde des feindlichen stammes bellten uns an"), Meid. II 558 (er verfolgt heftig durch bellen), Ham. ٨٠٩ (ونُشْلِي عليه الكَلْبَ „und wir lassen auf ihn den hund los", wenn wir ihn uns fernhalten wollen), Ham. ١١٢ comm. (anbellen anderer fremder hunde) u. a. stellen mehr. Gegen freunde ihres herrn dagegen sind sie zutraulich (vgl. den schönen vers bei Lane, 1 1269 اذا غَابَ عنها بَعْلُها لم أَكُنْ لها * زَؤُوراً ولم تَأْنَسْ إِلَى كِلَابُهَا „wenn ihr gatte fern von ihr ist, bin ich kein häufiger besucher von ihr, und nicht werden dann zutraulich gegen mich ihre hunde").

[5] vgl. Mu'all. des Labîd, v. 48 (die langohrigen jagdhunde); ein vers Abu Ḏu'eib's (bei der wildeseljagd, siehe schon s. 128); Freyt. Prov. III 1150 — u. ö. (so bes. auch in den späteren jagdgedichten der Abbâsidenzeit; vgl. z. b. das schöne von Ahlw., Ch. al-A., s. 205 übersetzte und „Beschreibung eines Hundes" überschriebene jagdlied des Abu Nowâs).

[6] vgl. auch Freytag Einleitung, s. 249.

andererseits auch bei ihnen wie von haus aus, so scheint es, bei allen Semiten, im allgemeinen als verächtliches thier (Meid. II 566, noch öfter allerdings in den späteren sprichwörtern Freyt. Prov. III),[1] und wie schon in den hist. büchern des A. T. es geschah, gebrauchen auch die Araber seinen namen häufig als schimpfwort (vgl. z. b. Ham. ٧٤ وُجُوهُ كِلَابٍ); so wird besonders oft seine gier beim fressen als ein merkmal von ihm hervorgehoben (vers bei Meid. II 8 wird eine schlimme folge davon geschildert), ja, während er sonst dankbar genannt wird, wird in andern sprichwörtern (Meid. II 364, II 609 nebst dem dort citirten vers Ṭarafa's) gerade das gegentheil von ihm gesagt.

Sonst ist noch von zügen, die die Araber am hund beobachten, hervorzuheben, dass er sehr rasch seine nase ableckt Meid. I 644 („schneller als der hund seine nase ableckt") = Freyt. Prov. III 1338, dass sein schwanz gebogen (Freyt. Prov. 1039, dort: mit keinen mitteln in eine gerade form zu bringen) und ohne fett (Meid. II 210) ist, wie der originelle zug, dass die hunde die wolken anzubellen[2] pflegen (weil diese mit ihrem regen sie plagen)[3] Meid. II 489 („nicht schadet der wolke das bellen des

---

[1] das mochte besonders in seiner unreinigkeit seinen grund haben, denn er frisst abfälle und aas [Meid. II 754, I 355. 409 u. a., vgl. auch I 585 das sprichwort زَمَانٌ أَرْبَتْ بالكلابِ الثَّعَالِبُ „eine zeit, wo die hunde mit den füchsen (deren feinde sie sonst sind) freundschaft halten" (neml. wenn es leichen von gefallenen kamelen in der wüste zu fressen gibt)], beriecht gern frischen koth (Meid. I 412) und anderes uns ja von unsern hunden bekanntes mehr (vgl. z. b. noch Meid. II 455, wo deshalb der إِسْتُ الكَلْبَةِ ein böses omen heisst).

[2] نَبَحَ, das gewöhnliche verbum für bellen der hunde; sonst kommt auch هَرَّ vor Ham. ١٨٣ (وَهَرَّتْ كِلَابِيًا). Neben ضُبَاح (dem geheul des fuchses) steht نُبَاح Meid. I 263.

[3] Rückert, Ham. I, s. 227, anm. (so auch der comm. zu Meid. II 893).

hunds“, vgl. dazu Ham. ٢٩١ comm.). Die schüssel, woraus der hund trinkt (und in welche er beim trinken seine zunge vor gier tief zu strecken pflegt Meid. II 839), heisst قِرْوٌ, er selbst daher لَاعِي قِرْوٍ Meid. II 652; andere epitheta von ihm sind: أَحَصُّ „mit dünnen haaren bedeckt“ (solche sollen besonders bissig sein) Meid. II 793, أَبْقَعُ „schwarz- und weissgescheckter hund“ Meid. II 142, شَاغِرٌ (siehe schon s. 174, anm. 2) und ضَارٍ „blutgierig“ (siehe die belegstellen bei Ahlw., Ch. al-A., s. 123) von den auf die beute losgelassenen jagdhunden (vgl. dazu auch das verbum أَنْشَبَ Imrulḳ. Diw. ١٩, ٢٢ vom jagdhund, der seine tatzen in den schenkel der beute hineinhaut, und كَلْبُ الهِرَاشِ Ham. ٦٩٨). — Die hundswuth endlich heisst كَلَبٌ Meid. I 488 („das blut der könige heilt die hundswuth“) und Ham. ٩٨٤.

10 سِنَّوْرٌ (*sinnaurun*) p. ٣٩٩ die

Katze.

Dies wort kam, wie die nebenform شُنَارَى *šunârâ* beweist, direkt aus dem aramäischen (שׁוּנָרָא *šunnârâ*, syr. ܫܘܢܪܐ) ins arabische, und ist dort durch volksetymologie dem onomatop. stamm سنر „schnurren“ und zwar in der sonst im arab. vorkommenden form فِعَّوْلٌ (vgl. طِمَّوْرٌ u. a. wörter) angeglichen worden; das aram. wort aber ist griechischen ursprungs (σαίνουρος, „schwanzwedler“ urspr.) und von Byzanz her zu den Semiten gekommen.[1] Eine bestätigung des soeben nur aus der sprache erschlossenen finden wir denn auch im vorkommen des wortes in der literatur, denn nur in späteren (von Freytag mit prov. rec. bezeichneten) sprichwörtern findet sich سِنَّوْرٌ, so Meid. I 138. 141 (katze und maus). 275. 652; II 404.

So sind auch von den vier belegstellen zu قِطٌّ *ḳittun* (vgl. oben die anm.) „kater“ drei aus der meist spätere sprichwörter enthaltenden sammlung Freytags im III. band seiner Arabum proverbia (no. 1210. 2485. 2553), und die eine (nicht unter den prov. rec. stehende) aus Meidâni's sammlung (Meid. I 595 أَزْنَى مِن قِطٍّ „magis scortans quam felis mas“) ist demnach wol nur eine spätere nachbildung des älteren sich auf den wilden kater beziehenden sprichworts أَزْنَى مِن ضَيْوَنٍ. Das gleiche gilt von dem namen هَرْسٌ *harsun* in dem ebenfalls Freyt. Prov. III (no. 1262) stehenden sprichwort أَزْنَى مِن هَرْسٍ, wenn هَرْسٌ (gleichen stammes mit هِرٌّ *hirrun*, siehe unten) nicht etwa ursprünglich auch ein name der wildkatze war.

Die gezähmte katze ist demnach auch auf semitischem gebiet — fürs indogermanische ist das kapitel in Hehn zu vergleichen — eine sehr späte kulturentlehnung;[2] weder Urindogermanen noch Ursemiten dürfen wir ein wort für dieses thier zuschreiben. Dass ursem. *dimmu*, *dummu* nur die wildkatze bedeutet haben kann, werden wir gleich unten sehen.

---

[1] vgl. auch Hehn, a. a. o., 2. aufl., s. 531 zum wort catus, das von den Römern nach Byzanz, von dort zu den Semiten (spätarabisch قِطٌّ *ḳittun*) wanderte.

[2] vgl. auch noch v. Kremer, Culturentlehnungen, s. 32 f. (wo auch angeführt wird, dass die arab. lexicographen selbst, so Ibn Duraid, قِطٌّ *ḳittun* als fremdwort [natürlich von lat. *catus*] bezeichneten).

11. سِنَّوْرُ البَرِّ (*sinnauru 'l-barri*) p. ٣٩٧ die

wilde Katze.

Nur diese kann ʿAntara Muʿall. v. 29 und 30 gemeint sein, wo sie هَزِجُ العَشِيِّ *haziǵu 'l-ʿašiǰǰi* „miauer des abends" heisst, denn eine zahme katze springt nicht auf den rücken des kamels und macht sich da einkrallend dieses wild und scheu.[1] Die gleiche situation wird uns Imrulk. Diw. ٢٠, ٣٠ und ٤٠, ١٠ geschildert, wo die wilde katze

هِرٌّ *hirrun* (onomatopoetisch, etwa „der schnurrer", vgl. auch oben هَرْس von demselben stamm, und unten هِجْرِس) heisst (die kamelin rennt, „als ob am platze des gurtes hinten aufgehockt sie sich säh eine katze" كَأَنَّمَا تَرَى عِنْدَ مَجْرَى الضَفْرِ هِرًّا مُشَجَّرَا, und „es ist wie wenn auf ihr [der kamelin] eine in ihre seite sich einkrallende katze sässe, welche sie mit sich fortschleppen muss" كَأَنَّ بِهَا هِرًّا جَنِيبًا تَجُرُّهُ); ferner kommt هِرّ vor Meid. I 195 أَبَرُّ من هِرَّة „weiter draussen in der wüste (بَرٌّ) wohnend als eine katze",[2] Meid. II 605 مَا يَعْرِفُ

---

[1] die erklärung der commentare „die katze sei in den wüsten, wo die kamele sind, ein ungewöhnliches thier, das sie daher scheu macht, wenn sie es einmal erblicken" verräth vollständige unkenntnis der sache.

[2] die übersetzung Freytag's „magis pius", der ohnehin das sprichwort أَعَقُّ مِن الهِرَّة „crudelior in proliem qu. felis" (was Meid. II 153, wie aus I 195, no. 153 comm. hervorgeht, dort nur ausgelassen und

هِرًّا من بَرٍّ „er kann nicht die katze von der wüste unterscheiden" (?),[1] nemlich wegen der ähnlichen farbe, da die wildkatze der Araber jedenfalls die sog. „falbkatze"[2] war, die eine dem wüstensand ähnliche farbe gehabt haben mochte; ferner Meid. I 37 (vers), wo von der schnelligkeit der wildkatze die rede ist, II 603 (anspielung auf eine geschichte; das sprichwort scheint späteren ursprungs, beweist aber, wie auch in späterer zeit den Beduinen die hauskatze — denn diese ist hier mit الهِرَّة gemeint, als etwas seltenes und fremdes vorkam) und endlich Freyt. Prov. III, no. 1460 („geiler als eine katze" أَشْبَقُ من هِرَّةٍ, vgl. unten ضَيْوَن und هِجْرِس).

ضَيْوَنٌ *daiwanun* „kater", ein altes wort, was nach all dem gesagten sich nur auf das männchen der wildkatze beziehen kann, in den sprichwörtern Meid. I 595, II 191, I 645, II 791, I 748 und 491 „mehr hurerei treibend (أَزْنَى), „geiler (أَغْلَمُ und اسفد), „losspringender (أَنْزَى), „mehr auf die jagd ausgehend (أَصْيَدُ) und „mehr sich (an die ins auge gefasste beute) heranschleichend (أَدَبُّ)[3] — als ein (wilder) kater (من ضَيْوَنٍ)".

---

also nachzutragen ist) entgegenstehen würde, ist falsch; vgl. Lane zu أَبَرَّ.

[1] so möchte ich lesen und übersetzen, da mir die lesung und übersetzung بِرّ „maus" (dann: „er unterscheidet nicht einmal eine katze von einer maus") erst aus der spätern zeit zu stammen scheint, wo mit dem bekanntwerden der gezähmten katze auch von der feindschaft der hauskatze und maus oft die rede ist. Oder es ist das ganze sprichwort erst in späterer zeit entstanden.

[2] siehe Brehm, a. a. o., I, s. 459 f.

[3] hierzu führt der comm. einen vers an: أَدَبُّ بالليل لِجَارَاتِهِ

هِجْرِس *higrisu*ⁿ nur in den sprichwörtern Meid. II 191, I 645. 594, II 791 und I 328 „wollüstiger (أَغْلَمُ), „geiler (أَسْفَدُ), „mehr der hurerei ergeben (أَزْنَى), „losspringender (أَنْزَى, scil. zum coitus) und „furchtsamer (أَجْبَنُ) — als ein (wilder) kater (مِنْ هِجْرِس)"; in den ersten beiden sprichwörtern folgt auf من هجرس unmittelbar من ضَيْوَن bei Meidâni, und die andern sind mit ausnahme des letzten auch nur, wie ein blick auf die belegstellen zu ضَيْزَن lehrt, varianten zu den dort mitgetheilten sprichwörtern. Die spätern arabischen gelehrten in den irakensischen städten kannten die bedeutung von هجرس nicht mehr, wie sie überhaupt im geraden gegensatz zu den alten Arabern nur die zahme hauskatze kannten, von der wilden aber gar nichts wussten,[1] und so riethen sie für هِجْرِس zwischen affe, bär und fuchs hin und her. Mir ist es jetzt sicher, das هِجْرِس nur die wildkatze bedeutet haben kann.

Ein name bleibt noch übrig, zu dem ich zwar keine belegstelle gefunden, der aber das ursemitische wort für die wildkatze repräsentirt, nemlich

دِمٌّ *dimmu*ⁿ [äth. ድመት፡ *dĕmmat* zwar nicht in der bibel-

من ضَيْوَنٍ دَبَّ الى قَرْنَبِ („. . . . . . als ein kater, wenn er gegen eine springmaus [قَرْنَب syn. von يَرْبُوع, ebenfalls ein wüstenthier] heranschleicht").

[1] vgl. auch die schon oben mitgetheilte erklärung, die sie zu den stellen, wo هِرّ in den alten gedichten vorkommt, gegeben haben.

übersetzung — denn im A. T. kommt das wort „katze“ überhaupt nicht vor —, aber an sechs andern von Dillmann im Lexicon mitgetheilten belegstellen; assyrisch *dumamu* (syn. von *mandinu*, *midinu*, was nur [1] die wilde katze sein kann) [2]] bei Damîrî الدمّ بكسر الدال السِنَّوْرُ حَكَاهُ فى المُحْكَم عن النَّضر فى كِتَابِ الوحوش „*ad-dimmu* ist gleich *as-sinnauru* (siehe oben); er überliefert es im lexicon Muḥkam von an-Naḍr [3] im buch der wilden thiere“.

12. خِنْزِيرٌ (*ḫinzîrun*) p. ٣٩٢ das

Schwein.

خِنْزِيرٌ *ḫinzîrun* [äth. nur Hen. 89, 10 ሐንዚር፡ „wildschwein“, während das gewöhnliche wort ሐሬውያ፡ *ḥarâwjâ* meist „zahmes schwein“ (doch auch „wildschwein“) bedeutet; hebr. חֲזִיר „schwein“ (חֲזִיר מִיָּעַר Ps. 80, 14 „wildschwein“); aram. ܚܙܝܪܐ dass., — ursem. wahrsch. *ḫazzîru* (urspr. [wie auch ሐሬውያ፡

[1] vgl. die belegstellen s. 35, anm. 1; *mandinu* (form فنعل) und *midinu* kommen von einem stamm مدن, hier wol ursprüngl. vom „lauern“ (vgl. auch s. 293 مَدِين „löwe“).

[2] dass in den sumer.-ass. nationallexicis II R. 6, wo *dumamu* und *mandinu* auf einander folgen, diese beiden wörter wirklich synonyma sind, beweisen einmal die im sumerischen entsprechenden wörter (GUG *man-di-nu*; GUG.KUD DA *du-ma-mu*, z. 6 und 7) und dann die eben diese zwei zeilen 6 und 7 von den andern (von z. 1—5 einer- und 8 ff. andrerseits) abtrennenden horizontallinien.

[3] siehe schon s. 285, anm. 3 (wozu noch das schon in der einl., s. 34 ff., bes. s. 36, anm. 5 bemerkte zu vergleichen ist).

von ሐረው፡] „das in der erde wühlende, bohrende“,[1] vgl. خَزَّ, خَزَقَ und andere stämme der W. خز; خزر „enggeschlitzte augen haben“ ist natürlich erst denom. von خِنْزِير)] Ḳor'ân 2, 168; 5, 4; 6, 146; 16, 116 (überall لحم الخِنْزِير „schweinefleisch“, was Muhammed den Arabern, dem vorgang der Juden folgend, verboten hat); Ham. ٩٩٨ (جِيفَةُ الخِنْزِيرِ „das aas des schweins“ duftet verglichen mit deinem athem); Meid. II 296 أَقْبَحُ من خِنْزِير „abscheulicher als ein schwein“; Freyt. Prov. III no. 234 („früher auf —“) und 568 („gieriger als ein schwein“). Der plural lautet خَنَازِير Ḳor'ân 5, 65 „welche Gott in affen (القِرَدَة) und schweine verwandelt hat“; Meid. II 334 كَرِهَتِ الخَنَازِيرُ الحَمِيمَ المُوغَرَ „es hassen die schweine das heisse wasser“ (worin die Christen sie zu brühen pflegten, damit die haare besser heruntergiengen) und Freyt. Prov. III no. 2041 („lass nicht den schweinen ehrerbietung und lob angedeihen!“)

عِفْرٌ *ʿifrun* Freyt. Prov. III no. 1794 أَطْفَسُ من عِفْرٍ „schmutziger als ein schwein“; عِفْرٌ in Meid. II 49 (أَطْيَشُ مِن عِفْرٍ) beziehen einige hierher, andere auf den teufel oder einen dämon. Die bedeutung von عَفَرَ „im boden herumwühlen“, an die man sofort bei عِفْرٌ denkt, ist wahrscheinlich erst denom. von عَفَرٌ „staub“.

---

[1] wahrscheinlich auch ursemitisch nur „wildschwein“ bedeutend.

13. أَرْنَبٌ (*arnabun*) p. ٣٨٨ der

Hase.

أَرْنَبٌ *arnabun* fem. [hebr. אַרְנֶבֶת Lev. 11, 6 und Deut. 14, 7 unter den unreinen thieren; ass. *annabu* (sumerisch entspricht KA.ZIN.NA „rufer (?) der wüste") mit assimilation;[1] aram. אַרְנְבָא dass., — ursem. *arnabu*] Imrulḳ. Diw. ٣٠, ٢ (يَبْتَغِى أَرْنَبًا لِيَجْعَلَ فِى يَدَيْهِ كَعْبَها حِذَارَ المَنِيَّةِ „welcher einen hasen fängt, um aus dessen knöchel, den er (dann) an seinen armen[2] trägt, ein präservativ gegen den tod zu machen"), Ham. ٧٩٠ (لَحْمُ أَرْنَبٍ). ٢٧٨ (siehe Rückert Ham. I 219); Meid. I 140. 375. 463 (أَرْنَبُ الخُلَّةِ weil er gern die pflanze Ḫulla frisst), II 33. 296 wie in einem zu II 415 cititirten verse al-Muḫabbil's (dort pl. أَرَانِب). Das demin. أُرَيْنِب steht Meid. I 560 (dort اِقْرَنْفَطَ, VII vom quadrilit. قَرْفَطَ, wie der baum عُرْفُطٌ).

خُزَزٌ *ḫuzazun* „hase" (und zwar das männchen) im sprichwort مَسُّهُ مَسُّ الخُزَزِ „the feel of him is like the feel of the male or young hare" Lane I 731; pl. خِزّان Imrulḳ. Diw. ٥٢, ٥٥

---

[1] ohne assimilation vielleicht noch erhalten in dem länder- oder ortsnamen *Arnabanu*, von wo die Assyrer sich weine holten; vgl. die interessante weinliste aus II R. 44, col. I bei Delitzsch, Ass. Lesest., 2. aufl., s. 106 (dort *Ar-na-ba-ni*, var. *A-ra-na-ba-nim*).

[2] so (يَدَيْهِ) steht in Ǵâḥiẓ kitâb al-ḥaiwân (Wiener handschr.) 394a; Slane liest كَفِّهِ, Ahlwardt سَاقِهِ.

(wo die „hasen von al-Unai'im [1] und die füchse von Aurâl" erwähnt werden).

خِرْنِق *ḫirniḳun* „junger hase" Meid. II 559 „lenior (أَلْيَنُ) quam pullus leporis"; pl. خَرَانِق (z. b. bei Mutanabbî).

Ein wort, für welches Kazwînî keine besondere rubrik hat nemlich وَبْرٌ *wabrun*, sei hier aufgeführt, weil die meisten es mit kaninchen übersetzt haben; Meid. I 493 أَذَمُّ من وِبَارَةٍ („vilior quam animalia wabr appellata"). Die Araber beschreiben es als „ein thierchen, kleiner als die katze, braun, mit schönen augen, ganz kurzem schwanz, welches in häusern gezogen und gegessen wird, weil es das gemüse abfrisst; es gehöre zum geschlecht der wiesel (من جنس بنات عرس) und die leute nennen es *ġanamu banî Isrâ'îl* (kleinvieh der kinder Israel)"; nach Heuglin (Syst. Uebers. etc., s. 48=584) heisst heute der im petr. Arabien und den sinaitischen gebirgen in felslöchern und alten wohnungen vorkommende „*hyrax syriacus*" (klippschiefer) dort وَبْر, und dies ist jedenfalls auch für die alte zeit das allein richtige.

14. عَنَاق (*'anâḳun*) p. ٣٩٩ der

Wüstenluchs oder **Karakal** (?).

Das wort heisst sonst „junge ziege"; ist aber obiges thier damit gemeint, so kann man zwar auch schlechthin عَنَاق sagen, doch gewöhnlich wird عَنَاقُ الأَرْضِ *'anâḳu 'l-arḍi* „erdzicklein" gebraucht; so steht das wort auch in der einzigen mir bekannten belegstelle Meid. II 123 عَنَاقُ الأَرْضِ إِنْ

---

[1] bei Slane *aš-Šarabba.*

ذَنْبِي أُقْتُفِرَ („meles ego sum, si crimen meum investigatum erit“, weil nemlich dieses thier die klauen zusammenzieht und so keine spuren hinterlässt, so dass der sinn ist: ihr werdet kein verbrechen an mir finden, da keine spuren davon bei mir zu sehen sind). Lane bemerkt (nach den arabischen lexicographen, die er ja alle in seinem lexicon in einer vor ihm nicht erreichten vollständigkeit excerpirt hat) zu unserm wort folgendes: عَنَاقُ الارض is now applied to the badger; ursus meles; if correctly, app. because it burrows in the earth; but this application does not well agree with the following descriptions: „a certain beast, of the beasts of the earth, like the فهد (siehe s. 299), about the seize of the dog, an animal of prey, that hunts, smaller than the فهد, long in the back, also called التُفَةُ *at-tufahu*, or by some, النُفَّةُ *an-nuffahu*, and الفُنْجُلُ *al-fungulu*, in Pers. سِيَاه كُوش [or سِيَاه گُوش *sijâhi gûš* i. e. „black ear“, if meaning the badger, app. because of the black mark on each ear]“; said to be a foul beast, that is not eaten, and that does not eat anything but flesh“; another says „it is above the size of the Chinese dog, hunts like as does the فَهْدٌ (*fahdun*), eats flesh, and is of the beasts of prey; and is said to be the only beast that conceals its footmarks when it runs (siehe oben das sprichwort), except the hare“ and the same says also „I have seen it in the desert (البادية), and it was black in the head, the rest of it being white“. — Ueber die genauere bestimmung mögen nun die zoologen entscheiden; das Ritter I 808 erwähnte raubthier *Tuhesch* gibt hier kaum einen anhaltspunkt: eher der umstand, dass in Nordostafrika der Luchs *tiffeh* تِفْة heisst; und wirklich passt das oben von den ohren gesagte fast nur auf dieses (in Arabien seltene, aber doch vorkommende) thier.

14. فيلٌ (*fîlun*) p. ۴۰۰ der

Elefant.

فيلٌ *fîlun* [pers. پيل *pîl*; das thier und das wort dafür kamen nach Westasien von Indien. Für indische culturentlehnungen sind nur zwei wege möglich, einmal über Persien nach den Eufrat- und Tigrisländern; auf diesem weg lernten schon im 9. jahrh. vor Chr. die Assyrier unter Salmanassar II. die elefanten, das nashorn, affen und andere thiere, die alle auf dem berühmten obelisken [1] abgebildet sind, durch ihren feld-

---

[1] die dort die aufzählung der tributgegenstände des landes Musri enthaltende inschrift vertheilt sich auf die abbildungen folgendermassen (vgl. dazu die photographien des brit. Museums, von mir nach dem schon öfter genannten „catal. of phot." citirt):

Ma-	*da-tu ša mat Mu-us-ri* (PAS).A	AB.BA.	⁝ *ša šú-na-ai ṣi-ri-ši-na*	*al-*
	(Abildung:) **Zwei baktrische Kamele** Br. M. 405 (A 3)		**Jakochs, Rhinoceros und Kavelantilope** Br. M. 408 (B 8)	

-ab	*nahar Sa-ki-i-ja su-ú-su pi-ra-*	*a-ti*	⁝ *ba-zi-a-ti ú-du-mi* ⁝ *am-ḫar-šú*	
	Elefant und Affen Br. M. 412 (C 13)		**Affen** (grössere als auf C 13) Br. M. 417 (D 18)	

d. i. *Maddattu ša mat Musri: gammali* (oder vielleicht besser *anaḳâti*) *ša šunai ṣirisina al-ab* (oder *al-ap*) *nahar Sakija sûsu pirâti baziâti udumî amḫaršu* „Tribut des landes Musri: kamelinnen, deren rücken (= höcker) doppelt war, *al-ab* (entweder st. c. von *alpu* „ochs" [doch dann erwartete man das ideogramm oder die schreibung *a-lap*] oder das wort für elefant) vom fluss Sakija, *sûsu*, *pirâti* (pl. fem.) *baziâti* (wie es scheint, ein adj. zu pirâti, da kein pluralzeichen bei baziâti steht; nach Sayce und Haugthon „elefanten"; man beachte indessen, dass bloss ein elefant

zug ins land Musri[1] kennen, auf dem gleichen weg kam im siebenten jahrhundert nach Chr. zu den Arabern der name فيل, — andrerseits zur see nach dem uralten stapelplatz des phönizisch-indischen handels an der südarabischen küste;[2] auf diesem weg kam das sanskritwort नाग *nâga* zu den Semiten, äth. ናጌ *nagê*, was die semitischen Abesinier demnach schon von Südarabien, ihrer früheren heimat, mitgebracht haben müssen; mit diesem urspr. indischen wort benannten sie nun den in Habesch vorkommenden afrikanischen elefanten. Das

---

auf der abbildung ist) und *udumi* (pl., nach den meisten das wort für „affen") nahm ich entgegen (wörtlich „ich nahm es entgegen")." " Zu *al-ap* beachte man altaeg. *āb* elefant, skt. *ibha* (schon in Jâska's Nirukta, dann in Manu und bei Bartrihâri; sonst allerdings ein seltneres wort) dass., hebr. *šen-habbîm* (aus *šen-halbîm* nach Ges. Handw., 8. Aufl. 1878) „elfenbein" (1. Kg. 10; 2. Chr. 9) und griech. *ἐλέφας* (der gen. *-αντος* gewiss erst nach analogie anderer nomina auf *-ας* nominativ). — Mit diesem material kann vielleicht die frage nach der herkunft von שֶׁנְהַבִּים der lösung näher gebracht werden. Zur erklärung obiger ass. thiernamen ist noch zu bemerken, dass ja allerdings für die bestimmung dieselbe folge wie die der abgebildeten thiere zu gelten hätte (und sicher ist, dass auch in der inschrift die kamele zuerst, wahrscheinlich, dass die affen zuletzt kommen); dann wäre *al-ap nahar Sakija* der jakochse. Aber dass die inschrift sich nicht streng an die ordnung der abbildung (oder umgekehrt) richtete, lehrt ein blick auf die zwischen *udumi* und *alap n. S.* stehenden namen und die ihnen entsprechen sollenden bildlichen darstellungen; *sûsu* [nicht „pferd"?, siehe Haupt in Delitzsch's ass. lesest., 2. aufl., s. 30 oben; PAS.KUR.RA.ši = *sûsi* ist blos conventionelle lesung, die wir vor der hand, da der ass. werth des ideogr. für pferd noch nicht bekannt ist, beibehalten müssen; wahrscheinl. war doch *sûsi* die aussprache, und die Assyrer fassten das rhinoceros als pferd (vgl. das einhorn der mittelalterl. kunst) auf] muss eines der auf dem feld B 8 dargestellten thiere sein, für den nur einmal dargestellten elefanten würde dann ein entsprechender sing. in der inschrift fehlen, ebenso für das dritte der auf feld B 8 befindl. thiere. Ich glaube also, die ordnung darf nicht maassgebend sein.

[1] Aegypten dagegen heisst in der regel *Muṣur* (sò im st. const. gewöhnl., auch wenn kein gen. folgt), hie und da auch *Muṣuri*; die fälle, wo es *Muṣri* heisst (also in der keilschrift nicht von unserm obigen *Musri* zu unterscheiden) siehe Schr., K. G., s. 281.

[2] vgl. s. 20, anm. 1 (und dazu s. 231, a. 4), auch schon s. 19 unten; ferner meinen Physiologus, (einleitung) s. XVI.

sanskritwort पीलु *pîlu*, das blos bei den indischen lexicographen in dieser bedeutung vorkommt, ist entweder erst aus dem persischen entlehnt, in welchem fall das dem pers. پيل urspr. entsprechende sanskritwort erst erschlossen werden müsste,[1] oder stammt vielleicht aus den sprachen der ureinwohner Indiens; jedenfalls ist es nicht, wie Boehtlingk im Petersburger Lexicon meint, vom arabischen فِيل entlehnt] Kor'ân 105, 1

---

[1] ob das von Pictet („Lettre sur les origines de quelques noms de l'élephant" im Journ. As., Sept.-Oct. 1843, p. 133—166) am eben angef. ort, p. 158 dafür gehaltene वारु *vâru* das richtige ist, glaube ich kaum; auch mit seinen andern resultaten (hebr. שֶׁנְהַבִּים aus pers. زنده پيل *zandah-pîl* [„männl. elefant" (arab. زِنْدَ فِيل wenn früh, so doch erst im 7. jahrh. nach Chr. entlehnt), was nach ihm zuerst aram. in שֶׁנְדְּפִיל (volksetymologie: „zahn des elefants") übergegangen wäre, woraus die Hebräer erst ihren ausdruck durch ersetzung der aram. gen.-partikel דְּ mit ihrem artikel und vertauschung des ל mit ם gemacht hätten! schon sprachgeschichtlich (die hebr. königsbücher und das neupersische!) ganz unmöglich], ἐλέφας aus skt. *airâvata* — hiezu seine begründung einleuchtender —) kann ich nicht übereinstimmen. — Hier will ich noch als nachtrag zu s. 324, a. 1 bemerken, dass die erklärung, welche Pott von ἐλέφαντ-ος gibt, nemlich = *aleph hind* „indischer ochse", und der sich auch Albr. Weber (Indische Skizzen, Berlin, 1857, s. 74, a. 2) anschliesst, sprachgeschichtlich unmöglich ist, denn هِنْد ist (wie הֹדּוּ im buch Esther) erst ein persisches lehnwort im arabischen, und אֵלֶף nur hebräisch und phönizisch, und ausserdem ist ja ἐλέφας von שֶׁנְהַבִּים wie altäg. *āb* (das assyr. *al-ab nahar S.* zunächst ganz bei seite zu lassen) kaum zu trennen. *Ibha* heisst im veda allerdings nur „hausgesinde", Jâska aber hat an der betreffenden stelle, wo er *ibha* erklärt, schon die bedeutung elefant dabei (so wenigstens nach P. W.), auch beweist das fehlen im veda, wo der elefant überhaupt noch mit keinem eigentl. namen auftritt (*mṛga hastin* ist nur epith.), hier weniger; *kapi* „affe" z. b. (= griech. κῆπος etc.) kommt auch nicht im alten Rig-Veda vor, denn die hymne 10, 86 ist ein ganz spätes, deshalb von Grassmann auch in den anhang versetztes lied. — Zu dem von A. Weber citirten vgl. jetzt noch dessen Ind. Lit.-gesch., 2. aufl. (1876), s, 2, anm. 2 (wonach z. b. auch der südind. ursprung des hebr. *tukyîm* nun nicht mehr anzuzweifeln ist).

أَصْحَابُ الفيل „die leute des elefanten“ (wie die armee des äthiopischen fürsten Abraha, der im geburtsjahr Mohammeds einen angriff auf die kaʿba machen wollte, und dessen elefant, als er mit ihm vor die kaʿba kam, niederfiel, später noch von den Arabern genannt wurde); lobgedicht Kaʿb ibn Zuhair's auf Muhammed (siehe s. 24), v. 41; Ham. ٨١٧ (in einem späteren gedicht);[1] Meid. I 133 („gefrässiger als der elefant“). 646 (أَسْمَجُ من شَيْطَانٍ على الفِيل). 701 („stärker als der elefant“; den dazu citirten vers siehe schon s. 195), ferner noch 518 („es erinnert sich der elefant an seine heimat“), II 557 und 943 (letztere drei sprichwörter ausdrücklich von Freytag als proverb. recent. bezeichnet). — Eine menge von versen späterer dichter (al-Aʿrâbî, Ruʾba, ʿAmâra ibn Walîd, Marwân ibn Muḥammad abû š-Šamaḳmaḳ u. a.) stehen im kitâb al-ḥaiwân des al-Ǵâhiẓ (Wiener handschr.), fol. 391b (wie auch einige andere fol. 393a, 394a und 396b).

عَيْثُومٌ ʿ*aiṯûmun* („fett, fleischig“ urspr., sonst ein epithetum der kamele, so ʿAlḳama Diw. ١٣ , ٥٢ und auf s. 182 deshalb noch nachzutragen) in einem von Ǵauharî citirten vers des al-Aḫṭal, eines zeitgenossen der dichter Farazdaḳ und Ǵarîr[2] („sie haben beim treffen Usâma zugerichtet, als ob über ihn mit seinen füssen der elefant [العَيْثُومُ] gelaufen wäre“).[3]

16. كَرْكَدَنٌّ (*karkadannun*) p. ٤٠٢ das

Nashorn.

Das wort kommt nur in der späteren literatur vor (z. b. bei Mutanabbi, Diwan ٧٠٣ , ٣٢, wo von Aegypten die rede ist).

[1] siehe s. 25 und s. 125, anm. 2.

[2] siehe s. 179, anm. 3.

[3] siehe Socin's ausgabe des ʿAlḳama, s. 31.

Obwol es von den Arabern (so an der angeführten stelle) aus dem pers. كرك erklärt wird, und so einleuchtend die etymologie *khadga-dhenu* „rhinoceroskuh" von skt. *khadga* „rhinoceros" und *dhenu* „kuh", die Gesenius Thes., p. 1249 nach Pott mittheilt, auf den ersten augenblick erscheint, so scheint doch beides zurückzuweisen zu sein. *Khadga-dhenu* steht nur im lexicon Medinîkosha (= rhinocerosweibchen) und *khadga* „rhinoceros" (im Mahâ-Bhârata „schwert"; dann „rhinoceroshorn" in den lexicis, z. b. im Amarakosha) kommt nur im Raghuvança und in einer der Puranen, also späteren literaturdenkmalen, vor. Bedenkt man nun, das die assyrischen nationallexica dasselbe lehnwort (denn semitisch klingt es nicht) in der form *kur--ki--za-an-nu* (= *kurkizannu*) einige zeilen vor *ma-ak-ka-nu-ú* (*makkanu*) d. i. dem thier von Südägypten [1] (wahrscheinlich dem nilpferd) nennen (beide namen haben in der sumerischen columne das vorgesetzte determinativ für wilde thiere), dass wir ferner von relativ sehr frühen feldzügen der Assyrer nach Aegypten [2] wissen, und das ja nur die wahl zwischen Aegypten und Indien bleibt, so wird wohl eher anzunehmen sein, dass die Semiten dieses lehnwort von Afrika haben, und zwar die Araber wol von Abesinien, da die dortige bibelübersetzung einmal das μονοκέρως der LXX durch ከርከንድ፡ *karkand* wiedergibt. Wenn Kazwînî im 13. jahrh. nach Chr. erzählt, dass das nashorn ein indisches thier sei, und so stark, dass es den elefanten auf sein horn nehmen könne, so kann das nichts dagegen beweisen, ebensowenig, wie das fehlen des wortes *kurkizannu* auf dem schwarzen obelisk gegen seine bedeutung „nashorn" sprechen kann, da die ersten feldzüge nach Aegypten erst nach der zeit Salmanassar's II. stattgefunden haben, in

---

[1] vgl. Asurban. Annal. 1, 51 *a-na mat Mā-kan u Mí-luh-hu lu-u al-lik* „nach Makan und Meroë fürwahr zog ich" und dazu noch Delitzsch, ass. Stud., I, s. 57 f. — Zur ursprünglichen bedeutung von Makan vgl. Schrader, KG. (1878), s. 291.

[2] der erste ägyptische feldzug, der die Assyrer wirklich nach Aegypten führte (die kriege Sargons und Sanherib's wurden nicht in Aegypten selbst ausgefochten), war der des Asarhaddon (681 bis 668 v. Chr.).

dessen tagen jener name für nashorn den Assyrern eben noch nicht bekannt war. — Ob ursprünglich nicht mit einer vermischung, die bei lehnwörtern ja analogien hat, *κροκόδειλος* (bereits bei Herodot vorkommend) und *karkadann* aus einer quelle flossen, ist freilich nichts als eine vermuthung, die aber doch hier platz finden mag: altäg. hiess das krokodil *t-emseḥ* (t ist feminin-artikel), daher das arabische تِمْسَاح *timsâḥun* (Ham. ٨١٩, wozu man s. 125, anm. 2 vergleiche).

17. قِرْد (*ḳirdun*) p. ٤٠١ der

Affe.

Dies wort kommt zwar vielleicht von einem semitischen verbalstamm [קרד] urspr. jedenfalls „zusammengedreht, (dann auch) zusammengepresst sein", woraus sowol die bedeutung „(dicht, fest,) stark sein", so ass. (*ḳarâdu* „stark", impf. *iḳrid*), als arab. قَرَدَ „zusammenraffen, sammeln", قَرِدَ „klein sein" (auf ein enges quantum reducirt sein), daher auch قُرَاد „kamellaus" (siehe s. 207); auf welche dieser bedeutungen قِرْد „affe" urspr. zurückzuführen ist, ist schwer zu sagen, vielleicht auch auf die des klein seins, da es in Südarabien — denn dort ist das wort, wenn überhaupt semitisch, entstanden — ja nur kleine affen gab], begegnet aber in der (nord-)arabischen literatur erst seit Muhammed, und selten, denn in Arabien mit ausnahme des äussersten Südrands und Oman's gab es wie in den meisten semitischen ländern (vor allem in Syrien, Palästina und den Eufrat- und Tigrisländern) keine affen. Im Ḳor'ân kommt قِرْد (und zwar im pl. قِرَدَة) dreimal vor (2, 61; 5, 65, siehe schon s. 320, und 7, 166), wo immer vom verwandeln in affen[1] die rede ist, in der Hamasa zweimal (٩٣٣ in einem jedenfalls späteren schmählied gegen den stamm der banû-Ḳird, und ٨٢٢ in einem zum بَابُ مَذَمَّةِ النِّسَاءِ gehörenden gedicht,[2] welches sich sofort durch das rein persische wort زَنْمَرْدَةٌ „mannweib" als späteren ursprungs verräth), dagegen schon viel öfter bei dichtern vom zweiten jahrh. der Hidschra an (so oft bei Mutanabbî u. a.). Die sprichwörter Meid. I 414 („mehr nachahmend als ein affe"). 594 (أَزْنَى مِن قِرْدٍ, was jedoch andre auf einen mann, der Ḳird hiess, bezogen), II 154 („mehr dem spiel ergeben als ein affe"). 296 („hässlicher a. e. a.") und 839 („nachäffender als ein affe") sind demnach jedenfalls auch späteren datums, wie der vers, der Meid. I 396 citirt wird, ausdrücklich als aus Muʿâwija's zeit stammend bezeichnet wird. — Noch zwei andere namen für „affe" kommen in Meidâni's sammlung vor, nemlich رُبَّاحٌ *rubbâḥun* (im sprichwort أَجْبَنُ مِن الرُّبَّاحِ „furchtsamer als ein affe")[3] I 328, und قِشَّةٌ *ḳiššatun* II 386 („verschlagener als ein äffchen"); *ḳird* und *rubbâḥ* heissen noch heut im südl. Arabien die hamadryas-affen (vgl. Heuglin, Syst. Uebers. der Säugeth. N.-O.-Afrikas s. 5=541).

Ueber ein anderes (im arabischen nicht vorkommendes) uraltes indisches lehnwort im hebräischen, äegyptischen und griechischen für affe, das sich dem für den elefanten (*āb*, *al-ab*, ἐλέφας, שֶׁנְהַבִּים) anreihen würde, zumal es ebenfalls über

[1] mit anspielung auf die (wahrsch. auf talmudischer tradition beruhende) legende, dass David die Juden der stadt Aïla (am ufer des rothen meeres) wegen sabbatschändung verflucht und in affen verwandelt habe.

[2] siehe s. 25 und s. 125, anm. 2.

[3] wozu die dort mitgetheilte geschichte, dass die affen aus furcht nie anders als einen stein in der hand schlafen, vielleicht erst erfunden ist.

Südarabien von Indien gekommen sein muss, siehe schon s. 20, anm. 1 (in der dort übersetzten ägyptischen inschrift).[1]

Nun folgen noch die übrigen säugethiernamen aus Kazwînî's aufzählung, für welche ich keine belege bis jetzt aus der (alt-)arabischen literatur (incl. die zeit kurz nach Muhammed) habe finden können:

18. اِبْنُ عِرْسٍ (*ibnu ʿirsin*) p. ٣٨٨ „wiesel".[2]

19. عَنْزَةٌ (*ʿanzatun*), p. ٣٩٩ (sonst „ziege", hier aber) eine art „wiesel".[3]

20. دَلَقٌ (*dalakun*) p. ٣٩٤ (vom persischen دَلَه *dalah*)[4] „taubenwiesel".[5]

21. سِنْجَابٌ (*sinǵâbun*) p. ٣٩٩ (ebenfalls ein persisches lehnwort; heutzutag das) „graue eichhörnchen".[6]

---

[1] von dem dort genannten skt.-wort *kapi* (wovon äg. *gafi*, hebr. קֹפִים, griech. *κῆπος*) kommt vielleicht auch das Asurban. Sm., p. 56 (K. 2675, rev. z. 3) vorkommende *ukupi*; es heisst dort: (*ba-?*)*-za-a-ti pa-gi-í ú-ku-pi tar-bit šadi-šu-un* (geschr. KUR-di)-*šu-un* d. i. „*-zâti, pagiʾi* und *ukupi*, die zucht (od. hervorbringung) ihrer berge (brachte ich von Theben nach Ninive)". Ist etwa *pagiʾi* = „elefanten" (vgl. arm *pîgh* für pers. پيل, was allerdings auf älteres *pîl* = urspr. *pîr* zunächst hinweist)?

[2] ein anderer name ist دُئِلٌ *duʾilun*, wozu man s. 68 (unter دَؤُول) vergleiche.

[3] Lane (nach den arab. lexicographen): „a certain beast, found in the desert, slender in the muzzle, smaller than the dog, of the beasts of prey, that seizes the camel in his rump, and is seldom seen; asserted by the Arabs to be a devil" or according to other: „it is like the weasel in size: it approaches the shecamel, when she is lying down, then springs, and enters into her vulva, and conceils itself therein, until it reaches the womb, whereupon the shecamel dies".

[4] vgl. schon s. 24 unten.

[5] nach andern ist دَلَقٌ der نِمْسٌ (*nimsun*) oder „ichneumon".

[6] nach den arab. lexicographen (bei Lane): „a certain animal, of the length of the jerboa (يَرْبُوعٌ, siehe unten bei den الْهَوَامّ), larger

22. سِنَاد (*sinâdun*)[1] p. ٣٩٦, 23. سِيرَانِس (*sîrânis* p. ٣٩٧ und 24. شَادَهْوَار (*šâdeh-wâr*) p. ٣٩٨ (letzteres auf den ersten blick als rein persisch sich kund gebend) sind zu unbestimmbare und fabelhafte thiere, als dass es überhaupt sich verlohnte, sie hier näher zu besprechen. Kazwînî sagt vom *sinâd*, dass es kleiner als der elefant, aber grösser als der stier sei; andre sagen, es sei eine art rhinoceros (vielleicht von Sind = Indien benannt?); *sîrânis* soll ein thier sein, das in Kabul und Zabulistan lebt und mit seinem schnaufen eine musik macht, die alle andern anlockt (natürlich urspr. = σειρῆνες; es liegt hier die aus dem Physiologus dem spätern orient bekannt gewordene fabel von den Sirenen zu grund) und *sâdeh-wâr* endlich (persisch = „freudebringer") finde sich in den äussersten grenzen des landes Rûm (byzant. reich), und habe ein vielästiges geweih; auf gleiche weise wird von diesem thier erzählt, dass die andern thiere, seine stimme zu hören, sich um dasselbe schaaren.

Nun bleiben bei Kazwînî noch zwei wörter übrig, die bereits aus andern semitischen sprachen bekannt sind, aber die trotzdem den Arabern ebenso fabelhafte begriffe sind wie die drei vorigen wörter. Dies sind

25. حَرِيش (*ḥarîšun*) p. ٣٩٢ und 26. يَأْمُور (*ja'mûrun*) p. ٤٠٥. Ersteres wort ist = äth. ሐሪሥ፡ *ḥarîš* (Job 39, 9 dem μονοκέρως der LXX entsprechend und demnach wol, wie ከርካንዲ፡ = „nashorn"); nach Kazwînî ist حَرِيش ein thier von der grösse eines ziegenbocks, von grosser stärke und schnelligkeit im lauf, mit einem einzigen horn auf der stirn wie das horn des *karkadann*, seine heimat Sidschistan[2] und Bulgarien. Da

---

than the فَنَك (ebendas.), the fur of which is of the utmost softness; furred garments are made of its skin; and the best skins of this animal are the smooth and gray".

[1] sonst „starkhöckerige (kamelin)", siehe s. 172 unten.

[2] Kazwînî: سجستين, also wol = سجستان Drangiana, östlich von Persien?

andre lexicographen (vgl. Tâǵ al-ʿArûs unter حريش) es sogar für ein seethier, andere geradezu für das nashorn (كَرْكَدَّن) erklären, so geht daraus hervor, dass, obwol der name echt arabisch der form nach sein könnte, die Araber gar nichts näheres davon zu sagen wussten, und das wort äthiopisches lehnwort ist. Merkwürdig ist die identificirung mit dem den Arabern ebenso dunkeln هِرْمِيسٌ (ebenfalls im Tâǵ al-ʿarûs),[1] was auch äth. lehnwort (äth. ሀርማስ፡ *harmâs* „der wilde afrik. elefant")[2] ist. — Das zweite, يَأْمُور (*jaʾmûrun*), ist lehnwort aus dem hebräischen יַחְמוּר (urspr. „der röthliche"), was Deut. 14, 5 unter den gazellen-, antilopen- und steinbock-arten (unter dem بَقَرُ الوَحْشِ, würde ein arab. commentator sagen), deren fleisch verboten wird, steht und ausserdem nur noch 1. Kön. 5, 3 neben der gazelle (צְבִי) und dem bergbock (אַיָּל) vorkommt. So bestimmt denn auch Kazwînî die أَحْوَال dieses in der alten und classischen arab. literatur nie genannten thieres mit: تشبه أَحْوَالَ البَقَرِ الوَحْشِيّ. Im Tâǵ al-ʿArûs heisst es zuerst ganz allgemein دَابَّةٌ بَرِّيَّةٌ (im freien oder besser in der wüste lebendes thier), dann aber وقيل هو من دَوَابّ البَحْرِ (es gehöre zu den seethieren), wie oben vom *ḥarîš* gesagt wurde; endlich kommt das richtige: او جنس من الأَوْعَال (oder eine art von den steinböcken), was noch durch die autorität des alten zoologen Ǵâḥiẓ bekräftigt wird, der also auch schon vom *jaḥmûr* gehört hatte und es im باب الاوعال الجبلية والايايِل والاروى (bei den bergziegen- und steinbockarten) aufführt. Dann schliesst der artikel im Tâǵ al-ʿArûs mit dem

---

1 هِرْمِيس *hirmîsun* wird auch durch كَرْكَدَّن „nashorn" erklärt.

2 die nachweise für diese bedeutung siehe bei den äthiopischen säugethiernamen.

satz وهو أَسْمُ الجنس منها (nemlich von den أَوْعال), wozu er noch بِوَزْن اليَعْمُور, was mit dem von andern lexicographen angegebenen يَحْمُور ja nur variante ein und desselben wortes ist, fügt.[1]

Da Kazwînî die fledermaus naiver weise unter den „vögeln" aufführt, die maus, den igel und einige andere kleinere säugethiere aber unter den „reptilien und insecten", und da es doch auch ausserdem, schon der vollständigkeit halber (vgl. s. 43 f.) am platz ist, noch den schluss seiner eintheilung kennen zu lernen, so nehme ich den s. 139 mit e: die wilden thiere السِبَاع abgebrochenen faden wieder auf, und wir kommen nun zu

f) den Vögeln الطَيْرُ p. ۴۰٥—۴۲۷, de Chézy [welcher ausser der einleitung p. 411 f. von den 56 aufgeführten arten nur 6 übersetzt hat, nemlich بلبل *bulbulun* nachtigall, حُبَارَى *ḥubârâ* trappe, خُطَّاف *ḫuṭṭâfun* schwalbe, unser

خُفَّاش (*ḫuffâšun*) p. ۴۱۱ die

Fledermaus,

synonymum وَطْوَاطٌ *waṭwâṭun* dass., Meid. I 194 أَبْصَرُ مِنَ الوَطْوَاطِ بِاللَيْلِ „schärfer sehend als die fledermaus bei nacht"

---

[1] vgl. darüber schon meinen Physiologus, s. XXVI, wohin ich auch wegen der von Kazwînî weiter erzählten geschichte von diesem thier, das bei den Arabern jenen fabelhaften „antholops" (den vater des zool. t. t. antilope, siehe ausführl. meinen Physiol. XXIV ff.) repräsentirt, hiemit verweise.

und Freyt. Prov. III, no. 381 أَجْبَنُ من وَطْوَاطٍ „furchtsamer als eine fledermaus" —,

غَوَّاصٌ *gawwâsun* „taucher" und قَطًا *katan* „katâ-vogel"[1] p. 410—416.

g) die Reptilien الهَوَامُّ und Insecten الحَشَرَاتُ p. ۴۲۷—۴۴۸, de Chézy (welcher ausser der einleitung folgende artikel übersetzt hat: floh بُرْغُوث, schnake بعوض, seidenwurm دود القز, spinne عَنْكَبوت, lichtmotte (nachtfalter) فراش und biene نَحْل, also nur 6 von den 36 angeführten) p. 416—426 (schluss).

Zu diesen rechnet nun Kazwînî auch folgende säugethiere, mit denen ich die arabischen säugethiernamen beschliesse:

1. ظَرِبانٌ (*zaribânun*) p. ۴۳۸ der

Stinkmarder.[2]

In den sprichwörtern Meid. II 206 „es hat unter ihnen gefarzt der stinkmarder" (scil. und sie dadurch fortgetrieben, denn der geruch soll geradezu unerträglich sein), 226 „farzender (افْسَى) als ein stinkmarder", 795 dasselbe (nur أَنْدَس statt أَفْسَى) und 864 (جِلْدَ الظربان „das fell des stinkmarders"). Der von Lane I 1910, col. a angeführte vers des ʿAbd-Allah ibn Ḥaǵǵâǵ az-Zabîdi (dort „ich habe ihn geschlagen am

[1] vgl. über ihn und sein vorkommen in der alten poesie ausführl. Ahlwardt, Ch. al-Aḥm., s. 183—201.

[2] vgl. die beschreibung dieses thieres nach den nationallexicographen bei Lane, I 1909, col. c.

schlagungsort des stinkmarders“, مَضْرِبَ الظربان; der stinkmarder hat nemlich eine linie oder einen langen strich auf seinem gesicht, und mit diesem vergleicht der dichter hier die beule, die er dem betreffenden durch das schlagen beigebracht hat) gehört wol jenem „der 2. Imrulḳais“ genannten ibn Ḥaǵǵâǵ an, welcher im 4. jahrh. der flucht lebte.

2. فَأْرٌ (*fa'run*) p. ۴۴۰ ff. die

Mäuse und Ratten

[nom. unit. فَأْرَةٌ (dann oft contrahirt فَارَةٌ,[1] so Ham. ٧١٩ (verwahre den butter, dass ihn nicht nasche فَارَةٌ أَوْ جُدْجُدُ „eine maus oder eine grille“) und in den sprichwörtern Meid. II 567 („diebischer als eine maus“), 384 (أَكْسَبُ من فارة „gewinnsüchtiger als eine maus“), 582 („es bringt eine maus eben nur wieder eine maus zur welt“), Freyt. Prov. III no. 81 („gefrässiger als eine maus“) und 2303 (فَأْرَةٌ فِى كُوَارَةٍ „eine maus in einem bienenstock“), wovon die letzteren drei zu den späteren gehören] mit ihren unterarten.

a. قَرْنَبٌ *ḳarnabun* nach einigen maus oder ratte, nach andern eine bes. art der springmaus (يَرْبُوعٌ) Meid. I 491 (vers zu no. 61, siehe schon s. 317, anm. 3); die form قَرَنْبَى *ḳaranbâ* (oder *ḳaranban?*) in welcher Kazwînî das wort bringt, ist nicht

---

[1] das früher zu فارة verglichene פֵּרָה ist gar kein hebr. wort, denn an der betreffenden stelle (Jes. 2, 20) ist vielmehr חֲפַרְפָּרוֹת „maulwürfe“ oder „ratten“ (von חפר „graben“) zu lesen.

richtig, denn قَرْنَبى bedeutet eine art käfer[1] (es kommt z. b. vor Meid. I 491 in einem dort zu no. 62 mitgetheilten vers).

b. خُلْد *huldun* „maulwurf" [= hebr. חֹלֶד dass. (die alten übersetzungen: „wiesel"), aram. ܚܘܠܕܐ „maulwurf", demnach ursem. *huldu*, von einem stamm חלד „graben"] bei Mutanabbî u. a.

Statt der an dritter und vierter stelle von Kazwîni genannten mausarten ذاتُ النطاق (gürtelmaus?) und فارَةُ البِيش (bîsh-maus, siehe unten beim fabelhaften thier *samandal*)[2] setze ich die von ihm übergangenen

c. جُرَذ *ğuradun* „(grosse) feldratte" Meid. II 234 („mehr zu grund richtend als die feldratte"), in einem Meid. I 731 citirten vers (كالجُرَذِ السَمِين „wie eine fette feldratte") und Freyt. Prov. III no. 1351 („diebischer als eine feldratte"), pl. جُرْذان Ham. ١٩٢ („ihr rühmt euch der speise von ratten", andere allerdings جُرْذان „das schamglied des esels", was dann s. 118 zu أَيْر oder s. 136 zu جُوفان noch nachzutragen wäre) und Meid. II 852 (طارَ غُرابُها بِجُرْذانِك „es flog ihr rabe mit deinen feldratten fort") und

d. زَبابَة *zabâbatun* (nom. unit., coll. زَباب) „eine grosse röthlich behaarte ratte", welche von den hyänen in ihrem loch gesucht und gefressen wird (vgl. die tradition von ʿAli bei

---

[1] syn. von خُنْفَساء Meid. II 673 vers.

[2] das noch genannte wort فارَةُ المِسْكِ *fâratu 'l-miski* „moschusmaus" kann ich oben übergehen, weil dieser ausdruck ursprünglich den moschusbeutel des ja von Kazwînî schon bei den gazellen untergebrachten moschusthieres wegen der ähnlichkeit dieses beutels mit einer maus bezeichnet, und erst später aus misverstand zu einem kleinen der maus ähnlichen thier gemacht worden ist.

Lane I 1208, col. b) Meid. I 641 („diebischer als diese rattenart“ أَسْرَقُ من زَبَابَة).

e. يَرْبُوعٌ *jarbûʿun* (vulg. auch جَرْبُوعٌ *ǵarbûʾun*) „springmaus“, „springhase“ Meid. II 18 „mehr herumirrend als das junge der springmaus (das sein loch verfehlt hat)“ und 356 „wie der welcher das mausloch (القاصِعَاء) für die maus selbst kauft“, und noch in einem gedicht Kalḥab's (zu Meid. II 671, no. 292, citirt), wo es heisst ويَرْبُوعُ الفلا منك أَكْرَمُ . . . . . وخَالك يَربوعٌ وجَدُّك شَيْهَمُ „und die springmaus der wüste ist edler als du . . . . . und dein oheim ist eine springmaus und dein grossvater ein igel“. — Ein syn. von يَرْبوع ist عَكْبَرٌ *ʿakbarun* [= hebr. עַכְבָּר „feldmaus“ Lev. 11, 29, I. Sam. 6, 4 u. ö. (ursem. *ʿakbaru* dass.)], eine *kunja* (beiname) desselben thiers أُمُّ أَدْرَاص *ummu adrâṣin* „mutter der jungen mäuse“ (أَدْرَاص pl. von دِرْص *dirṣun*) in einem von Damiri citirten vers des Ṭufail; daher ist das demin. von دِرْص, neml.

دُرَيْصٌ *duraiṣun* Meid. II 5 („es irrt das junge der springmaus umher nach seinem loch“ نَفَقَهُ), was durch „junges der springmaus oder der ratte“ (andre sogar noch: „oder der katze, des igels, des hasen, wolfes oder hundes“) erklärt wird, wol ursprünglich nur vom jungen der springmaus zu verstehen.

Als fünfte besondere art der mäuse und ratten figurirt bei Kazwini sonderbarer weise ein thier, سَمَنْدَلٌ *samandalun* (nach Lane auch سَنْدَلٌ *sandalun*) genannt, von welchem die Araber dasselbe berichten, was uns sonst vom phönix der physiologus erzählt, nur dass der سَمَنْدَل nicht als vogel erscheint; Kazwini fügt noch hinzu „er sieht aus wie eine ratte, ist aber (in wirklichkeit) keine, und er findet sich im lande غور (= Gûr, östl. von

Herât in Chowarezm). Bei Damiri ist er denn auch wirklich ein vogel, und es wird von ihm auch erzählt, dass er die indische bîsh-pflanze (dort als eine in China wachsende pflanze erwähnt) frässe; wahrscheinlich ist mit dem oben von Kazwini genannten thier فارة البِيش „bîsh-ratte“ urspr. dasselbe gemeint wie mit dem *samandal*. Da der physiologus vom salamander ebenfalls erzählt, dass er im feuer nicht verbrennt, so ist es klar, dass *samandal* ursprünglich nur eine verstümmlung aus *salmandar* (so z. b. im äth. physiologus) ist; daher erklärt sich auch, warum er hier unter den mäusen, die ja Kazwini zu den reptilien zählt, aufgeführt wird.

3. قُنْفُذٌ (*ḳunfuḏun*) p. ۴۴۴ der

Igel.

Neben قُنْفُذٌ (äth. ቍንፌዝ፡ *ḳuĕnfez* „igel“) wird auch قُنْفُدٌ (= hebr. קִפֹּד, ܩܘܦܕܐ „igel“) überliefert, so dass wir für das ursemitische die formen mit *d* wie mit *ḏ* ansetzen dürfen, und zwar wol (vgl. *ẖazzîru* s. 319) mit urspr. verdoppelung statt der nur südsem. auflösung mit *n*, also *ḳuppuḏu* und daneben *ḳuppudu*. Das arab. wort begegnet Meid. I 464 comm. (قُنْفُذُ بُرْقَةٍ „erinaceus loci duri“ so nach seinem aufenthaltsort benannt; vgl. بُرْقَةٌ bes. in zusammengesetzten ortsnamen, so Mu'all. des Ḥârit̠, vers 2, des Ṭarafa, vers 1), 499 (die nächtliche reise des igels), 568 (mit einer hässlichen und verachteten frau verglichen), 645 („besser hörend als ein igel“) und 726.

شَيْهَمٌ *šaihamun* „igel“ in dem oben bei يَرْبوع citirten vers wie Freyt. Prov. III, no. 792 (أَخْشَنُ من الشَيْهَمِ „rauher (wegen seiner stacheln) als der igel“; vgl. auch على ظَهْرِ

شَيْهَمٍ „auf dem rücken des igels“ (= „in a state of fright or fear“) in einem von Lane aufgeführten verse al-A'šâ's.

أَنْقَدُ *ankadu* (vgl. s. 365, anm. 3 amh. *ankasô* eine wieselart?) „igel“ Meid. I 164 und 312 (nach art des igels d. i. die ganze nacht hindurch wachen) und I 643 أَسْرَى من أَنْقَدَ „mehr des nachts umherlaufend (scil. um zu huren und zu stehlen) als ein igel“.

دُلْدُلٌ *duldulun* eine grössere igelart mit besonders langen stacheln Meid. I 645 أَسْمَعُ من دُلْدُلٍ „schärfer hörend als ein solcher igel“ (vgl. oben vom تنفذ dasselbe).

Kazwini beschliesst nun das thierreich mit

h) den Geschöpfen, deren Körperformen und Umrisse von denen der allgemein bekannten verschieden sind (في حَيْوانات غَرِيبَة الصُّور والاشكال) p. ۴۴۸—۴۵۱ (schluss), wozu monstra von menschen- und thierformen, zwittergeschöpfe etc. gehören. Hier schliesst zugleich der erste band seiner kosmographie, „die wunder der schöpfung“ ab, dessen anordnung folgend ich den grössten theil der arabischen fauna nach dem vorkommen der namen in der alten literatur hiermit behandelt habe.

* * *

Eine kurze recapitulation der resultate, zu denen ich in den nun beendeten untersuchungen über die säugethiernamen der Araber im sechsten jahrhundert gekommen, und damit zugleich in wenigen strichen ein gesammtbild der arabischen fauna dieser zeit werde ich unten am schluss des anhangs: „die säugethiernamen der himjarischen inschriften“ geben. Es würde sich hier nun noch die s. 36 von mir versprochene übersetzung eines artikels aus Damiri's „leben der thiere“ anzureihen haben, den ich jedoch des nur noch kurz zugemessenen raumes halber mit einem artikel Kazwini's vertausche, und zwar wähle ich hier den artikel فهد *fahdun*

„gepard“ wegen der interessanten berührung mit dem vom πάνϑηρ im äth. Physiologus berichteten; es kann sich nun jedermann überzeugen, dass unter letzterem und damit zugleich unter dem äth: wort ጸሐው፡ *ṣâḥĕu* (im gegensatz zu ነምር፡ *namr* „pardel“) ebenfalls nur der gepard gemeint gewesen sein kann.

„„**fahdun**, d. i. der Gepard; er ist ein schmal gebautes thier, leicht zum zorn gereizt, springt weit und schläft viel; im gegensatz zum pardel steht er mit den menschen auf gutem fuss; einige behaupten auch, dass derselbe aus einer kreuzung von löwe und pardel hervorgehe, wie der maulesel aus der vermischung von pferd und esel; die wilden thiere lieben den geruch des gepards gar sehr; dieser anderseits geht den spuren des löwen der beute halber nach, und wenn der löwe seine mahlzeit beendet hat, dann kommt der gepard und hält nachlese. Al-Gâḥiẓ sagt: Wenn der gepard fett geworden ist, kommt ihm zum bewusstsein, dass seine bewegungen schwerfälliger geworden und er selbst ein beliebter braten sei; er weiss auch, dass sein geruch bei löwe und pardel sehr beliebt ist; deshalb fürchten sich die geparde geradezu auf die zeit der fettleibigkeit; ja sie machen sogar allerlei manöver gegen die luftströmung, damit nicht der wind ihren geruch zu den raubthieren trage;[1] ist der gepard krank, so frisst er hundsfleisch und die krankheit bricht sich; von schönem gesang ist er ein grosser freund und spitzt die ohren darnach. Aus der vermischung von gepard und bär geht ein merkwürdig gestaltetes thier hervor, das man *kaûšâl* nennt., Was endlich die besondern eigenthümlichkeiten der einzelnen körpertheile des gepards betrifft, so vermischt man seine galle mit honig und salz und legt das ganze auf blutende wunden; wer ferner fortwährend gepardfleisch verzehrt, wird sehr beleibt und bekommt die fettsucht; das blut wird erfolgreich gegen gelenkschmerzen angewendet; wer aber davon trinkt, wird geistesschwach; wenn man das fleisch unter den klauen an einen ort hinlegt, wo mäuse sind, so fliehen diese sofort.““

---

[1] d. h. wol: sie suchen, wenn sie ein wild in der nähe wittern, in diejenige windrichtung zu kommen, wo ihr geruch nach der dem ort ihres feindes entgegengesetzten seite geweht wird.

Anhang:

Die Säugethiernamen der sog. himjarischen Inschriften.

Das himjarische königtum der Tubbaʿ-dynastie in Südarabien, nach dessen aus der zeit nach dem 2. nachchristlichen jahrhundert stammenden inschriften man die überhaupt nur inschriftlich erhaltene sprache der Südaraber himjarisch zu nennen pflegt, ist lediglich auf den trümmern der alten dynastie, deren herrscher sich „könige von Saba" nannten und von denen wir ebensoviele ja noch mehr inschriften in der gleichen sprache überkommen haben, erstanden. Wenn ich daher die südarabische sprache himjarisch nenne, so ist das blos altes herkommen, der richtigere name dafür, den jetzt auch Capt Prideaux in seiner „Sketch of Sabaean Grammar with Examples of Translation"[1] angewendet, ist sabäisch, die sprache des volks von Saba, die allerdings auch, mit nur geringen dialektischen abweichungen, in den andern theilen Südarabiens, so vor allem in und östlich von Hadramaut, wo sie noch heut in einer tochtersprache, im Mahri und Eḥkili (den dialekten von Maḥra und Ḳâra), fortlebt, gesprochen worden ist.

Im zehnten kapitel der Genesis, der sog. völkertafel, treten die zwei bekannten auch sonst im alt. test. vorkommenden arabischen stämme Šĕbāʾ (unser oben genanntes Saba, arab. سَبَا Sabâ, Luther: „Reich Arabien" d. i. reiches Arabien, Arabia felix) und Dedân als söhne des Raʿmâh, eines sohnes

[1] Trans. of the Soc. of Bibl. Arch., vol. V, p. 177—224 u. 384—425.

des Hamiten Kusch, das heisst also als Kuschiten, auf, während
im gleichen kapitel unter den söhnen Joktan's, des urenkels
des Semiten Arpakschad, derselbe stammvater jenes südarab.
volkes Šebā' figurirt (diesmal ohne Dedān, dafür aber mit
andern bekannten südarab. stämmen, wie Haṣarmōt und Ophir),
in der geschichte Abraham's dagegen Šěbā' und Dedān die söhne
des Jokšān, des sohns des Abraham von der Ketûra sind. Daraus
geht hervor, dass, wenn man aus der völkertafel sprachliche
oder ethnographische folgerungen machen will, man ihre angaben nur mit grosser vorsicht gebrauchen darf. Die Sabäer
sind also nach ihr einerseits Semiten, was durch die sprache
bestätigt wird, andrerseits ein zweig jener Kuschiten, welcher
name (kürzlich noch in Maspero's geschichte des orients) schon
zu so vielen verwirrungen anlass gegeben hat. Bedenkt man
nun, dass zu jenen Kuschiten auch die alten (nichtsemitischen) Aethiopen (in der völkertafel Sebā), [1] ferner,
was vor allem wichtig, Nimrod, der repräsentant der vorsemitischen sumerischen cultur in den eufrat- und tigrisländern
gerechnet werden, und dass als stammvater der vor den
Phöniziern und Hebräern in Palästina ansässigen Kanaʿaniter
zwar nicht ein abkömmling, wol aber ein bruder jenes Kusch,
von der völkertafel genannt wird, und dass wir alle diese,
dem ursprünglichen nomadencharakter der Semiten
entgegengesetzt, [2] in festen städten und im besitz
einer hohen, dann von den Semiten (so vor allem in Babylonien und Südarabien) angenommenen cultur sehen, so ergibt sich daraus, dass dies uralte erinnerungen sind, die uns
hier die völkertafel aufbewahrt hat, welche eben nur durch
die neuesten culturgeschichtlichen und ethnographischen forschungen erst ins rechte licht gesetzt werden. [3] So sind denn auch

---

[1] vgl. zu der ähnlichkeit dieses Seba mit Šebā (Saba) die interessante bemerkung von Kremer's, südarab. Sage, s. XIV, anm. 2, nur
dass das von ihm angeführte factum für die älteste nichtsemit. zeit
anders zu erklären ist.

[2] vgl. vor allem die (arabischen) Beduinen, dann in der patriarchenzeit die Hebräer.

[3] es ist deshalb vergebliche mühe, herausbringen zu wollen, welches volk ursprünglich mit den biblischen Kushiten gemeint war (ein

die in der arabischen sage als urbevölkerung auftretenden 'Aditen (unter welchem namen mehrere alte völkerstämme zusammengefasst wurden), welche ursprünglich in den an die Aḥkâfwüste angrenzenden theilen Hadramauts gesessen haben müssen, sicher solche vertreter einer vorsemitischen in festen städten sitzenden cultur. Darauf weist auch die ihnen angedichtete zauberstadt Irem ḏât al-'imâd (d. i. Irem, die säulenreiche) hin, die die orientalische phantasie mitten in die wüste versetzt und mit den glühendsten farben der romantik in dichtung und noch heut fortlebender volkssage ausgemalt hat. Schon in grauer vorzeit wurde nun diese nichtsemitische urbevölkerung von den ersten von norden kommenden schwärmen

bestimmtes volk müssen sie natürlich repräsentirt haben, und das wahrscheinlichste ist immer, dass es die alten hamitischen Aethiopier gewesen, vgl. Ebers Aegypten u. d. Bücher Mose's, s. 57 f.; was dort s. 58 ff. aus dem allgemeinen begriff der Kushiten in der Völkertafel weiter gefolgert wird, scheint nach dem oben von mir ausgeführten verfehlt zu sein); es genügt, dass die Genesis unter dem allg. namen Kush alle die alten culturvölker verschiedener abstammung und sprache zusammenfasste, welche vór den Semiten in den nachher von ihnen occupirten ländern sassen und in denselben bereits eine hohe cultur innehatten, die dann die Semiten adoptirten. Ein ehemaliger zusammenhang der afrikanischen (hamitischen) Kushiten, der Sumerier und etwa gar noch der drawidischen völker Indiens wird einfach durch die sprachgeschichte widerlegt, [das einzige, was mit grosser wahrscheinlichkeit vermuthet werden kann, ist, dass die urbevölkerung Südarabiens und die alten Aethiopier zu einem volksstamm gehörten] und wenn z. b. Grau in seinem geistvollen buche „Ursprünge und Ziele unserer Culturentwickelung" (Gütersloh 1875) diese alle unter dem gesammtnamen Hamiten den Indogermanen und Semiten gegenüber zusammenfasst und ihnen gegenüber charakterisirt, so trifft wol seine charakteristik zu (und das ist ja der zweck seines buchs), statt des ausdrucks Hamiten aber, den natürlich jeder nach Grau's darstellung ethnologisch auffassen muss, ist überall etwa der ausdruck „vorsemitische culturvölker" zu setzen; will daher Grau mit Hamiten der kürze halber nur conventionell dasselbe ausdrücken, so kann „Hamiten" in seinem buch unbeschadet der historischen treue stehen bleiben. Man hat sich aber stets dabei zu erinnern, dass wir jetzt unter Hamiten zunächst speciell die ägyptisch-berberischen völker (zu denen z. b. alle die halbsemitischen välker Nordostafrikas, wie man sie jetzt oft nennt, gehören) verstehen, deren sprachen mit dem ursemitischen in einem entfernten zusammenhang gestanden haben müssen.

der semitischen rasse besiegt und wahrscheinlich ausgerottet, und es entstanden nun auf den ruinen der ʿaditischen cultur mehrere alte königreiche, unter denen wahrscheinlich länger als ein jahrtausend hindurch das der Sabäer das mächtigste war. Ungefähr das jahr 1000 vor Chr. geb. ist es, in welches nach nicht gleichzeitigen berichten, nemlich den israelitischen königsannalen, jener besuch der „königin von Saba“ bei Salomo zu setzen wäre;[1] der erste gleichzeitige bericht von der existenz dieses südarabischen königreiches aber findet sich in den ins ende des 8. jahrh. vor Chr. fallenden annalen Sargons, wo (vgl. die schon s. 21, anm. 1 mitgetheilte stelle) der assyrische grosskönig den tribut des Sabäers Itʾamara entgegennimmt. Erst kurze zeit vor Chr. geburt scheint ein allmählicher verfall der sabäischen macht, die ihren hauptsitz in der residenz der könige von Saba, Maʾrib (Marjaba der classiker) gehabt hatte, eingetreten zu sein, bis endlich, wahrscheinlich gegen ende des zweiten jahrhunderts nach Chr. in folge der deshalb schon seit länger nachlässiger betriebenen regelung des bewässerungssystems, die grossartigen dammbauten bei Maʾrib von einer überschwemmung durchbrochen und so weit und breit die gesegneten fluren des Sabäerlandes verwüstet wurden. Dieses der erinnerung der Araber unter dem namen *sailu ʾl-ʿarimi* für immer bedeutungsvoll gebliebene ereignis war, wenn auch nicht die einzige, so doch die hauptveranlassung zu den zahlreichen auswanderungen südarabischer stämme nach dem norden, die wir in die ersten jahrhunderte nach Chr. geburt zu setzen haben.[2] In die ersten jahrhunderte vor Chr. geburt nun fällt

[1] dafür dass, so gut wie Abraham und Mose (Hartmann, Nigr., s. 227 f.), David und Salomo, auch die königin von Saba eine historische persönlichkeit gewesen (gegen Maspero), bringt R. Hartmann, a. a. o., s. 384, meines erachtens vollwiegende gründe bei. Sogar noch David (nicht blos Simson, von Abraham ganz zu schweigen) für mythus zu halten (Steinthal, Goldziher etc.), dazu gehört doch eine grosse phantasie und eine eigentümliche betrachtungsweise der orientalischen geschichte; leider hat der hang, alles frühistorische für sonnen- und gewittermythe zu erklären, jetzt viele sonst besonnene forscher schon angesteckt; vgl. auch schon s. 4.

[2] der eigentliche grund allerdings war wol zunächst eine übervölkerung Jaman's, der durch diese auswanderungen abgeholfen wurde, wie der dammbruch von Maʾrib, den die arab. historiker als die un-

das emporkommen der himjaritischen macht und wahrscheinlich unmittelbar nach der verwüstung Ma'rib's der beginn

---

mittelbare ursache des verfalls von Ma'rib ansahen, im gegentheil nur eine folge des schon vorher eingetretenen verfalls Saba's gewesen ist; vgl. von Kremer (dessen resultate ich überhaupt zum ausgangspunkt obiger darstellung der südarabischen geschichte genommen habe), Südarabische Sage, s. XIII f. Für die wanderung der sabäischen völkerstämme im 2. jahrh. dürfen die untersuchungen Blau's in d. Z. d. D. M. G., XXII, s. 654 ff. in den hauptsachen wol als massgebend betrachtet werden dürfen. Wahrscheinlich schon vor dem dammbruch wanderten aus die Ḳuḍâ'a mit den Tanûḥ (später ein hauptbestandtheil der bevölkerung Ḥîra's) und Kalb; zu den Ḳuḍâ'a gehören ferner die banû Salîḥ und Bahrâ, ferner Sa'd (ein andrer stamm Sa'd gehört zu dem grossen nordarab. stamm Tamîm), Nahd (welche gegen ende des 2. jahrh. wieder nach Jaman zurückkehrten, wonach die s. 32, anm. 2 angeführte thatsache sich erklärt) und Ǵuhaina. Kurz vor und nach den dammbruch setzt Blau die auswanderung der stämme von Azd (zunächst über Oman, wo mehrere blieben, daher der stamm Azd 'Umân), zu denen Ḫuzâ'a u. a. gehörten; auch Ghassân ist ein gesammtname mehrerer azditischer stämme. Ein grosser stamm, der auch mit auswanderte, ist noch der stamm Ṭajj. [Nach diesen angaben ist die von mir s. 32 gegebenene aufzählung zu corrigiren (Tamîm ist kein jamanischer, sondern ein zweig des grossen nordarab. Muḍarstammes, und Dârim wie auch Jarbû' sind unterstämme von Tamîm, wahrscheinlich ebenso der stamm Sa'd, von dem die dichter no. 40 und 62 stammen); meine dort zum theil irrig gemachten angaben hatte ich auf die autorität des herrn Abgarius hin, ohne noch eingehender die geschichte der arab. stämme verfolgt zu haben, niedergeschrieben; aus der gleichen quelle stammen mehrere falsche schreibungen, auf die mich Prof. Loth aufmerksam zu machen die güte hatte: es muss neml. heissen no. 1 u. 34 al-'Ibâdî (عِبَاد sind die Christen von Ḥîra), 4. und 16. aç-Ḍuba'î (von ضُبَيْعَة), 6. Ijâdi, 8. 'Abdî, 10. Zimmâni, 11. Ḥâzim, 12. Fahmî, 19. Ǵanâb, 21. Ǵulâh, 22. Aǵlân, 25. 'Âmirî, 28. Zurâra, 30. Ar-Rabî' (الرَّبِيع), 32. Nadba as-Sulamî (von سُلَيْم), 41. Ijâs ibn Ḳabîṣa, 45., 66. und 67. Muzanî (von مُزَيْنَة), 48. al-Ḥaǵar, 49. ibn-Muḳbil, 50. A'šâ des Ḳais ibn Ṯa'laba (nicht Asad) vom gr. stamm Bakr, 60. aš-Šammaḫ ibn Ḍirâr (der tod ist später anzusetzen), 61. Ma'dî-Karib az-Zubaidî, 63. 'Uklî und 75. das todesjahr 689 bezieht sich auf den in Kufa gestorbenen 'Adî ibn Ḥâtim;

der sog. Tubbaʿ-dynastie, die in Ẓafâr[1] (viel später erst in Ṣanʿa) residirte und nun die oberhand in ganz Südarabien gewinnt, und hier haben wir zugleich einen anhaltspunkt für die ungefähre chronologische bestimmung der uns überkommenen südarabischen inschriften, von denen noch die meisten den königstitel „könig von Saba“, dagegen schon einige (vor allem die in himjarischem gebiet bei Ḥiṣn Gurâb gefundene) den titel „könig von Ḥimjar“ aufweisen. Wir dürfen also getrost für die entstehung der sog. himjarischen inschriften, wenn wir die späteste zeit ansetzen wollen, die ersten jahrhunderte nach Chr. geb. annehmen; genauer fixiren lässt sich mit den augenblicklichen hilfsmitteln der arabischen geschichtsforschung wol keine derselben. Um noch mit wenigen worten den weitern verlauf der geschicke des himjarischen reiches (dessen sprache, wie schon oben erwähnt, ebenfalls die sabäische war) zu erzählen, so ist vor allem zu bemerken, dass im anfang der regierung der Tubbaʿ-dynastie (ob schon früher unter den Sabäern, wissen wir nicht) die nord- und mittelarabischen stämme wenigstens äusserlich, indem sie tribut zahlen mussten, von den Südarabern abhängig waren. Hierin tritt nun im 5. jahrh. ein grosser umschwung ein: die Nordaraber (deren stämme sonst gegenseitig fast immer in fehde lebten) stehen gemeinsam unter der anführung des Kulaib, eines häuptlings des grossen stammes Rabiʿa gegen die beeinträchtigung ihrer freiheit durch die himjarischen herrscher auf, und schütteln nach einer siegreichen schlacht bei Ḫazâzâ (Abulf. Ḫazâr), die ungefähr um das jahr 500 zu setzen ist, glücklich für immer das südarabische joch von ihren schultern. Schon vorher, am anfang des 5. jahrh., hatte

Abgarius hat hier vater und sohn in eine person zusammen fliessen lassen.] — Alle die obengenannten urspr. südarabischen stämme haben sich der sprache nach bald vollständig den Nord- und Mittelarabern assimilirt und höchstens lexicaliches mag sich hie und da erhalten haben (danach ist das von mir s. 32 aufgestellte in etwas zu modificiren). Hier kann natürlich erst ein lexicon der altarab. poesie mit belegstellen mehr licht verbreiten; ἁπαξλεγομενα von dichtern solcher stämme (die vielleicht dazu noch mit wörtern aus den himj. inschriften, der Geʿezsprache oder dem Mahri sich decken) dürften dann als aus der urspr. südarab. heimat erhalten gebliebene wörter zu gelten haben.

[1] jedenfalls schon vorher eine residenz zweiten ranges.

sich das spätere überhandnehmen „eines neuen elementes im südarabischen völkerleben“ angebahnt durch eine grossartige einwanderung kinditischer (nordarabischer) beduinenstämme aus Baḥrein (nördlich von Oman an der küste des pers. meerbusens) nach Hadramaut, und diesen 30000 mann stark angegebenen schaaren folgten allmählig immer weitere nachschübe von norden. Seit dem fünften jahrhundert war es auch, dass der nordarabische stamm Ḳuraiš, aus dem später Muhammed hervorgieng und dessen dialekt für die ganze arab. literatur tonangebend werden sollte, sich zum herrn und hüter des alten heiligtums der Ka'ba aufgeschwungen hat. Ferner fallen in dies für Südarabiens macht verhängnisvolle 5. jahrhundert mehrere kleinere kriege mit den semitischen Aethiopiern in Habesch, bis endlich der letzte besonders den Juden gewogene Tubba'-herrscher Ḏû Nuwâs (485—529), der auch schon jene schlacht gegen die Nordaraber verloren hatte, von den Abesiniern gestürzt wurde, und die Tubba'-dynastie einer abesinischen in Jaman platz machen musste, welche das sechste jahrhundert hindurch ohne jeglichen einfluss auf Nord- und Mittelarabien den Süden beherrscht hat; war ja dieses jahrhundert doch jene heroische periode (vgl. s. 23) der ismaelitischen[1] stämme, und nur einmal haben die Südaraber es

---

[1] so nennt man gewöhnlich nach vorgang der arabischen historiker, die hier von der biblischen darstellung der völkertafel und der genealogie Abraham's in der Genesis beeinflusst waren, die nord- und mittelarab. stämme, die ja allerdings den südarabischen zuerst in die halbinsel eingedrungenen gegenüber (die söhne Ḳaḥṭan's von den Arabern genannt) eine zweite viell. etwas später stattgefundene einwanderung von Semiten nach Arabien repräsentiren; vgl. schon s. 48, a. 2, schl. Ob Ḳaḥṭân gleich Joḳṭan, d. h. nur aus dem hebr. wort verstümmelt oder eine variante desselben ist, oder ob es ein alter stammname der Südaraber war und dann später von den ar. historikern nur der ähnlichkeit mit Joḳṭan halber dem Ismael gegenüber gestellt wurde, ist schwer zu entscheiden, ich glaube zunächst das letztere (die von Renan versuchte erklärung — siehe auch von Kremer, a. a. o. s. 115, anm. — würde höchstens dann passen, wenn der hebr. name יָקְטָן statt יָקְטָן hiesse, in welchem fall es allerdings denkbar wäre, dass die Araber bei den Rabbinen das wort nach der spätern aram. aussprache des hebräischen wie Jochṭan hätten sprechen hören). Andre benennungen der drei völkerschichten Arabiens sind:

unter Abraha[1] gewagt, bis Mekka vorzudringen, wurden aber vor der Ka'ba zurückgeschlagen und besiegt. Im anfang des 7. jahrhunderts endlich befreiten sich die Südaraber von den Abesiniern, und noch kurze zeit (605—634) herrschte eine himjaritische dynastie unter persischer oberhoheit in Jaman, bis von 634 ab, wo die muhammedanische eroberung Südarabiens stattfand, „das nordarabische element (vor allem in hinsicht auf die sprache) mit dem triumph des islâm zur vollständigen herrschaft über Arabien (mit fast vollständiger absorbirung des südarabischen stammes)" gelangte.[2]

Ausser den südarabischen inschriften, welche unten auf die in ihnen enthaltenen thiernamen hin geprüft werden sollen, und der geringen ausbeute, die späterhin noch diejenigen der altarabischen gedichte ergeben sollten, welche von dichtern ursprünglich jamanischer stämme herrühren (siehe unten die anmerkung), haben uns noch die arabischen gelehrten einiges material hinterlassen, was aber entweder für jetzt zu unsern zwecken noch nicht verwendbar ist, oder überhaupt, der form nach in der es uns überkommen, von der südarabischen sprache kein bild mehr geben kann. Ich meine einmal die vereinzelt von arabischen lexicographen und commentatoren aufgeführten als jamanisch bezeichneten wörter,[3] unter welchen auch für

---

عاربة *'Ariba*, die 'Aditen oder die urbevölkerung Arabiens; مُتَعَارِبَة *Muta'ăriba*, die Südaraber oder Kachtaniten und endlich مُسْتَعْرِبَة *Musta'riba*, die Ismaeliten oder Nord- und Centralaraber.

[1] vgl. s. 326 beim elefanten.

[2] ich wiederhole hier am schluss dieses überblickes, dass ich in obigem nur den histor. kern aus dem uns von den Arabern überlieferten herauszuschälen versucht, und deshalb auch die weitern ausschmückungen arab. historiker (vgl. vor allem den abschnitt Jaman in Caussin de Perceval's heut noch unschätzbarem Essai sur l'histoire des Arabes, Vol. I, p. 39 ff.) ganz bei seite gelassen habe.

[3] hier steht der forschung noch ein weites feld offen, und es wäre dringend zu wünschen, dass diese wörter einmal gesammelt würden, eine arbeit, die natürlich nur ein specieller und lang geschulter Arabist zu unternehmen im stande ist; so gibt z. b. wenn ich mich recht erinnere,

thiernamen einzelnes zu finden sein mag, und dann die von A. v. Kremer ans licht gezogenen [1] interessanten überreste der südarabischen volksdichtung, aus welch letzteren, so grossen werth sie für traditionen der Südaraber haben und so uralte erinnerungen sie in dieser hinsicht bergen, für sprachliche forschung freilich deshalb nichts abfallen kann, weil „deren Sprache von der nordarabischen sich fast gar nicht unterscheidet, denn schon lang vor dem Islâm hatte der nordarabische Dialekt auch im Süden die Herrschaft errungen.“ [2]

In der sprachlichen stellung, welche unter den andern südsemitischen sprachen, die ja unter sich, besonders grammatisch, viel enger zusammenhängen, als die nordsemitischen weit getrenntere gruppen bildenden, dem sabäischen anzuweisen ist, schliesse ich mich im ganzen dem von H. v. Maltzan [3] gegebenen schema an. Am besten wird dies durch folgende tabelle [4] veranschaulicht:

---

einmal Sujûti in einem seiner werke über Korânerklärung eine liste von wörtern im Ḳor'ân, welche südarabisch sein sollen. Was mag ferner in dem von dem arab. lexicographen Našwân, einem gebornen Südaraber (zugleich dem autor der von A. v. Kremer herausgeg. „himj. Kasideh“) verfassten wörterbuch des hocharabischen, welches handschriftlich in Berlin sich befindet, noch zerstreutes material an südarabischen ausdrücken stecken, da es sich für sabäische orts- und personennamen als eine so reiche quelle bereits erwiesen hat (vgl. D. H. Müller, Z. d. D. M. G., XXIX, s. 620 ff.)! — Siehe jetzt auch noch weiteres in D. H. Müller's Südarabischen Studien, Sitz.-Ber. der Wiener Ak., April 1877, s. 103—182 (dort z. b. ausführlicheres über das leben Našwân's s. 171 ff.).

[1] in seinem schon erwähnten buch: „die südarabische Sage“ Leipzig 1866 (dazu die „Textbelege“ Leipzig 1867, und schon vorher „die himj. Kasideh“ Leipzig 1865).

[2] A. v. Kremer, „Culturgeschichte des Orients unter den Chalifen“ Bd. II (Wien 1877), s. 359.

[3] A. v. Wrede's Reise in Hadhramaut, Braunschweig 1870, s. 32 f.

[4] über den unterschied von Tigré und Tigriña siehe Munzinger, Ostafrik. Studien (Schaffhausen 1864), s. 279 und über die hohe altertümlichkeit des ersteren ebendas., s. 144 wie Prätorius in d. Z. d. D. M. G. XXIII, s. 455, anm. 1. — Ueber zwei andre, wie es scheint, dem amharischen am nächsten stehenden, neuere semitisch-äth. sprachen, das Harari und Guraguesch, vgl. Prätorius, a. a. o., s. 453 ff. und Joh. Mayer „Kurze Wörtersammlung etc.“ (Basel 1878).

Südsemitische Grundsprache.

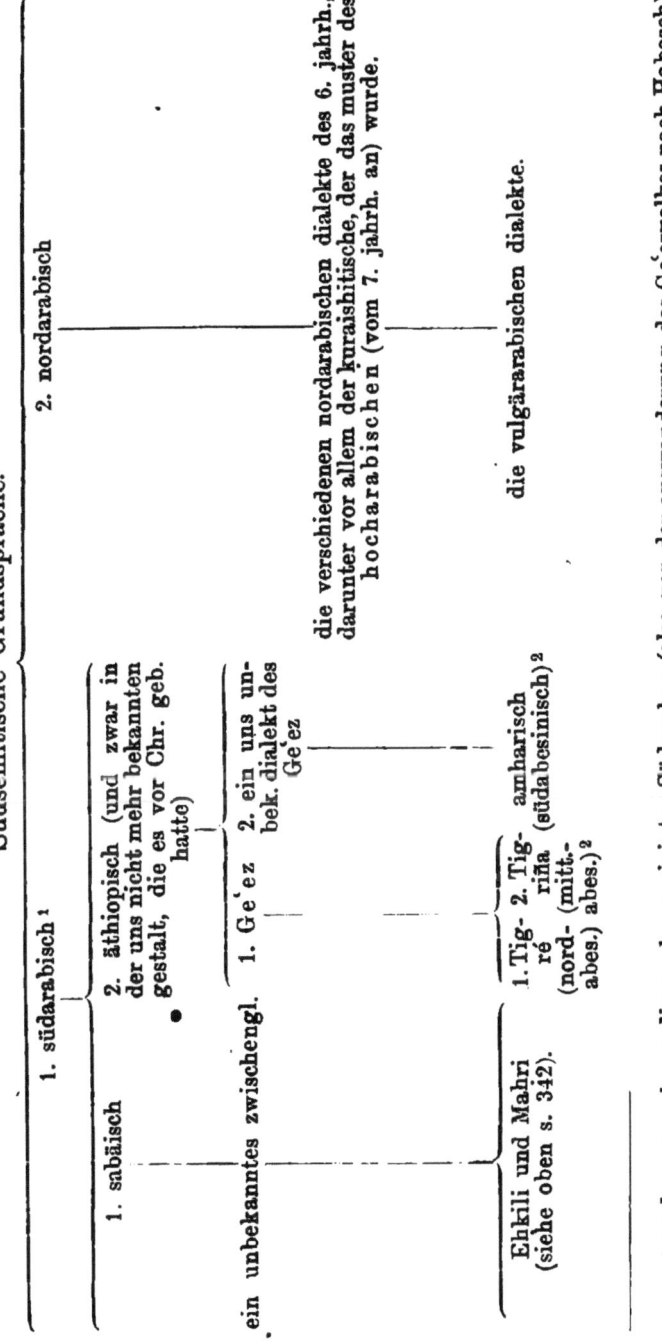

- 1. südarabisch [1]
  - 1. sabäisch
    - ein unbekanntes zwischengl.
      - Ehkili und Mahri (siehe oben s. 342).
  - 2. äthiopisch (und zwar in der uns nicht mehr bekannten gestalt, die es vor Chr. geb. hatte)
    - 1. Geʿez
      - 1. Tigré (nord-abes.)
      - 2. Tigriña (mitt.-abes.) [2]
    - 2. ein uns unbek. dialekt des Geʿez
      - amharisch (südabesinisch) [2]
- 2. nordarabisch
  - die verschiedenen nordarabischen dialekte des 6. jahrh., darunter vor allem der kuraishitische, der das muster des hocharabischen (vom 7. jahrh. an) wurde.
    - die vulgärarabischen dialekte.

---

[1] und zwar, wie es die noch vereinigten Südaraber (also vor der auswanderung des Geʿezvolkes nach Habesch) gesprochen haben müssen.

[2] siehe die vorige seite, anm. 4.

Wie dem dürftigen inhalt der sabäischen inschriften nach zu erwarten ist, so gewähren sie für die säugethiernamen (wie für die thiernamen überhaupt) nur sehr geringe ausbeute. Durch die gütige mittheilung meines hochgeschätzten freundes Dr. David Heinrich Müller in Wien, eines der wenigen specialisten in diesem zweig der semitischen wissenschaft, bin ich in der glücklichen lage, hier in kurzem die bis jetzt auf den inschriften mit sicherheit erkennbaren thiernamen aufzuzählen. Ich umschreibe das sabäische alfabet mit arabischer schrift und drücke die mimation einfach durch —, ein kleines schräg über den betreffenden consonanten gesetztes mîm, aus.

اسد *asadum* „löwe“, nur als sternbild, z. b. Wr. 5 اسد بسمه „der löwe am himmel“) und als n. pr. (اسد und اسيد, letzteres = *usaidum*, demin.) nicht selten in den inschriften; = arab. أَسَدٌ löwe (siehe s. 287).

أوس *ausum* „schakal“ und اويس *uwaisum* demin. davon (welch letzteres auch bei arab. dichtern in der bedeutung „schakal“ vorkommt), beide als personennamen, z. b. Prid. 8, l. 3; = ar. أَوْسٌ.

ثعلب (*ta'labum?*) „fuchs“ vielleicht aus dem allerdings nur von Naśwân überlieferten ذو ثعلبان zu erschliessen; siehe Müller Z. d. D. M. G. XXIX, s. 623.

كلب *kalbum* Hal. 662, 1 und كلبت *kalbatum*, beide als personennamen, = ar. كَلْبٌ und كَلْبَةٌ „hund“ und „hündin“ (vgl. auch den namen des urspr. südarabischen stammes Kalb, siehe oben s. 345, anm. 2).

ابل *ibilum* „kamel“ scheint in der nicht gut leserlichen II. inschrift von Rehatschek, z. 7 vorzukommen; = arab. إِبِلٌ kamel. — ناقة (*nâkatum?*) siehe den nachtrag zu s. 353.

بعر *baʿîrum* allg. „vieh" Prid. 18, 3 („[eine tränke für] menschen und vieh" انس وبعر) u. ö.,[1] dagegen einmal, Prid. 14c, 3, scheint es = بَعِير „kamel" zu sein, denn dort heisst es كل ثور وبعر (= arab. كُلّ ثَوْرٍ وَبَعِيرٍ) „alle ochsen und kamele". Ueber die etymol. siehe schon s. 143.

ثور *ṯaurum* „ochs, stier" in der eben angeführten stelle, dann Os. 7, 5. 10, 3. 13, 9; Hal. 152, 10 u. ö. = arab. ثَوْر dasselbe.

بقر *baḳarum*(?) vielleicht im ortsnamen بقرن Hal. 465, 3 „rindvieh" = arab. بَقَر. Vgl. auch بَقَرَة لِهَمْة in der in den nachträgen aus Naśwân mitgetheilten südarab. inschrift.

عجلت *ʿiglatum* „kalb" einmal Prid. 19, 1; siehe s. 226 arab. عِجْل.

Zu diesen mir von Dr. Müller im frühjahr 1876 mitgetheilten wörtern füge ich ausser ثعلب noch hinzu

ضانت *ḍaʾnatum* „weibliches schaf" vielleicht in dem ausdruck بنت ضانت (das ا ist unleserlich und erst ergänzt) Hal. 166[2] = ضَأْن (siehe s. 232). Ueber شاة „schaf", بغلة „maulthier" und عير „wildesel" siehe ebenfalls jene in den nachträgen mitzutheilende stelle (= D. H. Müller, a. a. o., XXIX, s. 611).

Ob in dem mir von Dr. Müller noch mitgetheilten ortsnamen نمرن und dem personennamen انمر, welche öfter in den inschriften begegnen, das wort نَمِر *namirun* „pardel" steckt, halte ich nach den analog von נמר gebildeten ortsnamen im

---

[1] vgl. D. H. Müller, Z. d. D. M. G. XXX, s. 674.
[2] D. H. Müller, Z. d. D. M. G. XXX, s. 672.

hebr., die jetzt allgemein durch „klares wasser" erklärt werden, wie nach dem von mir zu dem arab. personennamen نَمِر und انمار s. 297 bemerkten für sehr fraglich. — Auf die bildliche darstellung des pferdes auf einer südarabischen stele (woselbst auch ein kamel und ein stier abgebildet erscheint aber ohne darauf bezügliche wörter in der unterschrift) ist schon s. 47, anm. 4 hingewiesen worden.

* * *

Fassen wir nun die gesammten resultate der in obigem (von seite 44 an) von mir auf grund der alten sprachdenkmäler angestellten forschungen über die fauna Arabiens zu einem kurzen übersichtlichen bild zusammen, so ergibt sich (mit zugrundlegung der zool. eintheilung in Brehm's thierleben, band eins bis drei) folgendes:

Erste reihe: Handthiere.

1. ordnung: Hochthiere (Affen).

Cynocephalus Hamadryas (Pavian), heut von den afrikan. Arabern رُبَّاح *rubbâḥ*, von den ägyptischen *ḳird* (in Südarabien selbst قِرْد und رُبَّاح (siehe beide oben, s. 329), von den Abesiniern aber ሆባይ፡ *hobâi* genannt. Nur in Jaman. Durch das vorkommen dieser thiere hebt sich die fauna Südarabiens scharf von der Mittel- und Nordarabiens ab (vgl. schon ausführlich s. 13; man darf also nur den äussersten süden der arabischen halbinsel zur sog. äthiopischen thierregion rechnen).[1]

---

[1] dass in einer urzeit Nordostafrika und Arabien noch nicht durch ein meer getrennt waren, und also so die auffallende ähnlichkeit der fauna, flora wie zum theil des menschenschlags in Nubien und Habesch einer- und Südarabiens andrerseits leicht erklärbar wird, darin stimme ich mit Palgrave (vgl. z. b. seinen brief an Murray in dessen „distribution" s. 411 f.) und R. Hartmann (Nigritier, I, s. 394) vollkommen überein; ganz verfehlt dagegen sind die schlüsse, die Palgrave in seinem sonst so ausgezeichneten artikel Arabia in der Encycl. Brit. daraus auf die sprachliche und ethnol. stellung der Sabäer und ihrer heutigen nach-

3. ordnung: Flatterthiere. (Davon die 2. familie: Glattnasen, und dazu die *Fledermaus (siehe s. 334).

Zweite Reihe: Krallenthiere.

4. ordnung: Raubthiere.

1. familie: Katzen.

**Löwe (siehe s. 287).[1]

[Tiger. Fehlt in den semitischen ländern.]

**Pardel (siehe s. 294; in Arabien sehr vereinzelt. Dieses zu dichterischen vergleichungen so viel stoff gebende thier kommt in der alten poesie sehr selten vor, zumal im vergleich mit der rolle, welche der löwe, die hyäne, der schakal und der fuchs in diesen liedern spielen).

**Wildkatze, identisch mit der in Kordofan und Ost-Sennaar vorkommenden von den dortigen Arabern كَدِيس الخَلَا „wüstenkatze" genannten gelben katzenart (siehe s. 317); die zahme katze den Arabern, wie es scheint, erst nach Muhammed bekannt.

*Wüstenluchs (?), siehe s. 322.

[Gepard. Den Arabern erst später von Syrien und den Eufrat- und Tigrisländern her bekannt geworden].

---

kommen macht. Dass das Geʿez und seine tochtersprachen reines semitisch sind, weiss Palgrave wie es scheint, gar nicht; ganz falsch ist der satz, dass das himjarische fast identisch mit der (nichtsemit.) sprache der Somali-afrikaner sei. Die Südaraber sind sprachlich, seit wir von ihnen literaturdenkmäler besitzen, reine Semiten, wie das Geʿezvolk in Habesch, und beide haben also ihre urheimat in Asien. Dass in Aethiopien wie in Südarabien vor den Semiten jedenfalls eine nichtsemit. urbevölkerung gesessen haben muss, welche ja ursprünglich afrikanisch gewesen sein kann, ist schon oben wahrscheinlich gemacht worden, und höchstens das eine kann Palgrave gegenüber zugegeben werden, dass manches anscheinend afrikanische in habitus und sitten der Südaraber auf rechnung einer ehemals — in welchen dimensionen, ist unbekannt — stattgehabten vermischung von semitischen Asiaten und der nichtsemitischen urbevölkerung oder auch später von Afrika herübergekommenen schon von nichtsemitischen elementen zersetzten Abesiniern gesetzt werden mag.

[1] in folgendem bekommen die aus den altarab. gedichten für das 6. nachchristl. jahrh. nachgewiesenen thiere ein sternchen, diejenigen, welche auch für die ursemitische fauna nachzuweisen sind, aber deren zwei.

2. familie: Hunde.

[**Wolf. In Arabien nur vertreten in der unterart:]

*Schakal (siehe s. 303).

**Haushund (siehe s. 311).

**Fuchs (siehe s. 310; vielleicht auch der)
Grossohrenfuchs (siehe s. 310 und anm. 2).

3. familie: Hyänen.

**Streifenhyäne (siehe s. 307).

5. familie: Marder.

*Stinkmarder (siehe s. 335).

Wiesel?

6. familie: **Bären. Fehlen gänzlich in Arabien (siehe s. 301).

5. ordnung: Kerfjäger.

6. familie: Igel.

**Igel (siehe s. 339).

7. familie: Maulwurf.

**Maulwurf (siehe s. 337).

10. familie: Stachelschweine. (Nach Palgrave ausdrücklich bezeugt; siehe Murray, distr., p. 411).

6. ordnung: Nager.

1. familie: Eichhörnchen (in Nadschd und Jaman, siehe Palgrave a. a. o.).

4. familie: Springmäuse.

*Wüstenspringmaus (siehe s. 338).

5. familie: Mäuse.

**Feldmaus (siehe s. 337. 338).

14. familie: Hasen.

**Hase (siehe s. 331).

Vierte Reihe: Hufthiere.

10. ordnung: Einhufer.

Einzige familie: Pferde.

**Pferd (siehe s. 44) [1]

**Wildesel (siehe s. 126).

**Hausesel (siehe s. 117).

---

[1] schon im 8. jahrh. vor Chr. in Südarabien bezeugt, wenn das wort *sûsi* in der s. 21, anm. 1 mitgetheilten stelle aus Sargon's annalen

[Maulthier. Seine züchtung erst nach Muhammed in Arabien von Abesinien aus eingeführt].

11. ordnung: Wiederkäuer.

1. familie: Schwielensohler.

**Dromedar (siehe s. 139).

3. familie: Hirsche. Fehlen in Arabien gänzlich.

5. familie: Girafen. Den Arabern erst später von Abesinien aus bekannt.

6. familie: Hornthiere.

(a. antilopen:) [1]

**Gazelle (mehrere arten, wie es scheint).

*Oryxantilope (siehe s. 257 und 260).

(b. geisen:)

**Bergsteinbock (siehe s. 279).

**Hausziege (siehe s. 243).

**Schafe (siehe s. 232).

(c. rinder:)

[**Wildochs. Fehlt gänzlich in Arabien].

[Büffel. „ „ „ „ ; später den Arabern von Persien her bekannt].

**Hausrind (siehe s. 221; nach Palgrave auch der nur noch in Indien wie in Ostafrica vorkommende buckelochs oder „Bhaminee-ochs" [= भामिनी „die glänzende, schöne"?]; vgl. auch R. Hartmann, Nigr., s. 394, anm.).

12. ordnung: Vielhufer.

1. familie: Rüsselthiere.

[Elefant. Den Arabern von Indien her bekannt geworden].

3. familie: Nashörner.

[Nashorn. Der später bei den Arabern dafür gebrauchte name ist abesinischen oder äg. ursprungs].

---

sich auf den südarab. tribut bezieht, ganz sicher aber für die ersten jahrhunderte unserer zeitrechnung, siehe s. 47, anm. 4. Vgl. auch noch die Thamudeni equides (Ṯamûd ein nordarab. stamm) im 3. jahrh. (Kremer, Südarab. Sage, s. 18)!

[1] die zur sippe der antilopen gehörige gemse fehlt überhaupt ganz in Asien; vgl. schon die tabelle s. 252.

4. familie: Platthufer.

*Klippschiefer (hyrax). Ein sonst nur noch der abesin. fauna zugehörendes thier (siehe s. 322).

5. familie: Schweine.

**Wildschwein (siehe Ritter I, s. 484); Damîrî unterscheidet nur الخنزير البَرِّى und البَحْرِى!

*Schwein (das dafür gebrauchte wort wahrsch. ursemitisch **Wildschwein wie das schon s. 319 erwähnte äth. wort; vgl. auch das eben zu wildschwein bemerkte).

6. familie: Plumpthiere.

[Nilpferd: den Arabern nur von Aegypten her unter den namen خنْزِيرُ الماء und فَرَسُ البَحْر bekannt].

Die kamele, rinder, das kleinvieh und die esel Arabiens werden schon im 8. jahrh. vor Chr. in assyrischen inschriften (noch früher, aber nicht in gleichzeitigen berichten, im alten testament) erwähnt, vielleicht auch die pferde (siehe über letztere die anm.).

Das gänzliche fehlen der hirsche, wildochsen (بَقَرُ الوَحْش sind antilopen!), bären und geparde innerhalb Arabiens wurde in dieser arbeit zum erstenmal zu beweisen versucht, ebenso die einführung der maulthierzucht erst aus Abesinien (بَغْل äth. lehnwort!) und das seltene vorkommen des pardel, wie die wirkliche existenz der oryxantilopen, welche die zoologen bisher nur in Afrika kannten. Dass der wolf nur in der species schakal vertreten sei und die hauskatze vor Muhammed den Arabern noch nicht bekannt war, hoffe ich wenigstens wahrscheinlich gemacht zu haben. Welch wichtige schlüsse aber aus diesen neuen aufstellungen für die ursemitische fauna und die ursitze der Semiten sich ergeben, werde ich am schluss meines buches noch einmal kurz recapitulirend im zusammenhange zeigen.

II.

Die Säugethiernamen der Äthiopen

oder

die Fauna von Abesinien nach den Denkmälern der Geʿez-Literatur.

Beim schluss unseres überblickes über die namen der säugethiere bei den südsemitischen völkern müssen wir den heimischen asiatischen boden verlassen, um der thierwelt eines ganz neuen erdtheils uns zuzuwenden, nemlich der Afrika's.

Wenn in späterer historischer zeit, wo längst die arabische sprache ausgebildet war, durch die siegreichen fahnen des islâm der ganze norden Afrika's von Semiten überschwemmt wurde, so wird uns das viel weniger befremden als wenn wir hören, dass ein semitisches volk von anfang seiner geschichte an in Afrika, im süden von Nubien, beinah an den quellen des Nil, seine wohnsitze hat. Und doch müssen die Aethiopen wie ihre traditionen sowol als die sprache[1] untrüglich beweisen, über das rothe meer herüber von Südarabien bereits mehrere jahrhunderte vor Christus, wo ja bekanntlich über die still sich abwickelnde geschichte Arabiens ein geheimnisvoller schleier liegt, gekommen sein. Von höchstem interesse ist es nun, wie sie ihre alten semitischen thiernamen, welche sie zunächst von Arabien mitbrachten, der ihnen zum theil völlig fremden fauna Afrika's angepasst haben. So ist z. b. ዝእብ፡ *zĕʾĕb* im äthiopischen nicht der name des wolfes oder schakals, sondern der dort in Abesinien so zahlreich sich findenden hyäne, während in der bibelübersetzung für den (in Habesch fehlenden) wolf ein nicht semitisch klingendes wort ተኵላ፡ *takvĕlâ*, was nur durch einen fehler der Septuaginta[2] auch einmal (ψ 90, 13) dem שַׁחַל „leu" der bibel entspricht, gebraucht wird.

---

[1] vgl. die sprachtabelle auf s. 351.

[2] dort heisst es nach dem uns überlieferten text *ἐπ' ἀσπίδα καὶ βασίλισκον* (urtext, ps. 91, 13: עַל־שַׁחַל וָפֶתֶן „auf einem leu und einer

Was nun zunächst das material betrifft, aus dem wir unsere kenntnis der dem alten Ge'ezvolk bekannten thiere und ihrer benennungen derselben schöpfen, so bietet uns hier die reichste und wichtigste ausbeute wie zu erwarten die in die erste blütheperiode der äthiopischen literatur fallende bibel-

---

otter"; äth. „hyänenhund und schlange") *ἐπιβήσῃ, καὶ καταπατήσεις λέοντα καὶ δράκοντα* (urtext: כְּפִיר וְתַנִּין „junger löwe und drache"; äth. „löwe und drache"). Man sieht, der alte text der Septuaginta, der dem äthiopischen übersetzer vorlag, muss anders gelautet haben; denn die annahme, dass der Aethiope direct aus dem hebr. (wonach er allerdings zweimal löwe zu übersetzen gehabt und so das erstemal den goldfarbigen schakal zur aushilfe genommen hätte) übersetzte, verbietet sich durch die thatsache, dass erst in späterer zeit, im mittelalter, zu psalmen, pentateuch u. a. die hebräischen texte verglichen und die danach sich ergebenden änderungen in form von glossen über den text oder an den rand geschrieben wurden, in neuen abschriften allerdings dann auch leicht in den text selbst kamen [vgl. meinen Physiologus s. XXVIII, z. 14 ff.; zu den so von den des hebräischen kundigen *mamĕhherân* oder äth. gelehrten der 2. blütheperiode der ge'ezliteratur, des mittelalters, revidirten bibl. stücken, gehört z. b. der bekannte Pococke'sche psalter, vgl. ebendas. s. XLV, anm. 35]. Wir haben hier ein interessantes beispiel, von welchem werth in vielen fällen die äth. bibelübersetzung für die restituirung des ursprünglichen textes der Septuaginta ist, denn dass dort *ἐπὶ λύκον* (in freier übertragung für שַׁחַל) *καὶ ἀσπίδα κτέ*, woraus erst später *βασίλισκον* verderbt wurde, gestanden, dürfte wol jedem unbefangenen einleuchten. Der Vulgata lag bereits die spätere lesart vor, denn sie gibt super aspidem et basiliscum, während die alte syrische übersetzung (welche direct aus dem urtext übersetzt), wenn sie an der selben stelle שַׁחַל [was allerdings ursprünglich der form nach ein nomen abstractum war, dann aber, — vgl. عَدْلٌ urspr. nom. inf. „gerecht sein", dann concret „gerechter, gerecht", — die concrete bedeutung „brüller" = „leu" angenommen hat] mit ܢܗܡܐ (so stand jedenfalls im text statt ܢܗܡܬܐ) „gebrüll" wiedergibt, uns zeigt, wie man dieselbe fürs alte testament vorsichtig benutzen muss (da hier oft der syr. übersetzer sich durch die verwandte sprache zu ungenauigkeiten oder (wo das syrische den gleichen stamm nur in anderer bedeutung hat) zu falschen übersetzungen verführen liess; desshalb hat die syr. übersetzung des neuen testaments (da hier, wie bei der äthiopischen bibelübersetzung aus dem griechischen in eine semitische sprache übersetzt wird, einen bei weitem höheren kritischen werth als die des alten (so geht z. b. aus der wiedergabe des hebr. wortes תַּנִּין durch syr. ܬܢܝܢܐ allein noch

übersetzung, die bereits im 4. jahrhundert nach Chr. zu entstehen begann und uns in mehreren recensionen, älteren und jüngeren, welch letztere in die zeit vom 5. bis 7. jahrhundert zu setzen sind, vorliegt. Wie schon erwähnt, ist die äthiopische bibelübersetzung direct aus der griechisch-alexandrinischen version geflossen. In ihr kommen die allermeisten thiernamen, die die Aethiopier kannten, bereits vor. Dabei ist es von werth zu beachten, welche thiernamen sie in ihrer griechischen form herübernahmen, da man daraus schliessen kann, dass sie die betreffenden thiere entweder gar nicht oder blos vom hörensagen kannten; nur muss man mit solchen schlüssen in so fern vorsichtig sein, als ja auch möglich ist, dass sie die fremden thiernamen nur nicht verstanden oder für andere hielten und deshalb von ihrem eigenem wort dafür keinen gebrauch machten. Diese direkte herübernahme griech. wörter trifft man übrigens nicht nur in der bibel an, sondern in allen aus dem griechischen übersetzten, sämmtlich in die erste periode der äthiopischen literatur fallenden schriften. Besonders muss uns die grosse anzahl von vogelnamen auffallen, die sie hierbei aus dem griechischen (meist in der form, wie sie im text standen, sei es nun im nom., gen. oder acc.) beibehielten. Von den säugethiernamen, die ich weiter unten systematisch geordnet und mit gedrängter angabe der belegstellen nacheinander aufführen werde, haben die Aethiopen in ihrer bibelübersetzung blos das wiesel (*γαλῆ*, ጋሌ፡ *gâlê*), den *δασύπους* (= „rauchfuss“ d. i. den „hasen“, ዳሲፖዳ፡ *dâsîpôdâ*), das „stachelschwein“ (*χοιρογρύλλιος*, ኪሮግርሊዮስ፡ *kîrôgrĕlîjôs*, im hebr. steht שָׁפָן „klippdachs“), den oryx (*ὄρυξ* Deut. 14, 5; das voc. Aeth. erklärt dies lehnwort ኦሪጋ፡ *ôrîgâ* durch das amharische wort für girafe) und an einer stelle (Tob. 1, 5) sogar die junge kuh, *δάμαλις* (ደማሌ፡ *damâlê*; sonst in der bibel durch die echt semitischen geʿezwörter ዕጕልት፡, auch durch ላህም፡ und ብዕራዊ፡) griechisch wiedergegeben. Sonst übersetzen sie *χοιρογρύλλιος* auch durch ጊሒ፡, was eine der abesini-

---

nicht hervor, ob dies letztere dieselbe bedeutung wie im hebräischen hatte oder ob es überhaupt ein syr. wort ist, dies muss vielmehr erst durch sein sonstiges vorkommen in der syrischen literatur belegt werden).

schen fauna eigentümliche klippdachsart ist und also so dem hebräischen mehr entspricht, vielleicht gar erst glosse der späteren revision nach dem urtext ist. Ob das von Ludolf ohne belegstelle angegebene **መንተሌ፡** *mantalê* (Gl. Aeth. **ጸንቻል፡** *ṣentjal* und **ጥንቻል፡** *ṭentjal*) eine art von hasen oder kaninchen ist, wird durch die heutige nomenclatur entschieden, wo das gewöhnliche abesinische wort für die dort häufig sich findenden hasen noch *mentele* ist;[1] dagegen ist ein anderes wort, **ቀርዳን፡** *kĕrdân* sicher nicht der hase; diese blos im pl. in dem buch Gadla Takla Haimanôt, allerdings einem äth. originalwerk (15. jahrh. n. Chr.), vorkommende benennung wird zwar nach Dillmann „mit hasen und kaninchen" (leporibus et caniculis, Lex. p. 429) zugleich erwähnt. Aber an dieser stelle steḥt gar nichts von hasen und kaninchen, sondern „klippdachse" (**ግሒያት፡**) und „stachelschweine" (**አክሬግልዮን፡** *akrîgĕlĕjôn* d. i. *χοιρογρύλλιος*) heisst es dort, und unser **ቀርዳናት፡** wird, wie schon Dillm. vermuthete, arabisches lehnwort sein, nur nicht von dem wort جِرْدَوْنٌ *ǵirdaunun*, was blos in der späteren den namen des altarabischen dichters Luḳmân tragenden im 15. jahrh. aus dem griechischen übersetzten fabelsammlung belegt ist[2] und auch bei Damîri fehlt, sondern von dem schon

[1] vgl. M. Th. von Heuglin, „Reise nach Abesinien", Jena 1868, s. 237 (auch „Reise in Nord-Ost-Afrika", Gotha, 1857, s. 99) und „System. Uebersicht der Säugethiere Nordost-Afrika's" (in den Sitz.-Ber. d. Wien. Ak., Abth: I, Jahrg. 1866, Bd. 54, s. 577 ff.); am eingehendsten handelt über die abesinische hasenspecies A. E. Brehm, „Ergebnisse meiner Reise nach Habesch", Hamb. 1863, s. 64 (im „Verzeichniss der gesehenen Säugethiere" s. 56—68, wozu s. 71—202 als ausführlicher commentar gelten darf). Siehe auch R. Hartmann „Geographische Verbreitung der im nordöstl. Afrika wild lebenden Säugethiere" (Zeitschrift der Gesellsch. für Erdkunde, Bd. III, 1868, s. 28—69, 232—279, 345—368 und 404—420) s. 248 und W. T. Blanford „Observation on the Geology and Zoology of Abessinia", London 1870, p. 275 (in welchem werk jedoch die einheimischen namen nur gelegentlich mitgetheilt werden). — Wo im verlauf dieser seiten die heutige fauna Habesch's und ihre einheimische nomenclatur, die zum theil uralt ist, herangezogen wird, geschieht es auf grund dieses vortrefflichen materials, vor allem der angaben Heuglin's und R. Hartmann's.

[2] so im Pariser Codex; Rödiger hat dagegen in der 1. u. 2. aufl.

im altarabischen gang und gäben جُرْذَانٌ *ǵurḏânun* (im ägyptischen arabisch fast wie *gurdân* gesprochen), plural von جُرَذٌ *ǵuraḏun* „feldmaus" (siehe s. 337). Wenn obiges Gadla Takla Haimanôt wie so viele andere heiligenlegenden aus dem arab. übersetzt wäre, würde die entlehnung noch wahrscheinlicher sein; doch auch ohne dies ist bei dem damaligen geistigen verkehr mit den Arabern die herübernahme eines so gebräuchlichen arabischen wortes sehr wohl möglich. Kehren wir nach diesem excurs über den hasen und das lehnwort ቀራዲናት፡ *ḳĕrâdînât* „feldmäuse" zu obigen griechischen lehnwörtern zurück, so ergibt sich, dass hier jener schluss von der beibehaltung der griechischen form auf die nichtkenntnis, bezüglich nichtexistenz der damit bezeichneten säugethiere für die abesinische fauna nicht gemacht werden darf, denn nicht blos der hase, sondern auch das stachelschwein[1] und der oryx[2] sind in Habesch wie in ganz Nordostafrika heimische thiere, und kein grund liegt vor, für die frühere zeit ihr vorkommen daselbst zu bestreiten; nur das wiesel scheint in Abesinien wirklich von jeher gefehlt zu haben, wenn auch zoologisch verwandte thierarten bezeugt sind,[3] so dass also in diesem einen fall der grund zur beibehaltung des griechischen γαλῆ deutlich vorläge.

---

seiner ausgabe حِرْذَوْن „lacerta" (westaram. חרדונא, syr. ܚܪܕܘܢܐ, amh. አርደኖ፡ *ardenô*, welche ein neben حِرْذَوْن existirt habendes arab. حِرْذَوْن fordern) im text hergestellt (fabel ٤, 2. aufl.. p. ٩).

[1] nach Heuglin, Uebers., s. 41=577 sogar „sehr gemein . . . . in Abyssinien." Zu beachten ist, dass das thier im Tigré Ghonfes (natürlich dasselbe wort wie ቍንፍዝ፡ *ḳᵘenfez*, womit ἐχῖνος der LXX in der äth. bibel wiedergegeben wird) heisst; dass aber auch der igel in Habesch zoologisch bezeugt ist, siehe Heuglin, a. a. o., s. 29=565.

[2] in Habesch vertreten in der unterabtheilung oryx beïsa (ብዕዛ፡ *beʿzâ*), vgl. schon s. 251, anm. 3, und siehe ferner Heuglin a. a. o., s. 62 f. = 598 f., für die andere oryxart ist dort deutlich der name *baḳar al-waḥš* (wie natürl. statt *wachsch al-bager* zu lesen) bei den nubischen Arabern bezeugt; vgl. übrigens auch R. H., a. a. o, s. 261.

[3] so „rhabdogale mustelina" (አንካሶ፡ *ankasô*, አንከስ፡ *ankes*,

Noch interessanter sind diese untersuchungen bei den vögeln und den übrigen nicht zu den hier zu behandelnden säugethieren gehörigen thieren; nicht minder wichtig sind die im äthiopischen Physiologus vorkommenden griechischen lehnwörter, welche, sofern sie nicht in der griech. genetivform im äth. beibehalten wurden, schon vorher, sei es in der bibelübersetzung oder wie beim wort *îlbâs* (ἐλέφας) vielleicht noch früher, in die ge'ezsprache aufgenommen worden waren. Dieselben sind in der einleitung zu meiner ausgabe [1] bereits ausführlich besprochen worden, und es seien hier nur kurz die säugethiernamen, welche unter ihnen sich finden, aufgeführt; auch im Physiologus sind die meisten der griechischen lehnwörter vogelnamen.

Beim 21. der dort aufgeführten thiere, dem wiesel (ጋሌን፡ *galên*), s. 68 meiner ausg. (vgl. auch s. XXIII unten) heisst es in der überschrift noch: „dessen name ሀርስጢዮስ፡ (*herstîjôs*) ist"; dieser name kann doch nur ὕστριγγος (gen. von ὕστριξ, ὕστριγξ) „stachelschwein" [2] sein, obwol man ihn dann eher in der überschrift des 14. kapitels, beim igel, erwarten sollte. Da alle solche erklärungen, die erst nach der ursprünglichen (auch im griechischen original bei Pitra sich findenden) überschrift folgen, glossen entweder des äthiopischen übersetzers oder eines späteren abschreibers sind, [3] so wird auch dies *hĕrstîjôs* eine solche sein und also kaum schon im griechischen original gestanden haben, sondern den Aethiopen aus andern aus dem griechischen übersetzten texten bereits bekannt ge-

---

vgl. schon s. 340) Heuglin, Uebersicht, s. 563 (eine zibethkatzenart); ferner Hartmann a. a. o., s. 237 mutǵiǵella (amhar. ሙጝልጝላ፡), eine herpestesart.

[1] seite XXVIII—XXX; vgl. auch s. 164 f. das register der griechischen wörter, wo alle die, welche ins äth. als lehnwörter übergiengen, der bessern übersicht halber von mir mit einem sternchen bezeichnet wurden.

[2] eine verstümmelung aus ἴκτις, gen. ἰκτίδος „wiesel" anzunehmen, wäre zu gewaltsam.

[3] so cap. 19 (s. 66) nach *gîpos*, cap. 20 (s. 67) nach *marmêrkâlêrôs*, cap. 22 (s. 68) nach *manôkerîtes*, cap. 42 (s. 87) nach *demântes* und cap. 43 (s. 87) nach *îlbâs*.

wesen sein, und man begreift dann aufs neue, wie der name des eben in Habesch fehlenden wiesels zu solchen verwirrungen anlass gegeben hat.[1] — Dass das wort ርእም፡ *reʾîm*, womit cap. 22 (s. 68 meiner ausg.) die überschrift „über den *monôkĕrîtĕs* (*μονοκέρωτος* einhorn)[2] erklärt wird, nicht etwa die form *gabîr* eines stammes ርእመ፡, was neben dem gemeinsemitischen *riʾmu* ein *raʾîmu* voraussetzen würde, ist, sondern einfach die wiedergabe des hebräischen רְאֵם (wie an der betreffenden bibelstelle im grundtext steht) und also eine jener von der im mittelalter gemachten bibelrevision herrührenden glossen,[3] war schon an und für sich wahrscheinlich[4] und wurde später vollends bestätigt durch die variante ሬእም፡ *reʾêm*, welche der Wiener codex bietet.[5] — *Περὶ κάστωρος* (biber) umschreibt der äth. Physiologus durch ቀርጣርዮስ፡ *ḳarṭârjôs* (s. 69), *περὶ ἐνυδρίδος* (fischotter) durch ኢንድርዳኖስ፡ *înĕdrĕdânôs* (s. 70), *δορκάδος* (Pitra's codex *δόρκου*) durch ድርቆድስ፡ (s. 86) *dĕrḳôdĕs* (gazelle) und *ἐλέφαντος* (elefant) durch ኢልባስ፡ *îlbâs* (s. 87); von diesen fehlt der biber in Habesch wie es scheint gänzlich,[6] die fischotter ist wenigstens selten und jedenfalls der beobachtung der gemeinen leute ziemlich entzogen,[7] *δορκάδος*, was z. b. in der bibel mit ወይጠል፡ und andern namen der zahlreichen gazellen- und antilopenarten Abesiniens wiedergegeben wird, ist aus keinem ersichtlichen grund in der griech. form beibehalten

---

[1] vgl. auch die äthiopisch-amharischen glossarien, welche ጋሌ፡ gar durch ሖበሶ፡ (= ኦበሶ፡ „schlange") erklären.

[2] dass die Aethiopen unter dem einhorn (eine übersetzung von רְאֵם „wilder ochs", welche bei den Septuaginta zuerst sich findet, also alex. ursprungs ist, und an die sich dann jene fabel des Physiologus und der christl. mittelalt. kunst anknüpfte) sich das nashorn dachten, beweist Hiob 39, 9, wo *μονοκέρως* durch das äth. wort für nashorn wiedergegeben wird.

[3] siehe schon oben s. 361, anm. 2.

[4] vgl. meinen Physiologus, einl., s. XX und die anm. zu s. 68.

[5] siehe die nachträge zu meiner ausg., s. 124.

[6] wenigstens sicher in neuerer zeit; doch wie es scheint gieng auch im altertum sein verbreitungsgebiet nie so weit südlich, vgl. Brehm, Thierleben, Bd. II (1877), s. 315 ff.

[7] vgl. Heuglin, Uebersicht, s. 28; Hartmann, a. a. o., s. 238.

worden, ebenso *ἐλέφαντος*, zu dessen umschreibung *ilbâs* man das in meinem Physiologus s. XXX und zu dessen vorkommen und benennungen in Habesch das weiter unten bemerkte vergleiche. Ueber das fabelhafte thier, das im äth. Physiologus *ĕndrâpôs* heisst und dessen name unserm zoologischen t.t. *antilope* seine entstehung gegeben, ist ebenfalls schon ausführlich von mir gehandelt worden.

Kehren wir nach diesem excurs über die griechischen lehnwörter, welche säugethiernamen bezeichnen, wieder zu unserm überblick der äthiopischen literatur zurück, so liefern nach der bibelübersetzung die grösste ausbeute für thiernamen die gleichfalls in die erste periode fallenden መጽሐፈ፡ ኩፋሌ፡ *maṣḥáfa kûfâlê* „das buch der jubiläen" ein auch unter dem namen ἡ λεπτη γένησις bekanntes apocryphon (ed. Dillm.), das buch Henoch (ed. Dillmann) und der ebenfalls in diese periode gehörende Physiologus (ፊሳልጎስ፡ *Fîsâlegôs*). Doch sind es meist die bereits aus der bibelübersetzung bekannten thiere, die wir in diesen drei aus dem griechischen übersetzten büchern finden. Was dagegen an thiernamen darin neues vorkommt, soll hier erwähnt werden.

Das buch der jubiläen braucht einmal ጽንጽንያ፡ *ṣenṣenjâ* „fliege" in der speciellen bedeutung „hundsfliege",[1] musca canina; das buch Henoch hat vier interessante namen, nemlich

---

[1] *κυνόμυια*; doch vgl. auch schon Ex. 8, 17—27; im Voc. Ae. ist es durch ዝምብ፡ *zemb* (arab. ذُبَابٌ, hebr. זְבוּב) „fliege" erklärt. Letzteres (amharische) wort ist dadurch sprachlich merkwürdig, dass in ihm urspr. doppeltes *bb* in *mb* aufgelöst erscheint, und dass bei dem gleichen wort uns dieselbe erscheinung bereits im babylonisch-assyrischen entgegentritt, denn dort heisst die fliege *zumbu*, so z. b. Sintfl. 3, 50 „(so zahlreich) *ki-ma zu-um-bi* (wie die fliegen)" u. ö., siehe noch Del. A. St. 63 f., wo *zu-um-bi ni-ši-si* und *ni-ši-ti* „fliegen des löwen, der löwin (d. i. die den l. plagen)" zu übersetzen ist (siehe s. 282, a. 1 dieser arbeit). In demselben buch ist s. 20, 122 anm. und 154 dahin zu verbessern (wie auch Delitzsch in seinen Ass. Lesest. längst gethan hat), dass dass bekannte sumerische wort KUN „schwanz", wenn es assyr. ideogramm ist, *zibbatu* (aus *zinbatu*, — hebr. זָנָב, arab. ذَنَبَةٌ) lautet; vgl. vor allem IV R. 11, 46a *ši-li-bu zib-bat-su im-ta-na-as-sar* „der fuchs, seinen schwanz

das in der ganzen äthiopischen literatur nur Hen. 89, 10 gebrauchte altsemitische wort für „schwein", ኅንዚር፡ *ḫĕnzîr* (= arab. خِنْزِير, siehe s. 319); da die andern drei auch an dieser stelle begegnen, so will ich dieselbe hier in übersetzung mittheilen: „löwen, pardel,[1] hunde, schakalwölfe [አዝእብት፡ *azʾĕbta* hier nicht wie sonst im äth. „hyänen", wegen des folgenden *adʿĕbta*, was an einer andern stelle und im Voc. Ac. አጽብዕት፡ geschrieben und mit Dillmann unbedenklich = ضَبُع (siehe s. 307) zu setzen ist, sondern dem gebrauch des ursem. wortes *ḏiʾbu* „wolf" im arabischen (ذِئْب „schakal") näher kommend, hier „schakalwölfe"], hyänen (አዕብዕት፡),[2] wilde schweine (ሐራውያ፡ ገዳም፡ *ḥarâŭjâ gadâm*, wörtl. „schweine der wildnis"), füchse, klippdachse,[3] schweine (das oben besprochene wort; lies im text ኅናዚሪ፡), *sîsît* (Gl. Ae. = *dîbal*, was auch noch nicht erklärt ist; Dillm. „falken", im lex. „ein wildes thier

(liess er zurück?, *umaššir* der hist. inschr.)", wo in der sumerischen columne deutlich KUN steht. — Ein weiteren beleg dafür, dass im amharischen noch manches von altsemitischem sprachgut steckt, was in der äth. schriftsprache wie es scheint verloren gegangen, haben wir z. b. in dem ebenfalls in jenen äth.-amharischen glossarien (Brit. Mus. cod. 70 und 72 sowie eine Tüb. handschr.) aufgeführten wort für maus, አይጽ፡ *aiṣ* (siehe unten) = assyrisch *aiṣu*; und wie auch die äth. literatur der 2. periode, so sehr sie in sprachlicher hinsicht hinter der der 1. periode zurückstehen muss, doch zumal lexicalisch noch lange nicht genug ausgebeutet ist, zeige eine stelle aus der von Dillmann in seinem lexicon nicht excerpirten geschichte des Abâ Herjâkôs (= Cyriakus) bischofs von ብህንሳ፡ (vgl. meinen Phys., s. 105), wo es (fol. 18, recto, col. a der Wiener handschr.) heisst: አይቴ፡፡ ሀለዉ፡ እለ፡ ተዐዕኑ፡ አፍራሰ፡ በዐበይ፡ ገይጽ፡ (welch letzteres wort ገይጽ፡ *gaiṣ* in Dillmann's lexicon nachzutragen ist) „wo sind die, welche auf rossen einher ritten, mit grossem stolz (feindseliger stolzer verachtung der andern, vgl. ተጋየጸ፡ und auch das arab. جيِفض)?"

[1] Dillmann: „tiger"; doch vgl. s. 299, anm. 2.

[2] so ist natürlich richtig zu ändern, statt አጽዕብት፡; Dillmann übersetzte früher „schakale".

[3] Dillmann „kaninchen"; doch siehe schon s. 364.

oder ein raubvogel"), geier, habichte (ሆባያ፡ *hôbâja*; Dillm. „weihen"),[1] adler (*fênĕl ûsa*, urspr. vielleicht = φοίνιξ, obwol dies ins äth. — vgl. den äth. Physiologus, s. 7 — als *fîneks* übergegangen ist) und raben (ቋዓት፡)". Dazu gehört wegen der gleichen zusammenstellung der merkwürdigen alten wörter für schakalwolf (ursem. wolf, sonst äth. immer = hyäne) und hyäne (sonst im äth. verloren) die andere stelle Hen. 89, 55: „und er liess sie in der gewalt (wörtl. hand) von löwen und pardeln und schakalwölfen und hyänen, und in der gewalt von füchsen."

Der ebenfalls in die erste blütheperiode der äth. literatur fallende[2] Physiologus bietet von neuen, uns bisher nicht bekannten äth. (semitischen) thiernamen — die griech. lehnwörter wurden bereits oben aufgezählt — zwar nur wenige aber sehr wichtige dar; es sind dies nur ጸሐው፡ *ṣâḥĕŭ* „gepard"[3] und von vogelnamen ጊሬብ፡ „pelekan". Dass das s. 19 meiner ausgabe stehende ርኢም፡ *rĕʾîm* (var. ርኤም፡ *rĕʾêm*) nicht oryx-antilope (= arab. رِئْم) heisst, also ein uns bis jetzt noch nicht bekanntes äthopisches wort wäre, sondern spätere glosse im Physiologus und fremdwort im äthiopischen (רְאֵם) ist, wurde schon gezeigt; immerhin aber ist es in Dillmann's lexicon (auf p. 234, dazu 1401) wenn auch mit dem beisatz „n. pr." nachzutragen.

Die zweite blütheperiode[4] des äth. schriftthums, die erst geraume zeit später, hauptsächlich ins mittelalter fällt und im

---

[1] das wort heisst sonst auch „affen"; urspr. wol „schreier" nach Dillmann.

[2] die beweise, die auch von den gelehrten allgemein (auch von Dillmann stillschweigend in seiner recension) acceptirt wurden, siehe in meiner ausg., s. XVII f.; auch ins armenische war der Physiol. bereits im 4. jahrh. übersetzt und es ist danach das in meinem Physiologus, s. XXXVI, 14 ausgesprochene zu corrigiren.

[3] siehe s. 300, anm. 2 und dazu 340 f., wonach das in meinem Phys., s. XXVIII gesagte nur in sofern abgeändert wird, als dort überall für ጸሐው፡ (wie auch in der übers., s. 62) gepard statt panther zu corrigiren ist.

[4] da man eine kurze übersicht der äthiopischen literatur erst sich mühsam zusammensuchen muss, der laie sie aber gar nicht findet, so

gegensatz zu den griechischen (und koptischen?) der ersten mehr arabische (wie auch koptische) übersetzungen, aber auch äthiopische originalproducte umfasst, gibt uns für thiernamen noch ganz interessantes an die hand, wenn man auch immerhin hier sorgfältig unterscheiden muss zwischen echt-äthiopischem sprachgut, arabischen (und koptischen) entlehnungen und ganz amharischen (sehr oft afrikanischen ursprung verrathenden) wörtern. Die schriften, die für unsere zwecke in betracht kommen, sind folgende:

Von äthiopischen originalwerken, die für uns natürlich immer die wichtigsten bleiben, ist vor allem zu nennen das buch *gadla takla hâimanôt* „martyrtum des (berühmten abesinischen heiligen, des mönchs) Takla Haimanôt (d. i. pflanze des glaubens). Ausser den zwei arabischen lehnwörtern, nemlich dem schon besprochenen ቀራዲናት፡ *ḳĕrâdînât*[1] und dem wort

seien hier kurz noch die übrigen schriftwerke der ersten blütheperiode (sprachlich der allein wichtigen und grundlegenden) ausser den schon genannten (1. bibelübersetzung, 2. buch Henoch, 3. buch der jubiläen und 4. Physiologus) aufgezählt: 5. die sog. reliqua verborum Baruchi (ein anderes als das apocryphum unseres bibelkanons, welches in der äth. bibelübersetzung als anhang des propheten Jeremia und in kürzerer redaction als bei den LXX sich findet; übrigens sind auch die genannten Reliqua verborum Baruchi in der äth. bibel ein anhang zu den weissagungen des Jeremia). 6. das apocryphum Ascencio Jesajae (ዕርገተ፡ ኢሳይያስ፡). 7. der Hirte des Hermas. 8. das Buch des Cyrill (መጽሐፈ፡ ቄርሎስ፡), sprachlich, besonders syntaktisch (wie lexicalisch der Physiologus) mit eins der wichtigsten der älteren äth. literaturwerke. 9. die Mönchsregeln des Pachomius. 10. die Apocalypse des Esra. — Davon sind verschiedene theile der bibelübersetzung, ferner das buch Henoch, buch der Jubiläen, die Ascensio Jesajae und die Apocalypse des Ezra, wie die Reliquien des Baruch, einiges aus dem Buch Cyrill und die Regeln des Pachomius (letztere drei in der Chrestomathia Aethiopica, die andern in bes. ausgaben) von Dillmann, der Hirte des Hermas von d'Abbadie (Leipzig, 1860) und der Physiologus von mir (Leipzig, 1877) herausgegeben worden.

[1] siehe schon s. 364 f. Es ist an unserer stelle ein thier, das kräuter und gemüse abweidet und zugleich mit ግሔያት፡ *geḥêjât* „klippdachsen" und አግራግልዮን፡ *agrâgelejôn* (vgl. oben *akrîgeljôn* dasselbe, nemlich *χοιρογρύλλιος*) „stachelschweinen" erwähnt wird.

ቀርድ፡ *kerd* „affe“ = قِرْد (siehe s. 329)[1] kommt hier ein ganz neues unbekanntes wort vor an einer stelle (siehe Dillm. lex., p. 434), die also lautet: „und ihr (der dämonen) geräusch (lärm) ist wie das getös von pferden am tage der schlacht, und sie schreien ferner wie ቃቄራት፡ *ḳâḳêrât* (Dillmann, der קירקיר vergleicht, „raben“) und sind neidisch auf einander wie hunde“. Ferner kommt hier ገሔ፡ *gĕḥê* „klippdachs“ vor (siehe s. 371 anm. 1).

Weiter sind unter den äth. originalbüchern zu nennen das im 15. jahrh. von Georgios in Abesinien in klassischer sprache verfasste *maṣḥdfa mĕsṭîr* „buch der mysterien“, dann ein medicinisches originalwerk, das bereits stark amharisirende *maṣḥáfa faus*, und die durch schöne sprache ausgezeichnete chronik von Axum, deren anfang das oft citirte *kĕbra nagašt* „ruhm der herrscher“ bildet, nach Dillmann „gegen ende des mittelalters“ entstanden. Aus letzteren hebe ich für unser interesse hervor das in der bibelübersetzung nur einmal (Luc. 3, 7) in der bedeutung „viper“ (ebenso im Physiologus einmal, p. 10, z. 3 meiner ausgabe, wo es *sĕbadʿât* geschrieben ist) vorkommende ሰብድዓት፡ *sabdeʿât*, welches im Kebr. Nag. no. 94 zu einem fabelhaften thier gemacht wurde („sie zerstörten die stadt der *sabdeʿât*, die ein menschenantlitz, an ihren lenden aber einen eselschwanz haben“), dann das nur in Chr. Ax. f. 89 begegnende amharische ዋላ፡ *wâlâ* (natürlich aus ዋዕላ፡ *wâʿĕlâ* = وَعِل, siehe s. 280 entstanden), das hier seine gemeinsemitische bedeutung „steinbock“ hat, während das äth. ውዕላ፡ *wĕʿĕlâ* in der bibelübersetzung (nur einmal, Deut. 14, 5) das πύγαϱγος „weisssteiss“ der Sept., eine grosse, sonst in Afrika (aber nicht in Habesch) vorkommende antilopenart wiedergibt; ferner nur Chr. Ax. f. 89 und M. F. አጋዘን፡ *agâzan* und አጋዜን፡ *agâzên* eine antilopenart (strepsiceros, siehe s. 251, anm. 3); M. F. f. 308 das koptische lehnwort ብሔ፡ *bĕḥê* „nilpferd“ (nur noch Macc. f. 12 und Lit. 176, 4) und das wort ዐንጉግ፡ *ʿangûg* „wassereidechse“

---

[1] denn die Aethiopier nennen den den Semiten sonst unbekannten, in ihrer neuen heimat Abesinien aber heimischen affen ሆባይ፡ *hôbâi* (vgl. schon s. 354).

(vgl. schon s. 93 und unten den pl. ዐናጕጕ፡; der sing. ዐንጕግ፡ findet sich nur noch Liturg.[1] und Lev. 11, 30): „er tauchte ins wasser wie frösche, wassereidechsen und das nilpferd“ und ebend. f. 43 das hier „stier“ bedeutende ጸቢላ፡ (sonst ja „bock“ und „widder“); endlich noch im masḥ. faus ቊንቊኒ፡ *ḳuĕnḳuĕnê* (was sonst blos „motte“ heisst) ein geflügelter im holz entstehender den ohren gefährlicher wurm.

Ich beschliesse die hier in frage kommenden äthiopischen originalwerke dieser zweiten literaturperiode mit der erwähnung der rein abesinischen späteren dichtung, des sog. „unechten Maccabäerbuchs“. Da lesen wir unter andern thiernamen auch (f. 10) das interessante ሐሴን፡ *ḥasên* (schmetterling?), wo es heisst: „und sie gehen schnell unter wie der *ḥasên*, welcher ausfliegt (wörtl. „ausgeht“) aus seiner behausung, und dessen spur nicht mehr gefunden wird und der nicht mehr zu seiner wohnung zurückkehrt“, f. 24 እላሌ፡ *ĕlalê*, nach Dillmann vielleicht „hengst“, weil im amharischen *alalê* „eselhengst“ heisst. Die stelle lautet: „anfüllung des bauches ohne mass wie der (wie es ist beim) *ĕlalê* des pferdes und das (bei dem) wildschwein (*ḥarâujâ za-gadâm*).“ Ferner f. 5 zusammengenannt ወይጠል፡ ወቶራ፡ ወሀየላት፡ *waiṭal* (siehe s. 286) *wa-tôrâ* (siehe s. 251, anm. 3)[2] *wa-hajalât* (siehe s. 279) „wildziege und steppenkuhantilope[3] und bergböcke“ und endlich f. 12 die gesellschaft folgender wasserthiere: „schlangen (hier wol seeschlangen), wale (oder andere grosse seeungeheuer, äth. ዐናብርት፡), krokodile (*ḥargaṣât*), eidechsen (pl. des oben genannten wortes), nilpferde (ቢሐት፡ *biḥât*, pl. von ብሔ፡ *beḥê* nach Dillmann's schreibung)[4] und frösche[5] (*wa-ḳuarnanaʿât*).“

---

[1] d. i. die in dem röm. N. T. mitgedruckten Liturgiae, die viell. aus dem koptischen übersetzt sind.

[2] vgl. auch Sx. Masc, wo von der milch dieser antilopenart gesprochen wird.

[3] Dillmann „büffel“, doch siehe s. 374, anm. 2.

[4] das amharische wort dafür, was einmal im Masḥ. Fs vorkommt, ist ጎማሪ፡ *gômârî*.

[5] das ursem. *ḍap[ar]daʿu* (vgl. ضفدع und צְפַרְדֵּעַ) ist im äth. nicht mehr erhalten.

Die literatur der aus dem arabischen ins äthiopische übersetzten schriften ist sehr zahlreich und gehört sämmtlich in diese zweite periode, hauptsächlich ins 15. (auch noch ins 16.) jahrhundert. Ein juristisches buch ist das ፍትሐ፡ ነገሥት፡ *fĕtḥa nagašt*, im 13. jahrh. von einem ägyptischen Araber geschrieben und im 15. unter diesem titel, ins äthiopische übersetzt; dort steht 44, 2 eine interessante stelle: „biene (ንህብ፡) und wilde henne (ፊዘ፡ *ἁπ. λεγ.*; Voc. Ae. ዘ፡ የበዲ፡ ዶሮ፡, Isenberg: a large white bird, which eats grass-hoppers) und kranich (ኰረቢ፡) und steppenkuhantilopen (ቶራት፡ *tôrât*, siehe schon oben; in der bibelübers. nur Deut. 14, 5 *βούβαλος*)[1] und adler und wilde ochsen[2] und verschiedene arten der fische“. — In dem von Dr. Cornill ausführlich besprochenen መጽሐፈ፡ ፈላስፋ፡ ጠቢባን፡ *mashafa felasfâ ṭabîbân* „buch der weisen philosophen“ lesen wir das in der bibelübersetzung nur „spinnengewebe“ bedeutende ሠሬት፡ *šârêt* „spinne“,[3] sowie den in Deut. 14, 18 in der form አበጕንባሕ፡ *abagᵘĕnbâḥ*, hier aber ohne አበ፡ *aba* stehenden ዖፍ፡ ጕንባሕ፡ *ʿôf gᵘĕnbâḥ*, den (specifisch) abesinischen hornvogel. — Das gleichfalls aus dem arabischen übersetzte ዜና፡ አይሁድ፡ *zênâ aihûd* „kunde von den Juden“ des Pseudojosephus (von Dillmann stets als Jsp citirt) sagt p. 283: „der könig von Indien (ህንድ፡) mit vielen elefanten (ነጌያት፡)“. Doch da das sofort an das indische *nâga* (siehe schon s. 325) erinnernde ነጌ፡ *nagê* bereits in der bibelübersetzung (also im 4. jahrh.) im äth. vorkommt, so kann dieser stelle deshalb kein gewicht beigelegt werden Seltsam ist, dass ja in Aethiopien selbst wilde afrikanische elefanten sich finden; diese nannten die Aethiopier ሐርማዝ፡ *ḥarmâz* oder wol richtiger geschrieben

---

[1] über die richtige bedeutung von *βούβαλος* siehe meinen Physiol., s. XXXIII.

[2] dies sind die kafferbüffel (amh. *gôš*), während die erst spät von Asien (über Aegypten) nach Habesch verpflanzten eigentl. büffel äth. ጋሙስ፡ *gâmûs* (urspr. persisch, siehe s. 229) heissen.

[3] so nur noch in den im 16. jahrh. aus dem arabischen ins äth. übersetzten homilien des Chrysostomus.

ሀርማስ፡ *harmâs*, ihr südsemitisches quadriliterum هرمس [1] oder هرمز auf dies ihnen bei ihrer übersiedelung nach Afrika neue thier übertragend. Ich halte an der schon an verschiedenen orten von mir ausgesprochenen ansicht fest, dass schon lange (und zwar schon im 2. jahrtausend) vor Chr. geburt zwischen Indien und dem westlichen orient ein verkehr bestanden haben muss, für den der hauptstapelplatz Südarabien (Ophir) war, [2] und sehe in ነጌ፡ *nagê* wie im arabischen فِيل *fîl* uralte indische lehnwörter. Der gezähmte und dann seines elfenbeins wegen schon im altertum berühmte elefant war also den Semiten von Indien her bekannt; für den in Afrika einheimischen elefanten dagegen verwandten die Aethiopier aus ihrem eigenen semitischen sprachschatz worte; er war ihnen, als sie von Südarabien herüber wanderten, so unbekannt und neu, wie es ihnen der indische gewesen wäre, wenn sie dorthin eingewandert wären. — Die aus der im 13. jahrhundert im arabischen Aegypten entstandenen heiligenliteratur übersetzten und im äthiopischen noch vermehrten Synaxarien mit ihren rein äthiopischen poetischen anhängen, den Encomien, und den ferner zu dieser literaturgattung gehörigen ገድላት፡ *gadlât* d. i. verfolgungen der heiligen, geben uns noch manche interessante ausbeute für thiernamen.

In Synax. Genb. 6. 10 kommt das eben besprochene ሐርማዝ፡ *ḥarmâz* in einem zusammenhang vor, der wol auf nichts anderes als den elefanten schliessen lässt; denn dort wird von kästen (särgen, ሣጹን፡ *šâṣûn*) aus knochen (oder bein) des *ḥarmâz*, den todten drein zu legen, gesprochen; wer dächte da nicht

---

[1] هُرَامِس löwe, هِرْمَاس pardeljunges und das schon s. 333 besprochene äth. lehnwort هِرْمِيس, also im arab. von verschiedenen wilden thieren; im Tigré heisst ሐርሞስ፡, pl. ሐራሚስ፡ (mit ስ!) „elefant".

[2] vgl. s. 325, anm. 2. Ob die Inder ihr Abhîra nicht erst von den dorthin kommenden leuten von Ophir, d. i. den über Südarabien nach Indien fahrenden Phöniziern, benannten?

sofort an elfenbein?[1] Eben diese stelle und der schon erwähnte umstand, dass ሀርማስ፡ *harmâs* im Tigré[2] elefant heisst, sind daher die hauptbeweisgründe meiner gleichsetzung dieses worts mit dem „wilden, afrikanischen elefanten". Wenn oben aufgestellt wurde, dass die Semiten das elfenbein von Indien her kennen lernten und bezogen, so steht diese aus einem im spätern mittelalter ins äthiopische übersetzten buche genommene stelle damit natürlich in keinerlei widerspruch. Die semitischen Abesinier werden übrigens auch wol mit der zeit den in ihrer neuen heimat für sie fremden und ungezähmten thieren das elfenbein abzunehmen und zu benutzen gelernt haben. — Das gerade in den Synaxarien z. b. Sx. Mag. 16, 23 (dort „löwen zahm wie katzen") öfter begegnende ድመት፡ *dĕmmat* könnte man für ein arabisches lehnwort halten; doch es kommt schon einmal in der in die erste periode der äth. literatur fallenden epist. Jerem. v. 21 (= Baruch 6, 21 unserer bibel) vor, wo griechisch *αἴλουρος* entspricht; ausserdem ist dies schon deshalb unwahrscheinlich, weil das wort دِمَّة sehr selten im arabischen ist.[3] Merkwürdig ist die stelle Sx. Teq. 1 „er stürzte sich mitten ins meer, dass ihn die fische frässen und die wale und die *dĕmmatât*"; sollte da an eine besondere art

---

[1] in dem von Ludolf (comm., s. 347) erwähnten liber mysteriorum (einem andern buch als das oben besprochene *maṣḥafa mestîr*) kommen noch folgende zwei stellen vom *ḥarmâz* vor: „er fand (stiess auf, ረከበ፡) ein grosses thier, dessen name *falfal* (ፈልፈል፡) ist, was auf abesinisch (ብሕብሒ፡) *harmâz* heisst"; und in einer andern heisst es „wohnort des *harmâz* und der mendesantilope (ድስከን፡ *desken*)". Sonst heisst im äth. ፈልፈለ፡ *falfála* „aus-, hervorbrechen" also eine passende etymologie für den wilden elefanten. — Dies lib. myst. bietet noch zwei interessante *ἁπαξ λεγομενα* in der stelle በእንቃል፡ ዘውእቱ፡፡ ቍማል፡, zwei wörter für „laus" wie es scheint, das zweite natürlich = قَمْل und قَمَال (Jer. 50, 12 kommt ቀመለ፡ „lausen" vor); ነቀለ፡ heisst sonst „heraus reissen".

[2] ein neuer beweis von der altertümlichkeit des Tigré, besonders dem amharischen gegenüber; vgl. schon s. 350, anm. 4.

[3] vgl. seite 318 f.

seekatzen zu denken sein? — Sx. Genb. werden seltsamer weise grosse schlangen (drachen) ተመናት፡ *tamanât* (ein wort, das erst in dieser periode vorkommt) zwischen den elefanten und löwen erwähnt. — Sx. Masc. 5 steht das ἁπ. λεγ. ጋሙስ፡ *gâmûs* büffel (amharisch *gôsh*, vgl. Voc. Ae. ዶስክን፡[1] ዘ፡ ጎሽ፡ Dillm. lex., p. 1098), das in allen semitischen sprachen bekannte persische lehnwort (siehe s. 229). — Sx. Mij. 30 sowie in den Encomien und im schon besprochenen buch der mysterien kommt ዳቤላ፡ *dâbêlâ* auch in der bedeutung „stier" vor. — Rein aus dem arabischen herübergenommen ist ዘናቢር፡ *zanâbîr* „hornissen" (= زَنَابِير, pl. von زُنْبُور oder زِنْبَار), das nur Sx. Ter. 18 vorkommt: „wenn der könig von Fârës (d. i. Persien) zur stadt Nisibis kommt und sie umlagert, so schickt er (Jacob von N. nemlich) über seine truppen wolken von hornissen und wespen, und diese schiessen los auf die pferde" (siehe den äth. text dieser stelle Dillm. lex. p. 1054). — Zunächst arabisches, urspr. aber tamulisches lehnwort[2] ist ጣዎስ፡ *ṭâwôs* „pfau" (طَاوُس), das ausser einer stelle in den synaxarien nur noch in den gleichfalls aus dem arabischen übersetzten homilien des Chrysostomus und den aus dem koptischen übersetzten constitutiones apostolorum vorkommt.[3]

---

[1] diese identificirung (*dasken* = mendesantilope, LXX τραγέλαφος, und *gôsh* wahrsch. mit amh. erweichung aus ጋሙስ፡ *gâmûs*) scheint auf einer ähnlichen übertragung zu beruhen, wie sie sicher bei βούβαλος und bubalus, بقر und بقر الوحش u. a. vorliegt; nach andern ist übrigens *gôsh* der (wilde) kafferbüffel (äth. ላሀመ፡ ገዳም፡ *lâhema gadâm* „ochs der wildnis") und nicht der in Abesinien nur gezähmt (wenn wild, dann höchstens erst verwildert) vorkommende und erst spät aus Asien über Aegypten eingeführte *gâmûs* (Hartm. a. a. o., s. 347), den auch die dortigen Araber جاموس الخالة *gâmûs al-ḫâla* nennen.

[2] alttamulisch *toghai*; das im tamulischen jetzt gewöhnliche wort für pfau ist *majil*.

[3] im koptischen text wird wahrscheinlich ein aus dem griechischen (ταώς) entlehntes wort gestanden haben; eben dieses ταώς nahmen auch die Araber herüber (طَاوُس) wol durch vermittlung der Syrer,

Dass diese constitutiones apostolicae wirklich aus dem koptischen übersetzt sind, hat W. Fell dadurch wahrscheinlich gemacht, dass er dies für die canones apostolicae bewiesen;[1] von beiden existiren auch arabische versionen, die wie andere obengenannte arabische bücher im 13. jahrh. entstanden sein mögen. Professor Dillmann ist der ansicht, dass der äthiopische text aus diesen letzteren ebensogut als aus den koptischen liturgien übersetzt sein könne.[2]

Nachdem nun dieser überblick über die äthiopische literatur beendet ist und wir bei unserm rundgang zugleich die thiernamen betrachtet haben, die noch nicht in der äthiopischen

---

die Griechen aber bekamen das wort, wie schon früher die Hebräer zu Salomo's zeiten, aus (Süd-)Indien. Dieser übergang wurde früher von so gelehrten fachmännern, wie vom indologen A. Weber (Indische Skizzen, s. 74) in frage gestellt, wird aber jetzt auf grund neu hinzu gekommener beweisstützen von demselben forscher als ein sicheres ergebnis der wissenschaft hingestellt (Ind. Literaturgesch., 2. Aufl., s. 2, anm. 2, schluss, vgl. auch schon diese arbeit, s. 326, a. 1), so dass wir nun eine ganze reihe solch uralter culturentlehnungen als bewiesen vor uns haben und dadurch endlich die frage nach der herkunft der durch die ophirfahrt zu Salomo gebrachten thiere und produkte endgültig gelöst sein dürfte (vgl. dazu schon meine ausführungen s. 324 ff. und s. 330). Da also die wörter קֹפִים, שֶׁנְהַבִּים und תֻּכִּיִּים (1. Kge. 10, 22) sich als indisch erwiesen, so wird zu dem noch übrigen אַלְמֻגִּים (1. Kge. 10. 11) jedenfalls noch der beweis für die gleiche herkunft erbracht werden können, und es darf auch wol ohne denselben deshalb von vornherein als indisch gelten.

[1] Canones Apost. aeth., Lips. 1871; p. 12.

[2] sei dem nun in diesem fall wie ihm wolle, jedenfalls ist eine genauere untersuchung vieler äthiopischer literaturwerke auf eine etwaige direkte herübernahme von koptischen originalen hin ein noch ganz unbebautes feld, das noch viel früchte verheisst. Vgl. auch anm. 1 auf s. 373. Fell sagt am angef. ort, p. 11: „Facile intelligi potest, versionem äthiopicam non modo canonum apostolorum, verum etiam totius libri Synodi e textu aut Arabico aut Coptico emanasse; id quod ut alia praetermittam, ex eo colligere licet, quod Abessini omnes fere libros de rebus ecclestiasticis tractantes nonnisi interveniente ecclesia Alexandrina acceperint.“ Nun versucht aber Fell weiter zu beweisen, dass die canones aus dem koptischen übersetzt sein müssen; die constitutiones apost., die auch im synodus stehen, müssten in diesem fall und nach Fell's ansicht also auch aus dem koptischen übersetzt sein.

bibel oder wenigstens in anderer bedeutung als dort vorkommen, so will ich nun in kurzem die den Aethiopen wirklich bekannten in Abesinien heimischen säugethiere nach ihren namen in der geʿezsprache und mit kurzer angabe der etymologie und der belegstellen vorführen und durchgehen, um dann dies so gewonnene bild zunächst mit der heutigen abesinischen fauna und endlich zum schluss mit der Vorderasiens, der eigentlichen welt der Semiten, zu vergleichen:

1. löwe **ዐንበሳ፡** *ʿanbasâ* (= arabisch عَنْبَس siehe schon s. 293, was urspr. wol der „grimmig blickende", von عبس, heisst) passim z. b. Gen. 49, 9, Phys. cap. 1 (s. 1 ff.; dort auch **ዕጓለ፡ ዐ"** und **ዐ" አንስቲያዊት፡** vom jungen und vom weibchen), ferner Phys. 18, 21 und 33, 11; pl. **ዐናብስት፡** z. b. Hiob 4, 11. Phys. 33, 10. 139, 12. Hen. 89, 10. 55 (siehe oben s. 369 f.).

2. pardel **ነምር፡** *namr* (= نَمِر, נָמֵר siehe schon s. 294 f.) z. b. Cant. 4, 8. Hos. 5, 14; pl. **አናምርት፡** Hen. 89, 10. 55 (siehe schon s. 369 f.).

3. gepard **ጸሐው፡** *ṣâḥĕu* (siehe schon oben s. 370, anm. 3) Phys. s. 15 (cap. 16) *ἀπ. λεγ.*; die dort citirte bibelstelle (Hos. 5, 14) hat im Frankf. codex **ነምር፡** „pardel".

4. bär **ድብ፡** *dĕbb* (= ursem. *dubbu*, siehe s. 301)[1] z. b. Hos. 13, 8. Apoc. 13, 2 (LXX *ἄρκος*). Phys. 33, 11; in der spätern literatur z. b. Sx. Masc. 27 („haus der löwen und des bären"); pl. **ድብት፡** z. b. Sap. 11, 18.

5. fuchs **ቈንጸል፡** *ḳuĕnṣĕl* [das altarab. قُنْصُل „kurz" eig. „abgeschnitten" (vgl. قَصَلَ „abschneiden") wie das äth. **ቈጽል፡** „blatt, laub" passen der bedeutung halber nicht; das alt- und class.-arab. قنص „ein thier, ein wild erjagen" (siehe s. 307 oben, vgl. auch Ḥâr. Muʿall. 11 القُنَّاص „die jäger"), dessen grundbedeutung wol „auf etwas losspringen" ist — so noch im äth. selbst, neml. **ቀነጸ፡** „springen", woher auch **ቍንጽ፡** „floh" 1. Kg.

---

[1] über das wirkliche vorkommen des bären in Habesch siehe noch unten am schluss der äth. säugethiernamen.

24, 15, komint — wird daher unserm äth. quadriliterum[1] zu grunde liegen] z. b. Hen. 89, 10. 55 (siehe schon s. 369 f.), Phys. cap. 15 (s. 14),[2] Luc. 13, 32; pl. ቈናጽል፡ an drei im Phys. s. 14 f. citirten bibelstellen und sonst. Vgl. auch noch das sprichwort bei Theod. Petr. „kommt auch ein löwe (ዐንበሳ፡) in die höhle eines fuchsen (ግበ፡ ቈንጽል፡) oder ein fuchs zu einem löwen?".

6. hyänenhund ተኲላ፡ *takuělâ* (siehe schon s. 361; der anklang an die semitischen wörter für „fuchs" — vgl. s. 311 — ist zufall)[3] z. b. Gen. 49, 27. — pl. ተኲላት፡ Matth. 7, 15, ተኳሉት፡ Matth. 10, 16.

7. schakalwolf ዝእብ፡ *ze'ĕb* (zur etymologie siehe die nächste nummer) nur zweimal in dieser ursprünglichen bedeutung, nemlich Hen. 89, 10. 55 (dort pl. አዝኡብት፡), siehe schon s. 369 f.

---

[1] vgl. Fränkel, Beitr. zur Erklärung der mehrlaut. Bildungen im arabischen, Leiden 1878, s. 47 ff. (capitel: L an die dreilautige wurzel), wozu also auch ቈንጽል፡ gehört. Ein capitel فَنْعَل, wozu das arab. reiche beiträge geliefert hätte, (vgl. obiges قُنْصُل, ferner قُنْفُذ, خِنْزِير, عَنْبَس u. a.) fehlt in der angeführten arbeit.

[2] griech. dort (in der überschrift z. b. περὶ) ἀλώπεκος.

[3] wenn wir sonst für die erste periode der ge'ezliteratur analogien zur annahme syrischer lehnwörter hätten, so wäre bei ተኲላ፡ die einzige möglichkeit einer erklärung eine entlehnung aus der syr. form des ursem. *tu'âlu*, nemlich aus ܬܥܠܐ *ta'lâ* anzunehmen; eine analogie hätten wir allenfalls in ቶራ፡ (siehe unten no. 32, b, α), was nur von syr. ܬܘܪܐ entlehnt sein könnte, wenn nicht ቶራ፡ sich sonst aus dem semitischen (weiterbildung von ወሀር፡) ganz gut erklären liesse, so dass eine entlehnung überhaupt abgelehnt werden muss. Ja ich glaube jetzt entschieden, dass unser wort, worauf besonders die amh. schreibung ቶክላ፡ *tôklâ* hinweist, (wie ቶራ፡ von ወሀር፡, ተይራን፡ von የራን፡) nur eine weiterbildung von einem zu erschliessenden *wakl* ist, welches vielleicht neben den jetzigen abesinischen namen für „canis lupaster" *wokeré* und für fuchs *walgie* (= ዋልጊ፡ Isenbergs?) schon in alter zeit existirt hat.

8. hyäne a. ዝእብ፡ *ze'eb* [dies das gewöhnl. wort im äth., siehe darüber und über die ursprüngl. bedeutung s. 303 (auch 307, wie das dort am schluss von anm. 3 bemerkte) und s. 361] Phys. cap. 24 (s. 20 f.); Jer. 12, 9 u. ö. Dreimal entspricht es in der bibel, wol nur aus nachlässigkeit des übersetzers, dem griech. ὗς. Der pl. lautet አዝእብት፡ z. b. Sir. 13, 18.

b. ዕብዕ፡ *dĕbʿĕ* (siehe s. 307) nur noch Hen. 89, 10. 55 (siehe schon s. 369 f.).

9. elefant a. ነጌ፡ *nagê* (urspr. der asiatische, dessen heimat Indien ist, siehe s. 325) Hen. 86, 4. 87, 4. Phys. 35, 2. 13. 15; 36, 6. 9. 16. 20. Hos. 10, 4; pl. ነጌያት፡ Phys. 36, 17. Isp. 283 (siehe s. 374). — Sonst in der bibelübersetzung immer nur in der verbindung ቀርነ፡ ነጌ፡ „elfenbein", z. b. Cant. 5, 14.

b. ሀርማስ፡ *harmâs* (siehe ausführlich s. 374 f. und vgl. schon s. 333) Sx. Genb. 10 (siehe s. 375 f.) und zwei andere belegstellen in Lud. comm. (siehe s. 376, anm. 1) aus dem Lib. myst.

c. ፈልፈል፡ *falfal* (ob dies wort, wie schon Dillmann andeutet, etwas mit dem arab. فيل *fîl* zu thun hat?) [1] Lud. aus dem Lib. myst. (siehe ebendas.).

d. ኢልባስ፡ *îlbâs* (n. peregr. = ἐλέφας) Phys. cap. 43 (s. 35 f.).[2]

10. nilpferd ብኄ፡ *bĕhê* oder ብሔ፡ *bĕḥê* (kopt. lehnwort, = ⲡ-ⲉϩⲉ) siehe sämmtliche belegstellen bereits s. 372 (dort auch der pl. ቢኆት፡ wie von einem sing. ቢኅ፡ *bîẖ*); das im Maṣḥ. Faus begegnende (amharische) ጎማሪ፡ *gômârî* wurde ebenfalls schon s. 373 anm. 4 notirt.

11. nashorn[3] a. ሐሪሥ፡ *ḥarîš* (siehe schon s. 332 f.) nur Hiob 39, 9 አርዌ፡ ሐሪሥ፡ *arwê ḥarîš* μονοκέρως (siehe s. 367,

---

[1] diese vermuthung wäre dann auf s. 324 nachzutragen.

[2] siehe schon s. 367 und die sich dort auf meine ausgabe des Physiologus findende hinweisung.

[3] vgl. über dieses thier ausführlich Munzinger, Ostafrik. Studien s. 332 ff. anm.

anm. 2). Das wort አውራሐርስ፡ *aurâḥars* (var. አውራርስ፡ *aurârès* und አውራሪስ፡ *aurârîs*) des Voc. Ae. ist natürlich nur eine entstellung aus eben jenem *arwê ḥarîš*, wörtl. „das thier nashorn“.

b. ከርከንድ፡ *karkand* (siehe schon s. 328) nur ψ 28, 6 und zwar vers. nova; in der älteren steht ዘአሐዱ፡ ቀርኑ፡ „das mit einem horn versehene“, hebr. רְאֵם;[1] vgl. auch ψ 91, 11, welche stelle im Phys. 19, 17 f. citirt wird (ከመ፡ ዘ፩ቀርኑ፡ „wie ein einhorn“), während die überschrift des stückes das äthiopisirte wort μονοκέρως selbst (siehe s. 366) darbietet als wörtliche übersetzung der aufschrift περὶ τοῦ μονοκέρωτος. — Da das afrikanische nashorn wirklich in Abesinien vorkommt, so war nichts natürlicher, als dass die äthiopischen übersetzer sich unter dem ihnen in den Sept. vorliegenden wort „einhorn“ gerade dies ihnen bekannte thier, noch dazu das einzige nicht fabelhafte thier, das wirklich blos ein horn besitzt, gedacht haben.

---

[1] dass zur genaueren bestimmung jenes רְאֵם (ass. *rîmu*) die falsche übersetzung der Alexandriner, μονοκέρως, nicht benutzt werden darf, versteht sich nach dem s. 227, anm. 1 ausgeführten im zusammenhalt mit den beschreibungen des thieres selbst im alten testament und den sonstigen vielen analogien von falscher wiedergabe der alexandr. übersetzung bei thiernamen, wie ich solche schon öfter anzumerken gelegenheit hatte, ganz von selbst. Ob übrigens die Alexandriner unter μονοκέρως sich (wie die abesinischen bibelübersetzungen) das nashorn dachten, ist mir sehr zweifelhaft; wenn man die vom einhorn erzählte fabel in dem ja gerade in Alexandria entstandenen Physiologus (vgl. die übers. in meiner ausgabe s. 68 f.) betrachtet, so muss man viel eher an ein thier wie die oryxantilope mit ihren langen spiessförmigen hörnern, die weil sie so eng an einander sind, von fern und der seite aus wie eines dem auge sich darstellen, denken (vgl. auch die altaeg. darstellungen, wo die hörner oft nur als ein einziges erscheinen, während sie bei anderer stellung des thieres deutlich als zwei hervortreten und dazu Sundevall, die Thierarten des Aristoteles (Stockh. 1863), s. 364, no. 46 ὄρυξ und s. 90, no. 71 ὄνος ἰνδικός, wo ebenfalls gezeigt wird, dass die sich an beide anknüpfende fabel von einhorn ihren ursprung in von der seite abgebildeten oder gesehenen antilopenarten hat). Dass die Araber das gleiche wort (رِئْمٌ) für das junge oryxantilopenweibchen brauchten, wussten die Alexandriner kaum.

Da ich das im buch Henoch vorkommende wort ሲሲት፡ *sîsît* nicht für den namen eines wilden thieres, sondern eines vogels halte [1] (siehe s. 369 f.), so gehen wir weiter zu den

12. affen; merkwürdiger weise haben die drei hierhergehörigen wörter jedes noch eine andere bedeutung in der thierwelt:

a. ሆባይ፡ *hôbâi* (siehe s. 370, a. 1) 2. Par. 9,21 *πίϑηκοι*; [2] Phys. cap. 45 (s. 38) *περὶ τοῦ πιϑήκου* (vgl. auch no. c.); Gadl. Tacl. Haim. „der satan erschien unter dem bild eines affen" (በአምሳለ፡ ሆባይ፡) und Mawâs. (= antiph.) 13 „antilopen (ወይጠል፡) hast du zum gebet niederfallen lassen und affen hast du zum gottesdienst gerufen (ወሆባየ፡ አክንስከ፡), selig bist du o Abbâ Jôḥannî". — An drei andern bibelstellen sowie im buch Henoch (so 89, 10, vgl. schon s. 370) heisst ሆባይ፡ immer „habicht"; Jes. 34, 11 haben die Sept. *ἴβεις*, wo im äth. der plural. ሆባያት፡ steht.

b. ፊንቅስ፡ *fîneḳs* blos nach Ludolf (Hist. I, 10, 58) und dem amharischen (Voc. Ae. = ጉሬዛ፡ oder ጕሬዛ፡ *gûrêzâ*, ebenfalls eine affenart und zwar mit langem schwarz und weissem haar, in der zool. colobus genannt) „meerkatze" (cerco- oder galeo-pitheculus), während es Hen. 89, 10 (siehe s. 370) der name eines raubvogels ist (vgl. in letzterem fall ፊንክስ፡ *fîneks* = *φοίνικος* des Physiologus, was das Voc. Ae. durch ንስር፡ „adler" erklärt; bei *fîneḳs* „meerkatze" wäre dann eine ähnliche übertragung zu statuiren, wie wir ihr s. 338 f. begegneten), und

c. ሐለስትዮ፡ *ḥalastjô* nach Ludolf (Hist. I, 10, 74) und dem Voc. Ae. (ዘ፡ ጦጣ፡ *ṭôṭâ*) [3] „pavian", an den sechs bibelstellen aber, wo es vorkommt, immer dem *ὄναγρος* der LXX entsprechend; ebenso Phys. s. 8, z. 12 ff. ሐለስትዮ፡ *ὄναγρος* und s. 38, z. 6 „über den wildesel (ሐለስትዮ፡) [und den affen (ሆባይ፡, siehe oben)]" *περί τοῦ ὀνάγρου* [*καὶ τοῦ πιϑήκου*].

---

[1] nach Dillmann Lex. p. 394 „nomen aut ferae aut avis rapicis cujusdam"; vgl. auch die übers. des Voc. Ae. ዲበል፡ *dîbal*.

[2] heut noch amharisch *hobai* (Papio hamadryas der zool.).

[3] Papio cynocephalus ist der zoologische t. t. dieser affenart.

13. klippdachs ግሔ፡ *gehê* (heut im Tigré ገሐይ፡ *gehei* „murmelthier") Hen. 96, 2; pl. ግሔያት፡ ψ 103, 19 (LXX χοιρογρύλλιοι „stachelschweine"),[1] Prov. 24, 61. Hen. 89, 10 (siehe s. 369), Gad. T. H. (die stelle schon s. 364 mitgetheilt); das arab. wort für dieses thier ist وَبْر (siehe s. 322).

14. igel (und stachelschwein, siehe s. 365, anm. 1) ቍንፍዝ፡ *ḳuĕnfĕz* (siehe s. 339) Jes. 14, 23 vrs. alt. (ἐχῖνοι); 34, 11. 15; Phys. cap. 14 (s. 14) ἐχίνου.

15. maus a. አንጽዋ፡ *anṣawâ* Lev. 11, 19, Reg. Pach. s. 65 unten und noch an einigen stellen (pl. አናጹት፡).[2]

b. አይጽ፡ *aiṣ* (ass. *aiṣu* Del. Ass. St. 86, 8) nur noch im Voc. Ae. (siehe schon s. 368, anm. 1).

16. fledermaus ጽግንት፡ *ṣĕgnat* (Lev. 11, 19, Deut. 14, 18. Ep. Jer. 21 (νυκτερίς); Job 30, 29 (σειρήνων).

17. hase መንተሌ፡ *mantalê* (von einem stamm נתל?) siehe schon s. 364.

18. pferd ፈረስ፡ *faras* [siehe s. 44 und vgl. für das vorkommen der pferde in Aethiopien schon in der vorchristl. zeit das auf s. 356, anm. 1 wie auf s. 45 bemerkte][3] passim, z. b. Gen. 49, 17. Phys. 13, 3; pl. አፍራስ፡ (z. b. in der s. 368, anm. 1 mitgetheilten stelle aus Herj.). — Ueber አለሌ፡ ፈረስ፡ (amh. heisst አለሌ፡ *alalê* speciell „eselhengst") siehe schon s. 373.

19. esel አድግ፡ *adg* [حدج (Dillm.) zu vergleichen, verbietet das reine א; am allerwenigsten ist an هَوْدَج zu denken,

---

[1] im urtext (Ps. 104, 18) der pl. von שָׁפָן [südarab. ثَفَن dass., also ursem. *ṯapanu* (urspr. der „rauhe")], was ebenfalls „klippschiefer" bedeutet.

[2] ein weiteres wort für maus steckt vielleicht in dem Kedr f. 89 mit ዐንጼዋ፡ *'anṣêwâ* (var. von አንጽዋ፡) genannten ጥንቁር፡ *ṭenḳûr* „(die heiligen gefässe mögen wol verwahrt werden) damit nicht die mäuse oder ratten(?) darüber kommen" (ዐንጼዋ፡ አው፡ ጥንቁር፡).

[3] zur urspr. bedeutung ist das s. 49 oben gesagte nachzusehen, wo nur vergessen wurde, noch auf äth. አፍረሰ፡ „(ein gebäude) niederreissen" zu verweisen.

was persisches lehnwort und erst spätarabisch ist] passim, z. b. Gen. 22, 3. Phys. 13, 8; f. አድግት፡ Kuf. 18; pl. አእዱግ፡.

20. maulesel ብቅል፡ *baḳl* (siehe schon s. 113 f. wie 216) z. b. Gen. 45, 23 (ἡμίονος; einmal für ἡ ἵππος Gen. 14, 16).

21. wildesel a. ሐለስትዮ፡ *ḥalastjô* (siehe schon oben no. 12, c.).

b. አድግ፡ ገዳም፡ *adga gadâm* (d. i. „esel der wildnis") Hiob 24, 5, Jes. 32, 14, Hen. 89, 11.

22. schwein ሐራውያ፡ *ḥarâwjâ* (siehe s. 319; die ältere form ist ሐረውያ፡ *ḥaraujâ* und ሐረዊያ፡ *ḥarawîjâ*) z. b. Lev. 11, 7 u. ö. [immer dem zahmen schwein der LXX entsprechend; das wilde heisst ሐ" ገዳም፡ *ḥ. gadâm*, so Hen. 89, 10 in der schon s. 369 mitgetheilten stelle; heutzutag bedeutet dasselbe wort in der form እርያ፡ *ĕrjâ* (syn. im tigré *erŏjja aḳul*, d. i. ሐራውያ፡ ሐቅል፡ des geʿez, und *mefles* d. i. መፍልስ፡, siehe unten) die in Habesch häufige wildschweinart phacochoerus oder warzenschwein].

23. wildschwein a. ሐራውያ፡ ገዳም፡ oder ሐ" ሐቅል፡ (*ḥarâwjâ gadâm* oder *ḥakl*) die gewöhnliche umschreibung dafür im geʿez (siehe schon no. 22 und Macc. f. 24, die s. 373 angeführte stelle).

b. ኀንዚር፡ *ḫĕnzîr* (siehe s. 319) das altsemitische wort für (wild-)schwein, nur noch Hen. 89, 10 (siehe s. 369) zwar neben dem vorigen ausdruck (so dass man versucht wäre „zahmes schwein" zu übersetzen) aber doch dem ganzen zusammenhang nach nur auf eine wildschweinart gehend.

c መፍልስ፡ *maflĕs* (urspr. allg. „umher schweifend, wild" bedeutend) in der alten lit. nur Kuf. p. 135 in dieser speciellen bedeutung, die jetzt in Habesch (siehe oben) die gewöhnliche ist.

24. hund ከልብ፡ *kalb* (siehe s. 311) passim, z. b. Hen. 89, 10 (siehe schon s. 369).

25. wildkatze ድመት፡ *demmat* (siehe s. 318 f.; heut noch amh. *demêt* die gattung felis maniculata, vgl. Hartmann, a. a.

o., s. 59) in der alten lit. nur Ep. Jer. 12 (= Bar. 6, 21), in der spätern z. b. Sx. Teq. 1 (schon s. 376 mitgetheilt).

26. kamel ገመል፡ *gamal* (siehe schon s. 144 und s. 216) passim.

27. girafe ዘራት፡ *zarât* (siehe s. 230)[1] nur Deut. 14, 5 (LXX *καμηλοπάρδαλιν*).

28. büffel ጋሙስ፡ *gâmûs* (pers. lehnw., siehe s. 229)[2] nur in der späteren literatur; die stelle Sx. Msc. 5, die schon s. 377 notirt wurde, lautet: „sie nährten sich von der milch der

---

[1] zu dem dort ausgeführten (über die lage des landes Punt ist jetzt noch nachzutragen der interessante artikel Maspero's in der Revue historique IX, 1 (1879), p. 4—33: „De quelques navigations des Egyptiens sur les côtes de la mer Erythrée". Dort ist alles, was von ägyptologischer seite über das land Punt (Maspero schreibt stets „Poun") gesagt werden kann, zusammengefasst. Das hauptresultat ist, dass Punt den alten Aegyptern ein viel allgemeinerer begriff war, als man gewöhnlich annahm, und sie sich über die wirkliche geographische bestimmung und lage desselben, wie es scheint, nicht immer klar gewesen sind. Ein bestimmtes land muss es übrigens von haus aus trotzdem gewesen sein, und da kommt denn, was jene von mir angezogene ophirfahrt anlangt, Maspero zu dem gleichen resultat („la côte d'Afrique", „la côte des Somâlis" p. 23), nur dass ihm den ausschlag nicht die girafen geben (p. 22 „L'escadre qui poussa jusqu'à Poun, ou peut-être une autre escadre envoyée vers les même temps, avait eu des relations avec les indigènes d'Ilim en Ethiopie. La girafe, qui est justement placée sur le même registre où on voit les chefs d'Ilim, prosternées devant la reine, en compagnie des chefs de Poun, pouvait venir d'Ilim et non pas de Poun"), sondern „la nature particulière des arbres rapportés". Mit dem „par exemple, la présence d'une girafe parmi etc." einige zeilen weiter vorher ist ein kleiner vortrag gemeint, welchen ich über diese ganze frage auf dem Florenzer orientalistencongress gehalten und an welchen sich höchst werthvolle bemerkungen Maspero's (in dem besprochenen aufsatz niedergelegt) und Naville's reihten.

[2] das schon in der ältern literatur (Luc. 12, 59; 15, 8. 9) vorkommende ገመስ፡ „obolus, drachme" kann demnach nicht urspr. „annulus ex corne bubali" (so Ludolf) bedeutet haben; zu arab. lehnwörtern für diese zeit sind keine analogien da, auch ist dies ገመስ፡ kaum von dem andern vom st. ገመሰ፡ kommenden wort ግማስ፡ „stückchen brod" zu trennen und es werden vielmehr beide auf die bedeutung „fest, compact sein" (vgl. arab. جمس) zurückgehen.

büffel (ጋሙሽ፡ wie ein plural gebraucht), das sind schwarze ochsen der wildnis". Hier (wie dies beständig bei dem aus ጋሙሽ፡ entstandenen amh. ጎሽ፡ *gôsh* der fall ist) scheint übrigens eine übertragung auf den neben dem später eingeführten asiatischen büffel in Habesch vorkommenden wilden kafferbüffel, eine speciell afrikanische ochsenart, stattgefunden zu haben (vgl. auch አልህምት፡ ገዳም፡ „ochsen der wildnis", „wilde ochsen" F. N. 44, 2, was schon s. 374 mitgetheilt wurde und sich unzweifelhaft auf die kafferbüffel bezieht). Eine weitere übertragung des amh. ጎሽ፡ *gôsh* auf grössere antilopenarten liegt in einer s. 377 und anm. 1 angeführten erklärung des Voc. Ae. vor, wozu analogien (vgl. nur بقر الوحش s. 254 und 262, رِئْم s. 277, أَرْخ s. 264 und jedenfalls auch ቀሬ፡ „steppenkuh-antilope", siehe s. 380, anm. 3 und s. 390) ja in menge vorhanden sind.

29. rindvieh a. ላህም፡ *lâhĕm* (siehe s. 103, anm. 2) das allgemeinste wort für ein einzelnes stück der gattung,[1] sei es stier oder kuh; so entspricht es dem *βοῦς* (z. b. Jes. 1, 3), *ταῦρος* (z. b. Jes. 11, 6), *μόσχος* (z. b. Jer. 38, 18) und *δάμαλις* (z. b. Gen. 15, 9) der LXX; der pl. lautet አልህምት፡ „ochsen, viehherde" (*βόες, μόσχοι, βουκόλια*) z. b. Gen. 18, 7.

b. ብዕራዊ፡ *bĕ'ĕrâwî* (siehe s. 143) auch allgemein, doch mehr mit dem nebenbegriff „ackervieh", „pflugochs"; passim, z. b. Ex. 20, 17 (dann auch an fast sämmtlichen stellen, wo ተይፈን፡ [s. unten] steht, so dass es also hier den jungen [ተያፍን፡] gegenüber besonders die ganz ausgewachsenen thiere zu bezeichnen scheint). Dasselbe wort lautet heutzutag amh. ብሬ፡ *bĕrê* oder በሬ፡ *barê*.

c. ሶር፡ *sôr* (siehe s. 224) „stier" z. b. Kuf. p. 115; ψ 21, 12. u. ö. (LXX *ταῦρος*; nur Num. 29 und Hez. 39, 18 entspricht *μόσχος*).[2]

---

[1] „vieh" überhaupt (nicht blos rindvieh) heisst dagegen እንስሳ፡ *ensesâ* (nach Dillm. von እንሰሰወ፡ „schreiten, wandern"), so z. b. Phys. 12, 18. 20.

[2] der pl. አስዋር፡ steht in der verbindung አልህምት፡ አስዋር፡

d. አሐ፡ *aḥâ* „ochsen, kühe" nur Luc. 14, 19 rom. (Platt አልህምት፡) scheint koptisches lehnwort zu sein (ⲉϩⲉ „bos, vacca").

e. ጣዕዋ፡ *ṭâʿĕwâ* „(männliches wie weibliches) kalb" z. b. ψ 68, 36. Nur selten steht dies wort auch ganz allgemein, so Ex. 23, 19 und Org. von schafen; F. N. 40 vom ochsen, pferd, esel und kamel und ψ 28, 6 vom nashorn (ካርካንድ፡).

f. ተይፈን፡ *taifan* (siehe s. 264, anm. 1 und s. 286) „männliches kalb, junger ochs" nur im pl. ተያፍን፡ und gewöhnlich dem wort ብዕራ፡ (siehe oben) gegenüber gestellt (ተያፍን፡ ወብዕራ፡). Dillmann notirt als belegstellen nur Sir. 38, 25. 26. Enc. Genb. 11 und Enc. Sen. 11, 29.

g. ዕጐልት፡ *ʿĕgualt* (siehe s. 226 und zur schreibung Phys. s. XXI und 1) „weibliches kalb, junge kuh" (während das masc. ዕጓል፡ ganz allgemein „junges" heisst) passim, z. b. Jes. 7, 21.

30. schafe. a. በግዕ፡ *bagʿĕ* (das allgemeine wort)[1] passim, z. b. Ex. 12, 3. Phys. 37, 15 (= Joh. 1, 29) u. ö. Gewöhnlich entspricht es dem πρόβατον der LXX, doch hie und da auch κριός, κριοί z. b. Gen. 15, 9 oder ἀμνός, z. b. Lev. 14, 12 f. wie ἄρνες z. b. Lev. 1, 10.

b. በሐኩ፡ *baḥaku* „widder" so immer im lib. Kuf. und auch meist in der bibelübersetzung z. b. ψ 64, 14. — Prov. 24, 66 entspricht es dem wort τράγος der Sept. (also „bock") und Gen. 31, 10. 12; 30, 35 folgt dem pl. አብሓኵ፡ sowol ዘአባግዕ፡ wie ወዘአጣሊ፡ (also hier allgemein von schafen und ziegen).

III. Reg. 3a, 16; 4, 23 für βόες νομάδες, und das Voc. Ae. erklärt አስዋር፡ durch das amh. ገኘ፡ (Isenb. „the leading bull, who goes before the herd").

[1] steht, wie die wörter በሐኩ፡ „widder", ደቤላ፡ „bock", ሐርጌ፡ „widder, bock" und መሐስዕ፡ „lämmer, zickchen" vereinzelt da im semitischen; arabisch heisst بَجَعٌ *bağaʿun* „onocrotalus" (kropfgans, pelekan) und es kommen vielleicht beide thiernamnn von einem onomatopoetischen stamm בגע.

c. ዳቤላ፡ *dâbêlâ* „widder“ siehe n. 31, ziegen.

d. ሐርጌ፡ *ḥargê* „widder“ (κριός) z. b. Lev. 5, 15, doch ebenso häufig „ziegenbock“ (χίμαρος, τράγος) z. b. ψ 49, 10. Der pl. ሐራጊት፡ steht z. b. Phys. 39, 23 (= Am. 7, 14; dort αἰπόλος „ziegenhirt“, äth. allgemein ሐራጊተ፡ እሬዒ፡ „widder [oder böcke] weide ich“)[1].

e. አሑር፡ *aḥûr* nur II. Esra 10, 19 (አሑረ፡ በግዕ፡ κριὸς ἐκ προβάτων).

f. ማሕስዕ፡ *mâḥsĕʿĕ* das junge sowol von schafen als ziegen z. b. Gen. 31, 38 („lamm“, ማሕስዐ፡ በግዕ፡), Cant. 1, 8 („böckchen, zickchen“ መሓስአ፡ [pl.] አጣሊ፡).

31. ziegen. a. ጠሊ፡ *ṭalî* (siehe s. 248, anm. 3 und s. 261) das allgemeine wort (Dillmann: „pecus caprinum, capra, capella, caper, capellus, hoedus, hirca“; LXX αἴξ, ἔριφος, χίμαιρα, τράγος) z. b. Gen. 15, 9. Phys. 19, 19; selten steht es für πρόβατα der LXX, so einige male 1. und 2. Paral.

b. ዳቤላ፡ *dâbêlâ* „ziegenbock“ Dan. 8, 5 f. Hez. 34, 17. Kuf. 64. 116. 119. 123 (der widder heisst dort stets በሐኩ፡) Nur im buch Henoch wird es auch vom „widder“ gebraucht (Hen. 90, 10—16. 31), während es auf das rindvieh erst in der späteren literatur hie und da übertragen erscheint (siehe die stellen s. 373 und 377).

c. በሐኩ፡ *baḥaku* „ziegenbock“ und

d. ሐርጌ፡ *ḥargê* dass., wie endlich

e. ማሕስዕ፡ *mâḥsĕʿĕ* „zickchen“ (alle diese drei) siehe schon oben bei no. 30, schafe (lit. b, d und f).

32. antilopen. a. kleinere arten: α. ወይጠል፡ *waiṭal* (siehe s. 286)[2] LXX δορκάς z. b. Cant. 2, 9. 17. Macc. f. 5

---

[1] im urtext steht an dieser stelle בּוֹקֵר, was urspr. „rinderhirt“ (von בָּקָר, بقر) heisst, doch gleich darauf heisst es weiter: „da nahm mich Gott weg vom kleinvieh (צֹאן, LXX ἐκ τῶν προβάτων), während Am. 1, 1 der prophet als נֹקֵד (siehe schon s. 240) bezeichnet wird.

[2] am besten ist wol (weil auf den gleichen stamm טלא zurückgehend) ጠሊ፡ (siehe oben no. 31, a) und die ihm in den andern semitischen sprachen entsprechenden wörter zu vergleichen, wozu dann der übertragung halber arab. طَلًا s. 261 herbeizuziehen ist.

(siehe schon s. 373); pl. ወይጠላት፡ Reg. Pach.s. 65. Vielleicht die s. 251, anm. 3 aufgeführte art Pala. Das Voc. Ae. gibt es durch amh. ፌቆ፡ *fêkô* und በሆር፡ (nach Praetorius, amh. gr., s. 92 aus በኰር፡) *bâhôr* (vgl. auch unten ውዕላ፡) wieder.

β. ምዷቍ፡ *mĕdâku* „windspielantilope" (siehe s. 251, anm. 3) Sir. 27, 20 („wie eine w.-a. der nachstellung des jägers entflieht"); 12 Enc. (dreimal); M. F. Das Voc. Ae. gibt ኦርና፡ *ornā* und im Tigré heisst dasselbe thier ዐጥሮ፡ *ʿaṭrô*.

b. grössere arten (mehr dem arabischen بَقَرُ الوَحْشِ entsprechend): *α.* ቶራ፡ *tôrâ* [weiterbildung aus dem noch im Tigré erhaltenen ወሀር፡ „stier" (vgl. ተይፌን፡ und يَفَنٌ), wozu dann die unter no. 28 aufgeführten analogien zu vergleichen sind; mit ሰር፡, ثَوْر etc. hat das wort auf keinen fall etwas zu thun (siehe auch s. 380, anm. 3). Zur richtigen bedeutung des Deut. 14, 5 entsprechenden *βούβαλος* (nicht „büffel", sondern „antilopen") sehe man das Physiol. XXXIII, 5 bemerkte nach] Deut. 14, 5. Macc. f. 5 (siehe schon s. 373); Sx. Masc. 19 (wo der eremit Cyriakus die milch dieser antilope, ሐሊብ፡ ቶራ፡, die ihm Gott zusandte, trinkt); pl. ቶራት፡ F. N. 44, 2 (siehe schon s. 374) und Sx. Genb. 28.

β. ዳስከን፡ *daskĕn* oder ድስከን፡ *dĕskĕn* „mendes-antilope" (siehe s. 251, anm. 3) Deut. 14, 5 (*τραγέλαφος*), in der späteren literatur z. b. Lib. myst. (siehe schon s. 376, a. 1); zu der im Voc. Ae. gegebenen erklärung durch *gôsh* (siehe s. 377, anm. 1) ist das nöthige schon oben bei no. 28 (schluss) bemerkt worden. Aus diesem ድስከን፡ ist das bei Plautus zuerst vorkommende „addax" entstanden, welches von Plinius 11, 37, 45 ausdrücklich als afrikanisches lehnwort bezeichnet wird.

γ. ብዕዛ፡ *bĕʿĕzâ* (siehe s. 251, anm. 3) „beïsa-antilope" (eine art der spiessböcke oder oryxantilopen) im geʿez nur name eines musikalischen instruments, einer art horn (vom bild der langen spiessförmigen hörner dieser antilopen), in den tochtersprachen aber noch lebendig.

δ. አጋዘን፡ *agâzan* und አጋዜን፡ *agâzên* „kudu" (siehe

s. 251, anm. 3) nur in der späteren literatur (Chr. Ax. f. 89; M. F. — siehe s. 372) und wie es scheint kein echtes (semitisches) geʿezwort.

33. bergziegen, steinböcke. a. ወዐል፡ *weʿlâ* (siehe s. 251, anm. 3 und s. 280), amh. ዋላ፡ *wâlâ* „steinbock", ersteres (die urspr. form, = وَعِل, יָעֵל etc.) nur Deut. 14, 5 [unbewusst das richtige getroffen, denn im urtext steht דִּישֹׁן, während die LXX ungenau *πύγαργος* („weissteiss", „buntbock" siehe s. 251, anm. 3) haben; דִּישֹׁן aber (von einem zu postulirenden דוש „springen, hüpfen"[1] wie ass. *daššu* von einem gleichbedeutenden *dašâšu* und syr. ܪܺܝܡܳܐ „ibex, capra beden" von ܪܳܡ „salire, exultare")[2] hat wol eine bergziegenart bezeichnet; die syr. übersetzung und die targg. geben es durch ܪܺܝܡܳܐ, die zwei arabischen durch الأَرْوَى wieder],[3] letzteres z. b. Chr. Ax. f. 89 (dort ዋላ፡ ዘውእቱ፡ ሀየል፡ siehe schon s. 372). Das Voc. Ae. hat ወዐል፡ ብ፡ በክር፡ (= በሥር፡).

[1] das im hebr. lebendige דוש heisst (mit einer andern abzweigung der grundbedeutung) „treten, dreschen", ebenso das ass. *dâšu* (vgl. KG. 107 *kima dajašti adiš* „wie beim dreschen zertrat ich [das land]", Asarh. 2, 22 *dajiš mat B.* „zertreter des landes B." und Sanh. 6, 18 *udajjišu* „sie traten mit füssen").

[2] vgl. Delitzsch, Ass. Stud. I, s. 54; wenn jedoch *duššu* Sc. 75 (sumerisch ŠAR) „feist" heisst (was auch von einem stamm דשש kommt), so ist erst zu erwägen, ob nicht *daššu* von diesem דֶּשֶׁן (und דִּישֹׁן dann auch von דָּשֵׁן) „fett sein" abzuleiten ist.

[3] da schon oben die für antilopen- und steinbockarten so wichtige stelle Deut. 14, 5 öfter citirt wurde, so seien hier sämmtliche sieben gattungen, die dort aufgezählt werden, nebst angabe der verschiedenen orientalischen übersetzungen mitgetheilt: a. אַיָּל „bergbock" (die beweise für diese übers. siehe schon s. 280, anm. 1), sam. איל, syr. ܐܰܝܠܳܐ (vgl. s. 279 unten und Bar Salib. بقر بَرِّيَّة), targ. אילא; LXX. *ἔλαφον*, äth. ሀየል፡ *hajal*, kopt. *ciul* (Peyron: cervus). arm. *èlǰèru* (hirsch). — b. צְבִי „gazelle", sam. טבי. syr. ܛܒܝܳܐ, targ. טַבְיָא; LXX. *δορκάδα* (sonst „reh", hier bei den Alexandrinern „gazelle", vgl. Sundevall, die Thierarten des Aristoteles, Uebers. aus dem Schwedischen, Stockh. 1863, s. 69), äth. ወይጠል፡ *waiṭal*, kopt. *kahsi* (daneben sonst *khos* und *kahse* = altäg. *kahes*; Peyron: „gazelle"), arm. *aydzèamn* „capro (*aydz*) selvatico". —

b. ሀየል፡ (sonst nach Dillmann in den mss. öfter als ኀየል፡, wie z. b. die physiologushandschriften schreiben) *hajal*

---

c. יַחְמוּר [siehe s. 333 und vergleiche zur genaueren bestimmung dieser antilopenart Claude Reignier Conder, Tent Work in Palestine, Lond. 1879, Vol. I, p. 172 f.: „Among the thickets (of Carmel) game abounds, — the nimr or hunting (?) leopard, wild pigs, gazelles and fallow deer; partridges and other birds are seen continually in riding about the mountain. To this known fauna we were able to make an important addition. From natives of Haifa we learnt that a kind of deer called Yahmûr was to be found on Carmel, and, offering a reward, we procured from some of the Arab charcoal-burners a specimen which resembled the English roebuck. . . . . Now the interest of this discovery lies in the name. The Yaḥmûr gives a title to a large valley in a wooded district south of Carmel, and . . . . (Deut. 14, 5) [Yahmûr] designates a kind of deer. . . . . Thus until we were able to ascertain the existence of the roebuck, previously heard of but not seen by Dr. Tristram, and to obtain the name Yaḥmûr, there was no clue to the true identification of the deer which furnished Solomon's table daily with choice venison (1 Kings 4, 23)."] sam. יחמור, syr. ܢܣܩܘܪܐ, targ. יַחְמוּרָא; LXX βουβάλον (vgl. noch Sundevall, a. a. o., s. 64 s. v. βουβαλίς), äth. ቶራ፡ *tôrâ*, koptisch *sos* (Peyron: oryx; vgl. Kircher *sôšu* = ثَيْتَل und altäg. *šes* = alcephalus bubalis), armen. *gomeš* „büffel" (beachte hier in der aus dem 5. jahrh. nach Chr. entstandenen armen. übers. die spätere bedeutung von βούβαλος!). — d. אַקּוֹ „steinbock" [?, so die syr. übers. und die targumîm; عَنَاق (siehe s. 249) gehört wol kaum hierher, eher انق (so Dietrich)], sam. אקו, syr. ܝܥܠܐ, targ. יַעֲלָא; LXX. τραγέλαφον, äth. ደስከን፡ *dasken*, kopt. *tragelaphos* (griech. lehnw.), arm. *χarbuz* (eine antilopenart). — e. דִּישֹׁן „(eine andere art von) steinbock" (siehe oben im text) oder (so syr. und targ.) „oryxantilope", sam. דישון, syr. ܪܝܡܐ, targ. רֵימָא [aus diesem zusammenhang ist zu schliessen, dass im aramäischen dies wort die arab., nicht die hebr. oder ass. bedeutung — siehe s. 227, anm. 1 und s. 258 — hatte (beachte das nahe angrenzen der syr.-arab. wüste); die stellen, wo ܪܝܡܐ, רֵימָא dem hebr. ראם entsprechen (so Hiob 39, 9 f. Ps. 29, 6. Deut. 33, 17), beweisen natürlich nichts (vgl. s. 361, anm. 1)]; LXX πύγαργον, äth. ወዕል፡ *weʿlâ*, kopt. *pigargos*, arm. *aydzqal* „capro (*aydz*) selvatico". — f. תְּאוֹ (noch Jes. 51, 20; viell. vom St. תאה, der im arab. „schnell laufen" heisst) „eine grössere antilopenart (oryx?)" oder „bergziege", sam. תאו, syr. ܬܐܘܐ [„ibex, caprea beden", für אַיִל Deut. 32, 14 (der Syrer las den pl. von אַיָּל statt von אַיִל, wie im text steht), meist für יָעֵל, so 1. Sam. 24, 3, Ps. 14, 18 u. ö., f.

(siehe s. 279)[1] „bergbock" (stets ἔλαφος der LXX wiedergebend) z. b. Deut. 14, 5, ψ 17, 36, Cant. 2, 9 (ወሬዛ፡ ኀየል፡ νεβρὸς ἐλάφων); Phys. 24 f. (cap. 30. ἐλάφου), 34, 3 (einfach statt des in der überschrift stehenden ድርኩድስ፡ = δορκάδος); plur. ሀየላት፡ Jer. 14, 5. Macc. f. 5 (siehe s. 373). Das Voc. Ae. erklärt ሀየል፡ durch ቀሉ፡ (siehe no. a).

34. kaschelot oder potfisch(?) ዐንበር፡ ʿanbar oder ዐንበሪ፡ ʿanbarî [= عَنْبَر, nach dem Kam. ein seeungeheuer wie auch ein schild aus dessen haut; sonst ein bekannter arab.

ܝܚܡܘܪܐ Prov. 5, 19 (auch für יעל)], targ. תּוֹרְבָּלָא [aus תור בר (= الثَّوْرُ الوَحْشِيّ), so Ps. 50, 10; pl. תּוֹרֵי בָר Deut. 14, 5, J. (syr. ܬܘܪܐ ܕܒܪܐ)]; LXX ὄρυγα, äth. ኦሪጋ፡ ôrîgâ (siehe s. 363; die eigentliche oryxantilope fehlt auch in Habesch und wird dort durch die andre species der spiessböcke, die beʿzâ-ant., vertreten), kopt. orĕga, arm. yamoye („ircocervo"?) — g. זֶמֶר (kaum mehr genau zu bestimmen), sam. זמר, syr. ܙܢܐܝ [arab. ثَيْتَل „steinbock"; Greg. Nys. teste B. B. ܕܪܐ ܕܝܠܗ „ovis montanus" und so auch B. S. الكبش الجبلي; etymol. = äth. ኦርና፡ ornâ, ein nur noch durch das Voc. Ae. erhaltenes wort, das dort durch ምዳቁ፡ medâḳu (siehe oben im text) paraphrasirt wird — demnach, da eine entlehnung unmöglich scheint, schon ursem. arnu (aber welche bedeutung?)], targ. דִּיצָא (= ܝܘܣܐ siehe oben; sonst f. דִּיצְתָא, so Spr. 5, 19); LXX καμηλοπάρδαλιν, äth. ዘራት፡ zarât (siehe s. 230), kopt. gamĕlopardalis, arm. analuth (auch eine hirsch- und antilopenart, während girafe entsulṭ — „kamel-parder" heissen würde, ein beweis, dass die Armenier neben den LXX nothwendig auch eine andere, natürl. die syr. übers. zur hand gehabt haben müssen, was in de Wette-Schrader's Einl. noch bestritten wird). —— Das oben angeführte buch von Conder ist zu der literatur über Palästina (auf s. 5, siehe auch s. 113, anm. 3, s. 216, anm. 2 und s. 280, anm. 1) nachzutragen und das daraus angeführte resultat für יחמור um so mehr zu beachten, als das buch die ergebnisse des in den jahren 1872 bis 1875 im auftrag des Palestine Exploration Fund unternommenen Survey of Western Palestine in populärer darstellung — the scientific results will be published with the great map in the form of memoirs, 26 in number, one to every sheet — enthält.

[1] vgl. auch noch Sundevall a. a. o. s. 68, z. 7 f.

stammname, z. b. Ham. p. ٣ überschrift des gedichts, wo der comm. nur die bedeutungen ambra (ein excrement, was sich im bauch dieser seethiere findet, urspr.) und schild (تُرْس) anführt — das seethier selbst ist nach Lane „the spermaceti-whale"] im äth. gewöhnlich allgemein für ein grosses fabelhaftes seeungeheuer z. b. Hen. 60, 7. 8. Phys. s. 16, z. 10 (an diesen stellen ዐንበሬ፡, sonst ዐንበር፡, so Hiob 3, 8. Jon. 2, 1 f. u. ö.); das *κῆτος* der LXX (siehe darüber Sundevall, am unten in der anm. a. o., s. 84) entspricht den תַּנִּינִים (über das arab. تِنِّين, siehe Lane s. v. تَنّ) des urtextes, was, wo überhaupt ein bestimmtes seesäugethier darunter gemeint ist, am ehesten der sich vorzüglich in den meeren der wärmeren himmelsstriche findende Kashelot oder Potfisch (Potwal, Physeter macrocephalus) sein dürfte. Der pl von ዐንበር፡ lautet ዐናብርት፡, so Macc. f. 12 (siehe schon s. 373), Gen. 1, 21. Kuf. 2. Hiob 9, 13. Hen. 60, 7. 9, 24.

Die lehnwörter, die einzeln schon alle besprochen wurden, würden sich nach den verschiedenen ursprüngen etwa so gruppiren: a) griechische: eigentlich nur ጋሌ፡ *gâlê* „wiesel" und ኦሪጋ፡ *ôrîgâ* „oryx" (denn bei den griech. lehnwörtern für klippdachs oder stachelschwein [*χοιρογρύλλιος*] und hase [*δασύπους*] ist für die entlehnung, da hier äth. wörter existirten, kein rechter grund einzusehen, dieselbe also mehr für eine zufällige zu halten); ähnlich verhält es sich mit ኢልባስ፡ *ilbâs* „elefant". b) koptische: eigentlich nur ብሒ፡ *beḥê* „nilpferd", was den Abesiniern demnach von norden, von Nubien und Aegypten her, zuerst bekannt wurde; እሐ፡ „rinder, kühe" ist vielleicht nicht einmal urspr. koptisch, da heut noch im Tigré dies wort in dieser bedeutung existirt (Munz. እሐ፡ vaches). c) indische (über Südarabien): nur ነጌ፡ *nagê* „elefant" (worüber schon ausführlich s. 374 f.). d) persische (zunächst durch die Araber vermittelt, und zwar erst in späterer zeit: nur ጋሙስ፡ *gâmûs* „büffel", was dann auch hie und da auf den in Habesch schon vorher einheimischen kafferbüffel übertragen wurde.

Ebenfalls erst in späterer zeit (zum theil erst durch die bibelrevision nach dem hebr. original wie durch die übersetzungen aus dem arabischen) hereingekommen und in die eigentliche sprache nie übergegangen sind endlich e) **hebräische** wie **ሌዋታን፡** *lêwâtân* לִוְיָתָן Hen. 60, 7; 4. Esr. 4, 57. 59 und **ርኢም፡**, **ርኤም፡** (רְאֵם) Phys. und f) arabische, wie **ቀርድ፡** *kĕrd* „affe", **ቀራዲናት፡** *kerâdînât* (جُرْذَان) „feldmäuse". — Schlüsse auf nichtvorkommen von thierarten in Habesch und auf die orte, von woher dann solche thiere den Abesiniern bekannt wurden, konnten bei dieser ganzen reihe von lehnwörtern nur bei *gâlê*, *ôrîgâ*, *bĕḥê*, *gâmûs* und *nagê* gemacht werden (wozu man die allgemeinen bemerkungen über den werth, lehnwörter auszuscheiden und ihrer spur nachzugehen, auf s. 363 und 365 vergleiche).[1]

* * *

Vergleichen wir nun zum schluss das bild der abesinischen fauna, wie es sich uns aus der literatur und der sprache des semitischen geʿezvolkes in obigen untersuchungen ergeben, mit dem bestand, den die neueren reisenden[2] dort vorgefunden wie mit der fauna Afrika's überhaupt sammt den ihr eigentümlichen (in Asien fehlenden oder in andern arten vertretenen) thieren, so lassen sich folgende beobachtungen machen:

1. Der abesinischen fauna eigene thiere (und demgemäss entweder mit nichtsemitischen namen oder mit semitischen neubildungen der geʿezsprache benannt) sind: der elefant (*nagê*; *harmâs, falfal*), das nashorn (*ḥarîš, karkand*), verschiedene affenarten (*hôbâi*), die girafe (*zarât*), fast alle antilopenarten (*waiṭal, tôrâ, beʿĕzâ* etc.), der kafferbüffel (*lâhĕma gadâm*, dann auch übertragen das urspr. pers.-arab. *gâmûs*, *gôsh*), der hyänen-

---

[1] das dort vom oryx gesagte ist dahin abzuändern, dass die eigentliche oryxantilope wirklich in Habesch unbekannt war, was durch das griech. lehnwort dafür (vgl. s. 365, anm. 2) bestätigt wird, denn die beʿzâ-antilope gehört zwar auch zu den spiessböcken, ist aber doch eine vom oryx zu unterscheidende gattung.

[2] vgl. nach Bruce's, Harris' und Rüppel's forschungen, besonders die schon s. 364, anm. 1 genannten, alles frühere zusammenfassenden und durch die neuesten resultate ergänzenden arbeiten (vor allem Heuglin's u. a.).

hund (*takᵘĕlâ*) [und der maulesel (*baḳl*), dessen züchtung wenigstens aus Abesinien erst zu den Arabern kam]; über das nilpferd siehe schon oben. Alle diese thiere gehören der afrikanischen fauna an und fehlen in Asien.

2. Von den säugethieren, welche auch den asiatischen Semiten bekannt waren, also der eigentlichen semitischen fauna angehören, führen im Geʿez

a. gemeinsemitische namen: pardel (*namr*), bär (*dĕbb*),[1] hyäne (vereinzelt noch *ḍĕbʿĕ*, gewöhnlich allerdings *zĕʾĕb*, was der gemeinsemitische name für wolf, schakal ist), igel (*ḳᵘĕnfĕz*),

---

[1] der einzige, der das vorkommen des bären in Habesch „aufs bestimmteste in Abrede zieht", ist Heuglin (Reise nach Abes., s. 248, oben), während Ehrenberg dort einen bären von fern gesehen haben will (die auf sein befragen gemachte angabe der eingeborenen, das thier heisse *karrai* [— Tigré ከረየ፡ *karai*, pl. ኣከሬ፡], kann auf misverständnis beruhen), Hartmann ausdrücklich die frage noch als eine offene betrachtet wissen will, Schmarda in seiner „geograph. Verbreitung der Thiere" s. 280 von der hochafrikanischen thierregion sagt „die bären fehlen gänzlich mit ausnahme der abesinischen gebirge" und Dillmann endlich im artikel Aethiopien in der neuesten aufl. des Brockhausischen convers.-lexicons ohne weiteres den bären der abesinischen fauna zuzählt. Nimmt man zu dem sprachlichen bezeugtsein (s. 379) noch hinzu, dass bei der eigenartigen physikalischen beschaffenheit dieses afrikanischen alpenlandes die möglichkeit des (wenn auch selten und nur für die höchsten bergregionen anzunehmenden) vorkommens des bären zoologisch nicht in abrede gestellt werden kann, so kann für die zeit der blüthe der geʿezliteratur die existenz dieses thieres in Habesch wol kaum noch bestritten werden, ja sie ist sogar für heute noch sehr wahrscheinlich, und man braucht also deshalb nicht anzunehmen, dass das geʿezwort *debb* nur auf ein bärenähnliches thier, etwa den honigdachs oder ratel — die dachse bilden den übergang vom marder zum bären und ganz besonders gilt dies von dieser dachsart, vgl. Brehm, Thierl., II, s. 139 — wäre übertragen worden, zu welcher annahme auch sonst gar kein anhaltpunkt vorliegt. Zu beachten ist auch die altägyptische darstellung eines bären in einem thebanischen grab aus der zeit Thutmes III. (c. 1700 v. Chr.) bei Rossellini II, 22, 5 einzeln, die ganze abbildung im zusammenhang, eine procession darstellend und ebenfalls in farben ausgeführt, bei Hoskins, Travels in Ethiopia, London 1835, p. 328—335, welcher die hellfarbigen führer des bären und des daneben abgebildeten (nach Hartmann asiatischen?) elefanten für weisse asiatische sclaven des besiegten äthiopischen königs, dessen landesprodukte (so auch girafen, affen, leoparden etc.) hier in procession vorgeführt werden, hält.

maus (*aiṣ*), hund (*kalb*), wildkatze (*demmat*), wildschwein (*ḫenzîr*), pferd (*faras*), kamel (*gamal*), rindvieh und zwar nur die wörter für stier und kalb (*sôr*, *ĕgᵘalt*), ziegen (*ṭalî*) und steinböcke (*wĕʿlâ* und *hajal*), während dagegen

b. andere semitische namen (zum theil südsemitische, also nur noch im arabischen sich findende) folgende führen: löwe (*ʿanbasâ*, süds.), gepard (*ṣâḥêu*), fuchs (*ḳᵘĕnṣĕl*), hyäne (siehe oben), hase (*mantalê*), esel (*adg*), wildesel (*ḥalastjô*),[1] schwein (*ḥarâwjâ*), rindvieh (zum theil, nemlich: *lâhĕm*, süds.; *bĕʿrâ*, gemeinsem., aber in anderer bedeutung; *taifan*, süds.; *tâʿwâ* — zwei andere wörter siehe dagegen unter a, nemlich *sôr* und *ĕgᵘalt*), schafe (sämmtliche namen!), ziegen (zum theil, nemlich *dabêlâ*, *ḥargê*; dagegen *ṭalî* [das allgemeine wort] gemeinsemitisch, doch mit einiger einschränkung, siehe s. 248, anm. 3), alle antilopennamen (höchstens ንለት፡ und ኦርና፡, die aber gerad in der schriftsprache nicht vorkommen, ausgen.) und endlich walfisch (*ʿanbar*, südsem.).

Kein semitisches volk hat so viele und so gewöhnliche gemeinsemitische thiernamen aufgegeben, wie die von Südarabien in den neuen in klima und fauna so ganz anderen erdtheil[2] gewanderten geʿezleute; bei den wörtern, die als südsemitisch zu bezeichnen waren, lässt sich doch wenigstens

---

[1] und zwar eine besondere afrikanische species, statt deren im südlicheren Afrika das zebra auftritt, von wo aus es den Aethiopen erst später unter dem namen *zekora* bekannt wurde; siehe Ludolf Hist. Aeth. X, s. 4, oben no. 37 (die seiten dieses buches sind leider nicht numerirt).

[2] einige allgemeine bemerkungen über den eigenartigen charakter der afrikanischen fauna (Aegypten ist hier ausgeschlossen, vgl. schon s. 12) findet man z. b. in Achille Raffray's Abyssinie (Paris 1876), p. 235, eine höchst anziehende und treffende charakterisirung des physikalischen eindrucks, den Habesch macht, in Munzinger's „Ostafrikanischen Studien" (Schaffhausen 1864) s. 26 ff. Letztere ist wol das anschaulichste in gedrängter form, was über die naturbeschaffenheit dieses merkwürdigen landes im allgemeinen (auch den der noch nie von Habesch hörte) orientiren kann; für weitere aufschlüsse über land und leute sei auf die populäre zusammenfassung Richard Andree's „Abessinien, das Alpenland unter den Tropen" (Leipzig, 1869) verwiesen, wo auch eine vollständige geschichte der erforschung Abesinien's durch die Europäer (bis 1868) gegeben wird.

noch die verbindungskette herstellen durchs arabische (so arab. neben dem seltenen *ʿanbasun* löwe das gewöhnliche, auch den andern semit. sprachen fehlende *asadun*, aber daneben doch auch das gemeinsemitische *läiṯun* und *labuʾatun*), wo ist aber eine semitische sprache, welche für esel nicht ein auf das ursem. *ḥimâru* zurückgehendes wort hätte, die den hasen nicht ארנב nennte oder die gar jede spur der ursemitischen namen der schafe, dieser so gewöhnlichen hausthiere, aufgegeben hätte, ausser dem geʿez? Bei den antilopen z. b. ist der grund leicht ersichtlich, denn das sind zoologisch lauter verschiedene arten von denen Aegyptens wie der semitischen länder Asiens (hier vor allem Arabiens), aber auch bei den andern wörtern kann dies aufgeben nicht reiner zufall sein — wenn es blos zwei oder drei wären, ja dann eher — und so ist auch hier das sich losreissen von der alten mutter, so nah auch die wanderung über die schmale meerenge war, in die neue physikalisch so anders geartete welt, den alten bezeichnungen für diese thiere zur „pforte des untergangs" geworden; ja ich gehe noch weiter: wenn nicht Habesch in den merkwürdigen klimatischen contrasten, die es aufweist, seinen tropischen niederungen neben den schneeregionen seiner alpen und dem dazwischen die mitte haltenden gemässigten klima, doch noch so viel verwandtes in fauna und flora mit Asien aufwiese, wenn es z. b. nur um ein drittel mehr tropischen charakter hätte als dies wirklich der fall ist, wer weiss, ob dann jene erste hälfte von thiernamen sich erhalten hätte, welche wir sämmtlich dem ursemitischen vocabular beizählen dürfen?

3. Endlich bleiben noch einige wenige thiere übrig, welche, obwol gerade für die thierwelt Habesch's charakteristisch, dennoch nicht bei den namen, die sich uns aus der geʿezliteratur ergeben haben, unterzubringen waren; dies sind vor allem der hönigdachs oder ratel,[1] nach Heuglin „amharisch *fárô*, wahrscheinlich auch *moqaza*",[2] dann das erdferkel (oryctero-

---

[1] siehe Hartmann, a. a. o., s. 237.

[2] Heuglin, Reise nach Abessinien (Jena 1868), s. 234.

pus), amharisch ጽሔራ፡ *sĕḥêrâ*[1] und das nachtschwein (nyctochoerus), amharisch ሀሰማ፡ *hasamâ*,[2] welch letzteres thier nur eine nebengattung der andern schon besprochenen wildschweinart, dem warzenschwein (Phacochoerus, amh. እርያ፡ *ĕrjâ* = äth. ሐራውያ፡ *ḥarâwjâ*) ist, und daher im Geʿez wol unter dem wort *ḥarâwjâ* oder vielleicht auch dem andern (gemeinsemitischen) wildschweinnamen ኅንዚር፡ *ḥĕnzîr* mit verstanden wurde. — Der schakal, dessen vorkommen bezeugt ist[3] (amh. ቀበሮ፡ *ḳabarô*)[4] scheint im Geʿez als ein thier mit dem fuchs (*ḳuĕnsĕl*) figurirt zu haben (vgl. auch unten den Tigrénamen bei d'Abbadie), während die von kleineren katzen in Abesinien vorkommenden luchsarten (amh. ጉልጉል፡ ነውር፡ *gulgul nawr*, nach andern „gepard")[5] wahrscheinlich unter dem namen des gepards mit inbegriffen wurden.

Nachdem wir nun gesehen, wie sich die semitischen Abesinier mit dem aus der alten heimat mitgebrachten vorrath von säugethiernamen in dem neuen welttheil mit seiner einer ganz anderen thierregion angehörenden fauna eingerichtet, was vom alten sprachgut dabei unverändert geblieben, was durch neubildungen ersetzt, durch übertragungen modificirt oder gar durch entlehnungen afrikanischer namen vervollständigt wurde, so bitte ich nun zum schluss meine leser, mit mir in die älteste zeit, wo wir die existenz der Semiten zurückverfolgen können, nemlich in die sogenannte ursemitische periode, einen blick zu werfen und recapitulirend alles das,

---

[1] siehe Hartmann, s. 249; vgl. auch Raffray, am oben a. a., s. 68, wo aus eigner anschauung von einem interessanten kampf dieses thieres mit der hyäne berichtet wird.

[2] siehe Heuglin, Reise etc., s. 244.

[3] Heuglin, Reise, s. 235 und auch bei andern, z. b. Mansfield Parkyns, Life in Abyssinia, vol. II (London 1853), p. 299 (im abschnitt Natural history; dort wird von „three or four sorts of jakals" gesprochen).

[4] in Munzinger's Tigré-glossar ሐሲል፡ *ḥašîl* und በይሖ፡ *baiḥô* (pl. በያሒ፡ *bajâḥî* [vgl. den altäg. namen der gefleckten hyäne: *bnḥiu*?]); in d'Abbdie's Tigré-glossar ወድ፡ ሐሲል፡ *wad ḥasîl* „rénard".

[5] nach Heuglin auch amh. *aʾfen*.

was sich uns schon bei besprechung der einzelnen arab. und äth. säugethiernamen nach sprachvergleichenden und culturgeschichtlichen untersuchungen als ursemitisch ergeben, in ein gesammtbild vereinigt, vor unserm geistigen auge vorüberziehen zu lassen, um dann zu versuchen, von dieser so entstandenen fauna auf die geographische lage der ursitze der Semiten im letzten stadium vor ihrer trennung einen schluss zu ziehen.

Die den Ursemiten bekannten Säugethiere

waren nach den in diesem buch geführten einzeluntersuchungen unter ihren mit sicherheit zu erschliessenden ursemitischen namen folgende:[1]

1. der löwe: a. b. *laitu*, das weibchen *labi'atu*, *lib'atu*.
c. *nahûšu* (nur arab., ass.) — Nur südsem. ist *'anbasu*; allgemeine wörter für „wildes raubthier" waren wol *madînu*, *barbâru* (beide nur im arab. in der speciellen bedeut. „löwe").
2. der pardel: *namiru*, *nimru*.
3. die wildkatze: *dimmu*, *damâmu*.*[2]
4. der wolf: *di'bu* (südsemit. „schakal"; nord- und wahrscheinlich auch ursemitisch muss neben *di'bu* „wolf" ein wort *ahu* „schakal" existirt haben, vgl. s. 292).
5. der haushund: *kalbu*.
6. der fuchs: *tu'âlu*; *ta'labu*.
7. die streifenhyäne: *dabu'u*.
8. der bär: *dubbu*.

---

[1] ich wähle hier die gleiche eintheilung wie oben auf s. 354 ff. beim rückblick über die arabische fauna des 6. nachchristl. jahrhunderts; die beweisführung wird natürlich hier nicht wiederholt und werden auch keine rückweise gegeben.

[2] wo in künftigem ein sternchen nachgesetzt wird, so soll dies eine unsicherheit der erschlossenen form nur für den vokalismus anzeigen, um nicht etwa דמם (so in diesem fall) schreiben zu müssen; vielleicht existirten beide formen neben einander im ursemit. (wie dies z. b. bei *namiru*, *nimru* sicher ist).

9. der igel: *ḳuppudu*, *ḳuppudu* (vgl. dazu die bemerkung s. 403, anm. 2).

10. der maulwurf: *ḫuldu*.

11. die feldmaus: a. *ʿakbaru*.
b. *aiṣu*.

12. der hase: *arnabu*.

13. das pferd: a. *parašu*.
b. *sûsu*. — Ein vielleicht schon im ursemitischen gebrauchtes epithetum dieses von den alten Semiten nur zu edeln zwecken verwendeten thieres war *naḥdu*; vgl. das arab. epithetum نَهْد und das schon in den altbabylonischen Izdubarlegenden vorkommende beiwort des rosses: *naḥid ḳabli* „glorreich im kampf“.

Die wörter *paḫlu** „hengst“ und *muḫru* „füllen“ scheinen, ursprünglich vom pferd gesagt, schon bald auch auf andere thiere angewendet worden zu sein.

14. der wildesel: a. *paraʾu*.
b. *ʿarâdu*.
c. (vielleicht speciell das füllen) *ʿairu*.

15. der hausesel (das männchen) *ḥimâru*,
(das weibchen) *atânu*.

16. das dromedar: *gamalu*,
(das weibchen) *nawakatu*, *janaḳatu*.
(das junge) *bakru*, *bikru*.

Vielleicht auch *rakûbu* (d. i. „reitthier“) genannt, siehe s. 204; das wort *baʿîru* muss im ursemitischen allgemein „vieh“ bedeutet haben.

17. der hirsch: irgend einer der gleich aufzuführenden gazellen- oder steinbocknamen; zu bestimmen, welchen, entzieht sich wol ganz der wissenschaftlichen forschung. Da die urheimat der Semiten aus andern zwingenden gründen im norden der semitischen länder gesucht werden muss, so ist es nur ein weiter sich ergebender schluss, dass, zumal für die ganze sippe der wild lebenden wiederkäuer so viele namen für das ursemitische sich ergeben, einige davon namen des in den eufrat- und tigrisländern wirklich vorkommenden hirsches gewesen sind

18. die gazelle: a. *ṭabju.*

b. (das junge) *ʿazâlu.*

c. *nailu* oder *nâlu* (nur ass. und amh.)

d. *arnu̦* (nur äth. und syrisch; vielleicht auch eine steinbockart).

Ferner müssen schon im ursemitischen gewisse antilopen- oder steinbockarten mit namen benannt worden sein, deren wurzelbuchstaben *d* und ein zischlaut waren (so vom hüpfen oder springen benannt); dies ergibt die zusammenstellung von ass. *daššu*, syr. *daiṣâ* und hebr. *dîšôn*. Drei ursemitische wörter *dašašu*, *dajaṣu* und *dišânu* als sicher aufzustellen, wäre der form wegen zu gewagt; möglich ist ihre existenz aber immerhin.

19. der steinbock: a. *waʿilu.*

b. *(ḥ)ajjalu*, viell. auch *nailu* (was dann oben zu streichen).

c. (das junge) *ʿupru* (nur hebr. und arab.)

20. die hausziege: a. *ʿinzu.*[2]

b. (ziegenbock) *taišu.*

c. (der junge bock) *ʿatûdu.*

d. (zickchen) *gadju*, vielleicht auch

e. *ṭalju* (wenn letzteres wort nicht eine allgemeinere bedeutung hatte).

---

[1] das urs. *arwaju* (ass. und arab. „steinbock") bedeutete wahrscheinl. allgemein „wild", siehe s. 281 f.; im Tigré wurde አርዌ፡ zum allg. wort für „schlange" (äth. አርዌ፡ ምድር፡), während dort merkwürdiger weise ሐየት፡ *ḥajjat* (arab. حَيَّةٌ *ḥajjatun* „schlange") für den löwen gebraucht wird.

[2] so setze ich jetzt die grundform an (statt *ʿizzu* s. 246), da, was dort nachzutragen, das Sb 286 stehende UZ *înzu* das assyr. wort für „ziege" zu sein scheint, vgl. IV R. 28, 48.51c *šizbi înzi* (sum. GA.UZ) mit II R. 35, 74/75 *ardatum ša ina ṣirtišu šizbu la ibšu* („eine sklavin, welche an ihrer brust keine . . . . hat"), nach welch letzterer stelle *šizbu* nur „milch" bedeuten kann. Es ist dann die frage, ob bei חֲזִיר, קִפּוֹד und ähnlichen wörtern nicht auch die südsem. form (von mir als auflösung von zz in nz, pp in np etc. bezeichnet) das ursprüngliche repräsentirt, zumal, wenn in dem s. 301, anm. 2 notirten *ḥumṣiru* etwa der ass. name des wildschweins stecken sollte.

21. das **schaf**: [vielleicht ursprünglich *ḍa'nu* (collectiv) und
śawahu (ein einzelnes thier); sicher aber]
(und zwar widder) *kabśu*[1].
(weibliches lamm) *raḫilu*.
(nord-, vielleicht aber auch schon ursemitisch) *immaru*[2] (lamm).

Allgemein „**kleinvieh**" (schafe sowol als ziegen) scheinen bedeutet zu haben
ḍa'nu und *śawahu* (siehe schon oben) und vielleicht
(das junge) *ṭalju*.

22. der **wildochs**: *ri'mu*,
(vielleicht auch) *arḫu*.

23. das **hausrind**: a. (allg.) *baḳaru* (rindvieh)
b. (nord-, höchst wahrscheinlich auch ursemitisch) *alpu* (ochs).
c. *ṯauru* (stier).
d. *'iglu* (kalb). — Nur für das südsemitische zu erschliessen sind die wörter *japanu* (siehe s. 264, anm. 1) und *lahmu* (s. 103, anm. 2).

24. der **klippschiefer**:[3] *ṯapanu*.

---

[1] meine auf s. 235, anm. 2 ausgesprochene vermuthung scheint sich zu bestätigen, da nach dem von **Schrader**, KG. 216, anm. 2 bemerkten der ausdruck *ilippi ša mašak káb-ši-í* (Asurn. 3, 34. 64, Salm Monol. von Karch 1, 36) nur „schiffe von **hammelhäuten**" heissen kann; es ist natürlich dann nicht *gab-ši-í*, sondern *káb-si-í* zu lesen (vgl. zu *káb, káp* für dieses zeichen z. b. H. J., obv. 10 *lab-šú va kima iṣ-ṣu-ri ṣu-bat káp-pi* „und gekleidet wie vögel in ein kleid von flügeln", var. *kap-pi* mit den gewöhnlichen zeichen für *kab, kap*). Es gehören dann nach den sem. zischlautgesetzen (siehe Z. d. D. M. G., XXXII, s. 712) zusammen:

urs. *kabśu*, hebr. כֶּבֶשׂ, ass. *kabšu*, arab. كَبْش; daneben ursem. *kabšu* (nur im syr. ܟܶܒܫܳܐ) und ursem. *kabsu* (nur in dem neben ass. *kabšu* aus GUG *kirru* und *kabâsu* zu erschliessenden ass. *kabsu*).

[2] das syr. wort heisst ܐܶܡܪܳܐ, wie s. 237 zu corrigiren ist, wie es ebenso dort *immaru* statt *immâru* heissen muss.

[3] oder ein ähnliches kleineres thier.

25. das wildschwein: *ḫazzîru*[1] (vgl. dazu die bemerkung s. 403, anm. 2).

So wären also, um kurz und übersichtlich zu recapituliren, löwe, pardel, wolf, fuchs, hyäne, bär, wildkatze, wildschwein, wildochs; wildesel, hirsch, gazelle, steinbock; hase, igel, klippdachs, maulwurf, feldmaus; (hausthiere:) pferd, esel, kamel, ziege, schaf, rind, hund" die der ursemitischen säugethierfauna mit sicherheit zuzuschreibenden thiere; die durch gesperrten druck hier kenntlich gemachten galten auch vor meinen untersuchungen als solche,[2] wenngleich sie noch niemand versucht hatte, in einheitlicher reihe zusammen zustellen, und diese können denn auch als über allen zweifel erhaben jener fauna, für die wir als späteste zeit den anfang des dritten jahrtausends vor Chr. geburt anzusetzen gezwungen sind, zugerechnet werden. Von der richtigkeit der übrigen bin ich wenigstens ebenso sicher überzeugt, und diese überzeugung mit beweisen begründet zu haben, ist eben der zweck meines buches. Es ist noch darauf aufmerksam zu machen, dass von den raubthieren allein für den löwen mehrere namen (von verschiedenen triliteralen stämmen) fürs ursemitische nachweisbar sind, von den andern wild lebenden thieren für den wildesel, die gazelle, den steinbock und (wahrscheinlich auch) den wilden ochsen, und dass ferner von den hausthieren nur beim rindvieh, den ziegen und schafen, dem esel und dem kamel verschiedene namen für männchen, weibchen und junge sich aufstellen lassen, was interessante schlüsse über den grad der vertrautheit oder bekanntschaft der Ursemiten mit den ihnen bekannten thieren zu ziehen nahelegt.

---

[1] vielleicht auch *ʿaparu** (vgl. عِفْر und ass. *apparru*)?

[2] ich habe hier mit absicht den hirsch ausgenommen, da die allgemeine annahme bisher zwar dieses thier den Ursemiten vindicirte, aber unter dem namen *ajjal*, der ebensogut oder ebensowenig wie andre ursemitische antilopen- oder steinbocknamen den hirsch bezeichnen konnte, vgl. s. 280, anm. 1 und s. 279 f., — ebenso auch das wildschwein, da man bisher *ḫazzîru* (oder *ḫanzîru*) zwar allgemein für ursemitisch hielt, aber ohne nach weitern gründen zu fragen, mit „schwein" (also „hausschwein") wiedergab.

Wo waren nun — und das ist die wichtigste frage bei der ganzen sache — die sitze der Semiten in dem letzten stadium vor ihrer trennung, in welche zeit eben wir die existenz jener fauna allein setzen dürfen? Schon in der einleitung wurde auf die unzulänglichkeit der aufstellungen Schrader's und Sprenger's hierüber hingewiesen [1] und als der einzig richtige weg der, den A. von Kremer eingeschlagen, bezeichnet. Dieser gelehrte suchte vor allem darzuthun, dass Arabien der ursitz der Semiten nicht sein könne, und sein hauptbeweis dafür ist in folgenden sätzen enthalten: 1) die Semiten kannten vor ihrer trennung in einzelne völker und sprachen das kamel, aber nicht den strauss, sie sassen also nicht in Arabien, wo der strauss einheimisch ist, und Arabien kann folglich auch nicht als der entstehungsherd des kamels angesehen werden. 2) die Semiten kannten vor der dialektbildung (um kurz den nicht ganz passenden terminus v. Kremer's zu gebrauchen) die palme und ihre frucht nicht; der älteste eigene ausdruck für dattel findet sich im sprachgebiet der die babylonische tiefebene bewohnenden aramäischen stämme (neml. das wort *diḳlā*). Diesen beiden aufstellungen, von welchen die zweite einiger berichtigung bedarf, die erste allein aber, wenigstens für den anfang, jener negativen behauptung hinreichendes gewicht zu verleihen im stande ist, fügt nun v. Kremer seine positive ansicht vom ursprung und von der wanderung des semitischen völkerstammes an. Nach ihm war Hochasien die gemeinsame urheimat der semitischen wie der arischen stämme. Im hohen Turan, westlich vom Bolortag und der hochebene von Pamir, hätten die Ursemiten in naher berührung mit den Ariern gesessen, von wo aus, dem lauf der grossen wasseradern des Oxus, folgend, zunächst nach westen und dann am südrande des kaspischen meeres herum immer weiter gegen südwesten die wanderung der Semiten vor sich gegangen wäre. Von da wären sie durch einen der Elburz-pässe in die medische gebirgslandschaft eingedrungen, und dann hätte wahrscheinlich durch jene alte einbruchsstelle aller völkerströme von und nach

[1] seite 8; eine ausführlichere widerlegung habe ich seitdem in meinem aufsatz „die ursprünglichen Wohnsitze der Semiten" (Beil. der Allg. Zeit. 1878, No. 263 f.) gegeben, welche ich hier nachzulesen bitte.

Medien, durch die felsenschlucht von Holwân, welche hier die Zagros-kette durchklüftet, der einmarsch in das tiefe becken der assyrisch-mesopotamischen niederung stattgefunden. So weit nach A. v. Kremer. Holwân liegt gerade zwischen dem 34. und 35. grad N. Br. in der mitte, und von da aus gelangt man zunächst in den theil der Eufrat- und Tigrisebene, der südlich von den alten, ursprünglich nichtsemitischen, culturländern Sumir und Akkad,[1] nordöstlich von Assyrien und nordwestlich von dem schon in vorchristlicher zeit aramäischen theile von Mesopotamien, dem eigentlichen zweistromland (Naharina) der ägyptischen inschriften, begränzt wird. Hier müssen die vereinigten Semiten noch einige zeit gesessen haben, bis (vielleicht durch die südlich sitzenden Nichtsemiten veranlasst?) eine neue wanderung nach nordwesten, süden und südwesten begann, welche die uns bekannte vom anfang der geschichte an uns entgegentretende gestaltung der semitischen völkergruppe zur folge hatte. Die geistvolle ausführung v. Kremer's von der früheren wanderung der Ursemiten bis Mesopotamien, der ich mich vollständig anschliesse, bleibt nun freilich immer mehr oder weniger hypothese, ähnlich wie alles das, was sich von jener periode der semitischen sprachbildung sagen oder vermuthen lässt, welche vor die entstehung des triliteralismus und

---

[1] dass Sumir Südbabylonien (hauptstadt Ur), Gandunias die gegend um Babylon, Akkad aber der strich nördlich und nordöstlich von Babylon (hauptstadt Agate, wie ich nach G. Smith's vorgang den namen A-ga-ne lesen möchte) war, darüber kann, trotz Lenormant's neuesten auslassungen (Magie und Wahrsagekunst der Chaldäer, neue. deutsche ausgabe, Jena 1878, s. 379 ff.), nach den von G. Smith, Friedr. Delitzsch und zuletzt von E. Schrader (K.G., s. 533 f.) beigebrachten argumenten kein zweifel mehr sein, ebensowenig (nach Oppert's und Delitzsch's untersuchungen) darüber, dass jene alte nichtsemitische sprache zunächst die sprache von Sumir war und also sumerisch zu nennen ist. Wie vorsichtig man zuweilen des geistreichen und gelehrten Lenormant beweisführung aufnehmen muss, sieht man besonders deutlich aus dem von ihm (a. a. o., s. 385) angeführten *marriti ša ilis Akkad*, was sich auf den persischen meerbusen beziehen und „das meer oberhalb Akkads" bedeuten soll, wenn man die stelle, wie sie wirklich im zusammenhang lautet, im original (bei Schrader s. 533 unten) vergleicht; mag jenes *gurmarriti* bedeuten, was es will, „meer" (*marratu*, nicht *marritu*) heisst es auf keinen fall.

der durch ihn bedingten grammatischen formation fällt. Was aber die letzte station der Ursemiten, die ich mit v. Kremer in die mitte der mesopotamischen tiefebene setze, anbelangt, so ist dies überhaupt wol das einzige, was nach verwerfung der arabischen urheimat der Semiten übrig bleibt,[1] und je mehr demnach letztere sich als unmöglich herausstellt, als desto sicherer darf jenes gelten, zumal es ja auch aufs schönste mit den ältesten traditionen der Semiten selbst im einklang steht. Die thatsachen nun, welche zwingend für Mesopotamien und gegen Arabien als ursitze der Semiten sprechen, und deren nähere begründung schon bei den arabischen thiernamen gegeben wurde, ordnen sich in zwei gruppen. Einmal wird es sich darum handeln, die existenz von thieren für die ursemitische fauna nachzuweisen, welche es in Arabien entweder gar nie gab oder die doch wenigstens nur ganz vereinzelt daselbst vorkommen; diese beweise sind die eigentlich entscheidenden, und von ihnen hatte v. Kremer noch keinen beigebracht. Zweitens kommen hier thiernamen in betracht, welche allein der arabischen fauna eigen sind, und für welche die verschiedenen anderen semitischen sprachen entweder gar keine oder neue ausdrücke haben; hierher gehört z. b. der hauptbeweis v. Kremer's, das fehlen eines wortes für „strauss“ in der sprache der Ursemiten. Diese zweite art von beweisen kann nur jene erstgenannten bestätigen, für sich allein liegt ihnen aber deshalb keine zwingende kraft bei, weil die sprachwissenschaft

---

[1] Palästina und Syrien können den einfachsten historisch-geographischen erwägungen nach hier kaum in betracht kommen, Babylonien aber, seit den frühesten zeiten der sitz der alten cultur der Sumerier, ist nicht wol geeignet zugleich als ursitz der ursprünglich nomadisirenden, wenn auch dabei schon auf verhältnismässig hoher culturstufe stehenden Semiten zu gelten. Ganz ausser frage steht natürlich Habesch. Wie früh oder spät endlich der nach der weiterwanderung der mehrzahl der Semiten in Mesopotamien sitzen gebliebene theil derselben, welcher zu dem semitischen volke der Babylonier und Assyrier (deren reich beiläufig erwähnt, vom süden, von Babylonien aus, gegründet wurde) geworden, mit den Sumeriern in berührung trat, und welcher art anfangs diese berührung war, darüber lässt sich bis jetzt nichts sicheres aufstellen; die ältesten einsprachigen (semitischen) babylonischen texte, in denen bereits sumerische götternamen sich finden, sind — so viel steht fest — schon vor 2000 vor Chr. entstanden.

für sich allein nicht die mittel besitzt, das gänzliche fehlen eines wortes für die semitische grundsprache zu constatiren; denn es kann ja nur zufall sein, dass das betreffende wort in der einen semitischen sprache erhalten blieb, in der anderen aber aufgegeben und dann gewöhnlich durch neue von anderen stämmen gebildete wörter ersetzt wurde. Zu der ersten art gehört nun vor allem a) das fehlen des ursemitischen wortes *dubbu* „bär“ im altarabischen. Dass das wort wirklich ursemitisch ist, beweist zur genüge das äthiopische *debb*, das hebr. *dob*, aramäische *debbā* und assyrische *dabu*, womit das wirkliche vorkommen des bären in Habesch, Palästina, Syrien und Mesopotamien nur übereinstimmt; für Habesch ist er bis jetzt sicher bezeugt,[1] wenn er auch dort selten und nur in den höchsten alpen-regionen sich findet, und für die Eufrat- und Tigrisländer ist er ausser den inschriften durch bildliche darstellungen nachgewiesen. Die arabischen lexika geben nun zwar ein wort *dubbun* „bär“; erstens aber schliesst die ganze naturbeschaffenheit Arabiens das vorkommen von bären aus, und dann ergibt sich bei näherem zusehen, dass jenes *dubbun* erst bei späteren muslimischen schriftstellern und dichtern sich findet, als längst der schwerpunkt des geistigen lebens von Arabien weg nach Syrien und Irâk (Mesopotamien) sich verrückt hatte.[2] — b) das fehlen des ursemitischen wortes *ri'mu* „wilder ochs“ im arabischen. Dieses wort, hebräisch *re'ēm*, assyrisch *rîmu*, bedeutet im nordsemitischen nur „wilder ochs“, wie ich aus assyrischen quellen gegen das von Friedrich Delitzsch in seinen assyrischen lesestücken noch aufgestellte nachgewiesen;[3] die bildlichen darstellungen der assyrischen denkmäler bestätigen das wirkliche einstige vorkommen dieses thieres in den zoologisch

---

[1] sollte aber ja das s. 301 f., ferner s. 379, no. 4 wie s. 396, anm. 1 angeführte doch noch allzugrosse skeptiker an der einstigen existenz dieses thieres in Habesch zweifeln lassen, so würde dadurch obige beweisführung nicht umgestossen, denn wenn das ge'ez-wort *debb* (LXX stets ἄρκος) auch nicht den wirklichen bären, sondern nur ein bärenähnliches anderes thier (etwa den ratel) bezeichnet haben sollte, so wäre doch durch dieses wort *debb* und die nordsemitischen oben angeführten wörter *dubbu* „bär“ für das ursemitische ebenso sicher erwiesen.

[2] siehe s. 302 die belege.

[3] siehe s. 277, anm. 1.

einer unterabtheilung der mediterraneischen thierregion angehörenden nordsemitischen ländern. Das arabische wort *ri'mun* bedeutet aber die nur in den sandsteppen Arabiens[1] heimische oryxantilope, und zwar das junge weibchen derselben, da die arabischen lexicographen einstimmig „junge gazelle mit glänzend weissem fell“ paraphrasiren. Das wort selbst muss demnach der semitischen ursprache angehört haben, und es handelt sich nur darum in welcher bedeutung. Nun haben wir zu einer übertragung von antilopennamen auf rindarten im semitischen wie in anderen sprachen gar keine analogie, dagegen wol umgekehrt; so heissen alle die zum genus oryx leucoryx gehörenden arabischen antilopenarten auf arabisch *baḳaru-l-waḥši*, d. i. „kühe der einöde“; dasselbe wort, das im hebräischen „stier“ heisst, nemlich *par*, heisst in einer arabischen ableitung *furâr*, „lamm“ und „gazelle“; das arabische wort *ṯaur* „stier“ wird in derselben sprache von den dichtern übertragen auch vom männchen der antilope gebraucht. Wenn demnach die ursemitische bedeutung von *ri'mu* nur „wilder ochs“ gewesen sein kann, so haben wir die ursitze der Semiten auch in Mesopotamien, nicht aber in Arabien, wo es wilde ochsen nie gab und auch heute

[1] dieser umstand (vgl. auch das s. 258, a. 2 und s. 259, a. 3 bemerkte) ist bei der gleichsetzung des hebräischen רְאֵם mit dem ass. *rîmu* „wilder ochs“ besonders auf die wagschale zu legen und wäre daher auch s. 227 noch stärker zu betonen gewesen; wie kann für Palästina dieses allein die sandsteppen Nordostafrika's und ausserdem nur noch Arabien's bewohnende thier überhaupt nur in betracht kommen! Auch dass in der die hebräische nomenclatur des antilopen- und steinbockgeschlechts doch nahezu erschöpfenden liste Deut. 14, 5 der רְאֵם fehlt (während z. b. die aramäischen und arabischen übersetzungen ein wort mit רֵימָא, رِئْم, die LXX ein anderes mit ὄρυγα wiedergaben — vgl. s. 391 anm. 3), hätte schon früher die bibl. exegeten stutzig machen sollen. — Zu s. 257 ff. „رِئْمٌ *ri'mun* oryxantilope“ ist als beleg für die wirkliche bedeutung (die arab. nationallexicographen nur allg. „weisse junge gazelle“) noch die thatsache nachzutragen, dass bei den maghribinischen Arabern noch heute die oryxantilope der sahara *rîm* genannt wird; vgl. Daumas, „le Grand Désert, Paris 1848, p. 391 (dort *rîm* statt *rîn* zu lesen) und ders., „les chevaux du Sahara“, Paris 1855, p. 280 ff. (abschn. „chasse de la gazelle); siehe übrigens auch die nachträge no. 72.

noch nicht gibt, zu suchen. Nichts ist klarer, als dass die Semiten bei ihrer wanderung aus dem an diesen thieren so reichen zweistromlande nach Arabien, wo es so viele antilopen und gazellen gab, mit ihren ursprünglichen benennungen derselben nicht ausreichten, und nun, da sie andere namen zu hilfe nehmen mussten, selbstverständlich aus den nun überflüssig gewordenen welche auswählten (s. 227 f.). Das wort *ri'mu*, das ausserdem, da es in Arabien keine wilden ochsen gab, im arabischen verschwunden wäre, übertrugen sie eben nun auf die weisse oryxantilope, und zwar wol deshalb auf das junge weibchen derselben, weil das verbum, von dem *ri'mun* eine ableitung ist, im arabischen „zart sein, zart behandeln" heisst so heisst z. b. ein anderes von demselben verbum *ra'ama* kommendes wort, nemlich رَأْمٌ *ra'mun* arabisch „kameljunges". — c) das arabische wort *namir*, „pardel", in der vormuhammedanischen poesie. Der pardel heisst äth. *namr*, hebräisch *namēr*, aramäisch *nemrā* und assyrisch *nimru*, ist also fürs ursemitische, sei es nun in der älteren form *namiru* oder in der jüngeren *nimru*, sicher. In Arabien ist er nach Heuglin heute sehr selten und muss dies auch im altertum schon gewesen sein, denn während in der an thiernamen so reichen altarabischen poesie z. b. der löwe, der wolfähnliche schakal, der fuchs und die hyäne fast auf jeder seite vorkommen, wird der pardel fast nie, im ganzen nur an wenigen stellen, erwähnt. Die sitze der Ursemiten, in denen der pardel ein gewöhnliches raubthier gewesen sein muss, können demnach nicht in einem lande gesucht werden, in welchem diese thiere beinahe fehlen.

Die zweite reihe von thatsachen, bei der wir nun angelangt sind, könnte für sich allein nichts zwingendes für die wohnsitze der Ursemiten beweisen, bestätigt aber das aus der ersten gewonnene sichere resultat in erfreulicher weise. Schon A. von Kremer hat darauf hingewiesen, dass für den nur die arabische wüste bewohnenden strauss kein ursemitisches wort bis jetzt nachzuweisen sei. Daraus, dass auch die Aramäer den strauss *ne'āmā* nennen (arabisch *na'ām*), kann nichts für das ursemitische gefolgert werden; denn *ne'āmā* ist sicher arabisches

---

[1] siehe s. 296.

lehnwort, durch die schon in alter zeit von Mekka nach norden
gehenden und gewiss auch straussenfedern führenden handels-
karawanen zu den Aramäern gekommen. Von zwei anderen
namen von nur der arabischen fauna angehörigen thieren, der
springmaus (*járbûʿuⁿ*, heut *dscherbōa*) [1] und dem wüstenluchs
(*tuffahuⁿ*, siehe Lane's lexikon unter عَنَاقِ) [2] finden wir ebenfalls in den übrigen semitischen sprachen keine spur; ja,
während für den strauss sich doch wenigstens bei den Hebräern
und Aethiopen andere namen finden, giebt es für diese zwei
thiere überhaupt nur in der arabischen sprache ausdrücke. Da
wir gesehen haben, dass einige thiere, die mit sicherheit der
ursemitischen fauna zuzurechnen sind, in Arabien ganz fehlen,
demnach auch keine benennungen für dieselben im arabischen
existiren, und da daraus nothwendig geschlossen werden musste,
dass die nordsemitischen länder zuerst von den Semiten be-
völkert wurden, so ist es denn auch ganz natürlich, dass wir
zweitens für speciell der arabischen fauna zugehörige thiere,
wie für den strauss und die springmaus, im ursemitischen keine
namen finden.

Dass uns aber, da Arabien der ursitz der Semiten nicht
gewesen sein kann, nur die nordsemitischen länder, nicht etwa
ein ausserhalb dieser liegendes gebiet, übrig bleiben, wird noch
aufs schönste durch den nachweis des wortes *tamaru* „dattelpalme“ für das ursemitische bestätigt. Die vergleichung des
hebräischen *tamar*, „dattelpalme“ (schon Exodus und Levit.)
und des äthiop. ተማርት፡ *tamart* „dattelpalme, dattel“ allein
sichert das wort für das ursemitische lexikon; im arabischen
heisst zwar نَخْل *nahl* dattelpalme, aber تَمْر *tamr* findet sich
daneben; es ist dort der gewöhnliche ausdruck für die frucht, die
dattel (beachte im arabischen daneben das verwandte wort
ثَمَرٌ *amruⁿ*, was ganz allgemein „frucht“ heisst). Von dem
aramäischen wort *diklā*, was nach A. v. Kremer der älteste
eigene ausdruck für dattelpalme bei den Semiten sein soll, und
zwar im sprachgebiete der die babylonische tiefebene bewohnen-

---

[1] siehe s. 338.
[2] vollständig mitgetheilt auf s. 323.

den aramäischen(!) stämme [1], finden sich auch sehr alte spuren bei den Arabern, und zwar im centrum wie im süden der halbinsel; das geographische wörterbuch des Jakût kennt einen ort *Daḳalatu* („wo dattelbäume sich befinden", fügt er hinzu) im gebiete der Banu Ghubar in Jamâma, und in der völkertafel der genesis ist unter den von Joktan abgeleiteten südarabischen stämmen auch einer namens *Diḳlā*. Ausserdem heisst im arabischen *daḳal* eine dattelpalme, die sehr viele, aber schlechte datteln trägt, so dass wir neben *tamaru* wohl auch ein *diḳlu* oder *daḳalu* fürs ursemitische anzusetzen haben. Es ist demnach v. Kremer's satz: dass die Semiten vor der sprachtrennung die palme und ihre frucht nicht kannten, dahin abzuändern: dass ihnen der baum sicher bekannt gewesen sein muss, wenn auch, worin ich v. Kremer beistimme, die künstliche befruchtung und züchtung erst in historischer zeit, und zwar in Babylonien, dem eigentlichen herd der semitischen landwirthschaft in assyrischer wie später in aramäischer zeit, stattgefunden. Dann können aber die wohnsitze der Ursemiten kurz vor der trennung unmöglich ausserhalb der später nordsemitischen gebiete gelegen sein, denn in alter zeit ging das verbreitungsgebiet der dattelpalme nicht über die im norden und nordosten die semitischen länder abschliessenden gebirgsketten hinaus. Und da die älteste heimat der dattelpalme das mittlere und untere stromgebiet des Eufrat und Tigris ist, und ausserdem die tradition der Semiten selbst hierher von jeher das stammland derselben verlegt hat, so sind wir wieder bei dem zwischen Assyrien und Babylonien liegenden theile des zweistromlandes westlich von Holwân, dem standorte jener berühmten beiden vom dichter besungenen palmen [2], angelangt, als dem resultat der jetzigen untersuchung.

Die indogermanische sprachvergleichung, um zum schluss noch eine paralelle zu ziehen, ist bei ähnlichen forschungen, so viel interessante resultate sie auch noch versprechen würden (vgl. z. b. das, worauf ich s. 4, anm. 7 hingewiesen), doch

[1] hier ist zu bemerken, dass in Babylonien das aramäische erst nach dem aussterben des assyrisch-babylonischen, einige jahrhunderte vor Chr. geb., eingedrungen ist.

[2] siehe Meid. II, p. 47 (Rückert's übers. der Ḥamâsa, I, s. 311).

viel schlimmer daran als wir semitischen sprach- und culturforscher; denn mit so gutem erfolg auch die methode, vom gemeinsamen besitz oder gemeinsamen mangel von pflanzen- und thiernamen auf die ursitze schlüsse zu machen, in der semitischen frage sich anwenden lässt, wo sie, wir wir sahen, zu sichern resultaten führte, so wenig kommt man hier mit ihr durch, da die wanderungen der indogermanischen völker sich über ein viel zu weites gebiet erstreckten, als dass solche schlüsse nicht irre führen könnten. Wenn die ursitze derselben in Asien waren, wie die allgemeine annahme ist, und also speciell asiatische thier- oder pflanzennamen zur fauna und flora der Urindogermanen gehörten, so musste ja die abtheilung, die nach Europa wanderte, wenn sie dort die betreffenden thiere oder pflanzen nimmer zu gesicht bekam, die alten wörter dafür aufgeben oder sie auf andere arten übertragen;[1] ähnlich, nur umgekehrt, müsste es gewesen sein, wenn wir Europa als die ursitze betrachten wollten, wie wirklich schon mehrere forscher[2] gethan haben. Wenn letztere, sei es auch mit wenig beifall, diese entgegengesetzte meinung aufstellten, so geht zum mindestens daraus hervor, dass eben dieser weg hier, bei der frage nach den wohnsitzen der Urindogermanen, nicht geeignet ist, zu sicheren zielen zu führen. Um so wichtiger scheint mir daher die s. 290 f. von mir angeregte frage nach der existenz von culturwörtern, die dem ursemitischen und urindogermanischen gemein sind, und ich kann mir es nicht versagen, hier noch zu den dort mitgetheilten (*staura* und *taura*; *karna* und *karnu*; *waina* und *wainu*;[3] *liw*, *laiwa* und *labi'atu*, *lib'atu* [wozu man noch ass. *lû*, gen. *lî*, „löwe" in den nachträgen vergleiche])

---

[1] dagegen spricht nicht das s. 290 ausgeführte, da wenigstens für Griechenland die löwen in alter zeit (so von Herodot und Aristoteles für Paeonien) bezeugt sind.

[2] so Latham 1851, Laz. Geiger 1871 und früher auch Benfey (in der vorrede zu Fick's wörterb. d. indog. grundsprache, Göttingen 1868; in seinem aufsatz in der Beil. d. Allg. Ztg. vom Juli 1875 dagegen hat er seine ansicht geändert zu gunsten Asiens). — Dem buch von Poesche („Die Arier" 1868), der vom anthropol. standpunkt aus für Europa eintrat, ist kürzlich im Ausland (1878, no. 47) die verdiente abfertigung widerfahren.

[3] vgl. schon das s. 290, anm. 6 bemerkte; die form mit anlautendem w haben nur die Aethiopen (von denen die entlehnung geschichtlich gar

zwei andere hinzuzufügen, und zwar, damit alle naturreiche vertreten sind, metallnamen, wo wenigstens bei dem ersteren ein zufall ausgeschlossen scheint, nemlich urindog. *gharata* „gold“ (daher z. b. *χρύσος* und auch unser wort „gold“) verglichen mit ursemitisch *ḫarûḍu*[1] „gold“, und ursemitisch *ṯarpu* (andere transcription *ẓarpu*) „silber“ vgl. mit indogermanisch *sirpara* „silber“, wobei allerdings zugestanden werden muss, dass *sirpara* nur für die letto-slavisch-germanische spracheinheit bis jetzt nachgewiesen ist, freilich aber trotzdem ganz wol in den andern indog. sprachen sich verloren haben, also schon urindogermanisch gewesen sein kann, zumal ja die Urindogermanen sonst das silber kannten (vgl. *arganta*).

Ungleich wichtiger für die älteste nur mehr aus der sprache selber zu erschliessende culturgeschichte des orients sind übrigens solche forschungen auf sumerischem und andrerseits ägyptologischem gebiet. Die alten Aegypter müssen sprachlich in irgend welchem zusammenhang mit den Semiten gestanden haben, noch mehr jene sogenannten halbsemitischen stämme in Nubien und um (zum kleinen theil auch in) Habesch;[2] die Sumerier

---

nicht denkbar ist); ausserdem existirt *wain* nur noch im arabischen, aber nur von den nationallexicographen als seltenes altes wort, und auch nicht in der bedeutung wein, wofür sie andere wörter hatten, überliefert.

[1] das semitische *ḫ* steht dem *g*-laut näher als dem *h*-laut (vgl. die transcription *kh* der Franzosen, und diejenigen zeichen der sumerischen keilschrift, welche die semitischen Babylonier, ihr *ḫ* auszudrücken, verwendeten, welche aber im sumerischen, gleich denen für das reine *g*, durch *ga* verlängert werden konnten, also wahrscheinlich einen laut wie *gh* gehabt hatten). Der nachweis für *ḫarûḍu* liegt in dem assyrischen und hebr. wort für gold (*ḫurâṣu* und חָרוּץ) verglichen mit dem syr. ܚܪܘܥܐ „gelb“ (so vom gold Bar. Ce. Hex. 164 v.) von ܚܪܥ „gelb sein“ (z. b. Galen. 72 v.) nach dem lautgesetz צ, ܥ, ض, wodurch allein schon das wort, trotzdem es im südsemitischen verloren ging (dort ذَهَب, ursem. *ḏahabu* „gold“), sich als ursemitisches sprachgut ausweist. — Der beweis für das wort für silber liegt im assyr. *ṣarpu* (gewöhnlicher als das auch vorkommende *kaspu*) verglichen mit arab. ظَرْف *ẓarfuⁿ* (Harîri).

[2] wie man sich diese verwandschaft zu denken habe, darüber siehe unten in den nachträgen.

aber, die in Babylonien vor den Semiten sassen, und deren merkwürdige sprache halb zu den einverleibenden, halb zu den agglutinirenden zu gehören scheint, sind nach oder besser neben den Aegyptern das älteste culturvolk der erde, von dem wir kunde haben. Die sprache der Sumerier, die z. b. keine ursprünglichen bezeichnungen für löwe, weinstock und pferd [1] hatte, wie man aus den erst zusammengesetzten ideogrammen und wörtern für diese begriffe sicher schliessen darf, hoffe ich nach dieser seite hin selbst zu behandeln, von einem andern sprachstamm, dem ugro-finnischen, liegt für einen zweig schon ähnliches vor, [2] für einen andern, den östlichen, turko-tartarischen, ist uns eine arbeit versprochen, der mit der grössten spannung entgegengesehen werden darf, nemlich von Vámbéry. Und was das ägyptische anlangt, so richte ich hiermit die herzlichste und eindringlichste bitte an die einzigen, die hier zuverlässige forschungen anstellen können, die Aegyptologen von fach, sich doch solchen untersuchungen zuwenden zu wollen, denn von hier aus dürfen noch die wichtigsten resultate erwartet werden. Es ist keine entweihung, nein, wie ich glaube, das höchste ziel der wissenschaft des orients, nach dieser richtung hin thätig zu sein und so auch andern, zumal ethnologen, geographen und naturforschern, die unschätzbarsten materialien, die ihnen sonst nie zugänglich würden, zu liefern; auch kann dem dilettantismus, der hier sich leider schon sehr bahn gebrochen und eben dadurch manche ernste forscher abgeschreckt hat, durch nichts wirksamer entgegengearbeitet werden, als wenn die fachgelehrten selbst diese untersuchungen in die hand nehmen und so das ganze auf sichere basis stellen. Doppelt

---

[1] darauf wies meines wissens zuerst Sayce hin in seinem artikel Elam in der Encycl. Britannica; den löwen nannten die Sumerier naiver weise „grossen hund“ (LIK.MAGH), den weinstock „holz des lebens“ (GIŠ.DIN) und das pferd „esel des ostens“ (letzteres ein neuer beweis, dass die Semiten ins zweistromland von Osten kamen und ferner, dass es mit dem Turaniertum der Sumerier schlimm bestellt ist, wenn sie das pferd, jenes hauptthier der Turanier Asiens, nicht kannten; meine sprachlichen bedenken gegen den Turanismus Lenormant's siehe in der Z. d. D. M. G. XXXII, s. 177 ff.).

[2] Aug. Ahlqvist, die kulturwörter der westfinnischen sprachen, Helsingf. 1875.

gilt das auf semitischem und ägyptologischem gebiet, da hier ein arbeiten mit oberflächlichen kenntnissen und nur auf grund der vorliegenden lexica ja zu tausend irrthümern führen muss, wie ich das zu zeigen zum theil gelegenheit hatte. Dass auch mein versuch, der als erster in dieser richtung, ohne alle vorarbeiten, unternommen wurde, noch manche mängel aufweisen wird, möge man eben mit diesem umstand entschuldigen, und dem anfänger in semitischen studien verzeihen, dass er es gewagt, diese arbeit in angriff zu nehmen. Auf alle fälle hoffe ich es vermieden zu haben, die sichern ergebnisse in bunter mischung mit den unsichern, ohne beide als solche kenntlich zu machen und zu scheiden, aufzuführen. Ein zweiter, der auf dem von mir mühsam errichteten grundstock weiterbaut, wird es immer leichter haben und muss ja, wie es in der natur der sache liegt, besseres leisten, aber mit grösserer liebe und begeisterung als ich es gethan, hätte sich wol keiner diesen studien unterziehen können. Wie viel noch zu thun und wie viele lücken hier noch vorhanden, weiss ich selber am besten, und so betrachte ich denn auch den schluss dieses buches keineswegs als einen abschluss, sondern vielmehr als anfang systematischer forschungen auf diesem gebiet, gewissermassen nur als prolegomena einer geschichte der thiere bei den semitischen völkern.

Nachträge.

1. Zu s. 7. Ueber A. von Kremer und die ursitze der Semiten siehe s. 406 ff., wodurch die s. 7 versprochene specielle schrift über diese frage vorderhand unnöthig gemacht ist.

2. Zu s. 12, anm. 1. Ueber die richtigere lage von Punt siehe s. 230 f. und s. 386, a. 1, wonach s. 12 statt Südarabien „Somaliküste (vielleicht auch hie und da mit einschluss des gegenüberliegenden Südarabiens)“ zu setzen ist. Ueber panther und pardel siehe genauer s. 294, anm. 2, wonach das s. 12, anm. 1 gesagte zu verbessern ist.

3. Zu s. 19, anm. 3. Das „alle“ z. 5 v. u ist in „viele“ (so z. b. Moabiter, Amalekiter u. a.) umzuändern und dazu das s. 343 ausgeführte zu vergleichen.

4. Zu s. 20, anm. 1. Dieselbe inschrift, deren übersetzung mir Dr. Erman in Berlin im jahr 1876 mittheilte, findet sich bereits in Dümichen's „Flotte etc.“ s. 17 übersetzt. Zur lage von Punt vgl. das oben zu s. 12, anm. 1 notirte.

5. Zu s. 21. Schreibe „Babylonien“ statt „Mesopotamien“. Ebenso ist anm. 3 „im südl. Babylonien“ statt „im südlichen Mesop.“ zu corrigiren; vgl. dazu Schrader, K. G., s. 113 f., nur dass von den dort aufgezählten stämmen mehrere (so jedenfalls die *Urbi*, *Nabatu*, *Hagaranu* u. a.) nicht Aramäer (*Aramu*), sondern arabische beduinen gewesen sind (beachte vor allem *Urbi* = عُرْب und *Nabatu*, wie die erwähnung der kamele [nachtrag, no. 56!]). — Zu s. 22, anm. 1. In der 2. aufl. von Herzog (Leipz. 1876 ff.) ist, so viel ich weiss, jener fehler verbessert.

6. Zu s. 21, anm. 1. Schreibe *ša, šar, Sansi šarrat, Sabahai, išbi, susi* statt *sa, sar, Šamši sarrat, Šabahai, isbi, šuši* und vgl. dazu s. 54, anm. 3 wie das unten zu den sem. zischlauten bemerkte.

7. Zu s. 25, anm. 5. Dazu noch der شرح ديوان امرء القيس Bulak (s. a.), pp. 179, 8⁰.

8. Zu s. 26 ff. beachte die orthographischen verbesserungen s. 345, anm. 2, zu s. 30, no. 63 das s. 297 bemerkte.

9. Zu s. 35. Arabisch *aš-šafar* existirt nicht und deshalb ist das beispiel ass. *šapparu* (so lies statt *sapparu*) zu streichen; siehe s. 276, anm. 1.

10. Zu s. 36, anm. 1. Lies *ušamkit* statt *usamkit* (form שפעל von נקת).

11. Zu s. 35 Damîri siehe s. 340 f.

12. Zu s. 41, anm. 1 ist als die beste zusammenfassung der bis zum jahr 1874 erschienenen reiseliteratur über Arabien und einer genauen geographischen übersicht und schilderung der dahin unternommenen forschungsreisen nachzutragen: Albr. Zehme, Arabien und die Araber seit hundert Jahren, Halle 1875, 407 ss. 8⁰, wozu jetzt als ergänzung seine aufsätze „Aus u. über Arabien" im Globus. Zu den philol.-geograph. arbeiten Sprenger's und Blau's sind hinzuzufügen folgende sämmtlich in den Abh. der Gött. Ges. d. Wiss. (dann auch als Sep.-Abdr.) erschienene abhandlungen Ferd. Wüstenfeld's: 1. Die von Medîna auslaufenden Hauptstrassen. Gött. 1862. 2. Die Wohnsitze und Wanderungen der arabischen Stämme (übersetzt aus der vorrede des geogr. wörterb.'s von el-Bekri; dazu vorbemerkungen Wüstenfeld's in den Nachrichten d. Ges. der W. 1868, s. 385—389) Göttingen 1869. 3. Die Strasse von Basra nach Mekka mit der Landschaft Dharijja nach arab. Quellen (mit karte), Gött. 1871. 4. Das Gebiet von Medîna; nach arab. Geographen bearbeitet (mit karte), Gött. 1873 und endlich 5. Baḥrein und Jemâma (mit karte), Gött. 1874. — Zu s. 41, anm. 3 ist zu den arbeiten Blau's nachzutragen (vgl. auch s. 345, anm. 2) „die Wanderungen der sabäischen Völkerstämme im 2. Jahrh n. Chr." Z. d. D. M. G., Bd. XXII, s. 654 ff. Ferner ist s. 41, anm. 1 K. Baedeker statt H. Baedeker zu corrigiren.

13. Zu s. 43. الرَصَاص heisst nach Eilh. Wiedemann, Z. d. D. M. G. XXXII, s. 580, anm. 3 besser „zinn“ als „blei“. انُحَاس ist natürlich druckfehler statt النُحَاس (äth. ናሐስ፡ nur Mash. Faus 19, 2, heut noch im Tigré ነሐስ፡ „cuivre rouge“; נְחֹשֶׁת „erz, kupfer“ aber schon Gen. 4, 22, syr. ܢܚܫܐ dass., also wol schon ursem. *naḥâšu*).

14. Zu s. 45 ff. Das auf s. 48 erwähnte bisher allgemein angenommene factum, dass, da im alten reich rosse weder auf altäg. denkmälern bis jetzt gesehen noch eine erwähnung derselben in texten dieser zeit gefunden wurde, die (von mir mit arab. beduinen identificirten) Hyksos die vermittler des pferdes für die Aegypter waren, wird in dem unterdes erschienenen (erst vom art. kamel an benutzten) Thierleben Brehm's (2. aufl., bd. III, s. 4) vom ägyptologen Dümichen ausführlich zu widerlegen versucht. Es heisst dort: „„Ich glaube jedoch keineswegs, dass wir durch dieses Schweigen der älteren Denkmäler (scil. des alten reichs), oder vielleicht richtiger gesagt, dass wir deshalb, weil bis jetzt noch kein Denkmal der früheren Zeit aufgefunden worden, welches von dem vorhandensein des Pferdes und dem Gebrauch desselben Meldung thut, nun schon zu dem Schluss berechtigt wären, das Pferd sei im alten Aegypten vor dem 18. Jahrh. unbekannt gewesen. Für die von Ebers (Bücher Mos. und Aeg., s. 221 f.) aufgestellte Behauptung: „Es unterliegt keinem Zweifel, dass dieses Thier von den Hyksos in Aegypten eingeführt worden ist“ fehlt jeder Beweis. In Bezug hierauf theile ich vollständig die von Chabas ausgesprochene Ansicht, dass alle auf uns gekommenen Zeugnisse schliessen lassen, jene Barbaren hätten weder Wagen noch Pferde besessen, und dass demgemäss die alten Aegypter das Pferd schon lange vor der Herrschaft derselben gekannt haben müssen, da die Zähmung und Anschirrung des Rosses eine längere Anwesenheit derselben im Pharaonenland voraussetzt. . . . . . . Wenn auch begründet sein mag, dass die Aegypter von ihren Nachbarn das Pferd als ein bereits an den Dienst des Menschen gewöhntes Hausthier übernahmen,[1]

[1] Hehn's Einwand, Kulturpfl. u. Hausth., 2. aufl., s. 28.

so werden wir doch wohl kaum bezweifeln können, dass eine lange Uebung im Gebrauch des eigenartigen Geschöpfs vorausgegangen sein muss, bevor die Aegypter im Stand waren, sich seiner so geschickt zu bedienen, wie dies schon bei Beginn des neuen Reichs der Fall gewesen sein muss."" Und dann weiter: „„Allerdings bediente man sich in Aegypten vom 17. Jahrh. an des Pferds vorzugsweise zu Kriegszwecken. Die Heerzüge der Aegypter des neuen Reichs gewinnen ein gänzlich verändertes Aussehen. Während wir auf den Denkmälern des alten Reichs nur schwer und leicht bewaffnete Fusstruppen dargestellt finden, nehmen nunmehr im ägypt. Heer die mit Rossen bespannten Streitwagen den hervorragendsten Platz ein in den kämpfenden Reihen, deren Eroberungszüge bis tief hinein in das benachbarte Asien, bis in die Länder des Euphrat und Tigris sich ausstrecken. Und diese für die damalige Zeit bezeichnende Anwendung von Ross und Wagen zu Kriegszwecken ist es, welche die Aegypter in der That erst von den mit dem Pferd so vertrauten Reitervölkern Asiens, zu denen jedoch das Hirtenvolk der Hyksos nicht gehörte, erlernt zu haben scheinen. Einzig und allein zum Kriege aber benutzte man das Ross nicht, denn verschiedene Inschriften stellen es ausser Zweifel, dass der alte Aegypter auch bei häuslicher und ländlicher Beschäftigung des Pferdes sich bediente."" Hier werden stellen angeführt, wie z. b. „dem landmann fällt das pferd im ziehen des pflugs", ferner *tes ḥer sesem* „steigen zu pferd", *henχsi ḥer sesem* „sitzen zu pferd", *men ḥer hetar* „festsein zu pferd" (vom langen und angestrengten reiten). Dass diese ausdrücke sich nur auf den friedlichen gebrauch des pferds beziehen, geht, wie Dümichen zeigt, allein daraus hervor, dass von reitern weder im alten, noch mittleren, noch neuen reich die rede ist; wo demnach die äg. texte von reitern sprechen, kann sich dies nur auf ausflüge, reisen und dergl. beziehen. „„Man wusste also (so schliesst Dümichen) das edle Haus- und Nutzthier im alten Aegypten allseitig zu verwenden."" — Dagegen nun, dass im frieden das pferd schon vor den Hyksos von den Aegyptern gebraucht wurde, sowie dass seine verwendung im krieg (zu anfang des neuen reiches) den reitervölkern Asiens (also vor allem den Babyloniern und Assyrern) von ihnen abgelernt worden sein soll, sprechen folgende gewichtige gründe. Einmal wurde von Dümichen übersehen, dass beim zug Abraham's nach Aegypten (Gen. 12, 16), in dem wir wahrscheinlich dieselbe einwanderungsschicht semitischer familien erblicken zu haben, die zur zeit der XII. dynastie (ende des alten reichs)[1] in Oberägypten schon vor den Hyksos einlass begehrte, unter den dort erwähnten thieren („und er hatte kleinvieh, rinder, esel, eselinnen und kamele"), was wol kein zufall ist, keine pferde erwähnt werden, also aufs schönste die nichterwähnung des pferdes auf den denkmälern des alten reiches bestätigend. Dazu stimmt zweitens, dass die neben *ḥetara*, *ḥeteru* (koptisch *hetar*)[2] und *ḳaua* (= renner) vorkommenden ägyptischen pferdnamen *sesem-t*, *ses*, *semsem* wie *abirî* (אַבִּיר bei Jeremiah ein epith. der rosse) auf semitischen ursprung hinweisen (*abirî* ist sogar direktes lehnwort; *sesem* wurde schon s. 48, anm. 2 besprochen, wo *ses* statt *sem* zu corrigiren ist). Drittens endlich liegt (gegen Dümichen's behauptung, das streitross wenigstens sei eine entlehnung von den Vorderasiaten, und die Hehn's, das äg. pferd sei von den den Syrern während der 18. dynastie entlehnt worden) ein direkter beweis für die Hyksos als übermittler der rosse an die Aegypter darin, dass die ganze statur des auf den äg. Denkmälern dargestellten pferdes auffallend an den arabischen pferdeschlag erinnert, während die viel stärker und derber gebauten assyrischen (und persischen) einem ganz andern schlag angehören, ebenso wie auch die griechischen, wahrscheinlich ursprünglich aus Phönizien eingeführten.[3] Diesem

---

[1] das alte reich von Mena bis zur XII. dynastie (c. 3500—2000 vor Chr.), die hyksosperiode zwischen der XII. und XVIII. dynastie (c. 2000 bis 1500 in runder zahl) und das neue reich von der XVIII. dynastie an, (19. dynastie Ramses I, Seti I; Ramses II, der pharao der bedrückung etc.).

[2] die identificirung dieses worts mit einem assyrischen *satra* (Finzi, Hehn) fällt weg, da letzteres eine falsche lesung des ass. ideogramms für pferd „esel des ostens" (*imîr kur-ra*, nicht *imîr šat-ra*) ist.

[3] vgl. die abbildungen ägyptischer pferde [in Lepsius, Denkmäler VI, III, bl. 116. 126—128. 130. 153. 158 u ö., in Prisse d'Avenne hist. de l'art eg., Paris 1858 ff. verschiedene male (die tafeln sind leider nicht numerirt), in Woltmann, Gesch. d. Malerei, Bd. I (Lpzg. 1879), s. 8 (nach Rossellini) u. in Ebers Aegypten II, s. 26 u. 273] mit der abbild. des arabischen rosses bei Brehm a. a. o., III, s. 24/25. Für darstellungen

schon von Ebers angeführten umstand hat man bisher viel zu wenig gewicht beigelegt; er ist meines erachtens der hauptsächlich für die Hyksos in unserer frage entscheidende. — S. 45 ist das erschlossene hebr. wort *parrâš* (das eine *a* ist abgesprungen).

Zu der anm. 2 auf s. 48 ist zu bemerken, dass die dort versprochene arbeit „die namen der säugethiere bei den Babyloniern und Assyriern" durch den assyrischen index am schluss dieses buches überflüssig geworden ist. — S. 46 liess ass. *ḳaštu* statt *ḳastu*, s. 48 *sûsi* statt *śûśi*. Zu dem sachlichen siehe auch noch den nachtrag zu s. 106.

15. Zu s. 49 oben. Zur etymologie von فَرَسٌ ist das verbum ፈረሰ፡ (siehe s. 94, anm. 2 und s. 384, anm. 3) nachzutragen, wie ass. *ipparis* (nif.) „er entfloh" Sanh. 3, 57 (wie „eilte herbei", so die 1. sing. Asarh. 1, 18. 46; ift. vom vogel *littapraš* „er entfliehe, eile fort" IV R. 4, 2b).

16. Zu s. 51, anm. 1. Statt „unter إِبِل" ist zu corrigiren „s. 209". — Zu anm. 2. Das ass. *puḥalu* verstösst eben so wenig wie das s. 77, anm. 3 erwähnte *rûḥu* gegen das assyr. hauchlautgesetz, wonach für فَحْل ein *pîlu* zu erwarten wäre, da *pîlu* sonst schon im assyrischen in anderer bedeutung („quaderstein" nämlich, z. b. Sanh. 6, 42 und passim) vorkommt und wahrscheinlich der unterscheidung halber das *ḥ* hier sich gehalten hat.

17. Zu s. 53. Statt „aus Müller's Anm. . . . . . entnehme" ist zu schreiben „auch in Müller's Anm. . . . . . finde", denn ich hatte mir die stelle schon vorher notirt. Statt يَهْلَكُ lies يَهْلِكُ und zu فلا VIII ist noch hinzuzufügen Kult. Muʿall. 78 وَآفْتَلِينَا.

18. Zu s. 54 ass. *susi* vgl. s. 324, anm. 1, wozu ich nochmals wiederhole, dass die aussprache *sûsi* für das ass. ideo-

---

assyr. rosse sei z. b. auf das titelbild in Smith's Assurbanipal verwiesen.

gramm PAS[1].KUR.RA „esel des ostens“ = „pferd“ immer das wahrscheinlichste, wenn auch nicht direkt monumental bestätigte ist. Die namen der hausthiere im assyrischen stimmen ja sonst alle mit denen der andern nordsemitischen sprachen (des aram. und phönizisch-hebräischen) überein.

19. Für viele nachträge zum lexikalisch-arabischen theil, die meist in verweisungen bestehen (so z. b. s. 59 bei حائِل auf s. 82. 125 [حَوْل vom esel] und 186), genügt es, einen blick in den ausführlichen arabischen wortindex zu werfen, wo ja bei jedem arabischen thiernamen alle stellen, in denen er in meinem buch vorkommt, verzeichnet sind.

20. Zu أَجَشّ (urs. *gaśaśa*) s. 61 gehört nur ܓܫܫ, während ገሰሰ፡ (wenn es nicht ገሠሠ፡ zu schreiben ist, was bei dem stand der in den äth. handschriften durch die amharische nichtunterscheidung in der aussprache der buchstaben ሠ und ሰ verursachten schwankungen oft nicht mehr sichergestellt werden kann)[2] und גִּשֵּׁשׁ zu dem allerdings verwandten stamm جَسَّ (ursem. *gaśaśa*) gehören. Erst nach druckabschluss des artikels „pferd“ bin ich in betreff der zischlautgesetze im semitischen — unabhängig von Nöldeke, aber wie ich zu meiner grossen freude später, durch die citate in Philippi's verfehlter ausführung über die semitischen zischlaute aufmerksam gemacht, fand, ganz in übereinstimmung mit ihm[3] — zu festen resultaten

[1] die transcription PAS für das zeichen für „esel“ ist nur ein nothbehelf, siehe Z. d. D. M. G. XXXII, s. 185 f.

[2] vgl. das in meinem Physiologus s. XXI f. bemerkte. Ursprüngliches äth. ሰ፡ entspricht etymologisch arabischem س (vgl. nur አስተገበረ፡, was nie mit ሠ vorkommt, und استفعل) und ش (wo hier ሠ steht, ist das entweder ungenauigkeit oder hat praktische gründe, wie bei አሠር፡ wegen አሰረ፡ „binden“; die urspr. schreibung ist auch hier አሰር፡ „spur“), äth. ሠ dagegen arabischem ش (ursem. ś, hebr. שׂ).

[3] siehe Or. und Occid. I, 763, Nachr. d. G. d. W., 1868, s. 491 f. (in der recens. von Petermann's Ausspr. d. Heb. bei d. Samar.) und Z. d. D. M. G. XXIV, 95, anm. (in den Beitr. z. Kenntn. d. aram. Dialekte III). Aehnlich Merx in seiner syrischen grammatik.

gekommen, die ich anfangs an dieser stelle mittheilen und ausführlich durch beispiele belegen wollte, was ich aber nun des beschränkten raumes halber in einer besonderen noch in diesem sommer erscheinenden abhandlung thun will, wo auch das von Philippi gegen die transcription der assyr. zischlaute š und s vorgebrachte widerlegt werden wird. Einstweilen verweise ich auf meine einen theil der semit. zischlautgesetze veranschaulichende tabelle in der Z. d. D. M. G., XXXII, s. 712. — Statt der grundbedeutung „streicheln, berühren“ gibt GH[8] (so kürze ich ab Gesenius H.-W., achte aufl., Leipzig 1878) für גשש „tasten, durchtasten“, dann „tastbar, consistent, massig sein“; auf letzteres scheint ass. *gašiši* „bretter“, z. b. Sanh. 1, 58 (andere stellen bei Norris Dict. I, p. 200 f.) zurückzugehen.

21. Zu s. 65. חֵץ „pfeil“ im assyrischen *uṣṣu* „pfeil“ (wegen des hauchlauts siehe s. 77, anm. 3), z b. Sanh. 6, 57 *midpanâti u uṣṣî* „bogen und pfeile“ (ebenso 5, 67 *uṣṣi mulmulli* „pfeile, keulen“).

22. Zu s. 69, anm. 3. Bei den formen von *maṭâru* ist der dem *t* untergesetzte punkt abgesprungen; der betreffende stamm heisst auch assyrisch מטר, nicht etwa מתר.

23. Zu s. 77, anm. 3. Mit dem fem.-t hat sich die urspr. im ass. zu erwartende form *rû, rî'u* (für روح, ريح) doch noch erhalten, nemlich in dem IV R. sich findenden syn. jenes *imtu* (oder *ivtu*?), dem auch S[b] 85 erklärten wort *ru-h-tu* (var. *ru-ú-tu*), wobei zu bemerken, dass die Zeichen no 16 und 211 in Delitzsch's tabelle (2. aufl.) nur varianten ein- und desselben zeichens sind, dessen sumerische aussprache UḤ ist. Eine belegstelle zu UḤ = *ru'tam* (geschr. *ru-h-tam*) ist z. b. Del. A. L. (2. aufl.) s. 75. z. 21 (= II R. 17, 60[ab]); auf derselben seite z. 4, steht UḤ = *im-tam* (ebenfalls in einer zweisprachigen beschwörungsformel). Jenes von mir angeführte *rûḫu* stammt nicht aus meinen eigenen excerpten der sumerisch-assyrischen texte, ich kann die richtigkeit desselben daher auch nicht verbürgen, es kann vielmehr auch aus einer falschen aufzeichnung, die ich mir vor jahren im anfang meiner keilschriftstudien machte, herstammen; wenn es wirklich vorkommt, so bleibt meine s. 77, anm. 3 gegebene erklärung trotz des daneben existirenden *ru'tu* (siehe oben, ferner IV R. 16, 55+56[a] u. ö.)

bestehen. Assyrisch *kummu* „dein“ (wahrscheinlich zu lesen *kuvvu*?) ist sicher durch das sumerische ZA.A.TA „bei dir“ (die wörtliche assyr. übersetzung würde sein *ina kaši* oder *ina katam*).

24. Zu s. 81. שְׂרַךְ gehört zu شرع, ܫܪܥܐ und ܫܪܥܬܐ zu ursemitisch *šakata* und nicht zu *sakata* (wozu הַסְכֵּת und ass. *sakâtu*; سكت kann zu beiden gehören); سكن und שׂכב gehören zu ursem. *šakana* und *šakaba*, also zur W. *šak* (nicht zum allerdings verwandten *sak*). Zur W. *sar*, *śar* und *šar* vgl. GH[8] סרר, שׂרר und שׁרר. Was סכת anlangt, so gehört zum übergang von stechen (W. *sak* nach GH[8] unter סכך), dornen, dorndickicht, dicht sein, verstopfen, verschliessen und verstummen eine grosse phantasie; auch auf meine erklärung lege ich kein grosses gewicht, wie ich überhaupt auf die reconstruirung der semitischen wurzelbedeutungen — bei stämmen kann man die grundbedeutung schon eher sicher erschliessen — immer weniger gebe; erstens führt sie uns in eine periode des ursemitischen, von der wir schon grammatisch viel zu wenig, eigentlich gar nichts, wissen, und zweitens, wer sagt uns, ob nicht sehr viele der formell allerdings mit ziemlicher sicherheit zu reconstruirenden wurzeln, ganz concrete bedeutung hatte (so kann ja *sak* dorn und dorndickicht geheissen haben; bewiesen kann es nie werden, und darum darf es auch kaum als mittelglied einer so langen kette wie oben, benutzt werden. Der sichere boden beginnt eben doch erst mit den (meist triliteralen) stämmen (*katála*; *jaktulu, jakátulu, kutul*; *katlu, katâlu* etc.), wie sie für die letzte periode des ursemitischen (schlechthin „ursem.“ von mir bezeichnet) aufzustellen sind. — לֶהָב flamme ist auch im assyr. erhalten, und zwar in *li-hi-bu* (sprich *li'bu*) IV R. 1, 23+24c u. ö., wo sumerisch GIBIL (geschr. NE) sonst = assyr. *išâti* „feuer“ entspricht. — Auf s. 81 ist مِسَحّ (siehe s. 101) wie مُحَقّ (siehe s. 75) in der alfab. reihe nachzutragen.

25. Zu s. 82. سام gehört mit syr. ܣܘܡ und ass. *simatu* „merkmal, schmuck, geeignet oder passend sein für etwas“ (so Asurb. 6, 66; 7, 11; Sanh. 5, 17. 55), *simâni* (pl. von *simu*) „paniere, trophäen“ (Sanh. 5, 78. 6, 2) zu ursem. סום, während

شام mit äth. ሢመ፡ und ass. *šâmu* auf ursem. שׂום zurückzuführen ist.

26. Zu s. 83. Nach شازب ist شَيْظَم (siehe s. 84) als pf.-ep. nachzutragen.

27. Zu s. 84. Zu شَمُوس: der begriff des „unbändigen“ wird auf die auch dem wort شَمْس שֶׁמֶשׁ zu grund liegende bedeutung „laufen, geschäftig sein“ zurückgehen (vgl. GH[8] unter שמשׁ).

28. Zu s. 90 oben: zum pl. يَعَابِيب siehe eine belegstelle s. 108. — Als no. 84 kann عَتِيق (siehe s. 106) nachgetragen werden (wo allerdings فَرَس vorausgeht).

29. Zu s. 91, anm. 2. Eine belegstelle zu *uru* (aus einem nationallexikon) habe ich Z. d. D. M. G. XXXII, s. 177 gegeben.

30. Zu s. 92, anm. 1. Vgl. auch *aṭappiš* Asarh. 6, 21, „wohlbedeckt, geschützt“, wie vielleicht statt *aṭabbiš* (siehe Physiol., s. XLV, anm. 38) zu transcribiren ist?

31. Zu s. 93. Lies *agarru* statt *ʿagarru* und „bronze“ statt „erz“.

32. Zu s. 95. Der zischlaut verbietet, ass. *paskaru* und syr. *paškel* zu vergleichen, ebenso der sonst schwer zu belegende wechsel von *r* und *l* im semitischen; andrerseits darf gerade in quadriliteris noch am ehesten eine ausnahme von dem sonst so strengen entsprechen der semitischen consonanten zugegeben werden (vgl. z. b. ass. *parzillu* und בַּרְזֶל, welch letzteres doch kaum lehnwort[1] aus dem aramäischen oder assyrischen ist, גָּפְרִית schwefel, aram. כּוּבְרִיתָא[2] u. a. mehr). — Zu *paru* farre

---

[1] bei lehnwörtern freilich hören die lautgesetze auf (so äth. በቅል፡, arab. بَغْل und andere beispiele mehr).

[2] wenn hier das t auch urspr. fem.-t ist, so scheint es doch nicht mehr als solches, sondern als 4. radikal gefühlt worden zu sein; arab. كِبْرِيت

(gewöhnlich in den hist. texten ideogrammatisch geschrieben mit dem zeichen für das sumerische ŠUḤUB, auch ins assyr. als *suḥuppatu* übergegangen) und der ursprünglich von mir in anm. 1 nur als erschlossen bezeichneten form ist nachzutragen die stelle Sanh. Bell. z. 7 *narkabâti ṣumbi sûsi suḥuppâti* (geschrieben ŠUḤUB:‹, aber wegen des folgenden [*imîri*] [1] *par-ri* hier *suḥuppâti*, nicht *pari* zu lesen) *imîrî gammali* (geschr. [*imîri*] GAM.MAL.:‹) *u parri* „wagen, lastwagen (hebr. צַבִּים),[2] rosse, kühe, esel, kamele und farren (erbeuteten meine hände *ikšudâ ḳatâi*)“, wo noch das doppelte r erhalten ist, und ferner Tigl. Pil. II (II R. 67) z. 33. 39 *sûsi*, [*imîri*] NE.NUN.NA, [*imîri*] *par-ra-a-ti* (NE in NE.NUN.NA ist das ideogr. für *niru* joch). Oder sollte wegen des noch unerklärten *uduri* (Asarh. 4, 17) überall hier *udri* statt *parri* zu lesen sein?

33. Zu s. 96. Lies statt „von Gaḍâ“ vielmehr „des gaḍanstrauches“ (s. 305, anm. 1 bereits verbessert).

34. Zu s. 104. Ass. *miriḥtu* scheint der form nach eher ein *maf'al* von *arâḥu* („vorschreiben, festsetzen“, daher *urriḥtu* „vorschrift“ Asarh. 6, 29) als eine bildung von *marâḥu* zu sein.

35. Zu s. 105, anm. 2. Lies *aršu, iršu* statt *arṣu, irṣu* und vergleiche arab. *'arśun*, heb. עֶרֶשׂ, aram. עַרְסָ (also schon urs. *'arśu* „bett, polster“).

36. Zu s. 106. Andere erklären *šulu* für ein syn. von *nidûtu* „höhe“ (dann von *ílu* „hochsein“, wie *šuklulu* von *kalâlu*, *šuluku* von *alâku*), was, da *šulu, tîriktu* und *nidutu* a. a. o. demselben sumerischen KANKAL (so ist gemäss der glosse hier KI.KAL „erhabener ort“ zu lesen) als synonyma entsprechen, denkbar wäre. Das assyr. *nahdu* ist in den ältesten babylonischen texten, den Izdubarlegenden, in verbindung mit *ḳablu* kampf (siehe s. 97) gradezu stehendes epithetum des rosses, so IV R. 48 (Izd.-leg., taf. 6), col. 2, z. 9 *tarámi* (= arab. *tarḥamu*) *sûsa nahid*

beweist dafür in so fern nichts, als es lehnwort aus dem aramäischen scheint. — Ob גָּפְרִית (schon Gen. 19, 24, vgl. auch גֹּפֶר Gen. 6) und pers. *gōgerd* „schwefel“ etwa aus einer quelle stammen, weiss ich nicht.

[1] das zeichen für „esel“, was aber vor andern thiernamen nur als determinativ für zahmes hausvieh (so bei dem ideogramm für pferd, kamel etc.) steht.

[2] vgl. zu dieser dissimilation (*ṣumbu* für *ṣubbu*) ass. *zumbu* fliege (für *zubbu*) und *ṣumbu* „finger“ (für *ṣub'u*, vgl. אֶצְבַּע).

ḳabli „du liebtest ein ross, glorreich im kampf". Interessant ist, dass auch hier das pferd (und gerade in der ältesten zeit) nur als streitross auftritt, welche rolle es überhaupt bei den Semiten (vgl. auch s. 46) von haus aus gehabt zu haben scheint.

37. Zu s. 107. Lies *šubtu* (st. c. *šubat*) statt *šubatu*.

38. Zu s. 109, anm. 1. Auch im assyrischen heisst *naḳâpu* „im kreis herum gehen", „umherlaufen", so vom wahnsinn IV R. 3, 42+43b *kima alpi* (wie ein ochs) *ittaḳip*, von den im kreislauf wiederkehrenden tagen IV R. 5, 1+2a *umi muttaḳtupum*, und geradezu als adj. zu *alpu* „ochs" steht *nakipu* (graphisch ungenau statt *nâḳipu*) IV R. 2, 14+15c. Im sumerischen entspricht überall DU (geschrieben UL).

39. Zu s. 110. Zu den eigennamen von rossen füge noch hinzu *Munkadir* (siehe s. 74). — Für die verschiedenen in diesem buch vorkommenden namen der körpertheile des pferdes (die ausserdem ausführlich in Ahlwardt's Chalaf al-Achmar behandelt sind) siehe den arabischen index, wo dieselben als solche gekennzeichnet werden.

40. Zu s. 112. زَفُوف (so in Reiske's Abul-Fidâ) scheint dort ein druckfehler für رَفُوف, wie demnach auch hier zu verbessern wäre. — Zu s. 113. Für ቀ = غ in lehnwörtern ist auch Prätorius, Amh. Gramm. (Halle 1878) I, s. 71 zu vergleichen. Auch im himjarischen heisst بقل „aufsprossen lassen" (D. H. Müller, Z. d. D. M. G., XXX, s. 673). — Ein anderes assyrisches wort für „maulesel" steckt vielleicht in dem bis jetzt nur in den nationallexicis gelesenen *kuddinnu* (siehe darüber Del., A. St., s. 95); dass das gewöhnliche ideogramm der assyr. hist. inschriften für den so gewöhnlichen und so oft abgebildeten maulesel eines der beiden mit dem esel-determinativ geschriebenen NE.NUN.NA (siehe oben no. 32, schluss) oder *murniski*[1] (nicht „streitrosse"; Delitzsch: „hausesel") ist, steht mir sicher.

41. Zu s. 129 und zwar den nur poetischen schmuckwörtern für gold ist noch ein drittes zu fügen, nemlich عِقْيَان *'iḳjânun*

[1] geschrieben [*imîru*] NITA (mit zeichen 24 der 2. aufl. der tabelle).

(vgl. Tabari, Berl. handschr., Or., fol. 71, bl. 25 rev. z. 13 لِنُكْثِرَ الْعِقْيَانَ ذَهَبٌ يَنْبُتُ und dazu die randglosse لُجَيْنًا وَلَا عِقْيَانًا قاموس; لُجَيْنٌ ist ein ähnliches schmuckwort für silber).

42. Zu s. 131, anm. 1. Zu der lesung *íru* (statt *bitru*, vgl. s. 127, anm. 2) wäre ein weiteres beispiel der vogel- (vielleicht auch adler-)name *írumu* in den Izdubarlegenden (Sm. Ch. Gen. s. 189 *íruma tarami tamḫaṣiš́u va kappaš́u taltibru* „einen wilden adler liebtest du, du schlugst ihn und zerbrachst seine schwingen"), wozu vielleicht nur eine variante ist *íramu* (syn. von *š́ilibbu*) K. 4213 (einem bruchstück einer thiernamen-synonymenliste); in diesem fall hätten wir zugleich wieder ein beispiel der übertragung eines säugethier- auf einen vogelnamen, da *š́ilibbu* doch nichts anderes als das s. 310 notirte *š́ilibu* „fuchs" sein kann. — Zu s. 132. Eine belegstelle zu *purivu* „wildesel" phonetisch geschrieben in hist. texten ist z. b. Sanh. 4, 22 *kima purivi* (geschr. *bu-ri-mí*) *igruru* „gleich w. liefen sie davon".

43. Zu s. 139 beachte den nachtrag auf s. 221, anm. 1. — Zu s. 139, anm. 5 trage nach den weitern t.t. Aṣmai's für die steinböcke, nemlich أَرْوَى (seite 279).

44. Zu s. 144. Assyrisch *gammalu* ist arabisches lehnwort, wie schon die form (es wäre für جَمَل ein *gamlu* zu erwarten) beweist; dazu stimmt vortrefflich das s. 217 bemerkte. Für das ursemitische bleibt *gamalu* „kamel" natürlich demungeachtet bestehen.

45. Zu s. 148. Dass *unîki* (Lenorm. „kamele") „ziegen" heisst, darüber siehe unten.

46. Zu s. 156, anm. Lies „s. 147, anm. 1" statt „s. 146, anm. 2".

47. Zu s. 161. Im amh. ist በኰር፡ (denn auf diese grundform ist በሆር፡ und በከር፡ zurückzuführen) auf eine antilopenart übertragen worden, vgl. Prätorius, Amh. Gramm. I, s. 92.

48. Zu s. 162. Lies *Wabâri* statt *Wabâr* und vgl. dazu s. 309, anm. 1.

49. Zu s. 170. Lies حَبَوْتُ statt جَبَوْتُ.

50. Zu s. 181, anm. 1. Die form تفعل ist besonders im assyrischen gang und gäbe, vgl. z. b. *tarbasu* „hirtenzelt“, *tarmaṣu* „gewürm“, *taniḫu* „wehklagen“ (von *anḫu*), *tamḫaru* „kampf“, *taḫazu* schlacht (von *aḫâzu*) u. o.

51. Zu s. 182 ist zwischen عَنْس und عَيْهَل nachzutragen عَيْثُوم (siehe s. 327).

52. Zu s. 185 ist zwischen نَعْم und قَرْوَاء nachzutragen قَرِين *ḳarînun* (und قَرِينَة) Muʿall. des ibn-Kulṯ., vers 66.

53. Zu s. 191. Lies المَآء statt الماء.

54. Für s. 196 ff. ist noch einiges lexikalische aus den unter den kamelępitheta gegebenen beispielen nachzutragen, (so z. b. noch einige namen für körpertheile u. a.), was man alles im arabischen index findet. — Zu s. 204. Assyrisch *rukubi* ist an andern stellen (so z. b. Sanh. 5, 80) sicher „wagen“ (nicht „reitthiere“); das verbum *rakâbu* selbst steht im assyrischen vom pferdritt (so *arkab ina sûsi* Sanh. 1, 67). Wenn die engl. Assyriologen das gewöhnl. ideogramm für „wagen“ *rukubi* umschreiben, so ist das unrichtig, dieses muss vielmehr *narkabtu*, pl. *narkabâti* gelesen werden.

55. Zu s. 210, anm. 3. Der نَسِيب in der sonst alten Muʿallaḳa des Ibn-Kulṯûm scheint auch aus andern gründen (beachte z. b. die wörter für elfenbein u. a.) erst ein späteres fabrikat, was um so leichter erklärlich ist, als eben ein نَسِيب zur zeit, da diese alten gedichte in ihrer jetzigen fassung redigirt wurden, nothwendig dabei sein musste und also, wenn er fehlte, dazu fabricirt wurde.

56. Zu s. 217 ist das oben no. 44 bemerkte zu berücksichtigen, wie auch noch nachzutragen, dass bei dem tribut, den Sanherib von den in Südbabylonien streifenden beduinen (über diese siehe schon oben nachtrag no. 6) nahm, neben 7200 pferden und farren, 11073 eseln, 80100 ochsen, 800500 schafen auch 5230 kamele waren (Sanh. Bell., z. 16).

57. Zu s. 221, anm. 4. Gegen die aufstellungen von A. v. Frantzius vgl. jetzt R. Hartmann in den Verhandl. der Berl. anthrop. Gesellsch. 1878, s. 202 ff., besonders sein erstes, drittes und viertes resultat (1. die alleinige abstammung des hausrindes aus Afrika ist bis jetzt nicht erwiesen. 3. die hervorbringung des zebu, eines mit fortpflanzungsfähigkeit begabten züchtungsprodukts, in Asien, und seine überführung nach Afrika ist eben so gut möglich, als seine ursprüngliche züchtung in Afrika. 4. Die zähmung des urspr. wilden bos primigenius in Europa ist zum mindesten sehr wahrscheinlich; ihr verdanken jedenfalls auch viele unserer hausthierracen ihre herkunft).

58. Zu s. 224, anm. 3. Das dort bemerkte ist einzuschränken durch „fast nur noch“, denn vgl. Sanh. 5, 74 *šûri marûti* „feiste stiere“. — Zu *alpu* vgl. auch oben no. 38.

59. Zu s. 226. Zu *agalu* vgl. noch Sanh. 6, 55 *ana pakadi murniski pari agali* (geschr. *a-ga-li*) *ibili* (ebenfalls phonetisch *i-bi-li*) „zur stallung der hausesel (oder maulthiere?, siehe oben), farren, kälber und widder(?).“

60. Zu 227, anm. 2. Ausser *arḫi* — so Asarh. 5, 17 ŠAL. *lammassi* ŠAL *arḫi*[1] „material zu löwencolossen und material zu stieren (statt des sonst stehenden *šîdi* stierkolossen)“ kommt auch *rîmi* selbst in gleicher anwendung vor, so Asurb. 6, 96. *rîmi* (geschr. AM:‹) *naṭruti sikur* (oder *simat*?) *bâbani îšrîti Ilamti* (vgl. dazu A. St., s 34) „die ochsen, welche bewachen den verschluss“ (oder „die ochsen, die bewachenden, [welche sind] das merkmal?) der thore der tempel von Elam“ u. ö. im Asurb.; Nebuk. 3, 59 *rîmi dalâti babi ina zaḫali namriš ubannim* „ochsen der thüren und thore liess ich machen von bronze (?)[2] hellglänzend (adv. von *namru*)“. — Zu *kima rimi* (ideogr.)

---

[1] geschrieben mit dem ideogr. no. 227 der tabelle (vgl. dazu Sb. 254 AB *arḫu*); ebenso Lay. 41, 34 ŠAL *arḫi za-za-a-ti* (lies *ṣa-ṣa-a-ti* „bildwerke“ und vgl. 2. Chron. 3, 10 מַעֲשֵׂה צַעֲצֻעִים von den Kerubîm (ass. *kirubu* stiercoloss).

[2] *zaḫalu* ist ein metall, was Asurb. 6, 70 u. ö. neben *zariru* (bronze, dort als überzug der wagen) steht, oft den zusatz *ibbu* „hellglänzend“ hat (z. b. Asurb. 2, 76) und auch bei den stier- und löwencolossen nicht die materie selbst, aus der sie gemacht sind (diese ist *íru* bronze), sondern die obere bekleidung (vgl. *ša zaḫalu litbušu*) zu sein scheint.

Sanh. 3, 74 ist noch zu fügen *ri-ma-niš* „wie wilde ochsen (erklomm ich die steilen[1] orte auf meinen füssen)“, adv.-bildung vom pl. *rimâni* (vgl. *abubaniš* von *abubu* u. a.) Sanh. 1, 69.

61. Zu s. 228, anm. 2. Zu *ibilu* vergleiche die unter no. 59 oben mitgetheilte belegstelle, die Delitzschs *ibilu* für AM.SI nur zu bestätigen scheint; wir hätten dann innerhalb des assyrischen selbst eine übertragung, entweder vom widder auf eine wildochsenart oder, was mir wahrscheinlicher scheint, vom zahmen auf auf den wilden ochsen (wenn nemlich *ibilu* im assyrischen irgend eine altersbezeichnung des rindviehs ist, was in obiger stelle in den zusammenhang eben so gut passt). Die verantwortlichkeit für AM.SI = *ibilu* trägt übrigens Delitzsch allein (vgl. seine lesestücke s. 29).

62. Zu s. 231 sind die nachträge schon im inhaltsverzeichnis notirt.

63. Zu s. 235, anm. 1. Wenn das tigréwort ኣራብ፡ *arâb* (eine antilopenart) und syr. ܥܪܒܐ zusammen gehören, was mir wahrscheinlich ist (dann urspr. ዐራብ፡), so gehört natürlich das phöniz. צרב auf keinen fall zu ܥܪܒܐ, da letzteres dann ja auf ursem. *ʿarabu* oder *ʿarbu* (und nicht auf *ḍarbu*) zurückgeht. — Zu anm. 2. Wirklich hiess das assyr. wort für widder (und dann auch „hammel“) *kabšu* (ursem. *kabśu*), so dass also nur das syr. ܟܒܣܐ ausser der reihe steht und neben ursem. *kabśu* auch ein *kabšu* voraussetzt; denn das Asurnas. 3, 34. 64, Salm. Karch.-monol. 1, 36 u. ö. sich findende *ina ílippi mašak kabšî* (so lies statt *gabší*, da *gab* ebenso den werth *kab* hat) heisst, wie Schrader KG. s. 216, anm. 2 überzeugend und scharfsinnig dargethan hat, nichts als „auf schiffen von hammelhäuten (überschritt ich den fluss)“. Eine belegstelle *kibsu* „tritt“ (von ochsen und kleinvieh) siehe unten no. 65.

64. Zu s. 237. Lies ܐܡܪܐ statt ܐܡܪܐ (so z. b. Phys., ed Land, 52, 11; 63, 21; 85, 4; 87, 3). Assyrisch *immîru* steht z. b. IV R. 7, 9+10a *nišu ší-a-tum ar-rat limut-tim ki-ma im-*

---

[1] *ašru supšuḳu* (form سُفْعُل von *pašâḳu*, vgl. *arḫi pašḳûti* der hist. inschr.) und nicht *ašru rušuḳu*; vgl. auch Sanh. 3, 76.

-mí-ri iṭ-bu-uḫ-šu „jenen menschen schlachtet der feindliche fluch wie ein lamm"; aus der sumerischen kolumne (MULU. BI. AŠ. ḪUL. LU-DIM ŠUM.MA) sieht man, dass für LU die gewöhnliche assyrische wiedergabe vielmehr *immíru* als das seltnere syn. *kirru* (so in den nationallexicis, siehe A. St., s. 32) gewesen ist.

65. Zu s. 242. Assyrisch *rabâṣu* lautet im impf. *irbiṣ*, so vom hund K. 217, z. 5. 6. 7. (= Len., Ch. d. T. Cun., 3ième fasc., p. 234); vgl. auch die interessante stelle Asurb. 7, 5—8 „nach männergeschrei und dem tritt von ochsen und kleinvieh (*kibis alpi u ṣîni*), nach frohem jubelruf (*alala* ist interjection der freude) liess ich lechzen (*uṣamma*) seine gefilde; wildesel (*purivi*, ideogr.), gazellen (BAR.KAK = *ṣabîti*), gethier des feldes, straussen(?)[1] liess ich lustig (*parganiš*)[2] sich dort lagern (*ušarbiṣa*)".

66. Zu s. 245. Lies „w.-aram." statt „chald.", welche veraltete bezeichnung mir trotz besten willens, — so stark ist die macht der gewohnheit — vielleicht auch sonst noch etliche male entschlüpft ist. Wie heut noch jemand im ernst diese bezeichnung für das biblisch-aramäische und targumische mit wissenschaftlichen gründen aufrecht erhalten will, verstehe ich nicht. Ob das buch Daniel nun ächt oder unächt ist, immer ist das aramäische gewand der betreffenden stücke späteren ursprungs (und zwar aus einer zeit, wo die, welchen die jetzige gestalt ihre entstehung verdankt, meinten, wie zu ihrer zeit so wäre auch schon unter Nebukadnezar, dessen sprache wir jetzt aus seiner grossen bauinschrift (leider nicht aus seinen annalen) ganz genau kennen, das aramäische landessprache von Chaldäa gewesen). Ganz abgesehen davon ist ja längst von Nöldeke erwiesen, dass die sprache der biblisch-aram. stücke zur west-, nicht zur ostaram. gruppe gehört; vgl. auch jüngst noch Z. d. D. M. G. XXXII, 406 f.

---

[1] *ú-gal-ḫu-u* vielleicht urspr. „der grosse ú-vogel" (*ḫu* mit *ú-gal* verschmolzen) = „strauss"??

[2] die sonst vorgeschlagene übersetzung „in schaaren" (also von *pargu* „schaar", was bis jetzt sonst nicht belegt ist passt deshalb nicht, weil III R. 58, 29b bei demselben *parganiš* der sing. *ir-biṣ* (geschr. NÁ-*iš* mit dem ideogr. für *iršu, mailu* „ruhelager" und der phon. ergänzung -*iš*) steht.

67. Zu s. 246. Dass die ziege auch assyrisch *înzu* (nicht etwa *izzu*) geheissen hat, hat Lenormant, meines erachtens überzeugend, dadurch nachgewiesen (J. As. 1878, VII, XI, p. 212, note),[1] dass er für *šiṣbu* die bedeutung „milch“ (so vor allem durch die stelle II R. 35, 74+75) festgestellt (syn. von *ḫimîtu* „rahm“ IV R. 4, 28 und 29 ff. [b], wie von *alîbu* [= حَلِيبٌ] „milch“). Danach kann das schon aus dem grossen syll. bekannte *înzu* (sumer. UZ, S[b] 286), da IV R. 28, 48+51[c] von GA.UZ = *šiṣbi înzi* die rede ist, doch kaum etwas anderes als das arabische عَنْزٌ repräsentiren. Ist das aber richtig, so müssen wir für das ursemitische ʿ*inzu* für das ursprünglichere halten, nicht ʿ*izzu*, wie dann auch in arabisch خِنْزِير, قُنْفُذٌ u. a. (hebr. חֲזִיר, קִפּוֹד etc. gegenüber) die ältere (nicht erst durch auflösung entstandene) form erblicken.

68. Zu s. 249. Dem arabischen عَنَاقٌ entspricht im assyrischen *unîḳu*,[2] so IV R. 3, 42+43[a]; 5, 32+34[c], beide mal *ša-rad ú-ni-ki* (graphisch ungenau mit *k* statt *ḳ*) „das fell eines weiblichen zickleins“, sumerisch AŠ.ḲAR mit vorgesetzten determinativ für weib, weibchen (ŠAL). An der zweiten stelle steht als synoymum *ša-rad pu-ḫad-ti*, sumerisch (ŠAL)X,[3] was auch (im sumerischen dasselbe ideogramm) im Istarhymnus Sm. 954, obv., z. 11+12 im masc. vorkommt: *barbaru ša ana liki pu-ḫadi šuluku atti* „ein schakal(?),[4] welcher, um zu packen (לקח) die zicklein, ausgehend ist, bist du“.[5] Dass *puḫâdi* nichts

[1] im Sep.-Abdr. (Etudes cuneif., 3ième fasc., Paris 1878), s. 39.

[2] ursemitisch ʿ*anâḳu*. Die formen *kutîlu* wie *kutâlu* (besonders die letztere, welche auch hier wegen des ع in ʿ*anâḳu* vorzuliegen scheint) sind im ass. sehr beliebt (vgl. *purîvu*, *šumîlu* u. a., andrerseits *ḫurâṣu*, *puḫâlu*, *ulâpu*, *turâḫu*, *dumâmu* etc.) und gehen auf urs. *katîlu* und *katâlu* zurück.

[3] ein ideogramm, dessen aussprache bis jetzt unbekannt, das fast aussieht wie no. 144 der tabelle (2. aufl.), nur dass statt des in das zeichen MAL eingeschriebenen AM das zeichen PA eingeschrieben ist.

[4] siehe s. 292.

[5] sumer.: LIK.BAR.RA. X. ŠU.TI.A. DU.A. (das nun noch folgende DU = adi „bis, nebst“ ist eine abkürzung für ZAE. ŠI.IN.GA.ME.NE

anderes als „zicklein", „junge vom kleinvieh" heissen kann, wird
bestätigt durch *puḫadi ṣînî* Tigl. 7, 13. — Ein anderes wort
für „böcke", „zickchen" scheint in dem vogelnamen *ḳarib bar-
ḫâti* (aram. בַּרְחָא) zu stecken, vgl. Delitzsch, A. St., s, 104.

69. Zu s. 253. Zu den zwei steinbockarten شاء und بَقَر
vgl. auch s. 286, anm. 1.

70. Zu s. 254, anm. 2. Lies „das junge weibchen" statt
„das junge".

71. Zu بَقَرُ الوَحْش s. 254 ff. Dass meine identification von
den „wildkühen" der altarabischen dichter mit der oryxantilope
richtig ist, wird bestätigt durch die worte Brehm's, Thierl.
III, s. 231 „die Säbelantilope, von den Arabern Wild- oder
Steppenkuh genannt (Oryx leucoryx, Antil. leucoryx)"; zu dem
dort weiter unten (s. 231 f.) bemerkten „das Verbreitungsgebiet
der Säbelantilope erstreckt sich über den nördlichen Theil von
Innerafrika, von der Regengrenze an südlich. Sie ist nicht
selten in Sennar und Kordofân, in Mittel- und Westsudân,
kommt aber auch nach Norden hin in der Bahiudasteppe und
in einigen Wüstenthälern Nubiens bis zur ägyptischen Grenze
vor" sind als sicher bezeugt nun noch die sandsteppen Arabiens
hinzu zu fügen (vgl. auch noch s. 278).

72. Zu s. 256 (بَقَرُ الوَحْش) „oryxantilopen"), zu s. 258,
anm. 2 und s. 259, anm. 3 (رِثْم = „junges oryxantilopenweibchen") und zugleich zu s. 410, anm. 1 (was selbst ein nachtrag zu den ebengenannten stellen ist): a. meiner aufstellung,
dass die Araber unter بَقَرُ الوَحْش hauptsächlich die oryxantilopen verstanden, dient zur bestätigung Brehm, Thierl. III,
s. 231 „die Säbelantilope, von den Arabern Wild- oder
Steppenkuh genannt (Oryx leucoryx, Antilope leucoryx)".
Vergleiche ferner Daumas, le Grand Désert, Paris 1848, (im
Vocabulaire d'histoire naturelle, s. 377—418), s. 379 f., wo بَقَر
الوَحْش mit ant. bubalis (βούβαλις der alten, vgl. dazu diese

in z. 5/6 — „du, für sie bist du"). — TI.A heisst „ergreifend", DU.A
„ausgehend"; ŠU- ist stammbildend.

arbeit, s. 390) identificirt wird,[1] was also ganz zu dem von mir auf s. 255 bemerkten (بَقَرُ الوَحْشِ bezeichnung der oryxantil. und vielleicht noch einiger grösserer antilopenarten, wie z. b. der kuhantilopen) stimmen würde. Freilich ist immer zu beachten, dass bei Brehm wie bei Daumas von afrikanischen (nubischen und maghribinischen) Arabern die rede ist. b. im algerischen arabisch ist ريم *rîm* heute noch der ausdruck für die oryxantilope (und wenn رِئْم bis jetzt und schon vor meinen sprachlich-naturgesch. untersuchungen, mit oryxantilope übersetzt wurde, und dann weiter misbräuchlich von den a-t. exegeten zur bestimmung des bibl. רְאֵם benutzt wurde, so stammt das allein aus dieser quelle),[2] vgl. Daumas a. a. o, s. 391 (dort *rîn* in *rîm* zu corrigiren!) in dem erwähnten vocabulaire, art. „gazelle", no. 1 und dens, Chevaux du Sahara et les moeurs du désert, Paris 1855, p. 280 ff, wo es p. 280 unten heisst „el-rîme, l'espèce intermédiaire pour la taille,[3] se trouve dans le Sahara; on la reconnait à la blancheur de son ventre et de ses cuisses et à la langueur de ces cornes". — Schreibe s. 258 نِعَاج ohne die beigefügte ziffer fünf, denn die anm. 5 auf s.

[1] vgl. auch noch die andere stelle aus Daumas (nachtrag zu s. 281 أُرْوِيَّة).

[2] und zwar vermittelst Fleischer's hinweis in Levy's Chald. Wörterb. (I, 418, col. 2, z. 16 v. u. und II 577) auf Seetzen's reisen, bd. III, s. 393, z. 9 ff., wo es heisst: „nach der Versicherung Herrn Dr. Mandrici's, der 16 Jahre in Tunis wohnte und dort zwei weisse Gazellen mit gewundenen Hörnern und schwarzem Maul gesehen, welche die gewöhnlichen Gazellen weit an Schönheit übertreffen. Man hatte sie aus weiter südwärts liegenden afrikanischen Ländern gebracht [natürl. aus der Sahara, vgl. die nicht nach einer blosen versicherung vom hörensagen klingenden angaben von Daumas]. Diese weisse Art ist dort unter dem Namen von *rîm* bekannt."

[3] die zwei andern gazellenarten, die dort aufgeführt werden, sind 1. le *sine* (gazelle de petite taille; elle se trouve dans le Sersou) und 2. *el-ademi*, dann zusammengezogen le *ledmi* (so bei Daumas, G. D., a. a. o., art. gazelle, no. 2), „la plus grande espèce (dans de Teull et la montagne)".

258 gehört zu آرام oben auf s. 259 und ist nur durch versehen hierher zu نِعَاج gekommen.

73. Zu s. 261 (und noch an einigen stellen [z. b. s. 389, anm. 2] in meinem buch). Schreibe nach den nationallexicographen genauer طَلًا statt طَلًى (welch letzteres freilich dennoch etymologisch das richtigere wäre).

74. Zu s. 262 ist nach „in der anm.“, z. 9 v. o. nachzutragen: „und s. 260 z. 4 v. o. wie Meid. II 761 (mitgetheilt auf s. 272)“.

75. Zu s. 264, anm. 1. Zu *sadirâti* vgl. noch *sidru* „schlachtordnung“ Sanh. 2, 77, *sidirta* (dass.) Sanh. 5, 48, KG. 533 (= II R. 65, 15) u. andere stellen mehr. — Zu anm. 2 ist noch als bestätigung hinzuzufügen, dass auf einem noch unedirten täfelchen (K. 4204) LID (sprich AB) = *arḫu* mitten unter anderen thiernamen steht, wie mir Delitzsch einmal mittheilte. — Statt „5, 17“ schreibe „5, 17)“.

76. Zu s. 273. Ueber die grundbedeutung von ursem. *ʿazâlu* „junge gazelle“ gibt das assyrische *azlu* „lamm“ Sanh. 5, 76 (*kišadâti-šunu unakkis azliš* „ihre hälse schnitt ich ihnen ab wie lämmern“), welcher thiername in Dr. Hörning's trefflicher Sanherib-übersetzung [1] zum erstenmal richtig erkannt wurde, aufschluss, — zugleich ein neues lehrreiches beispiel zu den s. 262 u. ö. besprochenen übertragungen.

77. Zu s. 281, أُرْوِيَّة *urwijjatun*. Dies wort steckt jedenfalls in dem Daumas, les ch. d. S. (siehe oben no. 72), p. 294 erwähnten *lerouy*; dort heisst es: „ . . . . . la chasse du *lerouy*, animal qui ressemble à la gazelle, mais plus grand qu'elle, sans atteindre toutefois la taille du *bekeur-le-ouhach*. Le *lerouy*, qu'on appelle aussi *tis el-djebel* (= تَيْس الجَبَل „bergbock“), se tient au milieu des rochers et des précipices“. Ganz die-

[1] einstweilen nur der anfang „das sechsseitige Prisma des Sanherib in transcribirtem Grundtext und Uebersetzung“ Leipz., 25 ss., 4⁰ 1878 erschienen; commentar und glossar wie der Sanherib-cylinder in gleicher behandlung sind unter der presse.

selben bemerkungen über die jagd dieses thieres finden sich schon in Daumas' Moeurs et coutûmes de l'Algérie. (Paris 1853), p. 62.

78. Zu s. 281, anm. 1. Lies *zuḳti* mit ק statt *zukti*, und „felsspitzen" statt „felsen". — Zu s. 282, anm. 1. Weitere assyrische löwennamen siehe gleich unten unter no. 80 (nachtrag zu s. 288).

79. Zu s. 286. Das äth. ወይጠል፡ ist gut semitisch, (während nach A. Müller in Bezzenberger's Zeitschr. I, s. 294, anm. 1 mit berufung auf Prätorius der anlaut *wai* unsemitisch sein soll); vgl. schon s. 264, anm. 1, ferner ወይሌ፡ und وَيْل (wenn auch interjectionalen ursprungs, so doch wirkliche substantiva geworden), dann aus dem Ḳamûs وَيْمَة und وَيْج, endlich ወይን፡, وَيْن, יַיִן (schon wegen des nordsem. *j* echt semitisch, vgl. dazu s. 290, anm. 6 und s. 414).

80. Zu s. 288. Das von mir für das ursem. angesetzte *labi'atu*, *lib'atu* wird bestätigt durch das assyrische *labbu*. Auf dem noch unedirten täfelchen K. 4213 folgen den assyrischen synonymen *za-ar-'u* = *si-* [abgebr.], *uḳ-ra-bu* = *zu-ḳa-ki-bu* („skorpion") und *na-a-lu* (lies *nailu*) = *a-a-lu* (lies *ailu*) drei weitere paare: *lab-bu* (auch die lesung *kal-bu* möglich, doch vgl. unten) = *ni-šu* (siehe s. 282, anm. 1), *ud-mu* = *ni-šu* und *lu-u* = *ni-šu*. (Den schluss bildet das paar *í-ra-mu* = *ši-lib-bu-u*, siehe schon nachtr., s. 430). Nun hatte ich trotz der dreimaligen gleichsetzung mit *nišu* nicht gewagt, *labbu* als sichere lesung und mit der sichern bedeutung „löwe" zu s. 288 zu notiren (der inhalt des täfelchen war mir, als jene seite gedruckt wurde, längst bekannt, vgl. nur s. 97, anm. 1); die sache ist aber nun zweifellos durch ein stück des Sanheribprisma's, wo innerhalb 37 zeilen alle diese drei löwennamen (*labbu*, *udmu* und *lû*) zu vergleichungen verwendet vorkommen. Sie in diesem historischen text zuerst als solche erkannt zu haben, ist wiederum das verdienst meines collegen Hörning (a. a. o., s. 21 und 23). Diese stellen sind: Sanh. 5, 54 *la-ab-biš an-na-dir* „gleich einem löwen ergrimmte ich" (ebenso Asarh., Cyl C. 1, 2), Sanh. 5, 61 f. (*ṣir gimir ummanâti nakiri*

limnuti) *zar-biš ud-mi-iš*[1] *al-sa-a* („gegen all die schaaren der feindlichen rebellen) ungestüm wie ein löwe fuhr (שׁבּע) ich los“ und Sanh. 6, 16 *ḥar-ba-šú taḥazi-ja kima li-í* (gen. von *lu-u*,[2] vgl. *pû* mund, gen. *pî*, acc. *pâ*) *zu-mur-šú-un is-ḥu-up* „die wildheit meiner schlacht gleich einem löwen warf sie (wörtl. ihren leib) darnieder“. — Zu s. 289 oben ist die hinweisung auf s. 235 oben nachzutragen. — Zu s. 290: Die aufstellung, λῖς sei aus לַיִשׁ entlehnt, wird ebenfalls verdientermaassen zurückgewiesen von A. Müller (in seinem aufsatz: „Semitische Lehnworte im älteren griechisch“ (Bezzenberger's Beitr., I, s. 273—381) a. a. o., s. 290. — Zu anm. 4. Auch in den südhamitischen sprachen, so im Somali *leba-ch*, im Danakil *loba-k*.

81. Zu s. 290, anm. 6. Siehe schon am schluss meines buches, s. 414, ferner oben nachtr. no. 79; ausserdem ist noch folgendes nachzutragen: Die literatur über οἶνος einer- und die semitischen wörter, die dem hebr. יַיִן etymol. entsprechen, andrerseits siehe bei A. Müller a. a. o., s. 278, no. 57; dazu A. Müller selbst s. 294, der sich, da er den anlaut *wai* für unsemitisch hält (dagegen oben nachtr. no. 79!), für indog. ursprung des wortes *wain* und indog. entlehnung im semitischen ausspricht.

---

[1] *ud* ist eins der wenigen zeichen, die fünffache lesung gestatten (der gewöhnlichste werth ist immer *ud* selber); so wären neben *udmu* auch die lesungen *parmu*, *tammu*, *ḫišmu* und *laḫmu* (letzteres Hörning) möglich; *û-mu* „tag“ gehört als ideogramm nicht hieher. Da aber von אדם im assyr. auch sonst thierbezeichnungen gebildet werden (vgl. *admu* junges, so von jungen schwalben Sanh. 6, 19, was durch die nationallexika — siehe Del., A. St. 109 — bestätigt wird, und *udumi* oben s. 324, anm. 1, ausserdem arab. أَدَم s. 158 vom kamel), so halte ich für das einfachste, *udmi* zu lesen und „junger löwe“ zu übersetzen.

[2] wenn dies *lû*, was formell auf לוח (= لوح), ליע, לוה, להי, ליו oder ähnliche stämme (mit hauchlaut, ע oder א als zweiten oder dritten radikal) nach assyr. lautgesetzen zurückgehen kann, in einer dieser formen auch in andern semit. sprachen sich fände und also auch für das ursem. schon angenommen werden dürfte — was an und für sich zwar möglich, wofür aber so die beweise fehlen — dann würde natürlich dies wort (etwa urs. *laiwu*) noch viel genauer mit indog. *liw*, *laiwu* zusammenklingen als urs. *lib'atu* (s. 290).

82. Zu s. 291 „ein anderesmal etc." Vgl. meinen aufsatz „Arier und Semiten" im Correspondenzblatt des anthr. Vereins (unter der presse) wie einstweilen das am schluss meines buches (s. 413 ff.) bemerkte.

83. Zu s. 292. Die belegstelle zu *barbaru* ist oben, nachtr. no. 68, mitgetheilt.

84. Zu s. 298. Vor أَرْقَطُ ist ausgelassen أَبْرَدُ *abradu* (eine belegstelle für den pl. بُرْدٌ s. 296).

85. Zu s. 299 f. Im altäg. heisst merkwürdiger weise der gepard *basu* (Pierret, Vocab. Hiéroglyphique, I, p. 135), was ein ganz neues licht auf jenes wort werfen dürfte; natürlich muss untersucht werden, wann und wo das wort zum erstenmal vorkommt. — Zu s. 301, anm. 2. Von dem zur falschen übers. „tiger" bemerkten ist eine andere von mir unten (nachtr. zu s. 369, anm. 1) gegebene notiz wol zu unterscheiden.

86. Zu s. 303, *ḏi'bu*: im altäg. heisst der fuchs *sabu*, wozu das gleiche gilt, was eben vorher zu no 85 (*basu*) bemerkt wurde. — Zu der urspr. bedeutung „der gescheuchte" vgl. einen namen des wolfes bei den turko-tartarischen völkern, neml. *kaśkir* (urspr. = „davonrenner"), Vambéry, die primitive Cultur der turko-tartar. Völker, Leipzig 1879, s. 202. — Zu s. 304 (belegstellen zu ذِئْب) siehe auch schon s. 239 (2 mal). 241. 242. 244. 274.

87. Zu s. 313. Das gleiche vom hund gilt auch bei nichtsemitischen völkern, wie bei den Turko-Tartaren, wo der hund, trotzdem er dort ebenfalls uraltes hausthier und treuer begleiter dieser nomadisirenden jäger und hirten ist, wie schon sein name (*it*, *et*, *üt*, urspr. niedrig, gering) und ferner sprichwörter etc. beweisen, als verächtlich gilt, vgl. Vambéry, a. a. o., s. 197 f.

88. Zu s. 315. Auch bei den Turko-Tartaren ist die katze eine späte kulturentlehnung (Vambéry a. a. o., s. 199 „ihre namen *kedi*, *müsük*, *püsük*, *möñsük* arischen, resp. persischen ursprungs").

89. Zu s. 320. Zu عِفْر ist als wahrscheinliche etymol. entsprechung das ass. *apparru* „wildschwein" (seite s. 283) nach-

zutragen. — Auch bei den turko-tartarischen völkern kommt, wenn man nach der urspr. bedeutung der wörter für schwein fragt, das zahme schwein, was ja nur bei einem volk von sesshafter ackerbauender existenz denkbar ist, gar nicht in betracht, vgl. Vambéry, a. a. o., s. 200. So haben wir ja auch die Ursemiten, obwol wir die anfänge des ackerbaues bei ihnen vorauszusetzen gezwungen sind, doch im ganzen und grossen noch mehr als nomaden uns zu denken.

90. Zu s. 321. Das sumerische KA heisst „mund, antlitz, oberfläche“, in der aussprache GU „rufen“; Lenormant[1] u. a. übersetzen daher KA.ZIN NA mit „face du désert“.

91. Zu s. 323. Zu تُفَّاحٌ *tuffahun* vgl. auch wegen der etymologie Wetzstein in Franz Delitzsch's Hiobcommentar 2. aufl. (Lpzg. 1876), s. 216, anm. 1 (dort = „eine art ratte“?).

92. Zu s. 324 ff. (elefant): Der bekannte indog. sprachvergleicher Frankreichs, F. de Saussure hat in einer abhandlung „le suffixe -T-“ (in den Mém. de la Soc. de Linguistique, III, p. 197 ff.) a. a. o., p. 208 versucht, ἐλέφας aus dem indog. zu erklären, indem er ἐλεφ- in ἐλεφ-α(ντ)ς mit ἀλιβ- in ἀλιβαντς und mit *albus* zusammenbringt und also für ἐλέφας, was ja allerdings die Griechen zunächst für „elfenbein“ gebrauchten (weil sie, lang bevor sie einen elefanten sahen, dies thier vom elfenbein kannten) als ursprüngliche bedeutung „das weisse“ (= das „elfenbein“) annimmt. Mir sind die anklänge an die aufgeführten orientalischen wörter jedoch zu auffallend, als dass ich de Saussure's meinung, ἐλέφας sei kein lehnwort, theilen könnte; eines aber mag immerhin zugegeben werden, dass, als eben durch den elfenbeinhandel (und zwar durch phöniz.-arabische vermittlung, vgl. ἐλ- = arabischem art. *al-*) dies produkt und damit der name des thieres, von dem es herstammte, nach dem abendland kam, die Griechen es durch volksetymologie mit jenem stamm für „weiss“ zusammengebracht haben mögen, wie wir ja zu ähnlichem mehr beispiele haben. — Dem von mir (s. 326, anm. 1) gegen die ableitung = *aleph hind* bemerkten ist hinzuzufügen das arab. wort سُنْدُس „sindu-

[1] so in seinem neuesten buch „Etudes accadiennes, tome 3ième (Paris 1879), p. 11.

(hindu-)zeug", das syr. ܣܕܝܢܐ und das hebr. סָדִין „leinenes unterkleid" (LXX σινδών) Richt. 14, 12 u. ö., was allerdings in GH[8] semitisch (von سدن bedecken) erklärt wird.[1] Eine so frühe entlehnung wie ἐλέφας könnte nur auf eine form *aleph sindî* zurückgehen (ausser, das wort wäre auf dem landweg über Persien nach Griechenland gekommen, was unwahrscheinlich), *aleph sindî* und ἐλεφ-αντος klingen aber zu wenig zusammen; im ersteren fall würde übrigens schon *aleph*, was doch nur auf Phönizier hindeutet, gegen jenen weg über Persien (und *hind* ist eben die persische form für *sind*) sprechen. Siehe übrigens auch die entschiedene zurückweisung der erklärung Pott's durch Friedr. Müller in Kuhn's zeitschr., bd. X, s. 268. Pictet scheint mit seinen erklärungen von ἐλέφας übrigens eben so wenig glück zu haben; in ders. zeitschr., bd. IV, s. 130 nimmt er seine alte deutung (siehe oben s. 326, anm. 1) zurück, doch die neue, die er dafür gibt, *aliyâ-phaṭa* „elefantenzahn" (beides zwei seltene skt.-wörter und in diesem compositum nicht nachweisbar) ist eben so verfehlt.

Für die viel nähere lage des landes Musri an Assyrien, wie sie jetzt Schrader[2] annehmen will, würde etwa das sichere bezeugtsein von elefanten in Mesopotamien durch ägyptische inschriften[3] sprechen, wenn das dort berichtete nicht gerade 1100 jahre früher vorgefallen wäre, als Salmanassar gelebt hat; Tiglat-pilesar I (c. 1100 v. Chr.) z. b., von dessen

[1] Delitzsch dagegen in seinem Jesaja-commentar (1869, s. 85) fasst סדין als „sindu-zeug".

[2] nemlich im westlichen Iran, in Adharbâigân, siehe KG. s. 280.

[3] Ebers, das Grab und die Biographie des Feldhauptmanns Ámén em ḥéb (Z. d. D. M. G. XXX, s. 391 ff., XXXI, s. 439 ff.) und zwar im erstgenannten bande der Z. d. D. M. G., s. 412. 415. Ob *Nii* (wenn nicht verschrieben statt *Nenii* im original?) = Ninive, ist noch fraglich, eher ist es eine weiter westlich im eig. Mesopotamien gelegene stadt. Zu dieser erwähnung würde allerdings nur stimmen, dass nach Hartmann jener in Theben abgebildete elefant (von mir s. 396, a. 1 besprochen) ein asiatischer (nicht afrikanischer) ist. Dass in der von Ebers übersetzten inschrift die elefanten für Mesopotamien auf sicherste und unzweideutigste für die zeit Thutmes III (XVIII. dynastie) bezeugt sind, das kann niemand bestreiten, so merkwürdig die thatsache auch klingen mag. Man lese nur selbst die stelle a. a. o. im original wie in der wortgetreuen übersetzung nach!

jagden uns so genau erzählt wird,[1] hat um Assyrien herum nie jagd gemacht auf elefanten, welche thiere zu seiner zeit jedenfalls schon längst in Vorderasien verschwunden waren. „Aber die durch die abbildung völlig gesicherte thatsache, dass von dort (von Musri) dem Assyrerkönig ein indischer elefant, ein zweihöckeriges kamel, ein jackochse, ein rhinoceros und verschiedene affen gebracht werden, macht es nothwendig, dass es nahe bei Indien lag. Einzelne weit her geholte thiere konnte ein fürst in ein noch entlegeneres land als geschenk senden, dass sich aber jemand im westlichen Iran einen ganzen zoologischen garten mit indischen thieren gehalten und diesen dann nach Ninive geschickt hätte, ist doch zu unwahrscheinlich!“[2] So bleiben wir also bei Afghânistan.

93. Zu s. 329 (*κροκόδειλος*). In der stelle bei Herodot (II 68—70) ist zu beachten der satz (69, schluss): *καλεῦνται* (scil. von den Aegyptern) *δὲ οὐ κροκόδειλοι, ἀλλὰ χάμψαι· κροκοδείλους δὲ Ἴωνες ὠνόμασαν, εἰκάζοντες αὐτῶν τὰ εἴδεα τοῖσι παρὰ σφίσι γινομένοισι κροκοδείλοισι τοῖσι ἐν τῇσι αἱμασιῇσι* — wonach *κροκόδειλος* urspr. der jon.-griech. name für die gewöhnliche kleine eidechse wäre (vgl. auch Sundevall die Thierarten des Aristoteles (Stockh. 1863), s. 178. Entschieden ist dadurch freilich die herkunft des wortes noch immer nicht.

94. Zu s. 334. Der hebr. name der fledermaus ist עֲטַלֵּף, der syr. ܦܫܪܘܪܐ (so Phys., ed. Land, 68, 27. 69, 1. 9. 14; 99, 7.) und der altäg. *ṭakī*.

95. Zu s. 337, anm. 1. Schreibe خُنْفَسَاء statt حنفاساء. — S. 338 wäre auch auf den arab. stammnamen *Jarbûʿ*, s. 32, zu verweisen gewesen.

96. Zu s. 342—350. Als ich diese zusammenfassung schrieb, hatte ich den aufsatz J. A. Mordtmann's jr. in der Z. d. D. M. G., XXXI, s. 61—90 „Miscellen zur himjar. Alterthumskunde“ noch nicht gesehen und verweise hiermit darauf als auf eine werthvolle ergänzung des von mir gegebenen, besonders für

[1] I Rawl. 28, col. a und dazu die parallelstellen aus den Annalen, col. 6, 61—84; 7, 5—12.

[2] Nöldeke in seiner recension von KG. (Z. d. D. M. G., XXXIII, s. 324 f.).

die nachrichten der späteren classiker, kirchenväter und byzant. schriftsteller über Südarabien.

97. Die s. 353 öfter erwähnte himjarische inschrift in arabischer umschrift aus Naswân lautet an der uns interessirenden stelle مَلَكْتُ . . . أَلْفَ نَاقَةٍ مُزَنَّمَةٍ وَالفَ حِجْرٍ مُعَلَّمَةٍ وَالفَ بَغْلَةٍ مُسَرَّجَةٍ مُلْجَمَةٍ وَالفَ عَيْرٍ بُهْمَةٍ وَالفَ بَقَرَةٍ لِهْمَةٍ وَالفَ شَاةٍ مُكْرَمَةٍ „ich habe tausend kamelinnen mit geschlitzten ohren, tausend (zum kampf) bestimmte stuten, tausend gesattelte und gezähmte maulthiere, tausend rüstige wildesel, tausend alte stiere und tausend edle schafe". Die inschrift ist wie man sieht ins nordarabische umgesetzt (sonst müsste es z. b. مَلَكُّ heissen — vgl. D. H. Müller, Südarab. Stud. s. 22=122 — u. a.) doch ist möglich (aber auch nur möglich), dass im ganzen und grossen die thiernamen des originals darin beibehalten wurden. — Zu s. 352 ist zu اوْس nachzutragen: Auch ذِئْب scheint existirt zu haben, vgl. ذو ذِيبَان (geschr. ذذبن) Müller a. a. o., s. 27=127 und Jakût's geogr. lexikon s. v. الذِّئْبَيْن. — Zu s. 353 unten. Das hier wie s. 297 von mir bemerkte wird durch den namen ذو أَنْمَرٍ der himj. kaside („= انمر der himj. inschriften" Müller a. a. o., s. 55=155)" erfreulich bestätigt.

98. Zu s. 354, anm. 1. Zu den ausdrücken „nichtsemitische urbevölkerung" und „ursprünglich afrikanisch" ist als kleine einschränkung zu bemerken, dass alle die nichtsemitischen völker Nordostafrika's, von der Berberei und Aegypten an bis zum süden von Habesch (sprachlich die sog. hamitische familie bildend, siehe darüber den nachtrag zu s. 415, anm. 2) ganz ursprünglich, womit wir aber hier, wenn es sich um die semitischen völker und deren sprachen (so im gegebenen fall um südarabisch und ge'ez) handelt, nicht zu rechnen haben, auch von Asien gekommen sein müssen. Genauer wären daher die

ausdrücke „nichtsemitische vorbevölkerung“ (statt „n. urbev.“) und „nordostafrikanisch“ (statt „urspr. afrik.“)

99. Zu s. 358. Zu „bisher nur in Afrika“ vgl. Brehm, Thierl., III, s. 231 f.: „das Verbreitungsgebiet der Säbelantilope erstreckt sich über den nördlichen Theil von Innerafrika, von der Regengrenze an südlich. Sie ist nicht selten in Sennaar und Kordofan, in Mittel- und West-Sudan, kommt aber auch nach Norden hin in der Bahiudasteppe und in einzelnen Wüstenthälern Nubien's bis zur ägyptischen Grenze vor“. Eine genaue und schön in farben ausgeführte abbildung von zwei im akt der begattung begriffenen oryxantilopen auf ägypt. denkmälern findet sich z. b. Rossellini II, XIX, 3. — Statt „*Klippschiefer“ lies „**Kl.“ (mit zwei sternchen) und zu „s. 322“ füge noch „und 384, anm. 1“.

100. Zu s. 369. Vielleicht entspricht dem dunkeln *sîsît* der ebenfalls bisher dunkle thiername IV Rawl. 2, col. 5, 10+11 (= 49 + 50 ders. col) *si-su-ú ša ina šadi-i ir-bu-u šu-nu* „ein *sisu*, der auf den bergen aufwächst (wörtl. „gross wird“) sind sie, (die bösen geister)“; das „auf den bergen“ passt recht gut auf einen raubvogel. — Zu anm. 1 (tiger) siehe den nachtrag zu s. 399.

101. Zu s. 375. Auf z. 23 ist die ziffer 6 zu streichen.

102. Zu s. 384 f. (no. 19 „esel“ und no. 21 „wildesel“): vgl. Brehm, Thierl. III, s. 37 „Alle im Süden (von Aegypten?) und wahrscheinlich auch in Habesch benutzten zahmen Esel scheinen von dieser Art (dem Steppenesel, equus taeniopus, dem Wildesel Afrika's) abzustammen; denn nach der Versicherung der Araber gleichen ihnen die Wildesel täuschend“. Vielleicht erklärt sich auch daher, warum die Abesinier allein unter allen semitischen völkern das wort *ḥimâr* aufgegeben und durch ihr *adg* ersetzt haben? — Bei no. 19 „esel“ wurde vergessen, ዕዋል፡ *ʿěwâl* (urspr. allg. „füllen“, „junges“, in der bibelübers. aber fast stets vom) „eselfüllen“ (vgl. auch schon s. 127) aufzuführen.

103. Zu s. 389, anm. 3. Die vergleichung von ወይጠል፡ mit ጠሊ፡ hat, wie ich nachträglich finde, schon vor mir Prätorius aufgestellt. Wegen der silbe *wai-* vgl. auch den nachtrag no. 79.

104. Zu s. 391, anm. 3. Dass die von de Lagarde in seinen Materialien zur Kritik des Pentateuch I (Lpzg 1867) gegebene arabische übersetzung nur eine sklavische übertragung einer syrischen ist, beweist unsere stelle, die daselbst lautet: والايل والظبى واليامور والوعل وديصا واران (ebenso die Beiruter, nur statt der zwei letzten worte dort الثيتل المهاة); letzteres اران hat natürlich mit dem Jakût I, 886, 2 vorkommenden fischnamen اران (ausser letzterer wäre eine übertragung wie z. b. „meerziege") nichts zu thun, sondern ist die transscription des syrischen ܐܪܢܐ und bestätigt so scheinbar die herkömmliche lesung ܐܪܢܐ; doch vgl. dagegen Payne-Smith zu ܐܪܢܐ, wie statt ܐܪܢܐ besser zu vokalisiren ist.

105. Zu s. 394 oben. Vgl. auch Brehm, Thierl. III, s. 717 ff. (Potwal, engl. spermwhale, sein naturgesch. name Catodon macrocephalus, Physeter macr. und trumpo, Balaena macr.), wo zu s. 724 (der Amber) das von mir bemerkte noch nachzutragen ist.

106. Zu s. 398 f. (no. 3. „Endlich etc."). Noch zwei speciell abesinische thierarten sind hier nachzutragen; einmal der „erdgräber" oder die „wurfmaus", abes. *filfel*, *felfel*[1] (bathyergus splendens), siehe Brehm „Ergebnisse meiner Reise nach Habesch" (Hamb. 1863), s. 63 und 136 f. (dagegen das „erdferkel", ein anderes thier, dort s. 114 erwähnt) und dann ein ganz merkwürdiges thier, der *wobo*, welches wir, wenn Schimper's angaben (siehe bei Brehm, am eben angef. ort, s. 107 und 109) sich bestätigen, als die einzige ausser dem indischen tiger existirende tigerart der welt (Tigris africanus Schimp.) zu betrachten haben würden. Wenn dem so ist, so wäre der betreffende satz in anm. 2 auf s. 299 in etwas zu modificiren („in den semitischen ländern Asiens" statt „in den semit. ländern"), auf keinen fall gibt aber diese thatsache berechtigung, auch

---

[1] in welchem verhältnis dieses wort zu dem s. 381 aufgeführten *fulfal* (neuere aussprache *felfel*) steht, vermag ich nicht zu sagen; vielleicht liegt eine übertragung (wozu der rüssel dieser mausart anlass gab?) vor.

nur einmal das äth. wort *namr* „pardel" mit „tiger" zu übersetzen (s. 369, anm. 1).

107. Zu s. 398 oben (esel) vgl. auch den nachtrag no. 102.

108. Zu s. 413, z. 16. „in assyrischer zeit". Hier eigentlich streng genommen ein widerspruch in sich selbst, ebenso etwa, wie wenn man die sprache der ältesten babylonischen texte assyrisch nennt. Doch da man sich einmal gewöhnt hat, das babylonische wie assyrische (beides ja kaum verschiedene dialekte einer sprache) schlechtweg assyrisch zu nennen, zumal andern semitischen sprachen (wie hier dem aramäischen) gegenüber, so habe auch ich mich diesem wenn auch falschen sprachgebrauch nicht entziehen können; auch der name assyriologie wäre ja dann zu verbannen. Babylonisch wäre freilich richtiger, da die assyrische literatur (wie überhaupt die ganze kultur des nördlichen schwesterstaates von Babylonien) nur ein vom süden nach Assur verpflanzter setzling ist.

109. Zu s. 415 (χρυσός). Der annahme, dass χρυσός ein durch die Phönizier nach Griechenland gekommenes semitisches lehnwort sei (so Rénan hist. d l. s., p. 192 nach Gesenius vorgang, ferner Hehn, k. u. h., s. 61 und 487 der 2. aufl., endlich „als sehr wahrscheinlich" Nöldeke in seiner recension von Schrader's KG. in d. Z. d. D. M. G., XXXIII, s. 327, anm. 1), steht entscheidend die verwandtschaft mit wörtern für „gold" in andern indog. sprachen gegenüber (so vor allem goth. *gul-th*, ksl. *zla-to*, die auf *ghar-ta* zurückgehen — χρυσός selbst geht auf *ghart-ja* zurück, eine weiterbildung des letzteren —, ferner die griech. nebenform χλου-νός „gold", zend *zar-ana*, skt. *hir-ana* und endlich phryg.-eranisch γλου-ρός dass.), welche auf ein bereits urindog. *gharana* und *gharata* (von *ghar* glänzen) zurückweisen (vgl. Curtius, griech. Etym., 4. aufl., s. 204).

110. Zu s. 415, anm. 2 (vgl. auch schon nachtrag no. 98). Die sog. hamitischen sprachen zerfallen in drei grosse gruppen (Friedr. Müller, Reise der Fregatte Novara, linguist. Theil, Wien, 1867, 4°, s. 53):

1. die ägyptische: altägyptisch; (seine tochtersprache) koptisch.

2. die libysche: berbersprachen, insbesondere das Tamaschek (welches in der conjugation nur die präfix-bildung kennt).

3. die äthiopische (siehe Prätorius in d. Z. d. D. M. G., XXIII, s. 642):

a. Beḍa (= to Beḍauie Munzinger's).

b. Saho (über seine präfix-conj. siehe Z. d. D. M. G., XXIV, s. 168).

c. Dankali (hat wie die Agau-dialekte auch beim nomen präfixe, statt der suffixe!)[1]

d. Somali (darüber Prätorius Z. d. D. M. G., XXIV, s. 145—171; die präfix-conj. ist hier bedeutend seltener als die suffix-conjugation).

e. Galla

f. Agau-dialekte (dazu auch Bilen und Falascha). — Letztere beide (e und f) kennen nur die suffixconj. (perfect), nicht auch die präfixconj. (imperf.); dasselbe ist schon im altägyptischen der fall.[2] Ueber die merkwürdigen prä- statt suffixe beim nomen siehe schon unter c.

Was nun das verwandtschaftsverhältnis dieser sog. hamitischen sprachen (zu denen wahrscheinlich auch das uns nicht mehr bekannte altäthiopische oder kuschitische gehörte) zu den semitischen anlangt, so lässt sich, obwohl hamitische sprachvergleichung systematisch fast noch nicht in angriff genommen wurde, doch so viel sagen, dass allerdings eine ursprüngliche verwandtschaft besteht (so identität der feminin-endung, der nominalsuffixe [die im hamitischen aber auch ebenso als verbalsuffixe fungiren, ja sogar dem nomen präfigirt werden

---

[1] vgl. dazu Prätorius, Z. d. D. M. G., XXIV, s. 153 oben: „dieser Ortswechsel der Affixe, den wir hier beim Pronomen so deutlich sehen, ist dadurch entstanden, dass sämmtliche den Wurzelbegriff modificirende und determinirende Affixe im hamitischen mit der Wurzel selbst in sehr losem Zusammenhang stehen, welche Eigenthümlichkeit, bei mancher verwandtschaftlichen Aehnlichkeit, ein trennender Zug vonder Starrheit und Zähigkeit des Semitischen ist." (Wo könnte man, fügt Prätorius noch als beispiel zu, im semitischen sagen *i-bêt* statt *bêt-i* „mein haus" oder *ka-katala* statt *katala-ka* „er hat dich getödtet"?).

[2] die präfixconjugation scheint also im hamitischen (trotz ihres frappirenden anklangs an das semitische impf., vgl. z. b. Saho *yekke* „er war", 2. s. *tekke*, 1. s. *ekke*, 3. pl. *jekkin*, 2. pl. *tekkin*, 1. pl. *nekke*) jüngern ursprungs, während für das ursemitische bereits beides perfect wie impf. (und zwar ein doppelt gespaltenes, *jaktulu* und *jakatalu*) anzusetzen sind.

können], des vorsatzes von *s* zur causativbildung, der personalpronomina u. a.), dass diese aber in eine zeit zurückgeht, die weit vor dem (vor allem durch den triliteralismus[1] charakterisirten) ursemitischen liegen muss, womit auch übereinstimmt, dass sich lang nicht so viel gemeinsame wörter (besonders mit concreten bedeutungen) in beiden sprachstämmen finden, als man bei einer näheren verwandtschaft, von der oft gefaselt wird, erwarten müsste. So ergibt sich etwa folgendes verwandtschaftsbild in form der nebenstehenden genealogischen tabelle (s. 451).

Daraus geht hervor, dass zu einer erfolgreichen vergleichung der einzelnen semitischen sprachen unter sich und ihrer methodischen zurückführung auf das (immer noch triliterale) ursemitische eine rücksichtnahme auf die hamitischen sprachen durchaus nicht nothwendig ist, und dass, wenn de Lagarde (Philol. Anzeiger zu Leutsch's Philologus, VII, 1875, s. 536) jene „afrikanisch-semitischen dialekte" (Saho u. a.) mit dem assyrischen(!) in verbindung setzen will und also von den assyriologen ein eindringliches studium derselben verlangt, dies nur ein beweis davon ist, wie wenig er sich die mühe genommen, das assyrische einer näheren betrachtung zu würdigen. Ich glaube, dass jede der semitischen sprachen (so besonders auch das geʿez) „eine reihe von linguistischen thatsachen hat, die in den rahmen der bisher bekannten semit. sprachen nicht hineinpassen", und wenn das assyrische solcher einige mehr hat, so kann doch dies nichts gegen den sonst durchgängig erwiesenen semitismus dieser sprache beweisen?

[1] diesen sieht man in den hamitischen sprachen sich überhaupt erst vereinzelt aus den weitaus noch überwiegenden biliteralen stämmen herausbilden.

Gemeinsame Grundsprache des hamitischen und semitischen.

- Hamitische Grundsprache.
  - 1. **altägyptisch**
    - koptisch
  - 2. **altberber.***
    - die heutigen Berber-dialekte (siehe s. 448).
  - 3. **altäthiop.*** (kuschitisch)
    - die heutige äth. gruppe d. hamitischen sprachen (siehe s. 449).
- Ursemitisch in einem frühern Stadium[1] vor dem Triliteralismus (besser: Vorsemitisch)
  - eigentliches Ursemitisch[2] (Triliteralismus) im letzten stadium vor der trennung.
    - die einzelnen semitischen sprachen. (für das südsemitische siehe die tabelle s. 351)[3]

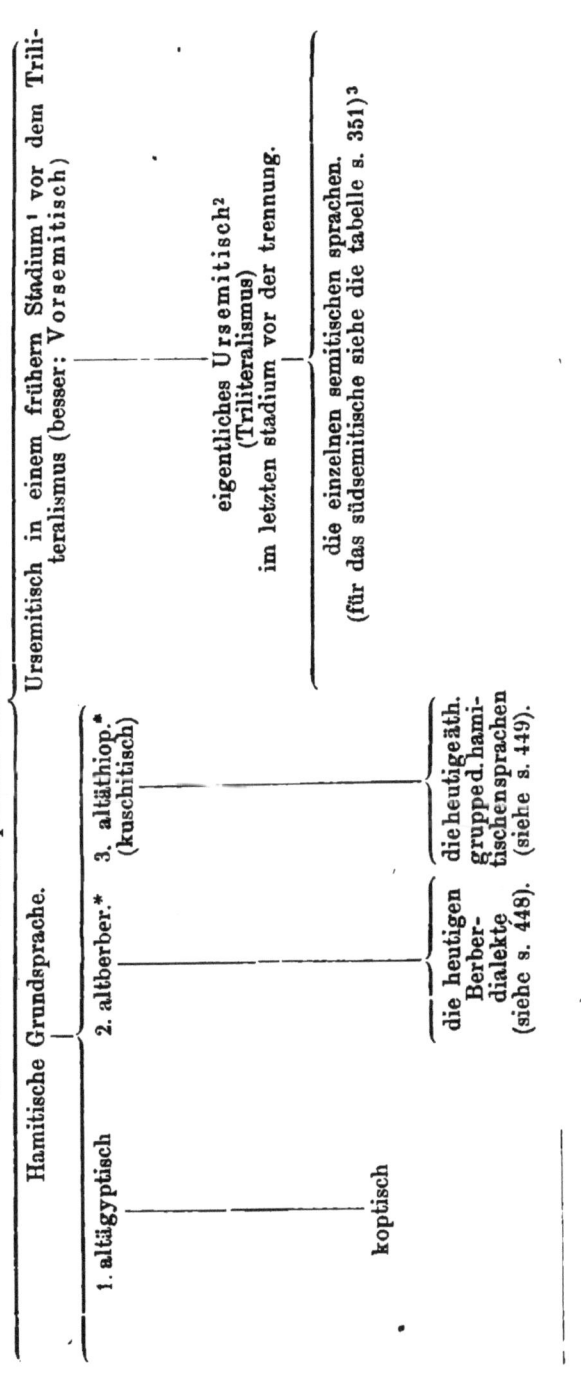

[1] noch biliteralismus, oder höchstens anfang des übergangs von diesem zum triliteralismus. Vielleicht schon eine conjugation (z. b. von einer wurzel *kal*) *kal, kalat, kalta, kalku* etc. und *jakal, takal, akal* etc. (vgl. eine erinnerung daran im ursem. *jakûmu, takûmu* etc. wie im arab. in formen wie يَصِلُ von وصل)?

[2] das einzige, was die wissenschaft wirklich sicher erschliessen kann.

[3] dann neben südsem. ziemlich selbständig dastehend: 2. hebr.-phöniz. 3. babyl.-assyr. 4. die aram. dialekte.

A. Sachregister.

I.

abesinisch siehe Habesch.
Abraha (südarab. König) 326. 327. 349.
Abraham (patriarch) 216. 343. 345, a. 1. 348, a. 1. 422.
Abydus 230.
Addax (herkunft des worts) 390.
Adharbaigân 443, a. 2.
Aditen 344.
Adler (äth. aus „phönix“) 370. 383. Siehe sonst Geier!
Adonis 459, a. 2.
adulit. inschrift 459, a. 1.
Aegypten 112. 113. (ind. ass. inschr.) 325, a. 1. 328, a. 2. 458, a. 2. Vgl. auch bei den einzelnen thiernamen unten, sowie unter den schlagwörtern Hyksos u. Punt.
aegyptisch (sprachlich) 415. 448. 451.
aegyptische fauna 9, a. 1. 39.
Aelius Gallus 47 u. anm. 2.
Aethiopien, altes, 215[1]. 328, a. 1 (Meroë). 386, a. 1. 396, a. 1.
Aethiopen 343.
äthiopische bibel (textrevidirung im M.-A.) 361, a.
— gruppe der hamit. sprachen 449.
— lehnwörter im arab. 113 f. 349, a. 3.
— orthographie 424, a. 2.
Afghanistan 444.
Afrika (allg. charakter) 361. 397 f.
A-ga-ne (= Akkad) 407, a. 1.
Agatharchides 217.
Agau (hamit. sprache) 449.
Aïla (st. am roth. meer) 330, a. 1.
Rabbi Akîba 228, a. 2.
Akkad 407 und a. 1.
Akkadier, akkadisch siehe Sumerier!
Alatau 456, a. 1.
Alexandria 231, a. 1. (vgl. auch Septuaginta!)
alexandr. bibelübersetzung 382, a. 1 (einhorn).
algerischer dialekt des arab. 437.
Amalekiter 46.
Amanus (gebirg) 100, a. 2.
Amarokoscha (ind. nationallex.) 328.
Ambra 394. 447.
Amen em-Heb 443, a. 3.
amharisch 351. 368, a.
Ammian (circa 350—400 n. Chr.) 47 und a. 1.
Amon-Ra (äg. Gott) 231.

---

1 dass das alte Aethiopien (Kesch und die Nahesu der äg. inschr., Kusch des A. T.) in Nubien, nicht aber in Habesch zu suchen ist und dass das axumitische reich Abesiniens viel späteren datums ist als man gewöhnlich annahm, hat jetzt Dillmann in seiner abhandlung „Ueber die Anfänge des Axumitischen Reichs“ (Abh. d. k. Ak. d. Wiss. zu Berlin 1878, s. 177—238) meines erachtens überzeugend und endgiltig dargethan; was er daselbst s. 181 rügt, das habe auch ich unabhängig von ihm fast mit den gleichen worten (siehe dieses buch, s. 20, anm. 1 unten) ausgesprochen.

Amu-land (auf äg. inschr.) 20, a. 1.
Amu = Oxus (fluss) 219, a. 1.
Amur 219, a. 1.
Antholops 334, a. 1.
Antiphonen (in der äth. literatur) 383.
Arabien, grenze im alterth. 21.
—, geographie von 40 ff.
—, sprachverhältnisse 32 f. 349, a. 3 (vgl. auch südarabisch).
—, nicht ursitz der Semiten 408 ff.
—, peträisches 296, a. 3.
Arachosien 229.
Aramu, Aramäer 418.
westaramäisch 434.
Ariba 348, a. 1.
Arier siehe Indogermanen!
Aristoteles 36, a. 3. 229. 414, a. 1. 444.
Armenier 115.
armenische bibelübersetzung 391, a. 3 (zweimal).
Arnabanu (Ortsn.) 321, a. 1.
Arpakschad 343.
Asarhaddon 328, a. 2.
Aspis 361, a.
Assyriologie VIII f. 448.
assyrisch 448. (siehe auch babylonisch). 450.
Asur (etym. des worts) 4, a. 5.
Asurbanipal 21. 46 und anm. 5. 116. 137, a. 4. 138, a. 3. 217, a. 2. 270, a. 3. 4. 280, a. 2. 457, a. 2.
Asurnasirbal 46 u. anm. 4. 227, a. 1.
Axum, chronik von 372 [wo der satz „gegen ende des mittelalters“ näher zu formuliren ist durch: „keinesfalls vor dem 14. jahrh.“ (Dillmann, Anf. des axumit. reichs, s. 178); vgl. auch oben die anm. zu Aethiopien].
Babylon, Babel (erkl. des worts) 4, a. 5.
Babylonien 116. 431 (Südbab.)
babylonische literatur (alter ders.) 408, a. 1.
babylonisch (sprachl.) 448. 450.
Bär, kleiner 226 (arab. „kälbchen“). 248, a. 2.
Bahiudasteppe 436.
Baikalsee 253.
Baktrien 219, a. 1.
baktrische kamele 202.
Balkach-see 456, a. 1.
Bartrihari (ind. dichter) 324, a. 1.
äth. buch Baruch XVII, a. 1. 378, a. 4.
Basra 32. 278. 419.
—, schule von 285, a. 3.
to-Bedauie (südham. spr.) 449.
Bedscha („ „) 449.
berberisch, Berbersprachen 448. 451.
Bersaba 307, a. 1.
Bibelübers., vgl. Septuaginta!
bibl. naturgeschichte s. Palästina!
Biene (arab.) 335.
(äth.) 374.
Bilen (hamit. spr.) 449.
Biliteralismus im semit. 451 u. anm. 1.
Bischmaus 337.
Bisch-pflanze 339.
Blei 420.
Bolortag 406.
Bronze (ass.) 432.
Bulgarien 332.
Bundehesch 218, a. 3.
Byzanz 314. 315, a. 1.
byzant. reich 332.
— schriftsteller 445.
Canones apostolorum 378 u. a.
Carmel 307, a. 1. 391, a. 3.
chaldäisch 434.
Chamor siehe Hamor!
Chatti, Cheta (= Hethiter d. i. Aramäer) 19.
Cherubim (urspr. = Stierkolosse) 432.
China 253. 339.
Chorasan 202.
Chosrew 115.
Chowaresm 339.
Chrysostomus, homilien des 374, a. 3. 377.
Commagene 218, a. 3.
constitutiones apost. 377 f.
Cyriakus, gesch. des 368, a.
buch Cyrill, äth. 370, a. 4.
Danakil, Dankali (ham. spr.) 440. 449.
buch Daniel 434.
David 113. 330, a. 1. 345, a. 1.
Dattelpalme 406. (urs.) 412 f.
Dedan 342 f.
Deir el-bachri 231.
Drangiana 332, a. 2.
Dur-Jakin 217.
Ebenholz 20, a. 1.
Echkili (südarab. dial.) 342. 351.
Eigennamen (durch thiernamen ausgedrückt) 39.
Eisen 427 (urs.)
Elam 115.

Elburz 406.
Elfenbein 20, a. 1. (hebr.) 324, a. 1. 326, a. 1. 375. 376. 431. 442.
Encomien (in d. äth. lit.) 375.
Epha 161.
Erz 420.
Erzerum 115.
Esra, apocalypse des, äth. 370, a. 4.
buch Esther 326, a. 1.
Eufrat 287, a. 3.
Fabel vom esel 120.
— vom schaf 233, a. 1. 234.
— vom stier
— vom widder 236.
— wolf u. lamm 239. 306.
— wolf u. raben 306.
— fuchs u. trauben 310.
— fuchs u. hyäne 310.
— hund u. wolke 313.
Fabeln, arabische 225.
fabelhafte thiere (arab.) 332 ff. 338 f. 341.
(äth.) 372.
Falascha (sprachl.) 449.
Falke 369 (äth.)
Farbennamen (pferd u. kamel) 193, a. 3.
(gazellen) 275. 277.[1]
(steinböcke) 284.
(löwe) 293.
(pardel) 298.
(wolf) 304. 305 (zweimal). 306.
(hund) 314.
Fetcha Nagascht (in der äth. lit.) 374.
Fliege (ursem.) 368, a.
Floh (arab.) 335.
Frosch (äth.) 373. (urs.) 373, a. 5.
Gadlât in d. äth. lit. 364. 371. 375.
Gahilijja 23. 26 ff. 273. (vgl. auch heidnische bräuche etc. in der Gah.!)
Galla (sprachl.) 449.
Gandunias 407, a. 1. (landschaft in Babyl.)
Ge'ez 351.
Geier (arab.) 111. 245. 285. (äth.) 370. (ass.) 430.
Geographie von Arabien siehe Arabien.
Gestirndienst siehe Sterne, anm.
Ghûr (land) 338.
Gilead 217.
Gobi (wüste) 219, a. 1.
Gold 129. 415 u. anm. 1. 429 f. 448.
grammatische lit. der Araber 35. (vgl. auch Kufa 32, Basra 285, a. 3. Irâk 318 und Nationalgrammatik.)
griech. lehnwörter im äth. 363. 365 ff.
Grille (arab.) 336.
Guraguesch (sprachl.) 350, a. 4.

Habesch 348. 397, a. 2. 398; vgl. auch Aethiopien, anm.!
abesin. dynastie in Südarab. 348.
Habicht (arab.) 245. (äth.) 370. 383.
hadith siehe tradition!
Hadramaut 173. 201. 342 f. 348.
Hagarener 46, a. 3. 418.
halbsemitisch siehe hamitische spr.!
Wadi Halfa 221, a. 4.
Hamadan 115.
Hamânu (gebirg) 100, a. 2. (vgl. auch Amanos).
Hamâsa VI. 24.
Hamiten 343, a. 3.
hamitische sprachen 415. 448 ff (verwandschaft mit semitisch).
Hamôr 138, a. 1.
Handel im alterthum 12, a. 1. 19, a. 4. 20, a. 1. 21. 325. 412. 442. (siehe auch Indien, Ophir, Phönizien, Punt und Südarabien).
Harâri (sprache) 350, a. 4.
Haschop od. Hatasu (äg. königin) 231.
heidnische bräuche, opfer, anschauungen etc. in der Gahilijja bei den Arabern 83 (waldgespenster). 162 (dämonen). 185 (opfer). 224, a. 2. Vgl. auch Gahilijja, Itr und Sterne (anm.).
Hemor s. Hamôr!
Henne, wilde (äth.) 374.
buch Henoch (äth.) 368 f.
Herât 339.
pastor Hermae (äth.) 370, a. 4.
Herodot 47 u. a. 1. 329. 414, a. 1. 444.
Heuschrecke (arab.) 67.
himjarische inschriften 39.

[1] vgl. auch *udmu Wagrata* Arn. Mu'all., s. 5 oben. Dies ist zu s. 275 und zu s. 440, a. 1 nachzutragen.

—'s königreich 346 f. (siehe auch die anm. zu Sabäer!)
—e kasside 445.
Hiob 222, a. 3.
Hochasien 218 f.
Höllenfahrt der Istar (babyl. gedicht) 138.
Holwân (gebirgspass) 137. 407. 413.
Hornisse (äth.) 377.
Hornvogel (äth.) 374.
Hühner (arab.) 306, a. 1.
Hufnamen 72, a. 1, 196, a. 2.
Huri's 275.
Hyksos (Schasu) 19, a. 3. 48. 420 ff. 422, a. 1.
Jagd (bei den Arabern) 127 f. 137 f. 262. 312, a. 5. 314.
(bei den Assyrern) 137. 441 u. a. 1.
Jakob 138, a. 1.
— von Nisibis 377.
Jâska (ind. grammatiker) 324, a. 1. 326, a. 1.
Jaxartes 219. a. 1.
ascensio Jesajae (äth.) 370, a. 4.
Ilim (land in Afrika) 386, a. 1.
Indien 332. 374. 442. (siehe auch Handel, Ophir, Phönizier, Sind und Südarabien!)
indische kulturentlehnungen nach Westasien und Europa (siehe auch Pfau, sowie im Thiernamenindex Affe u. Elefant)[1] 20, a. 1. 324. 326, a. 1. 330 f. 331, a. 1. 377, a. 3.
indische menagerie in Nineveh 444.
Indogermanen, ursitze der[2], 291. 406. 414 f.
indogermanisch-sem. sprachverwandtschaft 290.
— culturentlehnungen 290 u. a. 6. 415.
Jokschan 343.
Joktan 343. 348, a. 1.
Joktaniden 40.
Jordan 307, a. 1.
Josaphat 222, a. 3.
Joseph 138. a. 1. 217.
Josephus 374.
'Irâk 21. 297. 299. 306, a. 1. 318 (arab. national-gramm.)
Irem dhat al-imâd 344.
Isaschar 138, a. 1.
Isle de France 116, a. 5.
Ismaël 48, a. 2.
Ismaeliten 40.
ismaelit. stämme 348 u. anm. 1.
Istar, 459, a. 2, höllenfahrt der 138.
It'amar 345.
Itr (ein arab. Götzenbild) 233.
Jubiläen, buch der (äth.) 368.
Izdubarlegenden 35, a. 1. 402. 428. 430.
Kaba 348. 349.
Kabul 332.
Kachtaniden 348, a. 1.
Kadesia, schl. von (636 n. Chr.) 30 (no. 57. 61).
Käfer (arab.) 337
Kamellaus siehe Laus!
Kana'aniter 313.
Karmel siehe Carmel!
kaspisches meer 406.
Katavogel 335.
Kaukasus 227, a. 1.
Kedarener 46.
Ketûra 343.
Kirgisei, Kirgisen 218, a. 3. 253.
Kommagene (Kummuch) siehe Comm.!
koptische übers. im äth. 377 f.
koptisch (sprachl.) 448. 451.
Korân VI und anm. 1. 349, a. 3. (vgl. auch Muhammed!)
Kordofan 436.
Kosmographie der Araber 36. 346.
Kranich (ar.) 273, a. 1. (äth.) 374.
Krokodil (arab.) 229, a. 2. 329.
— (äg.) 329. (griech.) 329. 444.
— (äth.) 373.
Kufa 32. 287, a. 3.
Kuldscha 219, a. 1.
Kulturentlehnungen siehe Indogermanen, Indien und Handel!
Kummuch 218, a. 3.

---

1 vgl. jetzt auch H. Zimmer, Altind. Leben (Berl. 1879), s. 24. 51. 101. 363, bes. aber 357.

2 in der neuesten zeit kam C. A. Piétremont in seiner abh. „Les Aryas et leur première patrie" (Rev. de Ling. XII, 1879, p. 99—147) durch andere erwägungen zu einem ähnlichen resultat (p. 115: district d'Alatau, à l'est du lac Balkach et à l'ouest de la chaine de l'Alatau); minder glücklich und überzeugend, obwol auch auf Asien hinauslaufend, sind die untersuchungen H. v. Wolzogen's (Zeitschr. f. Völkerpsych. bd. VIII, 1873, s. 1—14).

Kumtag (gebirg) 219, a. 1.
Kupfer 420.
kureischitischer dial. des arab. 32.
Kurnet-Murrâi (in Aeg.) 231, a. 1.
Kuruk-tag (berg) 219, a. 1.
Kusch 342 f. 453, a. 1.
Kuschiten 343, a. 3.
kuschitisch (sprachl.) 449. 450.
Laus (arab.) 207 f. (äth.) 376, a. 1.
Lehnwörter bei d. äth. thiernamen 363. 365 f. 394 f.
-- in urind.-ursem. zeit, siehe Indogermanen!
Lexikographie, arabische 349 f. (vgl. auch Nationallexica!)
Lichtmotte s. Motte!
Lob-Nor 219, a. 1.
maghribin. Araber 437.
Mahâ-bhârata 328.
Mahri (sprache) 342. 351.
Makan = Aegypten 328, a. 1.
Makkabäer-buch, unechtes (äth.) 373.
Manu 324, a. 1.
Ma'rib. Marjabu 345 und a. 2.
Marseille, opfertafel von[1] 235, a. 1.
Mawâse (Antiph.) in d. äth. lit. 383.
buch der medicin " " " " 372.
Medien 406.
Medinî-koscha (ind. nat.-lex.) 328.
Mekka 412 (vgl. auch Makka im arab. index).
Mena (äg. könig) 422.
Meroë (in Nubien u. Aethiopien) 328, a. 1.
Mescha (moabiterkönig) 240.
Mesopotamien 407 f.
Midian 46. 161.
Milúchu = Meroë 328, a. 1.
Mineralien, einth. ders. bei d. Arabern 43. (vgl. auch unter den schlagwörtern blei, bronze, eisen, erz, gold, kupfer, silber, schwefel und zinn!
Mondstationen 246.
Mongolei 253.
Monotheismus, urspr., bei d. Semiten 4; vgl. auch Sterne, anm.!
Mose 113. 345, a. 1.
Motte (arab.) 335. (äth.) 373.
Mu'allakât 24. 25, a. 1. 60, a. 1. u. ö.
Muhammed 112. 132, a. 2. 320. 327. 348. (vgl. auch Korân!)
Musri (land) 324, a. 1. 325. 443 f.
Mustariba 348, a. 1.
Muta'âriba 348, a. 1.
Myrrhenöl 75.
buch der mysterien (äth.) 372.
liber mysteriorum (ein anderes) 376, a. 1.
Nabatäer 21 und a. 3. 22, a. 1. 46. 418.
Nachtfalter (arab.) 335.
Nachtigall (") 334.
Nadelöhr 145 und a. 1.
Naharina 407.
Nathan 235.
Nationalgrammatik d. Araber 35. 318. (siehe grammat. lit. d. Araber.)
Nationallexika, äth.-amh. 368, a.
—, arabische VI f. 128, a. 4. (vgl. auch lexikographie.)
—, sumerisch-assyrische 300. 328.[2]
Naturgeschichte Kazwînî's (einth.) 42 ff. (siehe im arab. autorenindex unter Kazwînî!)
Nazareth 307, a. 1.
Nebukadnezar 434.
Nii (= Nineveh?) 443, a. 3.
Nimrod 343.
Nineveh (erkl. des worts) 4, a. 5.
Nipurgebirg 227, a. 1.

1 zur neuesten liter. über die opfertafel von Marseille ist nachzutragen: Bargès, Recherches archéol. sur les colonies phénic. établ. sur le littoral celtoligurien (in den Compt.-rend. des travaux du Congr. des orientalistes de Marseille 1876, p. 242—294).

2 das dort (s. 328) ausgesprochene könnte für die bestimmung der abfassungszeit der nationallexika ausschlag geben (und zwar dahin, dass sie keinesfalls vor Sargons zeit zu setzen wären), wenn wir nicht sicher beweisen könnten, dass Asurbanipal und die ihm vorangehenden ass. könige uralte babyl. originale (auch von nationallexicis) lediglich copiren liessen; so ist uns höchstens die einschränkung zu machen erlaubt, dass bei diesem abschreiben einzelne zusätze gemacht wurden, wobei dann allerdings zuweilen neue sumerische vokabeln fabricirt oder wenigstens neu usammengesetzt worden sein mögen.

Nirukta 324, a. 1 (nat.-lexikon zum Rigveda).
Nisibis 377.
nord- u: mittelarabisch 32.
Noter-Ta (land) 20 und a. 1.
Nubien 328, a. 1 (Meroë); 436. 453. a. 1, nubische Araber 437.
Obelisk, schwarzer 218, a. 3. 219, a. 1. 324, a. 1 (vgl. auch Salmanassar II).[1]
Ophir 343. 375. und anm. 2 (siehe auch Südarabien und Indien und vgl. Punt).
Oxus 219, a. 1. 406.
regeln des Pachomius (äth.) XVII, a. 1. 370, a. 4.
Paeonien 414, a. 1.
Palästina, lit. über die fauna von 5, anm. 1.
Palme siehe Dattelpalme!
Pamir (hochland von) 406.
Pass-arten des kamel's 107, a. 1.
Pelekan (äth.) 376. 388, a.
Periplus (des erythräischen meers) siehe unten die anm. zu Sabäer!)[2] 459, a. 2.
Persien 115. 116, a. 5. 306. 443 (kulturentlehnungen über P.)
Peschîta 107, a. 3. 109, a. 1. 361, a. 1.
Pfau 326, a. 1. 377.
Pflanzen, eintheilung ders. bei den Arabern 43 f.
Pflanzennamen, arabische, 43. 96 und 305. 119. 119, a. 3 und 159, a. 3. 121. 129. 146 und 203. 159. 168. 198, a. 5. 202. 204, a. 4 und 321. 238. 245. 265. 271. 273. 321.
Philexius (äth. buch) 94, a. 2.
buch der weisen Philosophen (äth.) 374.
Phönix 338.[3] (das wort im äth. „adler") 370.
phönicische thiernamen 235, a. 1; vgl. auch Marseille und anm.
phönicisch-ind. handel 325. 442. (vgl. auch Handel, Indien, Ophir u. Südarabien.)
phrygisch 448.
Physiologus 69. 149, a. 1. 254, a. 1. 300, a. 2. 332. 338. 339. 368. 370. 427. 458, a. 3.
Piankhistele 45.
Plautus 390.
Plinius 390.
Plutarch 113, a. 2.
Polarstern 248, a. 2. (arab.)
Pseudojosephus, (äth.) 374.
Ptolemäus (geogr.) 22.
Ptolem. Philad. 231, a. 1.

1 alle vier seiten des obelisken mit allen fünf feldern (also im ganzen zwanzig), deren drittes ich s. 324, anm. 1 dem leser anschaulich zu machen versucht habe, finden sich abgebildet in J. Bonomi's „Nineveh and its palaces" (Lond. 1852), p. 288. 291. 292. 293.

2 die bequemste belehrung darüber hat man jetzt in Mc. Crindle's Anonymi Periplus maris Erythraei, transl. with introduction and commentary (Ind. Antiquary vol. VIII, 1879, p. 107 ff.), wo in der einleitung alles in C. Müller's Proleg. und Annotat. ausgeführte zusammengefasst und durch die neuesten forschungen ergänzt und weitergeführt ist; leider konnten die schon erwähnten manches in neues licht setzenden resultate Dillmann's vom Dec. 1878 darin noch keine berücksichtigung finden.

3 dass der phönix des physiologus und somit der christl. sage wirklich auf den äg. *bennu*-vogel zurückzuführen ist (vgl. schon meinen Physiol. XXXIX), hat mein freund Alfr. Wiedemann von ägyptol. standpunkt aus kürzlich in der Zeitschr. f. äg. Spr. (1878, s. 89—106) bündig nachgewiesen; dadurch scheinen mir wenigens auch die zweifel des ägyptologen P. le Page Renouf in der Academy (1878, s. 372) beseitigt, und es wird nun, da auch *henkâkjâ* des Physiologus von Ebers (Lit. Centralblatt 1878, s. 673) im ägypt. nachgewiesen wurde (= der pflanze *henkek*), der engl. gelehrte, der in so liebenswürdiger weise mein buch besprochen, selbst nicht mehr die thatsache leugnen können, dass der in Alexandrien entstandene Physiologus wirklich in seinen Uranfängen noch ganz im altäg. heidentum wurzelt, was das einzige war, worin er mit meinen in der einleitung niedergelegten resultaten in widerspruch sich befand.

Punt 12, a. 1. 19 f. 20, a. 1. 230. 386, a. 1.[1] (vgl. auch Ophir und Handel!)
Puranen 328.
Quadrilitera 380, a. 1. (lautgesetze bei dens.) 427.
Rabe (arab.) 177. 208. 285. 305, a. 2. 306. 337. (äth.) 370. 372.
Raghu-vança (ind. gedicht) 328.
Rahel (etym.) 239.
Ramses I und II 422, a. 1.
Rigveda 4, a. 7. 326, a. 1.
Rothwurm (arab.) 271.
Rûm (land) 332.
Saba 342 f.
Sabäer[2] 345.
sabäisch 351 (vgl. auch himjarisch).
Sahara 437.
Saho (sprache) 449.
sail al-arim 345.
fluss Sakija 324, a. 1.
Salamander (arab.) 338.
Salmanassar II 218. a. 3. 324 und a. 1. 328. 443. (vgl. auch obelisk)
Salomo 113. 345 u. anm. 1.
samharische lanze 257.
Sanch-ka-ra (äg. könig) 230.
Sanherib 21. 227, a. 1. 328, a. 2. 431. 438, a. 1.
Sarazenen (etym.) 47, a. 3.
Sargon 21. 217. 218, a. 3. 328, a. 2. 345. 457, a. 2.
Schamsija (arab. königin) 217.
Schasu siehe Hyksos!
Schlangen (arab.) 296. (äth.) 372. 373. 377. 403, a. 1.
Schmetterling (äth.) 373.
Schnake (arab.) 335.
Schwalbe (arab.) 334. (ass.) 440, a. 1.
Schwefel 427 und a. 2.
Seidenwurm (arab.) 335.
semitisch (lautwechsel im —en) 89 und a. 2. (vgl. auch nord-, süd- und ursemitisch!)
Sennaar (in Afrika) 231, a. 5. 436.
Septuaginta 361, a. 391, a. 3. (vgl. auch alexandr.)
Sersou (in Algerien) 437, a. 3.
Seti (äg. könig) 422, a. 1.
Sichem 138, a. 1.
Sidschistan 332.
Silber (arab.) 430. (urind. und urs.) 415 und anm. 1.
Simson 310. 345, a. 1.
Sinaihalbinsel 47, a. 2.
Sind (Indien), Sindu-zeug 442 f. (vgl. auch 332 sinâd!)
Sinna 115.
Sirenen 332.
Sirius 237, a. 3.
Sisit (raubvogel) 369. 383 u. anm. 446.
Somali (land u. sprache) 354, a. 1. 386, a. 1. 440. 449.
Spinne (arab.) 335. (äth.) 379.
Sprachvergleichung siehe Ursemiten!
Sprichwörter, arabische, 25.
Sternnamen, arab.[3]

---

1 vgl. auch noch die in Dillmann's Anf. des axum. Reichs, s. 182, anm. 3 vorgeschlagene identificirung Punt's mit Παν῀ων oder Ὀπώνη bei Ptol. 4, 7, 11 und Peripl. mar. erythr. 13 (ed. C. Müller).

2 für die bestimmung des zeitpunkts, wann im südwesten Arabiens die sabäische oberherrschaft von der himjaritischen abgelöst wurde (s. 345 unten, 346 oben) ist der umstand wichtig, dass in der adulitischen inschrift, die c. 50 n. Chr. oder etwas früher zu setzen ist, die Südaraber noch Sabäer, im Periplus des erythr. meeres aber, der noch vor 75 n. Chr. abgefasst worden sein muss (Dillmann, Anf. des Axum. Reichs, s. 194) bereits Homeriten (= Himjaren) genannt werden. Also muss sich dieser umschwung etwa um die mitte des 1. jahrj. n. Chr. vollzogen haben.

3 vgl. die schlagwörter: kleiner bär, mondstationen, polarstern, sirius, und dazu die ausführungen über den gestirndienst bei den alten Arabern in Lud. Krehl's vorzüglichem buch „Ueber die Religion der vorislamischen Araber“ (Lpzg. 1863), s. 6—29, wozu man jetzt noch die „Studien“ des Grafen W. v. Baudissin „über semit. Religionsgeschichte“ (heft I. Leipzig, 1876, heft 2, 1878), bes. das 2. heft vergleiche. Wenn ich mich dem dort ausgesprochenen (II, 151 f.) „Dass auf Grund der Auffassung der Quellen und Bäche als eines Lebendigen und Lebengebenden semitische Völker gleich den arischen die Gottheit in den irdischen Gewässern wohnend dachten, diese selbst für ein Göttliches hielten, lässt sich nicht nachweisen. Bei jenem im

Stiercolosse, ass. 227, a. 1.
Strabo 21. 47 und a. 1. 2.
Strauss (arab.) 172 u. anm. 244. 271. 283. 406. 411 f. (ass.) 434 u. a. 1.
Sudan 436.
Südarabien 19 u. a. 4. 21, a. 1. 201, a. 3. 216 f. 231 und a. 4. 325. 343. 375 und a. 2. 442. 444 f. (siehe auch Handel, Indien, Ophir und Phönizien!)
südarabisch 351 (siehe auch himj. u. sabäisch!)
südarab. wörter im korân 349, a. 3.
südsemitische sprachtabelle 351.
Sumir, sumerisch, Sumerier 4, a. 5. 343 und anm. 3. 407 und anm. 1. 416. 457, a. 2.
Synaxarien (in d. äth. lit.) 375.
buch Synodus (in d. äth. lit.) 378, a. 2.
Syr (Jaxartes) 219, a. 1.
Syrien 299. 306.
syrische fauna 10, a. 1.
Tabor 307, a. 1.
Takla Haimanôt 364. 371.
Talmud 239.
Tammuz 459, a. 3.
Tamaschek (sprache) 448.
Tarim 219, a. 1.
Tauchervogel (arab.) 335.
Teull (in Algerien) 137, a. 3.
Thamuditen 356, a. 1.
Theben (in Aeg.) 331, a. 1. 443, a. 3.
Thierbilder (ass.) siehe Transactions!
Thiergeographie d. semit. länder 8 ff.
Thutmes (äg. könig) 294, a. 2. 336, a. 1. 443, a. 3.
Tian-schan 219, a. 1.
Tibet 253.
Tiglat-Pilesar I. 35, a. 1. 137 a. 4. 443 f.
— II 217.
Tigré (sprache) 350, a. 4. 351, 376, a. 2.
Tigriña (sprache) 350, a. 4. 351.
Togarma 115.
traditionsammlungen (arab.) 32. 34. 237. 247. 337.
Transactions of Sac. of bibl. arch. (thierbilder) 137, a. 4.
Trappe (arab.) 334.
Triliteralismus 451.
Tschertschen-darja 219, a. 1.
Tubba-dynastie 347.
Tunis 437, a. 2.
Turan 406.
turko-tatarisch 416.
turkomanische kamele 202.
Tyrus 115. 222. a. 3.
ugro-finisch 416.

Allgemeinen deutlichen Charakter als Sterndienst, welcher wie der Religion der Nord- und West-Semiten so auch derjenigen der Süd-Semiten eigen war, ist dies kaum zu vermuthen: der Himmel mit seinen Gestirnen wird hier sonst als die göttliche Welt durchaus geschieden von der Erdwelt als der ungöttlichen, welche, an sich leblos, von droben das belebende Licht der Sonne und den vom Mond gespendeten Thau aufnimmt in ihren Schooss. . . . . Die Quellen und Flüsse [sodann die Bäume, Berge u. s. w.] scheinen danach bei den Semiten heilig gewesen zu sein als Gaben der in des Himmels Gestirnen wohnenden lebenschaffenden Götter" (ich möchte für die älteste noch vom sumerismus unberührte zeit der Semiten sagen: Gottheit), „als ein Ausfluss ihrer Lebenskraft, nicht als diese selbst" im allgemeinen anschliesse, so ist das kein absoluter widerspruch mit dem von mir s. 4 wie in meinem aufsatz „der gegenw. Stand der Keilforschung" (Beil. d. Allg. Ztg., 20. Juni 1878 no. 171) s. 2505, col. b aufgestellten; vgl. auch die bemerkungen Krehl's am oben angeführten ort, s. 5 f. Von den concreten im A. T., bei den Phöniziern und in der babyl. ass. literatur uns begegnenden göttern kann der sumerische (nichtsemitische) ursprung jetzt fast von jedem nachgewiesen werden (so steht er vor allem unerschütterlich fest von der Istar [Astarte] wie von Tammuz-Adonis; der echtsemit. name Ba'al, ass. *bilu* „Herr" beweist als bloses Epithetum nichts fü semit. ursprung des phöniz. Ba'al); ausserdem kann ein monotheismus, wie er seit Jeremiah uns im A. T. entgegentritt, kaum so schnell entstanden gedacht werden, wenn nicht von anfang an ein keim dazu da war, wie ich ihn mit Rénan schon in der ältesten religion aller Semiten überhaupt erblicke. Das ganze hoffe ich später noch im einzelnen näher zu begründen.

Ur (stadt) 407, a. 1.
Urbi (beduinen) 418.
Ursemiten, ursemitisch (incl. Ursitze der Semiten und sem. Sprachvergl.) VII. 7. 17. 215. 218. 418 ff. 426. 451. (vgl. auch Vorsemitisch wie Indogermanen).
User-tesen III. (äg. könig) 221, a. 4.
Veda siehe Rigveda!
Vegetius 47 und a. 1.
Viper s. Schlange.
Völkertafel 342 ff.
vorsemitisch 451.
vulgärarab. thiernamen 39.
Wassereidechse (äth.) 372 f. 373.
Weihe (äth.) 370.
Weihrauch 231, a. 4.
Wein 290, a. 6. 414. 416 und a. 1. 440.
Weinliste, assyrische 321, a. 1.
westaramäisch 431.
Wettlauf (vom pferd) 79 ff.
Wolga 219, a. 1.
Xenophon 21.
Xerxes 47.
Zabulistan 332.
Zagros 407.
Zinn 420.
Zischlautgesetze, semitische 235, a. 2. 424 f.
Zoologie X, a, 2.
— bei den Arabern 44. (terminologie Asma'i's) 139, a. 5. (dazu 279).

II.

Säugethiernamen-register.

Affe (arab.) 302. 320. 329 ff.
(in Südarab.) 354.
(arab. lehnw. im äth.) 372. (äth.) 372, a. 1. 383.
(hebr.) 20, a. 1.
(auf ass. denkm.) 324, a. 1. (ass.) 331, a. 1.
(griech.) 20, a. 1. (skt.) 20, a. 1. 326, a. 1. 331, a. 1.
Antilopen (arab.) 151, a. 2. 168 u. anm. 3. 196, a. 2. 197, a. 2. 200. 224. a. 2. 254 und a. 1.; speciell *bakaru 'l-wahš*: 253. 254 ff. 269, a. 3. (cervine antel. or kind *bakar* of the وُعُول siehe Steinböcke).
(äth.) 389 f. (pygargus fehlt in Habesch) 372.
(hebr. u. syr.) 391, a. 3 (Deut. 14, 5).
(urs.) 403.
(arm. u. kopt.) 391, a. 3.
(zool. einth.) siehe Wiederkäuer 251, a. 3.
Jachmûr (hebr.) 228, a. 3. 333.
Kavel-antil. (auf ass. denkm.) 324, a. 1.
Vgl. auch Rindvieh übertr., Gazellen, Einhorn u. Oryx
Bär (arab.) 12. 24. 287. 301 ff.
(fehlt in Arab.) 356. 409.
(äth.) 379. 396, a. 1.
(ass.) 301, a. 2. 302 und a. 1.
(urs.) 401. 409 und a. 1.
Bergbock siehe Steinbock.
Biber (fehlt in Habesch) 367.
Bhamini-ochs 222, a. 4 (dort Brahminee-bull bei Palgrave). 357.
Büffel (arab.) 229. 262. 357.
(äth.) 373, a. 3. 386 f.
(vermeintl. ass.) 227, a. 1.
βούβαλις (urspr. bedeut.) 300. 436 f.
Dromedar 357 (siehe Kamel!)
Eichhörnchen (arab.) 331. 356.
Einhorn 324, a. 1. 367, a. 2. 370. 381 f. 382, a. 1. (siehe auch Oryx, Wildochs u. Nashorn!)
Elefant (arab.) 24. 30, no. 61. 195. 324 ff. 357.
(äth.)[1] 325. 333. 367 f. 381.
(auf ass. denkm.) 324, a. 1. (ass.) 331, a. 1.
(in Mesopot.) 443 und a. 3.
(auf äg. denkm.) 396, a. 1. (äg.) 324, a. 1. 443, a. 3.
(skt.) 324, a. 1. 326, a. 1.
(griech.) 324, a. 1. 326, a. 1. 442.
Erdferkel (abesin.) 398. 447.
Erdgräber (abesin.) 447.
Esel (arab.) 66. 111. 117 ff. 154 a. 186, a. 1. 273. 337.

---

1 vgl. auch noch das saho-wort *dakanî* und das von Dillmann dazu bemerkte (Anf. des axum. Reiches, s. 213 und anm. 2).

(in Arab. in vorchristl. zeit) 46 und a. 3. 5. 356. 358.
(äth.) 384 f. 446.
(ass.) 218, a. 3. 424, a. 1. 428. a. 1. 431.
(urs.) 402.
(äg.) 138, a. 1. 221, a. 4.
(indog.) 139.
Feldmaus siehe Maus!
Fischotter (griech. lehnw. im äth.) 367.
Fledermaus (arab.) 334 f. 355.
(äth.) 384. (hebr. und syr.) 444.
(äg.) 444.
Fuchs (arab.) 68. 76. 111. 171, a. 1. 302. 310 f. 313, a. 1. 2. 322. 356.
(himj.) 352. (ass.) 310. 368, a. 430.
(äth.) 379. (urs.) 401.
(äg.) 441.
Grossohrenfuchs (arab.) 310 u. a. 2. 356.
Gazelle (arab.) 196, a. 2. 197, a. 2. 200. 210, a. 3. 235, a. 1. 244. 255. 256, a. 1. 258, a. 2. 259, a. 3. 264. 265, a. 2. 267 und a. 3. 266, a. 1. 268. 269 ff. 284. 357. 437, a. 2. 3. 455, a. 1.
(äth.) 389 f. (urs.) 403.
Vgl. auch Antilopen, Oryx, Schafe übertr.!
Gemse 251, a. 3. 357, a. 1.
Gepard (arab.) 24. 299 ff. 341. 355.
(äth.) 300, a. 2. 341. 379.
(ass.) 300. 301, a. 2.
(äg.) 441.
Girafe (arab.) 230 f. 357.
(äth.) 230. 386.
(äg.) 230 und a. 2.
Grossohrenfuchs siehe Fuchs.
Hase (arab.) 321 f. 338. 356.
(äth.) 384.
(urs.) 402.
Hirsch 270. (fehlt in Arab.) 252, a. 1. 357.
(vermeintl. phön., hebr.) 235, a. 1. 280 und a. 1.
(ass.) 270, a. 4. 280 und a. 1.
(urs.) 402. 405, a 2.
(arab. u. hebr.) siehe Steinbock!
Honigdachs (in Habesch) 396, a. 1. 398.
Hund (arab.) 152. 174, a. 2. 281. 304 u. anm. 1. 311 ff. 338. 356.
(himj.) 352.
(äth.) 372. 304.
(urs.) 401. (turko-tat.) 441.
Hyäne (arab.) 298. 304 u. anm. 1. 307 ff. 337. 356.
(äth.) 381. (hebr.) 307, a. 1. (ass.) 307, a. 3.
(urs.) 401.
Hyänenhund (äth.) 361, a. 1. 380 u. anm. 3.
Jachmûr siehe Antilopen!
Ichneumon (arab.) 331. a. 5.
Igel (arab.) 338. 339 f. 356.
(äth.) 365, a. 1. 383.[1]
(urs.) 339. 402.
Kalb siehe Rindvieh!
Kamel (arab.) 111. 139 ff. 233, a. 2. 244. 267. 279. 284. 298, a. 3. 313, a. 1. 316 u. a. 1. 327. 331, a. 3. 411.
(in Arab. in vorchr. zeit) 46 und a. 2. 3. 5. 358.
(himj.) 352. 353. (in bildl. darstell.) 354.
(äth.) 204, a. 3. 216 f.[2] 386.
(ass.) 148, a. 1. 217. 218, a. 3. 430. 431.
(urs.) 148. 218, a. 1. 402. (äg.) 215 f. (in Nubien 215).
zweihöckriges k. 218 f. u. anm. 324, a. 1.
Kaninchen (arab.) 322. (äth.) 364. 369, a. 3.
Karakal siehe Wüstenluchs!
Katze (arab.) 314 f. 317. 318. 338.
(äth.) siehe Wildkatze! (turk.-tat.) 441.
Seekatze (?) äth. 376.
Kleinvieh (arab.) 223. 225, a. 1. 233. 241 f. 250.
(in Arab. vor chr.) 46 und a. 3. 5. 358.
(äth.) 250. 389.
(ass.) 218, a. 3. 221, a. 1. 232, a. 2. 431.
(hebr.) 222, a. 1 und 3. 233.
(urs.) 250. 404.
Statt Schafe zu corr. Kleinvieh 222, a. 1. 232, a. 2.
Klippschiefer (arab.) 322. 358.

1 vgl. dazu die var im phys.: ቈንፋዝ፡, ቈንፉዝ፡ und ቈንፌዝ፡

2 dazu als berichtigung das s. 453, anm. 1 (das alte Aethiopien = Nubien, aber nicht Habesch) bemerkte nachzutragen.

(äth.) 371, a. 1. 384.
(hebr.) 363.
(urs.) 384, a. 3. 404.
Kuh siehe Rindvieh!
Leopard 294, a. 2 siehe: Pardel. 173. 174, a. 1.
Löwe (arab.) 68, a. 3. 147, a. 1. 173. 174, a. 1. 198. 225. 236, a. 1. 245. 249. 257. 282, a. 1. 287 ff. 299. 355.
(äth.) 379. 403, a. 1. (himj.) 352.
(ass.) 227. a. 1. 280, a. 2. 282, a. 1. 368, a. 1. 432. 439 f.
(hebr. u. syr.) 282 und a. 288.
(urs.) 289 f. 401. 440, a. 2.
(fehlt sum.) 416 und a. 1. (äg.) 290. a. 4.
(urind.) 289 ff. 414. 440 a. 2.
Luchs (arab.) siehe Wüstenluchs!
(äth.) 399.
hebr. 299, a 2.
Marder siehe Stinkmarder!
Maulesel, Maulthier (arab.) 47, a. 1. 112 ff. 357.
(äth.) 385. (himj) 353.
(ass.) 429.
Maulwurf (arab.) 337. 356.
(hebr.) 336, a. 1. (urs.) 402.
Maus (arab.) 315. 317, a. 1. 336 ff. 356. 365.
(äth.) 365. 368, a. 1. 371 und a. 1. 384.
(hebr.) 336, a. 1. (urs.) 338. 402.
Moschusthier 251 ff. 337, a. 2.
Murmelthier (äth.) 384.
Nachtschwein (in Habesch) 399.
Nashorn (arab.) 327 ff. 322 f. 357.
(äth.) 328. 332. 367, a. 2. 381 f.
(ass.) 324, a. 1. 328.
Nilpferd (arab.) 358.
(äth.) 381. (ass.) 328.
Ochs siehe Rindvieh!
Ohrenfuchs siehe Fuchs!
Oryx (arab.) 200. 210. a. 3. 227 und a. 1. 228, a. 3. 254 ff. 269, a. 3. 278. 357. 358. 410 a. 1. 436 f.
(äth.) 363, dazu 395, a. 1.
(syr.) 391, a. 3.
(in Alexandria bekannt) 382, a. 1.
(äg.) 260. 446.
Oryx beïsa (in Habesch) 365, a. 1. 390.
Panther 294, a. 2. siehe das folgende!
Pardel (arab.) 12 und a. 1. 20, a. 1. 66. 282. 294 ff. 355.
(vermeintl. himj.) 353. 445.
(äth.) 300, a. 2. 379.
(ass.) 295, a. 3. (urs.) 401.
(äg.) 231, a. 1. 294, a. 2.
Pferd (arab.) 44 ff. 142. 154, a. 1. 164. 178. 183. 186, a. 1. 188. 196, a. 2. 209 f. 243. 262. 271. 273. 284.
(in Arab. in vorchr. zeit) 356 u. a. 1.
(himj.) 354. (äth.) 372. 384.
(ass.) 217. 218, a. 3. 324 a. 1. 423 f. 428 f. 431.
(fehlt sumer.) 416 und a. 1.
(urs.) 402. (äg.) 420 f.
Potfisch (äth.) 393 f. 447.
Ratel (in Habesch) 396, a. 1. 398.
Ratte siehe Maus!
Reh 252, a. 1. 270.
Rindvieh (incl. Kuh, Ochs, Stier, Kalb): (arab.) 154. a. 1. 196 a. 2. 197, a. 2. 200. 221 ff. 264. 284. 357.
(in Arab. vor Chr.) 46 u. a. 5. 222. 358.
(äth.) 387 f. (himj.) 353.
(ass.) 217, 218, a. 3. 324 a. 1. 427 f. (farre). 429. 430. 432 u. a. 1. 433.
(phön.) 235, a. 1.
(urs.) 290, a. 6. 404.
(äg.) 221 und a. 231, a. 1.
(im innern Afrika) 221. (chin.) 221, a. 4.
(urindog.) 224. 290, a. 6. 414.
Uebertragen auf Antilopen: 226 ff. 228, a. 2. 260. 262 ff. 387. 390. 410 (dazu weitere analogien aus dem turko-tatar. in Vambery's neuem buch, s. 205 f.).
Jackochs 324, a. 1.
Vgl. auch Bhaminî-ochs, Büffel und Wildochs!
Schafe (arab.) 144 und a. 1. 146. 154, a. 1. 171. 196, a. 2. 197, a. 2. 200. 222, a. 4. 232 ff. 243, a. 4. 5. 244, a. 1. 271. 272. 296. 298. 306. 357.
(in Arab. vor Chr.) 222, a. 3.
(himj.) 353. (äth.) 388 f.
(ass.) 433 f. (hammel) 404, a. 1. 433. (widder?) 432 (vgl. auch Rindvieh 433).
(phön.) widder 228, a. 2. 235, a. 1.
(hebr.) widder 228, a. 2.
(urs.) 250 f. 404.
(im innern Afrika) 221. (äg.) 250.
(urindog.) 251, a. 1.
Uebertragen auf Gazellen und Antilop. 228, a. 2. 234. 235. 239 f. 261. 263 f.

Vgl. auch Kleinvieh!
Schakal (arab.) 68, a. 3. 111. 232. 234. 239. 241. 242. 244. 274. 298. 303 ff. 338. 356.
(himj.) 352. 445.
(äth.) 399 (das arab. wort im äth. „hyäne") 361.
(ass.) 292. 307, a. 3. 435.
(hebr.) 292. (urs.) 401.
pers. Schakal 306 f.
Schakalwolf (äth.) 303, a. 1. 380.
Schwein (arab.) 319 f. 358.
(äth.) 385.
(turko-tat.) 442.
Vgl. auch Wildschwein!
Springmaus (arab.) 336. 338. 317, a. 3. 356. 412.
Stachelschwein (arab.) 340. 356.
(äth.) 363. 365, a. 1. 366. 371, a. 1.
Vgl. auch Igel!
Steinbock (arab.) 228, a. 3. 237 und 279. 253 (vgl. auch bakar al-wachsch bei d. Antil.!) und 255, a. 3. 266, a. 3. 277. 279 ff. 357. 438.
(äth.) 391 ff. (hebr.) 280, a. 1. 283.
(urs.) 403.
Stinkmarder (arab.) 335 f. 356.
Taubenwiesel 24. 331.
Tiger 299, a. 2. 301. a. 2. 355. 369, a. 1. 447 f. (Wobo).
Walfisch (äth.) 393 f. Siehe Potfisch.
Warzenschwein siehe Wildschwein!
Wiederkäuer (arab.) 139. 221, a. 1. 243.
(zool. einth.) 251, a. 3.
Wiesel (arab.) 322. 331.
(äth.) 363. 365. 366.
Wildesel (arab.) 111. 122, a. 1. 123 f. 126 ff. 183 u. 260. 284. 356.
(äth.) 385. 446. (himj.) 353.
(ass.) 430. (urs.) 137. 402.
Wildkatze (arab.) 302. 315. 316 ff. 355.
(äth.) 385 f.
(ass.) 319 u. a. 2. (urs.) 401.
Wildochs (fehlt in Arab.) 12. 357. 409.
(ass.) 227, a. 1. 432. (hebr.) 410, a. 1.
(urs.) 404. 409 f.
Wildkühe dagegen (228 u. ö.) siehe unter Antilopen (bakar al-wachsch)!
Wildschwein (arab.) 309. 358.
(äth.) 319. 358. 385.
(ass.) 283. (urs.) 320, a. 1. 405.
(turko-tat.) 441.
Wobo (in Habesch) siehe Tiger!
Wolf (arab.) siehe Schakal!
(fehlt in Arab.) 303, a. 1. 356.
(urs.) 303. 401.
(turko-tat.) 441.
Siehe im übrigen Schakal, (äth.) Hyäne und Hyänenhund!
Wüstenluchs (ar.) 322 f. 355. 412.
Zebra 397, a. 1.
Zebu 432.
Ziege (arab.) 149. 222, a. 4. 233, a. 2. 238. 243 ff. 298. 357.
(in Arab. vor Chr.) 222, a. 3.
(äth.) 389.
(ass.) 403, a. 2. 435. (phön.) 235, a. 1.
(urs.) 250. 403.
(im innern Afrika) 221. (äg.) 221, a. 4. 250.
Uebertragen auf Steinböcke 246. 247. 285 f.
— auf Gazellen 248 und a. 3. 274. 275. 284. 285, a. 2.
— — d. Wüstenluchs (?) 322.
— — den Dachs 323.
— — das Wiesel 331.

III.

Arabische Personennamen.

(die vorn mit einem strich versehenen namen gehören dichtern an)

A (Alif).

Iskender Aga-Abgarius 26.
‚al-Aggâg 120. a. 1.
‚al-Aghlab al-Igli. 187.
‚al-Akhtal 275. 327.
‚Aktbam ibn Saifî 51. 209 (†S. d. H.)
‚Anas ibn Mudrik 223.
‚al-A'râbi (1. jahrh. d. H.) 327. — (philolog)[1] 127.
abu Arwâ 282.
‚al-A'scha 29, no. 50. 31. 152 und a. 2. 198.[2] 233, a. 1. 340.

1 so ist zu schreiben statt Arabi.
2 al-A'scha al-Bahili.

,al-Asch'ar ar-Rakabân 151 f.
Asma'i 34. 36, a. 4. 44, a. 3. 84, a. 3. 89. 106. 124, a. 4. 139, a. 5. 150. 157, a. 4. 170, a. 1. 196 und a. 2. 207, a. 2. 258, a. 2. 263, a. 2. 267. 279. 430. ۳۳
Abu l-Aswad 233, a. 1.
,al-Aswad 28, no. 36.
,Aus 29, no. 48. 65. 83.

A (Ajin).

,al-Abbâs ibn Mirdâs 30, no. 58. 143
,Abdallah ibn Aglân 27, no. 22.
,— ibn Rawâcha 29, no. 51.
,— ibn Fudâla 93, a. 1.
,Abîd ibn al-Abras 27, a. 1. 28, no. 38. 31.
Adî ibn Zaid 28, no. 34.
,Ajidh 133, a. 1. 197. 292.
Ali 30. no. 68. 199. 288, a. 3. 337.
,Alkama 25. 27, no. 20. 220, a. 1.
,Amâra ibn Walîd 327.
,Amir ibn at-Tufail 29, no. 54 50.
,Amr ibn Kulthûm 27, no. 23. 210, a. 3. 431.
Amr ibn Hind, könig von Hîra 26, no. 8. 27, a. 2. 3. 297.
,Amr ibn Achmar 30, no. 69.
,Amr ibn Kamia 27, no. 13.
,Amr ibn al-Ahtam 31, no. 73.
,Amr ibn Ma'dî-Karib 30, no. 61.
,Antara 28 no. 43. 50. 65.
,Arandas 54, a. 1. 179.

B.

Baidâwî 117, a. 2.
al-Baîth ibn Churaith 267, a. 4.
Abu-Bakr 29.
al-Bakri 419.
,al-Barrâk 26, no. 9.
,Bischr 27, no. 11. 31. 91. 283.
Bistâni 35.
Bukhâri 34 und a. 2.

Ch (ح).

,Abdallah ibn Chaggâg 335 f.
,Châgiz ibn Auf 28, no. 31.
,al-Chârith ibn Chilliza 27, no. 17 (mu 'allaka dichter).
,— ibn Abbâd 27, no. 24.
,— ibn Szâlim 28, no. 37.
,Chassân ibn Thâbit 31, no. 72. 85. 87. 150.
,Châtim at-Tai 31, no. 75.
Chumaid al-Arkat 105, a. 1.
,al-Chutai'a 31, no. 74. 124. 134.

D.

Dâmîri 5, a. 1. 34. 36. 48, a. 2. 100, a. 1. 103, a. 2. 155, a. 3. 224. 228, a. 3. 247. 258, a. 2. 264. 276, a. 1. 285 a. 3. 299, a. 2. 307. 319. 338. 339. 340. 358. 364.
,Abu Du 'âd 26, no. 6. 255.
Du 'aimîs 162.
Abu Dulâma 115.
Duldul 112, a. 3.
,ad-Dumaina 256, a. 3.
,Duraid ibn as-Simma 20, no. 53.
ibn Duraid (philolog) 279. 289, a. 2. 293, a. 2. 297. 315.

Dh (ذ).

Dhu-Nuwâs 348.
,Dhu r-Rumma 99, a. 2. 191. 266, a. 1. 272. 274, a. 1.
,Abu Dhu 'aib 30, no. 64. 94. 98. 128. 135. 177. 183. 202 u. anm. 3. 312, a. 5.

F.

al-Fadl Îsâ siehe ar-Rakâschi!
,Farazdak 33, a. 2. 120. 156. 162. 164. 169. 179 u. a. 3. 208. 238. 327.
Abu l-Fidâ 112.
,al-Find 26, no. 10.
,Abu Firâs VI. 299 und a. 3.

G.

al-Gâchisz 39 und a. 2. 321, a. 2. 327. 333. 341.
,Garîr 151. 179 und a. 3. 186. 225. 229, a. 1. 272. 327.
Gauhari 35. 91. 309. 327.
Gawalîki 295.
Gundub 148.

H.

Hidâsch ibn Zuhair al-Amiri 296.
,ibn Hind ibn Kais ibn Zuhair 28, no. 27.

I (Alif).

,Ijâs ibn Kabîsa 28, 41.
,Imrulkais 23. 25. 27, no. 14. 130, a. 3. 247. 297. 419.

I (Ajin).

al-Igli siehe al-Aghlab!
Ikrima 39, a. 1.
Itr ibn Ad 225.

J.

ibn Ja 'îsch 68, a. 2. 181. 182.
Jakût 278. 287, a. 3. 298. 413. 445. 447.

‚Jazîd ibn Warka 30, no. 59.
Muh. ibn Jazîd Maslama ibn Abd al-Malik ibn Marwân 79.

K (Kef) incl. Kh (خ).

‚Kab ibn Zuhair 24. 30, no. 67. 271. 327.
Kab ibn Mâlik al-Ansâri 68, a. 2.
‚Abu Kabîr 26, no. 3.
‚Kalchab 308, a. 1. 338.
Abu Khaira 286.
‚Khalaf al-Achmar 33. 88 u. passim Ahlwardt's ausg. seiner Kassîde im arab. theil meines buchs.
Khâlid ibn Safwân 122, a. 1.
— ibn al-Walîd 29.
ibn Khallikân 26. 285, a. 3.
‚al-Khansa 29, no. 53. 30, no. 57. 68. 98. 265, a. 3.
‚Khidâsch ibn Zuhair 27, no. 25.
‚Khuffâf ibn Nadba 28, no. 32.
Kilâb 225.
‚al-Kumeit 179. 239. 278. 309.
‚Kuthajjir 120 (1. jahrh. d. H.).

K (Kof).

‚Kais ibn Zuhair 28, no. 27. 63.
‚Kais ibn al-Khatîm 29, no. 46. 151.
Abu Kais ibn al-Aslat 28, no. 35.
‚al-Kattâl al-Kilâbi (späterer beduinendichter) 282. 298.
Kazwîni (rhetoriker) 123, a. 1. († 739 d. H.)
Kazwîni, der kosmograph († 682 d. H.) 5, a. 1. 36. 42 ff. 221. 228, a. 3. 229, a. 2. 253. 268. 279. 287 und a. 2. 299, a. 2. 300, a. 2. 306, a. 1. 322. 328. von seite 331—341 auf jeder seite.
‚al-Kulâl 145.
‚al-Kullâ'u 292.
‚Kurâd ibn Gurm al-Maliki 60. 128.
ibn Kutaiba 26. 27, a. 1. 28, a. 4.
al-Kutâmi 126.
Kutrub (lexicograph) 38. 139, a. 5.

L.

‚Labîd 30, no. 70. 145. 192. 211, a. 3.
‚Lakît 28, no. 28.
Lukmân 364.

M.

Makkari 282, a. 1.
‚Mâlik ibn Nuwaira 29, no. 55.
‚Man ibn Aus 30, no. 66.
‚Mansûr ibn Misgâch 155.
Marwân ibn al-Châkim (chalif) 282. 298.
‚— ibn Muchammad 327.
Maslama siehe ibn Jazîd.
Masûdi 230, a. 1.
Meidâni 25. 27, a. 2. 49, a. 1 und passim im arab. theil.
Miskîn von Darem 83.
Mu'âwija (chalif) 30, no. 69. 31, no. 70. 112. 330.
al-Mubarrad 35. 268, a. 2.
ibn Muchriz 259.
‚al-Muhalhil 26, no. 2.
Muharrik 147, a. 1.
ibn Mukbil 265. 284. (vergl. auch Tamîm!)
‚Mukhabbil 30, no. 62. 321.
‚al-Mumazzak 26, no. 1.
‚al-Munakkhal 28, no. 39.
Mundhir 147, a. 1.
‚Murakkisch 26, no. 4. 160. 164. 181. 292.
‚al-Musajjab 28, no. 26.
Muslim (traditionssammler) 34. 247.
‚Muslim al-Ansâri 33, a. 2. 282, a. 1. 299. 305, a. 3.
‚al-Mustaughir 28, no. 29.
‚al-Mutalammis 27, no. 16. 118. 123. 158. 164.
‚Mutammim 29, no. 56. 133. 260. 276. 309.
‚Mutanabbi 24. 33, a. 2. 299. 322. 327. 330. 337.
‚Mutanakkhil 28, no. 44.
‚ibn al-Mu'tazz 75, a. 2. 102, a. 3. 107.
‚al-Muthakkib 26, no. 8.

N.

‚Nâbigha ad Dhubjâni 28, no. 42. 146. 164. 205.
‚— al Ga'di 31, no. 71.
an-Nadr ibn Schumail (lexicograph) 285 u. a. 3. 319.
‚Namr ibn Taulab 30, no. 63. 62. 166. 297.
Naschwân 349, a. 3. 445.
Nu'mân ibn al-Mundhir 28, no. 39.
‚Abu Nuwâs VI. 299. 312, a. 5.

R.

‚ar-Rabî'a 28, no. 30.
‚Rabî'a ibn Makrûm 30, no. 65.
‚ar Râ'i 147. a. 1.

ar-Rakkâschi 122, a. 1.
‚Ru 'ba 82. 327.

S (incl. Sh = ش)

Abu Sajjâra 122 u. anm. 1.
‚Salâma ibn Gandal 26, no. 7.
‚as-Samau 'al 27, no. 18.
‚abu sch-Schamakmak 327.
‚asch-Schammâkh 30, no. 60.
‚asch-Schanfara 26, no. 5. 298. 304. 305.
Sirchân 142, a. 1. 305.
Sujûti 27, a. 1. 28, a. 3. 29, a. 1. 349, a. 3.
‚Suleik 28, no. 40.

S (Sad).

Sachr al-Ghajj 202.
‚Salâchu d-Dîn 101.
Sâlil 148.

T.

Ta 'abbata Scharran 27, no. 12. 256, a. 2. 304.
‚Tamîm ibn Mukbil 29, no. 49.

T (Tet).

Tabari 430.
Tajjâb 115.
‚Tarafa 27, no. 15. 297 u. a. 1, 313.
‚Tufail 338.

U (Alif).

Ubei ibn Sulmi ibn Rabî 'a 62.
‚Uchaicha 27, no. 21.
‚Umajja ibn abi Salt ath-Thakafî 29, no. 47. 224.
‚Umajja ibn al-Askar 30, no. 68.
Usâma 327.
Abu Uthâl 172.

U (Ajin).

Abu Ubaid (lexikogr.) 129, a. 5.
Ubaid ibn al-Abras siehe Abîd!
Umar (chalif) 30, no. 61. 62.
Unaiza (frauenname) 247.
Urwa ibn al-Ward 25. 28, no. 33.
Uthmân 30, no. 62. 67.

W.

Warkâ ibn Zuhair 178.

Z.

‚Zaidu l-Khail 29, no. 52. 172.
ibn Zeidûn 282, a. 1.
Zamakhschari (philolog) 54, a. 2. 79, a. 1.
‚Zuhair ibn abî Sulmâ (diwandichter) 29, no. 45. 179.
Zuhair ibn Ganâb 27, no. 19.

IV.

Arabische Stamm- und Ortsnamen.

(die angestrichenen sind stammnamen)

A (Alif).

Achkâf wüste 344.
Amir siehe Rabî'a!
‚Anmâr 297 und a. 2.
‚Asad 31. 285, a. 1.
Aswad al-Ain (berg) 278.
Aurâl 322.
‚Azd 32. 345, a. 3.

A (Ajin).

‚Abs 31 (Abs u. Fezâra, krieg von siehe Dâchis!)
Amâjatu (berg) 298.
‚Amir 31.
Asîr 116.
Attharu 287, a. 3.

B.

Bachrein 116, a. 5. 240, a. 3. 298. 348. 419.
Badr Hunain 296, a. 3.
‚Bahrâ 345, a. 3.
‚Bakr 31.
Burka in ortsnamen 339.

Ch (ح).

‚banu Charb 296, a. 3.
Chaumal 263. 278.
Chigâz 213. 222, a. 4. 233. 243. 296, a. 3.
al-Chikâb (berg) 281.
‚banu Chimmân 248 und a. 1.

Chira 202. 297. 345, a. 3.
Chisn Gurâb 347.

D.

Dâchis wa 'l-Gabra, krieg von (vgl. auch 'Abs) 28, no. 27. 28, a. 4.
Dakala 413.
Dakhûl 278.
,Dârim 32. 345, a. 3.
Dawâr 263.
Dharîja 419.
,Dikla 413.

D (ذ).

,Dhubjân 31.

F.

Fazâra siehe 'Abs!
Fesariten 126, a. 1 (richtiger Fazariten).
,Fukaim 232.

G.

Gabra siehe Dâchis!
Gauf 213.
al-Giwâ 260.
,Guhaina 345, a. 3.

Gh (= Ghain)

,Ghassân 345, a. 3.
,banu Ghubar 413 (in Iemâma).

H.

banu Harb siehe Charb!
Hidschâz siehe Chigâz!
,Hudhailiten 25.

I (Alif).

Immara 278.

I (Ajin).

Ibâd 31.
Ifirrîn 287, a. 3.

J.

al-Jamâma 284. 413. 419.
Jaman 31. 32. 213. 222, a. 4. 287, a. 3. 296 a. 3.
,Jarbû 32. 297. 345, a. 3.
,Jaschkur 31.

K (Kef).

,banû Ka'b 298.
,Kalb 32. 148. 297, a. 4. 213, a. 1. 345, a. 3. 352.
Khabt 148.
Khaffân 287, a. 3.
Khafijja 287, a. 3.
Khazâr (schl. von) 347.
Khazâza (schl. von) 347.
,Khuzâ'a 345, a. 3.
,Kilâb 54. 297, a. 4.
,Kinda 31. 348.
Koragebirg 216.
,Kulaib 347.

K (Kof).

al-Kanân (berg) 285 u. anm. 1.
Kâra 342.
,banu Kird 330.
,Kudâ'a 345, a. 3.
,Kuraisch 348.

L.

,al-Labû'u 289.

M.

Madîna 296, a. 3. 419.
Mahra 170, a. 1. 173. 202 (siehe ausserd. im hauptreg. Mahri!)
Makka 272. 278. 287, a. 3. 296, a. 3. 349. 412. 419.
Maskat 116, a. 5.
,banu Mâzin 297.
Mikra'a 278.
Minâ 122, a. 1.
,Mudar 345, a. 3.
Musdalifa 122, a. 1.
,Muzan 31.

N.

Nagd 31. 47. 48. 50, a. 1. 79. 213. 222, a. 4. 278. 287, a. 3. 298. 305 a. 1.
Nagrân 47, a. 2. 296, a. 3.
,Nahd 32. 345, a. 3.
,Namir 297, a. 2.
Nedschd siehe Nagd, Nedschrân s. Nagrân!
,Nizâr 147, a. 1.

R.

,Rabî'a Âmir 271. 347 (dort blos Rabî'a).

S (incl. Sch ش).

‚Sa'd 31. 32. 345, a. 3.
‚banu Salîch 345, a. 3.
Schadan 201.
asch-Scharâ 287, a. 3.
Scharabba 322. a. 1.
Schomer 213.

S (Sad).

Sana 32, a. 3. 347.
Siffîn (schl. von) 236, a. 1.
Su'âid 257.

T.

‚Taghlib 31.
‚Tamîm 32. 232. 345. a. 3.
‚Tanûch 345, a. 3.
Tihâma 79. 287, a. 3.
Tûdich 259. 278.
‚Tuwait 245.

Th (ث).

‚Thakîf 31.
Thalbût 136.
‚Thamûd 148. 356, a. 1.
Tharmidâ 245.
ath-Thawijja (wüste) 149.
‚banu Thu'al 187.

T (Tet).

‚Tâi 168, a. 2. 287, a. 3. 345, a. 3.
Tulaicha 200.

U (Alif).

Ubâgh (schl. v.) 27, a. 4. (588 n. Ch.)
‚banu Ukaisch 146.
Unai'im 322.

U (Ajin).

Umân 116. 213. 214. 222, a. 4. 296, a. 3.
‚Azd Umân 345, a. 3.

W.

Wabâri 162.
Wagra 256 und a. 1. 259. 271. 273. 278.
‚Wâ'il 207.

Z.

‚Zabîd 32, a. 3.
‚Zubaid 32.

Z (ظ).

Zafâr 347.

Anhang:

Die wichtigsten der in diesem buch angeführten arab. büchertitel:

Kamelbuch des Asma'i siehe kitâb!
Kâmil des Mubarrad 35. 268, a. 2. u. ö.
Kâmûs 439 und schon vorher ö.
Kaššâf 79, a. 1.
Kitâb agâib al-makhlûkât 36.
— al-aghâni 28. a. 4. 39 a. 2.
— asmâ al-wuchûsch 34, a. 3. 36.
— chajât al-chaiwân 36. a. 2.
— al-chaiwân 38.
— al-chascharât 36.
— al-fark 34, a. 4. 36. 44, a. 3. 53 u. ö.
Kitâb al-ibil (kamelbuch) 36.
— al-khail 36.
— raudat al-adab 26, a. 2.
Mu'allakât siehe im hauptregister!
Muchît 35. 59, a. 1. 67. 79, a. 2. 94. 157, a. 3. 179. 237, a. 3. 283.
Muchkam 319.
Mufaddalijjât 63, a. 2. 66. 74. 77. 81. 87. 87, a. 2. 99. 102, a. 2. 103.
Tâg al-arûs 35. 39. 39, a. 2. 289, a. 1. 293. 333.

V.

Autorenregister.

d'Abbadie, Anton. 370, a. 4. 399, a. 4.
Abgarius, Alex. 345, a. 2.
Ahlquist, Aug. 416, a. 2.
Ahlwardt, W. VII. 25, a. 1. 27, a. 1.

2. 4. 28, a. 3. 4. 29, a. 1. 32, a. 5. 34, a. 1. 36. a. 5. 55, a. 1. und passim im arab. theil. 299, a. 3.
Andree, Richard 397, a. 2.
Arnold, F. A. 22. 24. 60, a. 1. 248.
Aufrecht, Theod. 4, a. 7.
Bacmeister, Ad. 3.
Baedeker, K. 41, a. 1. 419.
Bargés, M. l'abbé R. 457, a. 1.
Barth, Chr. Gl. 5, a. 1.
Baudissin, Wolf Gr. 4, a. 4. 44, a. 2. 459, a. 3.
Benfey, Theodor 139, a. 2. 414, a. 2.
Bezzenberger, A. 439. 440.
Birch, S. 116. a. 1.
Blanford, W. T. 364, a. 1.
Blau, Otto 32, a. 2. 3. 41. 274, a. 2. 345, a. 2. 419.
Bochart, S. 5, a. 1. 137 a. 1.
Bocthor, Ell. 299, a. 2.
Boethlingk, O. von 326.
Bonomi, J. R. 458, a. 1.
Botta, P. E. 217. 218, a. 3. 296, a. 3.
Brehm, A. E. 210. 211, a. 1. 4. 213, a. 1. 214, a. 3. 216, a. 1. 220. 221, a. 2. 227, a. 1. 229, a. 3. 230, a. 2. 231, a. 1. 251. 253, a. 1. 260, a. 2. 269 u. anm. 2. 3. 294, a. 1. 299, a. 2. 303, a. 1. 307, a. 3. 307, a. 2. 354. 364, a. 1. 367, a. 6. 396, a. 1. 420 ff. 422, a. 3. 436 f. 446. 447.
Bruce, James 395.
Brugsch, H. 221, a. 4. 230, a. 3. 231 und a. 3. 4. 251, a. 2.
Carus, J. Vict. 2 f. 4, a. 7. 7. 36. 38. a. 2.
Castelli, E. 92, a. 2. 109, a. 1.
Caussin de Perceval 349, a. 2.
Chabas, F. 215. 420.
Cherbonneau, A. 295, a. 4.
de Chézy, A. L. 42 ff. 139. 251. 253. 287. 335.
Clodius, David 5, a. 1.
Conder, Cl. R. 391, a. 3.
Cornill, C. 374.
Curtius, G. 139, a. 1. 289, a. 3. 448.
Daumas, E., 410, a. 1. 436 f. 438 f.
Delitzsch, Franz 5, a. 1. 74 a. 4. 106. 109. 122, a. 2. 183, a. 1. 192, a. 2. 282, a. 1. 442. 443, a. 1.
Delitzsch, Friedrich IX. 4, a. 5. 35 a. 1. 46, a. 1. 69, a. 2. 76 a. 2. 91, a. 2. 227, a. 1, 228, a. 2. 264. 276, a. 1. 282, a. 1. 283, a. 1. 286. 292, a. 1. 2. 301, a. 2. 321, a. 1. 324, a. 1. 328, a. 1. 368 a. 1. 384. 391, a. 2. 407, a. 1. 409. 425. 429. 433. 436. 438. 440, a. 1.
Derenbourg, Hartw. 295, a. 4.
Dietrich, Franz 307, a. 2. 391, a. 3. XIV, a. 3.
Dillmann, August X. XVII, a. 1. 69. 93, a. 2. 105, a. 4. 364 und passim im äth. theil. 396, a. 1. 453, a. 1. 458, a. 2. 459, a. 1. 2. 461, a. 1.
Dozy, R. VI. f.
Dümichen, Joh. 20, a. 1. 216, a. 1. 221, a. 3. 230, a. 2. 231, a. 1. 260, a. 2. 294, a. 1. 418. 420 ff.
Ebers, Geo. 48, a. 2. 343, a. 3. 420. 422, a. 3. 423. 443, a. 3. 458, a. 3.
Ehrenberg, C. G. 396, a. 1.
Erman, Ad. 418.
Ethé, Herm. 36, a. 1. 42, a. 2. 3. 43. 44. a. 1. 139, a. 4.
Ewald, H. VIII. 144, a. 2.
Fell, W. 378 und a. 2.
Fick, Aug. 3. 414, a. 2.
Finzi, Fel. 422, a. 2.
Flügel, Gust. VI. a. 34, a. 3. 36, a. 5. 38, a. 2. 285, a. 3.
Fleischer, H. L. VIII. IX. 45, a. 2. 192, a. 2. 193, a. 1. 2. 194, a. 1. 298, a. 2. 308, a. 2. 309, a. 1. 437, a. 2.
Förstemann, Ernst 3.
Fränkel, Sigm. 380, a. 1.
Frantzius, A. v. 221, a. 4. 432.
Freytag, G. W. VI. 24. 25. 49, a. 1. und öfter im arab. theil.
Furtner, H. XV, a. 2.
Geiger, Abr. 54, a. 4.
—, Laz. 414, a. 2.
Gesenius, W. VIII. 106, a. 1. 288, a. 4. 311. 328. 425 (u. ö. in d. nachtr.).
Giebel, Chr. 5, a. 1.
de Goeje, M. J. 282, a. 1. 305, a. 3.
Goldziher, Ign. 4, a. 6. 345, a. 1.
Gosse, Ph. H. 227, a. 1.
Grassmann, Herm. 4, a. 7. 326, a. 1.
Grau, R. F. 343, a. 3.
Grotefend, C. L. 22.
Gubernatis, Ang. 4.
Gutschmid, A. v. 229, a. 3.
Harris, W. Cornw. 395, a. 2.
Hartmann, Mart. 4, a. 3.
—, Robert 204, a. 3. 218, a. 3. 219, a. 1 220, a. 1. 221, a. 2. 230, a. 2. 231, a. 5. 345, a. 1. 354, a. 1. 357. 364, a. 1. 365, a. 2. 3. 367,

a. 7. 385. 396, a. 1. 398, a. 1. 399, a. 1. 432. 443, a. 3.
Haupt, Dr. 324, a. 1.
Hehn, Vict. 2 f. 4, a. 7. 47 und a. 1. 2. 5. 48, a. 2. 113, a. 1. 138. 139, a. 3. 229, a. 3. 315 und a. 1. 420, a. 1. 422 und a. 2. 448.
Herzog, J. J. 418.
Heuglin, M. Th. v. 41, a. 1. 296, a. 3. 322. 330. 364, a. 1, 365, a. 1. 2. 3. 367, a. 7. 395, a. 2. 396, a. 1. 398. 398, a. 2. 399, a. 2. 3. 5. 411.
Hincks, E. 69, a. 3.
Hörning, R. 438. 439. 440, a. 1.
Hoskins, G. A. 396, a. 1.
Houghton, W. 116, a. 1. 301, a. 2. 307, a. 3. 324, a. 1.
Johnson, Francis 102, a. 1.
Isenberg, C. W. 374. 387, a. 2.
Justi, Ferd. 218, a. 3.
Kircher, Ath. 391, a. 3.
Klunzinger, C. B. 211.
König, Ed. XVII, a. 1.
Kosegarten, J. G. L. 25. 39, a. 2. 285. 293, a. 2.
Kremer, A. v. 4, a. 7. 7. 25, a. 1. 32, a. 4. 33, a. 1. 54. 137, a. 3. 143, a. 2. 144. 213, a. 1. 215. 218, a. 2. 220, a. 1. 299, a. 3. 315, a. 2. 343, a. 1. 345, a. 2. 348, a. 1. 349, a. 3. 350 und a. 2. 356, a. 1. 406 ff. 418.
Krehl, Ludolf 34, a. 2. 459, a. 3.
Kuhn, Adalb. 3. 443.
de Lagarde, P. 447. 450.
Land, J. P. N. 433. 444.
Lane, E. W. 66, a. 3 und passim im arab. theil. 323.
Latham, R. G. 414, a. 2.
van Lennep, J. 5, a. 1. 19, a. 1. 137, a. 4. 210, a. 1. 211, a. 4. 216, a. 2. 302, a. 1.
Lenormant, Franç. IX, a. 407, a. 1. 416 a. 1. 434. 435. 442.
le Page Renouf siehe Renouf!
Lepsius, R. 231, a. 1. 422, a. 3.
Levy, M. A. 45, a. 2. 193, a. 1. 235, a. 1. 437, a. 2.
Lewysohn, L. 148, a. 2.
Loth, O. 345, a. 2.
Ludolf, Hiob 230. 364, a. 376, a. 1. 381. 383. 386, a. 2. 397, a. 1.
Luther, Mart. 262, a. 1.
Mac Crindle, J. W. 458, a. 2.
Maltzan, H. v. 33, a. 1. 41, a. 1. 350.
Mandrici, Dr. 437, a. 2.
Mariette, Aug. 231, a. 1.
Maspero, G., 343. 345, a. 1. 386, a. 1.
Mayer, Joh. 350, a. 4.
Mehren, A. F. 25. 123. 202, a. 1.
Meier, E. 235, a. 1.
Merx, Adalb. 424, a. 3.
Michaelis, J. D. 92, a. 2. 109, a. 1.
Mordtmann, J. A. jun. 444.
Müller, Aug. 439. 440.
Müller, D. H. 34, a. 3. 4. 47, a. 4. und öfter im arab. theil. 349, a. 3. 352 f. 423. 429. 445.
Müller, C. 458, a. 2. 459, a. 1.
Müller, Friedr. 443. 448.
Müller, Max 3. 4, a. 6. 7.
Munzinger, Wern. 350, a. 4. 381, a. 3. 397, a. 2. 399, a. 4. 449.
Murray, A. 9 f. 41, a. 1. 354, a. 1. 356.
Naville, Ed. 386, a. 1.
Nöldeke, Theod. VIII. 22, a. 1. 25, a. 1. 3. 28, a. 1. 29 u. a. 3. 30. 32, a. 5. 54, a. 4. 67, a. 3. 68, a. 1. 124. 133. 260. 274, a. 2. 282, a. 1. 285. 301, a. 4. 309. 424 u. a. 3. 434. 444, a. 2. 448.
Norris, E. 425.
Oppert, J. IX. 407, a. 1.
Palgrave, W. G. 10. 41, a. 1. 209, a. 3. 212 ff. 222, a. 4. 354, a. 1. 356.
Parkyns, Mansf. 399, a. 3.
Pauli, Carl 289, a. 3. 290. 291.
Payne-Smith, R. 72, a. 3. 109, a. 1. 447.
Penrice, John VI, a. 1.
Perron, A. 27, no. 15.
Petermann, H. 41, a. 1. 424, a. 3.
Peträus, Th. 380.
Peyron, A. 391, a. 3.
Philippi, F. W. M. 424. 425.
Pictet, Ad. 3. 290, a. 1. 326, a. 1. 443.
Pierret, P. 45, a. 1. 113, a. 2. 441.
Piétremont, C. A. 456, a. 2.
Pococke, Rich. 361, a. 1.
Poesche, Th. 414, a. 2.
Pott, A. F. 54, a. 5. 326, a. 1. 328. 443.
Prätorius, Franz, 350, a. 4. 390. 429. 430. 439. 449 u. anm. 446.
Přewalski, N. M. 219, a. 1.
Prideaux, W. F. 342.
Prisse d'Avenne 422, a. 3.
Raffray, Ach. 397, a. 2. 399, a. 1.
Rawlinson, G. 270, a. 3. 301, a. 1.
Reiske, J. J. 429.
Rénan, E. 348, a. 1. 448. 459, a. 3.
Renouf, P. le Page 458, a. 3.

Richardson, J. 102, a. 1.
Riehm, E. 5, a. 1. 22, a. 1. 138, a. 1.
Ritter, Karl 40 u. a. 1. 48, a. 1. 116 u. anm. 4. 5. 214, a. 4. 217, a. 3. 218, a. 3. 219. 296, a. 3. 323. 358.
Rödiger, Emil 364, a. 2.
Rossellini, Ipp. 396, a. 1. 422, a. 3. 446.
Rückert, Friedr. 63 und passim im arab. theil. 413, a. 2.
Rüppel, Ed. 395, a. 2.
de Sacy, Silv. 42, a. 1. 228, 298, a. 2. 304, a. 2.
de Saussure, F. 442.
Sayce, A. H. 69, a. 3. 324. a. 1. 416, a. 1.
Schade, O. 289, a. 3.
Schimper, Wilh. 447.
Schmarda, L. K. 8f. 396, a. 1.
Schrader, Eb. IX. 8. 22. 283. 328, a. 1. 391, a. 3. 404, a. 1. 406. 407, a. 1. 418. 433. 443. 448.
Schröder, P. 235, a. 1.
Schultens, A. 67, a. 1.
Sclater, Ph. L. 11.
Seetzen, U. S. 437, a. 2.
Slane, Mc. Guck. de, 25, a. 5. 321, a. 2. 322, a. 1.
Smith, G. 46, a. 1. 69, a. 2. 85, a. 3. 116, a. 1. 310, a. 1. 407, a. 1. 422, a. 3. 430.
Socin, Alb. 25. a. 4. 220, a. 1. 327 a. 3.
Sprenger, A. 8. 19, a. 4. 22. 41. 406.
Stade, B. 228, a. 2.
Steinthal, H. 345, a. 1.
Sundevall, C. J. 382, a. 1. 391, a. 3. 393, a. 1. 444.
Thomson, W. M. 280, a. 1.
Thompson, S. 116, a. 1.
Thorbecke, H. 29, a. 2.
Tristram, H. B. 113, a. 3. 116, a. 3. 7. 307, a. 1. 216, a. 3. 307, a. 1.
Vambery. H. 416. 441. 442.
Vullers, J. A. 27, a. 2.
Wallace, R. 10f.
Weber, A. 326, a. 1. 377, a. 3.
de Wette, W. M. L. 319, a. 3.
Wetzstein, G. 5, a. 1. 54, a. 1. 128, a. 2. 442.
Wiedemann, Alfr. 458, a. 3.
Wiedemann, Eilh. 420.
Wood, J. G. 145, a. 1. 216, a. 2.
Woltmann, A. 422, a. 3.
Wolzogen, H. v. 456, a. 2.
Wrede, A. v. 33, a. 1. 41, a. 1. 350, a. 3.
Wright, W. 35, a. 2. 118, a. 1. 130. 149.
Wüstenfeld. Ferd. 32, a. 3. 36, a. 1. 44, a. 1. 279, a. 1. 419.
Zehme, A. 419.
Zimmer, Heinr. 456, a 1.

B. Wortregister.

Diese können leider erst später mitgetheilt werden, und zwar werden das arab. wortregister mit einem register zu Ahlwardt's Chalaf el-Achmar, ebenso das assyrische (zugleich mit glossaren zu anderen neueren assyriologischen werken) später besonders erscheinen, während über die art der veröffentlichung der noch restirenden register (so vor allem einem der transcribirten orient. wörter, dann dem hebräischen, syrischen u. a.) der verfasser sich das weitere zunächst noch vorbehalten muss, da sie jetzt hier noch anzureihen der vom verleger zugemessene ohnedies schon überschrittene raum verbietet. Es seien nur noch die citirten und ausführlicher behandelten stellen der bibl. und babyl.-ass. literatur aufgeführt:

Bibelstellen:

Gen. 12, 16. 216. 422.
37, 25. 217.
Lev. 13, 42. 158, a. 3.
Num. 31, 32—34. 46, a. 2. 3.
Deut. 14, 5. 391, a. 3. 410, a. 1. 447.
Iudic. 6, 5. 46, a. 2.
7, 12. 46, a. 2.
I. Sam. 12, 1—15 im Korân. 234 f.
27, 9. 46, a. 3.
I. Kön. 10, 11. 22, 25. 28. 113. 377, a. 3.
I. Chron. 5, 21. 46, a. 3.
II. Chr. 17, 11. 222, a. 3.
Ps. 42, 2 (= ψ 41, 2). 280, a. 1.
91, 13 (= ψ 90, 13). 361, a. 1.
104, 18 (= ψ 103, 18.). 280, a. 1.
Cant. 2, 17. 280, a. 1.
— 8, 14. 282, a. 2.
Jes. 2, 20. 336, a. 1.
13, 21. 292. 299, a. 1.
Jer. 12, 9. 307, a. 1.
Hez. 27, 10. 222, a. 3.
Am. 1, 1. 389, und a. 1.
7, 14. „ „
Sach. 10, 3. 106, a. 1.

Assyrische Citate:

(und zwar im zusammenhang mitgetheilte stellen):

II. R. 35, 74 f. 403, a. 2.
III. R. 9, 56 f. 148, a. 1.
IV. R. 7, 9+10 a. 433 f.
11, 46. 368, a. 1.
29, 28. 77, a. 3.
Sm. 954, 11+12 obv. 435 und a. 5.
HJ., obv. 10. 404, a. 1.
Tigl. Pil. I, jagdinschr. 19 f. 264, a. 1.
22 f. 35, a. 1.
Salm. epigr. 1. 3. 218, a. 3.
Sarg. Khors. 27. 21, a. 1.
Ann. = Botta 107 (Salle 5, 4), z. 7.
218, a. 3.
Sanh. 3, 68. 131, a. 1.
3, 77. 281, a. 1.
5, 61. 440
6, 16.
6, 55. 432.
Sanh. Bell. 7. 428.
Asarh. 6, 14 f. 100, a. 2.
Asurb. 1, 51. 328, a. 1.
7, 5—8. 434.
Asurb. Sm. 56, 3. 331, a. 1.
Layard 44, 19. 295, a. 3.
Nebuk. 3, 59. 432.

Ein verzeichnis der citate aus der altarab. poesie wird mit dem arabischen wortindex gegeben werden.

Ende.

Druck von Hundertstund & Pries in Leipzig.